기본 경찰행정법

Koreanisches Polizeirecht

홍정선

박영사

기본 경찰행정법

Koreanisches Polizeirecht

머 리 말

[1] 전문학술서의 성격과 표준적인 대학교재의 성격을 동시에 갖는 것도 가능할 것이라는 시각에서 박영사를 통해 「**경찰행정법**」을 제2판까지 출간하였으나, 제2판까지의 「**경찰행정법**」은 전문학술서라 말하기도 쉽지 않고, 표준적인 대학교재라 말하기도 쉽지 않다는 생각이 들었다. 이 때문에 「**경찰행정법**」은 전문학술서로 변모시키기로 하고, 제2판의 내용 중 행정법총론에서 다루는 부분 등을 과감하게 삭제하거나 대폭 축소하고, 아울러 전문적인 내용들을 추가하여 제3판으로 출간하면서 동시에 경찰행정 관련학과 학생들을 위한 경찰행정법의 표준적인 교재의 목적으로 「**기본 경찰행정법**」을 출간하게 되었다.

[2] 「**기본 경찰행정법**」에서는 경찰행정법 전반(경찰행정법 일반론, 경찰행정조직법, 경찰행정작용법, 경찰상 국가책임과 사인의 비용상환, 경찰행정상 행정쟁송)이 비교적 쉽게 기술되고 있으므로, 독자들이 경찰행정법 전반을 보다 쉽게 체계적으로 이해하는데 많은 도움을 줄 것이다. 경찰승진시험 등을 준비하는 이들이 활용하기도 좋을 것이다.

[3] 이 책에서 언급되는 법률은 2013년 1월 1일을 기준으로 하였다. 그리고 2012년 12월까지 선고된 대법원과 헌법재판소의 주요 판례를 참고하였다. 한편, 이 책에서는 독자들의 편의를 위해 많은 예와 관련 조문을 달았으며, 각주는 붙이지 아니하였다. 혹시라도 전거에 관해 궁금함이 있는 경우에는 「**경찰행정법**」과 「**행정법원론(상)(하)**」의 전거를 참고하면 될 것이다.

[4] 머리말을 쓸 기회를 이용하여 저자가 금년 초에 박영사를 통해 펴낸 「**기본 행정법**」을 소개하고 싶다. 「**기본 행정법**」은 법과대학·로스쿨의 행정법 강의의 표준적인 기본교재로 개발한 것이다. 「**기본 행정법**」에서는 행정법 전반(행정법총론, 행정법각론, 행정구제법)이 비교적 쉽게 기술되고 있으므로, 독자들이 행정법 전반을 체계적으로 이해하는데 많은 도움을 줄 것이다. 혼자서 행정법 전반을 공부하고자 하는 이들에게도 유용할 것이라 믿는다.

[5] 끝으로, 이 책을 펴내는데 도움을 주신 분들에게 감사를 표하고자 한다. 먼저, 원고를 비판적으로 검토해준 단국대학교 법과대학의 홍강훈 교수에게 감사를 표한다. 홍 교수에게 학문하는 즐거움이 늘 함께 하기를 기원한다. 그리고 이 책을 출간해주신 박영사 안종만 회장님, 편집과 교정을 맡아준 김선민 부장님과 이승현 씨에게 감사한다.

2013년 2월 1일

우거에서

홍 정 선 씀

차 례

제1장 경찰행정법 일반론

제 2 장 경찰행정조직법

제 3 장 경찰행정작용법

제 4 장 경찰상 국가책임과 사인의 비용상환

제 5 장 경찰행정상 행정쟁송

일러두기

1. 이 책에서 아래의 법령을 인용할 때, 약어로 표시한다.
2. 이 책에서 인용된 법률의 내용은 2013년 1월 1일을 기준으로 한다.

감염법	감염병의 예방 및 관리에 관한 법률
경공령	경찰공무원임용령
경공법	경찰공무원법
경비법	경비업법
경응법	경찰직무응원법
경직법	경찰관직무집행법
경징령	경찰공무원징계령
공개법	공공기관의 정보공개에 관한 법률
공임령	공무원임용령
국공법	국가공무원법
국배법	국가배상법
국세법	국세기본법
국징법	국세징수법
도교법	도로교통법
민소법	민사소송법
민원법	민원사무처리에 관한 법률
법조법	법원조직법
소방법	소방기본법
식품법	식품위생법
윤리법	공직자윤리법
임탁정	행정권한의 위임 및 위탁에 관한 규정
장비정	경찰장비의 사용기준 등에 관한 규정
절차법	행정절차법
정보법	공공기관의 개인정보보호에 관한 법률
정조법	정부조직법
제국법	제주특별자치도 설치 및 국제자유도시 조성을 위한 특별법
조사법	행정조사기본법
조처법	조세범처벌절차법
주민법	주민등록법
지공법	지방공무원법

지자법	지방자치법
질서법	질서위반행위규제법
집시법	집회 및 시위에 관한 법률
청경법	청원경찰법
총포법	총포·도검·화약류 등 단속법
출입법	출입국관리법
토상법	공익사업을 위한 토지 등의 취득 및 보상에 관한 법률
행소법	행정소송법
행심법	행정심판법
행집법	행정대집행법
헌 법	대한민국헌법
헌재법	헌법재판소법
형소법	형사소송법

3. 판례는 다음과 같은 방식으로 표기하였다.

(예) 대법원 2012. 6. 28. 선고 2010두24371 판결 → 대판 2012. 6. 28, 2010두24371

제1장
경찰행정법 일반론

제 1 절 경찰행정법의 관념

제 1 항 기본개념으로서 경찰

Ⅰ. 경찰의 개념

경찰행정법(경찰법)은 경찰의 조직과 작용에 관한 국내공법이다. 따라서 경찰행정법이라는 개념을 알기 위해서는 먼저 경찰이라는 개념을 이해할 필요가 있다. 경찰이라는 용어는 아래와 같이 다양하게 사용되고 있다.

1. 실질적 의미의 경찰(실질적 경찰개념)

(1) 정 의 실질적 경찰개념은 국가작용의 성질 내지 목적과 관련된 개념이다. 실질적 의미의 경찰(경찰작용)이란 「공공의 안녕(공적 안전)과 질서(공적 질서)를 위협하는 위험의 예방(예: 교통사고 예방을 위한 경찰관의 순찰작용)이나 현실화된 위험의 제거(예: 도로상 발생한 교통사고의 정리. 발생한 교통사고는 새로운 교통사고의 원인이 될 수 있다)를 통해 개인이나 공중을 보호하기 위한 국가(지방자치단체 포함)의 활동」을 말한다. 단순하게 말하면, 실질적 의미의 경찰이란 공동체를 위한 「위험방지작용」이다. 실질적 경찰개념은 어떠한 공행정기관이 위험방지작용을 수행하는가의 문제와는 무관하다. 제복을 입은 경찰관에 의한 도로상 교통통제도 실질적 의미의 경찰작용에 해당하지만, 구청이나 군청에서 내주는 건축허가도 건축으로부터 발생하는 위험을 방지하기 위한 것이므로 실질적 경찰작용에 해당한다.

(2) 특 징 실질적 의미의 경찰작용은 사회의 안녕과 질서의 유지를 위한 것이지 국가의 존립을 위한 것은 아니다. 실질적 의미의 경찰작용은 새로운 복지상태를 창출하기 위한 적극적 작용이 아니라 위험의 발생을 예방하거나 제거하기 위한 소극적 작용이다. 실질적 의미의 경찰작용은 위험방지의 목적을 위해 권력적 수단이 많이 활용된다. 실질적 의미의 경찰을 군사행정 및 복지행정과 비교해본다.

실질적 의미의 경찰행정과 군사행정 및 복지행정의 비교

	실질적 의미의 경찰행정	군사행정	복지행정
목적	공공의 안녕과 질서유지	국가의 안전의 유지	인간다운 삶의 보장
방향	사회목적적 행정	국가목적적 행정	사회목적적 행정
성질	소극적 위험방지 작용	소극적 안전보장 작용	적극적 복리증진 작용
수단	권력작용(명령·강제) 중심	권력작용(명령·강제) 중심	비권력작용(급부) 중심
권력	일반통치권	일반통치권	일반통치권
대상	국민·외국인	군인·군무원	국민·외국인

(3) 개념요소

(가) **공공의 안녕** 공공의 안녕이란 국가의 법질서, 국가와 국가의 여러 기관의 존속과 기능, 그리고 개인의 주관적 권리와 법익(생명·건강·자유·명예와 재산)이 침해받지 않고 무사한 것을 말한다. 공공의 안녕은 공적 안전이라고도 한다.

(나) **공공의 질서** 공공의 질서란 헌법질서 안에서 건전한 공동생활을 위한 필수적인 전제로서의 지배적인 사회관·윤리관의 준수에 관한 모든 규율의 총괄개념으로 이해되고 있다. 달리 말한다면 그 준수가 공동생활에 불가피한 것으로 여겨지는 공동체의 일체의 불문의 규율이라 할 수 있다. 공공의 질서는 공공의 안녕에 대한 보충적인 개념으로 볼 수 있다.

(다) **위 험** 경찰법상 위험이란 일반적인 생활경험상 판단에 의할 때, 어떠한 행위나 상태가 방해를 받지 아니하고 진전되면 멀지 아니한 시점에 경찰상 보호이익(공적 안전·공적 질서)에 피해를 가져올 충분한 개연성이 있는 상황을 말한다. 위험의 유무의 판단은 과학적인 인식이나 경험과학에 의한다. 위험의 유형으로 구체적 위험과 추상적 위험으로 구분할 수 있다. 구체적 위험이란 특정의 개별적인 사실관계에서 나오는 위험을 말하고, 추상적 위험이란 일반적·추상적 사실관계에서 추론되는 위험을 말한다.

(라) **장해**(교란) 경찰작용은 위험이 있는 경우뿐만 아니라 위험이 현실화되어 법익에 대한 침해가 직접적이고도 객관적으로 이루어지고 있는 경우에도 이루어진다. 후자의 경우를 경찰상 장해 또는 교란이라 부른다. 장해로 인하여 새로운 위험이 발생하는 것은 방지되어야 하기 때문에 장해 역시 위험의 한 종류가 된다.

2. 제도적 의미의 경찰(제도적 경찰개념, 조직상 의미의 경찰)

제도적 의미의 경찰개념은 행정조직법상 경찰행정기관의 조직과 관련된 개념이다. 예컨대, 경찰이 비효율적으로 움직이는 경우도 있다고 한다면, 이러한 경우의 경찰개념은 제도적 의미의 경찰을 뜻한다. 경찰행정기관의 조직은 헌법상 법률로 정하게 되어 있다. 이에 따라 정부조직법에서 경찰조직에 관해 규정하고 있다. 현행법상 경찰청과 그 소속기관(지방경찰청, 경찰서 등)의 총체가 바로 제도적 의미의 경찰에 해당한다. 제주특별자치도 설치 및 국제자유도시 조성을 위한 특별법에 따라 제주특별자치도에 설치된 자치경찰조직도 제도적 의미의 경찰의 한 부분이다.

> ● **헌법 제96조** 행정각부의 설치·조직과 직무범위는 법률로 정한다.
> ● **정부조직법 제29조(행정안전부)** ④ 치안에 관한 사무를 관장하기 위하여 행정안전부장관소속으로 경찰청을 둔다.
> ⑤ 경찰청의 조직·직무범위 그 밖에 필요한 사항은 따로 법률로 정한다.

3. 형식적 의미의 경찰(형식적 경찰개념)

(1) 정 의 형식적 의미의 경찰개념은 제도적 의미의 경찰(경찰청과 그 소속기관)의 권한과 관련된 개념이다. 형식적 의미의 경찰이란 내용이나 성질을 불문하고 제도적 의미의 경찰이 관장하는 모든 사무를 말한다. 형식적 의미의 경찰은 입법자가 경찰에 부여한 모든 사무를 의미한다. 따라서 형식적 경찰개념은 제도적 의미의 경찰의 사무범위와 관련하는 개념이다.

(2) 내 용 경찰법과 경찰관직무집행법은 제도적 의미의 경찰기관의 사무로 공공의 안녕과 질서를 위한 위험방지작용을 규정하면서 아울러 위험방지사무가 아닌 사무로서 사법작용인 범죄의 수사, 군사작용인 대간첩작전에 관한 사무도 제도적 경찰의 사무로 규정하고 있다. 따라서 현행법은 제도적 의미의 경찰인 경찰청과 그 소속기관에 기본적으로 위험방지사무를 처리할 것을 규정하면서 추가적으로 다른 작용도 수행토록 한다. 경찰법령이 제도적 의미의 경찰에 부여한 권한을 도해하면 다음과 같다.

> ● **경찰법 제3조(국가경찰의 임무)** 국가경찰의 임무는 다음 각호와 같다.
> 1. 국민의 생명·신체 및 재산의 보호
> 2. 범죄의 예방·진압 및 수사
> 3. 경비·요인경호 및 대간첩작전수행
> 4. 치안정보의 수집·작성 및 배포
> 5. 교통의 단속과 위해의 방지
> 6. 그 밖의 공공의 안녕과 질서유지
>
> ● **경찰관직무집행법 제2조(직무의 범위)** 경찰관은 다음 각호의 직무를 행한다.
> 1. 국민의 생명·신체 및 재산의 보호
> 2. 범죄의 예방·진압 및 수사
> 3. 경비·요인경호 및 대간첩작전수행

4. 치안정보의 수집·작성 및 배포
5. 교통의 단속과 위해의 방지
6. 기타 공공의 안녕과 질서유지

제주특별자치도 설치 및 국제자유도시 조성을 위한 특별법 제108조(사무) 자치경찰은 다음 각 호의 사무(이하 "자치경찰사무"라 한다)를 처리한다.
1. 주민의 생활안전활동에 관한 사무(각호 생략)
2. 지역교통활동에 관한 사무(각호 생략)
3. 공공시설 및 지역행사장 등의 지역경비에 관한 사무
4. 「사법경찰관리의 직무를 행할 자와 그 직무범위에 관한 법률」에서 자치경찰공무원의 직무로 규정하고 있는 사법경찰관리의 직무

4. 이 책의 구성과 경찰개념

이 책은 전반적으로 실질적 의미의 경찰작용의 기본원리를 연구대상으로 한다. 다만, 제도적 의미의 경찰은 이 책 제2장 경찰행정조직법에서 집중적으로 다룬다. 한편, 형식적 의미의 경찰 중 위험방지사무가 아닌 사무는 다루지 아니한다. 형식적 의미의 경찰사무 중 위험방지사무는 바로 실질적 의미의 경찰작용이 된다.

Ⅱ. 경찰의 종류

1. 행정경찰과 사법경찰

(1) 행정경찰 행정경찰이란 실질적 의미의 경찰작용인 공공의 안녕과 질서의 유지를 위한 행정작용을 말한다. 행정경찰은 본래적인 의미의 경찰이다.

(2) 사법경찰 사법경찰이란 사법사무인 범죄의 수사작용을 말한다. 사법경찰은 형사사법작용의 일부이므로 실질적 의미의 경찰작용에 해당하지 아니한다. 실정법은 검사의 지휘 하에 사법경찰관리로 하여금 수사를 하도록 하고 있는바(형소법 제196조), 이러한 범위에서 사법경찰작용은 형식적 의미의 경찰작용에 해당한다. 제도적 의미의 경찰이 수행한다고 하여도 사법경찰작용과 행정경찰작용은 구분되어야 한다. 양자는 적용법규를 달리한다.

형사소송법 제196조(사법경찰관리) ① 수사관, 경무관, 총경, 경정, 경감, 경위는 사법경찰관으로서 모든 수사에 관하여 검사의 지휘를 받는다.
② 사법경찰관은 범죄의 혐의가 있다고 인식하는 때에는 범인, 범죄사실과 증거에 관하여 수사를 개시·진행하여야 한다.
③ 사법경찰관리는 검사의 지휘가 있는 때에는 이에 따라야 한다. 검사의 지휘에 관한 구체적 사항은 대통령령으로 정한다.

④ 사법경찰관은 범죄를 수사한 때에는 관계 서류와 증거물을 지체 없이 검사에게 송부하여야 한다.
⑤ 경사, 경장, 순경은 사법경찰리로서 수사의 보조를 하여야 한다.

2. 보안경찰(일반경찰)과 협의의 행정경찰(특별경찰)

(1) 보안경찰(일반경찰) 도로에서 이루어지는 교통경찰작용(예: 교통의 통제와 단속)은 그 자체가 독립적인 경찰작용인 것과 같이 '공공의 안녕과 질서의 유지' 그 자체를 고유한 임무영역으로 하는 경찰작용을 보안경찰이라 한다. 보안경찰을 위해 국가는 제도적 의미의 경찰(경찰청과 그 소속기관)을 둔다. 일반적으로 경찰이란 보안경찰을 말한다. 이 책은 보안경찰을 일반경찰이라 부르기도 한다.

(2) 협의의 행정경찰(특별경찰) 산림에서 임산물을 채취하려면 산림에서의 위험방지(예: 산사태 발생방지)를 위해 시장·군수·구청장이나 지방산림청장의 허가를 받아야 한다. 여기서 임산물채취허가는 산림사무를 수행하기 위해 설치된 기관에서 이루어지는 부분사무일 뿐이다. 이와 같이 행정영역별로 그 행정이 갖는 특별한 행정목적의 달성을 위하여 경찰작용이 나타나기도 하는데(예: 건축허가, 어업허가), 이러한 작용을 협의의 행정경찰이라 부른다. 협의의 행정경찰은 각 주무부장관 등의 소관 하에 수행된다. 이 책에서는 협의의 행정경찰을 특별경찰이라 부르기도 한다.

● **산림자원의 조성 및 관리에 관한 법률 제36조(입목벌채등의 허가 및 신고 등)** ① 산림(괄호안 생략) 안에서 입목의 벌채, 임산물(괄호안 생략)의 굴취·채취(괄호안 생략)를 하려는 자는 농림수산식품부령으로 정하는 바에 따라 시장·군수·구청장이나 지방산림청장의 허가를 받아야 한다. 허가받은 사항 중 대통령령으로 정하는 중요 사항을 변경하려는 경우에도 또한 같다.

3. 예방경찰과 진압경찰

(1) 예방경찰 예방경찰이란 공공의 안녕과 질서의 유지를 위해 위험을 사전에 방지하기 위하여 이루어지는 경찰작용을 말한다. 예방경찰은 행정경찰의 한 내용이다.

(2) 진압경찰 진압경찰이란 위험이 현실화되어 장해가 생긴 경우에 공공의 안녕과 질서의 회복을 위한 경찰작용을 말한다. 범인의 체포 등이 이에 해당한다. 이러한 의미에서 진압경찰은 사법경찰의 의미를 갖는다. 그러나 도로상 불법시위 진압의 경우, 진압은 사법경찰작용이지만, 동시에 그것은 이미 발생한 장해로 인해 발생할 수 있는 새로운 위험을 방지하는 의미도 갖는다. 이러한 점에서는 진압경찰은 예방경찰의 의미도 갖는다고 하겠다.

4. 국가경찰과 지방자치단체경찰

(1) **국가경찰** 국가경찰이란 국가사무로서의 경찰사무를 수행하기 위해 국가가 설치·유지하는 경찰을 말한다. 우리나라는 국가경찰을 원칙으로 한다.

(2) **지방자치단체경찰** 지방자치단체경찰이란 지방자치단체사무로서의 경찰사무를 수행하기 위해 지방자치단체가 설치·유지하는 경찰을 말한다. 지방자치단체경찰을 자치체경찰이라고도 한다. 우리나라의 경우, 제주특별자치도 설치 및 국제자유도시 조성을 위한 특별법에 따라 제주특별자치도에 자치경찰이 있다.

제 2 항 경찰행정법의 의의

Ⅰ. 경찰행정법의 개념

경찰행정법(경찰법)은 공법영역에서 위험방지에 타당한 법원칙과 법규범의 총체를 말한다. 경찰행정법은 위험방지를 위한 공행정조직과 작용에 관한 국내공법이라 정의할 수도 있다. 이를 나누어서 분석하기로 하다.

1. 위험방지법으로서 경찰행정법

경찰행정법은 경찰, 즉 위험방지를 대상으로 하는데, 그 의미는 앞에서 본 바 있다. 헌법은 국민 개개인에게 자신의 삶을 자신이 원하는 바대로 영위할 수 있는 기본적인 권리를 부여한다. 그러나 또한 헌법은 제37조 제2항에서 질서유지를 위해 기본권을 제한할 수 있음을 규정하고 있는데, 이 규정은 바로 명문으로 경찰작용의 필요성을 나타내고 있는 것이 된다.

2. 공법으로서 경찰행정법

경찰행정법은 경찰에 관련된 모든 공법과 사법을 말하는 것이 아니라 공법만을 말한다.

(1) **공법과 사법의 의의** 우리의 법은 공법과 사법으로 구분된다. 사인들이 계약을 체결하면 민법이 적용되는데, 민법과 같이 사인 사이에 적용되는 법을 사법이라 한다. 한편, 경찰은 음주운전자에게 운전면허를 취소하려면 도로교통법에 따라야 하는데, 도로교통법과 같이 국가와 국민 사이에 적용되는 법을 공법이라 한다. 그러나 경찰이

낡은 차량을 매각하는 경우에는 사법이 적용될 수 있으므로 국가와 국민 사이에 적용되는 모든 법이 언제나 공법이라고 말할 수는 없다.

(2) 공법과 사법의 구분필요성 법을 공법과 사법으로 구분하는 것은 현행 법제상 재판절차와 적용법규 등에 차이가 있기 때문이다. 말하자면 사인 사이에서 토지소유권을 다투는 소송은 민사소송으로서 민사법원에 제기하여야 하지만, 지방경찰청장의 운전면허취소처분을 취소해달라는 소송은 행정소송으로서 행정법원에 제기하여야 한다. 그리고 사인이 타인에게 폭행 등을 가하면, 폭행으로 피해를 입은 피해자는 민법에 근거하여 가해자를 상대로 손해배상을 청구할 수 있지만, 경찰공무원이 공무수행 중에 사인에게 폭행을 가하면 폭행으로 피해를 입은 사인은 민법이 아니라 국가배상법을 근거로 하여 국가를 상대로 손해배상을 청구할 수 있다.

(3) 공법과 사법의 구별기준 학설로 ① 이익설(공익의 실현에 봉사하는 법이 공법이고, 사익의 실현에 봉사하는 법이 사법이라는 견해), ② 성질설(불평등 관계를 규율하는 법이 공법이고, 평등관계를 규율하는 법이 사법이라는 견해), ③ 구주체설(국가나 국가기관이 법률관계의 일방당사자인 경우를 규율하는 법이 공법이고, 사인간의 관계를 규율하는 법이 사법이라는 견해), ④ 신주체설(사법은 모든 자연인과 법인이 권리와 의무의 귀속주체가 될 수 있는 법을 말하고, 공법은 오로지 공권력주체만이 권리와 의무의 귀속주체가 될 수 있다는 견해) 등이 있으나, 일반적인 견해와 판례는 상기의 견해를 모두 종합하는 입장을 취한다. 생각건대 법률관계의 일방당사자가 행정청이면서 행정청에게 우월적 지위를 인정하고 있거나 또는 우월적 지위를 인정하지 않는다고 하여도 공익실현을 직접적인 목적으로 하고 있는 경우에는 공법이 적용되는 관계로 볼 수 있다. 물론 법규에서 행정상 강제집행, 행정벌, 손실보상이나 국가배상, 행정상 쟁송제도가 규정되어 있다면, 그것은 공법이 적용되는 관계로 볼 것이다.

3. 경찰권의 조직과 작용에 관한 법으로서 경찰행정법

경찰행정법은 경찰권의 조직과 작용에 관한 법이다. 즉, 경찰행정법은 경찰행정조직법(이 책 제2장 부분)과 경찰행정작용법(이 책 제3장 부분)으로 구성된다. 경찰행정조직법(광의의 경찰조직법)은 경찰행정기관법(협의의 경찰행정조직법)과 경찰공무원법으로 구성하였다. 경찰행정작용법의 한 부분이라 할 국가책임(손해배상과 손실보상)은 분리하여 다루었다(이 책 제4장). 경찰행정상 행정쟁송은 논리체계상 경찰행정법과 구분될 수 있음에도 이 책에서는 경찰상 행정쟁송을 경찰행정법의 한 부분(이 책 제5장)으로 구성한다. 학자에 따라서는 국가책임법(손해배상과 손실보상)과 행정쟁송법을 합하여 행정구제법이라 부르기도 한다.

Ⅱ. 경찰행정법의 성격

1. 특별행정법으로서 경찰행정법

경찰행정법은 특별행정법의 한 부분이다. 경찰법은 행정법의 이론과 실제의 핵심영역 중의 한 부분을 구성한다. 비례원칙 등 적지 아니한 행정법상 일반원칙은 경찰법에 관한 판례나 성문법을 통해 발전되었다.

2. 경찰행정법과 형사법

경찰은 위험방지, 장해의 제거뿐만 아니라 관련 법률에 의거하여 범죄의 수사에도 참여하여야 하기 때문에 경찰법은 형사법과도 관련을 갖는다. 형사법상 구성요건은 위험방지를 위한 예방적이거나 진압적인 행위를 위한 전제요건일 뿐만 아니라 범죄수사상의 처분을 위한 전제요건이기도 하다. 따라서 형사법은 당연히 경찰조직법·경찰권한법과도 관련을 맺는다.

3. 일반경찰행정법과 특별경찰행정법

경찰행정법은 일반경찰행정법과 특별경찰행정법으로 구분할 수 있다. 일반경찰행정법이란 위험방지에 관한 일반규정·일반법원칙을 총괄하는 개념이다. 특별경찰행정법이란 특별법상으로 규정된 실질적 경찰관련법(소위 협의의 행정경찰법)을 말한다(예: 건축법상의 경찰규정, 집회 및 시위에 관한 법률상 경찰규정). 일반경찰행정법과 특별경찰행정법 사이에서는 특별경찰행정법이 우선한다. 경찰법과 경찰관직무집행법이 일반경찰행정법의 기본적인 법이다.

제 2 절 경찰행정법의 법원

제 1 항 경찰행정법의 법원의 의의

Ⅰ. 경찰행정법의 법원의 개념

경찰행정법의 법원이란 정부나 지방자치단체가 따르고 집행하여야 할 경찰행정법의 총체를 말한다. 학술적으로는 경찰행정법의 법원을 경찰행정권이 준수하여야 할 경찰행정법의 인식근거라고 한다. 경찰행정법의 법원으로는 성문법, 불문법, 행정법의 일반원칙, 그리고 국제법이 있다. 자치경찰제가 실시되는 지방자치단체에서는 자치경찰에 관한 조례와 규칙도 경찰행정법의 법원이 된다.

Ⅱ. 경찰행정법의 법원의 특징(경찰법과 성문법주의)

경찰행정법은 공공의 안녕과 질서유지를 위해 국민의 권리(자유)를 제한하거나(예: 음주운전의 금지) 의무를 부과하는 것(예: 도로에서 신호등의 신호를 따를 의무)을 규정하는 경우가 많은데, 헌법은 국민의 모든 자유와 권리를 제한하는 경우에는 법률로써 제한하라고 하는바, 경찰행정법은 성문법주의를 원칙으로 한다. 그러나 아직까지 단일의 통일된 경찰행정법은 존재하지 아니한다.

> **도로교통법 제5조(신호 또는 지시에 따를 의무)** ① 도로를 통행하는 보행자와 차마의 운전자는 교통안전시설이 표시하는 신호 또는 지시…를 따라야 한다. (각호 생략)
> **제44조(술에 취한 상태에서의 운전 금지)** ① 누구든지 술에 취한 상태에서 자동차등(괄호 내용 생략)을 운전하여서는 아니 된다.
> **헌법 제37조** ② 국민의 모든 자유와 권리는 국가안전보장·질서유지 또는 공공복리를 위하여 필요한 경우에 한하여 법률로써 제한할 수 있으며, 제한하는 경우에도 자유와 권리의 본질적인 내용을 침해할 수 없다.

제 2 항 경찰행정법의 법원의 종류

Ⅰ. 성문법원

1. 헌 법

헌법에 경찰행정법에 관한 명시적인 규정은 없다. 그러나 제37조 제2항에서 질서유지를 위해 법률을 제정할 수 있음을 규정하고 있는데, 이 조항이 경찰행정법률 제정의 헌법적 근거가 된다.

2. 법 률

① 일반경찰행정법의 법원으로 경찰법 · 경찰공무원법 · 경찰관직무집행법 · 경찰직무응원법 등이 있고, ② 특별경찰행정법의 법원으로는 청원경찰법 · 집회 및 시위에 관한 법률 · 경비업법 · 공중위생관리법 · 폐기물관리법 · 소방기본법 · 수난구호법 · 건축법 · 산림법 · 출입국관리법 · 항공법 · 식품위생법 · 도로교통법 · 도로법 등이 있다.

3. 행정입법(법규명령 · 행정규칙)

행정기관(대통령, 국무총리, 장관 등)에 의해 정립되는 법을 행정입법이라 부른다. 여기에는 법률 등의 위임에 의하여 정해지는 법규명령(예: 도로교통법시행령, 도로교통법시행규칙)과 상급행정기관이 직권으로 소속행정기관 등에 대하여 가하는 규율인 행정규칙(예: 경찰청장의 각종 훈령)이 있다.

4. 자치법규

자치법규란 헌법과 법령의 범위 내에서 지방자치단체가 자치입법권에 의거하여 정립하는 법규를 말한다. 자치법규에는 지방의회가 정하는 조례, 지방자치단체의 장이 정하는 규칙이 있다.

Ⅱ. 불문법원

1. 관 습 법

일반적으로 일정사실이 장기간 반복되고(관행) 아울러 그것이 민중의 법적 확신을 가질 때 이를 관습법이라고 부른다(법적 확신설 · 법력내재설). 관습법에는 행정선례법과 민중적 관습법(예: 관습상 어업권, 관습상 하천수사용권)이 있다. 그러나 헌법 제37조 제2항에 따라 국민의 권리를 제한하거나 의무를 부과하는 경우에는 법률로 정하여야 하기 때문에(법률유보의 원리) 침해적인 경찰행정법의 관습법은 인정할 수 없다.

2. 판 례 법

① 헌법재판소의 위헌결정은 법원으로서의 성격을 갖는다. 왜냐하면 위헌으로 결정된 법률 또는 법률조항은 효력을 상실하고 아울러 위헌결정은 법원 기타 국가기관이나 지방자치단체를 기속하기 때문이다(헌재법 제47조 제1항·제2항). ② 대법원판결이 법원이라는 규정은 없다. 그러나 종전에 대법원에서 판시한 헌법·법률·명령 또는 규칙의 해석적용에 관한 의견을 변경할 필요가 있음을 인정하는 경우에는 대법관전원합의체에서 심판하여야 한다(법조법 제7조 제1항 제3호)는 점 등을 고려할 때, 대법원의 판례도 법원의 성격을 갖는다.

- **헌법재판소법 제47조(위헌결정의 효력)** ① 법률의 위헌결정은 법원과 그 밖의 국가기관 및 지방자치단체를 기속한다.
② 위헌으로 결정된 법률 또는 법률의 조항은 그 결정이 있는 날부터 효력을 상실한다. 다만, 형벌에 관한 법률 또는 법률의 조항은 소급하여 그 효력을 상실한다.
- **법원조직법 제7조(심판권의 행사)** ① 대법원의 심판권은 대법관전원의 3분의 2 이상의 합의체에서 이를 행하며 대법원장이 재판장이 된다. 다만, 대법관 3인 이상으로 구성된 부에서 먼저 사건을 심리하여 의견이 일치한 때에 한하여 다음의 경우를 제외하고 그 부에서 재판할 수 있다.
3. 종전에 대법원에서 판시한 헌법·법률·명령 또는 규칙의 해석적용에 관한 의견을 변경할 필요가 있음을 인정하는 경우

Ⅲ. 행정법의 일반원칙(조리)

1. 의 의

행정법의 일반원칙이란 행정법의 영역에서 적용되는 일반법원칙을 말한다. 일반법원칙이란 법적 공동체로서의 인간단체에서 당연히 도출되는 윤리적 최소한의 원칙을 말한다. 행정법의 일반원칙을 위반하는 경찰작용은 위법한 것이 된다. 행정법의 일반원칙의 예로 다음을 볼 수 있다.

2. 행정의 자기구속의 원칙

(1) 의 의 행정의 자기구속의 원칙이란 행정청은 스스로 정하여 시행하고

있는 기준(특히 재량준칙)을 합리적인 이유 없이 이탈할 수 없다는 원칙을 말한다. 동일한 사안에 대하여는 관행적으로 동일한 결정을 하여야 한다는 원칙을 말할 수도 있다.

(예) 도로교통법시행규칙에서 음주운전을 하다 처음 적발되면 운전면허정지 1개월의 처분을 할 것을 규정했다고 가정할 때, 음주운전을 하다 처음 적발된 A, B 등에게 1개월의 운전면허정지처분을 하였다면 C에게도 1개월의 운전면허정지처분을 하여야 한다는 원칙이다.

● **도로교통법 제44조(술에 취한 상태에서의 운전 금지)** ① 누구든지 술에 취한 상태에서 자동차등(괄호 내용 생략)을 운전하여서는 아니 된다.
제93조(운전면허의 취소·정지) ① 지방경찰청장은 운전면허(괄호 내용 생략)를 받은 사람이 다음 각 호의 어느 하나에 해당하면 행정안전부령으로 정하는 기준에 따라 운전면허를 취소하거나 1년 이내의 범위에서 운전면허의 효력을 정지시킬 수 있다. (단서 생략)
1. 제44조 제1항을 위반하여 술에 취한 상태에서 자동차등을 운전한 경우

(2) 인정근거 학설은 평등의 원칙을 근거로 행정의 자기구속의 원칙을 인정한다. 헌법재판소와 대법원 모두 행정의 자기구속의 법리를 명시적으로 인정한다.

헌재 1990. 9. 3, 90**헌마**13(재량권행사의 준칙인 규칙이 그 정한 바에 따라 되풀이 시행되어 행정관행이 이룩되게 되면, 평등의 원칙이나 신뢰보호의 원칙에 따라 행정기관은 그 상대방에 대한 관계에서 그 규칙에 따라야 할 자기구속을 당하게 되고, 그러한 경우에는 대외적인 구속력을 가지게 된다).
대판 2009. 12. 24, 2009**두**7967(상급행정기관이 하급행정기관에 대하여 업무처리지침이나 법령의 해석적용에 관한 기준을 정하여 발하는 이른바 '행정규칙이나 내부지침'은 일반적으로 행정조직 내부에서만 효력을 가질 뿐 대외적인 구속력을 갖는 것은 아니므로 행정처분이 그에 위반하였다고 하여 그러한 사정만으로 곧바로 위법하게 되는 것은 아니다. 다만, 재량권 행사의 준칙인 행정규칙이 그 정한 바에 따라 되풀이 시행되어 행정관행이 이루어지게 되면 평등의 원칙이나 신뢰보호의 원칙에 따라 행정기관은 그 상대방에 대한 관계에서 그 규칙에 따라야 할 자기구속을 받게 되므로, 이러한 경우에는 특별한 사정이 없는 한 그를 위반하는 처분은 평등의 원칙이나 신뢰보호의 원칙에 위배되어 재량권을 일탈·남용한 위법한 처분이 된다 … 이러한 원심판결에는 행정의 자기구속의 원칙 및 행정규칙에 관련된 신뢰보호의 원칙에 관한 법리를 오해하고 재량권의 일탈·남용에 관한 채증법칙을 위배한 잘못이 있으며, 이는 판결에 영향을 미쳤음이 명백하다).

(3) 적용영역 행정의 자기구속의 원칙은 행정청이 재량권을 갖는 행위인 재량행위의 경우에 의미를 갖는다. 기속행위에서는 행정청에 아무런 선택의 자유도 없기 때문에 자기구속의 문제가 없다. 행정의 자기구속의 원칙은 행정관행이 적법한 경우에 적용

되고, 위법한 경우에는 적용되지 아니한다

(4) 적용요건　행정의 자기구속의 원칙은 ① 동일한 상황 하에서 동일한 법적용이 문제되고, ② 행정관행이 적법한 경우에 적용된다. ③ 선례가 있어야 한다는 견해도 있으나, 행정청이 정한 규칙을 미리 정해진 행정관행으로 보아 선례가 없다고 하여도 행정의 자기구속의 원칙을 인정할 수 있다는 견해도 있다.

(5) 적용한계　기존의 관행과 다른 결정을 할 이유가 종래의 결정의 반복으로 인한 법적 안정성의 이익을 능가하며, 새로운 행정결정이 모든 새로운 결정에 동등하게 적용될 것이 예정된 경우에는 종래의 행정관행으로부터의 이탈은 적법하다.

(6) 위반과 권리구제　행정의 자기구속의 원칙에 반하는 처분 등은 위헌·위법한 것이 된다. 행정의 자기구속의 원칙에 반하는 행정행위는 행정소송(항고소송)의 대상이 되고, 경우에 따라서는 국가의 손해배상책임을 발생시킨다.

3. 비례원칙

(1) 의　의　비례원칙이란 행정의 목적과 그 목적을 실현하기 위한 수단의 관계에서 행정목적을 달성하기 위한 수단은 그 목적달성에 유효·적절하고 또한 가능한 한 최소침해를 가져오는 것이어야 하며 아울러 그 수단의 도입으로 인한 침해가 의도하는 공익을 능가하여서는 아니 된다는 원칙을 말한다. 비례원칙은 행정의 목적과 그 목적을 실현하기 위한 수단의 관계에 관한 원칙이다.

> **(예)** 대통령표창을 여러 번 수상한 모범 경찰공무원 A가 술에 취한 상태에서 뇌물로 2만원을 받은 것이 발각된 경우, 경찰공무원 A에게 파면처분을 한다면, 파면처분은 비례원칙에 어긋나는 것이 된다, 왜냐하면 경찰공무원 A의 경우에는 파면보다 경미한 징계인 감봉처분이나 견책처분만으로도 그 비행을 응징하고, 비행의 재발을 방지하며, 또한 다른 경찰공무원에게 경종을 올리는데 충분하다고 판단되기 때문이다.

(2) 법적 근거　① 헌법 제37조 제2항의 '필요한 경우'란 비례원칙을 표현한 것으로 이해된다. ② 비례원칙을 규정하고 있는 법률도 적지 아니하다.

> **헌법 제37조** ② 국민의 모든 자유와 권리는 국가안전보장·질서유지 또는 공공복리를 위하여 **필요한 경우**에 한하여 법률로써 제한할 수 있으며, 제한하는 경우에도 자유와 권리의 본질적인 내용을 침해할 수 없다.
>
> **행정규제기본법 제5조(규제의 원칙)** ③ 규제의 대상과 수단은 규제의 목적 실현에 **필요한 최소한의 범위**에서 가장 효과적인 방법으로 객관성·투명성 및 공정성이 확보되도록 설정되어야 한다.

● **행정절차법 제48조(행정지도의 원칙)** ① 행정지도는 그 목적 달성에 **필요한 최소한도**에 그쳐야 하며, 행정지도의 상대방의 의사에 반하여 부당하게 강요하여서는 아니 된다.
● **경찰관직무집행법 제1조(목적)** ② 이 법에 규정된 경찰관의 직권은 그 직무수행에 **필요한 최소한도** 내에서 행사되어야 하며 이를 남용하여서는 아니된다.

(3) 내 용 (넓은 의미의) 비례원칙은 적합성의 원칙·필요성의 원칙·좁은 의미의 비례원칙으로 구성된다. ① 적합성의 원칙이란 행정수단은 추구하는 행정목표의 달성에 법적으로나 사실상으로 유용한 것이어야 한다는 원칙이다. ② 필요성의 원칙이란 목표달성을 위해 채택된 수단은 많은 적합한 수단 중에서 개인이나 공중에 최소한의 침해를 가져오는 것이어야 한다는 원칙이다. 필요성의 원칙을 최소침해의 원칙이라고도 한다. ③ 좁은 의미의 비례원칙이란 목표달성을 위해 적용하고자 하는 수단으로부터 나오는 사익에 대한 침해가 목적하는 공익상의 효과를 능가하여서는 아니 된다는 원칙이다. 상당성의 원칙이라고도 한다.

(4) 적용영역 비례원칙은 행정의 모든 영역에 적용된다. 침해행정은 물론 급부행정에도 적용된다. 경찰행정에도 당연히 적용된다.

헌재 2011. 6. 30, 2009**헌마**406(불법·폭력 집회나 시위가 개최될 가능성이 있다고 하더라도 이를 방지하기 위한 조치는 개별적·구체적인 상황에 따라 필요최소한의 범위에서 행해져야 하는 것인바, 서울광장에서의 일체의 집회는 물론 일반인의 통행까지 막은 것은 당시 상황에 비추어 볼 때, 필요한 최소한의 조치였다고 보기 어렵고, 가사 그 필요성이 있더라도 몇 군데 통로를 개설하거나 또는 집회의 가능성이 적거나 출근 등의 왕래가 빈번한 시간대에는 통행을 허용하는 등 덜 침해적인 수단을 취할 수 있었음에도 모든 시민의 통행을 전면적으로 통제한 것은 침해를 최소화한 수단이라고 할 수 없으므로 과잉금지원칙을 위반하여 기본권을 침해하였다).

(5) 위반의 효과와 권리구제 비례원칙에 반하는 명령·처분 등은 위헌·위법한 것이 된다. 비례원칙을 위반한 행정행위는 항고소송의 대상이 되며, 경우에 따라서는 국가의 손해배상책임을 발생시킨다.

4. 신뢰보호의 원칙

(1) 의 의 행정청의 어떠한 행위의 존속이나 정당성을 사인이 신뢰한 경우, 보호할 가치 있는 사인의 신뢰는 보호되어야 한다는 원칙을 말한다.

(예) A가 운전면허정지처분의 사유가 되는 도로교통법 위반행위를 범하였고, 경찰관이 이를

단속하였음에도 불구하고 관할 지방경찰청장이 아무런 조치를 취하지 아니하다가 5년이 지나가는 시점에 와서 운전면허취소처분을 한다면, 그러한 처분은 신뢰보호의 원칙에 반하는 것이 된다. 왜냐하면 도로교통법 위반행위가 있은 지 5년 동안 관할 지방경찰청장이 아무런 조치도 하지 아니하였다면, A는 관할지방경찰청장이 아무런 조치를 취하지 아니한다는 믿음을 가지게 되었고, A는 그러한 믿음을 바탕으로 자신의 생활을 영위한다고 볼 것이고, 그러한 믿음을 바탕으로 한 A의 평화로운 생활은 보호되어야 하기 때문이다.

(2) 법적 근거 다수설과 판례는 신뢰보호의 원칙의 논리적 근거로 법적 안정성설을 취한다. 신뢰보호의 원칙은 실정법상으로도 여러 법률에 규정되고 있다. 여러 법률 중에서 행정절차법 제4조 제2항이 일반규정이다. 행정절차법에 규정되지 아니한 사항에 대해서는 학설과 판례에 의해 보충될 수밖에 없다.

행정절차법 제4조(신의성실 및 신뢰보호) ② 행정청은 법령등의 해석 또는 행정청의 관행이 일반적으로 국민들에게 받아들여졌을 때에는 공익 또는 제3자의 정당한 이익을 현저히 해칠 우려가 있는 경우를 제외하고는 새로운 해석 또는 관행에 따라 소급하여 불리하게 처리하여서는 아니된다.

(3) 적용영역 신뢰보호의 원칙은 행정의 모든 영역에 적용된다. 침해행정은 물론 급부행정에도 적용된다. 경찰행정에도 당연히 적용된다. 행정입법, 행정계획, 행정행위 등 행정의 모든 행위형식에도 적용된다. 신뢰보호의 원칙은 행정작용이 위법한 경우에도 인정될 수 있다.

(4) 적용요건 신뢰보호의 원칙이 적용되기 위해서는 ① 행정청의 선행조치가 있고, ② 행정청의 선행조치에 대하여 보호가치 있는 사인의 신뢰가 있고, ③ 그 신뢰를 바탕으로 한 사인의 처리가 있고, ④ 선행조치에 반하는 행정청의 후행처분이 있어야 한다.

5. 실권(실효)의 법리

(1) 의 의 실권 또는 실효의 법리란 권리행사의 기회가 있음에도 불구하고 권리자가 장기간에 걸쳐 그의 권리를 행사하지 아니하였기 때문에 의무자인 상대방은 이미 그의 권리를 행사하지 아니할 것으로 믿을만한 정당한 사유가 있게 되거나 행사하지 아니할 것으로 추인케 할 경우에 새삼스럽게 그 권리를 행사하는 것이 신의성실의 원칙에 반하는 결과가 될 때 그 권리행사를 허용하지 않는 것을 말한다.

(2) 근거 및 적용범위 실권 또는 실효의 법리는 법의 일반원리인 신의성실의 원칙에 바탕을 둔 파생원칙으로서 공법관계 가운데 비권력관계는 물론이고 권력관계에도 적용된다(대판 1988. 4. 27, 87누915).

(3) 요 건 실권법리의 적용요건에는 다툼이 있으나, ① 권리자가 권리를 행사할 수 있음에도 불구하고 이를 행사하지 않음을 요한다(권리의 불행사). ② 장기간에 걸쳐 권리불행사의 사실상태가 계속하였을 것을 요한다(시간의 경과). ③ 국민은 행정청이 권리를 행사하지 않을 것으로 신뢰하고 그에 대해 정당한 사유가 존재해야 한다(정당한 사유의 존재).

(4) 실권의 법리와 신뢰보호원칙의 비교 신뢰보호사상은 실권제도의 근거이기 때문에 실권은 신뢰보호의 한 적용례라고 할 수도 있으나 양자의 요건이 같지는 않다. ① 실권에 특유한 시간의 경과라는 요건은 신뢰보호원칙의 일반적 요건이 아니다. ② 신뢰보호원칙의 경우에는 신뢰기초의 대부분이 적극적인 수익적 행위이며, 신뢰기초의 신뢰에 대한 상대방의 귀책성이 없어야 하나 실권의 경우에는 신뢰기초(실권유발행위)의 내용이 권리의 불행사라는 부작위이고, 이에 대한 행정청의 귀책성이 요구된다. ③ 실권은 행정의 상대방인 사인이 행정작용의 하자를 알고 있는 경우에도 가능할 수 있다.

6. 부당결부금지의 원칙

(1) 의 의 부당결부금지의 원칙이란 행정작용과 사인이 부담하는 반대급부는 상호 부당하게 결부되어서는 아니 된다는 원칙을 말한다.

> **(예)** A지방경찰청장이 B에게 운전면허(처분)를 발급하면서 아무런 법적 근거도 없이 A지방경찰청에 접한 B의 토지를 A지방경찰청에 기부하라(대가)는 조건을 붙인다면, 그러한 조건은 부당결부금지의 원칙에 어긋난다. 왜냐하면 운전허가와 B토지는 서로 아무런 관련이 없을 뿐만 아니라, 법적 근거가 없음에도 불구하고 A지방경찰청장이 일방적으로 B의 토지를 A지방경찰청에 기부하도록 하는 것이 가능하다면, B의 사유재산의 보호는 불가능해지기 때문이다.

(2) 법적 근거 부당결부금지의 원칙은 헌법상 법치국가원리와 자의금지의 원칙에서 나온다. 부당결부금지의 원칙은 헌법적 지위를 갖는다. 판례도 부당결부금지의 원칙을 인정한다(대판 1997. 3. 11, 96다49650).

> **대판** 2009. 2. 12, 2005다65500(부당결부금지의 원칙이란 행정주체가 행정작용을 함에 있어서 상대방에게 이와 실질적인 관련이 없는 의무를 부과하거나 그 이행을 강제하여서는 아니 된다는 원칙을 말한다).

(3) 적용영역 부당결부금지의 원칙은 주로 행정행위의 부관(예: 건축허가를 하면서 다른 토지의 기부채납을 부관으로 부담하게 하는 경우), 공법상 계약(예: 주차장시설의무의 면제

와 천만원의 납부의무를 내용으로 공법상 계약을 체결하는 경우) 또는 행정의 실효성확보수단(예: 관허사업의 일반적 제한 또는 공급거부)과 관련하여 문제되고 있다.

(4) 적용요건 부당결부금지의 원칙이 적용되기 위해서는 ① 행정청의 행정작용이 있어야 하고, ② 그 행정작용은 상대방에 부과하는 반대급부와 결부되어야 하고, ③ 그 행정작용과 사인의 급부가 부당한 내적 관련(실체적 관련성)을 가져야 한다.

(5) 원칙위반의 효과 부당결부금지의 원칙을 위반한 부관부 행정행위는 무효 또는 취소할 수 있는 행위로서 항고소송의 대상이 된다. 공법상 계약에 부가된 사인의 급부가 위법한 경우, 그 공법상 계약은 무효로 보는 것이 일반적 견해이다.

7. 신의성실의 원칙

신의성실의 원칙이란 법률관계의 당사자는 상대방의 이익을 배려하여 형평에 어긋나거나 신뢰를 저버리는 내용 또는 방법으로 권리를 행사하거나 의무를 이행해서는 아니된다는 원칙을 말한다(대판 2009. 3. 26, 2008두21300). 신의성실의 원칙은 공·사법을 불문하고 적용되는 법의 일반원칙 중의 하나이다. 신의성실의 원칙은 행정절차법 등 여러 법률에서 규정되고 있다.

> ● **행정절차법 제4조(신의성실 및 신뢰보호)** ① 행정청은 직무를 수행함에 있어서 신의에 따라 성실히 하여야 한다.

8. 기 타

앞에서 본 원칙 외에도 행정법의 일반원칙으로 권리남용금지의 원칙(권리는 남용하지 못한다는 원칙), 수인성의 원칙(모든 국가작용은 사인이 참을 수 있는 것이어야 한다는 원칙), 공익의 원칙(모든 국가작용은 공공의 이익을 위한 것이어야 한다는 원칙) 등이 있다.

Ⅳ. 국 제 법

국제법은 원래 국제관계에 관한 법이지, 국가 내에서 행정주체와 국민 개인 사이에 적용되는 법이 아니다. 그런데 헌법 제6조 제1항은 "헌법에 의하여 체결·공포된 조약과 일반적으로 승인된 국제법규는 국내법과 같은 효력을 가진다"고 규정하고 있다. 따라서 헌법이 규정하는 범위 안에서 국제법은 국내법의 성격도 갖는다. 국제법에는 성문의 국제법과 관습법으로서의 국제법이 있다.

대판 2007. 12. 27, 2007두11177(1980. 5. 20. 체결된 '남극해양생물자원 보존에 관한 협약(이하 '이 사건 협약'이라 한다)과 관련하여, 우리나라가 1985. 3. 29. 가입서를 기탁한 후, 1985. 4. 28. 조약 제860호로 이 사건 협약이 발효되어 우리나라 영토 전체에 그 효력이 미치는 이상, 우리나라 항구에 입항한 이 사건 이빨고기 운반선은 그 기국(旗國) 및 이 사건 이빨고기 조업선의 기국이 이 사건 협약의 체약국인지 여부와 관계없이, 이 사건 협약 및 그에 따른 남극해양생물자원 보존위원회의 보존조치에 의한 검색과 양륙 및 전재 제한조치의 적용대상이 된다고 할 것이다).

제3항 경찰행정법의 단계구조

Ⅰ. 문제 상황

법을 정립하는 기관이 다수이고 아울러 법원의 종류도 다양하므로 법규범 간에 내용상 충돌이 일어날 수 있다. 그런데 하나의 법적 문제에 대해서는 하나의 정당한 기준이 있어야 하므로, 충돌문제를 해결하기 위하여 법원의 단계질서를 논하는 것이 필요하다.

Ⅱ. 내　　용

1. 국내법 사이

국내법 사이에는 헌법·법률·명령·자치법규의 순으로 단계를 구성한다. 법률의 위헌을 선언한 판례는 법률의 지위를 갖는다. 관습법은 일반적으로 법률적 지위를 갖지만, 헌법적 지위를 갖는 관습법과 자치법규의 지위를 갖는 관습법의 존재도 가능하다.

2. 국내법과 국제법 사이

우리 헌법의 해석상 ① 헌법, ② 국내헌법률과 같은 효력을 가지는 일반적으로 승인된 국제법규, ③ 법률, 법률에 상응하는 국제법규, 국회의 동의를 얻은 조약(헌법 제60조 제1항), ④ 명령, 명령에 상응하는 국제법규, 일부의 행정협정, ⑤ 자치법규의 순으로 단계를 구성한다.

Ⅲ. 충돌해결기준

상위법과 하위법 사이에 충돌이 있는 경우에는 상위법, 특별법과 일반법 사이에 충돌이 있는 경우에는 특별법, 신법과 구법 사이에 충돌이 있는 경우에는 신법이 적용된다.

대판 2012. 5. 24, 2010두16714(법률이 상호 모순, 저촉되는 경우에는 신법이 구법에, 그리고 특별법이 일반법에 우선하나, 법률이 상호 모순되는지는 각 법률의 입법 목적, 규정 사항 및 적용범위 등을 종합적으로 검토하여 판단해야 한다).

Ⅳ. 공무원의 법령심사

어떠한 법규가 위헌·위법이라 판단되면 경찰공무원은 절차를 중단하고 상급관청 내지 상관에게 질의해야 할 것이다. 위헌·위법 여부의 최종적인 판단은 대법원이 행한다.

제 4 항　경찰행정법의 법원의 효력

Ⅰ. 시간적 효력

1. 의　　의

경찰행정법원의 시간적 효력(時間的 效力)이란 법원이 국민들에게 효력을 갖는 시간적 간격을 말한다. 시간적 간격이란 법원의 효력발생시점에서 효력소멸시점까지의 기간을 말한다.

2. 효력의 발생

경찰행정법원의 효력의 발생시점은 법원을 공포한 날일 수도 있고, 공포한 날 이후의 날일 수도 있다. 국가의 법령의 공포는 원칙적으로 관보(官報, 국가의 중요한 사항을 알리기 위하여 정부가 발행하는 매체를 말한다)에 게재하는 방법으로 한다. 지방자치단체의 자치입법의 공포는 원칙적으로 당해 지방자치단체의 공보(公報, 지방자치단체의 중요한 사항을 알리기 위하여 지방자치단체가 발행하는 매체를 말한다)에 게재하는 방법으로 한다.

3. 주지기간

법령을 시행하기 위해 사전에 일정한 기간 동안 국민들에게 그 법령의 내용을 알리는 기간을 주지기간 또는 시행유예기간이라 부른다. 법률은 특별한 규정이 없는 한 공포한 날로부터 20일을 경과함으로써 효력을 발생한다(헌법 제53조 제7항). 다만, 국민의 권리 제한 또는 의무 부과와 직접 관련되는 법률, 대통령령, 총리령 및 부령은 긴급히 시행하여야 할 특별한 사유가 있는 경우를 제외하고는 공포일부터 적어도 30일이 경과한 날부터 시행되도록 하여야 한다(법령 등 공포에 관한 법률 제13조의2).

4. 소급적용 여부

(1) 침익적 법령과 소급적용 가부 시행일 이전에 발생한 사항에 대하여 법령을 적용하는 것은 소급적용이라 한다. 국민들에게 침익적인 효과를 가져오는 소급적용은 원칙적으로 금지되는데 이를 불소급의 원칙이라 한다. 침익적인 소급을 인정한다면, 국민들의 안정된 생활은 기대할 수 없다. 왜냐하면 국민들은 행위 당시의 법을 보고 자신의 행동을 결정하는 것이지, 행위 당시에는 없었으나 사후에 만들어질 법의 내용을 예측하여 자신의 행동을 결정할 수는 없기 때문이다.

(예) 허가 없이 붕어를 낚시하면 10만원의 과태료를 부과한다는 내용의 (가칭) 낚시법이 2020년 4월 2일에 국회를 통과하고, 2020년 4월 25일에 정부가 공포하고, 2020년 5월 15일에 발효되었다고 하자. 그런데 낚시법이 부칙에서 2019년 1월 1일부터 붕어를 낚시한 자에게도 10만원의 과태료를 부과한다고 규정하면, 낚시법 부칙은 낚시법을 소급하여 적용하는 것이 된다. 만약 2019년 2월 5일에 붕어를 낚시한 A에 대하여 2020년 6월 5일에 과태료를 부과한다면, 그것은 불소급의 원칙에 반하는 것으로서 위법한 것이 된다. 왜냐하면 A가 낚시를 하였던 2019년 2월 5일에는 허가 없이 붕어를 낚시하는 것을 금지하는 바가 없었고, 또한 허가 없이 붕어를 낚시하면 추후에 과태료가 부과된다는 법적 상황도 없었으므로, 이러한 A에게 과태료를 부과한다는 것은 A의 법적 안정을 깨뜨리는 것이 되기 때문이다.

대판 2012. 2. 23, 2010두17557(구 '친일반민족행위자 재산의 국가귀속에 관한 특별법'(2011. 5. 19. 법률 제10646호로 개정되기 전의 것) 제3조 제1항 본문(이하 '귀속조항'이라 한다)은 진정소급입법에 해당하지만 진정소급입법이라 하더라도 예외적으로 국민이 소급입법을 예상할 수 있었거나 신뢰보호의 요청에 우선하는 심히 중대한 공익상의 사유가 소급입법을 정당화하는 경우 등에는 허용될 수 있다 할 것인데, 친일재산의 소급적 박탈은 일반적으로 소급입법을 예상할 수 있었던 예외적인 사안이고, 진정소급입법을 통해 침해되는 법적 신뢰는 심각하다고 볼 수 없는 데 반해 이를 통해 달성되는 공익적 중대성은 압도적이라고 할 수 있으므로 진정소급입법이 허용되는 경우에 해당한다. 따라서 귀속조항이 진정소급입법이라는 이유만으로 헌법 제13조 제2항에 위배된다고 할 수 없다).

(2) **수익적 법령과 소급적용 가부** 수익적인 소급적용은 원칙적으로 허용된다. 예컨대, 조례를 개정하여 지난해에 징수한 재산세의 일부를 주민들에게 되돌려주는 것은 수익적인 것으로서 원칙적으로 허용된다.

5. 소 멸

"A법률을 폐지한다"는 내용을 가진 「A법률의 폐지에 관한 법률」을 제정하거나 기존의 법률의 내용과 충돌되는 새로운 법률을 만들거나, 헌법재판소의 위헌결정이 있으면, 기존의 법률은 소멸한다. 행정입법의 경우에 상위법을 폐지하면 역시 소멸한다. 예컨대, 대통령령의 근거법인 법률을 폐지하면 대통령령은 소멸된다.

Ⅱ. 지역직 효력

경찰행정법규는 그 법규의 제정권자의 권한이 미치는 지역적 범위 내에서만 효력을 갖는다. 예컨대, 대통령령·부령은 전국에 미치고, 조례는 당해 지방자치단체의 관할구역에 미친다. 「제주특별자치도 설치 및 국제자유도시조성을 위한 특별조치법」과 같이 국가의 법령이 국내의 일부 지역에만 미치는 경우도 있다. 지역이란 영토뿐만 아니라 영해(바다)와 영공(하늘)까지 포함하는 개념이다. 한편, 국제법상 치외법권이 미치는 구역(예: 외국공관)에는 우리 경찰행정법규의 효력이 미치지 않는다.

Ⅲ. 인적 효력범위

경찰행정법규는 지역적 효력이 미치는 당해 지역 안에 있는 모든 사람에게 적용된다. 자연인·법인, 내국인·외국인을 불문한다. 서대문구 주민이 강남구에서 담배꽁초를 버리면 강남구의 관련 자치법규에 의해 과태료가 부과될 수 있다. 미국인이 강남구에서 담배꽁초를 버리면 강남구의 관련 자치법규에 의해 과태료가 부과될 수 있다. 그러나 치외법권을 가진 자는 우리 경찰행정법의 적용을 받지 아니한다(예: 주한 A국 대사가 도로교통법을 위반하였다고 하여도 처벌받지 아니한다). 한편, 외국거주 한국인에게도 우리 경찰행정법규의 효력이 당연히 미친다.

제 5 항 경찰행정법의 해석·적용과 흠결의 보충

Ⅰ. 경찰행정법의 해석

1. 해석의 종류

경찰행정법의 전통적 해석방법으로 ① 의미론적이고 당해 법문의 관점에서 일상의 용어가 갖는 의미를 기초로 한 문리적 해석, ② 개념내용을 밝히는 논리적 해석, ③ 규범내용의 역사적 발전과정의 관점에서 행하는 역사적 해석, ④ 규범의 의미·목적을 객관적 입장에서 밝히는 목적론적 해석, ⑤ 전체법질서의 관점에서 행하는 비교법적 해석이 있다.

대판 2012. 7. 5, 2011두19239(법령의 해석은 어디까지나 법적 안정성을 해치지 않는 범위 내에서 구체적 타당성을 찾는 방향으로 이루어져야 한다. 이를 위해서는 가능한 한 원칙적으로 법령에 사용된 문언의 통상적인 의미에 충실하게 해석하고, 나아가 당해 법령의 입법 취지와 목적, 그 제·개정 연혁, 법질서 전체와의 조화, 다른 법령과의 관계 등을 고려하는 체계적 논리적 해석방법을 추가적으로 동원함으로써, 위와 같은 타당성 있는 법령 해석의 요청에 부응하여야 한다).

2. 해석의 특징

앞의 여러 해석방법을 따른다고 하여도 침익적 사항을 내용으로 하는 경찰행정법의 해석은 엄격하여야 하고, 유추해석이나 확장해석은 원칙적으로 허용되지 않는다. 그러나 수익적 사항을 내용으로 하는 경찰행정법의 해석에는 확장해석이나 유추해석을 부인할 이유가 없다.

Ⅱ. 경찰행정법의 적용

특별법과 일반법의 관계에서 특별법이 우선 적용되는 것과 같이 특별경찰행정법과 일반경찰행정법의 관계에서도 특별경찰행정법이 우선 적용된다. 특별경찰행정법이 적용되는 한, 일반경찰행정법은 적용되지 아니한다. 특별경찰행정법이 없거나 미비한 경우에는 일반경찰행정법이 적용된다.

Ⅲ. 경찰행정법의 흠결의 보충

1. 문제 상황

단일의 완비된 경찰행정법전은 존재하지 아니한다. 공법적 성질을 갖는 구체적 경찰행정상 공법관계(경찰행정법관계)에서 성문의 공법도 없고 관습법도 없는 경우에 어떠한 법이 적용될 것인가의 문제가 있다. 이것이 바로 경찰행정법의 흠결의 보충문제이다.

2. 사법적용의 가능성

과거 공법관계에 사법의 적용을 부인하는 견해도 있었으나, 오늘날에는 공법과 사법이 본질적으로 상이한 것이 아님을 전제로 하여 행정법관계에도 사법이 적용될 수 있다는 견해가 일반적이다. ① 전통적 견해인 개괄적 구별설에 의하면, 「사법규정은 대체로 일반법원리적 규정(예: 권리남용의 금지)·법기술적 규정(예: 민법상 기간계산 규정)·이해조절적 규정(예: 매도인의 하자담보책임)으로 이루어져 있고, 여기서 일반법원리적 규정이나 법기술적 규정에 해당하는 조항은 권력관계와 비권력관계 모두에 적용되며, 다만 이해조절적인 규정은 비권력관계에서 유추적용이 가능한 경우도 있다」고 한다. ② 이와 달리 법률관계의 내용의 구체적 성격·기능에 따라 적용 여부를 판단해야 한다는 개별적 구별설도 있다. 경찰행정상 사법관계에서는 사법이 당연히 적용된다.

3. 적용가능한 사법규정

① 권력관계에서도 신의성실의 원칙과 권리남용금지의 원칙, 자연인 및 법인의 관념, 권리능력과 행위능력의 관념, 주소·물건의 관념, 법률행위·의사표시·대리·무효·취소·조건·기한 등의 관념, 기간·시효제도·사무관리·부당이득·불법행위 등의 일반법원리적 규정·법기술적 규정은 적용된다. ② 비권력관계는 기본적으로 사법관계와 상이한 것은 아니기 때문에 특별한 공법적 제한(예: 국가배상법 제5조의 무과실책임)이 가해지지 않는 한, 사법규정이 전반적으로 유추적용될 수 있을 것이다.

4. 공법규정의 적용

유추적용은 법원의 존부에 관한 개념이 아니라 법원의 해석에 관련된 개념이지만, 공법규정의 유추적용이 공법규정의 흠결을 보완하는 방법일 수 있다.

제 3 절 경찰행정법과 헌법

제 1 항 경찰행정법의 기초로서 헌법

Ⅰ. 헌법상 사무로서 경찰

우리 헌법은 위험방지에 관해 명시적으로, 그리고 포괄적으로 규정하는 바가 없지만, 헌법 제37조 제2항에서 말하는 질서유지의 개념에 비추어 위험방지작용인 경찰작용은 헌법상 요구되는 국가작용이다. 경찰상 위험방지는 국가의 의무이자 민주법치국가에서 포기할 수 없는 기본적 기능이다.

Ⅱ. 헌법에 적합한 경찰법

경찰의 조직과 작용에 관한 법인 경찰행정법은 국가의 최상위의 법원인 헌법에 반할 수 없을 뿐만 아니라 헌법의 목적(인간의 존엄과 가치)을 실천하는데 봉사하여야 한다. 헌법은 모든 국민에게 인간으로서의 존엄과 가치를 보장하기 위해 모든 국가작용에 대하여 법치주의를 따를 것을 요구한다. 경찰작용도 당연히 법치주의를 따라야 하며, 예외일 수가 없다. 오히려 경찰작용에서는 권력행사 내지 인권에 대한 침해와 상당한 관련을 가지므로 법치주의를 보다 엄격하게 준수할 것을 요구한다.

제 2 항 법치주의와 법률적합성의 원칙과 경찰행정

Ⅰ. 법치주의 · 법치행정

1. 법치주의

법치주의란 형식적 의미로는 국가가 국민의 자유와 권리를 제한하거나, 국민에게 새로운 의무를 부과하는 때에는 국회가 제정한 법률에 의하거나 법률에 근거가 있어야 하며, 또 법률은 국민만이 아니고 국가권력의 담당자도 규율한다는 원리를 말한다. 실질적 의미로는 정의의 이념에 근거하고 정의의 실현을 추구하는 국가원리를 말한다. 헌법상 법치주의는 양자의 개념을 모두 포함하는 것으로 이해된다.

2. 법치행정

행정의 영역에서 법치주의의 표현이 법치행정이다. 법치행정이란 행정은 법률의 근거 하에서 법률의 기속을 받으며 행해져야 하며, 이에 위반하여 개인에게 피해가 생기면 이에 대해 사법적인 구제가 주어지는 법원리를 말한다. 법치행정은 경찰행정에도 당연히 적용된다.

Ⅱ. 행정의 법률적합성의 원칙

1. 의 의

행정의 법률적합성의 원칙이란 공행정은 합헌적 법률에 따라 수행되어야 한다는 원칙이다. 법률은 국회에서 정해지므로 행정의 법률적합성의 원칙은 민주원리의 한 표현이기도 하다. O. Mayer는 집행권에 대한 법률의 우월적인 지위를 제1의 요소로 하는 법률에 의한 행정의 내용으로 법률의 법규창조력, 법률의 우위, 법률의 유보를 언급하였다

2. 법률의 법규창조력

원래 법률의 법규창조력이란 국민의 대표기관인 국회만이 국민을 구속하는 규범인 법률을 만들 수 있음을 전제로, 국민의 대표기관인 국회가 만든 법률이라는 명칭을 가진 국가의 의사만이 국민을 구속한다는 것을 뜻하였다. 입법권이 국회에 속한다는 것(헌법 제40조)과 법규명령의 발령에 법률의 근거를 요하는 것(헌법 제75조, 제95조)은 법률의 법규창조력을 전제로 한 것이다. 그러나 오늘날에는 행정규칙에도 법규성이 인정되는 경우

가 있고, 예외적이기는 하나 법률적 효력을 갖는 명령을 행정권이 발할 수 있는 경우도 인정되는바(예: 긴급명령·긴급재정경제명령), 이제는 법률만이 법규창조력을 갖는다고 말할 수는 없다.

3. 법률의 우위의 원칙

(1) 의 의 법률의 우위의 원칙이란 "국가의 행정은 합헌적 절차에 따라 제정된 법률에 위반되어서는 아니 된다"는 원칙을 의미한다. 법률에는 헌법, 국회제정의 형식적 의미의 법률, 법률의 위임에 따른 법규명령, 행정법의 일반원칙 등이 포함된다. 법률의 우위의 원칙은 헌법 제107조 제2항에 의해 보장되고 있다.

> **헌법 제107조** ② 명령·규칙 또는 처분이 헌법이나 법률에 위반되는 여부가 재판의 전제가 된 경우에는 대법원은 이를 최종적으로 심사할 권한을 가진다.

(2) 적용범위 법률의 우위의 원칙은 모든 행정영역에 적용된다. 수익적 행위인지 침익적 행위인지를 가리지 않는다. 조직상의 행위인지도 가리지 않는다.

(3) 위 반 법률의 우위의 원칙에 반하는 행정작용은 위법하다. 법률에 반하는 행정작용은 무효가 된다. 다만 법률에 반하는 행정행위는 하자의 중대성과 명백성 여하에 따라 무효 또는 취소의 대상이 된다. 위반행위로 개인에게 손해가 발생한다면 국가는 경우에 따라 손해배상책임을 진다.

4. 법률의 유보의 원칙

(1) 의 의 법률의 유보의 원칙이란 "국가의 행정은 법적 근거를 갖고서 이루어져야 한다"는 원칙을 의미한다. 법률의 우위의 원칙은 소극적으로 기존법률의 침해를 금지하는 것이지만, 법률의 유보의 원칙은 적극적으로 행정기관이 행위를 할 수 있게 하는 법적 근거의 문제이므로 적극적 의미의 법률적합성의 원칙이라고도 한다.

(2) 인정근거 이론상 법률의 유보는 헌법상 기본원리인 민주주의원리·법치주의원리·기본권보장원리의 결합에서 나온다. 또한 헌법상 위임입법의 법리에 따라 형식적 의미의 법률로 수권이 이루어지면, 수권에 근거한 법규명령도 행정의 근거가 된다.

(3) 적용범위 헌법에서 법률로 정하라고 하는 사항이 아닌 사항에 법률의 유보가 적용되는가의 여부는 불문명하다. 말하자면 법률의 우위의 원칙은 모든 행정영역에 적용되지만, 법률유보의 원칙의 적용범위는 불분명하다. 이에 관해서는 침해유보설(개인의 자유와 재산에 대한 침해는 법률의 근거를 요한다는 견해)·전부유보설(모든 행정작용은 법률에 근거해야 한다는 견해)·중요사항유보설(기본적인 규범영역에서 모든 중요한 결정은 적어도

입법자 스스로가 법률로 정하여야 한다는 견해)이 있다. 중요사항유보설이 일반적으로 지지되고 있고, 판례의 입장이기도 하다(헌재 1998. 5. 28, 96헌가1). 본질유보설 또는 본질성설이라고도 한다.

● **헌법 제21조** ③ 통신·방송의 시설기준과 신문의 기능을 보장하기 위하여 필요한 사항은 법률로 정한다
제23조 ① 모든 국민의 재산권은 보장된다. 그 내용과 한계는 법률로 정한다.
제37조 ② 국민의 모든 자유와 권리는 국가안전보장·질서유지 또는 공공복리를 위하여 필요한 경우에 한하여 법률로써 제한할 수 있으며, 제한하는 경우에도 자유와 권리의 본질적인 내용을 침해할 수 없다.

헌재 2011. 8. 30, 2009**헌바**128·148(병합)(헌법은 법치주의를 그 기본원리의 하나로 하고 있으며, 법치주의는 행정작용에 국회가 제정한 형식적 법률의 근거가 요청된다는 법률유보를 그 핵심적 내용의 하나로 하고 있다. 그런데 오늘날 법률유보원칙은 단순히 행정작용이 법률에 근거를 두기만 하면 충분한 것이 아니라, 국가공동체와 그 구성원에게 기본적이고도 중요한 의미를 갖는 영역, 특히 국민의 기본권실현에 관련된 영역에 있어서는 행정에 맡길 것이 아니라 국민의 대표자인 입법자 스스로 그 본질적 사항에 대하여 결정하여야 한다는 요구까지 내포하는 것으로 이해하여야 한다(이른바 의회유보원칙)).
헌재 2012. 4. 24, 2010**헌바**1(토지등소유자가 도시환경정비사업을 시행하는 경우 사업시행인가 신청시 필요한 토지등소유자의 동의는 개발사업의 주체 및 정비구역 내 토지등소유자를 상대로 수용권을 행사하고 각종 행정처분을 발할 수 있는 행정주체로서의 지위를 가지는 사업시행자를 지정하는 문제로서 그 동의요건을 정하는 것은 토지등소유자의 재산권에 중대한 영향을 미치고, 이해관계인 사이의 충돌을 조정하는 중요한 역할을 담당한다. 그렇다면 사업시행인가 신청시 요구되는 토지등소유자의 동의정족수를 정하는 것은 국민의 권리와 의무의 형성에 관한 기본적이고 본질적인 사항으로 법률유보 내지 의회유보의 원칙이 지켜져야 할 영역이다. 사업시행인가 신청에 필요한 동의정족수를 자치규약에 정하도록 한 이 사건 동의요건조항은 법률유보 내지 의회유보원칙에 위배된다).

(4) 위 반 법률의 유보의 원칙에 반하는 행정작용은 위법하다. 이 원칙에 반하는 행정작용은 무효가 된다. 다만 이 원칙에 반하는 행정행위는 하자의 중대성과 명백성 여하에 따라 무효 또는 취소의 대상이 된다. 위반행위로 개인에게 손해가 발생한다면 국가는 경우에 따라 손해배상책임을 진다.

Ⅲ. 경찰행정상 법률적합성의 원칙

1. 의 의

행정의 법률적합성의 원칙은 경찰행정에도 당연히 적용된다. 행정의 법률적합성의 원칙은 경찰조직에도 적용될 뿐만 아니라 경찰작용에도 적용된다. 어떠한 경찰조직이나 작용도 헌법이나 법률 등 법규에 위반할 수 없으며, 특히 침해적인 경찰행정의 경우에는 법적 근거를 필요로 한다. 아래에서 경찰행정의 법적 근거문제를 경찰행정조직과 경찰작용으로 나누어서 설명하기로 한다.

2. 경찰행정조직과 법적 근거(행정조직법정주의)

우리 헌법은 여러 조문에서 행정조직을 법률로써 정하도록 하여(헌법 제96조, 제100조, 제90조 제3항, 제91조 제3항, 제92조 제2항, 제93조 제2항) 행정조직법정주의를 택하고 있다. 국가경찰조직에 관한 법적 근거 중 기본적인 법률로 헌법 제96조에 근거한 정부조직법 제29조 제4항과 제5항, 정부조직법 제29조 제5항에 근거한 경찰법이 있다. 제주특별자치도에 설치되는 자치경찰조직에 관한 법적 근거로 제주특별자치도 설치 및 국제자유도시 조성을 위한 특별법이 있다.

> ● **정부조직법 제29조(행정안전부)** ④ 치안에 관한 사무를 관장하기 위하여 행정안전부장관소속으로 경찰청을 둔다.
> ⑤ 경찰청의 조직·직무범위 그 밖에 필요한 사항은 따로 법률로 정한다.
> ● **경찰법 제1조(목적)** 이 법은 국가경찰의 민주적인 관리·운영과 효율적인 임무수행을 위하여 국가경찰의 기본조직 및 직무 범위와 그 밖에 필요한 사항을 규정함을 목적으로 한다.

3. 경찰행정작용과 법적 근거

(1) 법률유보의 원칙의 적용 "국민의 모든 자유와 권리는 국가안전보장·질서유지 또는 공공복리를 위하여 필요한 경우에 한하여 법률로써 제한할 수 있으며, 제한하는 경우에도 자유와 권리의 본질적인 내용을 침해할 수 없다"는 헌법 제37조 제2항에 근거하여 침익적인 경찰작용을 위해서는 반드시 법률의 근거가 필요하다.

(2) 경찰행정상 법률유보의 방식 경찰행정작용의 법률유보의 방식에는 법기술상 ① 일반경찰행정법상 일반조항(개괄조항)에 의한 일반수권의 방식, ② 일반경찰행정법상 특별조항에 의한 특별수권의 방식, ③ 특별경찰행정법상 조항에 의한 특별수권의 방식이

있다. 경찰행정상 법률유보의 방식에 관해 자세한 것은 제3장 제1절 제1항에서 살핀다.

제 3 항 법률적합성의 원칙과 경찰법령의 해석·적용

Ⅰ. 경찰행정과 판단여지·재량

경찰행정상 법률적합성의 원칙에 따라 경찰작용이 법률에 따라 이루어진다고 하여도, 경찰법령의 불확정성·추상성 등으로 인해 해석·적용이 반드시 쉬운 것은 아니다. 이 때문에 경찰법령의 해석·적용에 경찰기관이 판단의 자유를 갖는가의 문제가 생겨난다.

1. 법규의 적용과정

경찰은 법집행기관으로서 경찰법령이 정한 바에 따라 경찰행정을 수행한다. 그런데 경찰법규는 일반적으로 요건부분과 효과부분으로 구성된다. 따라서 경찰법령의 적용은 ① 먼저 문제되는 생활관계(예: 식품접객업자 A가 미성년자에게 술을 팔았는지 여부)를 확정하고, ② 그 생활관계가 특정 경찰법령의 구성요건에 해당하는가의 여부(예: 식품접객업자 A가 미성년자에게 술을 판 것이 식품위생법의 금지규정에 해당하는지 여부)를 아울러 확정하고(이 과정을 포섭이라 부른다), ③ 다음으로 그에 대하여 어떠한 효과를 부여할 것인가(예: 식품접객업자 A에게 영업허가취소를 할 것인지, 영업정지를 할 것인지 등)를 결정하는 과정을 거치게 된다.

2. 내용의 불확정과 효과의 선택

경찰법령을 분석해보면, ① 요건부분을 ⓐ 확정적으로 정해둔 경우도 있고(예: 도로교통법 제22조 제1항 제1호와 제2호 부분), ⓑ 불확정적으로 정해둔 경우도 있으며(예: 경찰관직무집행법 제3조 제1항의 '수상한 … 인정되는 자' 부분), 또한 ② 효과부분도 ⓐ 구속적(기속적)으로 정해둔 경우도 있고(예: 도로교통법 제22조 제1항 중 '그 앞차를 앞지르지 못한다'라는 부분), ⓑ 선택적(재량적)으로 정해둔 경우(예: 경찰관직무집행법 제3조 제1항 중 '질문할 수 있다'라는 부분)도 있다. 이하에서 ①의 ⓑ를 요건의 불확정개념의 문제, ②의 ⓑ를 효과의 재량의 문제로 구분하여 살피기로 한다. ①의 ⓐ와 ②의 ⓐ는 해석·적용상 특별히 문제되지 아니한다.

- **도로교통법 제22조(앞지르기 금지의 시기 및 장소)** ① 모든 차의 운전자는 다음 각 호의

어느 하나에 해당하는 경우에는 앞차를 앞지르지 못한다.
1. 앞차의 좌측에 다른 차가 앞차와 나란히 가고 있는 경우
2. 앞차가 다른 차를 앞지르고 있거나 앞지르려고 하는 경우
● **경찰관직무집행법 제3조(불심검문)** ① 경찰관은 수상한 거동 기타 주위의 사정을 합리적으로 판단하여 어떠한 죄를 범하였거나 범하려 하고 있다고 의심할 만한 상당한 이유가 있는 자 또는 이미 행하여진 범죄나 행하여지려고 하는 범죄행위에 관하여 그 사실을 안다고 인정되는 자를 정지시켜 질문할 수 있다.

Ⅱ. 불확정개념과 판단여지(요건의 면에서 경찰의 자유와 법적 구속)

1. 불확정개념의 의의

불확정개념이란 공공의 안녕과 질서, 상당한 이유 등의 용어와 같이, 그 의미가 하나가 아니라 다양하기 때문에 진정한 의미가 구체적 상황에 따라 그때그때 판단되어야 하는 개념을 말한다. 불확정개념이 도입될 수밖에 없는 이유는 ① 모든 경우를 구체적으로 나열하는 것이 불가능한바 추상적으로 규정할 수밖에 없고, ② 정치·기술·도덕 등의 변화에도 불구하고 법은 영속성을 가져야 하고, ③ 법률의 경우 국회를 통과시키기 위해 정치과정상 타협으로서 애매모호한 표현을 사용하기도 하기 때문이다. 불확정개념은 불확정법개념 또는 불확정법률개념이라고도 한다.

2. 법개념으로서의 불확정개념과 사법심사

입법자가 불확정개념을 사용하여 구성요건을 정하였을 때, 구체적 상황 하에서 그 의미는 다의적인 것이 아니고 법률의 의미에서 하나의 정당한 의미만이 있을 뿐이다(예컨대, 경찰관직무집행법 제3조 제1항에서 상당한 이유가 있는 자란 구체적인 경우에 객관적으로 상당한 이유가 있는 자를 말하는 것이지, 상당한 이유가 있는지의 여부를 경찰관의 판단의 자유에 따라 결정하는 것은 아니다). 따라서 불확정개념의 해석은 다수의 의미 중에서의 선택이 아니라, 사실관계의 평가를 통해 법률이 의도하는 정당한 결정을 발견하기 위한 인식작용이다. 요컨대 불확정개념의 해석·적용은 특정한 사실관계가 요건에 해당하는가의 여부에 대한 인식의 문제로서의 법적 문제이기 때문에 그것은 원칙적으로 사법심사의 대상이 되어야 한다

3. 판단여지와 판단여지설

(1) 판단여지　　구체적인 경우 무엇이 하나의 정당한 해석인가와 관련하여 어려운 문제가 생긴다. 왜냐하면 동일한 불확정개념을 적용함에 있어 법을 적용하는 기관마다

서로 다른 결정을 할 수도 있기 때문이다. 이 때문에 행정기관에 대해 불확정개념의 해석·적용시 어느 정도 자유로운 판단의 여지를 인정할 것인지의 문제가 나타난다. 바꾸어 말하면 불확정개념의 의미내용은 법원이 최종적으로 결정하는 것이 원칙이지만, 예외적으로 행정청도 최종적인 결정자가 될 수 있는지의 문제가 나타난다. 이와 관련하여 판단여지의 문제가 나타난다.

(2) 판단여지설 불확정개념의 적용에는 하나의 정당한 결론만이 있는 것이고, 불확정개념은 당연히 사법심사의 대상이지만, 불확정개념과 관련하여 사법심사가 되지 아니하는 행정청의 평가영역·결정영역이 있고, 법원은 다만 행정청이 그 영역의 한계를 준수하였는지의 여부만을 심사할 뿐이라는 견해가 있다. 이러한 견해를 판단여지설이라 부른다. 판단여지의 인정여부에 관해 학설은 나뉘고 있다. 판단여지를 인정하는 긍정설이 증대하고 있다. 부정설은 판단여지를 재량문제로 본다. 판례는 판단여지를 재량문제로 보고 있다. 이 책은 긍정설을 취한다.

(3) 적용영역 판단여지는 ① 시험평가결정(예: 고등학교졸업시험, 사법시험·의사시험 등 국가시험), ② 학교영역에서 시험유사의 결정(예: 유급결정·특별교육필요성심사결정), ③ 공무원법상 평가(예: 상관에 의한 부하공무원의 근무평가, 시보공무원평가, 공무원임용시 적성·능력의 평가), ④ 전문가와 이익대표자로 구성되는 독립의 위원회의 결정(예: 인사평가위원회의 평가, 독립의 전문감정위원회에 의한 건축사자격평가, 청소년유해도서의 해당여부의 평가, 보호대상문화재의 해당여부의 평가), ⑤ 환경법과 경제법영역에서 미래의 사실관계에 대한 고려 하에서의 예측적 결정과 위험의 평가(예: 예측적 결정의 경우로서 택시업지원자의 기능능력과 택시신규허가를 통한 공공의 교통상의 이익의 침해에 대한 평가, 위험의 평가의 경우로 원자력작업장 운영시의 위협에 대한 사전대비의 평가), ⑥ 행정정책적인 종류의 불확정개념과 관련한 결정(예: 공무원의 전보를 위해 근무상의 필요성을 평가하기 위한 기준으로서의 행정청의 인사계획) 등에서 인정될 수 있을 것이다.

(4) 판단여지상의 하자 판단여지가 존재하는 경우에도 ① 절차규정이 준수되었는지, ② 정당한 사실관계에서 출발하였는지, ③ 일반적으로 승인된 평가의 척도(예: 평등원칙)가 침해되지 않았는지의 여부는 사법심사의 대상이 된다는 것이 판단여지설의 내용이기도 하다.

Ⅲ. 행정재량(효과의 면에서 경찰의 자유와 법적 구속)

1. 편의주의와 재량

(1) 위험방지와 편의주의 위험방지를 위한 경찰법은 대체로 "할 수 있다"는

규정형식을 취하는바(예: 경직법 제3조 제1항), 경찰법상 위험방지에는 편의주의가 원칙적으로 적용된다. 선택의 자유를 내용으로 하는 편의주의는 위험방지법(경찰법)상 원칙이다. 편의주의로 인해 경찰은 경찰수단을 탄력적으로 활용할 수 있다. 편의주의는 재량문제로 구체화된다.

> **경찰관직무집행법 제3조(불심검문)** ① 경찰관은 수상한 거동 기타 주위의 사정을 합리적으로 판단하여 어떠한 죄를 범하였거나 범하려 하고 있다고 의심할 만한 상당한 이유가 있는 자 또는 이미 행하여진 범죄나 행하여지려고 하는 범죄행위에 관하여 그 사실을 안다고 인정되는 자를 정지시켜 질문할 수 있다.

(2) 재량의 의의 경찰법령은 법령상의 구성요건에서 정한 전제요건이 충족될 때 행정청이 선택할 수 있는 법효과를 다수 설정하고 있는 경우도 적지 않다. 이 때 특정 효과의 선택·결정권은 경찰행정청에 부여된 것이 된다. 여기서 경찰행정청에 수권된 그리고 합목적성의 고려 하에 이루어지는 선택과 결정의 자유가 재량(행위재량·행정재량)이고, 재량에 따른 행정행위가 재량행위이다. 재량행위에 대비되는 개념은 기속행위이다. 재량은 행정청의 임의나 자의를 의미하는 것은 아니다. 그것은 입법의 취지·목적·성질과 헌법질서의 구속 하에, 그리고 당해 처분에 관련된 본질적인 관심사에 대한 고려 하에 행사되어야 한다. 따라서 경찰행정상 재량은 언제나 의무에 합당한 재량이다. 의무에 합당한 재량은 법에 구속된 재량이라고도 한다.

2. 재량행위와 기속행위의 구별

(1) 구별필요성 재량과 기속은 모든 경찰행정작용에 관련되지만, 양자의 구분은 행정쟁송(행정심판 + 행정소송)에서 보다 중요한 의미를 갖는다. 그런데 행정쟁송은 처분(행정행위)을 대상으로 하는바, 재량과 기속의 구분은 실제상 재량행위와 기속행위의 구분문제가 된다. 행정심판법은 행정심판청구사항을 위법 또는 부당한 처분으로 규정하지만(행심법 제1조), 행정소송법은 행정소송대상을 위법한 처분만으로 규정하고 있는바(행소법 제1조), 이는 행정소송법이 일정한계 내의 재량위반(부당한 재량행사)은 위법행위가 아님을 전제로 한 것으로 해석되고, 또한 행정소송법이 재량권일탈·재량권남용의 처분등을 취소소송의 대상으로 규정하고 있는 것도 행정소송법이 기속행위와 재량행위의 구별을 전제로 한 것으로 해석된다(행소법 제27조). 판례도 같은 입장이다(대판 2001. 2. 9, 98두17593).

(2) 구별기준 ① 판례는 관련법령에 대한 종합적인 판단을 전제로 하여 재량행위와 기속행위를 구분하여야 한다는 것을 기본적인 기준으로 하면서(대판 1998. 9. 8, 98두8759), 효과재량설(수익적 행위는 재량행위이고, 침익적 행위는 기속행위라는 견해)을 보충적인

기준으로 활용한다. 그런데 후자의 경우에 판례는 왜 수익적인 행위는 재량행위이어야 하는가에 관해 언급하는 바가 없다. 여기에 판례의 문제점이 있다. 한편, 판례는 공익성을 구별기준으로 들기도 한다(대판 2002. 6. 28, 2001두10028). ② 생각건대, 법문의 표현이 분명한 경우에는 문제가 없다. 문제는 법문의 표현이 불분명할 뿐만 아니라 관련법령에 대한 종합적인 판단도 용이하지 아니한 경우에는 국가의 최고법인 헌법상 최상위의 조항인 헌법 제10조와 제37조 제2항 및 행정행위의 내용·성질에서 그 기준을 찾아야 한다. 즉 '기본권의 최대한 보장'이라는 헌법상 명령과 행정행위의 '공익성'을 재량행위와 기속행위의 구분기준으로 하여야 한다. 따라서 기본권의 보장이 보다 강하게 요청되는 경우에는 사인의 기본권실현에 유리하게 판단하고, 공익실현이 보다 강하게 요청되는 경우에는 공익실현에 유익하도록 판단하여야 한다고 본다.

대판 2007. 7. 12, 2007두6663(주택재건축사업시행의 인가는 상대방에게 권리나 이익을 부여하는 효과를 가진 이른바 수익적 행정처분으로서 법령에 행정처분의 요건에 관하여 일의적으로 규정되어 있지 아니한 이상 행정청의 재량행위에 속한다).

3. 재량의 종류(결정재량과 선택재량)

(1) 재량의 단계 　위험방지의 영역에서 입법상 경찰행정청에게 부여되는 재량은 두 단계, 즉 행위를 할 것인가의 여부에 대한 재량과 어떠한 방식으로 행위할 것인가의 재량으로 구성된다. 전자를 결정재량, 후자를 선택재량이라 부른다.

(2) 결정재량 　결정재량이란 법령상 수권의 내용에 따라 어떠한 처분을 할 것인가 아니할 것인가의 재량(경찰이 개입을 할 것인지, 아니면 하지 아니할 것인지의 재량)을 말한다. 공공의 안녕과 질서에 대한 위험이 있는 경우, 경찰행정청은 위험의 현실화를 방지하기 위한 행위를 할 것인가의 여부를 결정하여야 한다. 경우에 따라서는 공공의 안녕과 질서에 대한 위험이나 장해가 있는 경우에 아무런 행위를 하지 않는 것이 적법한 것일 수도 있다.

(3) 선택재량 　선택재량이란 법령상 허용되는 많은 가능한 처분 중에서 어떠한 처분을 할 것인가의 재량(경찰이 개입하는 경우, 많은 적법한 수단들 중에서 그 어느 것을 선택할 수 있는 재량)을 말한다. 경찰행정청이 개입을 결정하더라도 그것이 오로지 특정의 경찰처분의 도입만을 의미하지는 않는다는 것이 일반적이다. 대개의 경우, 위험의 극복을 위해 상이한 여러 수단이 고려의 대상이 된다. 또한 처분의 상대방의 선택도 선택재량의 대상이 될 수 있다.

4. 재량구속(재량하자)

재량행사에는 목적과 범위에 제한이 따른다. 이러한 제한을 위반하는 재량행사는 하자 있는 것이 되고(재량하자), 법원의 통제의 대상이 된다. 재량하자에는 재량권의 일탈·재량권의 불행사·재량권의 남용의 경우가 있다.

(1) 재량권의 일탈 재량권의 일탈이란 법령상 주어진 재량의 한계를 벗어난 재량행사를 말한다(예: 법령이 정한 최고한도금액을 초과하는 액수의 과태료부과). 재량권의 일탈은 바로 법령위반을 뜻하는 것이기도 하다.

(2) 재량권의 불행사 재량권의 불행사란 행정청이 자신에게 부여된 재량권을 행사하지 아니한 경우를 말한다. 재량권의 불행사에는 재량권을 전혀 행사하지 아니하는 경우와 재량권을 충분히 행사하지 아니한 경우가 있다. 재량권불행사의 행위가 하자 있는 행위가 되는 것은 재량권의 충분한 행사 그 자체는 행정청의 의무이기 때문이다.

(3) 재량권의 남용 재량권의 남용이란 법령상 주어진 재량권의 범위 내에서(이 점에서 재량권의 일탈이 아니다) 재량권이 고려되었으나(이 점에서 재량권의 불행사가 아니다) 잘못된 방향으로 사고되어 재량결정이 이루어진 경우를 말한다. 재량남용의 사유로' 사실의 오인에 따른 재량행사, 평등원칙위반의 재량행사, 비례원칙위반의 재량행사, 비이성적인 형량에 따른 재량행사 등이 있다.

대판 2012. 5. 10, 2012두1297(일반적으로 제재적 행정처분이 사회통념상 재량권의 범위를 일탈하였거나 남용하였는지의 여부는 처분사유로 된 위반행위의 내용과 당해 처분에 의하여 달성하려는 공익목적 및 이에 따르는 제반 사정 등을 객관적으로 심리하여 공익침해의 정도와 그 처분으로 인하여 개인이 입게 될 불이익을 비교교량하여 판단하여야 한다).

대판 2010. 9. 9, 2010다39413(방위사업법 제34조 제1항, 제48조 제1, 3항, 같은 법 시행령 제39조 제1항, 제64조 제1항의 각 규정을 종합하면, 방산물자 지정 및 지정취소는 그 규정형식 등에 비추어 볼 때, 행정청에게 재량권이 부여되어 있는 재량행위에 속하고, 재량행위에 대한 사법심사에 있어서는 행정청의 재량에 기한 공익판단의 여지를 감안하여 법원은 독자의 결론을 도출함이 없이 당해 행위에 재량권의 일탈·남용이 있는지 여부만을 심사하게 되고, 이러한 재량권의 일탈·남용 여부에 대한 심사는 사실오인, 비례·평등의 원칙 위배 등을 그 판단 대상으로 한다).

대판 2009. 6. 23, 2007두18062(처분을 할 것인지 여부와 처분의 정도에 관하여 재량이 인정되는 과징금 납부명령에 대하여 그 명령이 재량권을 일탈하였을 경우 법원으로서는 재량권의 일탈 여부만 판단할 수 있을 뿐이지 재량권의 범위 내에서 어느 정도가 적정한 것인지에 관하여는 판단할 수 없어 그 전부를 취소할 수밖에 없고, 법원이 적정하다고 인정되는 부분을 초과한 부분만 취소할 수는 없다).

5. 무하자재량행사청구권

경찰작용은 기본적으로 공익을 위한 것이고, 재량행위에 속한다. 따라서 개인은 경찰에 대하여 특정한 행위를 요구할 수 있는 개인적 공권을 갖지 아니한다. 그러나 공적 안전이나 공적 질서에 대한 위험이 개인의 법익침해를 가져오는 경우, 관련경찰법령이 사익보호성을 가진다고 볼 수 있는 때에는 사인은 하자 없는 경찰권의 발동을 요구할 수 있는 권리인 무하자재량행사청구권을 갖는다.

6. 영으로의 재량축소

(1) 의　　의　　특별히 예외적인 경우에는 재량의 모든 제한을 준수할 때, 단지 하나의 결정만이 정당한 것이 되는 경우도 있게 된다. 이러한 경우를 영으로의 재량축소 또는 재량수축이라 부른나. 영으로의 제량축소에는 위험이나 장해에 고도의 강도가 요구된다.

(2) 개입의무　　영으로 재량축소가 이루어지는 경우, 특정한 결정 외에 아무런 다른 결정도 그 위험이나 장해제거에 적합한 것이 아니라고 한다면, 경찰에 그 특정한 결정을 행할 의무, 즉 개입의무가 발생한다. 개입의무는 생명이나 신체 또는 중대한 재산상의 가치가 문제되거나 위험의 강도가 상당할 때에 주로 문제된다. 개입의무와 관련하여 개입청구권과 국가배상청구권이 문제된다. 경찰의 부작위가 국가배상법이 정하는 요건을 구비하는 경우에는 당연히 국가는 국가배상책임을 부담한다.

(3) 개입청구권　　① 위험의 정도나 범위가 상당하고, ② 경찰행정상 권한규정의 보호목표가 공공의 복지뿐만 아니라 개인의 안전을 위한 것이어야 하고, ③ 위협을 받는 개인의 법익이 헌법상 가치질서에 비추어 볼 때, 상당한 것이어야 하고(예: 생명, 신체의 온전성, 자유), ④ 경찰의 개입이 객관적으로 가능하여야 하고, ⑤ 경찰이 상위의 임무를 수행하여야 하는 경우가 아니어야 하고, ⑥ 경찰의 개입이 비례원칙에 따른 이익형량의 관점에서 보아 명령되는 경우에 사인은 경찰에 대하여 경찰권의 발동을 요구할 수 있는 권리(개입청구권)를 갖는다고 본다. 경찰의 개입의무가 있다고 하여 언제나 사인에게 개입청구권이 당연히 발생하는 것은 아니다.

제 4 절　경찰행정법관계

제 1 항　경찰행정법관계의 의의

Ⅰ. 경찰행정작용과 법관계

경찰은 도로상 안전을 위해 ① 도로상 위험한 물건들을 스스로 제거하거나 또는 ② 국민들에게 운전면허를 내주기도 한다. ①은 국민들에게 권리·의무를 가져오지 아니하지만, ②는 국민들에게 권리·의무를 가져온다(예: 운전시 운전면허증 소지의무). 말하자면 경찰의 행정작용은 법관계를 가져오는 경우도 있고 그러하지 아니한 경우도 있다.

Ⅱ. 경찰행정상 법관계

경찰행정주체(국가)가 일방당사자인 법관계를 경찰행정상 법률관계라 부른다. 경찰행정상 법률관계에서는 공법이 지배하는 경우도 있고, 사법이 지배하는 경우도 있다. 전자를 경찰상 행정법관계 또는 공법관계, 후자를 국고관계 또는 사법관계라 부른다. 전자에 관한 연구가 경찰행정법론의 중심이 된다.

제 2 항　경찰행정법관계의 당사자

Ⅰ. 경찰행정의 주체

경찰행정의 주체란 경찰행정권의 귀속주체를 말한다. 경찰행정주체로는 국가와 지방자치단체가 있다. 특별한 공적 목적을 위해 설립된 공공단체인 공법상 사단(공공조합)(예: 상공회의소, 농지개량조합, 재개발조합), 공법상 재단(예: 한국연구재단), 영조물법인(예: 한

국은행, 한국도로공사, 한국토지주택공사)도 법령상 경찰행정권한이 주어지면, 그 범위 안에서 경찰행정의 주체의 지위를 갖는다. 공무수탁사인(예: 비행중인 항공기에서 경찰권을 행사하는 기장)도 기능상 경찰행정권의 주체가 된다. 경찰행정기관은 경찰행정주체를 구성하는 개개의 법적 단위이다. 경찰행정기관을 구성하는 인적요소로서 경찰행정사무를 현실적으로 담당하는 자가 경찰공무원이다.

대판 2009. 9. 17, 2007다2428 **전원합의체**(도시 및 주거환경정비법에 따른 주택재건축정비사업조합은 관할 행정청의 감독 아래 도시정비법상의 주택재건축사업을 시행하는 공법인(도시정비법 제18조)으로서, 그 목적 범위 내에서 법령이 정하는 바에 따라 일정한 행정작용을 행하는 행정주체의 지위를 갖는다).

Ⅱ. 경찰행정의 객체

경찰행정의 객체란 경찰행정권이 발동되는 상대방인 사람을 말한다, 여기의 사람에는 자연인과 법인이 포함된다, 법인에는 사법인 외에 공법인도 포함된다. 법인이 아닌 사람의 단체도 여기서 말하는 사람에 해당한다.

제 3 항 경찰행정법관계의 종류

Ⅰ. 경찰행정조직법관계

경찰행정조직법관계란 경찰행정주체의 내부관계를 말한다. 여기에는 ① 경찰행정기관 사이의 관계와 ② 경찰행정기관과 경찰공무원의 관계가 있다. 이 책에서 ①은 경찰행정조직법 중 경찰기관법에서, ②는 경찰공무원법에서 살핀다.

Ⅱ. 경찰행정작용법관계

경찰행정작용법관계란 경찰행정주체의 외부관계, 즉 경찰행정주체와 국민과의 관계를 말한다, 여기에는 권력관계와 비권력관계가 있다.

1. 권력관계

경찰행정상 권력관계란 경찰행정주체가 우월한 지위에서 일방적으로 경찰행정법관

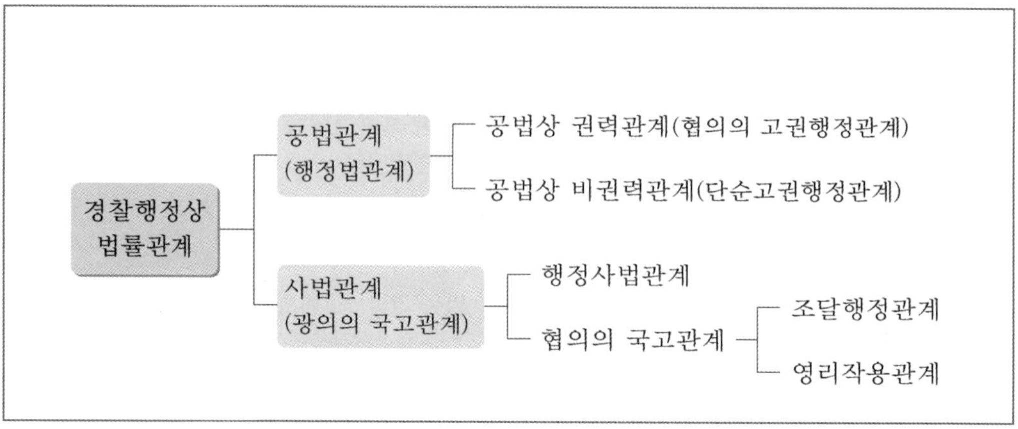

계를 형성·변경·소멸시키는 관계를 말한다(예: 운전면허취소). 경찰행정상 권력관계는 본래적 의미의 경찰행정법관계라 불린다.

2. 비권력관계

경찰행정상 비권력관계란 행정주체가 공권력의 주체로서 권력적 수단이 아니라 경찰지도 등에서 보는 바와 같이 비권력적 수단을 내용으로 성립하는 경찰행정법관계를 말한다. 권력관계에는 행정주체에게 법률상 우월한 지위를 인정하기 위한 공정력·확정력·강제력 등이 인정되나 공법상 비권력관계에는 이러한 효력이 인정되지 않는다.

3. 국고관계

국고관계는 행정상 법률관계의 한 종류이지만, 경찰행정작용법관계(공법관계)는 아니다. 다만 경찰행정법관계의 의의를 명백히 한다는 의미로 여기에서 언급한다. 국고관계는 국가나 지방자치단체가 우월적인 지위에서가 아니라 재산권의 주체로서 사인과 맺는 법률관계를 말한다(예: 낡은 경찰자동차의 매각, 경찰청사의 건설계약). 여기에는 사법이 적용된다. 사법관계와 공법상 비권력관계는 비권력관계라는 점에서 동일하나, 공법상 비권력관계는 공익실현을 위하여 공법적 규율이 가해진다는 점에서 차이가 있다.

Ⅲ. 경찰상 특별행정법관계(소위 경찰상 특별권력관계)

1. 특별권력관계의 의의

종래의 이론은 권력관계를 다시 일반권력관계와 특별권력관계로 구분하였다. 전자는 국가와 국민간에 당연히 성립하는 관계이나(예: 운전면허취소관계), 후자는 특별한 목적을 위해 특별한 법적 원인에 근거하여 성립하는 관계로서(예: 경찰행정주체와 경찰공무원의 관계) 법치주의의 적용이 배제됨을 특색으로 한다고 하였다. 말하자면 특별권력관계에 놓인 자에 대해서는 법률의 근거 없이도 기본권의 제한이 가능하다고 하였다. 그리고 특별권력관계에 놓인 자에 대해서는 사법심사는 배제되었다. 특별권력관계에서의 행위에 대해서는 사법적으로 다툴 수 있는 방법이 없었다.

2. 특별권력관계의 성질

일반권력관계와 특별권력관계는 본질상 다른 것은 아니고, 다만 특별한 행정목적상 포괄적 명령권과 징계권, 강화된 복종이 요구되는 것이 특별권력관계라 하였다(상대적 구별설).

3. 특별권력관계의 성립과 소멸

① 일반권력관계는 국민 또는 주민이기에 당연히 성립하는 관계이나 특별권력관계는 직접 법률의 규정(예: 징·소집해당자의 입대, 감염병환자의 강제입원, 수형자의 교도소에의 수감)이나 당사자의 동의(예: 경찰공무원임명, 국공립학교에의 입학, 초등학교에의 입학)에 의해 성립한다고 하였다. ② 특별권력관계는 목적의 달성(예: 국공립 학교의 졸업), 탈퇴, 일방적 배제(예: 국공립 학교의 퇴학) 등의 사유로 소멸된다고 하였다.

4. 특별권력관계의 종류

특별권력관계의 종류로 종래 통설은 공법상 근무관계(예: 공무원 근무관계), 영조물의 이용관계(예: 국공립학교 재학관계), 특별감독관계(예: 국가와 공공단체와의 관계), 공법상 사단관계(예: 공공조합과 조합원간의 관계)의 네 가지를 언급하여 왔다.

5. 특별권력관계의 내용

특별권력관계의 내용으로서 특별권력은 포괄적 명령권과 징계권으로 이루어진다고 하였다. ① 포괄적인 명령권이란 특별권력관계가 성립된 이상 특별권력의 주체가 개별적인 법률의 근거 없이도 상대방(특별권력관계에 들어온 자)에 대해 필요한 조치를 명할 수 있는 권한을 의미하였다. 그리고 포괄적인 명령권은 추상적인 규칙의 형식, 즉 행정규칙의 형식이나 개별구체적인 하명(처분)의 형식으로 행사된다고 하였다. ② 징계권이란 특별권력관계가 성립된 이상 개별적인 법률의 근거 없이도 특별권력관계에 있어서 질서유지나 의무이행을 위해 일정한 제재나 강제를 행할 수 있는 권한을 의미하였다.

6. 특별행정법관계(특별권력관계론의 극복)

(1) **특별권력관계론의 부인** 실질적 법치주의를 지향하는 헌법 하에서 법으로부터 자유로운 영역인 종래의 특별권력관계론은 부인되고 있다. 종래의 특별권력관계는 법이 지배하는 행정법관계로 바뀌어야 한다. 다만 행정법관계에는 일반적인 행정법관계와는 다른 특성(예: 비교적 넓은 재량성)이 있는 경우도 있으므로, 그러한 범위에서 오늘날에는 특별행정법관계(특별법관계, 행정법상 특별관계, 특수신분관계)로 불리고 있다. 실제상으로도 입법현실에 있어서 오늘날 특별권력관계론은 의미를 상실하였다. 왜냐하면 종래에 특별권력관계로 다루어져 온 영역들이 대부분 법률로써 규율되고 있기 때문이다(예: 경찰공무원의 경우 경찰공무원법과 국가공무원법).

(2) **특별행정법관계와 법치주의** ① 특별행정법관계의 성립 및 특별행정법관계에서의 기본권의 제한도 일반행정법관계의 경우와 마찬가지로 법률의 근거를 요한다(법률의 유보). ② 특별권력관계를 부인하는 이상 특별행정법관계에서의 행위의 사법심사가능성은 일반행정법관계의 경우와 다를 바 없다(전면적 사법심사). 특별행정법관계에서의 행위도 행정소송법상 처분개념에 해당하면 항고소송의 대상이 된다(사법심사).

(3) **경찰행정법과 특별행정법관계** 경찰행정법의 영역에서도 특별권력관계는 인정될 수 없다, 종래 경찰행정영역에서의 특별권력관계론은 오늘날 당연히 경찰행정법상 특별행정법관계로 바뀌어야 한다.

제 4 항 경찰행정법관계의 특질

실정법을 살펴보면, 행정법관계는 사법관계와 다른 여러 특질을 갖고 있다. 그러한 특질은 경찰행정법의 경우에도 같다. 그 특질을 아래에서 보기로 한다.

Ⅰ. 경찰행정의 법률적합성

이미 앞에서 살펴본 바와 같이, 경찰행정상 권력관계는 법치행정의 원리상 법에 엄격하게 기속을 받는다(예: 지방경찰청장은 운전면허를 내주거나 취소를 함에 있어 반드시 도로교통법이 정하는 바에 따라야 한다). 사인간의 거래에서 사인은 법에 반하지 아니하는 범위 내에서 자기의 생각대로 자유롭게 법관계를 형성할 수 있다. 따라서 사인 사이의 행위는 법에 반하지 않는 한 하자가 없는 것이지만, 경찰행정상 권력관계에서의 행위는 법에 적합한 경우에만 하자가 없는 것이 된다. 그러나 비권력관계(단순고권관계)에서는 권력관계보다 법적 기속이 약하다.

Ⅱ. 경찰행정의 우월성

경찰행정법관계에서 경찰행정청의 행정행위(예: 지방경찰청장의 운전면허)의 경우, 지방경찰청장은 면허의 내용을 일방적으로 정하고(내용상 구속력), 그 결정에 다소 하자가 있어도 유효하며(공정력), 경우에 따라 다른 행위의 요건이 되기도 하고(구성요건적 효력), 일정기간이 지나면 다툴 수도 없고, 행정심판에서 재결이 이루어지면 행정심판위원회도 내용변경을 할 수 없고(존속력), 또한 운전자의 의무를 위반하거나 불이행하는 경우에는 강제가 가해지기도 한다(강제력). 이러한 효력들에 관해서는 「제3장 경찰행정작용법, 제3절 경찰행정작용의 행위형식, 제3항 경찰상 행정행위, 제1목 경찰상 행정행위 일반론, Ⅳ. 경찰상 행정행위의 효력」에서 자세히 살핀다.

Ⅲ. 경찰상 공권·공의무의 특수성

사법관계에서 권리·의무는 당사자간의 이해조절을 목적으로 하는 것으로 당사자의 임의적인 처분에 의존한다. 그러나 행정법관계에서의 권리·의무(공권·공의무)는 오로지 특정개인을 위해서만 인정되는 것은 아닌 까닭에(공공성) 권리가 동시에 의무의 성격을 가지는바(상대성), 따라서 포기와 이전이 제한되기도 하고(불융통성) 또한 특별한 보호와 강제가 가해지기도 한다. 자세한 것은 아래의 「제5항 경찰행정법관계의 내용」에서 자세히 살핀다.

> ● **국가배상법 제4조(양도 등 금지)** 생명·신체의 침해로 인한 국가배상을 받을 권리는 양도하거나 압류하지 못한다.

Ⅳ. 경찰상 국가책임(손해전보)의 특수성

1. 행정상 손실보상

행정법관계에서는 공공의 필요가 있는 경우에 사인의 재산권을 적법하게 침해할 수 있고, 이러한 경우에는 법률이 정한 바에 따라 그 손실을 보상하게 되어 있는바, 이러한 제도를 손실보상제도라 한다. 사법상으로는 적법하게 타인의 재산권을 침해할 수 있는 제도가 존재하지 아니한다. 이에 관해서는 「제4장 경찰상 국가책임과 비용상환, 제1절 국가책임제도 일반론, 제2항 경찰상 손실보장제도」에서 자세히 살핀다.

> ● **소방기본법 제25조(강제처분 등)** ① 소방본부장, 소방서장 또는 소방대장은 사람을 구출하거나 불이 번지는 것을 막기 위하여 필요할 때에는 화재가 발생하거나 불이 번질 우려가 있는 소방대상물 및 토지를 일시적으로 사용하거나 그 사용의 제한 또는 소방활동에 필요한 처분을 할 수 있다.
> ② 소방본부장, 소방서장 또는 소방대장은 사람을 구출하거나 불이 번지는 것을 막기 위하여 긴급하다고 인정할 때에는 제1항에 따른 소방대상물 또는 토지 외의 소방대상물과 토지에 대하여 제1항에 따른 처분을 할 수 있다.
> ③ 소방본부장, 소방서장 또는 소방대장은 소방활동을 위하여 긴급하게 출동할 때에는 소방자동차의 통행과 소방활동에 방해가 되는 주차 또는 정차된 차량 및 물건 등을 제거하거나 이동시킬 수 있다.
> ④ 시·도지사는 제2항 또는 제3항에 따른 처분으로 인하여 손실을 입은 자가 있는 경우에는 그 손실을 보상하여야 한다. 다만, 제3항에 해당하는 경우로서 법령을 위반하여 소방자동차의 통행과 소방활동에 방해가 된 경우에는 그러하지 아니하다.

2. 행정상 손해배상

공무원이 직무수행과 관련하여 불법행위로 타인에게 손해를 가하거나, 영조물의 설치·관리상의 하자로 타인에게 손해를 가하면 국가 또는 공공단체는 국가배상법이 정하는 바에 따라 배상책임을 진다. 사법영역에서 손해배상은 민법이 정하는바에 의한다. 국가배상법과 민법이 정하는 내용에 차이가 있다. 이에 관해서는 「제4장 경찰상 국가책임과 비용상환, 제1절 국가책임제도 일반론, 제1항 손해배상제도」에서 자세히 살핀다.

Ⅴ. 경찰상 행정쟁송의 특수성

1. 행정심판

사법상의 분쟁해결방식과 달리 행정법관계에서는 행정행위의 효력을 다투기 위해서 행정소송을 제기하기에 앞서 행정기관에 심판을 청구하여야 하는 경우가 적지 아니한데, 이러한 제도를 행정심판제도라 한다. 행정심판은 비권력관계와는 거리가 멀다. 행정심판에 관해서는 「제5장 경찰행정상 행정쟁송, 제1절 행정심판법」에서 자세히 살핀다.

2. 행정소송

행정법상 분쟁에 대해서는 민사소송이 아니라 행정소송으로 다투게 된다. 행정소송에 관해 규정하는 행정소송법은 민사소송법과 상당한 차이를 갖는다. 행정소송제도는 비권력관계에도 적용된다. 행정소송에 관해서는 「제5장 경찰행정상 행정쟁송, 제2절 행정소송법」에서 자세히 살핀다.

제 5 항 경찰행정법관계의 내용

Ⅰ. 국가적 공권

행정법관계에서 국가 등 행정주체가 사인에 대해 갖는 권리(예: 세금의 부과·징수권)를 국가적 공권이라 한다. 국가적 공권은 권리(權利)인가 아니면 권력(權力)인가의 문제가 있다. 행정주체와 사인 간에서 행정주체가 갖는 국가적 공권은 모두 법령에 근거를 둔 법관계의 내용이므로, 국가적 공권은 모두 권리의 성질을 갖는다. 다만 과세권이나 징세권과 같이 국가적 공권 중에는 국가나 지방자치단체가 일방적으로 그 내용을 정하고 또한 사인이 의무를 불이행하면 국가나 지방자치단체가 법원의 도움 없이 스스로 강제할 수 있다는 점에서 권력적 성질을 갖는다고 말할 수 있다. 따라서 권리는 법관계에 관련된 개념이고, 권력은 국가적 공권의 일반적 성질과 관련된 개념이다.

1. 개인적 공권의 의의

(1) 개인적 공권의 개념 개인적 공권이란 사인(개인)이 국가 등 행정주체에 대하여 갖는 권리, 즉 사인이 자기의 이익을 추구하기 위해 국가 등 행정주체에 대하여 일정한 행위를 요구할 수 있는 법적인 힘(예컨대, 모든 국민은 경찰행정기관에 정보의 공개를 청구할 수 있는 권리를 갖는다)을 말한다.

> **공공기관의 정보공개에 관한 법률 제5조(정보공개청구권자)** ① 모든 국민은 정보의 공개를 청구할 권리를 가진다.
> ② 외국인의 정보공개청구에 관하여는 대통령령으로 정한다.

(2) 법률상 이익 법률에서 개인적 공권이라는 용어를 사용하는 경우는 보이지 아니한다. 법률에서 개인적 공권이라는 용어 대신에 법률상 이익이라는 용어를 사용하는 경우는 있다(행정소송법 제12조, 행정심판법 제9조). 과거의 일반적 견해는 개인적 공권과 법률상 이익을 다른 개념으로 보았으나, 오늘날의 일반적 견해는 양자를 같은 개념으로 이해하고 있다. 이 책에서는 개인적 공권, 법률상 이익, 법률상 보호이익, 그리고 법률상

보호되는 이익을 모두 같은 의미로 사용한다.

> **행정소송법 제12조(원고적격)** 취소소송은 처분등의 취소를 구할 법률상 이익이 있는 자가 제기할 수 있다. 처분등의 효과가 기간의 경과, 처분등의 집행 그 밖의 사유로 인하여 소멸된 뒤에도 그 처분등의 취소로 인하여 회복되는 법률상 이익이 있는 자의 경우에는 또한 같다.
> **행정심판법 제13조(청구인 적격)** ① 취소심판은 처분의 취소 또는 변경을 구할 법률상 이익이 있는 자가 청구할 수 있다. 처분의 효과가 기간의 경과, 처분의 집행, 그 밖의 사유로 소멸된 뒤에도 그 처분의 취소로 회복되는 법률상 이익이 있는 자의 경우에도 또한 같다.
> ② 무효등확인심판은 처분의 효력 유무 또는 존재 여부의 확인을 구할 법률상 이익이 있는 자가 청구할 수 있다.
> ③ 의무이행심판은 처분을 신청한 자로서 행정청의 거부처분 또는 부작위에 대하여 일정한 처분을 구할 법률상 이익이 있는 자가 청구할 수 있다.

(3) 반사적 이익 국가의 금융기관에 대한 감독으로 사인들은 안전한 금융거래를 하는 이익을 갖는다. 그렇지만 특정 금융기관이 파산하는 경우, 예금주들은 자신들이 입은 피해의 보상을 국가에 청구할 수는 없다. 왜냐하면 국가의 금융기관에 대한 감독은 공공의 안전을 위한 것이지 피해를 입은 예금주를 위한 것은 아니기 때문이다. 이와 같이 국가가 일정한 제도를 시행함으로 인해 국민들이 이익을 받는다고 하여도, 그 이익이 침해되는 경우에 법적으로 보호받지 못하는 경우, 그러한 이익을 반사적 이익이라 한다. 요컨대 국민들이 법적으로 보호받지 못하지만 사실상 누리는 이익이 반사적 이익이다.

2. 기본권인 개인적 공권과 기본권이 아닌 개인적 공권

(1) 기본권인 개인적 공권 개인적 공권은 ① 헌법상 기본권으로 보호되는 개인적 공권과 ② 법률상으로 보호되는 개인적 공권으로 구분할 수 있다. 기본권인 개인적 공권의 예로 접견권과 국민투표권을 들 수 있다. 수감중인 피고인 또는 피의자를 만날 수 있는 권리인 접견권은 형사소송법이 아니라 헌법 제10조에서 바로 나오는 권리라는 것이 판례의 입장이다. 국민투표권도 헌법 제130조 제2항 등에서 바로 나오는 기본권으로서의 개인적 공권이다.

> **헌법 제10조** 모든 국민은 인간으로서의 존엄과 가치를 가지며, 행복을 추구할 권리를 가진다. 국가는 개인이 가지는 불가침의 기본적 인권을 확인하고 이를 보장할 의무를 진다
> **제130조** ② 헌법개정안은 국회가 의결한 후 30일 이내에 국민투표에 붙여 국회의원선거권자 과반수의 투표와 투표자 과반수의 찬성을 얻어야 한다.

(2) 기본권이 아닌 개인적 공권 기본권이 아닌 개인적 공권의 예로 주민투표권을 볼 수 있다. 주민투표권은 헌법 제117조(지방자치제도)에 근거하여 입법자인 국회가 주민

투표법을 제정함으로써 국민들이 갖게 되는 개인적 공권이다. 요컨대 국민투표권이 헌법이 보장하는 기본권으로서의 개인적 공권인데 반하여, 주민투표권은 법률적 차원의 개인적 공권일 뿐 헌법이 보장하는 기본권으로서의 개인적 공권은 아니다.

> ● **헌법 제117조** ① 지방자치단체는 주민의 복리에 관한 사무를 처리하고 재산을 관리하며, 법령의 범위 안에서 자치에 관한 규정을 제정할 수 있다.
>
> ● **주민투표법 제5조(주민투표권)** ① 19세 이상의 주민 중 제6조 제1항의 따른 투표인명부 작성 기준일 현재 다음 각 호의 어느 하나에 해당하는 사람에게는 주민투표권이 있다. 다만, 「공직선거법」 제18조에 따라 선거권이 없는 사람에게는 주민투표권이 없다.
>
> 1. 그 지방자치단체의 관할 구역에 주민등록이 되어 있는 사람 또는 「재외동포의 출입국과 법적 지위에 관한 법률」 제6조에 따라 국내거소신고가 되어 있는 재외국민
> 2. 출입국관리 관계 법령에 따라 대한민국에 계속 거주할 수 있는 자격(체류자격변경허가 또는 체류기간연장허가를 통하여 계속 거주할 수 있는 경우를 포함한다)을 갖춘 외국인으로서 지방자치단체의 조례로 정한 사람
>
> ② 주민투표권자의 연령은 투표일 현재를 기준으로 산정한다.

3. 개인적 공권의 성립

(1) 헌법에 의한 개인적 공권 헌법상 기본권이라 일컬어지는 모든 권리가 구체성을 띠는 개인적 공권이라고 말할 수는 없다. 헌법상 기본권에는 구체성을 띠는 개인적 공권(예: 접견권, 알 권리)도 있고, 추상성만을 갖기 때문에(예: 생계비지원청구권) 구체성을 띠는 개인적 공권이라 할 수 없는 기본권도 있다. 후자는 법률에 의한 구체화가 필요하다.

> **헌재** 2011. 7. 28, 2009**헌마**408(헌법 제32조 제1항이 규정하는 근로의 권리는 사회적 기본권으로서 국가에 대하여 직접 일자리를 청구하거나 일자리에 갈음하는 생계비의 지급청구권을 의미하는 것이 아니라 고용증진을 위한 사회적·경제적 정책을 요구할 수 있는 권리에 그치며, **근로의 권리로부터 국가에 대한 직접적인 직장존속청구권이 도출되는 것도 아니다.** 나아가 근로자가 퇴직급여를 청구할 수 있는 권리도 헌법상 바로 도출되는 것이 아니라 퇴직급여법 등 관련 법률이 구체적으로 정하는 바에 따라 비로소 인정될 수 있는 것이므로 계속근로기간 1년 미만인 근로자가 퇴직급여를 청구할 수 있는 권리가 헌법 제32조 제1항에 의하여 보장된다고 보기는 어렵다).

(2) 법률에 의한 개인적 공권 ① 개인적 공권의 성립 내지 인정 여부는 기본적으로 법률에 의해 이루어진다. 그러나 법률을 근거로 개인적 공권이 인정되는 방식에도 명

시적으로 규정하는 경우(예: 공공기관의 정보공개에 관한 법률 제5조 제1항)와 명시적으로 규정하고 있는 것은 아니지만 해석상 인정되는 경우가 있다. ② 해석상 인정되기 위해서는 ⓐ 법률이 국가나 지방자치단체에 대하여 행위의무를 부과하고 있고, 아울러 ⓑ 오로지 공익실현만을 목적으로 하는 것이 아니라 적어도 사익보호, 즉 개인의 이익보호도 목적으로 하고 있어야 한다(아래 예를 보라). 행정입법에 의해 성립할 수도 있다(아래 판례 참조).

공공기관의 정보공개에 관한 법률 제5조(정보공개청구권자) ① 모든 국민은 정보의 공개를 청구할 권리를 가진다.

[해석상 인정의 예] 甲이 도로교통법이 정하는 요건을 구비하여 운전면허를 신청하였음에도 불구하고, 관할 지방경찰청장이 운전면허를 거부하였다면 관할 지방경찰청장은 甲의 운전의 자유라는 개인적 공권을 침해한 것이 된다. 왜냐하면 ① 도로교통법상 지방경찰청장은 운전면허의 신청에 대하여 처분(면허)이라는 행위의무를 부담하고 있을 뿐만 아니라 ② 도로교통법 운전의 면허제는 오로지 공익을 위한 제도라고 볼 것은 아니고 오히려 공익을 도모함과 동시에 법령이 정하는 요건을 구비하여 운전을 하고자 하는 사인을 보호하는 목적도 갖는다고 볼 것이기 때문이다. 예컨대, 甲이 도로교통법이 정하는 요건을 구비하여 운전면허를 신청하였음에도 불구하고, 관할 지방경찰청장이 운전면허를 거부하였다면 관할 지방경찰청장은 甲의 운전의 자유라는 개인적 공권을 침해한 것이 된다. 왜냐하면 ① 도로교통법상 지방경찰청장은 운전면허의 신청에 대하여 처분(면허)이라는 행위의무를 부담하고 있을 뿐만 아니라 ② 도로교통법 운전의 면허제는 오로지 공익을 위한 제도라고 볼 것은 아니고 오히려 공익을 도모함과 동시에 법령이 정하는 요건을 구비하여 운전을 하고자 하는 사인을 보호하는 목적도 갖는다고 볼 것이기 때문이다.

대판 2007. 12. 13, 2006두19068(구 택지개발촉진법 시행령(2005. 3. 8. 대통령령 제18734호로 개정되기 전의 것) 제13조의2 제5항 제5호는 당해 택지개발사업의 원활화를 기하기 위하여 당해 택지개발사업에 협조한 주택건설업자에게 당해 택지를 공급할 때에 수의계약에 의한 공급의 기회를 부여하는 것으로서, 그 취지는 단순히 택지개발사업의 시행자로 하여금 그러한 대상자들에게 수의계약에 의한 택지공급을 할 수 있는 권능을 부여하는 데 그치는 것이 아니라 그와 같은 요건을 갖추기 위하여 공공사업에 협력한 자에게 수의계약에 의한 택지공급의 기회를 요구할 수 있는 법적인 이익을 부여하고 있는 것이라고 보아야 하므로, 그들에게는 위와 같은 법령에 근거하여 수의계약에 의한 택지공급신청권(택지공급을 받을 권리와는 다른 개념)이 인정된다고 해석하여야 한다).

(3) 기　타　① 계약직 경찰공무원이 공법상 계약을 통해 국가나 지방자치단체에 대하여 공무원으로서의 권리를 갖게 될 수 있다. ② 개인적 공권은 관습법에 의해

인정될 수도 있다. 조상대대로 낙동강의 강물을 끌어다가 농사를 지어온 농민은 공물인 낙동강의 강물을 농사를 위해 사용할 수 있는 개인적 공권이 있다. 국가나 지방자치단체가 임의로 그 농민이 사용하는 물줄기를 끊으면, 그것은 농민의 개인적 공권인 수리권(용수권)을 침해하는 것이 된다.

4. 제3자의 법률상 이익

(1) 문제 상황 처분의 상대방이 아닌 제3자에도 처분의 상대방과 관련하여 행정청에 일정한 행위를 청구할 수 있는 개인적 공권을 갖는 경우가 증대하고 있다. 제3자의 개인적 공권은 경쟁자관계, 경원자관계, 그리고 이웃관계에서 나타나고 있다.

(2) 경쟁자소송 경쟁관계에 있는 자들 사이에서 면허관청의 특정인(A운수회사)에 대한 수익적 행위(5대의 증차)가 제3자(B운수회사)에게 법률상 불이익을 초래하는 경우, 그 제3자가 자기의 법률상 이익의 침해를 다투는 소송을 경쟁자소송이라 한다.

(3) 경원자소송 면허나 인·허가 등의 수익적 행정처분(A약품의 제조허가)을 신청한 수인(數人)이 서로 경쟁관계에 있어서 특정인(甲제약회사)에 대한 면허나 인·허가 등의 수익적 행정처분이 다른 경쟁자(乙제약회사 등)에 대하여 불면허나 불인가·불허가를 가져올 수밖에 없는 경우, 불허가 등으로 인해 자기의 법률상 이익이 침해된 자(乙제약회사 등)가 수익적 행정처분(甲제약회사에 대한 A약품제조허가)을 다투는 소송을 경원자소송이라 한다.

(4) 이웃소송 이웃하는 자들 사이에서 특정인(甲 또는 丙)에게 주어지는 수익적 행위(건축허가)가 타인(乙 또는 丁)에게는 법률상 불이익을 가져오는 경우에 그 타인이 자기의 법률상 이익의 침해를 다투는 소송을 이웃소송이라 한다. 이웃소송은 인인소송(隣人訴訟)이라고도 한다.

5. 무하자재량행사청구권

(1) 의 의 건축법 제11조 제1항에 의한 일반건축물의 건축허가의 경우, 건축법령이 정하는 요건을 구비하는 한, 허가권자는 반드시 허가를 하여야 한다. 그러나 건축법 제11조 제4항에 따라 甲이 여관건물을 짓기 위하여 건축법령이 정하는 요건을 구비하여 관할 행정청에 건축허가를 신청하였다고 하여도, 관할 행정청은 건축허가를 할 수도 있고 아니할 수도 있다(이와 같이 요건을 구비한 행위일지라도 행정청의 선택에 따라 허가를 할 수도 있고 허가를 거부할 수도 있는 행위를 재량행위라 한다). 왜냐하면 건축법 제11조 제4항은 명시적으로 "… 건축허가를 하지 아니할 수 있다"고 규정하고 있기 때문이다. 후자의 경우에 甲은 행정청이 건축허가를 거부하는 것이 재량권의 남용이 될 때에는 건축허가

를 받을 권리가 있지만, 건축허가를 거부하는 것이 재량권의 남용이 아니라면 건축허가를 받을 권리가 없다. 이와 같이 재량행위의 영역에서 갖는 개인적 공권이 무하자재량행사청구권이다.

● **건축법 제11조(건축허가)** ① 건축물을 건축하거나 대수선하려는 자는 특별자치도지사 또는 시장·군수·구청장의 허가를 받아야 한다. 다만, 21층 이상의 건축물 등 대통령령으로 정하는 용도 및 규모의 건축물을 특별시나 광역시에 건축하려면 특별시장이나 광역시장의 허가를 받아야 한다.
④ 허가권자는 다음 각 호의 어느 하나에 해당하는 경우에는 이 법이나 다른 법률에도 불구하고 건축위원회의 심의를 거쳐 건축허가를 하지 아니할 수 있다.
1. 위락시설이나 숙박시설에 해당하는 건축물의 건축을 허가하는 경우 해당 대지에 건축하려는 건축물의 용도·규모 또는 형태가 주거환경이나 교육환경 등 주변 환경을 고려할 때 부적합하다고 인정되는 경우

(2) 성 질 무하자재량행사청구권을 독자적인 권리로 보는 견해도 있으나, 기술한 바와 같이 무하자재량행사청구권은 재량행위의 영역에서 갖는 개인적 공권의 특성을 지칭하는 개념일 뿐, 그것이 실체와 구별되는 별개의 권리는 아니다(예컨대, 건축법 제11조 제1항이나 제4항에 의해 인정되는 개인적 공권은 모두 건축허가청구권이지, 제4항에 의해 건축허가청구권 외에 또 다른 권리로서 무하자재량행사청구권이 인정되는 것은 아니다).

[참고] 앞에서 언급한 바를 다시 정리해 본다. ① 건축법령이 정하는 요건을 구비하여 이루어진 일반건축물의 건축허가신청에 대해서는 반드시 허가를 내 주어야 하지만, ② 건축법령이 정하는 요건을 구비하여 이루어진 여관용 건축물의 건축허가신청에 대해서는 허가를 내줄 수도 있고, 안 내줄 수도 있다. 만약, ① 일반 건축물의 경우에 요건을 구비한 허가신청에 대하여 관할 행정청이 허가를 거부하면, 거부처분은 무조건 위법한 것이 된다. 따라서 건축허가신청자는 건축허가라는 특정행위를 구하는 청구권을 갖는다고 말할 수 있다. 그러나 ② 여관용 건축물의 경우에 요건을 구비한 허가신청에 대하여 관할 행정청이 허가를 거부하면, 거부처분은 무조건 위법한 것이 된다고 말할 수는 없고, 다만 "건축물의 용도·규모 또는 형태가 주거환경 또는 교육환경 등 주변환경을 감안할 때 적합한지 또는 부적합한지의 여부에 대한 판단, 즉 재량행사에 잘못이 있는 경우에만 건축허가신청자는 건축허가라는 특정행위를 구하는 청구권을 갖는다고 말할 수 있다. 따라서 ① 기속행위인 일반 건축물의 건축허가를 신청한 자가 갖는 허가받을 권리는 특정행위청구권의 성질을 갖지만, ② 재량행위인 여관용 건축물의 건축허가를 신청한 자가 갖는 허가받을 권리는 허가를 하지 않은 것이 하자있는 재량행사가 되는 경우에만 특정행위청구권의 성질을 갖는다고 하겠는데, 이것은 "하자 없는 재량행사를 전제로 한 특정행위청구권"으로 부를 수도 있으나, 일반적으로는 무하자재량행사청구권이라 부르고 있다.

(3) 소권(당사자적격)**과의 관계** 무하자재량행사청구권은 개인적 공권의 일종으로 분류되기는 하지만, 기술한 바와 같이 독립성이 없는 형식적인 권리이므로 취소소송의 제기에 요구되는 소송요건(본안판단의 전제요건)의 하나인 당사자적격을 가져다주는 권리는 아니다. 그것은 다만 본안요건에서 위법성의 문제로 심사된다.

[참고] 앞의 (사례)에서 甲이 건축법 제11조 제4항에 따라 건축허가신청에 대한 권한행정청의 거부처분을 다투는 취소소송의 경우, 甲은 본안판단의 전제요건으로서 소권(당사자적격)을 무하자재량행사청구권의 침해가 아니라 건축허가의 자유 등의 침해를 이유로 갖게 된다. 재량하자, 즉 거부처분이 위법하다는 것은 다만 본안판단의 단계에서 청구이유 내지 위법의 문제로 검토의 대상이 될 뿐이다.

(4) 청구권의 성립요건(재량행위에 있어서 개인적 공권의 성립요건) 재량행위의 영역에서 권리가 인정되기 위해서는 ① 그 전제로서 무하자재량행사의무가 존재하여야 하고, 또한 ② 관련법규범이 공익뿐만 아니라 관련사인의 이익을 보호하도록 의도하고 있어야 한다. 말하자면 하자 있는 재량행사는 위법하지만, 그것 자체만으로, 즉 객관적으로 위법한 것만으로는 무하자재량행사청구권이 발생하지는 아니한다. 즉 특정인의 사익침해와 관계없이 모든 재량행사에 적용되는 일반적인 무하자재량행사청구권은 인정되지 아니한다.

(5) 청구권의 행사 위법한 재량처분이나 부작위로 인해 침해를 받거나 수익이 거부된 자는 취소소송이나 부작위위법확인소송의 제기를 통하여 권리를 회복할 수 있다. 물론 이러한 소송에 있어서는 실질적인 권리가 침해된 자만이 원고적격을 가지며, 하자 있는 재량행사는 본안의 문제로 심사된다. 판결의 취지가 '재량처분에 하자 있는 것이어서 위법하다'라는 것이면, 행정청은 취소소송의 경우에는 그 판결의 취지에 따라 하자 없는 재량처분을 다시 하여야 하고(행소법 제30조 제2항), 부작위위법확인소송의 경우에는 상대방의 신청에 대한 처분을 하여야 한다(행소법 제38조 제2항, 제30조 제2항).

(6) 영으로의 재량수축

(가) **의 의** 예외적인 경우에는 재량행위임에도 불구하고 행정청이 자유영역을 갖지 못하고 다만 하나의 결정만을 하여야 하는 경우가 나타난다(예컨대, 폭약공장이 인근주민의 생명(헌법 제10조)을 위협하면, 인근주민은 권한행정청이 관련법령에 따라 필요한 부담을 발령할 것을 구하는 청구권을 갖는다). 즉, 예외적인 경우에는 하나의 특정한 결정만이 무하자재량행사가 되는데, 이러한 경우를 영(또는 1)으로의 재량수축 또는 재량감소라고도 한다.

(나) **성 질** 영으로의 재량축소의 경우에 행정청은 특정한 행위만을 하여야 하므로, 그것은 기속행위와 같은 결과가 된다. 만약 이 경우의 재량이 특정인의 법률상

이익과 관련되면, 그 특정인은 특정한 결정을 청구할 수 있는 권리를 가진다. 영으로 재량이 축소되는 경우에 무하자재량행사청구권은 형식적인 권리에서 실질적인 권리로 변하게 된다.

(다) **소권**(당사자적격)**과의 관계** 통상의 무하자재량행사청구권의 경우와 달리 영으로의 재량수축의 경우에 있어서 무하자재량행사청구권은 취소소송의 제기에 요구되는 본안판단의 전제요건 중의 하나인 원고적격에서 말하는 법률상 이익(권리)에 해당한다. 즉 영으로의 재량수축의 경우에는 형식적인 권리가 특정의 결정에 대한 실질적인 권리의 문제가 되므로, 무하자재량행사청구권은 소권을 가져다주는 권리가 된다. 물론 이러한 경우에도 재량하자(거부처분의 위법 여부) 그 자체는 역시 본안판단의 문제가 된다.

6. 행정개입청구권

(1) 의 의 행정개입청구권이란 사인이 자신의 이익을 위해 자신에게 처분을 할 것을 청구하거나(예컨대, 국민기초생활 보장법 제5조 제1항에는 해당하지 않지만, 제5조 제2항에 해당하는 자가 보건복지부장관에게 자신을 수급권자로 인정하는 처분을 하라고 요구할 수 있는 권리)(대판 2007. 5. 11, 2007두1811), 자신의 이익을 위해 타인에게 처분을 할 것을 청구할 수 있는 권리(예컨대, 甲의 이웃인 乙이 5층 건물의 건축허가를 받았으나 실제로는 7층 건물을 짓고 있는 경우, 乙의 위법한 건축으로 조망권과 일조권에 침해를 받게 된 甲이 허가권자에게 「乙은 6층과 7층을 철거하라」는 내용의 처분을 할 것을 요구할 수 있는 권리)를 말한다.

● **국민기초생활 보장법 제5조(수급권자의 범위)** ① 수급권자는 부양의무자가 없거나, 부양의무자가 있어도 부양능력이 없거나 부양을 받을 수 없는 사람으로서 소득인정액이 최저생계비 이하인 사람으로 한다.
② 제1항에 따른 수급권자에 해당하지 아니하여도 생활이 어려운 사람으로서 일정 기간 동안 이 법에서 정하는 급여의 전부 또는 일부가 필요하다고 보건복지부장관이 정하는 사람은 수급권자로 본다.
● **건축법 제79조(위반 건축물 등에 대한 조치 등)** ① 허가권자는 대지나 건축물이 이 법 또는 이 법에 따른 명령이나 처분에 위반되면 이 법에 따른 허가 또는 승인을 취소하거나 그 건축물의 건축주·공사시공자·현장관리인·소유자·관리자 또는 점유자(이하 "건축주등"이라 한다)에게 공사의 중지를 명하거나 상당한 기간을 정하여 그 건축물의 철거·개축·증축·수선·용도변경·사용금지·사용제한, 그 밖에 필요한 조치를 명할 수 있다.

대판 2007. 5. 11, 2007두1811(지방자치단체장이 공장시설을 신축하는 회사에 대하여 사업승인 내지 건축허가 당시 부가하였던 조건에 따른 이행을 하고 이를 증명하는 서류를 제출할 때까지 신축공사를 중지하라는 공사중지명령에 있어서는 그 명령의 내용 자체로 또는 그 성질상으로 명령 이후에 그 원인사유가 해소되는 경우에는 잠정적으로 내린 당해 공사중지명령의 해제를 요구할 수 있는 권리를 위 명령의 상대방에게 인정하고 있다고 할 것이므로, 위 회사에게는 조리상으로 그 해제를 요구할 수 있는 권리가 인정된다고 할 것이다).

(2) **성립요건** 행정개입청구권도 공권의 일종이므로 공권의 성립요건을 갖추어야 한다. 말하자면 ① 법규가 행정청에게 일정한 행위를 할 의무를 지우고 있고, ② 관련 법규가 오로지 공익실현만을 목적으로 하는 것이 아니고 개인의 이익보호도 목적으로 하고 있는 경우에 성립하는 것이다.

(3) **권리의 실현** 행정개입청구권을 가진 사인은 먼저 행정청에 행정권발동을 청구할 것이다. 이 경우 사인의 신청에 대해 행정청이 거부하거나 부작위하면 의무이행심판을 제기할 것이다. 그럼에도 행정청이 거부·방치하면 그 사인은 취소소송·부작위위법확인소송을 제기할 수 있고, 여기에서 사인이 승소하면 간접강제제도에 의해 권리를 실현할 수 있게 된다. 그러나 가장 바람직한 방법은 무명항고소송의 한 종류로 의무이행소송을 인정하여 그에 따라 행정개입청구권을 실현시키는 방법이다.

Ⅱ. 공 의 무

1. 의 의

공의무란 공권에 대응하는 개념으로서 공법상 의무를 말한다. 사법관계에서 권리와 의무는 대칭관계를 이루지만(예: 사법상 임대차계약을 하면, 임대인은 임대료를 받을 권리가 생기고, 임차인은 임대료에 상응하여 임차한 물건을 사용할 수 있는 권리가 생긴다), 공권과 공의무는 언제나 대칭관계에 놓인다고 말할 수는 없다(예컨대, 소득세를 납부하였다고 하여 소득세납부에 상응하는 권리가 생기는 것은 아니다).

2. 종 류

공의무는 ① 주체에 따라 행정주체가 지는 국가적 공의무(예: 봉급지급의무·배상금지급의무)와 개인이 지는 개인적 공의무(예: 구체적인 납세의무, 수수료납부의무)로 나눌 수 있고, ② 내용에 따라 작위의무(예: 건축허가발령의무)·부작위의무(예: 사익을 위한 경찰처분의 불발령의무)·수인의무(예: 감염병예방강제접종의 수인의무)·급부의무(예: 납세의무) 등으로 나눌 수 있다.

3. 특 징

공의무는 공법상 계약과 같이 의무자의 의사에 따라 발생하기도 하나, 법령 또는 법령에 근거한 행정행위에 의해 발생함이 일반적이다. 특히 개인적 공의무의 경우에는 ① 포기와 이전이 제한되기도 하고(예: 위험방지·병역복무의무), ② 의무의 불이행시에는 행정상 강제수단이 가해지기도 하며, ③ 의무의 위반시에는 행정벌이 가해지기도 한다.

Ⅲ. 공권·공의무의 승계

1. 의 의

행정법관계에 있어서도 사법관계에서와 마찬가지로 특정 권리주체의 공권과 공의무가 다른 특정 권리주체에게 승계여부와 승계조건이 문제된다. 공행정주체의 권리와 의무의 승계문제(예컨대, A군과 B군이 합쳐서 C군이 되는 경우, 합병 직전에 A군에서 甲이 퇴직한 경우, A군의 퇴직금지급의무가 C군에 승계되는지 여부, 승계된다면 甲은 C군에 퇴직금을 청구할 수 있게 된다)와 사인의 권리와 의무의 승계문제(예컨대, 권한행정청으로부터 가건물의 철거를 명령받은 乙이 사망한 경우, 乙의 상속인은 권한행정청으로부터 다시 철거명령을 받지 않아도 철거의무를 부담하게 되는지 여부)로 구분하여 살펴본다.

2. 행정주체의 승계

행정주체간의 권리(권한)·의무의 변경에는 법률상의 근거를 필요로 한다. 따라서 승계문제는 법률의 규정에 따라야 한다.

> ● **지방자치법 제5조(구역을 변경하거나 폐치·분합할 때의 사무와 재산의 승계)** ① 지방자치단체의 구역을 변경하거나 지방자치단체를 폐지하거나 설치하거나 나누거나 합칠 때에는 새로 그 지역을 관할하게 된 지방자치단체가 그 사무와 재산을 승계한다.

3. 사인의 승계

(1) 법적 상황 행정절차법은 제10조에서 원칙적인 조항을 두고 있다. 개별법령에서 규정내용은 다양하다.

> ● **행정절차법 제10조(지위의 승계)** ① 당사자등이 사망하였을 때의 상속인과 다른 법령등에 따라 당사자등의 권리 또는 이익을 승계한 자는 당사자등의 지위를 승계한다.
> ② 당사자등인 법인등이 합병하였을 때에는 합병 후 존속하는 법인등이나 합병 후 새로 설립된

법인등이 당사자등의 지위를 승계한다.
③ 제1항 및 제2항에 따라 당사자등의 지위를 승계한 자는 행정청에 그 사실을 통지하여야 한다.
④ 처분에 관한 권리 또는 이익을 사실상 양수한 자는 행정청의 승인을 받아 당사자등의 지위를 승계할 수 있다.
⑤ 제3항에 따른 통지가 있을 때까지 사망자 또는 합병 전의 법인등에 대하여 행정청이 한 통지는 제1항 또는 제2항에 따라 당사자등의 지위를 승계한 자에게도 효력이 있다

● **전기통신사업법 제18조(사업의 양수 및 법인의 합병 등)** ① 다음 각 호의 어느 하나에 해당하는 자는 대통령령으로 정하는 바에 따라 방송통신위원회의 인가를 받아야 한다. 다만, 제3호에도 불구하고 대통령령으로 정하는 주요한 전기통신회선설비를 제외한 전기통신회선설비를 매각하는 경우에는 대통령령으로 정하는 바에 따라 방송통신위원회에 신고하는 것으로 한다.
1. 기간통신사업의 전부 또는 일부를 양수하려는 자

● **식품위생법 제39조(영업 승계)** ① 영업자가 영업을 양도하거나 사망한 경우 또는 법인이 합병한 경우에는 그 양수인·상속인 또는 합병 후 존속하는 법인이나 합병에 따라 설립되는 법인은 그 영업자의 지위를 승계한다.
② 제29조 제2항 각 호의 어느 하나에 해당하는 절차에 따라 영업 시설의 전부를 인수한 자는 그 영업자의 지위를 승계한다. 이 경우 종전의 영업자에 대한 영업 허가·등록 또는 그가 한 신고는 그 효력을 잃는다.
③ 제1항 또는 제2항에 따라 그 영업자의 지위를 승계한 자는 보건복지부령으로 정하는 바에 따라 1개월 이내에 그 사실을 식품의약품안전청장 또는 특별자치도지사·시장·군수·구청장에게 신고하여야 한다.

● **공중위생관리법 제11조의3(행정제재처분효과의 승계)** ① 공중위생영업자가 그 영업을 양도하거나 사망한 때 또는 법인의 합병이 있는 때에는 종전의 영업자에 대하여 제11조 제1항의 위반을 사유로 행한 행정제재처분의 효과는 그 처분기간이 만료된 날부터 1년간 양수인·상속인 또는 합병 후 존속하는 법인에 승계된다.
② 공중위생영업자가 그 영업을 양도하거나 사망한 때 또는 법인의 합병이 있는 때에는 제11조 제1항의 위반을 사유로 하여 종전의 영업자에 대하여 진행중인 행정제재처분 절차를 양수인·상속인 또는 합병 후 존속하는 법인에 대하여 속행할 수 있다.

(2) 명시적 규정이 없는 경우 해석상 공법상 권리와 의무의 이전에는 2가지의 요건, 즉 ① 권리와 의무가 이전에 적합하여야 한다는 점과 ② 이전을 실현시킬 수 있는 사유가 발생하여야 한다.

제 6 항 경찰행정법관계의 변동

Ⅰ. 일 반 론

1. 행정상 법률요건

일정한 요건(법률요건)이 충족되면 일정한 효과(법적 효과)가 주어지는 것은 행정법관계에서도 다를 바 없다. 행정법관계와 관련하여 말한다면, 행정법관계의 발생·변경·소멸 등 행정법상의 효과를 가져오는 원인이 되는 사실을 행정법상 법률요건이라 부른다. 그리고 행정법상 법률요건을 이루는 개개의 사실을 행정법상 법률사실이라 부른다. 행정법상 법률요건은 하나의 법률사실로 이루어지는 경우(예: 이행·포기·실효·시효로 인한 행정법관계의 종료)도 있으나 여러 개의 법률사실로 이루어지는 경우(예: 운전면허신청과 허가 등의 수익적 행정행위나 공법상 계약)가 일반적이다.

2. 행정법상 사건과 용태

행정법상 법률요건·법률사실도 민법의 경우와 같이 정신작용을 기준으로 공법상 사건과 공법상 용태로 구분할 수 있다. 공법상 사건이란 정신작용을 요소로 하지 아니하는 공법상 법률요건·법률사실을 말한다. 여기에는 순수한 자연적 사실(예: 사망, 시효·기간, 대상의 소멸)과 사람에 의한 사실행위(예: 도로건설·행정지도)가 있다. 한편, 공법상 용태란 정신작용을 요소로 하는 법률요건·법률사실을 말한다(예: 행정입법·행정계획·행정행위·행정법상 계약). 용태는 다시 외부적 용태(행위)와 내부적 용태(내심)로 구분된다. 전자는 외부에 표현되어 법적 효과를 가져오는 것을 말하고(예: 행정행위), 후자는 외부에 표현되지 아니한 정신상태로서 법률상의 효과를 가져오는 것을 말한다(예: 선의·악의, 고의·과실).

Ⅱ. 공법상 사건

1. 기간의 경과

(1) 의 의 기간이란 일정시점에서 다른 시점까지의 시간적 간격을 말한다. 행정법상 기간은 2가지의 의미를 갖는다. 하나는 기간경과 그 자체가 행정법관계의 당사자의 의사여하에 관계 없이 행정법관계에 변경을 가져오는 경우이다(예: 시효와 제척기간). 또 하나는 기간이 행정법관계의 당사자의 의사표시의 한 부분으로서 나타나는 경우

이다(예: 기한부 행정행위). 민법상 기간에 관한 규정은 법기술상의 약속규정이므로 기간에 관한 민법규정은 공법상 특별한 규정이 없는 한 공법상의 기간에도 적용된다(대판 1987. 10. 13, 87누53). 그렇다고 언제나 수정 없이 기간에 관한 민법의 규정이 적용된다고 보기는 어렵다. 예컨대, 행정법규공포시 주지기간의 말일이 공휴일인 경우에 익일로 주지기간이 만료된다고 할 수는 없을 것이기 때문이다.

> **민법 제155조(본장의 적용범위)** 기간의 계산은 법령, 재판상의 처분 또는 법률행위에 다른 정한 바가 없으면 본장의 규정에 의한다.
> **국세기본법 제4조(기간의 계산)** 이 법 또는 세법에서 규정하는 기간의 계산은 이 법 또는 그 세법에 특별한 규정이 있는 것을 제외하고는 「민법」에 따른다.

(2) 시 효 　시효제도란 일정한 사실관계가 일정한 기간 계속되면, 그 사실관계가 진실에 부합하는가의 여부와 관계없이 그 사실관계를 진실한 법률관계로 인정하는 제도를 말한다. 시효제도에는 취득시효와 소멸시효가 있다.

(가) **취득시효** 　① 사인의 취득시효에 관해서는 국유재산법 제7조 제2항과 공유재산 및 물품 관리법 제6조 제2항에 따라 사인의 시효취득은 사법이 적용되는 일반재산의 경우에만 가능하므로 시효취득은 사법관계의 발생원인이 된다. ② 행정주체의 취득시효에 관해서는 명시적으로 규정되고 있는 것은 없지만, 사인과 마찬가지로 가능하다.

> **국유재산법 제7조(국유재산의 보호)** ② 행정재산은 「민법」 제245조에도 불구하고 시효취득의 대상이 되지 아니한다.
> **공유재산 및 물품 관리법 제6조(공유재산의 보호)** ② 행정재산은 「민법」 제245조에도 불구하고 시효취득의 대상이 되지 아니한다.

(나) **소멸시효** 　사인이나 행정주체의 소멸시효에 관해서는 국가재정법 제96조와 지방재정법 제82조에서 명시적으로 규정되고 있다. 따라서 국가나 지방자치단체가 세금을 부과한 후 아무런 조치를 취하지 아니하고 5년이 경과하면 국가나 지방자치단체의 징세권은 소멸하고, 납세자의 납세의무도 소멸한다. 국민이나 주민이 국가나 지방자치단체에 대하여 받아야 할 돈이 있음에도 아무런 조치를 취하지 아니하고 5년이 경과하면 역시 국가나 지방자치단체는 국민이나 주민에게 돈을 줄 의무가 소멸한다.

> **국가재정법 제96조(금전채권·채무의 소멸시효)** ① 금전의 급부를 목적으로 하는 국가의 권리로서 시효에 관하여 다른 법률에 규정이 없는 것은 5년 동안 행사하지 아니하면 시효로 인하여 소멸한다.

② 국가에 대한 권리로서 금전의 급부를 목적으로 하는 것도 또한 제1항과 같다.
● **지방재정법 제82조(금전채권과 채무의 소멸시효)** ① 금전의 지급을 목적으로 하는 지방자치단체의 권리는 시효에 관하여 다른 법률에 특별한 규정이 있는 경우를 제외하고는 5년간 행사하지 아니하면 소멸시효가 완성한다.
② 금전의 지급을 목적으로 하는 지방자치단체에 대한 권리도 제1항과 같다.

2. 주 소

(1) 의 의 사법에서와 마찬가지로 행정법상으로도 주소를 기준으로 하여 법률관계가 정해지는 경우가 많다. 예컨대, 지방자치단체의 주민되는 요건(지자법 제12조), 주민세납세의무성립요건(지세법 제75조), 인감신고지(인감법 제3조), 그 밖에 각종의 선거권·피선거권 등의 성립요건이 주소를 기준으로 이루어진다.

● **지방자치법 제12조(주민의 자격)** 지방자치단체의 구역 안에 주소를 가진 자는 그 지방자치단체의 주민이 된다.
● **지방세법 제74조(정의)** 주민세에서 사용하는 용어의 뜻은 다음 각 호와 같다.
1. "균등분"이란 개인 또는 법인에 대하여 제78조 제1항에 따라 균등하게 부과하는 주민세를 말한다.

제75조(납세의무자) ① 균등분의 납세의무자는 지방자치단체에 주소를 둔 개인(납세의무를 지는 세대주와 생계를 같이 하는 가족은 제외한다)과 지방자치단체에 사업소를 둔 법인(법인세의 과세대상이 되는 법인격 없는 사단·재단 및 단체를 포함한다. 이하 이 장에서 같다) 및 지방자치단체에 대통령령으로 정하는 일정한 규모 이상의 사업소를 둔 개인(이하 "사업소를 둔 개인"이라 한다)으로 한다.
● **인감증명법 제3조(인감 신고 등)** ① 인감증명을 받으려는 사람은 미리 그 주소를 관할하는 증명청에 인감을 신고하여야 한다. 다만, 미성년자와 한정치산자는 법정대리인의 동의를 받아 신고하여야 하며, 금치산자는 법정대리인이 신고하여야 한다.

(2) 자연인의 주소 국고작용은 사법의 적용영역이므로 이와 관련된 주소는 민법이 적용된다. 공법작용에서는 주민등록법이 적용된다.

● **민법 제18조(주소)** ① 생활의 근거되는 곳을 주소로 한다.
● **주민등록법 제23조(주민등록자의 지위 등)** ① 다른 법률에 특별한 규정이 없으면 이 법에 따른 주민등록지를 공법(公法) 관계에서의 주소로 한다.
② 제1항에 따라 주민등록지를 공법 관계에서의 주소로 하는 경우에 신고의무자가 신거주지에 전입신고를 하면 신거주지에서의 주민등록이 전입신고일에 된 것으로 본다.

(3) 법인의 주소 행정법상 법인의 주소에 관한 일반적 규정이 없다. 따라서 법인의 경우, 국고작용인가 행정법상의 작용인가를 불문하고 민법규정이 적용된다.

3. 공법상 사무관리

사무관리란 법률상 의무 없이 타인을 위하여 사무를 관리하는 행위를 말한다(민법 제734조). 법이 사무관리제도를 두는 것은 의무 없이 임의로 한 행위일지라도 그것이 본인에 이익이 되는 행위라면 그것을 시인하여 본인과 관리자 상호간의 이해를 조절하는 것이 보다 합리적이라 보았기 때문이다. 사무관리의 유형은 ① 행정주체의 다른 행정주체를 위한 사무관리, ② 행정주체의 사인을 위한 사무관리, ③ 사인의 행정주체를 위한 사무관리, ④ 사인의 다른 사인을 위한 사무관리로 구분된다. 공법상 사무를 수행하는 범위 안에서 ①·②·③은 공법상 사무관리의 문제가 되며, ④는 원칙적으로 사법상 사무관리의 문제이다. 일반법이 없는 관계로 특별규정이 없는 한 행정법상 사무관리에 관해서는 민법의 사무관리에 관한 규정이 준용되어 관리자와 피관리자 사이에 이해조절이 이루어져야 할 것이다. 왜냐하면 민법상 사무관리제도는 법의 일반원칙의 표현으로 이해되기 때문이다. 물론 개별법률에서 민법과 다른 규성을 둘 수도 있을 것이다.

4. 공법상 부당이득

(1) 의 의 부당이득이란 법률상 원인 없이 타인의 재산 또는 노무로 인하여 이익을 얻고 이로 인하여 타인에게 손해를 가하는 것(예: 무자격자의 연금수령, 무효인 과세처분에 따른 세금징수)을 말한다. 그리고 이 때 그 이익은 반환되어야 한다(민법 제741조). 부당이득의 법리는 형평의 이념에 입각한 것이다. 현재로서 공법상 부당이득에 관한 일반법은 없다. 따라서 법령에 특별한 규정이 없는 한 민법규정(제741조 내지 제749조)이 직접 또는 유추적용되어야 할 것이다. 부당이득의 관념은 일반법원리적인 제도이기 때문이다. 공법상 부당이득에 관한 특별규정도 적지 않다(예: 국세법 제51조; 지기법 제76조; 관세법 제22조 제3항; 우편법 제25조).

- **국세기본법 제51조(국세환급금의 충당과 환급)** ① 세무서장은 납세의무자가 국세·가산금 또는 체납처분비로서 납부한 금액 중 잘못 납부하거나 초과하여 납부한 금액이 있거나 세법에 따라 환급하여야 할 환급세액(세법에 따라 환급세액에서 공제하여야 할 세액이 있을 때에는 공제한 후에 남은 금액을 말한다)이 있을 때에는 즉시 그 잘못 납부한 금액, 초과하여 납부한 금액 또는 환급세액을 국세환급금으로 결정하여야 한다. 이 경우 착오납부·이중납부로 인한 환급청구는 대통령령으로 정하는 바에 따른다.
- **지방세기본법 제76조(지방세환급금의 충당과 환급)** ① 지방자치단체의 장은 납세자가 납부한 지방자치단체의 징수금 중 과오납한 금액이 있거나 「지방세법」에 따라 환급하여야 할 환급세액(지방세관계법에 따라 환급세액에서 공제하여야 할 세액이 있을 때에는 공제한 후 남은 금액을 말한다)이 있을 때에는 즉시 그 오납액(誤納額), 초과납부액 또는 환급세액을 지방세환급금으로 결정하여야 한다. 이 경우 착오납부, 이중납부로 인한 환급청구는 대통령령으로 정하는 바에 따른다.

(2) 성 질 공법상 부당이득반환청구권의 성질과 관련하여 학설은 공권설(청구권의 발생원인이 공법상의 것이므로 동 청구권은 공권이라는 견해)과 사권설(부당이득은 오로지 경제적 이해조정의 견지에서 인정되므로 사법상의 것과 구별할 필요가 없으므로 동 청구권은 사권이라는 견해)로 나뉜다. 판례는 사권설을 취한다(대판 1995. 12. 12, 94다51253; 대결 1991. 2. 6, 90프2). 생각건대 부당이득반환청구를 당사자소송으로 청구한다고 하여도 실제상으로는 민사소송에 의하게 되므로(행소법 제8조 제2항 참조), 관할법원 등 약간의 문제를 제외하면 민사소송으로 청구하는 것과 큰 차이가 없다. 따라서 논의의 실익은 별로 없다. 그러나 실정법제도가 공·사법의 이원적 체계를 유지하고 있는 이상, 이론상 공권설로 보는 것이 타당하다.

Ⅲ. 사인의 공법행위

국가의 공법행위에 관해서는 행위에 관해서는 「제3장 경찰행정작용법, 제3절 경찰행정작용의 행위형식」에서 살피고 여기서는 사인의 공법행위에 관해서만 보기로 한다.

1. 일 반 론

(1) 사인의 공법행위의 의의 사인의 공법행위란 공법관계에서 사인이 공법적 효과의 발생을 목적으로 하는 행위를 의미한다(예: 각종 신고와 신청). 사인의 공법행위는 공법적 효과의 발생을 목적으로 하는 점에서 사법행위와 다르다.

(2) 자체완성적 공법행위·행정요건적 공법행위 사인의 어떠한 행위가 그 행위 자체만으로 일정한 법적 효과를 가져올 때, 이를 자체완성적 공법행위라 한다(예: 선거시 투표, 혼인·이혼·출생·사망의 신고). 자기완결적 공법행위, 자족적 공법행위 등으로 부르기도 한다. 자체완성적 공법행위로서 신고가 있으면 형식적 요건에 하자가 없는 한 신고의 도달로서 신고의 효력이 발생한다(대판 1998. 4. 24, 97도3121). 한편, 사인의 어떠한 행위가 특정행위의 전제요건을 구성하기도 하는바, 이를 행정요건적 공법행위라 한다(예: 특허·허가의 신청, 입대지원, 청원·소청, 행정심판의 제기). 수리를 요하는 신고에 있어서 수리는 그 자체가 독립적인 행정행위의 하나이므로, 그 신고는 행정요건적 사인의 공법행위에 해당한다.

(3) 적용법규 사인의 공법행위에 관한 전반적인 사항을 규율하는 일반법은 없다. 다만, 자체완성적 공법행위(자족적 공법행위)로서 신고와 관련하여서는 행정절차법, 그리고 민원사무의 처리와 관련하여서는 민원사무처리에 관한 법률에 원칙적인 규정이 있다. 사인의 공법행위에 관해 명시적 규정이 있으면(예: 우편법, 도로교통법) 문

제없으나, 없는 경우에는 민법 규정 등을 고려하면서 합리적으로 판단하여야 할 것이다. 적어도 재산상의 행위에 관한 것인 한 민법규정이 유추적용된다는 것이 일반적인 견해이다.

> **도로교통법 제82조(운전면허의 결격사유)** ① 다음 각 호의 어느 하나에 해당하는 사람은 운전면허를 받을 수 없다.
> 1. 18세 미만(원동기장치자전거의 경우에는 16세 미만)인 사람
>
> **우편법 제10조(무능력자의 행위에 관한 의제)** 우편물의 발송·수취나 그 밖에 우편 이용에 관하여 무능력자가 우편관서에 대하여 행한 행위는 능력자가 행한 것으로 본다.

(4) 효　과　적법한 사인의 공법행위가 있는 경우에 발생하는 효과는 개별법규가 정한 바에 따를 것이다. 그러나 행정청에 가해지는 기본적인 효과는 처리기간 내에 처리하여야 할 의무가 발생한다는 점이다(대판 1988. 8. 9, 86누889). 처리기간이 경과하면 경우에 따라 거부처분으로 간주되기도 하고(1993년에 개정되기 전의 국세법 제65조 제5항, 제81조), 인용처분으로 간주되기도 한다(구 주민법 제17조의3 제5항).

2. 민원사무

(1) 민원사무의 의의　민원사무처리에 관한 법률에서 민원사무란 민원인이 행정기관에 대하여 처분 등 특정한 행위를 요구하는 사항(민원사항)에 관한 사무를 말한다(민원법 제2조 제2호). 이 법률에서 민원사무는 반드시 법적인 행위를 요구하는 사무만을 뜻하는 것은 아니다. 이 법률상 민원사무는 학문상 사인의 공법행위에 해당하는 경우가 적지 아니하며, 그러한 행위에는 행정절차법도 적용된다.

(2) 민원의 신청방식　민원사항의 신청은 문서(「전자정부법」 제2조 제7호에 따른 전자문서를 포함한다. 이하 같다)로 하여야 한다. 다만, 대통령령으로 정하는 경우에는 구술 또는 전화·전신·팩스 등 정보통신망(「전자정부법」 제2조 제10호에 따른 정보통신망을 말한다. 이하 같다)으로 할 수 있다(민원법 제8조). 행정절차법도 처분을 구하는 신청은 문서로 함을 원칙으로 하고 있다(절차법 제17조 제1항).

(3) 처리결과의 통지　행정기관의 장은 민원인이 신청한 민원사항의 처리 결과를 민원인에게 문서로 통지하여야 한다. 다만, 대통령령으로 정하는 경우에는 구술 또는 정보통신망으로 통지할 수 있다. 이 경우 민원인이 요청할 때에는 지체 없이 처리결과에 관한 문서를 내주어야 한다(민원법 제15조 제1항). 행정절차법도 유사한 규정을 두고 있다(절차법 제24조 제1항·제2항). 행정기관의 장은 제1항에 따라 처리 결과를 통지할 때에 민원인의 신청을 거부하는 경우에는 거부 이유와 구제절차를 함께 통지하여야

한다(민원법 제15조 제2항). 행정절차법도 유사한 규정을 두고 있다(절차법 제23조 제1항·제2항).

(4) 거부처분에 대한 이의신청 민원사항에 대한 행정기관의 장의 거부처분에 대하여 불복하는 민원인은 그 거부처분을 받은 날부터 90일 이내에 그 행정기관의 장에게 문서로 이의신청을 할 수 있다(민원법 제18조 제1항). 민원인은 제1항에 따른 이의신청 여부와 관계없이 「행정심판법」에 의한 행정심판 또는 「행정소송법」에 의한 행정소송을 제기할 수 있다(민원법 제18조 제3항).

대판 2012. 11. 15, 2010두8676(민원사무처리에 관한 법률에 따른 민원 이의신청은, 행정청의 위법 또는 부당한 처분이나 부작위로 침해된 국민의 권리 또는 이익을 구제함을 목적으로 하여 행정청과 별도의 행정심판기관에 대하여 불복할 수 있도록 한 절차인 행정심판과는 달리, 민원사무처리법에 의하여 민원사무처리를 거부한 처분청이 민원인의 신청 사항을 다시 심사하여 잘못이 있는 경우 스스로 시정하도록 한 절차이다. 이에 따라, 민원 이의신청을 받아들이는 경우에는 이의신청 대상인 거부처분을 취소하지 아니하고 바로 최초의 신청을 받아들이는 새로운 처분을 하여야 하는 반면, 이의신청을 받아들이지 아니하는 경우에는 다시 거부처분을 하지 아니하고 그 결과를 통지함에 그칠 뿐이다. 따라서 이의신청을 받아들이지 아니하는 취지의 기각 결정 내지는 그 취지의 통지는, 종전의 거부처분을 유지함을 전제로 한 것에 불과하고 또한 거부처분에 대한 행정심판이나 행정소송의 제기에도 영향을 주지 못하므로, 결국 민원 이의신청인의 권리·의무에 새로운 변동을 초래하는 공권력의 행사나 이에 준하는 행정작용이라고 할 수 없어, 독자적인 항고소송의 대상이 된다고 볼 수 없다고 봄이 상당하다).

(5) 복합민원의 처리 "복합민원"이라 함은 하나의 민원 목적을 실현하기 위하여 법령·훈령·예규·고시 등(이하 "관계법령등"이라 한다)에 의하여 다수의 관계기관(민원사항과 관련된 단체·협회 등을 포함한다. 이하 같다) 또는 관계 부서의 허가·인가·승인·추천·협의 또는 확인 등을 거쳐 처리되는 민원사무를 말한다(민원법 제2조 제3호). 행정기관의 장은 복합민원에 대하여 처리할 주무부서를 지정하고 그 부서로 하여금 관계 기관 또는 부서간 협조를 통하여 민원사무를 한꺼번에 처리하게 할 수 있다(민원법 제14조 제1항).

3. 사인의 공법행위로서 신고

(1) 신고의 의의 사인의 공법행위로서 신고란 "사인이 공법적 효과의 발생을 목적으로 행정주체에 대하여 일정한 사실을 알리는 행위로서 행정청에 의한 실질적 심사가 요구되지 아니하는 행위"를 말한다(예: 전입신고). 단순한 사실로서의 신고(예: 화재신고)는 여기서 말하는 법적 행위로서 신고에 해당하지 아니한다(대판 2000. 12. 22, 99두455).

(2) 신고의 일반법 행정절차법은 제40조 제1항에서 법령등에서 행정청에 대하여 일정한 사항을 통지함으로써 의무가 끝나는 신고만을 규정하고 있다. 따라서 의무적인 신고가 아닌 임의적 신고(예: 혼인신고)는 동법의 규율대상이 아니다.

(3) 신고의 종류 사인의 공법행위로서 신고에는 ① 행정청의 수리를 요하지 않는 신고와 ② 수리를 요하는 신고가 있다. ①은 자체완성적 공법행위로서 신고, ② 행정요건적 공법행위로서 신고로 부르기도 한다, ②에서 수리한 사인이 알린 일정한 사실을 행정청이 유효한 행위로서 받아들이는 것을 말한다.

> **[참고]** 수리를 요하지 않는 신고도 구체적인 내용이 동일한 것은 아니다. 예컨대, 체육시설의 설치·이용에 관한 법률상 신고체육시설업의 신고는 도달로써 그 효과가 발생한다는 점 외에는 특별한 법적 제한이 따르지 아니하는 신고라는 점에서 수리를 요하지 않는 신고의 기본적인 형태에 해당한다. 그러나 잡지 등 정기간행물의 진흥에 관한 법률상 정기간행물의 발행신고는 규정형식상 기본적 형태의 신고에 해당하지만, 이 법률이 신고취소 등을 규정함으로 인하여 체육법상 신고체육시설업의 신고보다 절차적으로 보다 강한 보호가 이루어지고 있고, 집회 및 시위에 관한 법률상 집회신고는 기본적 형태의 신고에 해당하지만, 이 법률이 집회 및 시위의 금지 및 제한 통고의 제도 등을 규정함으로 인하여 이 법률상 신고제는 허가제에 접근한다. 다만 이 책에서는 수리를 요하지 않는 신고의 기본적 형태를 기준으로 살핀다.

(4) 신고의 요건과 보완 신고의 요건은 개별 법률에서 구체적으로 정하는 바에 의한다. 다만 행정절차법은 자체완성적 사인의 공법행위로서의 신고 중에서 의무적인 성질을 갖는 경우의 신고와 관련하여 요건 및 보완에 관해 규정을 두고 있다.

> ● **행정절차법 제40조(신고)** ① 법령등에서 행정청에 대하여 일정한 사항을 통지함으로써 의무가 끝나는 신고를 규정하고 있는 경우 신고를 관장하는 행정청은 신고에 필요한 구비서류, 접수기관, 그 밖에 법령등에 따른 신고에 필요한 사항을 게시(인터넷 등을 통한 게시를 포함한다)하거나 이에 대한 편람을 갖추어 두고 누구나 열람할 수 있도록 하여야 한다.
> ② 제1항에 따른 신고가 다음 각 호의 요건을 갖춘 경우에는 신고서가 접수기관에 도달된 때에 신고 의무가 이행된 것으로 본다.
> 1. 신고서의 기재사항에 흠이 없을 것
> 2. 필요한 구비서류가 첨부되어 있을 것
> 3. 그 밖에 법령등에 규정된 형식상의 요건에 적합할 것
>
> ③ 행정청은 제2항 각 호의 요건을 갖추지 못한 신고서가 제출된 경우 지체 없이 상당한 기간을 정하여 신고인에게 보완을 요구하여야 한다.
> ④ 행정청은 신고인이 제3항에 따른 기간 내에 보완을 하지 아니하였을 때에는 그 이유를 밝혀 해당 신고서를 되돌려 보내야 한다.
>
> ● **주민등록법 제16조(거주지의 이동)** ① 하나의 세대에 속하는 자의 전원 또는 그 일부가 거주지를 이동하면 제11조나 제12조에 따른 신고의무자가 신거주지에 전입한 날부터 14일 이내에

> 신거주지의 시장 · 군수 또는 구청장에게 전입신고를 하여야 한다.
> **제40조(과태료)** ③ 정당한 사유 없이 …제16조 제1항…에 따른 신고…을(를) 기간 내에 하지 아니한 자에게는 5만원 이하의 과태료를 부과한다.

(5) 신고의 수리 신고의 수리는 수리를 요하는 신고에서만 요구된다. 수리를 요하는 신고가 법령이 정한 요건을 구비한 적법한 신고라면, 행정청은 의무적으로 수리하여야 한다(대판 1997. 8. 29, 96누6646). 물론 부적법한 신고의 경우에는 당연히 수리를 거부하여야 한다. 만약 부적법한 신고를 수리한다면, 그것은 하자있는 행정행위가 된다.

(6) 신고의 효과 법령등에서 행정청에 대하여 일정한 사항을 통지함으로써 의무가 끝나는 신고의 경우, 요건을 갖춘 경우에는 신고서가 접수기관에 도달된 때에 신고의 의무가 이행된 것으로 본다(절차법 제40조 제2항)(대판 1999. 4. 27, 97누6780).

(7) 신고수리의 거부(거부행위의 처분성) 수리를 요하지 않는 신고의 경우, 사인의 신고 그 자체로서 법적 절차가 완료되므로 행정청이 신고수리를 거부하였다고 하여도 그것은 법적인 것이 아니다. 따라서 신고수리의 거부는 행정소송법상 처분이 아니다(대판 1999. 12. 24, 98다57419 · 57426). 그러나 수리를 요하는 신고의 경우에 신고 그 자체는 행정청의 처분이 아니지만 신고의 수리 또는 신고수리의 거부는 행정소송법상 처분개념에 해당한다. 따라서 위법한 거부처분을 항고소송으로 다툴 수 있다.

(8) 신고의무의 위반 신고의무를 불이행하거나 위반하면, 개별 법률이 정하는 바에 따라 법적 효과가 발생하지 않거나 벌칙이 가해지기도 한다.

> ● **공중위생관리법 제3조(공중위생영업의 신고 및 폐업신고)** ① 공중위생영업을 하고자 하는 자는 공중위생영업의 종류별로 보건복지부령이 정하는 시설 및 설비를 갖추고 시장·군수·구청장(자치구의 구청장에 한한다. 이하 같다)에게 신고하여야 한다. 보건복지부령이 정하는 중요사항을 변경하고자 하는 때에도 또한 같다.
> ② 제1항의 규정에 의하여 공중위생영업의 신고를 한 자(이하 "공중위생영업자"라 한다)는 공중위생영업을 폐업한 날부터 20일 이내에 시장·군수·구청장에게 신고하여야 한다.
> **제20조(벌칙)** ① 다음 각호의 1에 해당하는 자는 1년 이하의 징역 또는 1천만원 이하의 벌금에 처한다.
> 1. 제3조 제1항 전단의 규정에 의한 신고를 하지 아니한 자
>
> **제22조(과태료)** ① 다음 각호의 1에 해당하는 자는 300만원 이하의 과태료에 처한다.
> 1. 제3조 제2항의 규정을 위반하여 폐업신고를 하지 아니한 자

제2장

경찰 행정조직법

경찰행정주체의 조직에 관한 법의 총체를 협의의 경찰행정조직법이라 부른다. 경찰행정조직법은 경찰행정기관에 관한 법인 경찰행정기관법과 경찰행정기관의 구성자인 경찰공무원에 관한 법인 경찰공무원법으로 구성된다. 경찰행정기관법을 협의의 경찰행정조직법이라 부르기도 한다,

제 1 절 경찰행정기관법(협의의 경찰행정조직법)

제 1 항 경찰행정기관법의 의의

Ⅰ. 경찰행정기관의 개념

행정주체인 국가는 공법인이다. 국가는 그 자체로서 행정작용을 수행할 수 있는 것은 아니다. 이 때문에 현실적으로 행정을 실현가능하게 하기 위하여 국가는 일정한 기구를 설치하고, 이로 하여금 행정사무를 수행하도록 한다. 이 때 그 행정기구의 작용은 바로 국가의 작용으로 귀속되는데, 그 행정기구가 바로 행정주체인 국가의 기관이다. 그러한 행정기관 중 경찰사무를 수행하는 기관이 바로 경찰행정기관이다.

Ⅱ. 경찰행정기관법의 개념

경찰행정기관법이란 경찰행정기관에 관한 법의 총체를 말한다. 경찰행정기관법은 경찰행정기관의 설치와 폐지, 권한의 범위와 행사방식, 경찰행정기관 상호간의 관계 등에 관한 사항을 규정대상으로 한다.

Ⅲ. 경찰행정조직법정주의

① 행정조직의 존재목적은 행정권의 행사에 있고, 행정기관의 설치여부 등은 바로 국민생활에 지대한 영향을 미치고, ② 행정기관의 설치·운영은 일반국민에게 상당한 경제적 부담을 가하게 되므로, 행정조직의 문제는 국가의 형성유지에 중요한 사항이라 할 것인바(중요사항유보설), 헌법은 행정각부 등의 조직을 법률로써 정하도록 규정하고 있다(헌법 제96조, 제100조, 제90조 제3항, 제91조 제3항, 제92조 제2항, 제93조 제2항). 이를 행정조직법정주의라 부른다. 이에 따라 정부조직법이 제정되어 있다. 행정조직법정주의는 경찰행

정의 영역에서도 당연히 적용되는바(경찰행정조직법정주의) 경찰행정조직도 당연히 법률로 정하여야 한다. 이에 따른 것이 경찰법이다.

> ● **헌법 제96조** 행정각부의 설치·조직과 직무범위는 법률로 정한다.
> ● **정부조직법 제1조(목적)** 이 법은 국가행정사무의 체계적이고 능률적인 수행을 위하여 국가행정기관의 설치·조직과 직무범위의 대강을 정함을 목적으로 한다.
> **제29조(행정안전부)** ④ 치안에 관한 사무를 관장하기 위하여 행정안전부장관소속으로 경찰청을 둔다.
> ⑤ 경찰청의 조직·직무범위 그 밖에 필요한 사항은 따로 법률로 정한다.
> ● **경찰법 제1조(목적)** 이 법은 국가경찰의 민주적인 관리·운영과 효율적인 임무수행을 위하여 국가경찰의 기본조직 및 직무 범위와 그 밖에 필요한 사항을 규정함을 목적으로 한다.
> **제2조(국가경찰의 조직)** ① 치안에 관한 사무를 관장하게 하기 위하여 행정안전부장관 소속으로 경찰청을 둔다.

제 2 항 경찰행정기관의 종류

경찰행정기관에는 경찰행정관청(경찰행정법상 주어진 권한의 범위 내에서 경찰에 관한 의사를 결정하고 이를 외부에 대하여 표시하는 권한을 가진 경찰행정기관), 경찰의결기관(경찰행정상 의사결정권만을 갖는 기관), 경찰보조기관(경찰행정관청의 보조를 임무로 하는 기관. 예: 차장·실장·국장·과장), 경찰보좌기관(정책의 기획이나 계획의 입안·연구조사를 통하여 경찰행정청이나 보조기관을 보좌하는 기관. 예: 담당관), 경찰집행기관(경찰행정청의 명을 받아 경찰행정청이 발한 의사를 집행하여 경찰행정상 필요한 상태를 실현하는 기관) 등이 있다.

Ⅰ. 국가경찰행정관청

국가경찰행정관청이란 위험방지임무에 관한 국가의사를 결정하고 이를 외부에 표시할 수 있는 권한을 가진 기관을 의미한다. 경찰행정관청을 경찰행정청이라 부르기도 한다. 경찰행정관청은 다시 일반경찰행정관청(일반경찰행정청)과 특별경찰행정관청(특별경찰행정청)으로 구분된다.

1. 국가일반경찰행정관청(경찰청장·지방경찰청장·경찰서장)

일반경찰행정관청(보통경찰행정관청이라고도 한다)이란 일반경찰법(보안경찰법)상 행정관청(행정청)을 말한다. 일반경찰행정관청은 보통경찰관청이라고도 한다. 법령상 특별경찰행정관청의 권한으로 규정된 것이 아닌 위험방지사무는 일반경찰행정관청의 경찰사무에 속한다(경직법 제2조 제5호 참조). 일반경찰행정관청은 중앙경찰관청과 지방경찰관청(지방경찰청)으로 구분된다. 지방경찰관청으로는 경찰법에 따른 지방경찰청장·경찰서장·해양경찰서장이 있다.

가. 국가중앙경찰행정관청

(1) 경찰청장 치안에 관한 사무를 관장하게 하기 위하여 행정안전부장관소속으로 설치되는 경찰청의 장(경찰청장)이 중앙경찰관청이다(정조법 제29조 제4항; 경찰법 제2조 제1항). 경찰청장은 치안총감으로 보한다(경찰법 제11조 제1항). 경찰청장은 경찰위원회의 동의를 받아 행정안전부장관의 제청으로 국무총리를 거쳐 대통령이 임명한다. 이 경우 국회의 인사청문을 거쳐야 한다(경찰법 제11조 제2항). 경찰청장은 국가경찰에 관한 사무를 총괄하고 경찰청 업무를 관장하며 소속 공무원 및 각급 국가경찰기관의 장을 지휘·감독한다(경찰법 제11조 제3항). 경찰청장의 임기는 2년으로 하고, 중임할 수 없다(경찰법 제11조 제5항). 경찰청장이 직무를 집행하면서 헌법이나 법률을 위배하였을 때에는 국회는 탄핵 소추를 의결할 수 있다(경찰법 제11조 제6항).

(2) 해양경찰청장 해양에서의 경찰 및 오염방제에 관한 사무를 관장하기 위하여 국토해양부장관 소속으로 해양경찰청을 둔다(정조법 제37조 제3항). 해양경찰은 해양에서의 경찰사무를 전반적으로 관장하므로 일반경찰로 볼 것이며, 특별경찰(협의의 행정경찰)로 볼 것은 아니다. 해양경찰청의 장 역시 중앙경찰관청의 지위를 갖는다. 해양경찰청에 청장 1명과 차장 1명을 두되, 청장 및 차장은 경찰공무원으로 보한다(정조법 제43조 제4항). 해양경찰청장은 치안정감으로 보한다(해양경찰청과 그 소속기관 직제 제4조). 해양에서의 경찰사무가 종전에는 경찰청의 소관이었으나, 1996년 8월 8일 정부조직법의 개정(법률 제5153호) 시에 해양수산부의 신설과 동시에 해양수산부장관 소속으로 해양경찰청을 설치하면서부터 해양경찰청의 소관사무가 되었다. 한편, 2008년 2월 29일 정부조직법 개정시에 해양수산부는 폐지되고 국토해양부가 신설되었다.

나. 국가지방상급경찰행정관청

(1) 지방경찰청장 경찰청의 사무를 지역적으로 분담하여 수행하게 하기 위하여 특별시장·광역시장 및 도지사(이하 "시·도지사"라 한다) 소속으로 지방경찰청을 둔다(경찰법 제2조 제2항 제1문). 지방경찰청에 지방경찰청장을 두며, 지방경찰청장은 치안정감·치안감 또는 경무관으로 보한다(경찰법 제14조 제1항). 지방경찰청장은 경찰청장의 지휘·감독을 받아 관할구역의 국가경찰사무를 관장하고 소속 공무원 및 소속 국가경찰기관의 장을 지휘·감독한다(경찰법 제14조 제2항). 경찰법은 지방경찰청장을 광역지방자치단체의 장의 소속으로 하면서, 업무상으로는 경찰청장의 지휘·감독을 받도록 규정하고 있는데,

지방경찰청장의 소속과 지휘·감독의 체계를 달리해야 할 합리적인 이유를 찾아보기 어렵다. 경찰법의 이러한 규정태도로 인하여 현재 광역지방자치단체의 장을 상급의 지방경찰행정청이라고 하기는 어렵다.

(2) **지방해양경찰청장** 해양경찰청장의 관장사무를 분장하기 위하여 해양경찰청장 소속으로 지방해양경찰청을 둔다(해양경찰청과 그 소속기관 직제 제2조 제2항). 지방해양경찰청에 청장 1명을 둔다(해양경찰청과 그 소속기관 직제 제24조 제1항). 지방해양경찰청장은 해양경찰청장의 명을 받아 소관사무를 통할하고, 소속 공무원을 지휘·감독한다(해양경찰청과 그 소속기관 직제 제24조 제3항).

다. 국가지방하급경찰행정관청

(1) **경찰서장** 경찰사무를 지역적으로 분담하여 수행하기 위하여 지방경찰청장소속 하에 경찰서를 둔다(경찰법 제2조 제2항 제2문). 경찰서에 경찰서장을 두며, 경찰서장은 총경 또는 경정으로 보한다(경찰법 제17조 제1항). 경찰서장은 지방경찰청장의 지휘·감독을 받아 관할구역의 소관사무를 관장하고 소속공무원을 지휘·감독한다(경찰법 제17조 제2항). 경찰서장소속으로 지구대 또는 파출소를 두고, 그 설치기준은 치안수요·교통·지리 등 관할구역의 특성을 고려하여 행정안전부령으로 정한다. 다만, 필요한 경우에는 출장소를 둘 수 있다(경찰법 제17조 제3항). 경찰관직무집행법 제3조 제2항이 정하는 경찰관서의 장인 지구대장과 파출소장, 그리고 출장소장은 경찰관직무집행법 제8조 제2항에 근거하여 사실조회를 할 수 있으나, 이것만으로 지구대장과 파출소장, 그리고 출장소장이 행정청이라고 단언하기 어렵다.

(2) **해양경찰서장** 지방해양경찰청장 소속으로 해양경찰서를 둔다(해양경찰청과 그 소속기관 직제 제2조 제2항 제2문). 해양경찰서에 서장 1명을 둔다(해양경찰청과 그 소속기관 직제 제27조 제1항). 해양경찰서장은 총경으로 보한다(해양경찰청과 그 소속기관 직제 제20조 제1항). 해양경찰서장은 지방해양경찰본부장의 명을 받아 소관 사무를 통할하고, 소속 공무원을 지휘 · 감독한다(해양경찰청과 그 소속기관 직제 제27조 제3항).

2. 국가특별경찰행정관청(국가정보원장 · 계엄사령관 · 위수사령관)

(1) **의 의** 특별경찰행정관청이란 특정의 전문영역에서 경찰상의 권한을 가진 행정기관으로서 조직상 일반경찰행정청에 속하지 아니하는 행정청을 의미한다. 말하자면 특별경찰법(협의의 행정경찰법)상의 경찰기관을 말한다. 특별경찰행정관청을 협의의 행정경찰관청이라 부르기도 한다.

(2) **종 류** 특별경찰행정청의 종류는 다양하다. 예시해 본다면 다음과 같다(경제의 영역에서 공공의 생명·건강에 대한 위험방지작용을 경제경찰이라 부르기도 한다). ① 산림경

찰의 경우에 산림청장, ② 보건위생경찰의 경우에 보건복지부장관, ③ 영업경찰의 경우에 행정안전부장관·교육과학기술부장관 등, ④ 상공경찰의 경우에 지식경제부장관, ⑤ 수의경찰의 경우에 보건복지부장관, ⑥ 출입국경찰의 경우에 법무부장관, ⑦ 관세경찰의 경우에 관세청장, ⑧ 항공경찰의 경우에 국토해양부장관, ⑨ 항만·해운경찰의 경우에 국토해양부장관, ⑩ 군경찰의 경우에 국방부장관(평상시에는 병사의 안전, 비상시인 전쟁과 계엄선포의 경우는 국민의 보호), ⑪ 청소년경찰의 경우에 보건복지부장관·행정안전부장관 등을 들 수 있다.

(3) 특수경찰

㈎ **국가정보원장** 국가정보원(이하 "국정원"이라 한다)은 대통령 소속으로 두며, 대통령의 지시와 감독을 받는다(국가정보원법 제2조). 국정원은 다음 각 호(1. 국외 정보 및 국내 보안정보[대공, 대정부전복, 방첩, 대테러 및 국제범죄조직]의 수집·작성 및 배포, 2. 국가 기밀에 속하는 문서·자재·시설 및 지역에 대한 보안 업무. 다만, 각급 기관에 대한 보안감사는 제외한다. 3.「형법」중 내란의 죄, 외환의 죄,「군형법」중 반란의 죄, 암호 부정사용의 죄,「군사기밀 보호법」에 규정된 죄,「국가보안법」에 규정된 죄에 대한 수사, 4. 국정원 직원의 직무와 관련된 범죄에 대한 수사, 5. 정보 및 보안 업무의 기획·조정)의 직무를 수행한다(국가정보원법 제3조). 국정원의 사무는 사법사무와 경찰사무가 혼재되어 있다. 위험방지사무를 수행하는 범위 안에서 국정원장은 경찰행정청의 성격을 갖는다.

㈏ **계엄사령관** 대통령은 전시·사변 또는 이에 준하는 국가비상사태에 있어서 병력으로써 군사상의 필요에 응하거나 공공의 안녕질서를 유지할 필요가 있을 때에는 법률이 정하는 바에 의하여 계엄을 선포할 수 있다(헌법 제77조 제1항). 계엄은 비상계엄과 경비계엄으로 한다(헌법 제77조 제2항). 비상계엄의 선포와 동시에 계엄사령관은 계엄지역 안의 모든 행정사무와 사법사무를 관장한다(계엄법 제7조 제1항). 경비계엄의 선포와 동시에 계엄사령관은 계엄지역 안의 군사에 관한 행정사무와 사법사무를 관장한다(계엄법 제7조 제2항). 계엄사령관은 행정사무 중 위험방지사무와 관련하는 한 경찰행정청의 성격을 갖는다.

3. 국가일반경찰행정청과 국가특별경찰행정청과의 관계

특별법이 일반법에 우선한다는 논리에 비추어 특별법에 근거하는 특별경찰행정청의 권한영역 내에서는 일반법에 근거하는 일반경찰행정청이 활동할 수 없다. 즉, 특별경찰행정청의 권한이 우선한다. 특별경찰행정청에 권한이 없는 경우에 비로소 일반경찰행정청이 관련법령에 따라 활동하게 된다.

[참고] 국회와 경찰

A. 경호권과 가택권

삼권분립의 원칙상 국회에서의 경찰작용은 정부가 아니라 국회에 의해 이루어진다. 국회에서의 위험방지와 관련하여 국회의장은 국회법에 의거하여 일종의 경찰권인 경호권(국회법 제143조)과 가택권(국회법 제151조, 제152조)을 갖는다. 국회의장의 가택권은 국회의사당이 국가의 재산이라는 데서 나오는 권리이다.

B. 집행경찰

국회의 경호를 위하여 국회에 경위를 둔다(국회법 제144조 제1항). 의장은 국회의 경호를 위하여 필요한 때에는 국회운영위원회의 동의를 얻어 일정한 기간을 정하여 정부에 대하여 필요한 국가경찰공무원의 파견을 요구할 수 있다(국회법 제144조 제2항). 경위와 파견된 국가경찰공무원은 의장의 지휘를 받아 경위는 회의장건물 안에서, 국가경찰공무원은 회의장건물 밖에서 경호한다(국회법 제144조 제3항).

[참고] 법원과 경찰

법정의 질서유지는 재판장이 이를 행한다(법조법 제58조 제1항). 재판장은 법정에 있어서의 질서유지를 위하여 필요하다고 인정할 때에는 개정전후를 불문하고 관할경찰서장에게 국가경찰공무원의 파견을 요구할 수 있다(법조법 제60조 제1항). 제1항의 요구에 의하여 파견된 국가경찰공무원은 법정내외의 질서유지에 관하여 재판장의 지휘를 받는다(법조법 제60조 제2항).

Ⅱ. 경찰의결기관·자문기관

1. 경찰위원회 — 의결기관

(1) 경찰위원회의 지위 　경찰행정에 관하여 제9조 제1항 각 호의 사항을 심의·의결하기 위하여 행정안전부에 경찰위원회(이하 “위원회”라 한다)를 둔다(경찰법 제5조 제1항). 다음 각 호(1. 국가경찰의 인사, 예산, 장비, 통신 등에 관한 주요정책 및 국가경찰 업무 발전에 관한 사항, 2. 인권보호와 관련되는 국가경찰의 운영·개선에 관한 사항, 3. 국가경찰 임무 외에 다른 국가기관으로부터의 업무협조 요청에 관한 사항, 4. 제주특별자치도의 자치경찰에 대한 국가경찰의 지원·협조 및 협약체결의 조정 등에 관한 주요 정책사항, 5. 그 밖에 행정안전부장관 및 경찰청장이 중요하다고 인정하여 위원회의 회의에 부친 사항)의 사항은 위원회의 심의·의결을 거쳐야 한다(경찰법 제9조 제1항).

(2) 경찰위원회의 조직 　경찰위원회는 위원장 1명을 포함한 7명의 위원으로 구성하되, 위원장 및 5명의 위원은 비상임으로 하고, 1명의 위원은 상임으로 한다(경찰법 제5

조 제2항). 제2항에 따른 위원 중 상임위원은 정무직으로 한다(경찰법 제5조 제3항). 위원의 임기는 3년으로 하며, 연임(連任)할 수 없다(경찰법 제7조 제1항 본문).

2. 경찰공무원인사위원회 — 자문기관

경찰공무원의 인사에 관한 중요 사항에 대하여 경찰청장 또는 해양경찰청장의 자문에 응하게 하기 위하여 경찰청과 해양경찰청에 경찰공무원인사위원회(이하 "인사위원회"라 한다)를 둔다(경공법 제4조 제1항). 인사위원회는 다음 각 호(1. 경찰공무원의 인사행정에 관한 방침과 기준 및 기본계획, 2. 경찰공무원의 인사에 관한 법령의 제정·개정 또는 폐지에 관한 사항, 3. 그 밖에 경찰청장 또는 해양경찰청장이 인사위원회의 회의에 부치는 사항)의 사항을 심의한다(경공법 제5조).

Ⅲ. 경찰집행기관

1. 의　　의

국가경찰집행기관이란 경찰행정관청이 명한 사항을 현장에서 현실적으로 직접 수행하는 경찰기관을 말한다. 이를 집행경찰이라 부르기도 한다.

2. 종　　류

국가경찰집행기관은 그 임무의 내용의 상이에 따라 ① 제복을 착용하고 무기를 휴대하는 것을 특징으로 하면서 일반경비에 임하는 경비경찰(경찰법 제24조; 경공법 제20조), ② 긴급한 상황에 대처하는 기동경찰(경응법 제4조), ③ 해양경비사무를 집행하는 해양경찰(해양경찰청과 그 소속기관 직제 제3조), ④ 간첩침투거부 등을 위한 전투경찰(전투경찰대 설치법 제1조)(전투경찰은 대간첩작전과 경비임무를 담당하는 작전경찰과 치안보조업무를 담당하는 의무경찰로 구분된다). ⑤ 특별경찰행정관청에 소속하면서 그 관청의 소관사무를 집행하는 공무원, ⑥ 군인·군무원의 범죄예방 등에 관한 사무를 집행하는 헌병인 병(군사법원법 제46조 제1호), ⑦ 비상사태시 출병하는 군인(헌법 제77조; 계엄법 제1조; 위수령 제12조) 등으로 구분할 수 있다.

3. 집행의 원조

현행 경찰법령상 집행경찰에 관한 일반적인 규정은 없을 뿐만 아니라 경찰집행기관의 집행의 원조에 관한 일반적 규정도 없다. 입법례에 따라서는 경찰집행의 원조에 관한 규정을 두는 경우도 있다(예: 독일 작센경찰법).

Ⅳ. 제주특별자치도 자치경찰기관

1. 자치경찰행정청 — 자치경찰단장

제주자치도의 자치경찰단의 자치경찰단장이 자치경찰행정청이 된다. 자치경찰단장은 도지사가 임명하며, 도지사의 지휘·감독을 받는다(제국법 제107조 제1항). 자치경찰단장은 자치총경으로 보한다. 다만, 도지사는 필요하다고 인정하는 경우에는 개방형직위로 지정하여 운영할 수 있다(제국법 제107조 제2항).

2. 자치경찰집행기관 — 자치경찰공무원

자치경찰집행기관이란 자치경찰행정청이 명한 사항을 현장에서 현실적으로 수행하는 경찰기관을 말한다. 현장에 나서는 자치경찰공무원의 전체를 의미한다. 제주자치도의 도지사는 소속 자치경찰공무원의 임명·휴직·면직과 징계를 행하는 권한을 가진다(제국법 제126조).

[참고] 소방기관
화재의 예방·경계·진압, 재난·재해 그 밖의 위급한 상황에서의 구조·구급활동 등을 내용으로 하는 소방사무는 위험방지사무, 즉 경찰사무의 한 부분이지만, 소방기관은 일반경찰행정기관으로부터 분리되어 있다. 소방사무는 소방기본법에서 규정하고 있다.

제 3 항 경찰행정기관의 권한

Ⅰ. 경찰행정권한의 의의

1. 권한의 개념

경찰행정기관의 권한이란 경찰행정기관의 사무범위 내지 그 사무수행에 필요한 각종의 권능과 의무의 총체를 말한다. 경찰행정기관이 국가를 위하여, 그리고 국가의 행위로써 유효하게 사무를 처리할 수 있는 능력 또는 사무의 범위라 할 수 있다. 직무권한이라는 용어가 사용되기도 한다.

2. 행정권한법정주의

행정권한법정주의란 행정기관의 권한은 법률로 정하여야 한다는 원칙이다. 행정권한법정주의는 행정조직법정주의의 한 부분을 이룬다. 행정권한법정주의에 따라 경찰행정기관의 권한 역시 법률로 정하여야 한다. 그러한 법률로 경찰법, 경찰관직무집행법 등이 있다.

3. 권한의 성질

경찰행정기관의 권한은 그 권한이 부여된 경찰행정기관만이 행사할 수 있고 다른 경찰행정기관은 행사할 수 없다. 한편 경찰행정기관의 권한행사는 그 권한이 부여된 경찰행정기관의 의무이기도 하다.

4. 권한의 충돌

권한의 충돌에는 하나의 사무수행에 다수의 경찰행정기관이 권한을 갖는 경우인 적극적 권한충돌과 어떠한 경찰기관도 권한을 갖지 않는다고 하는 경우인 소극적 권한충돌이 있다. 어떠한 경우이든 관할이 분명하지 아니하면 충돌하는 경찰행정기관을 공동으로 감독하는 상급경찰기관이 그 관할을 결정한다(행정절차법 제6조 제2항). 한편 국가경찰행정기관과 제주자치도 경찰행정기관 사이에 충돌이 있다면 협의로 해결할 것이다.

Ⅱ. 경찰행정권한의 내용

1. 사물적 권한(사항적 권한)

사물적 권한이란 경찰행정기관이 수행해야 할 사무범위를 말한다. 경찰행정기관의 권한은 경찰법·경찰관직무집행법 등 법령에서 정해진다. 사항적 권한이라고도 한다. 특별법이 일반법에 우선한다는 원칙에 따라 특별경찰기관의 권한이 일반경찰기관의 권한에 우선한다. 사물적 권한규정의 위반은 경찰작용의 위법을 가져온다.

> **경찰관직무집행법 제2조(직무의 범위)** 경찰관은 다음 각호의 직무를 행한다.
> 1. 국민의 생명·신체 및 재산의 보호
> 2. 범죄의 예방·진압 및 수사
> 3. 경비·요인경호 및 대간첩작전수행
> 4. 치안정보의 수집·작성 및 배포
> 5. 교통의 단속과 위해의 방지
> 6. 기타 공공의 안녕과 질서유지

2. 지역적 권한

지역적 권한이란 경찰기관이 자신의 사물적 권한을 행사할 수 있는 공간상의 영역을 말한다. 하급경찰행정청의 지역적 권한(관할구역)은 세분되어 있다. 각 경찰서장은 자신의 관할구역에 놓이는 위험이나 교란을 제거 또는 방지하게 된다. 지역적 권한규정의 위반은 경찰작용의 위법을 가져온다. 한편, 계속되는 위험이 있음에도 관할구역의 경찰기관이 적절한 시기에 필요한 조치를 취할 수 없다면, 이웃하는 구역에 관할권을 가진 경찰기관이 잠정적으로 필요한 처분을 하여야 한다. 이것을 경찰상 공조라 부른다.

3. 심급상 권한(형식적 권한)

심급상 권한이란 사물적 권한을 가진 상·하의 경찰기관 사이에서 분배된 사무의 범위를 말한다. 형식적 권한이라고도 한다. 이것은 상급경찰기관과 하급경찰기관 사이의 사무배분의 문제이다. 심급상 권한을 준수하지 않은 경찰기관의 행위는 위법한 것이 된다.

Ⅲ. 경찰행정권한의 행사

1. 권한행사의 방식(권한의 대리, 권한의 위임·위탁)의 의의

경찰행정기관은 자기에게 주어진 권한을 자기 스스로 법이 정한 바에 따라 행사하는 것이 원칙이다. 그러나 예외적으로는 업무처리의 효율성이나 기관구성자의 사고 등을 이유로 다른 기관으로 하여금 권한을 행사하게 하는 경우도 있다. 이를 권한의 대행이라 한다. 이에는 권한의 위임과 권한의 대리가 있다.

2. 권한의 대리

(1) 의 의

(가) 개념·종류 권한의 대리란 일정한 사유에 의거하여 행정관청이 자신의 권한의 전부 또는 일부를 타기관으로 하여금 행사하게 하는 경우로서, 이 때 대리관청은 피대리관청을 위한 것임을 표시하면서 대리관청 자신의 이름으로 행위하되 그 효과는 직접 피대리관청에 귀속하게 하는 제도를 말한다. 권한의 대행(헌법 제71조) 또는 직무대행(정조법 제7조 제2항, 제19조)이라 불리기도 한다. 권한의 대리는 대리권의 발생원인에 따라 임의대리와 법정대리로 나누어진다.

(나) 대표와 구별 대표되는 기관의 행위이지 대리행위가 아니다. 대통령이 국가를 대표하는 경우, 대통령의 행위는 바로 국가행위가 된다. 「국가를 당사자로 하는 소송에

관한 법률」에 의거하여 국가를 대표하는 법무부장관도 역시 여기서 말하는 대표에 해당한다(동법 제2조).

(다) **권한의 이양과 구별** 권한의 이양은 법률의 제정이나 개정을 통해 특정 행정청의 특정 권한을 다른 행정청의 권한으로 변경하는 것을 말한다. 권한의 이양은 법률상 권한의 이전을 의미한다. 대리의 경우에는 실질적으로나 법률상으로도 권한의 이전이 없다. 권한의 이양은 법적 근거를 요하지만, 권한의 대리 중 수권대리는 반드시 법적 근거를 요하는 것이 아니다.

(라) **권한의 위임과 구별** 권한의 위임은 '법률에서 규정된 특정한 행정청의 권한 중 일부를 행정입법을 통해 다른 행정기관에 위임할 수 있다'는 규정에 근거하여 행정입법으로 그 권한을 다른 행정기관에 위임하는 것을 말한다. 권한의 위임은 '권한이 법률상 이전되는 것이 아니라 행정입법을 통해 다만 실질적으로 이전되는 것'을 말하지만, 대리는 법률상으로나 실질적으로도 권한의 이전이 없다. 권한의 위임은 법적 근거를 요하나, 권한의 대리 중 수권대리는 반드시 법적 근거를 요하는 것이 아니다.

(2) 임의대리(수권대리)

(가) **의 의** 임의대리란 행정관청이 스스로의 의사에 기해 타기관에게 대리권을 부여함으로써, 즉 수권행위로써 이루어지는 대리를 말한다. 위임대리 또는 수권대리라고도 한다. 수권행위는 상대방의 동의를 요하지 않는 일방적 행위이다.

(나) **법적 근거** 대리는 권한의 일시적 대리행사의 문제로서 권한의 이전을 가져오는 것은 아니므로, 권한의 위임과는 달리 반드시 법적 근거를 요하는 것은 아니다. 따라서 명문의 규정 유무를 불문하고 임의대리는 원칙적으로 가능하다고 본다(다수설). 법률에 의한 행정의 원리와 관련하여 권한의 대리도 법이 정한 권한분배에 변경을 가져오는 것이므로 법의 명시적 근거를 요한다는 반론도 있다(소수설).

(다) **대리권의 범위와 제한** 대리권의 범위는 수권행위에서 정해진다. 그러나 법령에서 특별히 정한 바가 없는 한 다음의 제한이 따른다. 첫째, 법령이 특정의 행위를 반드시 특정기관만이 하도록 규정하거나 성질상 그러한 행위(예: 총리령·부령)는 수권의 대상이 될 수 없다. 대리는 일반적 권한에 관해서만 가능하다. 둘째, 대리는 권한의 일부에 한하는 것이지 권한의 전부를 대리시킬 수는 없다. 권한의 전부의 대리는 그 권한을 당해 행정청에 준 취지에 반하고, 아울러 실제상 당해 관청의 일시적 폐지를 의미하기 때문이다.

(라) **대리행위의 효과** 대리관청의 행위는 피대리관청이 직접 행한 것과 다를 바 없다. 쟁송법상 행위도 마찬가지이다. 권한초과의 경우에는 민법규정(제126조)이 유추적용될 수 있다.

(마) **대리관청과 피대리관청의 지위** 임의대리에서 대리관청은 피대리관청의 권한을 피대리관청의 책임하에 자기 이름으로 행사하게 되며, 이 때 대리관청의 행위는 바로 피대리관청의 행위로 된다. 한편 피대리관청은 대리관청의 선임·지휘·감독권을 행사할 수 있고 또한 그에 대해 책임을 부담하게 된다.

(바) **종 료** 임의대리는 수권행위의 철회나 수권행위에서 정한 기한의 경과, 조건의 성취 등으로 종료된다.

(사) **복 대 리** 임의대리에서 대리관청이 대리권을 다시 다른 기관으로 하여금 행사하게 할 수 있는가의 문제가 있다. 이것이 복대리의 문제이다. 생각건대 임의대리에서는 신뢰관계가 기초가 되므로 복대리는 원칙적으로 부인된다(일반적 견해).

(3) 법정대리

(가) **의 의** 법정대리란 법정사실이 발생하는 경우에 직접 법령의 규정에 의거하여 이루어지는 대리를 말한다. 법정대리에는 수권행위의 문제가 생기지 아니한다.

(나) **법적 근거** 법령상 법정대리에 관한 근거로 헌법 제71조, 정부조직법 제7조 제2항, 제12조 제2항, 제19조, 지방자치법 제111조 제5항 등이 있다.

> ● **헌법 제71조** 대통령이 궐위되거나 사고로 인하여 직무를 수행할 수 없을 때에는 국무총리, 법률이 정한 국무위원의 순서로 그 권한을 대행한다.
> ● **정부조직법 제7조(행정기관의 장의 직무권한)** ② 차관(제25조 제2항에 따라 정무직으로 보하는 본부장을 포함한다) 또는 차장(국무총리실의 차장을 포함한다)은 그 기관의 장을 보좌하여 소관사무를 처리하고 소속공무원을 지휘·감독하며, 그 기관의 장이 사고로 직무를 수행할 수 없으면 그 직무를 대행한다. 다만, 차관 또는 차장이 2명인 기관의 장이 사고로 직무를 수행할 수 없으면 대통령령으로 정하는 순서에 따라 그 직무를 대행한다.

(다) **종 류**

(a) **협의의 법정대리와 지정대리** 법정대리에는 협의의 법정대리와 지정대리가 있다. 협의의 법정대리란 법정사실이 발생하면 법상 당연히 특정한 자에게 대리권이 부여되어 대리관계가 성립되는 경우를 말한다(예: 정조법 제7조 제2항 중 차관이 1명인 경우). 지정대리란 법정사실의 발생시에 일정한 자가 다른 일정한 자를 대리관청으로 지정함으로써 대리관계가 발생하는 경우를 말한다(예: 정조법 제7조 제2항 중 차관이 2명인 경우). 양자 모두 대리권 자체가 법령에서 직접 규정되고 있으므로 법정대리에 속한다. 양자 간에 성질상 특별한 차이는 없다.

(b) **서 리** 행정관청의 구성자가 사망·해임 등의 사유로 궐위된 경우에 새로운 관청구성자가 정식으로 임명되기 전에 일시적 대리관청을 두어 그로 하여금 당해 관청의 권한을 행사하게 하는 경우를 서리라 한다. 특히 국무총리서리제도와 관련하여 위헌

성이 논의되고 있다. 국무총리서리제도는 원칙적으로 위헌이지만, 예외적으로 교전상황 등으로 인해 국회구성이나 국회소집이 불가능하여 국회의 사전동의가 곤란한 경우에는 합헌으로 볼 것이다. 권한의 대리는 행정기관간의 문제이나, 권한의 서리는 기관구성자의 궐위시의 문제이므로 양자간에 다소 성질상 차이가 있다. 그러나 대리든 서리든 양자 모두 행정사무의 대행인 점에서는 본질적인 차이가 없다. 따라서 서리를 법정대리의 하나인 지정대리로 보아도 무방하다. 당해기관의 구성자가 정식으로 임명되거나 서리의 지정행위가 철회되면 그 때부터 서리관계는 종료한다.

(라) **대리권의 범위와 효과** 협의의 법정대리와 지정대리 모두 대리권은 피대리관청의 권한의 전부에 미친다. 그리고 대리관청의 행위는 당연히 피대리관청의 행위로서 효과를 발생한다.

(마) **대리관청과 피대리관청의 지위** 대리관청은 피대리관청의 권한을 자기의 책임하에 행사한다. 그러나 피대리관청은 대리관청의 선임·감독·지휘에 대해 책임을 지지 아니한다. 왜냐하면 대리관계가 피대리관청의 의사가 아니라 법령에 의해 강제된 것이기 때문이다.

(바) **소멸·복대리** 법정대리의 발생원인이 소멸되면 당연히 대리관계는 소멸된다. 그리고 법정대리에서는 복대리가 가능한 것으로 본다.

(4) 무권대리와 권리보호 ① 대리권 없이 행한 행위는 무권한의 행위로서 원칙적으로 무효이다. 다만 상대방이 대리권 있음을 알았다면 유효하다. ② 피대리관청(본인)이 행정소송상 피고가 된다. 다만, 대리하는 관청이 대리관청임을 밝히지 않았다면, 대리관청이 피고가 되지만, 이 경우에도 상대방이 대리권 있음을 알았다면 피대리관청(본인)이 행정소송상 피고가 된다(대결 2006. 2. 23, 2005부4).

3. 권한의 위임

(1) 의 의

(가) **개 념** 행정관청이 자기에게 주어진 권한을 스스로 행사하지 않고 법령에 근거하여 타자에게 사무처리권한의 일부를 실질적으로 이전하여 그 자의 이름·권한·책임으로 특정의 사무를 처리하게 하는 것을 넓은 의미에서 권한의 위임이라고 한다. '실질적으로'란 모법상으로는 위임행정청의 권한이지만, 위임의 법리에 따른 위임입법에 의해 그 권한이 이전됨을 의미한다. 달리 말한다면 권한의 위임은 '법률에서 규정된 특정한 행정청의 권한 중 일부를 행정입법을 통해 다른 행정기관에 위임할 수 있다'는 법률규정에 근거하여 행정입법으로 그 권한을 다른 행정기관에 위임하는 것을 말한다.

> **● 도로교통법 제93조(운전면허의 취소·정지)** ① 지방경찰청장은 운전면허(연습운전면허는 제외한다. 이하 이 조에서 같다)를 받은 사람이 다음 각 호의 어느 하나에 해당하면 행정안전부령으로 정하는 기준에 따라 운전면허를 취소하거나 1년 이내의 범위에서 운전면허의 효력을 정지시킬 수 있다.….
> **제147조(위임 및 위탁 등)** ③ 지방경찰청장은 이 법에 따른 권한 또는 사무의 일부를 대통령령으로 정하는 바에 따라 관할 경찰서장에게 위임하거나 교통 관련 전문교육기관 또는 전문연구기관 등에 위탁할 수 있다.
> **● 도로교통법시행령 제86조(위임 및 위탁)** ③ 지방경찰청장은 법 제147조 제3항에 따라 다음 각 호의 권한을 관할 경찰서장에게 위임한다.
> 4. 법 제93조에 따른 운전면허효력 정지처분

(나) 위임과 위탁 　법제상으로는 지휘·감독관계에 있는 자 사이(예: 경찰청장과 지방경찰청장 사이, 지방경찰청장과 경찰서장 사이)의 이전과 대등관계에 있는 자 사이의 이전(예: 경찰청장과 도지사 사이, 경찰청장과 한국도로공사 사이)을 구분하여, 전자의 경우를 좁은 의미의 위임이라 하고, 후자의 경우를 위탁이라고 한다(정조법 제6조). 위임과 위탁을 별개의 것으로 구분하는 견해도 있으나, 성질에 별다른 차이가 없는바, 이 책에서는 구분하지 아니한다. 위임과 위탁을 합하여 임탁이라 한다.

(다) 권한의 이양과 구분 　권한의 이양은 법률의 제정이나 개정을 통해 특정 행정청의 특정 권한을 다른 행정청의 권한으로 변경하는 것을 말한다. 권한의 이양은 권한 자체가 법률상 이전되는 것이나, 권한의 위임은 권한 자체가 모법상으로는 위임자에 유보되고 위임입법에 의해 권한행사의 권한·의무와 책임이 수임자에게 이전되는 것을 말한다. 법률의 개정이 없는 한 권한의 이양의 경우에는 권한의 회수가 불가능하나, 권한의 위임의 경우에는 가능하다.

(라) 권한의 대리와 구분 　권한의 대리는 권한의 이전이 아니고 단지 피대리관청을 위한 권한의 대리행사일 뿐이지만, 권한의 위임은 권한의 이전의 문제이다.

(마) 권한의 대행

(a) 의 　의 　성문법에서 권한의 대행이라는 용어가 다양하게 사용되지만(예: 헌법 제71조; 여권법 제21조; 자동차관리법 제20조), 그 의미는 동일하지 않다. 헌법 제71조에서 말하는 대행은 법정대리의 일종이다. 그러나 여권법 제21조의 대행과 자동차관리법 제20조의 대행은 대행하는 자(기관)의 이름이 아니라 피대행기관, 즉 대행을 맡긴 기관(예, 여권법 제21조의 외교통상부장관; 자동차관리법 제20조의 시·도지사)의 이름으로 하는바, 이 점에서 위임과 다르다. 또 대행하는 기관의 이름도 사용토록 요구되는 것도 아니므로 대리와 다르다. 이러한 권한의 대행은 행정사무의 지원을 위한 것으로서 또 하나의 권한행사방식이다.

● **헌법 제71조** 대통령이 궐위되거나 사고로 인하여 직무를 수행할 수 없을 때에는 국무총리, 법률이 정한 국무위원의 순서로 그 권한을 대행한다.
● **여권법 제21조(사무의 대행 등)** ① 외교통상부장관은 여권 등의 발급, 재발급과 기재사항변경에 관한 사무의 일부를 대통령령으로 정하는 바에 따라 영사(領事)나 지방자치단체의 장에게 대행(代行)하게 할 수 있다.
● **자동차관리법 제20조(등록번호판발급대행자의 지정 등)** ① 시·도지사는 필요하다고 인정하면 국토해양부령으로 정하는 바에 따라 제19조에 따른 등록번호판의 제작·발급 및 봉인 업무를 대행하는 자(이하 "등록번호판발급대행자"라 한다)를 지정할 수 있다. 이 경우 그 지정방법 및 대행기간은 해당 지방자치단체의 조례로 정할 수 있다.

(b) **대행기관과 피대행기관의 지위** 권한을 대행하는 자는 대행을 맡긴 기관의 집행기관의 성질을 갖는다. 따라서 대행기관의 위법행위는 피대행기관의 위법이 되고, 따라서 피대행기관이 배상법상 책임을 진다. 피대행기관이 행정소송상 피고가 된다.

(바) **권한의 내부위임과 구분** 권한의 내부위임은 행정조직내부에서 수임자가 위임자의 권한을 위임자의 명의와 책임으로 사실상 행사하는 것을 말하지만, 권한의 위임은 수임자가 자신의 명의와 책임으로 위임자의 권한을 행사하는 것을 말한다. 내부위임은 법률의 근거를 요하지 아니한다. 내부위임의 경우, 소송상 피고는 위임청이다. 그러나 내부위임의 경우에도 수임기관이 자신의 명의로 처분을 하였다면, 피고는 수임기관이 된다. 왜냐하면 대외적인 행위를 한 자는 바로 수임기관이기 때문이다. 내부위임의 종류로 위임전결과 대결이 있다.

(사) **민사상 위임과 구분** 위임받은 사항을 수임자가 자기의 명의·책임으로 수행하는 것은 같으나 민사상 위임이 계약에 의한 것이고 사법상의 제도이지만, 권한의 위임은 법률의 규정 내지 일방적 행위 등에 의한 것이고 공법상의 제도이다.

(2) 법적 근거

(가) **법적 근거의 필요성** 권한의 위임이 위임자의 권한을 법률상 수임자에게 이전하는 것을 뜻하는 것은 아니라고 할지라도 권한의 위임은 법률에서 정한 권한분배가 대외적으로 변경되고, 이로 인해 법적 지위가 상이한 수임자로 하여금 새로운 책임과 의무를 부담시키므로 권한의 위임과 재위임은 법적 근거를 요한다(일반적 견해). 판례의 입장도 같다(대판 1995. 11. 28, 94누6475).

(나) **법적 근거로서 개별규정** 개개의 법률에서 권한의 위임을 규정하는 경우, 그러한 규정에 따라 권한의 위임이 가능하다는 점에 대해서는 의문이 없다.

● **공중위생관리법 제18조(위임 및 위탁)** ① 보건복지부장관은 이 법에 의한 권한의 일부를 대통령령이 정하는 바에 의하여 시·도지사 또는 시장·군수·구청장에게 위임할 수 있다.

② 보건복지부장관은 대통령령이 정하는 바에 의하여 관계전문기관등에 그 업무의 일부를 위탁할 수 있다.

(다) **법적 근거로서 일반규정** 권한의 위임에 관한 일반적 근거법으로는 정부조직법 제6조와 이에 근거한 대통령령인 행정권한의 위임 및 위탁에 관한 규정, 지방자치법 제102조, 제104조 등이 있다. 개별법령에 근거규정이 없는 경우, 이러한 일반규정에 근거하여 권한을 위임할 수 있는지 여부가 문제된다. 학설은 ① 정부조직법 제6조는 행정관청의 권한은 위임이 가능하다는 일반원칙을 선언한 것에 불과하다는 소극설과 ② 동조는 위임의 근거가 된다는 적극설로 나뉜다. ③ 판례는 적극설을 취한다(대판 1995. 7. 11, 94누4615). ④ 생각건대 정부조직법 제6조가 권한의 위임의 일반적인 근거가 된다고 하면, 그것은 권한을 법령으로 명확히 정하라는 행정조직법정주의에 상치되는 결과를 가져오고, 아울러 시민의 입장에서는 권한의 소재를 판단하는 데에 많은 어려움을 갖게 된다. 따라서 소극설이 타당하다고 본다.

● **정부조직법 제6조(권한의 위임 또는 위탁)** ① 행정기관은 법령으로 정하는 바에 따라 그 소관사무의 일부를 보조기관 또는 하급행정기관에 위임하거나 다른 행정기관·지방자치단체 또는 그 기관에 위탁 또는 위임할 수 있다. 이 경우 위임 또는 위탁을 받은 기관은 특히 필요한 경우에는 법령으로 정하는 바에 따라 위임 또는 위탁을 받은 사무의 일부를 보조기관 또는 하급행정기관에 재위임할 수 있다.
② 보조기관은 제1항에 따라 위임받은 사항에 대하여는 그 범위에서 행정기관으로서 그 사무를 수행한다.
③ 행정기관은 법령으로 정하는 바에 따라 그 소관사무 중 조사·검사·검정·관리 업무 등 국민의 권리·의무와 직접 관계되지 아니하는 사무를 지방자치단체가 아닌 법인·단체 또는 그 기관이나 개인에게 위탁할 수 있다.
● **지방자치법 제104조(사무의 위임 등)** ① 지방자치단체의 장은 조례나 규칙으로 정하는 바에 따라 그 권한에 속하는 사무의 일부를 보조기관, 소속 행정기관 또는 하부행정기관에 위임할 수 있다.
② 지방자치단체의 장은 조례나 규칙으로 정하는 바에 따라 그 권한에 속하는 사무의 일부를 관할 지방자치단체나 공공단체 또는 그 기관(사업소·출장소를 포함한다)에 위임하거나 위탁할 수 있다.
③ 지방자치단체의 장은 조례나 규칙으로 정하는 바에 따라 그 권한에 속하는 사무 중 조사·검사·검정·관리업무 등 주민의 권리·의무와 직접 관련되지 아니하는 사무를 법인·단체 또는 그 기관이나 개인에게 위탁할 수 있다.
④ 지방자치단체의 장이 위임받거나 위탁받은 사무의 일부를 제1항부터 제3항까지의 규정에 따라 다시 위임하거나 위탁하려면 미리 그 사무를 위임하거나 위탁한 기관의 장의 승인을 받아야 한다.

(3) 한 계

(가) 일부위임 권한의 위임은 권한의 일부의 위임을 의미하는 것이지 권한의 전부의 위임을 의미하는 것은 아니다. 왜냐하면 권한의 전부의 위임은 사실상 위임행정청의 권한 자체의 폐지를 뜻하는 것이 되기 때문이다.

(나) 재 위 임 정부조직법과 지방자치법은 재위임의 가능성을 규정하고 있다. 판례의 입장도 같다(대판 1995. 7. 11, 94누4615).

> **정부조직법 제6조(권한의 위임 또는 위탁)** ① …. 이 경우 위임 또는 위탁을 받은 기관은 특히 필요한 경우에는 법령으로 정하는 바에 따라 위임 또는 위탁을 받은 사무의 일부를 보조기관 또는 하급행정기관에 재위임할 수 있다.
> **지방자치법 제104조(사무의 위임 등)** ④ 지방자치단체의 장이 위임받거나 위탁받은 사무의 일부를 제1항부터 제3항까지의 규정에 따라 다시 위임하거나 위탁하려면 미리 그 사무를 위임하거나 위탁한 기관의 장의 승인을 받아야 한다.

(4) 효 과

(가) 수임기관의 지위 권한을 위임받은 기관은 자기의 명의·책임·권한으로 사무를 수행하며(임탁정 제8조 참조), 행정쟁송법상으로는 수임청이 피청구인 또는 피고가 된다.

(나) 위임기관의 지위 위임기관은 위임한 권한을 스스로 행사할 수 없다(대판 1996. 11. 8, 96다21331). 그러나 위임기관은 수임기관의 수임사무의 처리에 대하여 지휘·감독하고 그 처리가 위법 또는 부당하다고 인정할 때에는 이를 취소하거나 중지시킬 수 있다(임탁정 제6조, 제14조).

(5) 비용부담 국가기관 사이에서나 국가와 지방자치단체 사이에 있어서도 위임기관은 수임기관에 필요한 인력 및 예산을 이관하여야 한다(임탁정 제3조 제2항). 국가가 스스로 행하여야 할 사무를 지방자치단체 또는 그 기관에 위임하여 수행하는 경우에, 그 소요되는 경비는 국가가 전부를 지방자치단체에 교부하여야 한다(지자법 제141조; 지정법 제21조 제2항, 제24조 참조). 수임기관의 불법행위에 대해서는 위임기관이 속한 행정주체도 국가배상책임을 진다.

(6) 종 료 권한의 위임은 법령 또는 위임관청의 의사표시에 의한 위임의 해제, 위임근거의 소멸, 조건의 성취, 기한의 경과 등으로 종료된다. 위임의 종료로 위임된 권한은 당연히 위임기관에 회복된다.

4. 관할이송

경찰기관이 그 관할에 속하지 아니하는 사안을 접수하였거나 이송받은 경우에는 지체 없이 이를 관할 경찰기관에 이송하여야 하고, 그 사실을 신청인에게 통지하여야 한다(절차법 제6조 제1항 제1문). 경찰기관이 접수 또는 이송받은 후 관할이 변경된 경우에도 또한 같다(절차법 제6조 제1항 제2문).

5. 권한행사의 효과

(1) 적법한 권한행사 경찰기관이 자기에게 주어진 권한의 범위 내에서 행한 행위는 바로 경찰행정주체인 국가의 행위로서 효력을 발생시킨다. 그리고 일단 발생한 효력은 경찰기관구성자의 변동이나 당해 경찰기관의 폐지·변동에 영향을 받지 않는다.

(2) 하자 있는 권한행사 경찰기관이 자기에게 주어지지 않은 권한을 행사하면, 위법한 것이 된다. 경우에 따라 무효 또는 취소의 문제를 가져온다. 무권한의 행위로 권익을 침해당한 자는 국가를 상대로 행정쟁송을 제기하거나 손해배상을 청구할 수 있다.

제 4 항 경찰행정기관 상호간의 관계

Ⅰ. 상·하 경찰행정기관 상호간의 관계

1. 감독관계(감시권·훈령권·승인권·주관쟁의결정권·취소정지권)

(1) 감독의 의의 경찰조직은 경찰작용의 통일적인 수행을 위해 상명하복을 주된 특징으로 하는 상하기관의 계층적 통일체이다. 여기서 하급경찰기관의 권한행사가 합법성·합목적성을 확보할 수 있도록 하기 위해 상급경찰기관이 하급경찰기관에 대하여 행하는 통제적 작용을 권한의 감독이라 한다.

(2) 감독의 법적 근거 개별 경찰작용마다 법적 근거가 있어야 하는 것은 아니다. 그러나 상급경찰기관이 하급경찰기관에 대해 일반적으로 감독권을 갖는다는 감독권 자체에 대한 법적 근거는 필요하다. 현행법상 근거로 경찰법을 들 수 있다.

> **경찰법 제11조(경찰청장)** ③ 경찰청장은 국가경찰에 관한 사무를 총괄하고 경찰청 업무를 관장하며 소속 공무원 및 각급 국가경찰기관의 장을 지휘·감독한다.
> **제14조(지방경찰청장)** ② 지방경찰청장은 경찰청장의 지휘·감독을 받아 관할구역의 국가경찰사무를 관장하고 소속 공무원 및 소속 국가경찰기관의 장을 지휘·감독한다.
> **제17조(경찰서장)** ② 경찰서장은 지방경찰청장의 지휘·감독을 받아 관할구역의 소관 사무를 관장하고 소속 공무원을 지휘·감독한다.

(3) 감독의 종류 감독의 성질에 따라 하급경찰기관의 권한행사가 위법·부당한 것이 되지 않도록 방지하기 위하여 하급경찰기관의 권한행사 이전에 이루어지는 예방적 감독과 이미 위법·부당하게 이루어진 하급경찰기관의 권한행사를 사후에 시정하기 위해 이루어지는 교정적 감독이 있다.

(4) 감독의 방법

(가) 감 시 권 감시권이란 하급경찰기관이 행하는 권한행사의 상황을 파악하기 위하여 상급경찰기관이 하급경찰기관의 사무를 감시하거나, 하급경찰기관으로 하여금 사무처리의 내용을 정기적으로 또는 수시로 보고하게 하는 권한을 말한다. 감시권의 행사는 사전예방적인 것이 일반적이나 사후교정적인 경우도 있다.

(나) 훈 령 권

(a) 훈령권의 의의 훈령권이란 상급경찰기관이 하급경찰기관의 권한행사를 지휘하기 위하여 발하는 명령인 훈령을 발할 수 있는 권한을 말한다. 훈령은 상·하경찰기관간의 문제이므로 상급경찰관이 부하 경찰관에게 발하는 경찰공무원간의 문제인 직무명령(국공법 제57조; 지공법 제49조)과는 구별된다. 훈령은 상급경찰기관구성자의 변경에 불구하고 효력을 가지나 직무명령은 그러하지 않다. 훈령은 동시에 직무명령으로서의 기능을 가질 수도 있다(일반적 견해).

(b) 훈령의 종류 행정기관의 행정업무 운영에 관한 사항을 규정하는 「행정업무의 효율적 운영에 관한 규정」은 "행정기관에서 공무상 작성하거나 시행하는 문서(도면·사진·디스크·테이프·필름·슬라이드·전자문서 등의 특수매체기록을 포함한다. 이하 같다)와 행정기관이 접수한 모든 문서"를 공문서라 하고(동 규정 제3조 제1호), 공문서의 종류를 법규문서, 지시문서, 공고문서 등으로 구분하고 있다(동 규정 제4조). 이 중에서 훈령은 지시문서 및 공고문서와 관련한다.

행정업무의 효율적 운영에 관한 규정 제4조(공문서의 종류) 공문서(이하 "문서"라 한다)의 종류는 다음 각 호의 구분에 따른다.
1. 법규문서: 헌법·법률·대통령령·총리령·부령·조례·규칙(이하 "법령"이라 한다) 등에 관한 문서
2. 지시문서: 훈령·지시·예규·일일명령 등 행정기관이 그 하급기관이나 소속 공무원에 대하여 일정한 사항을 지시하는 문서
3. 공고문서: 고시·공고 등 행정기관이 일정한 사항을 일반에게 알리는 문서
4. (이하 생략)

[참고] 행정업무의 효율적 운영에 관한 규정이나 동 규정시행규칙에는 지시문서의 내용이 되는 훈령·지시·예규·일일명령 등에 관한 정의규정이 없다. 행정업무의 효율적 운영에 관

한 규정으로 대체되기 전의 사무관리규정시행규칙에는 정의규정이 있었다. 행정업무의 효율적 운영에 관한 규정상의 훈령·지시·예규·일일명령의 의미도 과거의 사무관리규정시행규칙상의 의미와 동일한 것으로 볼 것이다.

● **과거의 사무관리규정 제7조(공문서의 종류)** 공문서(이하 "문서"라 한다)는 다음과 같이 법규문서·지시문서·공고문서·비치문서·민원문서 및 일반문서로 나눈다.

2. 지시문서는 훈령·지시·예규 및 일일명령등 행정기관이 그 하급기관 또는 소속공무원에 대하여 일정한 사항을 지시하는 문서를 말한다.
3. 공고문서는 고시·공고등 행정기관이 일정한 사항을 일반에게 알리기 위한 문서를 말한다.
4. (이하 생략)

● **과거의 사무관리규정시행규칙 제3조(문서작성의 원칙)** 영 제7조의 규정에 의한 문서는 다음 구분에 따라 작성한다.

2. 지시문서는 다음 구분에 의하여 작성한다.

가. 훈령
상급기관이 하급기관에 대하여 장기간에 걸쳐 그 권한의 행사를 일반적으로 지시하기 위하여 발하는 명령….

나. 지시
상급기관이 직권 또는 하급기관의 문의에 의하여 하급기관에 개별적·구체적으로 발하는 명령….

다. 예규
행정사무의 통일을 기하기 위하여 반복적 행정사무의 처리기준을 제시하는 법규문서 외의 문서….

라. 일일명령
당직·출장·시간외근무·휴가등 일일업무에 관한 명령….

3. 공고문서는 다음 구분에 의하여 작성한다.

가. 고시
법령이 정하는 바에 따라 일정한 사항을 일반에게 알리기 위한 문서….

나. 공고
일정한 사항을 일반에게 알리는 문서….

(c) **훈령의 법적 성질** 훈령은 하급경찰기관을 구속할 뿐 일반국민을 구속하는 것은 아니라는 것이 통설·판례의 입장이다. 통설과 판례는 훈령을 행정규칙과 같은 것으로 본다.

대판 1994. 8. 9, 94누3414(국민의권익보호를위한행정절차에관한훈령(1989. 11. 17. 국무총리훈령 제235호)은 상급행정기관이 하급행정기관에 대하여 발하는 일반적인 행정명령으로서 행정기관 내부에서만 구속력이 있을 뿐 대외적인 구속력을 가지는 것이 아니다).

(d) **훈령의 적법요건** ① 훈령의 주체는 훈령권 있는 상급경찰기관이어야 한다. ② 훈령의 상대방은 훈령권 있는 관청의 지휘를 받을 수 있는 경찰기관이어야 한다. ③ 훈령사항은 하급경찰기관의 권한에 속하는 사항으로서 직무상 하급경찰기관의 독립적인 권한에 속하는 사항이 아니어야 한다. ④ 훈령사항은 또한 적법하고 공익에 적합한 것이어야 한다.

(e) **훈령의 심사** 하급경찰기관은 무조건 상급경찰기관의 훈령에 복종하여야 하는가의 문제가 있다. 전통적 견해는 훈령에 중대하고 명백한 하자가 있어 당연무효가 되는 경우가 아닌 한 내용을 심사할 수 없다고 한다.

(f) **훈령의 효과** 상기의 요건에 부합하는 훈령이 발해지면 하급경찰기관은 훈령에 구속되고 훈령에 복종해야 한다. 만약 복종하지 않으면 징계의 문제가 따른다. 그러나 불복종시 상급경찰기관이 하급경찰기관의 권한을 대집행할 수는 없다. 왜냐하면 훈령은 권한행사의 지휘만을 내용으로 하는 것일 뿐이기 때문이다.

(g) **훈령의 경합** 내용이 서로 모순되는 둘 이상의 훈령이 경합하는 경우, 하급관청이 따라야 할 훈령은 다음과 같다. 첫째, 훈령행정청이 모두 주관상급경찰기관이 아니라면 주관쟁의의 방법에 따라야 하고, 둘째, 훈령행정청 중에 주관상급경찰기관이 있으면 주관상급경찰기관의 훈령에 따라야 하고, 셋째, 훈령경찰기관이 모두 주관상급관청이라면 직근상급경찰기관의 훈령에 따라야 한다(일반적 견해).

㈐ **인가권**(승인권) 하급경찰기관이 특정한 권한을 행사함에 있어서 미리 상급경찰기관의 승인을 받아야 하는 경우가 있는데, 이 때 상급경찰기관이 갖는 권한이 인가권이다. 승인권이라 부르기도 한다. 인가권은 ① 법령에서 명시적으로 규정될 수도 있고, ② 상급경찰기관이 필요하다고 판단할 때 하급경찰기관에 인가받을 것을 지시하는 경우도 있다.

㈑ **취소권·정지권** 하급경찰기관의 위법·부당한 행위를 취소하거나 정지하는 상급경찰기관의 권한을 취소권·정지권이라 한다. 취소는 영속적으로 효과를 제거하는 경우이며, 정지는 일시적으로 효과를 무력화시키는 것을 말한다.

㈒ **주관쟁의결정권** 하급경찰기관 사이에 권한의 분쟁이 있는 경우, 상급경찰기관이 그 분쟁을 해결하고 결정하는 권한을 주관쟁의결정권이라 한다. 분쟁당사자인 경찰행정기관을 공통으로 감독하는 상급경찰행정기관이 분쟁에 대하여 결정한다.

> **행정절차법 제6조(관할)** ② 행정청의 관할이 분명하지 아니한 경우에는 해당 행정청을 공통으로 감독하는 상급 행정청이 그 관할을 결정하며, 공통으로 감독하는 상급 행정청이 없는 경우에는 각 상급행정청이 협의하여 그 관할을 결정한다.

2. 대행관계

권한의 대행관계란 하급경찰기관이 상급경찰기관의 권한을 대신 행사하는 관계를 말한다. 대행관계에는 권한의 위임관계와 권한의 대리관계가 있다.

Ⅱ. 대등 경찰행정기관 상호간의 관계

1. 권한의 상호 존중관계

대등경찰기관 사이에 있어서 경찰기관은 다른 경찰기관의 권한을 존중하고 침범하지 못한다. 경찰기관의 권한은 경찰기관 스스로가 정하는 사항이 아니라 법령상 정해지는 것이기 때문이다. 경찰기관 사이에 권한에 관해 분쟁이 있는 경우, 이를 해결하고 결정하는 절차를 주관쟁의라 부른다.

2. 권한의 상호 협력관계

(1) 협의·동의 어떠한 사항이 둘 이상의 경찰기관의 권한에 관련되면, 그 사항은 관련 있는 경찰기관간의 협의에 의해 결정되고 처리되어야 한다. 다른 행정기관의 동의를 요하는 경우도 있다.

> ● **소방시설 설치·유지 및 안전관리에 관한 법률 제7조(건축허가등의 동의)** ① 건축물 등의 신축·증축·개축·재축 또는 이전의 허가·협의 및 사용승인(괄호안 생략)의 권한이 있는 행정기관은 건축허가등을 할 때 미리 그 건축물 등의 시공지 또는 소재지를 관할하는 소방본부장이나 소방서장의 동의를 받아야 한다.

(2) 사무의 위탁(촉탁) 사무의 위탁이란 권한의 위임의 한 종류로서 대등한 경찰기관 사이에 이루어지는 권한의 위임을 말한다. 이를 사무의 촉탁이라고도 한다. 사무의 위탁은 법령의 근거를 요한다. 위탁을 받은 경찰기관은 위탁을 거부할 수 없다.

(3) 행정응원 행정응원이란 경찰행정사무의 처리를 위해 다른 행정경찰기관으로부터 인력이나 장비 또는 전문지식의 도움을 받는 것을 말한다. 경찰상 행정응원에 관한 근거법으로 경찰직무 응원법이 있고, 보충적으로 행정절차법이 적용된다.

일반조항으로 행정절차법 제8조가 있고, 특별법으로 경찰직무 응원법 등이 있다.

> ● **경찰직무 응원법 제1조(응원경찰관의 파견)** ① 지방경찰청장 또는 지방해양경찰관서의 장은 돌발사태를 진압하거나 공공질서가 교란되었거나 교란될 우려가 현저한 지역(이하 "특수지구"라 한다)을 경비할 때 그 소관 경찰력으로는 이를 감당하기 곤란하다고 인정할 때에는 응원(應

援)을 받기 위하여 다른 지방경찰청장이나 지방해양경찰관서의 장 또는 자치경찰단을 설치한 제주특별자치도지사에게 경찰관 파견을 요구할 수 있다.
② 경찰청장이나 해양경찰청장은 돌발사태를 진압하거나 특수지구를 경비할 때 긴급한 경우에는 지방경찰청장, 소속 경찰기관의 장 또는 지방해양경찰관서의 장에게 다른 지방경찰청 또는 지방해양경찰관서의 경찰관을 응원하도록 소속 경찰관의 파견을 명할 수 있다.
● **행정절차법 제8조(행정응원)** ① 행정청은 다음 각호의 어느 하나에 해당하는 경우에는 다른 행정청에 행정응원을 요청할 수 있다.
1. 법령등의 이유로 독자적인 직무수행이 어려운 경우
2. 인원·장비의 부족등 사실상의 이유로 독자적인 직무 수행이 어려운 경우
3. 다른 행정청에 소속되어 있는 전문기관의 협조가 필요한 경우
4. 다른 행정청이 관리하고 있는 문서(전자문서를 포함한다. 이하 같다)·통계등 행정자료가 직무수행을 위하여 필요한 경우
5. 다른 행정청의 응원을 받아 처리하는 것이 보다 능률적이고 경제적인 경우

Ⅲ. 국가경찰행정기관과 자치경찰행정기관 간의 관계

1. 감독관계

(1) **필 요 성** 국가의 경찰기관과 지방자치단체의 경찰기관은 상·하관계가 아니다. 왜냐하면 두 기관은 법인격을 달리하는 행정주체에 속하기 때문이다. 그러나 모든 경찰작용은 전체로서 조화를 이루어야 하기 때문에 법령은 국가의 경찰기관에 직무감독권을 부여한다. 이러한 범위 안에서 감독관계가 성립된다.

(2) **지방자치법** 지방자치법은 국가의 지방자치단체에 대한 감독권에 관해 일반적인 규정을 두고 있다. 따라서 지방자치법상 국가의 감독권에 관한 규정은 당연히 제주자치도 자치경찰에도 적용된다. 다만 제주특별자치도 설치 및 국제자유도시 조성을 위한 특별법은 자치경찰사무와 관련하여 특별규정을 두고 있다.

● **제주특별자치도 설치 및 국제자유도시 조성을 위한 특별법 제123조(시정명령 등)** ① 행정안전부장관은 자치경찰사무와 관련하여「지방자치법」제169조의 규정에 의한 시정명령을 하고자 하는 때에는 미리 경찰위원회의 의견을 들어야 한다.
② 행정안전부장관은 자치경찰사무와 관련한 도의회의 의결에 대하여「지방자치법」제172조의 규정에 의한 재의를 요구하고자 하는 때에는 미리 경찰위원회의 의견을 들어야 한다.

2. 상호 존중과 협력관계

국가경찰과 제주자치도자치경찰의 상호 존중과 협력을 위해 제주특별자치도 설치

및 국제자유도시 조성을 위한 특별법은 국가경찰과 제주자치도자치경찰 간 사무분담의 협약(제국법 제110조), 상호협조와 상호이용(제국법 제119조), 재정지원(제국법 제122조) 등에 관한 규정을 두고 있다.

제 5 항 사인과 경찰

Ⅰ. 공무수탁사인(사인으로서 경찰)

1. 의 의

법률이나 법률에 근거한 행위로 특정의 공적인 임무를 자기의 이름으로 수행하도록 공적 권한이 주어진 사인(자연인 또는 법인)을 공무수탁사인이라 한다. 경찰의 영역에서도 예외적으로 경찰권이 사인에게 부여되기도 한다(경찰상 공무수탁사인). 공무수탁사인은 수탁사인 또는 국가적 공권이 부여된 사인이라고도 한다.

2. 구별개념

① 사법상 계약에 의하여 단순히 경영위탁을 받은 사인은 공무수탁사인이 아니다 (예: 경찰과의 계약에 의해 주차위반차량을 견인하는 민간사업자, 쓰레기수거인·쓰레기수거는 위탁계약의 범위 안에서 독립적으로 하지만, 쓰레기수거는 공법적인 것이 아니고 행정사법적 또는 사법적인 것이다). 또한 ② 행정의 보조자(예: 사고현장에서 경찰의 부탁에 의해 경찰을 돕는 자. 행정의 보조자는 독립적이 아니라 경찰의 지시에 따라 행동한다), ③ 제한된 공법상 근무관계에 있는 자(예: 경찰대학의 시간강사. 시간강사는 독립적으로 행위하나 행정의 주체는 아니다)도 공무수탁사인이 아니다.

3. 유 형

경찰상 공무수탁사인에는 법률에서 직접 경찰권이 부여되는 경우도 있고, 법률에 근거한 행정행위를 통해 경찰권이 부여되는 경우도 있다. 전자의 경우로 항공안전 및 보안에 관한 법률 제22조 제1항에 따른 비행기의 기장, 선원법 제6조에 따른 선장 등을 볼 수 있고, 후자의 경우로 정부조직법 제6조 제3항 등을 근거로 사인에게 위험방지목적의 어업감시·사냥감시·삼림감시 등의 임무를 부여하는 것이 가능할 것이다.

● **항공안전 및 보안에 관한 법률 제22조(기장 등의 권한)** ① 기장이나 기장으로부터 권한을

위임받은 승무원(이하 "기장등"이라 한다) 또는 승객의 항공기 탑승 관련 업무를 지원하는 항공운송사업자 소속 직원 중 기장의 지원요청을 받은 사람은 다음 각 호의 어느 하나에 해당하는 행위를 하려는 사람에 대하여 그 행위를 저지하기 위한 필요한 조치를 할 수 있다.
1. 항공기의 안전을 해치는 행위
2. 인명이나 재산에 위해를 주는 행위
3. 항공기 내의 질서를 어지럽히거나 규율을 위반하는 행위

● **선원법 제6조(지휘명령권)** 선장은 해원을 지휘·감독하며, 선내에 있는 사람에게 선장의 직무를 수행하기 위하여 필요한 명령을 할 수 있다.

● **정부조직법 제6조(권한의 위임 또는 위탁)** ③ 행정기관은 법령으로 정하는 바에 따라 그 소관사무 중 조사·검사·검정·관리 업무 등 국민의 권리·의무와 직접 관계되지 아니하는 사무를 지방자치단체가 아닌 법인·단체 또는 그 기관이나 개인에게 위탁할 수 있다.

4. 공무수탁사인과 국가와의 관계

공무수탁사인의 지위에 관해 규율하는 일반법은 없다. 해석상 ① 위탁자인 국가 또는 지방자치단체와 공무수탁사인의 관계는 공법상 위임관계에 해당한다. ② 공행정사무 수행을 위하여 공권을 부여받은 사인은 관계법령에 따라 의사결정을 자신의 책임 하에 하게 된다. 공무수탁사인은 수탁사무의 수행권 외에 위탁자에 대하여 비용청구권을 가지며, 경영의무를 진다. ③ 공무수탁사인은 당연히 위임자인 국가 또는 지방자치단체의 감독하에 놓인다. 국가의 감독은 행정기관에 대한 감독의 경우와 마찬가지로 수탁사무 수행의 합목적성이나 적법성에 미친다.

5. 공무수탁사인과 국민과의 관계

공무수탁사인은 행정절차법 제2조 제4호의 의미에서 행정청이다. 공무수탁사인은 자신의 권한의 범위 안에서 행정행위를 발령할 수도 있고, 수수료를 징수할 수도 있고, 기타 공법상 행위를 할 수도 있다. 공무수탁사인의 결정은 행정기관의 결정과 동일한 것이 된다(민원법 제3조 참조). 한편 공무수탁사인이 임무수행과 관련하여 사인의 권리를 침해하면, 침해당한 자는 행정심판이나 행정소송을 제기할 수도 있다(행소법 제2조 제2항).

● **민원사무처리에 관한 법률 제3조(적용범위)** ② 이 법을 적용함에 있어서 행정기관에는 법령에 의하여 행정권한이 있거나 행정권한을 위임 또는 위탁받은 법인·단체 또는 그 기관이나 개인이 포함된다.

Ⅱ. 청원경찰

1. 개 념

청원경찰이란 다음 각 호(1. 국가기관 또는 공공단체와 그 관리하에 있는 중요 시설 또는 사업장, 2. 국내 주재(駐在) 외국기관, 3. 그 밖에 행정안전부령으로 정하는 중요 시설, 사업장 또는 장소)의 어느 하나에 해당하는 기관의 장 또는 시설·사업장 등의 경영자가 경비(청원경찰경비)를 부담할 것을 조건으로 경찰의 배치를 신청하는 경우 그 기관·시설 또는 사업장 등의 경비를 담당하게 하기 위하여 배치하는 경찰을 말한다(청경법 제2조). 청원경찰을 두는 것은 국가의 예산이 뒷받침되지 못하는 영역에 국가의 감독과 사업주 등의 부담하에 위험방지사무를 처리함으로써 국가경찰의 미비를 보충하고자 함에 있다.

2. 임 용

청원경찰은 제4조 제2항에 따라 청원경찰의 배치결정을 받은 자(청원주)가 임용하되, 임용을 할 때에는 미리 지방경찰청장의 승인을 받아야 한다(청경법 제5조 제1항). 국가공무원법 제33조 각호의 어느 하나에 해당하는 자는 청원경찰로 임용될 수 없다(청경법 제5조 제2항). 판례는 국가나 지방자치단체에 근무하는 청원경찰의 근무관계는 고용계약관계가 아니라 공법상 근무관계로 본다(대판 1993. 7. 13, 92다47564).

3. 지 위

청원경찰은 청원주와 배치된 기관·시설 또는 사업장 등의 구역을 관할하는 경찰서장의 감독을 받아 그 경비구역만의 경비를 목적으로 필요한 범위에서 「경찰관직무집행법」에 따른 경찰관의 직무를 수행한다(청경법 제3조). 청원경찰은 근무 중 제복을 착용하여야 한다(청경법 제8조 제1항). 청원경찰(국가기관이나 지방자치단체에 근무하는 청원경찰은 제외한다)의 직무상 불법행위에 대한 배상책임에 관하여는 민법의 규정을 따른다(청경법 제10조의2).

4. 비용부담

청원주는 다음 각 호(1. 청원경찰에게 지급할 봉급과 각종 수당, 2. 청원경찰의 피복비, 3. 청원경찰의 교육비, 4. 제7조에 따른 보상금 및 제7조의2에 따른 퇴직금)의 청원경찰경비를 부담하여야 한다(청경법 제6조 제1항).

5. 감 독

청원주는 항상 소속 청원경찰의 근무상황을 감독하고, 근무 수행에 필요한 교육을 하여야 한다(청경법 제9조의3 제1항). 지방경찰청장은 청원경찰의 효율적인 운영을 위하여 청원주를 지도하며 감독상 필요한 명령을 할 수 있다(청경법 제9조의3 제2항).

Ⅲ. 용역경비(경비업)

1. 경비업의 개념

경비업법은 시설경비업무(경비를 필요로 하는 시설 및 장소에서의 도난·화재 그 밖의 혼잡 등으로 인한 위험발생을 방지하는 업무)·호송경비업무(운반중에 있는 현금·유가증권·귀금속·상품 그 밖의 물건에 대하여 도난·화재 등 위험발생을 방지하는 업무)·신변보호업무(사람의 생명이나 신체에 대한 위해의 발생을 방지하고 그 신변을 보호하는 업무)·기계경비업무(경비대상시설에 설치한 기기에 의하여 감지·송신된 정보를 그 경비대상시설 외의 장소에 설치한 관제시설의 기기로 수신하여 도난·화재 등 위험발생을 방지하는 업무)·특수경비업무(공항(항공기를 포함한다) 등 대통령령이 정하는 국가중요시설의 경비 및 도난·화재 그 밖의 위험발생을 방지하는 업무)의 전부 또는 일부를 도급받아 행하는 영업을 경비업이라 부르고 있다(경업법 제2조 제1호).

2. 경비업의 취지

경비업은 위험방지에 관한 일정 사무를 사인으로 하여금 수행하게 하는 제도이다. 경비업의 인정은 경찰사무(위험방지사무)가 오로지 국가에 의해서만 수행되는 것이 아니라 사인에 의해서도 수행됨을 뜻하는 것이 된다. 그것은 사회기능의 분화와 경비수요의 급증에 대한 경찰인력의 부족, 과중한 근무시간과 업무량, 경찰장비의 노후화 등에 대한 보완의 의미를 가지며, 국가예산의 절감에도 기여한다.

3. 경비업의 허가

경비업을 영위하고자 하는 법인은 도급받아 행하고자 하는 경비업무를 특정하여 그 법인의 주사무소의 소재지를 관할하는 지방경찰청장의 허가를 받아야 한다. 도급받아 행하고자 하는 경비업무를 변경하는 경우에도 또한 같다(경비법 제4조 제1항).

4. 경비업자의 업무수행범위

경비업자는 경비대상시설의 소유자 또는 관리자의 관리권의 범위 안에서 경비업무를 수행하여야 하며, 다른 사람의 자유와 권리를 침해하거나 그의 정당한 활동에 간섭하여서는 아니 된다(경비법 제7조 제1항). 경비업자는 경비업무를 성실하게 수행하여야 하고, 도급을 의뢰받은 경비업무가 위법 또는 부당한 것일 때에는 이를 거부하여야 한다(경비법 제7조 제2항).

5. 용역경비권의 법적 성격

용역경비업자는 공법적 지위를 갖지 아니한다. 용역경비업자는 공적 안전을 위해 제3자에 대하여 아무런 권한도 갖지 아니한다. 용역경비업자는 다만 위탁자에게 속하는 사권(私權)을 행사할 수 있을 뿐이다. 그러한 사권으로 민법상 방해제거청구권과 방해예방청구권, 형법상 긴급피난권이나 정당방위권을 들 수 있다. 이러한 규정들은 경비원들의 활동의 전제요건이자 한계를 정하는 것으로 볼 수도 있다.

6. 경비업자에 대한 감독

경찰청장 또는 지방경찰청장은 경비업무의 적정한 수행을 위하여 경비업자 및 경비지도사를 지도·감독하며 필요한 명령을 할 수 있다(경비법 제24조 제1항). 지방경찰청장 또는 관할 경찰관서장은 소속 경찰공무원으로 하여금 관할구역 안에 있는 경비업자의 주사무소 및 출장소와 경비원배치장소에 출입하여 근무상황 및 교육훈련상황 등을 감독하며 필요한 명령을 하게 할 수 있다(경비법 제24조 제2항 제1문). 이 경우 출입하는 경찰공무원은 그 권한을 표시하는 증표를 관계인에게 내보여야 한다(경비법 제24조 제2항 제2문).

제 2 절 경찰공무원법

제 1 항 일 반 론

Ⅰ. 경찰공무원법의 의의

1. 경찰공무원법의 개념

경찰공무원법이란 경찰행정을 행하는 인적 요소인 경찰공무원의 법관계를 규율하는 법규의 총체를 말한다. 경찰공무원법은 경찰공무원을 대상으로 한다. 경찰공무원은 경찰기관 그 자체가 아니라 경찰기관의 구성자이다. 일반적으로 경찰공무원이란 제도적 의미의 경찰에 소속하는 공무원을 말한다. 넓게는 위험방지사무에 종사하는 공무원을 경찰공무원이라 부를 수도 있다.

2. 경찰공무원법의 법원

"국가경찰공무원의 책임 및 직무의 중요성과 신분 및 근무 조건의 특수성에 비추어 그 임용, 교육훈련, 복무(服務), 신분보장 등에 관하여 「국가공무원법」에 대한 특례를 규정함을 목적"으로 경찰공무원법이 제정되어 있다(경공법 제1조). 여기서 경찰공무원이란 제도적 의미의 국가경찰에 소속하는 공무원을 말한다. 이 밖에도 국가경찰공무원법의 법원으로 경찰공무원 임용령, 경찰공무원 승진임용 규정, 경찰공무원 징계령, 경찰공무원 교육훈련규정, 경찰공무원 복무규정, 경찰복제에 관한 규칙 등이 있다. 한편, 제주자치도 자치경찰공무원에 관해서는 제주특별자치도 설치 및 국제자유도시 조성을 위한 특별법이 규정하고 있다.

Ⅱ. 민주적 경찰공무원제도

1. 국민전체의 봉사자

공무원은 국민전체의 봉사자이다(헌법 제7조 제1항 제1문). 공무원이 국민전체의 봉사자라는 것은 공무원의 근무관계가 공평무사한 직무수행의무의 원칙에 따라 정해져야 한다는 것을 의미한다. 따라서 경찰공무원은 법령에 의해 정해진 직무범위 안에서 자신의 지식과 기술을 활용하여 충실한 법의 집행자로서 직무를 수행하여야 한다.

2. 국민에 대한 책임

공무원은 국민에 대하여 책임을 진다(헌법 제7조 제1항 제2문). 국민의 수임자로서, 국민전체의 봉사자로서 경찰공무원이 자기에게 주어진 책무를 수행함에 있어 문제를 야기한 경우, 당해 공무원에 대하여 책임을 묻는 것은 민주적 경찰공무원제의 중요한 내용이다. 경찰공무원에 대한 책임추궁의 방식으로 징계책임·변상책임·형사책임 등이 있다.

3. 공무담임의 평등

헌법 제25조(모든 국민은 법률이 정하는 바에 의하여 공무담임권을 가진다)에 근거하여 모든 국민은 주권자로서 경찰공무원이 될 수 있다. 경찰공무원이 될 수 있는 권리는 모든 국민에게 평등하게 보장된다. 경찰공무원이 되고자 하는 자는 무엇보다 한국인이어야 한다(경공법 제7조 제2항 제1호). 그리고 우리의 헌법질서를 긍정하는 자이어야 한다.

Ⅲ. 직업공무원제도

1. 의 의

헌법 제7조 제2항(공무원의 신분과 정치적 중립성은 법률이 정하는 바에 의하여 보장된다)은 직업공무원제도를 채택하고 있다. 직업공무원제도란 정권교체에 관계없이 행정의 일관성과 독자성을 유지하기 위해 헌법과 법률에 의해 공무원의 신분, 즉 공무원의 임용이 공무원 개인의 능력이나 업적에 따라 보장되는 공무원제도를 말한다. 이는 공직의 영속성과 전문성의 확보에 기여한다. 경찰공무원도 당연히 직업공무원제도의 적용을 받는다.

2. 신분의 보장

경찰공무원의 신분보장은 엽관주의의 폐단을 방지하고, 국민전체의 봉사자로서 경찰공무원이 공무에 전념할 수 있게 하고 아울러 공무의 영속성을 확보하고자 하는 데 있다. 이와 관련하여 국가공무원법(제68조)과 지방공무원법(제60조)은 "공무원은 형의 선고·징계처분 또는 이 법이 정하는 사유에 의하지 아니하고는 그 의사에 반하여 휴직·강임 또는 면직을 당하지 아니한다. 다만, 1급 공무원과 국가공무원법 제23조(직위의 정급)에 따라 배정된 직무등급이 가장 높은 등급의 직위에 임용된 고위공무원단에 속하는 공무원은 그러하지 아니하다"라고 하여 신분보장을 선언하고 있다. 다만 경찰공무원 중 치안총감과 치안정감에 대하여는 국가공무원법 제68조 본문을 적용하지 아니한다(경공법 제30조 제1항).

3. 정치적 중립성

정치적 중립성이란 정치적 활동의 금지를 의미한다. 금지되는 정치적 활동의 구체적인 내용은 입법자가 형성하여야 할 사항이다(국공법 제65조, 제66조; 지공법 제57조, 제58조). 한편, 정치적 중립성을 이유로 경찰공무원의 일반적인 정치적 자유권(특히 정치적 표현의 자유)이 무조건 부인될 수는 없다. 경찰공무원의 정치적 중립이란 필요한 최소한의 범위 내에서의 정치행위의 제한이라는 의미로 새겨야 한다.

> **헌재** 2012. 3. 29, 2010**헌마**97(공무원은 공직자인 동시에 국민의 한 사람이기도 하므로, 공무원은 공인으로서의 지위와 사인으로서의 지위, 국민전체에 대한 봉사자로서의 지위와 기본권을 향유하는 기본권주체로서의 지위라는 이중적 지위를 가진다. 따라서 공무원이라고 하여 기본권이 무시되거나 경시되어서는 안 되지만, 공무원의 신분과 지위의 특수성상 공무원에 대해서는 일반 국민에 비해 보다 넓고 강한 기본권 제한이 가능하게 된다. 특히 선거관리위원회는 민주주의의 근간이 되는 선거와 투표, 정당 사무에 대한 관리업무를 행하는 기관이라는 점에서 선관위 공무원은 다른 어떤 공무원보다도 정치적으로 중립적인 입장에 서서 공정하고 객관적으로 직무를 수행할 의무를 지닌다.

4. 성적주의

성적주의란 정치세력에 의한 간섭 없이 개인의 성적을 기초로 하여 인사행정이 이루어지는 원칙을 말한다. 경찰공무원법도 성적주의를 규정하고 있다.

> **경찰공무원법 제11조(승진)** ① 경찰공무원은 바로 아래 하위계급에 있는 경찰공무원 중에서 근무성적평정, 경력평정, 그 밖의 능력을 실증(實證)하여 승진임용한다.
> ② 경무관 이하 계급으로의 승진은 승진심사에 의하여 한다. 다만, 경정 이하 계급으로의 승진은 대통령령으로 정하는 비율에 따라 승진시험과 승진심사를 병행할 수 있다.

Ⅳ. 경찰공무원과 기본권

1. 기본권의 보장과 제한

경찰공무원에게도 일반국민과 마찬가지로 모든 기본권이 보장된다. 그러나 헌법 제7조 제2항은 "공무원의 신분과 정치적 중립성은 법률이 정하는 바에 의하여 보장된다"고 규정하여, 공무원의 기본권의 제한을 예정하고 있다. 한편 특별권력관계라는 이름으로 법적 근거없이 경찰공무원의 기본권을 제한할 수는 없다. 경찰공무원의 기본권 역시 법적 보장이 주어지는 것이므로, 그 제한도 역시 법률에 근거하여야 한다(헌법 제37조 제2항).

2. 기본권제한의 유형

① 경찰공무원은 법률이 정한 바에 따라 정당가입이나 정치활동이 제한되고(헌법 제7조 제2항), ② 경찰공무원은 국가배상에서 이중배상이 금지되며(헌법 제29조 제2항), ③ 법률로 인정된 자를 제외하고는 노동조합결성·단체교섭 및 단체행동을 할 수 없다(헌법 제33조 제2항). ④ 이 밖에 헌법 제37조 제2항에 의거, 법률로써 기본권에 제한이 가해질 수도 있다.

제 2 항 경찰공무원법관계의 의의와 당사자

Ⅰ. 경찰공무원법관계의 의의

1. 의 의

경찰공무원과 국가 사이의 법관계는 기본적으로 자연인인 경찰공무원과 임용주체의 지위를 갖는 국가 사이에 존재하는 공법상 근무관계·공법상 성실관계이다.

2. 특 징

① 공무원관계는 이른바 특별권력관계가 아니다. 그것은 특별한 행정법관계이다. 공

무원관계는 공법관계로 형성된다. ② 경찰공무원의 근무관계는 영속적인 근무태세, 완전한 임무수행을 특징적인 내용으로 한다. ③ 경찰공무원은 성실하고 도덕적이며 국가적 이념에 충실한 근무를 하여야 한다. 그것은 윤리적 근무관계이다.

Ⅱ. 경찰공무원법관계의 당사자

1. 국가 등(임용의 주체)

(1) 총경 이상 국가경찰공무원 총경 이상의 경찰공무원은 경찰청장 또는 해양경찰청장의 추천을 받아 행정안전부장관 또는 국토해양부장관의 제청으로 국무총리를 거쳐 대통령이 임용한다. 다만, 해양경찰청장은 국토해양부장관의 제청으로 국무총리를 거쳐 대통령이 임명하고, 총경의 전보, 휴직, 직위해제, 강등, 정직 및 복직은 경찰청장 또는 해양경찰청장이 한다(경공법 제6조 제1항).

(2) 경정 이하의 국가경찰공무원 경정 이하의 경찰공무원은 경찰청장 또는 해양경찰청장이 임용한다. 다만, 경정으로의 신규채용, 승진임용 및 면직은 경찰청장 또는 해양경찰청장의 제청으로 국무총리를 거쳐 대통령이 한다(경공법 제6조 제2항).

(3) 경찰청장·해양경찰청장의 권한의 위임 경찰청장 또는 해양경찰청장은 대통령령으로 정하는 바에 따라 경찰공무원의 임용에 관한 권한의 일부를 소속 기관의 장, 지방경찰청장 또는 지방해양경찰관서의 장에게 위임할 수 있다(경공법 제6조 제3항).

(4) 제주자치도 자치경찰공무원 제주자치도지사는 소속 자치경찰공무원의 임명·휴직·면직과 징계를 행하는 권한을 가진다(제국법 제126조).

2. 경찰공무원(임용의 상대방)

(1) 경찰공무원의 임용자격(능력요건) 경찰공무원은 신체 및 사상이 건전하고 품행이 방정한 사람 중에서 임용한다(경공법 제7조 제1항). 그러나 다음 각 호(1. 대한민국 국적을 가지지 아니한 사람, 2. 「국적법」 제11조의2 제1항에 따른 복수국적자, 3. 금치산자 또는 한정치산자, 4. 파산선고를 받고 복권되지 아니한 사람, 5. 자격정지 이상의 형을 선고받은 사람, 6. 자격정지 이상의 형의 선고유예를 선고받고 그 유예기간 중에 있는 사람, 7. 징계에 의하여 파면 또는 해임처분을 받은 사람)의 어느 하나에 해당하는 사람은 경찰공무원으로 임용될 수 없다(경공법 제7조 제2항). 한편, 제주자치도 자치경찰공무원의 능력요건에 관해서는 경찰공무원법 제7조가 준용된다(제국법 제137조 1항).

(2) 경찰공무원의 종류(국가의 경찰공무원과 지방자치단체의 경찰공무원) 경찰공무원에는 국가공무원인 국가경찰공무원과 제주자치도 자치경찰공무원이 있다. 국가경찰공

무원은 국가에 의해 임명된다. 국가경찰공무원은 국가사무로서 경찰사무를 수행하며 보수 기타 경비는 국가가 부담하는 것이 원칙이다. 국가공무원법상 국가경찰공무원은 특정직 공무원으로 분류되고 있다. 한편, 제주자치도 자치경찰의 경우, 도지사는 소속 자치경찰공무원의 임명·휴직·면직과 징계를 행하는 권한을 가진다(제국법 제126조). 제주자치도 자치경찰공무원은 자치사무로서 경찰사무를 수행하며 보수 기타 경비는 제주자치도가 부담한다.

(3) 경찰공무원의 계급 국가경찰공무원의 계급은 치안총감·치안정감·치안감·경무관·총경·경정·경감·경위·경사·경장·순경으로 한다(경찰법 제23조 제1항; 경공법 제2조). 제주자치도 자치경찰공무원의 계급은 자치총경, 자치경정, 자치경감, 자치경위, 자치경사, 자치경장, 자치순경으로 구분한다(제국법 제125조).

(4) 경찰공무원의 경과 국가경찰공무원은 그 직무의 종류에 따라 경과에 의하여 구분할 수 있다(경공법 제3조 제1항). 총경 이하의 경찰공무원은 일반경과·수사경과·보안경과·특수경과(해양경과·운전경과·항공경과·정보통신경과)로 구분한다(경공령 제3조 제1항 본문). 다만, 수사경과 및 보안경과는 경정 이하 경찰공무원으로, 특수경과 중 운전경과는 경사 이하 경찰공무원으로 한다(경공령 제3조 제1항 단서). 임용권자 또는 임용제청권자는 경찰공무원을 신규채용할 때에 경과를 부여하여야 한다(경공령 제3조 제2항).

경과별 직무의 종류(경찰공무원 임용령 시행규칙 제19조)

구분		
일반경과	기획·감사·경무·생활안전·교통·경비·작전·정보·외사 기타의 직무로서 수사경과·보안경과 및 특수경과에 속하지 아니하는 직무	
수사경과	범죄수사에 관한 직무	
보안경과	보안경찰에 관한 직무	
특수경과	항공경과	경찰항공기의 운영·관리에 관한 직무
	해양경과	해양경찰에 관한 직무
	정보통신경과	경찰정보통신의 운영·관리에 관한 직무
	운전경과	경찰차량의 운전 및 정비에 관한 직무

제 3 항 경찰공무원법관계의 변동

Ⅰ. 일 반 론

1. 용어의 정리

(1) 임용과 임명 임용이란 ① 넓게는 신규채용·승진·전보·파견·휴직·직위해제·정직·강등·복직·면직·해임 및 파면을 말하고(경찰공무원법 제1조의2 제1호), ② 좁게는 공무원관계를 처음으로 발생시키는 신규채용행위로서의 임명행위를 뜻하기도 한다. 한편 임명이란 좁게는 공무원신분의 신규설정행위를 뜻하나, 넓게는 면직을 포함하는 의미로 사용되기도 한다. ③ 이 책에서 임용은 넓은 의미로, 임명은 좁은 의미로 사용하기로 한다. 따라서 임용이란 경찰공무원법관계의 발생·변경·소멸의 원인이 되는 모든 행위를 지칭하며, 임명이란 경찰공무원법관계 발생원인의 하나를 뜻하는 것이 된다.

(2) 보직과 임명 임명은 경찰공무원신분을 설정하는 행위이고, 보직은 경찰공무원의 신분을 가진 자에게 직위(1명의 공무원에게 부여할 수 있는 직무와 책임)를 부여하여 일정한 직무를 담당하도록 명하는 행위를 말한다. 임명과 보직은 논리상 동시에 이루어지는 경우도 있고 그러하지 않은 경우도 있다. 전자는 임관과 직위부여가 결합되어 있는 경우이고(예: 경찰청장에 임하는 경우), 후자는 임관(예: 총경에 임하는 행위, 임명)과 직위부여(예: ㅇㅇ경찰서장에 보하는 행위, 보직)가 분리된 경우이다(예: 총경 임명 후 ㅇㅇ경찰서장에 보직하는 경우). 후자의 경우는 보직행위가 없는 한 구체적인 공무담임의 내용은 성립하지 않는다. 임용권자 또는 임용제청권자는 원칙적으로 소속경찰공무원에 대하여 하나의 직위를 부여하여야 한다(경공령 제22조 제1항).

2. 임용요건과 요건결여

(1) 임용요건 경찰공무원으로 임용되기 위해서는 신체 및 사상이 건전하고 품행이 방정한 사람으로서(경공법 제7조 제1항), 경찰공무원법 제7조 제2항이 정하는 결격사유가 없어야 하고, 성적요건(시험성적, 근무성적 등)을 구비하여야 한다.

> **● 경찰공무원법 제7조(임용자격 및 결격사유)** ② 다음 각 호의 어느 하나에 해당하는 사람은 경찰공무원으로 임용될 수 없다.
> 1. 대한민국 국적을 가지지 아니한 사람
> 2. 「국적법」 제11조의2 제1항에 따른 복수국적자
> 3. 금치산자 또는 한정치산자
> 4. 파산선고를 받고 복권되지 아니한 사람

5. 자격정지 이상의 형(刑)을 선고받은 사람
6. 자격정지 이상의 형의 선고유예를 선고받고 그 유예기간 중에 있는 사람
7. 징계에 의하여 파면 또는 해임처분을 받은 사람

헌재 2010. 9. 30, 2009헌바122(공무원의 임용결격사유에 대한 규정은 공무원의 직무를 수행하기에 부적격한 자를 그 직무로부터 사전에 배제함으로써 공무원직에 대한 국민의 신뢰를 유지하고 직무의 정상적인 운영을 확보하기 위한 것이다. 특히 경찰공무원은 국민의 생명·신체와 재산에 대한 보호, 범죄의 예방과 수사를 주된 임무로 하는바, 그러한 경찰공무원 직무의 성격상 고도의 직업적 윤리성이 요청된다. 그런데 해임은 파면과 더불어 중징계 중 하나로서 그 행위에 대한 비난가능성이 크며, 징계절차를 거쳐 해임처분을 받은 이상 당해 직무의 수행이 부적절하다고 판단된 것으로 볼 수 있다. 따라서 위와 같은 경찰공무원직의 특수성과 중요성을 고려할 때 이 사건 법률조항은 과잉금지원칙에 위배되어 공무담임권에 대한 과도한 제한이라고 할 수 없다).

(2) 요건결여 결격사유를 가진 자에 대한 임용은 무효이다(대판 1996. 2. 27, 95누9617). 성적요건을 미비한 자에 대한 임용은 취소할 수 있는 행위이다. 이 경우, 취소의 효과는 장래적인 것으로 볼 것이다. 하자 있는 임용일지라도 임용된 후 공무원으로 근무한 자의 행위는 국민과의 관계에서는 유효한 행위이며(사실상 공무원이론), 또한 그 자는 보수를 받을 권리가 있다.

3. 임용행위의 성질

(1) 통상적인 경우 통상적인 경찰공무원 임명행위(협력을 요하는 행정행위)는 임용주체의 의사와 경찰공무원이 되고자 하는 자의 의사가치가 반드시 대등하다고 보기는 어렵다는 점, 경찰공무원이 되고자 하는 자의 의사는 필수적인 것이므로 도외시될 수 없다는 점을 고려할 때, 상대방(경찰공무원)의 협력을 요하는 행정행위(쌍방적 행정행위)로 볼 것이다. 그러나 보직행위는 상대방(경찰공무원)의 협력을 요하지 아니하는 국가의 일방적인 행위이다. 한편, 임명행위에 있어서 경찰공무원이 되고자 하는 자의 신청이나 동의가 결여되었다면, 그러한 임명행위는 무효가 된다. 경찰공무원의 임명행위에 대한 법적 분쟁은 항고소송의 대상이 된다.

(2) 계약직의 경우 국가공무원법 제2조 제3항 제3호는 특수경력직 공무원의 한 종류로서 계약직 공무원을 "국가와의 채용 계약에 따라 전문지식·기술이 요구되거나 임용에 신축성 등이 요구되는 업무에 일정 기간 종사하는 공무원"으로 정의하고 있다. 따라서 국가와의 대등한 지위에서 이루어지는 채용계약에 의해 경찰공무원을 임명하는

경우, 그 임명은 공법상 계약에 해당하며, 공법상 계약에는 행정절차법이 적용되지 아니한다. 계약에 의해 이루어지는 임용행위에 대한 법적 분쟁은 당사자소송의 대상이 된다.

4. 임용형식과 임용시기

경찰공무원은 임용장 또는 임용통지서에 기재된 일자에 임용된 것으로 본다. 다만, 사망으로 인한 면직은 사망한 다음날에 면직된 것으로 본다(경공령 제5조 제1항). 임용일자는 그 임용장이 피임용자에게 송달되는 기간 및 사무인계에 필요한 기간을 참작하여 정하여야 한다(경공령 제5조 제2항). 임용일자의 소급은 원칙적으로 금지된다(경공령 제6조).

● **경찰공무원 임용령 제6조(임용일자 소급의 금지)** 경찰공무원의 임용에 있어서 다음 각호의 1에 해당되는 경우를 제외하고는 그 임용일자를 소급하여서는 아니 된다.
1. 재직중 공적이 특히 현저한 자가 공무로 사망한 때에는 그 사망전일을 임용일자로 하여 추서하는 경우
2. 형사사건으로 기소된 때에 그 기소된 날을 임용일자로 하여 직위해제하는 경우
3. 「국가공무원법」 제70조 제1항 제4호의 규정에 의하여 직권면직하는 때에 휴직기간의 만료일 또는 휴직사유의 소멸일을 임용일자로 하여 면직하는 경우

Ⅱ. 경찰공무원법관계의 발생

1. 신규임용

(1) 의 의 경정 및 순경의 신규채용은 공개경쟁시험으로 한다(경공법 제8조 제1항). 경위의 신규채용은 경찰대학을 졸업한 사람 및 대통령령으로 정하는 자격을 갖추고 공개경쟁시험으로 선발된 사람(경찰간부후보생)으로서 교육훈련을 마치고 정하여진 시험에 합격한 사람 중에서 한다(경공법 제8조 제2항). 성적요건이 결여된 자에 대한 임용은 취소할 수 있는 행위가 된다. 일정한 경우에는 특별채용도 가능하다(경공법 제8조 제3항).

(2) 부정행위자에 대한 제재 경찰청장 또는 해양경찰청장은 경찰공무원의 채용시험 또는 경찰간부후보생 공개경쟁선발시험에서 부정행위를 한 응시자에 대하여는 해당 시험을 정지 또는 무효로 하고, 그 처분이 있은 날부터 5년간 시험응시자격을 정지한다(경공법 제8조의2).

2. 시보임용

경정 이하의 경찰공무원을 신규채용할 때에는 1년간 시보로 임용하고, 그 기간이 만료된 다음 날에 정규 경찰공무원으로 임용한다(경공법 제10조 제1항). 시보임용기간 중에

있는 경찰공무원이 근무성적 또는 교육훈련성적이 불량할 때에는 「국가공무원법」 제68조 및 이 법 제22조에도 불구하고 면직시키거나 면직을 제청할 수 있다(경공법 제10조 제3항). 시보임용을 거치지 아니하는 경우도 있다(경공법 제10조 제4항). 한편, 제주자치도 자치경찰공무원의 시보임용에 관해서는 경찰공무원법 제10조가 준용된다(제국법 제137조 1항).

Ⅲ. 경찰공무원법관계의 변경

직무 수행을 전제로 하는 변경 → 승진, 전보·복직, 강임, 강등, 파견근무 직무 수행의 배제를 위한 변경 → 휴직, 직위해제, 정직

1. 승진(상위직급에로의 변경)

(1) 의 의 승진이란 하위직급에서 바로 상위직급으로 임용되는 것을 말한다. 승진명령은 행정행위의 성질을 갖는다. 승진에는 일반승진, 근속승진, 특별승진이 있다.

(2) 일반승진

㈎ 심사승진·시험승진 국가경찰의 경우, 경찰공무원은 바로 아래 하위계급에 있는 경찰공무원 중에서 근무성적평정, 경력평정, 그 밖의 능력을 실증하여 승진임용한다(경공법 제11조 제1항). 경무관 이하 계급으로의 승진은 승진심사에 의하여 한다. 다만, 경정 이하 계급으로의 승진은 대통령령으로 정하는 비율에 따라 승진시험과 승진심사를 병행할 수 있다(경공법 제11조 제2항).

㈏ 승진소요최저근무연수 국가경찰공무원이 승진함에 있어서는 총경 4년, 경정 3년, 경감 3년, 경위 2년, 경사 2년, 경장 1년, 순경 1년 이상 당해 계급에 재직하여야 한다(경찰공무원 승진임용 규정 제5조 제1항).

㈐ 승진청구권 등 개인적 공권으로서 승진청구권은 존재하지 아니한다. 승진은 자격·능력·전문적 지식 등에 따라 판단될 성질의 것이며, 그 판단은 임명권자의 평가적인 인식행위로서 제한된 범위 내에서만 사법심사의 대상이 될 수 있을 것이다.

㈑ 제주자치도 자치경찰공무원 자치경찰공무원의 승진은 바로 차하위계급에 있는 자치경찰공무원 중에서 근무성적·경력평정 그 밖의 능력의 실증에 의한다(제국법 제131조 제1항). 자치경찰공무원의 승진은 승진심사에 의한다. 다만, 자치경정 이하 계급에의 승진에 있어서는 도조례가 정하는 비율에 따라 승진시험을 병행할 수 있다(제국법 제131조 제2항).

(3) 근속승진 경찰청장 또는 해양경찰청장은 경찰공무원법 제11조 제2항에도

불구하고 해당 계급에서 다음 각 호(1. 순경을 경장으로 근속승진임용하려는 경우: 해당 계급에서 5년 이상 근속자, 2. 경장을 경사로 근속승진임용하려는 경우: 해당 계급에서 6년 이상 근속자, 3. 경사를 경위로 근속승진임용하려는 경우: 해당 계급에서 7년 6개월 이상 근속자, 4. 경위를 경감으로 근속승진임용하려는 경우: 해당 계급에서 12년 이상 근속자)의 기간 동안 재직한 사람을 경장, 경사, 경위, 경감으로 각각 근속승진임용할 수 있다(경공법 제11조의2 제1항).

(4) 특별승진 국가경찰공무원으로서 다음 각 호(1.「국가공무원법」 제40조의4 제1항 제1호부터 제4호까지의 규정 중 어느 하나에 해당되는 사람, 2. 전사하거나 순직한 사람, 3. 직무수행 중 현저한 공적을 세운 사람)의 어느 하나에 해당되는 사람에 대하여는 제11조에도 불구하고 1계급 특별승진시킬 수 있다. 다만, 경위 이하의 경찰공무원으로서 모든 경찰공무원의 귀감이 되는 공을 세우고 전사하거나 순직한 사람에 대하여는 2계급 특별승진시킬 수 있다(경공법 제14조 제1항). 한편, 제주자치도 자치경찰공무원의 특별승진에 관해서는 경찰공무원법 제14조가 준용된다(제국법 제137조 1항).

(5) 대우공무원 임용권자 또는 임용제청권자는 소속 경찰공무원 중 해당 계급에서 승진소요최저근무연수 이상 근무하고 승진임용의 제한사유가 없으며 근무실적이 우수한 자를 바로 상위계급의 대우공무원으로 선발할 수 있다(경찰공무원 승진임용 규정 제43조 제1항). 대우공무원에 대하여는「공무원수당 등에 관한 규정」에서 정하는 바에 따라 수당을 지급할 수 있다(경찰공무원 승진임용 규정 제43조 제3항). 대우공무원제도는 승진제도는 아니지만, 승진제도의 기능을 일부 수행한다.

2. 전보·복직(동위직급내의 변경)

(1) 전 보

(가) 의 의 전보란 경찰공무원의 동일 직위 및 자격 내에서의 근무기관이나 부서를 달리하는 임용을 말한다(경공법 제1조의2 제2호)(예: A경찰서장 총경 甲을 B경찰서장으로 보하는 경우). 임용권자 또는 임용제청권자는 경찰공무원의 동일직위에서의 장기근무로 인한 직무수행의 침체현상을 방지하여 창의적이며 활력있는 직무성과의 증진을 기하도록 하는 한편, 지나치게 잦은 전보로 인한 능률저하를 방지하여 안정적인 직무수행을 기할 수 있도록 특별한 사정이 없는 한 정기적으로 전보를 실시하여야 한다(경공령 제26조 제1항). 전보명령은 행정행위의 성질을 갖는다. 한편, 전보는 전직(상이한 직역의 동일직급으로 임용하는 것을 말한다. 국공법 제28조의3; 공임령 제29조, 제30조 참조)과 전과(경과의 변경을 말한다, 경공령 제2조 제3호)와 구별된다.

(나) 기간상 제한 임용권자 또는 임용제청권자는 소속공무원을 해당 직위에 임용된 날부터 1년 이내(감사업무를 담당하는 경찰공무원의 경우에는 2년 이내)에 다른 직위에 전

보할 수 없다(경공령 제27조 제1항 본문). 예외도 있다(경공령 제27조 제1항 단서). 전보에 기간상 제한을 둔 것은 경찰공무원으로 하여금 일정기간 안정된 공무원생활을 가능하게 하기 위함이다.

(2) 복 직 복직이란 휴직·직위해제 또는 정직(강등에 따른 정직을 포함한다) 중에 있는 경찰공무원을 직위에 복귀시키는 것을 말한다(경공법 제1조의2 제3호). 복직명령은 행정행위의 성질을 갖는다.

3. 강임·강등(하위직급에로의 변경)

(1) 강 임 국가공무원법상 "강임"이란 같은 직렬 내에서 하위 직급에 임명하거나 하위 직급이 없어 다른 직렬의 하위 직급으로 임명하거나 고위공무원단에 속하는 일반직공무원(제4조 제2항에 따라 같은 조 제1항의 계급 구분을 적용하지 아니하는 공무원은 제외한다)을 고위공무원단 직위가 아닌 하위 직위에 임명하는 것을 말한다(국공법 제5조 제4호). 그런데 국가경찰공무원에 대하여는 강임은 적용하지 아니한다(경공법 제30조 제1항; 국공법 제73조의4).

(2) 강 등 ① 강등은 징계처분의 하나로서 1계급 아래로 직급을 내리는 것(고위공무원단에 속하는 공무원은 3급으로 임용하고, 연구관 및 지도관은 연구사 및 지도사로 한다)을 말한다(국공법 제80조 제1항 ; 지공법 제71조 제1항 본문). 「고등교육법」 제14조에 해당하는 교원 및 조교에 대하여는 강등을 적용하지 아니한다(지공법 제71조 제1항 단서). ② 공무원신분은 보유하나 3개월간 직무에 종사하지 못하며 그 기간 중 보수의 3분의 2를 감한다(국공법 제80조; 지공법 제70조 제1항 본문).

4. 파견근무(이중직위의 부여)

국가기관의 장은 국가적 사업의 수행 또는 그 업무 수행과 관련된 행정 지원이나 연수, 그 밖에 능력 개발 등을 위하여 필요하면 소속 공무원을 다른 국가기관·공공단체·정부투자기관·국내외의 교육기관·연구기관, 그 밖의 기관에 일정 기간 파견근무하게 할 수 있으며, 국가적 사업의 공동 수행 또는 전문성이 특히 요구되는 특수 업무의 효율적 수행 등을 위하여 필요하면 국가기관 외의 기관·단체의 임직원을 파견받아 근무하게 할 수 있다(국공법 제32조의4 제1항; 지공법 제30조의4 제1항). 파견권자는 파견사유가 소멸하거나 파견목적이 달성될 가망이 없는 경우에는 그 공무원을 지체없이 원소속 기관에 복귀시켜야 한다(국공법 제32조의4 제2항; 지공법 제30조의4 제2항). 파견명령은 행정행위의 성질을 갖는다.

5. 휴 직

(1) 의 의　휴직이란 경찰공무원의 신분은 보유하게 하나 직무에는 종사하지 못하게 하는 것을 말한다(국공법 제73조 제1항; 지공법 제65조 제1항). 휴직에는 경찰공무원 의사 여하에 불구하고 임용권자가 행하는 직권휴직과 경찰공무원 본인의 원에 의하여 임용권자가 행하는 의원휴직이 있다. 경찰공무원에 휴직처분 등을 할 때에는 그 처분권자 또는 처분제청권자는 처분사유를 적은 설명서를 교부하여야 한다. 다만, 본인의 원에 따른 휴직처분 등은 그러하지 아니하다(국공법 제75조; 지공법 제67조 제1항). 휴직명령은 행정행위의 성질을 갖는다.

(2) 직권휴직　경찰공무원이 다음 각 호(1. 신체·정신상의 장애로 장기 요양이 필요할 때, 2. 삭제, 3. 「병역법」에 따른 병역 복무를 마치기 위하여 징집 또는 소집된 때, 4. 천재지변이나 전시·사변, 그 밖의 사유로 생사(生死) 또는 소재(所在)가 불명확하게 된 때, 5. 그 밖에 법률의 규정에 따른 의무를 수행하기 위하여 직무를 이탈하게 된 때, 6. 「공무원의 노동조합 설립 및 운영 등에 관한 법률」 제7조에 따라 노동조합 전임자로 종사하게 된 때)의 어느 하나에 해당하면 임용권자는 본인의 의사에도 불구하고 휴직을 명하여야 한다(국공법 제71조 제1항; 지공법 제63조 제1항).

(3) 의원휴직　임용권자는 경찰공무원이 다음 각 호(1. 국제기구, 외국 기관, 국내외의 대학·연구기관, 다른 국가기관 또는 대통령령으로 정하는 민간기업, 그 밖의 기관에 임시로 채용될 때, 2. 국외 유학을 하게 된 때, 3. 중앙인사관장기관의 장이 지정하는 연구기관이나 교육기관 등에서 연수하게 된 때, 4. 만 8세 이하(취학 중인 경우에는 초등학교 2학년 이하를 말한다)의 자녀를 양육하기 위하여 필요하거나 여성공무원이 임신 또는 출산하게 된 때, 5. 사고나 질병 등으로 장기간 요양이 필요한 부모, 배우자, 자녀 또는 배우자의 부모를 간호하기 위하여 필요한 때, 6. 외국에서 근무·유학 또는 연수하게 되는 배우자를 동반하게 된 때)의 어느 하나에 해당하는 사유로 휴직을 원하면 휴직을 명할 수 있다. 다만, 제4호의 경우에는 대통령령으로 정하는 특별한 사정이 없으면 휴직을 명하여야 한다(국공법 제71조 제2항; 지공법 제63조 제2항).

(4) 효 력　휴직 중인 경찰공무원은 신분은 보유하나 직무에 종사하지 못한다(국공법 제73조 제1항; 지공법 제65조 제1항). 휴직 기간 중 그 사유가 없어지면 30일 이내에 임용권자 또는 임용제청권자에게 신고하여야 하며, 임용권자는 지체 없이 복직을 명하여야 한다(국공법 제73조 제2항; 지공법 제65조 제2항). 그리고 휴직 기간이 끝난 공무원이 30일 이내에 복귀 신고를 하면 당연히 복직된다(국공법 제73조 제3항; 지공법 제65조 제3항).

6. 직위해제

(1) 의 의　직위해제란 경찰공무원 본인에게 직위를 계속 보유하게 할 수

없는 일정한 귀책사유가 있어서 그 경찰공무원에게 직위를 부여하지 아니하는 것을 말한다(국공법 제73조의3 제1항; 지공법 제65조의3 제1항 참조). 직위해제는 휴직과 달리 본인에게 귀책사유가 있을 때에 행하는 것이므로 재제적인 성격을 갖는다. 직위해제명령은 행정행위의 성질을 갖는다.

(2) 사 유 임용권자는 다음 각 호(1. 삭제, 2. 직무수행 능력이 부족하거나 근무성적이 극히 나쁜 자, 3. 파면·해임·강등 또는 정직에 해당하는 징계 의결이 요구 중인 자, 4. 형사 사건으로 기소된 자(약식명령이 청구된 자는 제외한다), 5. 고위공무원단에 속하는 일반직공무원으로서 제70조의2 제1항 제2호 및 제3호의 사유로 적격심사를 요구받은 자)의 어느 하나에 해당하는 자에게는 직위를 부여하지 아니할 수 있다(국공법 제73조의3 제1항; 지공법 제65조의3 제1항). 한편 제1항 제2호와 제3호 또는 제4호의 직위해제 사유가 경합하는 경우에는 제3호 또는 제4호의 직위해제 처분을 하여야 한다(국공법 제73조의3 제5항; 지공법 제65조의3 제5항).

(3) 효 과 ① 직위가 해제되면 직무에 종사하지 못한다. ② 임용권자는 제1항 제2호에 따라 직위해제된 자에게 3개월의 범위에서 대기를 명한다(국공법 제73조의3 제3항; 지공법 제65조의3 제3항). ③ 임용권자 또는 임용제청권자는 제3항에 따라 대기 명령을 받은 자에게 능력 회복이나 근무성적의 향상을 위한 교육훈련 또는 특별한 연구과제의 부여 등 필요한 조치를 하여야 한다(국공법 제73조의3 제4항; 지공법 제65조의3 제4항). ④ 제73조의3 제3항에 따라 대기 명령을 받은 자가 그 기간에 능력 또는 근무성적의 향상을 기대하기 어렵다고 인정된 때, 임용권자는 징계위원회(지방공무원의 경우는 인사위원회)의 동의를 얻어 직권으로 면직시킬 수 있다(국공법 제70조 제1항 제5호·제2항; 지공법 제62조 제2항).

(4) 직위부여 제1항에 따라 직위를 부여하지 아니한 경우에 그 사유가 소멸되면 임용권자는 지체 없이 직위를 부여하여야 한다(국공법 제73조의3 제2항; 지공법 제65조의3 제2항).

7. 정 직

정직은 경찰공무원의 신분을 유지하되 직무에는 종사하지 못하는 것을 말한다. 정직기간은 1개월 이상 3개월 이하의 기간으로 하고 보수의 3분의 2를 감한다(국공법 제80조 제1항; 지공법 제71조 제1항). 정직은 징계처분의 하나인 점에서 휴직이나 직위해제와 성질을 달리한다.

Ⅳ. 경찰공무원법관계의 소멸

1. 당연퇴직

(1) 의 의 당연퇴직이란 임용권자의 의사와 관계없이 법이 정한 일정한 사유의 발생으로 당연히 공무원관계가 소멸되는 것을 말한다. 퇴직발령통지서의 발부는 퇴직의 유효요건이 아니며 사실상의 확인행위에 불과할 뿐, 행정쟁송의 대상이 되지 아니한다.

(2) 사 유

㈎ 결격사유의 발생 경찰공무원이 제7조 제2항 각 호의 어느 하나에 해당하게 된 경우에는 당연히 퇴직한다. 다만, 같은 항 제6호에 해당하게 된 경우에는 그러하지 아니하다(경공법 제21조). 제주자치도 자치경찰공무원에게도 경찰공무원법 제21조(당연퇴직)가 준용된다(제국법 제137조 제1항).

㈏ 정 년 국가경찰공무원의 정년에는 연령정년과 계급정년이 있다. 연령정년은 60세이다(경공법 제24조 제1항 제1호). 계급정년은 치안감은 4년, 경무관은 6년, 총경은 11년, 경정은 14년이다(경공법 제24조 제1항 제2호). 한편, 자치경찰공무원의 연령정년도 60세이다(제국법 제135조). 경찰공무원은 그 정년이 된 날이 1월에서 6월 사이에 있으면 6월 30일에 당연퇴직하고, 7월에서 12월 사이에 있으면 12월 31일에 당연퇴직한다(경공법 제24조 제5항). 제주자치도 자치경찰공무원의 경우도 같다(지공법 제66조 제5항).

(3) 효 과 당연퇴직사유가 발생하면 경찰공무원법관계는 당연히 소멸되고, 퇴직된 자는 더 이상 경찰공무원이 아니다. 따라서 그 자가 행한 행위는 무권한의 행위가 된다. 그러나 이러한 경우에도 사실상의 공무원이론에 의거, 그러한 행위는 유효한 행위로 볼 수 있을 때도 있다.

2. 면 직

(1) 의 의 면직이란 특별한 행위로 경찰공무원법관계를 소멸시키는 것을 말한다. 특별한 행위에 의한다는 점에서 법정사유로 인한 당연퇴직과 다르다. 면직에는 의원면직과 강제면직이 있다.

(2) 의원면직

㈎ 의 의 의원면직이란 경찰공무원 자신의 사의표시에 의거, 임용권자가 공무원관계를 소멸시키는 처분을 말한다. 그 법적 성질은 상대방의 신청을 요하는 행정행위(협력을 요하는 행정행위 또는 쌍방적 행정행위)이다. 사직의 의사표시는 정상적인 의사

작용에 의한 것이어야 한다.

(나) **사직의 자유** 경찰공무원은 사직의 자유를 가진다. 사임의 자유와 관련하여 임용권자에게 수리의무가 있다. 다만 사임의 의사표시가 있어도 임용권자가 수리할 때까지는 사임의 의사표시를 한 자는 여전히 경찰공무원으로서 각종의 의무를 부담하며, 이에 위반하면 책임이 추궁될 수 있다.

(다) **명예퇴직제** 의원면직의 특별한 경우로 명예퇴직제가 있다. 명예퇴직이란 20년 이상 근속한 자가 정년 전에 스스로 퇴직하는 것을 말하며, 이 경우에는 예산의 범위에서 명예퇴직수당이 지급될 수 있다(국공법 제74조의2; 지공법 제66조의2).

(3) 강제면직

(가) **의 의** 강제면직이란 공무원 본인의 의사에 관계없이 임용권자가 일방적으로 공무원관계를 소멸시키는 처분이다. 일방적 면직이라고도 한다. 이에도 징계면직과 직권면직이 있다.

(나) **징계면직** 징계면직이란 경찰공무원이 공무원법상 요구되는 의무를 위반할 때, 그에 대하여 가해지는 제재로서의 징계처분에 의한 파면과 해임을 의미한다. 이에 관해서는 경찰공무원의 책임문제로서 보기로 한다.

(다) **직권면직** 직권면직이란 경찰공무원에게 직무수행을 하기 곤란한 사정이 있어 임용권자가 일방적으로 면직시키는 것을 말한다. 공무원법상 요구되는 의무를 위반한 것이 아니라는 점에서 징계면직과 다르다.

● **경찰공무원법 제22조(직권면직)** ① 임용권자는 경찰공무원이 다음 각 호의 어느 하나에 해당될 때에는 직권으로 면직시킬 수 있다.

1. 「국가공무원법」 제70조 제1항 제3호부터 제5호까지의 규정 중 어느 하나에 해당될 때
2. 경찰공무원으로는 부적합할 정도로 직무 수행능력이나 성실성이 현저하게 결여된 사람으로서 대통령령으로 정하는 사유에 해당된다고 인정될 때
3. 직무를 수행하는 데에 위험을 일으킬 우려가 있을 정도의 성격적 또는 도덕적 결함이 있는 사람으로서 대통령령으로 정하는 사유에 해당된다고 인정될 때
4. 해당 경과에서 직무를 수행하는 데 필요한 자격증의 효력이 상실되거나 면허가 취소되어 담당 직무를 수행할 수 없게 되었을 때

② 제1항 제2호·제3호 또는 「국가공무원법」 제70조 제1항 제5호의 사유로 면직시키는 경우에는 제26조에 따른 징계위원회의 동의를 받아야 한다.

③ 「국가공무원법」 제70조 제1항 제4호의 사유로 인한 직권면직일은 휴직기간의 만료일이나 휴직 사유의 소멸일로 한다.

● **제주특별자치도 설치 및 국제자유도시 조성을 위한 특별법 제134조(직권면직)** ① 도지사는 자치경찰공무원이 다음 각 호의 어느 하나에 해당하는 때에는 직권에 의하여 이를 면직시킬 수 있다.

1. 「지방공무원법」 제62조 제1항 제3호·제4호·제7호 및 제8호의 어느 하나에 해당하는 때

2. 자치경찰공무원으로서 부적합할 정도로 직무수행능력 또는 성실성이 현저히 결여된 자로서 도조례가 정하는 사유에 해당된다고 인정되는 때
3. 성격 또는 도덕적 결함으로 자치경찰공무원으로서의 직무를 수행하기 곤란하다고 인정되는 자로서 도조례가 정하는 사유에 해당된다고 인정되는 때

② 도지사는 제1항의 규정에 의하여 면직시킬 경우에는 미리 자치경찰인사위원회의 의견을 들어야 한다. 다만, 제1항 제2호·제3호 및 「지방공무원법」 제62조 제1항 제7호의 규정에 의하여 면직시킬 경우에는 당해 자치경찰인사위원회의 동의를 얻어야 한다.

제 4 항 경찰공무원의 법관계의 내용

Ⅰ. 경찰공무원의 권리

1. 신분상 권리

(1) 신분보유권 경찰공무원은 법이 정한 사유와 절차에 따르지 않는 한 공무원의 신분을 박탈당하지 아니할 신분보유권을 갖는다.

국가공무원법 제68조(의사에 반한 신분 조치) 공무원은 형의 선고, 징계처분 또는 이 법에서 정하는 사유에 따르지 아니하고는 본인의 의사에 반하여 휴직·강임 또는 면직을 당하지 아니한다. … .

경찰공무원법 제30조(「국가공무원법」과의 관계) ① … 치안총감과 치안정감에 대하여는 「국가공무원법」 제68조 본문을 적용하지 아니한다.

지방공무원법 제60조(신분보장의 원칙) 공무원은 형의 선고·징계 또는 이 법에서 정하는 사유가 아니면 본인의 의사에 반하여 휴직·강임 또는 면직을 당하지 아니한다. … .

(2) 직위보유권 경찰공무원은 임용되면 법령에서 따로 정하는 경우를 제외하고는 자신에게 적합한 일정한 직위를 부여받을 권리와 자기에게 부여된 직위가 법이 정한 이유와 절차에 의하지 아니하고는 박탈당하지 않을 권리, 즉 직위보유권을 갖는다. 경찰공무원은 직위보유권을 갖는 관계로 당연히 직무를 집행할 권리와 의무를 갖는다. 직무집행권은 직위보유권의 한 내용이 된다.

국가공무원법 제32조의5(보직관리의 원칙) ① 임용권자나 임용제청권자는 법령으로 따로 정하는 경우 외에는 소속 공무원의 직급과 직류를 고려하여 그 직급에 상응하는 일정한 직위를 부여하여야 한다. … .

지방공무원법 제30조의5(보직관리의 원칙) ① 임용권자는 법령에서 따로 정하는 경우 외에는 소속 공무원의 직급과 직종을 고려하여 그 직급에 상응하는 일정한 직위를 부여하여야 한다.

> ● **경찰공무원법 제30조(「국가공무원법」과의 관계)** ② 「국가공무원법」을 경찰공무원에게 적용할 때에는 다음 각 호에 따른다.
> 1. 「국가공무원법」 제32조의5 … 중 "직급"은 "계급"으로 본다.

(3) 제복착용권과 무기휴대권 ① 경찰공무원은 제복을 착용하여야 한다(경공법 제20조 제1항). 제복착용은 동시에 경찰공무원이 갖는 권리의 성질도 갖는다. ② 경찰공무원은 직무 수행을 위하여 필요하면 무기를 휴대할 수 있다(경공법 제20조 제2항). 무기사용은 경찰관직무집행법 제10조의4가 정한 바에 따라야 한다.

(4) 고충심사청구권(고충심사처리제도) 고충심사청구권이란 경찰공무원이 법령이 정하는 바에 따라 인사상담 및 고충의 심사를 청구할 수 있는 권리를 말한다. 고충처리제도는 경찰공무원이 갖는 불만이나 어려움을 해소함으로써 근무의욕을 드높이고, 이로써 직무에 보다 충실을 기하게 하고자 하는 제도이다. 행정상 쟁송 또는 국가배상청구의 방법에 비해 보다 포괄적이고 광범위한 행정구제수단이다. 즉 고충처리제도는 경찰공무원이면 누구나 위법한 처분의 존재를 전제로 함이 없이 직무조건·신상문제 등 그 어떠한 문제에 대해서도 기간의 제약이 없이 심사의 청구가 가능한 제도이다. 판례는 고충처리제도가 행정상 쟁송의 대상이 되는 처분이 아니라고 한다(대판 1987. 12. 8, 87누657).

> ● **국가공무원법 제76조의2(고충 처리)** ① 공무원은 누구나 인사·조직·처우 등 각종 직무 조건과 그 밖에 신상 문제에 대하여 인사 상담이나 고충 심사를 청구할 수 있으며, 이를 이유로 불이익한 처분이나 대우를 받지 아니한다.
> ● **경찰공무원법 제25조(고충심사위원회)** ① 경찰공무원의 인사상담 및 고충을 심사하기 위하여 경찰청, 해양경찰청, 지방경찰청, 대통령령으로 정하는 경찰기관 및 지방해양경찰관서에 경찰공무원 고충심사위원회를 둔다.
> ● **지방공무원법 제67조의2(고충처리)** ① 공무원은 누구나 인사·조직·처우 등 각종 근무조건과 그 밖의 신상문제에 대하여 인사상담이나 고충의 심사를 청구할 수 있으며, 임용권자는 이를 이유로 불이익을 주는 처분이나 대우를 하여서는 아니 된다.

(5) 처분사유설명서를 교부받을 권리

(가) 의 의 처분사유설명서를 교부받을 권리란 공무원이 징계처분 등을 받을 때에 그 사유를 기재한 설명서를 교부받을 권리를 말한다.

> ● **국가공무원법 제75조(처분사유 설명서의 교부)** 공무원에 대하여 징계처분등을 할 때나 강임·휴직·직위해제 또는 면직처분을 할 때에는 그 처분권자 또는 처분제청권자는 처분사유를 적은 설명서를 교부(交付)하여야 한다. 다만, 본인의 원에 따른 강임·휴직 또는 면직처분은 그러하지 아니하다.
> ● **지방공무원법 제67조(처분사유 설명서의 교부 및 심사의 청구)** ① 임용권자가 공무원에 대하

> 여 징계처분등을 할 때와 강임·휴직·직위해제 또는 면직처분을 할 때에는 그 공무원에게 처분의 사유를 적은 설명서를 교부하여야 한다. 다만, 본인의 원에 따른 강임·휴직 또는 면직처분의 경우에는 그러하지 아니하다.

(나) **취 지** 처분사유설명서의 교부제도는 처분청으로 하여금 처분을 신중하게 하고, 정당한 이유의 제시를 통해 처분의 적법성과 정당성을 확보하고 이로써 상대방이 처분을 받아들이게 하며, 아울러 상대방으로 하여금 행정쟁송의 제기 여부를 판단할 수 있는 소재를 제공해주는 등의 의미를 갖는다. 따라서 처분사유설명서를 교부하는 것은 처분청의 단순한 서비스의 제공이 아니다. 처분사유설명서를 교부받는 것은 처분의 상대방이 갖는 개인적 공권이다.

(다) **결 여** 행정절차법 제정 이전의 판례는 처분사유설명서의 교부가 처분의 효력발생요건이 아니라고 하였다(대판 1991. 12. 24, 90누1007). 그러나 국가공무원법 제75조와 행정절차법 제23조의 규정취지가 동일하다고 볼 때, 처분사유설명서의 교부가 처분의 적법요건이라 볼 것이다. 물론 처분문서에 처분사유의 기재가 있다면, 별도의 처분설명서의 교부는 처분의 적법요건이 아니고, 별도의 자세한 처분사유설명서의 교부는 다만 상대방에게 사실상 편익을 제공하는 의미를 갖는다. 그러나 처분문서에 처분사유의 기재가 없다면, 별도의 처분설명서의 교부는 처분의 적법요건이 된다.

> ● **행정절차법 제23조(처분의 이유제시)** ① 행정청은 처분을 할 때에는 다음 각호의 어느 하나에 해당하는 경우를 제외하고는 당사자에게 그 근거와 이유를 제시하여야 한다.
> 1. 신청 내용을 모두 그대로 인정하는 처분인 경우
> 2. 단순·반복적인 처분 또는 경미한 처분으로서 당사자가 그 이유를 명백히 알 수 있는 경우
> 3. 긴급히 처분을 할 필요가 있는 경우
>
> ② 행정청은 제1항 제2호 및 제3호의 경우에 처분 후 당사자가 요청하는 경우에는 그 근거와 이유를 제시하여야 한다.

(6) 소청·행정소송을 제기할 수 있는 권리

(가) **소청을 제기할 수 있는 권리** 소청을 제기할 수 있는 권리란 경찰공무원 등이 징계처분 기타 그 의사에 반하는 불리한 처분이나 부작위에 대하여 행정기관인 소청심사위원회에 이의를 제기할 수 있는 권리를 말한다.

고충처리제도와 소청심사제도의 비교

	고충처리제도	소청심사제도
행정소송과의 관계	관계가 없다	관계가 있다(행정소송의 전심절차이다)
심사의 대상	근무조건·처우 등 일상의 모든 신상문제가 대상이다	주로 신분상 불이익처분이 대상이다
관할행정청	복수기관(중앙인사기관의 장·임용권자 등)이 관장한다	소청심사위원회가 전담한다
결정의 효력(기속력)	법적 기속력을 갖지 아니한다	법적 기속력을 갖는다

> ● **국가공무원법 제9조(소청심사위원회의 설치)** ① 행정기관 소속 공무원의 징계처분, 그 밖에 그 의사에 반하는 불리한 처분이나 부작위에 대한 소청을 심사·결정하게 하기 위하여 행정안전부에 소청심사위원회를 둔다.
> ● **지방공무원법 제13조(소청심사위원회의 설치)** 공무원의 징계, 그 밖에 그 의사에 반하는 불리한 처분이나 부작위(不作爲)에 대한 소청을 심사·결정하기 위하여 시·도에 제6조에 따른 임용권자별로(임용권을 위임받은 자는 제외한다) 지방소청심사위원회 및 교육소청심사위원회(이하 "심사위원회"라 한다)를 둔다.

(나) **행정소송을 제기할 수 있는 권리** 행정소송을 제기할 수 있는 권리란 경찰공무원 등이 위법한 공권력의 행사(처분 등)로 법률상 이익이 침해된 경우, 행정법원에 소송을 제기할 수 있는 권리를 말한다.

> ● **행정소송법 제1조(목적)** 이 법은 행정소송절차를 통하여 행정청의 위법한 처분 그 밖에 공권력의 행사·불행사등으로 인한 국민의 권리 또는 이익의 침해를 구제하고, 공법상의 권리관계 또는 법적용에 관한 다툼을 적정하게 해결함을 목적으로 한다.

2. 재산상 권리

(1) 보수청구권

(가) **의 의** 공무원은 국가나 지방자치단체에 대하여 보수를 청구할 권리를 가진다. 여기서 보수란 봉급 기타 각종 수당을 합산한 금액을 말한다. 봉급이란 직무의 곤란성 및 책임의 정도에 따라 직책별로 지급되는 기본급여 또는 직무의 곤란성 및 책임의 정도와 재직기간 등에 따라 계급(직위)별·호봉별로 지급되는 기본급여를 말한다.

(나) **성 질** 보수는 공무원의 노동력에 대한 반대급부의 성격과 공무원의 생활보장을 위한 생활자료의 성격을 모두 갖는다. 왜냐하면 보수의 결정에 표준생계비(생활자료

의 의미) 등을 고려하고 아울러 책임의 곤란성(반대급부의 의미) 등도 고려하여야 하기 때문이다. 또한 공무원에게는 청렴의무·영리업무 및 겸직금지의무 등이 부과되는데, 이것은 보수가 생활자료임을 나타내는 간접적인 근거이다.

(다) **권리보호** 보수청구권은 공무원법관계에서 발생하는 것이므로 공법상의 권리이다. 따라서 보수에 관한 분쟁은 민사소송이 아니라 행정소송의 대상이 된다. 판례의 입장이기도 하다(대판 1991. 5. 10, 90다10766).

(라) **압류의 제한** 보수는 생활자료의 성격도 갖는 것이므로 임의로 포기할 수 없고, 압류에도 제한이 따른다. 보수청구권의 압류는 원칙적으로 보수금액의 2분의 1을 초과하지 못한다(민사집행법 제246조 제1항 제4호; 국징법 제33조).

(2) 연금청구권

(가) **의 의** 공무원이 질병·부상·폐질·퇴직·사망 또는 재해를 입었을 때에는 본인 또는 그 유족에게 법률이 정하는 바에 따라 적절한 급여를 지급한다(국공법 제77조 제1항; 지공법 제68조 제1항). 이것이 공무원 및 그 유족의 생활안정과 복리향상을 목적으로 하는 공무원연금제도이다. 공무원연금제도는 사회보장제도의 하나이다. 공무원연금제도를 구체화하기 위해 공무원연금법 및 동 시행령 등이 제정되어 있다. 연금은 적법하게 임용된 공무원에게만 주어진다(대판 2003. 5. 16, 2001다61012). 적법하게 임용된 공무원이 아닌 경우에도 노동에 대한 대가는 지급되어야 한다(대판 2004. 7. 22, 2004다10350).

(나) **성 질** 연금청구권의 성질에 관해서는 봉급연불설(연금은 지급이 연기된 봉급이라는 견해)·사회보장설(연금은 퇴직공무원이나 공무원의 유족에 대한 사회보장이라는 견해)·은혜설(연금은 은혜적으로 지급되는 것이라는 견해)로 견해가 나뉜다. 생각건대 공무원이 기여금을 납부한다는 점(봉급연불적 성적), 그리고 퇴직뿐만 아니라 질병이나 부상의 경우에도 연금이 주어진다는 점(사회보장적 성격)을 고려하면. 연금은 양면적인 성격을 갖는다(헌재 2002. 7. 18, 2000헌바57).

(다) **권리보호** 급여에 관한 결정, 기여금의 징수 기타 이 법에 의한 급여에 관하여 이의가 있는 자는 대통령령이 정하는 바에 의하여 공무원연금급여 재심위원회에 그 심사를 청구할 수 있다(연금법 제80조 제1항). 급여에 관한 결정에 불복하면, 행정소송(당사자소송)을 제기할 수도 있다(대판 1996. 12. 6, 96누6417).

(라) **양도·압류 등 금지** 급여를 받을 권리는 양도, 압류하거나 담보로 제공할 수 없다. 다만, 연금인 급여를 받을 권리는 대통령령으로 정하는 금융기관에 담보로 제공할 수 있고, 「국세징수법」, 「지방세기본법」, 그 밖의 법률에 따른 체납처분의 대상으로 할 수 있다(연금법 제32조).

(3) 보훈을 받은 권리 국가경찰공무원으로서 전투나 그 밖의 직무 수행 또는

교육훈련 중 사망한 사람(공무상 질병으로 사망한 사람을 포함한다) 및 부상(공무상의 질병을 포함한다)을 입고 퇴직한 사람과 그 유족 또는 가족은 「국가유공자 등 예우 및 지원에 관한 법률」에서 정하는 바에 따라 예우를 받는다(경공법 제16조). 제주자치도 자치경찰공무원의 경우도 같다(제국법 제137조 제1항; 경공법 제16조)

(4) 실비변상청구권·보상청구권　　공무원은 보수 외에 국회규칙, 대법원규칙, 헌법재판소규칙, 중앙선거관리위원회규칙 또는 대통령령으로 정하는 바에 따라 직무 수행에 필요한 실비(예: 여비·숙박비·일당) 변상을 받을 수 있다(국공법 제48조 제1항; 지공법 제46조 제1항). 공무원이 소속 기관장의 허가를 받아 본래의 업무 수행에 지장이 없는 범위에서 담당 직무 외의 특수한 연구과제를 위탁받아 처리하면 그 보상을 지급받을 수 있다(국공법 제48조 제2항; 지공법 제46조 제2항).

Ⅱ. 경찰공무원의 의무

국가와 경찰공무원의 관계는 공법관계이므로 경찰공무원에게 의무를 부과하기 위해서는 법적 근거가 필요하다. 경찰공무원의 의무는 경찰법령에서 규정된 것과 널리 공무원에게 적용되는 국가공무원법·공직자윤리법 등에서 규정된 것이 있다.

1. 경찰법령상 의무

(1) 경찰법상 의무(직무수행에서 협력의무)　　국가경찰공무원은 상관의 지휘·감독을 받아 직무를 수행하고, 그 직무수행에 관하여 서로 협력하여야 한다(경찰법 제24조 제1항).

(2) 경찰공무원법상 의무

㈎ 거짓 보고·직무태만 금지의무　　경찰공무원은 직무에 관하여 거짓으로 보고나 통보를 하여서는 아니 된다(경공법 제18조 제1항). 경찰공무원은 직무를 게을리하거나 유기해서는 아니 된다(경공법 제18조 제2항).

㈏ 지휘권 남용 등의 금지의무　　전시·사변, 그 밖에 이에 준하는 비상사태이거나 작전수행 중인 경우 또는 많은 인명 손상이나 국가재산 손실의 우려가 있는 위급한 사태가 발생한 경우, 경찰공무원을 지휘·감독하는 사람은 정당한 사유 없이 그 직무 수행을 거부 또는 유기하거나 경찰공무원을 지정된 근무지에서 진출·퇴각 또는 이탈하게 하여서는 아니 된다(경공법 제19조).

㈐ 제복착용·무기휴대의 의무　　경찰공무원은 제복을 착용하여야 한다(경공법 제20조 제1항). 제복착용은 권리의 성질도 갖는다. 경찰공무원은 직무 수행을 위하여 필요하면 무기를 휴대할 수 있다(경공법 제20조 제2항). 휴대명령에 따른 휴대는 의무의 성질을

갖는다.

(3) 경찰공무원 복무규정상 의무

(가) **지정장소 외에서의 직무수행금지** 경찰공무원은 상사의 허가를 받거나 그 명령에 의한 경우를 제외하고는 직무와 관계없는 장소에서 직무수행을 하여서는 아니 된다(경찰공무원 복무규정 제8조).

(나) **근무시간 중 음주금지의무** 경찰공무원은 근무시간중 음주를 하여서는 아니 된다. 다만, 특별한 사정이 있는 경우에는 예외로 하되, 이 경우 주기가 있는 상태에서 직무를 수행하여서는 아니 된다(경찰공무원 복무규정 제9조). 음주금지의무는 국가공무원법상 품위유지의무의 구체화로 볼 수 있다.

(다) **민사분쟁에의 부당개입금지의무** 경찰공무원은 직위 또는 직권을 이용하여 부당하게 타인의 민사분쟁에 개입하여서는 아니 된다(경찰공무원 복무규정 제10조).

(라) **상관에 대한 신고의무** 경찰공무원은 신규채용·승진·전보·파견·출장·연가·교육훈련기관에의 입교 기타 신분관계 또는 근무관계 또는 근무관계의 변동이 있는 때에는 소속상관에게 신고를 하여야 한다(경찰공무원 복무규정 제11조).

(마) **여행제한의무** 경찰공무원은 휴무일 또는 근무시간 외에 2시간 이내에 직무에 복귀하기 어려운 지역으로 여행을 하고자 할 때에는 소속 경찰기관의 장에게 신고를 하여야 한다. 다만, 치안상 특별한 사정이 있어 경찰청장 또는 경찰기관의 장이 지정하는 기간중에는 소속경찰기관의 장의 허가를 받아야 한다(경찰공무원 복무규정 제13조).

(바) **비상대기의무** 경찰기관의 장은 비상사태에 대처하기 위하여 필요하다고 인정할 때에는 소속경찰공무원을 긴급히 소집(비상소집)하거나 일정한 장소에 대기하게 할 수 있다(경찰공무원 복무규정 제14조 제1항).

(4) 제주자치도 자치경찰공무원의 경우 자치경찰공무원은 도조례가 정하는 바에 따라 제복을 착용하되, 국가경찰공무원의 제복과 구별될 수 있도록 하여야 한다(제국법 제118조). 그리고 경찰공무원법 제19조(지휘권 남용 등의 금지)가 준용된다(제국법 제137조 1항).

2. 국가공무원법상 의무

(1) 선서의무 공무원은 취임할 때에 소속 기관장 앞에서 국회규칙, 대법원규칙, 헌법재판소규칙, 중앙선거관리위원회규칙 또는 대통령령으로 정하는 바에 따라 선서(宣誓)하여야 한다. 다만, 불가피한 사유가 있으면 취임 후에 선서하게 할 수 있다(국공법 제55조; 지공법 제47조). 경찰공무원의 경우에는 경찰공무원복무규정에서 소속상관에 대한 신고의무로 구체화되고 있다(경찰공무원 복무규정 제11조).

(2) 법령준수의무 모든 공무원은 법령을 준수하여야 한다(국공법 제56조; 지공법

제48조). 법령준수의무는 법치국가에서 공무원이 부담하는 가장 기본적인 의무 중의 하나이다. 공무원의 법령위반행위는 그 행위의 무효·취소, 손해배상, 공무원 개인의 책임문제를 야기시킨다.

(3) 성실의무 모든 공무원은 성실히 직무를 수행하여야 한다(국공법 제56조; 지공법 제48조). 공무원에게 부과된 가장 기본적인 의무이다. 성실이란 자신의 임무수행에 있어서 자신의 인격과 양심에 입각하여 최선을 다하여야 함을 뜻한다. 성실의무는 정치적·윤리적 의무가 아니라 법적 의무이다. 성실의무는 때와 장소를 가리지 않는다.

(4) 복종의무

㈎ **의 의** 공무원은 직무를 수행할 때 소속 상관의 직무상 명령에 복종하여야 한다(국공법 제57조; 지공법 제49조). 복종의무는 계층적 조직체로서 행정조직의 원리상 필수적이다. 왜냐하면 상명하복의 원칙 없이는 조직의 유지가 곤란하기 때문이다.

㈏ **소속상관** 소속상관이란 당해 공무원의 직무에 관해 지휘·감독할 수 있는 권한을 가진 기관을 말한다. 소속상관은 언제나 1인만을 의미하는 것은 아니고, 또한 소속상관은 행정관청일 수도 있고, 보조기관일 수도 있다.

㈐ **직무상 명령** 직무상의 명령 또는 직무명령이란 상급공무원이 부하공무원에 대해 직무상 발하는 명령을 총칭하는 개념이다. 그 내용은 개별·구체적일 수도 있고, 일반·추상적일 수도 있다. 직무상 명령은 개념상 훈령과 구별을 요한다.

직무상 명령과 훈령의 비교

	직무상 명령	훈령
규율관계자	상하급 공무원간의 규율	상하급 관청간의 규율
신분변동	상하공무원의 신분의 변동에 따라 효력을 상실	상급관청이 폐지하지 않는 한 기관구성자의 변동에 관계없이 효력을 지속

㈑ **복 종** "복종하여야 한다"는 것은 소속상관의 명령을 이행하여야 함을 의미한다. ① 적법한 직무상 명령, 단순위법한 직무상 명령 또는 단순히 내용상 부당한 명령에 대해서는 복종하여야 하며, 만약 이에 불복종하면 징계가 가해질 수 있다. 왜냐하면 공무원법상 공무원의 의무위반은 징계사유로 규정되고 있기 때문이다(국공법 제78조 제1항 제1호; 지공법 제69조 제1항 제1호). 그러나 ② 외관상 명백하고 내용상 중대한 당연무효의 직무상 명령에 대해서는 복종을 거부하여야 하며, 만약 이에 복종하면 그 명령을 한 상관은 물론이고 그 명령을 집행한 공무원도 책임을 면할 수 없다(대판 1988. 2. 23, 87도2358).

(5) 직장이탈금지의무 공무원은 소속상관의 허가 또는 정당한 이유 없이 직장을 이탈하지 못한다(국공법 제58조 제1항; 지공법 제50조 제1항). 이러한 의무는 근무시간뿐만 아니라 경찰행정기관의 장이 시간외근무를 명한 경우에도 존재한다. 그러나 공휴일·휴가중·휴직중·직위해제중에는 이러한 의무는 인정되지 않는다. 경찰공무원의 경우, 경찰공무원복무규정에서 「지정장소 외에서의 직무수행금지의무」로 구체화되고 있다(경찰공무원복무규정 제8조).

(6) 친절·공정의무 공무원은 국민 전체의 봉사자로서 친절하고 공정하게 직무를 수행하여야 한다(국공법 제59조; 지공법 제51조). 친절의무 역시 법적 의무이다.

(7) 종교중립의 의무 공무원은 종교에 따른 차별 없이 직무를 수행하여야 한다(국공법 제59조의2 제1항; 지공법 제51조의2 제1항). 공무원은 소속 상관이 제1항에 위배되는 직무상 명령을 한 경우에는 이에 따르지 아니할 수 있다(국공법 제59조의2 제2항; 지공법 제51조의2 제2항).

> **대판 2007. 4. 26, 2006다87903**(군대 내에서 군종장교는 국가공무원인 참모장교로서의 신분뿐 아니라 성직자로서의 신분을 함께 가지고 소속 종단으로부터 부여된 권한에 따라 설교·강론 또는 설법을 행하거나 종교의식 및 성례를 할 수 있는 종교의 자유를 가지는 것이므로, 군종장교가 최소한 성직자의 신분에서 주재하는 종교활동을 수행함에 있어 소속종단의 종교를 선전하거나 다른 종교를 비판하였다고 할지라도 그것만으로 종교적 중립을 준수할 의무를 위반한 직무상의 위법이 있다고 할 수 없다).

(8) 비밀엄수의무

(가) 의 의 공무원은 재직 중은 물론 퇴직 후에도 직무상 알게 된 비밀을 엄수하여야 한다(국공법 제60조; 지공법 제52조). 공무원의 비밀엄수의무는 공무원이 직무상 지득한 비밀을 엄수함으로써 행정상 비밀을 보호하고 이로써 행정상 질서를 확보함을 목적으로 한다.

(나) 직무상 비밀 ① 직무상 비밀사항이란 폐쇄된 또는 일정한 범위의 사람에게만 알려진 사실로서 그에 대한 인식이 공무수행에 요구되는 사항을 말한다. ② 직무상 비밀사항에는 「법률이 직무상 비밀로 정한 사항(예: 군사기밀보호법 제2조)」과 「법률이 비밀로 정한 것은 아니지만 비밀인 사항」이 있다. 후자(법령이 비밀로 정한 것은 아니지만 비밀인 사항)는 행정기관이 비밀로 취급하는 사항은 모두 비밀이라는 견해인 형식설과 객관적·실질적으로 보호할 가치 있는 것인가의 여부를 기준으로 비밀 여부를 판단하는 실질설로 나뉜다. 국민의 알권리의 보장 및 정보공개의 원칙에 비추어 실질설이 타당하다(대판 1996. 10. 11, 94누7171).

(다) 엄 수 비밀을 엄수하여야 한다는 것은 비밀을 누설하지 말아야 함을 의미한다. 다만 공무원 또는 공무원이었던 자가 그 직무에 관하여 알게 된 사실에 관하여 증인이나 감정인으로서 심문을 받을 경우에는 소속기관의 장의 승인을 받은 사항에 관해서만 진술할 수 있다(형소법 제147조, 제177조; 민소법 제306조, 제333조). 비밀엄수의 시기는 재직 중인가 또는 퇴직 후인가를 가리지 않는다.

(라) 위 반 비밀엄수의무를 위반하면 징계처분을 받을 뿐만 아니라 형사처벌을 받게 된다(형법 제126조(피의사실공표죄), 제127조(공무상비밀의 누설죄)). 다만 퇴직 후에 누설하면 징계처분은 성질상 불가능할 것이다.

(9) 청렴의무 공무원은 직무와 관련하여 직접적이든 간접적이든 사례·증여 또는 향응을 주거나 받을 수 없다(국공법 제61조 제1항; 지공법 제53조 제1항). 공무원은 직무상의 관계가 있든 없든 그 소속 상관에게 증여하거나 소속 공무원으로부터 증여를 받아서는 아니 된다(국공법 제61조 제2항; 지공법 제53조 제2항). 청렴의무도 넓게는 품위유지의무의 내용이 되나 현행 공무원법은 이를 별도로 규정하고 있다. 청렴의무 위반은 징계사유가 될 뿐만 아니라 경우에 따라서는 형법상 뇌물에 관한 죄를 구성할 수도 있다(형법 제129조 내지 제135조).

(10) 영예의 제한 공무원이 외국 정부로부터 영예나 증여를 받을 경우에는 대통령의 허가를 받아야 한다(국공법 제62조; 지공법 제54조).

(11) 품위유지의무 공무원은 직무의 내외를 불문하고 그 품위가 손상되는 행위를 하여서는 아니 된다(국공법 제63조; 지공법 제55조). 여기서 품위손상행위란 국가의 권위·위신·체면·신용 등에 영향을 미칠 수 있는 공무원의 불량하거나 불건전한 행위를 말한다(예: 축첩·도박·마약이나 알코올 중독). 품위유지의무는 직무집행중 뿐만 아니라 직무집행과 관계없이도 존재하며, 만약 이에 위반하면 역시 징계사유가 된다(국공법 제78조; 지공법 제69조).

(12) 영리 업무 금지의무 및 겸직 금지의무 공무원은 공무 외에 영리를 목적으로 하는 업무에 종사하지 못하며 소속 기관장의 허가 없이 다른 직무를 겸할 수 없다(국공법 제64조 제1항; 지공법 제56조 제1항). 이러한 의무는 공무원의 직무상의 능률의 저하, 공무에 대한 부당한 영향, 국가의 이익과 상반되는 이득의 취득 또는 정부에 대한 불명예스러운 영향의 초래 등을 방지하기 위한 것이다.

(13) 정치운동 금지의무 공무원은 정당이나 그 밖의 정치단체의 결성에 관여하거나 이에 가입할 수 없다(국공법 제65조 제1항; 지공법 제57조 제1항). 공무원은 선거에서 특정 정당 또는 특정인을 지지 또는 반대하기 위한 다음의 행위(1. 투표를 하거나 하지 아니하도록 권유 운동을 하는 것, 2. 서명 운동을 기도·주재하거나 권유하는 것, 3. 문서나 도서를 공공

시설 등에 게시하거나 게시하게 하는 것, 4. 기부금을 모집 또는 모집하게 하거나, 공공자금을 이용 또는 이용하게 하는 것, 5. 타인에게 정당이나 그 밖의 정치단체에 가입하게 하거나 가입하지 아니하도록 권유 운동을 하는 것)를 하여서는 아니 된다(국공법 제65조 제2항; 지공법 제57조 제2항). 공무원은 국민전체의 봉사자로서 정치적 중립을 지켜야 하기 때문이다(헌법 제7조 제2항),

(14) 집단행위의 금지 공무원은 노동운동이나 그 밖에 공무 외의 일을 위한 집단 행위를 하여서는 아니 된다. 다만, 사실상 노무에 종사하는 공무원은 예외로 한다(국공법 제66조 제1항; 지공법 제58조 제1항). 공무원은 국민전체의 이익을 위해 봉사하는 자이므로 공무원 자신의 개인적 이익을 위한 집단행동은 금지한 것이다. 집단행위의 금지는 헌법에 위반되지 아니한다(대판 1990. 12. 26, 90다8916).

3. 공직자윤리법상 의무

(1) 재산등록의무 대통령·국무총리·국무위원·국회의원 등 국가의 정무직공무원, 지방자치단체의 장과 지방의회의원 등 지방자치단체의 정무직공무원과 그 밖의 일정 공무원은 ① 본인, ② 배우자(사실상의 혼인관계에 있는 사람을 포함한다), ③ 본인의 직계존속·직계비속(다만, 혼인한 직계비속인 여성과 외증조부모, 외조부모, 외손자녀 및 외증손자녀는 제외한다)의 일정한 재산을 등록하여야 한다(윤리법 제3조 제1항, 제4조 제1항·제2항). 공직자윤리위원회는 대통령, 국무총리, 국무위원, 국회의원, 국가정보원의 원장 및 차장 등 국가의 정무직공무원 등 일정한 공직자 본인과 배우자 및 직계존속·직계비속의 재산에 관한 등록사항과 변동사항의 신고내용을 등록기간 또는 신고기간만료 후 1개월 이내에 관보 또는 공보에 게재하여 공개하여야 한다(윤리법 제10조).

(2) 선물신고의무 공무원(지방의회의원 및 교육위원을 포함) 또는 공직유관단체의 임직원은 외국으로부터 선물을 받거나 그 직무와 관련하여 외국인(외국단체를 포함)에게 선물을 받으면 지체 없이 소속 기관·단체의 장에게 신고하고 그 선물을 인도하여야 한다. 이들의 가족이 외국으로부터 선물을 받거나 그 공무원이나 공직유관단체 임직원의 직무와 관련하여 외국인에게 선물을 받은 경우에도 또한 같다(윤리법 제15조 제1항).

(3) 취업금지의무 대통령령으로 정하는 직급이나 직무분야에 종사한 공무원과 공직유관단체의 임직원은 퇴직일부터 2년간 퇴직 전 5년 동안 소속하였던 부서의 업무와 밀접한 관련이 있는 공직자윤리법 제17조 제1항 각 호의 어느 하나에 해당하는 사기업체 등에 취업할 수 없다. 다만, 관할 공직자윤리위원회의 승인을 받은 때에는 그러하지 아니하다(윤리법 제17조 제1항).

4. 기　　타

(1) 부패방지 및 국민권익위원회의 설치와 운영에 관한 법률상 의무　　이 법률은 부패방지를 위해 공무원에게 여러 종류의 의무를 부과하고 있다.

> ◉ **부패방지 및 국민권익위원회의 설치와 운영에 관한 법률　제7조(공직자의 청렴의무)** 공직자는 법령을 준수하고 친절하고 공정하게 집무하여야 하며 일체의 부패행위와 품위를 손상하는 행위를 하여서는 아니 된다.
> **제7조의2(공직자의 업무상 비밀이용 금지)** 공직자는 업무처리 중 알게 된 비밀을 이용하여 재물 또는 재산상의 이익을 취득하거나 제3자로 하여금 취득하게 하여서는 아니 된다.
> **제8조(공직자 행동강령)** ① 제7조에 따라 공직자가 준수하여야 할 행동강령은 대통령령·국회규칙·대법원규칙·헌법재판소규칙·중앙선거관리위원회규칙 또는 공직유관단체의 내부규정으로 정한다.
> ② 제1항에 따른 공직자 행동강령은 다음 각 호의 사항을 규정한다.
> 1. 직무관련자로부터의 향응·금품 등을 받는 행위의 금지·제한에 관한 사항
> 2. 직위를 이용한 인사관여·이권개입·알선·청탁행위의 금지·제한에 관한 사항
> 3. 공정한 인사 등 건전한 공직풍토 조성을 위하여 공직자가 지켜야 할 사항
> 4. 그 밖에 부패의 방지와 공직자의 직무의 청렴성 및 품위유지 등을 위하여 필요한 사항
> ③ 공직자가 제1항에 따른 공직자 행동강령을 위반한 때에는 징계처분을 할 수 있다.
> **제56조(공직자의 부패행위 신고의무)** 공직자는 그 직무를 행함에 있어 다른 공직자가 부패행위를 한 사실을 알게 되었거나 부패행위를 강요 또는 제의받은 경우에는 지체 없이 이를 수사기관·감사원 또는 위원회에 신고하여야 한다.

(2) 공직자 등의 병역사항 신고 및 공개에 관한 법률상 신고의무　　총경(자치총경을 포함한다) 이상의 경찰공무원과 소방정(지방소방정을 포함한다) 이상의 소방공무원 등은 공직자 등의 병역사항 신고 및 공개에 관한 법률에 따라 병역사항신고의무를 부담한다(동법 제2조 제9호).

Ⅲ. 경찰공무원의 책임

1. 징계책임(징계벌)

가. 징계책임의 관념

(1) 징계책임의 의의　　징계란 공무원이 공무원으로서 부담하는 의무를 위반하였을 때, 공무원관계의 질서유지를 위해 공무원법에 따라 당해 공무원에게 법적 제재, 즉 벌을 가하는 것을 말한다. 의무위반에 대하여 가해지는 처벌이 징계벌이고, 처벌을 받게 되는 지위를 징계책임이라고 한다.

(2) **징계벌의 법적 근거** 징계는 기본권으로 보장되는 공무담임권에 대한 제한을 가져오는 것이므로, 헌법 제37조 제2항 및 헌법 제7조 제2항에 따라서 법률의 근거가 필요하다. 징계벌에 관한 근거법으로 국가공무원법과 공무원징계령, 경찰공무원법과 경찰공무원징계령 등이 있다. 어떠한 경우에도 과거의 특별권력관계론을 근거로 징계를 할 수는 없다.

(3) **징계벌과 형벌** 고통 내지 불이익의 부과라는 점에서 징계벌과 형벌은 같다. 그러나 목적과 불이익의 구체적인 내용에 있어서는 차이가 있다. 즉 ① 형벌은 국가와 일반사회공공의 질서유지를 목적으로 하나, 징계벌은 행정조직 내부에서 공무원관계의 질서유지를 목적으로 하고, ② 형벌은 일반국민을 대상으로 하나, 징계벌은 공무원을 대상으로 하며, ③ 형벌은 인간의 신체상의 자유와 재산권의 박탈을 내용으로 하나, 징계벌은 공무원의 신분상 이익의 전부 또는 일부의 박탈을 내용으로 한다. 따라서 ④ 형벌은 공무원의 퇴직 여하에 관계가 없으나, 징계벌은 퇴직 후에는 문제되지 아니한다. 양자는 목적·내용 등에 있어서 상이하므로, 하나의 행위(예: 뇌물수수)에 대하여 양자를 병과할 수 있다. 즉 양자의 병과는 일사부재리의 원칙(헌법 제13조 제1항)에 반하는 것이 아니다(대판 1986. 11. 11, 86누59).

(4) **징계처분의 성질** 징계처분은 행정행위의 성질을 갖는다. 징계 여부, 징계 종류의 선택은 징계권자의 재량에 속한다. 말하자면 징계처분은 재량행위이다.

> **대판** 2008. 10. 9, 2008두11853·11860(경찰공무원인 피징계자에게 징계사유가 있어서 징계처분을 하는 경우 어떠한 처분을 할 것인가는 징계권자의 재량에 맡겨진 것이므로, 그 징계처분이 위법하다고 하기 위해서는 징계권자가 재량권의 행사로서 한 징계처분이 사회통념상 현저하게 타당성을 잃어 징계권자에게 맡겨진 재량권을 남용한 것이라고 인정되는 경우에 한한다. 그리고 공무원에 대한 징계처분이 사회통념상 현저하게 타당성을 잃었는지 여부는 구체적인 사례에 따라 직무의 특성, 징계의 원인이 된 비위사실의 내용과 성질, 징계에 의하여 달성하려고 하는 행정목적, 징계 양정의 기준 등 여러 요소를 종합하여 판단하여야 하고, 특히 금품수수의 경우는 수수액수, 수수경위, 수수시기, 수수 이후 직무에 영향을 미쳤는지 여부 등이 고려되어야 한다).

나. 징계의 원인과 일사부재리

(1) **원 인** 징계의 원인은 ① 경찰공무원법과 국가공무원법 및 이러한 법률들에 의거한 명령위반(지방공무원법과 조례·규칙위반), ② 직무상 의무(다른 법령에서 공무원의 신분으로 인하여 부과된 의무포함. 예: 공직자윤리법 제22조)의 위반 또는 직무태만, ③ 직무의 내외를 불문하고 그 체면 또는 위신을 손상하는 행위 등(국공법 제78조 제1항; 지공법 제69조 제1항)이다. 이러한 행위에 반드시 고의나 과실이 있을 것을 요하는 것은 아니다.

(2) 일사부재리　동일한 징계원인으로 거듭 징계될 수 없다는 의미에서 일사부재리의 원칙은 징계법에도 적용된다. 다만 징계처분과 직위해제는 그 성질이 상이하므로 직위해제의 사유로 징계처분을 할 수도 있다(대판 1983. 10. 25, 83누184).

다. 징계의 종류

국가공무원법과 지방공무원법은 징계로 파면·해임·강등·정직·감봉·견책의 여섯 가지를 규정하고 있다(국공법 제79조; 지공법 제70조).

① 파면이란 공무원의 신분을 박탈하여 공무원관계를 배제하는 징계처분이다. 파면의 처분을 받은 자는 파면처분을 받은 때부터 5년을 경과하여야만 다시 공무원에 임용될 수 있다(국공법 제33조 제7호; 지공법 제31조 제7호). 퇴직급여·퇴직수당의 감액이 따른다(연금법 제64조 제1항).

② 해임이란 역시 공무원신분을 박탈하여 공무원관계를 배제하는 징계처분이나, 해임의 처분을 받은 자는 3년간 공무원에 임용될 수 없고(국공법 제33조 제8호; 지공법 제31조 제8호), 퇴직급여금의 감액도 없다.

대판 2012. 2. 23, 2011두5001(원고가 이 사건 소송 계속 중 그 임기가 만료되어 이 사건 해임처분의 무효확인 또는 취소로 사장으로서의 지위를 회복할 수 없다고 하더라도, 그 무효확인 또는 취소로 인하여 최소한 이 사건 해임처분시부터 임기만료일까지의 기간에 대하여 보수의 지급을 구할 수 있는 등 여전히 이 사건 해임처분의 무효확인 또는 취소를 구할 법률상 이익이 있다).

③ 강등이란 1계급 아래로 직급을 내리고(고위공무원단에 속하는 공무원은 3급으로 임용하고, 연구관 및 지도관은 연구사 및 지도사로 한다) 공무원신분은 보유하나 3개월간 직무에 종사하지 못하며 그 기간 중 보수의 3분의 2를 감한다(국공법 제80조 제1항; 지공법 제71조 제1항).

④ 정직이란 공무원의 신분을 보유하되 일정기간 직무에 종사하지 못하게 하는 징계처분이다. 정직기간은 1개월 이상 3개월 이하이며, 이 기간중에 보수는 3분의 2가 감해진다(국공법 제80조 제3항; 지공법 제71조 제2항).

⑤ 감봉이란 1개월 이상 3개월 이하의 기간 보수의 3분의 1을 감하는 징계처분이다(국공법 제80조 제4항; 지공법 제71조 제3항).

⑥ 견책이란 전과에 대하여 훈계하고 회개하게 하는 징계처분이다(국공법 제80조 제5항; 지공법 제71조 제4항). 징계종류의 선택은 재량적이다.

라. 징계권자 · 징계위원회

(1) 징계권자 징계권자란 자기의 명의로 징계처분을 행하는 자를 말한다. 징계권은 임용권의 한 부분이므로 임용권자가 징계권자가 되는 것이 원칙이지만, 절차의 효율성을 위해 달리 정할 수도 있다. 경찰공무원법상 경찰공무원의 징계는 징계위원회의 의결을 거쳐 징계위원회가 설치된 소속 기관의 장이 하되, 「국가공무원법」에 따라 국무총리 소속으로 설치된 징계위원회에서 의결한 징계는 경찰청장 또는 해양경찰청장이 한다(경공법 제27조 본문). 다만, 파면 · 해임 · 강등 및 정직은 징계위원회의 의결을 거쳐 해당 경찰공무원의 임용권자가 하되, 경무관 이상의 강등 및 정직과 경정 이상의 파면 및 해임은 경찰청장 또는 해양경찰청장의 제청으로 행정안전부장관 또는 국토해양부장관과 국무총리를 거쳐 대통령이 하고, 총경 및 경정의 강등 및 정직은 경찰청장 또는 해양경찰청장이 한다(경공법 제27조 단서).

경찰공무원의 계급별 징계권자

	치안총감 · 치안정감 · 치안감 · 경무관	총경 · 경정	경감 · 경위 · 경사 · 경장 · 순경
파면	대통령	대통령	경찰청장 · 해양경찰청장
해임	대통령	대통령	경찰청장 · 해양경찰청장
강등	대통령	경찰청장 · 해양경찰청장	경찰청장 · 해양경찰청장
정직	대통령	경찰청장 · 해양경찰청장	경찰청장 · 해양경찰청장
감봉	경찰청장 · 해양경찰청장	경찰청장 · 해양경찰청장	각종 경찰기관의 장
견책	경찰청장 · 해양경찰청장	경찰청장 · 해양경찰청장	각종 경찰기관의 장

(2) 징계위원회 ① 경무관 이상의 경찰공무원에 대한 징계의결은 「국가공무원법」에 따라 국무총리 소속으로 설치된 징계위원회에서 한다(경공법 제26조 제1항). ② 총경 이하의 경찰공무원에 대한 징계의결을 하기 위하여 대통령령으로 정하는 경찰기관 및 해양경찰관서에 경찰공무원 징계위원회를 둔다(경공법 제26조 제2항).

(3) 제주자치도 자치경찰공무원의 경우 자치경찰공무원의 징계는 자치경찰인사위원회의 의결을 거쳐 도지사가 행한다(제국법 제136조 1항).

마. 징계절차

(1) 징계의 요구 공무원이 다음 각 호(1. 이 법 및 이 법에 따른 명령을 위반한 경우, 2. 직무상의 의무(다른 법령에서 공무원의 신분으로 인하여 부과된 의무를 포함한다)를 위반하거나 직무를 태만히 한 때, 3. 직무의 내외를 불문하고 그 체면 또는 위신을 손상하는 행위를 한 때)의 어느 하나에 해당하면 징계 의결을 요구하여야 하고 그 징계 의결의 결과에 따라 징계처

분을 하여야 한다(국공법 제78조 제1항; 지공법 제69조 제1항). 징계의결의 요구는 기속적이다. 징계종류의 선택은 재량적이다.

대판 2007. 7. 12, 2006도1390(지방공무원의 징계와 관련된 규정을 종합해 보면, 징계권자이자 임용권자인 지방자치단체장은 소속 공무원의 구체적인 행위가 과연 지방공무원법 제69조 제1항에 규정된 징계사유에 해당하는지 여부에 관하여 판단할 재량은 있지만, 징계사유에 해당하는 것이 명백한 경우에는 관할 인사위원회에 징계를 요구할 의무가 있다).

(2) 징계요구의 시한 　징계의결등의 요구는 징계 등의 사유가 발생한 날부터 3년(금품 및 향응 수수, 공금의 횡령·유용의 경우에는 5년)이 지나면 하지 못한다(국공법 제83조의2 제1항; 지공법 제73조의2 제1항). 징계사유가 계속적으로 행하여진 일련의 행위인 경우에는 최종의 행위를 기준으로 하여야 할 것이다. 판례의 입장이기도 하다(대판 1986. 1. 21, 85누841).

헌재 2012. 6. 27, 2011**헌바**226(이 사건 법률조항(국가공무원법 제83조의2 제1항)의 내용, 규정형식 및 입법취지, 국가공무원법에서 정한 공무원의 성실의무 및 품위유지의무와 청렴성 확보의 필요성 등에 비추어 보면, 건전한 상식과 통상적인 법감정을 가진 사람이라면 누구라도 어렵지 않게 이 사건 법률조항의 '금품수수'의 의미와 그 적용요건으로서 직무관련성을 요구하지 않는다는 것을 예측할 수 있으므로, 이 사건 법률조항은 명확성의 원칙에 위배되지 아니한다).

(3) 징계위원회의 심의와 진술기회 　징계사건의 심의에서 징계위원회(지방공무원의 경우는 인사위원회)는 징계혐의자를 출석시킴이 원칙이다(경찰공무원 징계령 제12조). 징계위원회는 징계혐의자에게 진술기회를 주어야 하며, 진술기회를 주지 아니한 결정은 무효이다(국공법 제81조 제3항, 제13조 제2항; 지공법 제18조 제2항).

(4) 징계의 의결과 통보 　징계등 의결 요구를 받은 징계위원회는 그 요구서를 받은 날부터 30일 이내에 징계등에 관한 의결을 하여야 한다. 다만, 부득이한 사유가 있을 때에는 해당 징계등 의결을 요구한 경찰기관의 장의 승인을 받아 30일 이내의 범위에서 그 기간을 연장할 수 있다(경징령 제11조 제1항). 징계위원회는 징계등 의결을 하였을 때에는 지체 없이 징계등 의결을 요구한 자에게 의결서 정본을 보내어 통지하여야 한다(경징령 제17조).

(5) 징계의 집행 　① 징계등 의결을 요구한 자는 경징계의 징계등 의결을 통지받았을 때에는 통지받은 날부터 15일 이내에 징계등을 집행하여야 한다(경징령 제18조 제1

항). ② 징계등 의결을 요구한 자는 중징계의 징계등 의결을 통지받았을 때에는 지체 없이 징계등 처분 대상자의 임용권자에게 의결서 정본을 보내어 해당 징계등 처분을 제청하여야 한다. 다만, 경무관 이상의 강등 및 정직, 경정 이상의 파면 및 해임 처분의 제청, 총경 및 경정의 강등 및 정직의 집행은 경찰청장 또는 해양경찰청장이 한다(경징령 제19조 제1항).

바. 하자 있는 징계

징계행위에 명백하고 중대한 하자가 있다면 징계행위는 무효의 행위가 된다. 피징계자에게 진술의 기회를 부여하지 않은 결정은 무효가 된다(국공법 제81조 제3항, 제13조 제2항). 단순위법의 하자는 취소의 사유가 된다.

사. 징계처분 등 불이익처분에 대한 불복(소청과 행정소송)

(1) 소　　청

(가) 소청의 의의　　소청이란 공무원이 징계처분, 그 밖에 그 의사에 반하는 불리한 처분(예: 의원면직 · 전보 · 복직청구 · 강임 · 휴직 · 면직처분)이나 부작위에 대한 불복신청을 말한다(국공법 제9조 제1항; 지공법 제13조). 소청심사는 항고쟁송으로서 행정심판의 일종이다. 소청은 공무원 개인의 권익보호와 행정질서의 확립을 목적으로 한다. 징계처분에 대한 소청은 처분사유설명서를 받은 날부터 30일 이내에 청구하여야 한다(국공법 제76조 제1항; 지공법 제67조 제1항 · 제2항).

(나) 소청심사위원회　　소청에 대한 심사는 합의제기관인 소청심사위원회가 행한다. ① 국가공무원법상 소청심사위원회는 행정기관소속공무원과 관련하여 행정안전부에 둔다(국공법 제9조 제1항 · 제2항). 행정안전부에 설치된 위원회는 상설기관이다. 한편, ② 지방공무원법은 "공무원의 징계, 그 밖에 그 의사에 반하는 불리한 처분이나 부작위에 대한 소청을 심사 · 결정하기 위하여 시 · 도에 제6조에 따른 임용권자별로(임용권을 위임받은 자는 제외한다) 지방소청심사위원회 및 교육소청심사위원회를 둔다(지공법 제13조)"고 규정하고 있다.

(다) 소청심사위원회의 심의와 진술기회　　소청심사위원회의 심사결정은 일정한 절차를 거쳐야 한다(국공법 제12조 내지 제14조 제2항 및 소청절차규정). 소청인의 진술권은 보장된다. 진술 기회를 주지 아니한 결정은 무효로 한다(국공법 제13조; 지공법 제18조). 소청심사위원회의 결정은 그 이유를 구체적으로 밝힌 결정서로 하여야 한다(국공법 제14조 제8항; 지공법 제19조 제8항).

(라) 결정의 효력　　확정된 소청심사위원회의 결정은 처분 행정청을 기속한다(국공법 제15조; 지공법 제20조).

(마) 소청인의 보호　　소청심사위원회가 징계처분 또는 징계부가금 부과처분(이하

"징계처분등"이라 한다)을 받은 자의 청구에 따라 소청을 심사할 경우에는 원징계처분보다 무거운 징계 또는 원징계부가금 부과처분보다 무거운 징계부가금을 부과하는 결정을 하지 못한다(국공법 제14조 제7항; 지공법 제19조 제7항). 이를 불이익변경금지의 원칙이라 한다. 이 원칙은 소청인에게 소청의 권리를 보장하기 위한 것이다.

(2) 행정소송

(가) 원처분중심주의 소청심사위원회의 결정에 불복이 있으면 행정소송을 제기할 수 있다. 만약 소청심사위원회의 결정에 고유한 위법이 있다면, 위원회의 결정을 소의 대상으로 할 것이고, 고유의 위법이 없다면 원처분주의의 원칙에 따라 원징계처분을 소의 대상으로 하여야 한다(행소법 제19조 단서).

(나) 필요적 심판전치 공무원에 대한 불이익처분(국공법 제75조의 처분과 지방공무원법 제67조의 처분), 그 밖에 본인의 의사에 반한 불리한 처분이나 부작위에 관한 행정소송은 소청심사위원회의 심사·결정을 거치지 아니하면 제기할 수 없다(국공법 제16조 제1항; 지공법 제20조의2). 행정소송법은 임의적 심판전치를 원칙으로 하고 있다(행소법 제18조 제1항 단서).

(다) 행정소송의 피고 ① 국가경찰공무원의 경우, 징계처분, 휴직처분, 면직처분, 그 밖에 의사에 반하는 불리한 처분에 대한 행정소송의 경우에는 경찰청장 또는 해양경찰청장을 피고로 한다(경공법 제28조 본문). 다만, 제6조 제3항에 따라 임용권을 위임한 경우에는 그 위임을 받은 자를 피고로 한다(경공법 제28조 단서). ② 제주자치도의 자치경찰공무원의 경우에는 제주특별자치도 설치 및 국제자유도시 조성을 위한 특별법에 특별한 규정이 없으므로 행정소송법이 정하는 바에 따라 처분청인 제주자치도의 도지사를 피고로 하여야 한다.

> **행정소송법 제13조(피고적격)** ① 취소소송은 다른 법률에 특별한 규정이 없는 한 그 처분등을 행한 행정청을 피고로 한다. 다만, 처분등이 있은 뒤에 그 처분등에 관계되는 권한이 다른 행정청에 승계된 때에는 이를 승계한 행정청을 피고로 한다.

2. 변상책임

(1) 의 의 변상책임이란 공무원이 의무위반행위를 함으로써 국가나 지방자치단체에 재산상의 손해를 발생케 한 경우, 그에 대하여 공무원이 부담하는 재산상의 책임을 말한다. 변상책임에는 회계관계직원 등의 변상책임과 국가배상법상 변상책임의 2가지 경우가 있다.

(2) 회계관계직원 등의 변상책임 회계관계직원의 책임에 관하여 일반법으로

회계관계직원 등의 책임에 관한 법률이 있다(동법은 국가는 물론 지방자치단체에도 적용된다. 동법 제1조). 이 법률상 변상책임으로는 ① 회계관계직원 등이 고의 또는 중대한 과실로 법령 기타 관계규정 및 예산에 정해진 바에 위반하여 손해를 끼친 때에 지는 변상책임(회책법 제4조 제1항), ② 현금 또는 물품을 출납·보관하는 자가 그 보관에 속하는 현금 또는 물품을 망실·훼손하였을 경우에 선량한 관리자의 주의를 태만히 하지 아니한 증명을 못하였을 때에 지는 변상책임(회책법 제4조 제2항)이 있다.

(3) **국가배상법에 의한 변상책임** 국가배상법상 변상책임은 ① 공무원(경찰공무원 포함)의 직무상 불법행위로 타인에게 손해를 가한 경우, 국가나 지방자치단체(제주자치도 포함)가 공무원(경찰공무원 포함)에 대위하여 책임을 지는바, 이 때 공무원에게 고의나 중대한 과실이 있을 때 당해 공무원이 국가나 지방자치단체의 구상권에 응해 부담하는 변상책임(국배법 제2조 제2항)과 ② 영조물의 설치·관리상의 하자로 타인에게 손해를 가한 경우에 공무원(경찰공무원 포함)에게 그 원인에 대해 책임을 물을 수 있을 때, 타인에게 손해를 배상한 국가나 지방자치단체에 대해 당해 공무원이 부담하는 변상책임(국배법 제5조 제2항)의 두 경우가 있다.

3. 기타 책임

(1) **형사상 책임** 형사법상 책임은 경찰공무원이 형법 제7장에서 규정하는 공무원의 직무에 관한 죄 등을 범한 경우에 부담한다. 형법 제7장은 제122조(직무유기), 제123조(직권남용), 제124조(불법체포, 불법감금), 제125조(폭행, 가혹행위), 제126조(피의사실공표), 제127조(공무상비밀의 누설), 제128조(선거방해), 제129조(수뢰, 사전수뢰), 제130조(제삼자뇌물제공), 제131조(수뢰후부정처사, 사후수뢰), 제132조(알선수뢰), 제133조(뇌물공여등)의 죄를 규정하고 있다.

(2) **민사상 배상책임** 민사상 배상책임이란 경찰공무원의 직무상 불법행위의 경우, 그 경찰공무원이 피해자인 사인에게 직접 배상책임을 부담하는 것을 말한다. 판례는 "공무원이 직무수행 중 불법행위로 타인에게 손해를 입힌 경우에 국가 등이 국가배상책임을 부담하는 외에 공무원 개인도 고의 또는 중과실이 있는 경우에는 불법행위로 인한 손해배상책임을 진다고 할 것이지만, 공무원에게 경과실뿐인 경우에는 공무원 개인은 손해배상책임을 부담하지 아니한다고 해석하는 것이 헌법 제29조 제1항 본문과 단서 및 국가배상법 제2조의 입법취지에 조화되는 올바른 해석이다(1996. 2. 15, 95다38677)"라고 하고 있다.

제3장

경찰 행정작용법

제 1 절 경찰작용의 법적 근거와 한계

제 1 항 경찰작용의 법적 근거

Ⅰ. 경찰작용과 법률의 유보

1. 법률유보의 원칙의 적용

헌법도 제37조 제2항은 “모든 자유와 권리는 국가안전보장·질서유지 또는 공공복리를 위하여 필요한 경우에 한하여 법률로써 제한할 수 있으며, 제한하는 경우에도 자유와 권리의 본질적인 내용을 침해할 수 없다”고 규정하고 있으므로, 침익적인 경찰작용에는 당연히 법적 근거가 요구된다. 법률의 구체적인 위임이 있으면 법규명령도 근거가 될 수 있다. 그러나 관습법은 침익적인 경찰작용의 발동의 근거가 될 수 없다. 물론 수익적인 경찰작용에는 반드시 법률의 근거가 요구되는 것은 아니다.

2. 법률유보의 원칙의 적용방식

경찰작용의 법적 근거의 방식에는 법기술상 ① 특별경찰법상 조항에 의한 특별수권의 방식, ② 일반경찰법상 특별조항에 의한 특별수권의 방식, ③ 일반경찰법상 일반조항(개괄조항)에 의한 일반수권의 방식이 있다. 특별법은 일반법에 우선하는 것이므로, ①은 ②에 우선하고, ②는 ③에 우선한다.

Ⅱ. 특별경찰법상 특별수권

1. 의 의

특별경찰법상 특별수권이란 일반경찰법(경찰관직무집행법)이 아닌 특별경찰법에서 위험방지를 위한 사무처리권한을 규정하고 있는 경우를 말한다. 특별경찰법에 따른 위험방지는 반드시 제도적 의미의 경찰에 의해서만 수행되는 것은 아니다. 그것은 관련주무부장관 등에 의해 수행되기도 한다. 특별경찰법은 일반경찰법에 우선한다. 특별경찰법은 위험방지의 목적 외에 다른 목적도 추구한다.

2. 유 형

특별경찰법상 특별수권의 종류는 매우 다양하다. 예컨대, 건강을 위한 위험방지(건강경찰), 도로·하천으로 인한 위험방지(도로경찰·하천경찰), 교통상 위험방지(교통경찰), 건축상 위험방지(건축경찰), 영업상 위험방지(영업경찰), 무기·폭발물·수렵으로 인한 위험방지(무기·폭발물·수렵경찰), 집회·시위로 인한 위험방지(집시경찰), 외국인으로 인한 위험방지(외국인경찰), 재난으로 인한 위험방지(재난경찰) 등에 관한 규정은 모두 특별경찰법상 특별수권조항에 해당한다.

> ● **식품위생법 제21조(특정 식품등의 수입·판매 등 금지)** ① 식품의약품안전청장은 특정 국가 또는 지역에서 채취·제조·가공·사용·조리 또는 저장된 식품등이 그 특정 국가 또는 지역에서 위해한 것으로 밝혀졌거나 위해의 우려가 있다고 인정되는 경우에는 그 식품등을 수입·판매하거나 판매할 목적으로 제조·가공·사용·조리·저장·소분·운반 또는 진열하는 것을 금지할 수 있다.

Ⅲ. 일반경찰법상 특별수권(경찰상 표준처분)

1. 일 반 론

(1) 의 의 위험방지에 관한 일반적인 규정으로 이루어진 경찰법을 일반경찰법이라 부른다. 현행법제상 경찰관직무집행법이 일반경찰법에 해당한다. 경찰관직무집행법은 공적 안전과 질서의 유지를 위하여 개인의 자유영역에 대하여 빈번히 침해를 가져오는 특별한 조항(특별구성요건)을 갖고 있다. 이를 표준처분이라 부른다. 표준처분은 특정의 위험을 방지하기 위해 설정된 유형화된 권한조항이다. 표준처분을 표준적 직무행위, 표준적 경찰조치, 표준적 경찰작용, 표준조치 또는 경찰조치라 부르기도 한다.

(2) 성 질 ① 표준처분들은 대체로 침익적인 행정행위로서의 성질을 갖는다. 표준처분은 그 표준처분의 사실상의 집행과 구분되어야 한다. 예컨대, 수색처분은 상대방에게 수색행위시에 수인의 의무를 부과하는 행정행위이고 수색의 집행은 사실행위이다. 만약 표준처분을 사실행위로 본다면, 표준처분의 강제집행은 법적 근거의 결여로 불가능할 것이다. ② 표준처분에는 영장이 요구되지 아니한다. 말하자면 표준처분은 영장주의의 예외가 된다.

(3) 결과제거청구권 표준처분의 집행(예: 임시영치의 실행)에 의해 상대방 등에게

계속되는 침해가 있다면, 그 상대방 등은 집행된 처분의 위법을 이유로 취소소송을 통해 표준처분의 폐지를 구할 수 있으며, 폐지 후에도 위법상태가 지속된다면 결과제거청구권의 행사를 통해 위법상태의 제거를 구할 수도 있다. 예컨대, 임시영치가 위법한 경우, 임시영치의 취소를 구하는 취소소송을 제기할 수 있고, 취소판결이 있음에도 불구하고 임시영치가 계속된다면(즉, 경찰이 취소판결에도 불구하고 임시영치물을 반환하지 않고 있다면) 결과제거청구권의 행사를 통해 위법한 결과의 제거를 도모할 수 있다. 결과제거청구권의 인정근거로 행정의 법률적합성의 원칙, 법치국가원리, 민법상 방해제거청구권 등의 유추가 언급된다.

(4) **유 형** 경찰관직무집행법상 인정되고 있는 표준처분으로는 불심검문, 보호조치, 위험발생의 방지, 범죄의 예방과 제지, 위험방지를 위한 출입, 확인을 위한 출석요구 등이 있다(경직법 제3조 내지 제8조, 제10조). 제주자치도 자치경찰에도 경찰관직무집행법이 준용된다(제국법 제115조 제1항).

2. 경찰관직무집행법상 표준처분

가. 불심검문

경찰관직무집행법 제3조는 불심검문이라는 제목 하에 제1항에서 질문, 제2항에서 동행요구, 제3항에서 흉기소지여부조사, 제4항 내지 제6항은 제1항 내지 제3항과 관련하여 절차에 관한 사항을 규정하고 있는바, 경찰관직무집행법 제3조의 불심검문이란 질문과 동행요구 및 흉기소지여부조사를 내용으로 하는 개념이다. 경찰관직무집행법 제3조는 불심검문의 주체로 경찰관을 규정하고 있다. 경찰관이란 경찰공무원법이 규정하는 공무원을 뜻한다.

대판 2012. 9. 13, **선고** 2010도6203(경찰관직무집행법(이하 '법'이라 한다)의 목적, 법 제1조 제1항, 제2항, 제3조 제1항, 제2항, 제3항, 제7항의 규정 내용 및 체계 등을 종합하면, 경찰관은 법 제3조 제1항에 규정된 대상자에게 질문을 하기 위하여 범행의 경중, 범행과의 관련성, 상황의 긴박성, 혐의의 정도, 질문의 필요성 등에 비추어 목적 달성에 필요한 최소한의 범위 내에서 사회통념상 용인될 수 있는 상당한 방법으로 대상자를 정지시킬 수 있고 질문에 수반하여 흉기의 소지 여부도 조사할 수 있다).

[참고] 이 판례는 검문 중이던 경찰관들이, 자전거를 이용한 날치기 사건 범인과 흡사한 인상착의의 피고인이 자전거를 타고 다가오는 것을 발견하고 정지를 요구하였으나 멈추지 않아, 앞을 가로막고 소속과 성명을 고지한 후 검문에 협조해 달라는 취지로 말하였음에도 불응하고 그대로 전진하자, 따라가서 재차 앞을 막고 검문에 응하라고 요구하였는데, 이에 피고인이 경찰관들의 멱살을 잡아 밀치거나 욕설을 하는 등 항의하여 공무집행방해 등으로 기소된 사건에 대한 것이다.

(1) 질 문

> **제3조** ① 경찰관은 수상한 거동 기타 주위의 사정을 합리적으로 판단하여 어떠한 죄를 범하였거나 범하려 하고 있다고 의심할 만한 상당한 이유가 있는 자 또는 이미 행하여진 범죄나 행하여지려고 하는 범죄행위에 관하여 그 사실을 안다고 인정되는 자를 정지시켜 질문할 수 있다.

㈎ **제3조 제1항의 성격** 이 조항의 규정내용 중 "어떠한 죄를 범하였…다고 의심할 만한 상당한 이유가 있는 자 또는 이미 행하여진 범죄…에 관하여 그 사실을 안다고 인정되는 자"에 대한 질문은 범죄사실을 인지하기 위한 사법경찰작용이라는 주장도 있으나, 그것 역시 사법경찰작용 외에 새로운 범죄를 방지하기 위한 예방경찰의 성격도 동시에 갖는다고 볼 것이다.

㈏ **정지의 성질** 경찰관직무집행법 제3조 제1항의 정지는 경찰관 앞에서 장소적 이동을 하지 아니하는 것을 말한다. 질문을 위해 정지는 불가피하게 요구된다. 질문을 위한 정지는 동시에 피질문자에게 행동의 자유의 일시정지를 가져올 수 있다. 그러나 이러한 일시정지는 침해의 경미성으로 인해 헌법 제12조가 보장하는 기본권인 신체의 자유의 침해에 해당하지 아니한다. 질문을 위해 정지를 요구하였으나, 이에 불응하여도 강제적으로 정지시킬 수는 없다. 형사소송절차에 따라 강제하는 것은 별개의 문제이다. 정지를 위해 경찰관이 상대방에게 가하는 행위가 "강제적"인 행위에 해당하는지의 여부는 객관적·합리적으로 판단할 사항이다. 경찰관이 단순히 길을 막아서거나 팔을 가볍게 붙잡는 정도는 강제행위로 보기 어렵다.

㈐ **질문의 성질** 질문은 무엇인가를 알기 위해서 묻는 행위이다. 따라서 질문은 성질상 경찰상 조사의 성질을 갖는다. 질문은 정보수집의 성격을 갖는다. 질문은 비권력적 사실행위이다.

㈑ **질문의 요건**(판단여지와 재량) 질문을 위한 요건은 많은 불확정개념으로 구성되고 있다(예: 수상한 거동, 주위 사정, 합리적으로 판단, 의심할만한 상당한 이유). 이러한 개념은 법적 개념으로서 객관적·합리적으로 해석되어야 하지만, 경찰관에게 판단여지가 인정된다. 한편, 질문이라는 효과의 선택여부는 재량적이다.

㈒ **질문사항** 경찰관직무집행법은 질문사항에 대하여 특별히 규정하는 바가 없다. 규정의 표현형식상 범죄행위에 관한 사항은 당연히 질문사항일 것이나, 이 밖에도 질문을 받는 자의 성명, 주소, 생년월일, 국적, 그리고 질문 당시의 행적 등이 질문사항이 될 수 있을 것이다.

(2) 동행요구

> **제3조** ② 장소에서 제1항의 질문을 하는 것이 당해인에게 불리하거나 교통의 방해가 된다고

> 인정되는 때에는 질문하기 위하여 부근의 경찰서·지구대·파출소 또는 출장소(이하 "경찰관서"라 하되, 지방해양경찰관서를 포함한다)에 동행할 것을 요구할 수 있다. 이 경우 당해인은 경찰관의 동행요구를 거절할 수 있다.

(가) **제3조 제2항의 성격** 이 조항의 임의동행은 위험방지의 목적을 위한 경찰행정법상 제도이고, 수사목적의 임의동행은 형사소송법상 제도로서 양자는 목적을 달리한다.

(나) **동행요구의 성질**(비강제성) 경찰관의 동행요구가 있는 경우, 당해인은 경찰관의 동행요구를 거절할 수 있다(경직법 제3조 제2항). 동행요구는 당해인의 협력을 전제로 하는 비강제적인 수단이다. 임의동행인지 강제동행인지의 여부에 대한 판단은 동행한 자의 의사를 존중하면서 객관적으로 이루어져야 한다. 임의성의 판단은 평균인을 기준으로 할 것이다. 경찰의 강제나 심리적 압박에 의해 동행을 승낙하고 동행하였다면, 그러한 동행은 임의동행이 아니라 강제연행으로서 불법행위가 된다. 경찰관이 동행요구를 거부하는 자를 강제로 동행하게 한다면, 그것은 불법행위에 해당하며, 국가는 국가배상법에 따른 배상책임을 부담하여야 한다. 강제동행에 대항하는 행위는 공무집행방해죄를 구성하지 아니한다.

(다) **동행요구의 요건** ① 동행요구는 그 장소에서 질문하는 것이 당해인에게 불리하거나(예: 당해인에게 수치심을 야기시키는 경우, 추운 겨울 노상에서 질문하는 경우) 교통의 방해가 된다(예: 당해인 자체가 교통에 방해되거나, 당해인에게 많은 사람이 모여드는 경우)고 인정되는 때에 가능하다. 당해인에게 불리한지 또는 교통에 방해가 되는지의 여부에 대한 판단은 객관적·합리적으로 이루어져야 한다. 교통방해를 동행요구의 하나로 규정한 것은 바람직하지 않다. 그러나 동행요구는 임의적인 것이므로 교통방해를 이유로 한 동행요구가 위법하다고 볼 수는 없다. ② 동행을 요구하는 장소는 부근의 경찰서·지구대·파출소 또는 출장소(이하 "경찰관서"라 하되, 지방해양경찰관서를 포함한다)이지만, 상대방의 동의가 있다면 그 밖의 장소에의 동행도 가능할 것이다. 경찰서·지구대·파출소 또는 출장소에의 동행이 반드시 당해인에게 유익하다고 보기는 어렵기 때문이다.

(3) 흉기소지여부의 조사

> **제3조** ③ 경찰관은 제1항에 규정된 자에 대하여 질문을 할 때에 흉기의 소지여부를 조사할 수 있다.

(가) **제3조 제3항의 성격** 이 조항의 흉기소지여부조사는 당해인의 신체나 소지품에 대한 검색을 전제로 한다. 신체의 조사 역시 자유의 제한이므로, 신체의 조사에는 헌법에 따라 법률상의 근거가 필요하다. 본조가 바로 그 근거조항이다. 말하자면 입법자는 흉기소지여부의 조사를 위험방지를 위한 예방적인 처분으로 이해하고, 아울러 그 침

해가 경미하다고 보아 영장주의의 예외로서 경찰관직무집행법 제3조 제3항을 규정한 것으로 볼 것이다. 본조에 따른 흉기소지여부조사는 영장 없이 이루어지는 강제조사의 성격을 갖는다.

㈏ **흉기의 의의** 여기서 흉기란 경찰관직무집행법 제4조 제3항에서 말하는 흉기 개념과 달리 위험을 야기할 수 있는 일체의 물건으로서 무기 등을 포함하는 넓은 개념이다.

㈐ **조사의 방법** 흉기소지여부의 조사는 당해인의 신체나 소지품에 대하여 이루어진다. 신체의 조사에는 ⓐ 관계자의 의복이나 신체상의 물건 또는 물건의 흔적을 찾는 경우와 ⓑ 신체의 상태 그 자체의 검사의 두 가지 경우가 있으나, 여기서 말하는 흉기소지여부의 조사는 ⓐ의 경우에 속한다. 한편, ⓐ의 구체적인 조사방법으로 ① 소지품의 외부에서의 관찰, ② 소지품에 대한 질문, ③ 흉기의 임의제시, ④ 소지품의 외부를 손으로 만지는 방법, ⑤ 당사자의 승낙 없이 피조사자의 호주머니에 손을 넣거나 가방 등을 직접 열어보는 방법 등을 생각할 수 있다. 흉기소지여부조사는 영장 없이 이루어지는 강제조사라고 볼 때, ① 내지 ⑤의 방법을 모두 활용할 수 있다. 그러나 그 방법의 활용에는 비례원칙이 준수되어야 한다.

㈑ **남녀성별에 따른 차이** 명시적 규정이 없으나, 흉기소지여부의 조사를 위한 신체의 조사는 기본적으로 同性에 의해 이루어져야 한다. 즉, 남자에 대한 조사는 남자에 의해, 여자에 대한 조사는 여자에 의해 이루어져야 한다. 다만 의사에 의한 조사의 경우에는 이성에 의한 조사가 가능한 경우도 있을 것이다.

㈒ **조사결과** 조사결과 흉기가 발견되면, 경범죄처벌법 제1조 제2호로 처벌할 수 있고, 폭력행위 등 처벌에 관한 법률 제7조에 근거하여 체포·처벌할 수 있다.

> **경범죄처벌법 제1조(경범죄의 종류)** 다음 각호의 1에 해당하는 사람은 10만원 이하의 벌금, 구류 또는 과료의 형으로 벌한다.
> 2. (흉기의 은닉휴대) 칼·쇠몽둥이등 사람의 생명 또는 신체에 중대한 해를 입히는 데 사용될 연장이나 쇠톱등 집 그 밖의 건조물에 침입하는 데 사용될 연장을 정당한 이유없이 숨기어 지니고 다니는 사람
>
> **폭력행위 등 처벌에 관한 법률 제7조(우범자)** 정당한 이유없이 이 법에 규정된 범죄에 공용될 우려가 있는 흉기 기타 위험한 물건을 휴대하거나 제공 또는 알선한 자는 3년 이하의 징역 또는 300만원 이하의 벌금에 처한다.

㈓ **흉기 아닌 물건** 경찰관직무집행법은 경찰관은 질문시에 흉기소지 여부를 조사할 수 있다고 규정하고 있다(경직법 제3조 제3항). 법문의 표현상 흉기가 아닌 물건의 소지여부를 조사할 수는 없다. 그러나 불심검문은 범죄행위와 관련하는 것이므로 흉기가 아닐지라도 범죄행위와 관련 있는 물건의 소지여부를 조사할 수 있도록 하는 것이 필요하다. 입법적 보완이 있어야 한다.

(4) 증표제시, 동행목적 설명 등

제3조 ④ 제1항 또는 제2항의 규정에 의하여 질문하거나 동행을 요구할 경우 경찰관은 당해인에게 자신의 신분을 표시하는 증표를 제시하면서 소속과 성명을 밝히고 그 목적과 이유를 설명하여야 하며, 동행의 경우에는 동행장소를 밝혀야 한다.

㈎ **제3조 제4항의 성격** 이 조항은 이것은 경찰관의 권한남용을 방지하기 위한 것이다. 이 조항에 반하는 경찰관의 직무집행행위는 당연히 위법한 직무집행행위가 된다.

㈏ **수인의 의무의 발생** 경찰관이 자신의 신분을 표시하는 증표를 제시하면서 소속과 성명을 밝히고 그 목적과 이유를 설명하면, 당해인은 질문을 수인하여야 할 의무가 발생한다. 수인의무가 무한정 지속되는 것은 아니다.

㈐ **증표제시의 요구** 경찰관이 본 조항에 위반하여 질문이나 동행요구를 하려고 하면, 질문이나 동행요구를 당하는 자는 본조에 근거하여 질문이나 동행요구를 하는 경찰관에게 자신의 신분을 표시하는 증표를 제시하면서 소속과 성명을 밝히고 그 목적과 이유를 설명할 것을 요구할 수 있다고 본다. 본 조항은 질문을 당하는 자의 사익보호를 위한다는 취지도 있다고 보기 때문이다.

(5) 가족에게 연락기회 부여, 변호인 조력을 받을 권리 고지

제3조 ⑤ 제2항의 규정에 의하여 동행을 한 경우 경찰관은 당해인의 가족 또는 친지등에게 동행한 경찰관의 신분, 동행장소, 동행목적과 이유를 고지하거나 본인으로 하여금 즉시 연락할 수 있는 기회를 부여하여야 하며, 변호인의 조력을 받을 권리가 있음을 고지하여야 한다

㈎ **제3조 제5항의 성격** 이 조항은 동행을 한 자의 인신보호를 위한 것으로서 경찰관의 직무상 의무를 규정하고 있다. 이 조항은 예외 없이 적용되어야 한다. 경찰관이 만약 이 조항이 규정하는 직무상 의무를 불이행하면, 국가배상법상 책임의 문제를 가져온다. 그렇다고 이 조항의 위반이 임의동행을 위법한 것으로 만든다고 보기는 어렵다.

㈏ **고지의 시기·방법** 이 조항에서 규정하는 경찰관의 직무상 의무인 동행목적 등의 고지, 연락기회부여, 변호인의 조력을 받을 권리의 고지는 지체 없이 이루어져야 한다. 그 방식은 반드시 문서로 이루어져야 하는 것은 아니고, 오히려 구두에 의한 것이 일반적일 것이다.

(6) 임의동행의 시간상 제한

제3조 ⑥ 제2항의 규정에 의하여 동행을 한 경우 경찰관은 당해인을 6시간을 초과하여 경찰관서에 머물게 할 수 없다.

6시간을 초과하여 계속 머물게 할 필요가 있다고 하여도 6시간을 초과하면 당해인을 일단 경찰관서 밖으로 내보낸 후 다시 당해인의 동의를 얻어 경찰관서에 머물게 할 수 있다. 당해인의 동의가 있다고 하여 6시간을 초과하여 계속 경찰관서에 머물게 할 수 있다고 한다면, 6시간의 제한을 둔 본 조항의 취지는 거의 몰각될 것이다. 따라서 6시간을 초과한 후 당해인을 경찰관서 밖으로 내보내지 아니한다면 그것은 불법행위에 해당한다. 6시간이 경과하기 전이라도 동행사유가 소멸되면 즉시 내보내야 한다.

(7) 신체구속·답변강요의 금지

> **제3조** ⑦ 제1항 내지 제3항의 경우에 당해인은 형사소송에 관한 법률에 의하지 아니하고는 신체를 구속당하지 아니하며, 그 의사에 반하여 답변을 강요당하지 아니한다.

㈎ 영장주의 질문 자체에는 영장주의가 적용되지 아니하지만, 신체구속에는 당연히 영장주의가 적용된다.

㈏ 답변의 비강제성 경찰관직무집행법상 질문은 상대방의 임의적인 협력(답변)을 전제로 하는 제도의 성격도 갖는다. 즉, 당해인은 질문에 대하여 수인의무를 지고 정지하게 되지만, 질문에 대하여 진술의무는 부담하지 아니한다.

(8) 질문의 결과 임의동행한 후 질문한 결과 범죄를 범하였다는 사실이 밝혀진다면, 형사절차로 전환하게 될 것이다(대판 2006. 7. 6, 2005도6810). 경우에 따라서는 현행범으로 체포될 수도 있을 것이다.

[참고] 불심검문의 특례

A. 주민등록법상 불심검문

(1) 주민등록증의 제시요구

㈎ 의의 사법경찰관리가 범인을 체포하는 등 그 직무를 수행할 때에 17세 이상인 주민의 신원이나 거주 관계를 확인할 필요가 있으면 주민등록증의 제시를 요구할 수 있다(주민법 제26조 제1항 제1문).

㈏ 제출의무 본조항에 따른 주민등록증의 제시요구는 범인의 체포 외에 경찰관직무집행법에서 규정한 직무의 수행을 위해서도 활용될 수 있다. 따라서 경찰관직무집행법 제3조 제1항이 규정하는 불심검문을 하고자 할 때에는 본조에 따라 주민등록증의 제출을 요구할 수 있다. 명시적인 규정은 없으나, 주민등록증의 제출을 요구받은 자는 제출의무를 진다고 볼 것이다. 왜냐하면 주민등록증의 제출 그 자체는 사인이 수인할 수 있는 경미한 침해로 볼 것이기 때문이다.

(2) 동행요구

㈎ 의의 사법경찰관리는 주민등록증을 제시하지 아니하는 자로서 신원을 증명하는 증표나 그 밖의 방법에 따라 신원이나 거주 관계가 확인되지 아니하는 자에게는 범죄의 혐의가 있다고 인정되는 상당한 이유가 있을 때에 한정하여 인근 관계 관서에서 신원이나 거주 관계

를 밝힐 것을 요구할 수 있다(주민법 제26조 제1항 제2문).

㈏ 동행의 거부 사법경찰관이 인근관서에 동행을 요구하였음에도 동행요구를 받은 자가 동행을 거부하면 사법경찰관은 동행을 강제할 수 있는가의 여부에 관하여 주민등록법에서는 언급하는 바가 없다. 생각건대 동행요구는 신체의 자유에 대한 중대한 침해라는 점, 기본권의 침해에는 헌법 제37조 제2항에 비추어 법률의 근거가 필요하다는 점, 경찰관직무집행법 제3조 제2항은 동행요구를 거부할 수 있다고 명시적으로 규정하고 있다는 점 등을 고려할 때, 주민등록법을 근거로 사법경찰관은 동행을 강제할 수 없다고 볼 것이다.

(3) 증표의 제시 등

㈎ 의의 사법경찰관리는 제1항에 따라 신원 등을 확인할 때 친절과 예의를 지켜야 하며, 정복근무 중인 경우 외에는 미리 신원을 표시하는 증표를 지니고 이를 관계인에게 내보여야 한다(주민법 제26조 제2항). 증표제시는 경찰관의 권한남용을 방지하기 위한 것이다. 이 조항에 반하는 경찰관의 직무집행행위는 당연히 위법한 직무집행행위가 된다.

㈏ 문제점 정복을 착용하였다는 자체가 사법경찰관임을 담보하는 것은 아니다. 따라서 정복을 착용하였다는 이유로 미리 그 신원을 표시하는 증표를 내보이지 않아도 된다는 것은 문제가 있다. 다만, 급속을 요하거나 다수의 자를 상대로 이루어지는 경우에 한하여 예외적으로 미리 그 신원을 표시하는 증표를 내보이지 않아도 된다는 내용을 규정하는 것은 필요할 것이다.

B. 전투경찰대 설치법상 검문

(1) 의의 전투경찰대 설치법 제2조의2(전투경찰순경의 검문)는 "전투경찰순경은 임무수행에 필요하다고 인정할 때에는 경비지역에서 검문을 할 수 있다"고 규정하고 있다. 전투경찰순경에는 전투경찰대 설치법 제2조의3 제1항에 근거하여 「대간첩작전의 수행」을 임무로 하여 임용된 전투경찰순경과 동조 제2항에 의해 「치안업무의 보조」를 임무로 하여 임용된 전투경찰순경이 있다. 따라서 전투경찰의 임무는 대간첩작전의 수행과 치안업무의 보조이다.

(2) 경찰관직무집행법과의 관계 전투경찰대의 대원인 전투경찰순경은 전투경찰대의 대장인 「경찰공무원법」의 규정에 의한 국가경찰공무원의 지휘를 받아야 한다는 점, 전투경찰대의 대원인 전투경찰순경이 보조하는 치안업무와 대간첩작전의 수행은 경찰관직무집행법상 경찰의 직무라는 점을 고려할 때, 두 법률의 관계에서 경찰관직무집행법이 일반법이라 할 것이고, 따라서 전투경찰대설치법에서 검문과 관련하여 규정되지 아니한 사항에 대해서는 경찰관직무집행법이 적용된다.

C. 자동차검문

(1) 의의 자동차검문이란 경찰관이 일정한 장소에서 주행하고 있는 자동차를 정지시킨 후 행하는 질문을 뜻한다. 자동차검문도 질문의 한 형태로 볼 수 있다. 자동차검문에도 교통안전을 위한 검문과 범죄수사를 위한 검문이 있으나, 경찰행정법의 영역에서는 전자가 문제된다.

(2) 법적 근거 ① 경찰관직무집행법 제3조 제1항이 정하는 불심검문의 요건을 구비한다면, 자동차를 정지시켜 질문할 수도 있을 것이다. 그 방법은 통상의 불심검문의 경우와 다를 바 없다. 경찰관직무집행법 제3조 제1항이 정하는 요건을 구비함이 없이 자동차검문을 한다면 위법을 면하기 어려울 것이다. 한편, ② 경찰공무원(자치경찰공무원은 제외한다)은 교통의

안전과 위험방지를 위하여 필요하다고 인정하거나 제1항을 위반하여 술에 취한 상태에서 자동차등을 운전하였다고 인정할 만한 상당한 이유가 있는 경우에는 운전자가 술에 취하였는지를 호흡조사로 측정할 수 있다(도로교통법 제44조 제2항 제2문). 이러한 경우도 자동차검문의 한 경우에 해당한다. 물론 이 경우 운전자는 경찰공무원의 측정에 응하여야 한다(도로교통법 제44조 제2항 제2문).

(3) 일제검문 일제검문이란 도로상의 모든 차량에 대하여 일제히 이루어지는 검문을 말한다. 이에 관한 일반적인 근거규정은 없다. 다만 도로교통법 제44조 제2항 제1문이 정하는 바에 따라 경찰공무원(자치경찰공무원을 제외한다)이 교통의 안전과 위험방지를 위하여 필요하다고 인정하여 이루어지는 검문은 도로상의 안전과 관련하는 범위 안에서 일제검문의 성질을 갖는다. 도로상의 안전이 아닌 다른 목적을 위한 일제검문에 관해 규정하는 일반적 규정은 찾아보기 어렵다. 경찰관직무집행법 제3조 제1항이 정하는 불심검문의 요건을 구비하지 못한 채 일제검문을 하려고 하면, 상대방의 임의적 협력을 전제로 하면서 실시하여야 할 것이다. 경찰관이 차문이나 핸들을 잡거나, 엔진의 스위치를 끄거나 빼앗는 행위 등은 임의적 수단이라 보기 어렵다.

나. 보호조치

(1) 보호조치의 의의

㈎ **규정내용** 경찰관은 수상한 거동 기타 주위의 사정을 합리적으로 판단하여 다음 각호의 1(1. 정신착란 또는 술취한 상태로 인하여 자기 또는 타인의 생명·신체와 재산에 위해를 미칠 우려가 있는 자와 자살을 기도하는 자, 2. 미아·병자·부상자등으로서 적당한 보호자가 없으며 응급의 구호를 요한다고 인정되는 자. 다만, 당해인이 이를 거절하는 경우에는 예외로 한다)에 해당함이 명백하며 응급의 구호를 요한다고 믿을 만한 상당한 이유가 있는 자를 발견한 때에는 보건의료기관 또는 공공구호기관에 긴급구호를 요청하거나 경찰관서에 보호하는 등 적당한 조치를 할 수 있다(경직법 제4조 제1항). 경찰관직무집행법은 이를 보호조치라 부르고 있다. 본 조항에 따른 보호조치는 위험방지를 목적으로 하는 것이며, 범죄수사의 목적으로 활용될 수는 없다.

㈏ **강제보호** 경찰이 강제보호를 할 수 있는 경우로 ① 직접 목전에 급박한 범행이나 범죄행위의 계속 또는 중대한 위험을 가진 질서위반의 계속을 방지하기 위해 불가피한 경우에, ② 다른 방법으로 급박한 공적 안전이나 질서에 대한 급박한 위험방지가 불가할 때, ③ 기존의 교란의 제거가 불가할 때, ④ 퇴거명령의 관철을 위해 불가피한 경우를 예상할 수 있으나, 본조 제1항 제1호는 정신착란 등으로 인한 경우에 관해서만 제한적으로 규정하고 있다.

㈐ **임의보호** 건강·생명은 최상위의 법익이다. 그것의 보호를 위해서는 일시(단기간) 경찰상의 유치를 통한 자유제한도 법적으로 정당화된다. 임의보호는 ① 생명·자유

에 대한 위협으로부터 보호의 필요가 있는 경우, ② 자유의사결정을 배제하는 상태에 놓여 있거나 보호받을 수 없는 상태에 놓인 경우, ③ 위험상태를 스스로 초래한 경우에 문제된다. 본조 제1항 제2호는 바로 이러한 경우를 규정하고 있다.

(2) 보호대상자

㈎ **강제보호**(경직법 제4조 제1항 제1호) 정신착란 또는 술취한 상태로 인하여 자기 또는 타인의 생명·신체와 재산에 위해를 미칠 우려가 있는 자와 자살을 기도하는 자는 강제보호의 대상이 된다. 강제보호란 보호대상자의 의사와 관계없이 이루어지는 보호를 말한다. 강제보호는 감금을 위한 유치를 가져온다(감금유치). 정신착란 또는 술취한 상태에 있는 자란 모두 통상적인 의사능력·판단능력과 통제력이 상실된 상태에 있는 자들이다. 유치장소는 남자와 여자가 달라야 한다.

㈏ **임의보호**(경직법 제4조 제1항 제2호) 미아·병자·부상자 등으로서 적당한 구호자가 없으며 응급의 구호를 요한다고 인정되는 자(보호유치)는 임의보호의 대상이 된다. 임의보호란 보호대상자의 거부의 의사표시가 없는 경우에만 이루어질 수 있는 보호를 말한다. 임의보호는 보호를 위한 유치를 가져온다. 여기서 미아·병자·부상자란 모두 스스로 집이나 병원으로 찾아갈 능력이 없다는 특징을 갖는다. 따라서 병약한 노인이나 임산부등도 임의보호의 대상자가 될 수 있다. 구호자란 부양의무자만을 뜻하는 것은 아니다. 구호자란 실질적인 도움을 줄 수 있는 관계를 유지해 온 자를 중심으로 하는 개념으로 볼 것이다.

(3) 보호의 성질

㈎ **자유의 침해** 경찰상 유치는 헌법 제12조의 개인의 자유에 대한 침해를 뜻하므로 특별히 중대한 근거(형식적 의미의 법률)에 의해서만 허용된다. 본조가 바로 근거규정이다. 보호조치(감금유치·보호유치)는 헌법상 보장되는 자유의 제한이므로, 보호조치에 관한 경찰관직무집행법의 규정은 제한적으로 해석되어야 한다. 보호조치는 당해인에게 수인의무를 가져오므로 법적 행위이고 순수한 사실행위는 아니다. 강제보호조치는 대인적 즉시강제의 성질을 가지며, 임의보호조치는 비권력적 사실행위의 성질을 갖는다.

㈏ **재 량 성** 경찰관직무집행법 제4조 제1항은「… 적당한 조치를 취할 수 있다」고 규정하여, 보호조치를 재량행위로 규정하고 있다. 재량행사에 하자가 없어야 한다(대판 1996. 10. 25, 95다45927). 경우에 따라서는 재량권이 영으로 수축될 수도 있다.

(4) 보건의료기관·공공구호기관의 구호

㈎ **긴급구호요청** 경찰관은 긴급구호를 요하는 자를 발견한 때에는 보건의료기관 또는 공공구호기관에 긴급구호를 요청할 수 있다(경직법 제4조 제1항). 보건의료기관이나

공공구호기관의 의미에 관해 경찰관직무집행법에서 구체적으로 적시하는 바는 없다. 보건의료기관으로 각종 공공병원과 보건소가 있다. 공공구호기관에는 국가나 지방자치단체로부터 지원을 받는 구호기관도 포함된다고 본다.

(나) **보호의무** 경찰관으로부터 긴급구호요청을 받은 보건의료기관이나 공공구호기관은 정당한 이유 없이 긴급구호를 거절할 수 없다(경직법 제4조 제2항). 정당한 이유의 유무는 객관적으로 판단되어야 한다. 정당한 이유 없이 거부하면 불이익을 받을 수도 있다.

> ● **응급의료에 관한 법률 제6조(응급의료의 거부금지 등)** ② 응급의료종사자는 업무 중에 응급의료를 요청받거나 응급환자를 발견하면 즉시 응급의료를 하여야 하며 정당한 사유 없이 이를 거부하거나 기피하지 못한다.
> **제60조(벌칙)** ② 다음 각 호의 어느 하나에 해당하는 사람은 3년 이하의 징역 또는 1천만원 이하의 벌금에 처한다.
> 1. 제6조 제2항을 위반하여 응급의료를 거부 또는 기피한 응급의료종사자

(5) 경찰관서의 보호

(가) **의 의** 경찰관은 긴급구호를 요하는 자를 발견한 때에 경찰관서에서 보호할 수 있다(경직법 제4조 제1항). 경찰관서에서의 보호는 보호를 요하는 사유가 소멸하기까지, 또는 보호자나 보호기관에 인계할 때까지 일시적으로 이루어질 것이다.

(나) **보 호 실** 긴급구호를 요하는 자를 보호하기 위하여 수용하는 공간이 보호실이다. 경찰관직무집행법에는 보호실에 관한 규정이 없다. 입법적 보완이 필요하다. 긴급구호를 요하는 자의 인권보장에 관한 사항도 아울러 규정할 필요가 있다.

(다) **유 치 장** 보호실은 유치장과 다르다. 유치장은 경찰서 및 지방해양경찰관서에 법률이 정한 절차에 따라 체포·구속되거나 신체의 자유를 제한하는 판결 또는 처분을 받은 자(예: 현행범인으로 체포된 자, 긴급구속된 자, 즉결심판에 의해 구류형을 선고받은 자)를 수용하기 위한 공간이다(경직법 제9조). 긴급구호를 요하는 자를 유치장에 보호하는 것은 위법하다(대판 1995. 5. 26, 94다37226).

(라) **피보호자에 대한 경찰장구사용** 피보호자의 보호를 위하여 수갑이나 포승을 사용하는 것은 허용되지 아니한다. 다만, 정신착란 또는 술취한 상태로 인하여 자기 또는 타인의 생명·신체와 재산에 위해를 가하려고 하는 자, 자살을 기도하는 자, 그리고 보호사유가 소멸하기 전임에도 불구하고 경찰의 보호로부터 이탈하려고 하는 자에 대해서는 수갑이나 포승을 사용할 수도 있을 것이다.

(6) 기타 적당한 조치 경찰관은 보호대상자를 위해 기타 적당한 조치를 할 수도

있다. 적당한 조치의 의미는 분명하지 않다. 생각건대 적당한 조치의 예로서 ① 보건의료기관 또는 공공구호기관에 긴급구호를 요청하기 전 또는 경찰관서에 보호하기 전에 시급히 요구되는 응급조치를 하거나 또는 ② 보건의료기관이나 공공구호기관 또는 경찰관서에 소속되지 아니한 민간인(예: 법정대리인·형제·교사)의 활용 등을 예상할 수 있다.

(7) 보호기간 ① 보건의료기관이나 공공구호기관에서의 보호기간에는 제한이 없으나, 경찰관서에서의 보호는 24시간을 초과할 수 없다(경직법 제4조 제7항). 만약 경찰관이 구속영장을 받음이 없이 24시간을 초과하여 경찰서 보호실에 유치하는 것은 영장주의에 위배되는 위법한 구금이다(대판 1995. 5. 26, 94다37226). ② 24시간 이내라고 하여도 보호요건이 소멸되었다면, 소멸된 시점부터는 보호할 수 없다. 더 이상의 보호는 위법한 것이 된다. ③ 가족 등에게 인도하는 것이 보호목적에 비추어 적절하지 않다면, 24시간 이내에는 가족 등의 요청이 있어도 인도를 거절할 수 있을 것이다.

(8) 임시영치 보호조치를 하는 경우에 피구호자가 휴대하고 있는 무기·흉기 등 위험을 야기할 수 있는 것으로 인정되는 물건은 경찰관서에 임시영치할 수 있다(경직법 제4조 제3항). 흉기란 위험을 야기할 수 있는 것으로 인정되는 일체의 물건으로서 무기를 제외한 것을 말한다. 임시영치는 영장 없이 이루어지는 강제처분의 성격을 갖는다. 임시영치는 대물적 즉시강제의 성격을 갖는다. 임시영치기간은 10일을 초과할 수 없다(경직법 제4조 제7항). 임시영치는 보상을 요하지 아니하는 재산권의 내재적 제약에 해당한다. 그러나 임치에 따라 과도한 비용이 발생하는 경우에는 비용부담에 관하여 특별한 규정을 둘 필요가 있다.

(9) 통제(사후조치)

(가) 가족 등에 통지 경찰관이 보호조치를 한 때에는 지체 없이 이를 피구호자의 가족·친지 기타의 연고자에게 그 사실을 통지하여야 하며(대판 1994. 3. 11, 93도958), 연고자가 발견되지 아니할 때에는 피보호자를 적당한 공중보건의료기관이나 공공구호기관에 즉시 인계하여야 한다(경직법 제4조 제4항).

(나) 경찰서장 등에 보고 경찰관이 보호조치로서 피구호자를 공중보건의료기관 또는 공공구호기관에 인계를 한 때에는 즉시 그 사실을 소속경찰서장 또는 지방해양경찰관서의 장에게 보고하여야 한다(경직법 제4조 제5항). 경찰서장 등에 대한 보고는 보호대상자의 소재파악을 용이하게 하고 강제수용시설에 무단으로 보호되는 것을 방지하는 데 기여한다.

(다) 감독행정청 등에 통보 경찰관으로부터 보호조치에 관해 보고를 받은 소속경찰서장 또는 지방해양경찰관서의 장은 대통령령이 정하는 바에 의하여 피구호자를 인계

한 사실을 지체 없이 당해 공중보건의료기관·공공구호기관의 장 및 그 감독행정청에 통보하여야 한다(경직법 제4조 제6항). 감독행정청이란 공중보건의료기관·공공구호기관의 관할 행정청(예: 시장·군수·구청장)을 말한다.

다. 위험발생의 방지

(1) 의 의 경찰관은 인명 또는 신체에 위해를 미치거나 재산에 중대한 손해를 끼칠 우려가 있는 천재, 사변, 공작물의 손괴, 교통사고, 위험물의 폭발, 광견·분마류 등의 출현, 극단한 혼잡 기타 위험한 사태가 있을 때에는 위험발생의 방지에 필요한 일정한 조치를 할 수 있다(경직법 제5조 제1항). 경찰관직무집행법은 이를 위험발생의 방지라 부르고 있다.

(2) 조치의 요건 위험발생의 방지를 위한 조치는 인명 또는 신체에 위해를 미치거나 재산에 중대한 손해를 끼칠 우려가 있는 위험한 사태가 있을 때에 가능하다. 위험한 사태의 예로 경찰관직무집행법은 천재, 사변, 공작물의 손괴, 교통사고, 위험물의 폭발, 광견·분마류 등의 출현, 극단한 혼잡 등을 들고 있다. 천재는 자연의 재해(예: 화산폭발, 대홍수), 사변은 사회적 변란(예: 전쟁, 내란, 폭동), 공작물의 손괴는 파괴나 노후화 등으로 인한 공작물의 불안전한 상태를 뜻한다.

(3) 조치의 내용

(가) 개 관 위헌발생의 방지를 위해 경찰관은 ① 그 장소에 집합한 자, 사물의 관리자 기타 관계인에게 필요한 경고를 발하는 것, ② 특히 긴급을 요하는 때에는 위해를 받을 우려가 있는 자를 필요한 한도 내에서 억류하거나 도피시키는 것(퇴거명령), ③ 그 장소에 있는 자, 사물의 관리자 기타 관계인에게 위해방지상 필요하다고 인정되는 조치를 하게 하거나 스스로 그 조치를 할 수 있다(경직법 제5조 제1항).

(나) 경 고 경찰관은 인명과 신체, 그리고 재산의 보호를 "그 장소에 집합한 자, 사물의 관리자 기타 관계인에게 필요한 경고를 발하는 것(경직법 제5조 제1항)"을 할 수 있다. 이것을 경고조치라 부르기도 한다. 사물의 관리자란 그 사물에 대한 법률상 또는 사실상 지배권을 갖고 있는 자를 말한다(예: 자동차의 운전자, 동물의 주인, 흥행사업의 주최자). 경고란 위험이 존재한다는 것을 알리고 동시에 위험에 대비하도록 하는 행위(예: 홍수로 인해 조만간 제방붕괴의 가능성이 있으니 대피를 준비하라는 통지)로서의 지도·권고 등을 말한다. 경고는 위험의 존재와 대비를 알리는 사실행위일 뿐, 상대방에게 법적 효과를 가져오는 행정행위는 아니다. 비권력적 사실행위로서 경찰지도의 성격을 갖는다.

(다) 억류(출입제한)·피난(퇴거명령)

(a) 의 의 경찰관은 인명과 신체, 그리고 재산의 보호를 위해 "특히 긴급을 요할 때에는 위해를 받을 우려가 있는 자를 필요한 한도 내에서 억류하거나 피난시키는

것(경직법 제5조 제1항)"을 할 수 있다. 특히 긴급을 요한다는 것은 위험에 대한 사전 경고를 발할 만큼 시간적 여유가 있는 것이 아니라 위험의 현실화가 목전에 급박하다는 것을 의미하고, 필요한 한도란 억류 또는 도피시키는 것이 비례원칙에 따라야 한다는 것을 의미한다. 억류란 위험한 장소에의 출입을 막는 것을 의미하고(출입제한), 피난이란 위험한 장소로부터 떠나는 것을 말한다(퇴거명령). 요컨대 위험발생의 방지를 위한 구체적인 방법으로서 경찰관은 일정한 장소로부터 떠날 것을 또는 일정한 장소의 출입을 금할 것을 명할 수 있다. 경우에 따라서는 사람을 원거리에 강제로 옮겨 놓는 것도 퇴거명령의 한 방법일 수 있을 것이다. 퇴거명령·출입제한은 당연히 다수인에게도 적용될 수 있다.

(b) 성 질 퇴거명령이나 출입제한은 일반적으로 '거주이전의 자유'를 침해하는 것이 아니다. 왜냐하면 그러한 명령이나 제한은 단지 특정의 짧은 기간 동안만 제한을 가하는 것에 불과하기 때문이다. 퇴거명령이나 출입제한은 기본권인 행동의 자유에 대한 헌법상 허용되는 침해이다. 한편, 퇴거명령이나 출입제한은 행정절차법에서 규정하는 처분에 해당한다. 다수자에 대한 퇴거명령이나 출입제한은 일반처분에 해당하는 경우도 있다. 퇴거명령이나 출입제한은 경찰상 즉시강제의 성질을 갖는다.

(c) 형 식 경찰관직무집행법은 퇴거명령이나 출입제한의 형식에 관해 명시적으로 규정하는 바가 없다. 경찰행정의 실제상 퇴거명령이나 출입제한이 서면(문서)으로 이루어지는 것은 기대하기 어렵고, 일반적으로는 구두 내지 각종 신호에 의해 이루어질 것이다.

㈑ 기타 필요한 위험방지조치

(a) 의 의 경찰관은 인명과 신체, 그리고 재산의 보호를 위해 "그 장소에 있는 자, 사물의 관리자 기타 관계인에게 위해방지상 필요하다고 인정되는 조치를 하게 하거나 스스로 그 조치를 하는 것(경직법 제5조 제1항 제3호)"을 할 수 있다. 필요하다고 인정되는 조치에 해당하는지의 여부에 대한 판단은 객관적으로 이루어져야 한다.

(b) **조치명령** ① "그 장소에 있는 자, 사물의 관리자 기타 관계인"에게 위해방지상 필요하다고 인정되는 조치를 하도록 하는 명령의 내용은 경찰관직무집행법 제5조 제1항 제2호와 제3호에서 규정되지 아니한 사항으로서 위해방지에 필요한 것을 말한다(예: 위험한 상태의 제거, 시설의 폐쇄). ② 그러한 명령의 상대방은 "그 장소에 있는 자, 사물의 관리자 기타 관계인"이다. 여기에는 경찰상 위험을 야기시킨 자가 아닌 제3자도 포함될 수 있다. ③ 조치명령의 법적 성질은 경찰하명에 해당한다. 이러한 명령에 불응하면 경범죄처벌법 제1조 제36호에 적용을 받을 가능성이 크다.

● **경범죄처벌법 제1조(경범죄의 종류)** 다음 각호의 1에 해당하는 사람은 10만원 이하의 벌금,

구류 또는 과료의 형으로 벌한다.
36. (공무원 원조불응) 눈·비·바람·해일·지진등으로 인한 재해 또는 화재·교통사고·범죄 그 밖의 급작스러운 사고가 발생한 때에 그곳에 있으면서도 정당한 이유없이 관계공무원 또는 이를 돕는 사람의 현장출입에 관한 지시에 따르지 아니하거나 공무원이 도움을 청하여도 이에 응하지 아니한 사람

(c) 직접조치 직접조치란 경찰관은 인명과 신체, 재산에 대한 위해방지상 필요하다고 인정되는 조치를 경찰관 스스로가 행하는 것을 말한다. 경찰관이 스스로 조치를 하는 경우는 바로 경찰에 의한 처분의 직접수행에 해당한다. 스스로 조치를 하는 것은 대체적 작위의 경우에 가능할 것이다. 파기나 압류 등이 스스로 취할 수 있는 조치에 해당할 것이다.

(d) 재 량 성 경찰관직무집행법 제5조는 "…을 할 수 있다"고 규정하여 경찰관에게 재량권을 부여하고 있다. 그러나 재량권도 구체적인 경우에는 영으로 수축될 수도 있다. 재량권이 영으로 수축된 경우에는 경찰관의 부작위가 위법한 것이 되고, 따라서는 국가배상책임이 인정될 수도 있다(대판 1998. 8. 25, 98다16890).

(4) 보고와 협조 경찰관이 위험발생의 방지를 위한 조치를 한 때에는 지체 없이 이를 소속경찰관서의 장에게 보고하여야 한다(경직법 제5조 제3항). 보고를 받은 경찰관서의 장은 관계기관의 협조를 구하는 등 적당한 조치를 하여야 한다(경직법 제5조 제4항).

[참고] 대간첩작전 등의 특례

(1) 의의 경찰관서의 장은 대간첩작전수행상 또는 소요사태의 진압을 위하여 필요하다고 인정되는 상당한 이유가 있을 때에는 대간첩작전지역 또는 경찰관서·무기고 등 국가중요시설에 대한 접근 또는 통행을 제한하거나 금지할 수 있다(경직법 제5조 제2항). 제2항에 따른 접근 또는 통행의 제한과 금지는 제1항에 대한 특례가 된다.

(2) 요건 제2항은 대간첩작전수행상(예: 침투간첩체포 또는 분쇄) 또는 소요사태(예: 불법의 대규모시위)의 진압을 위하여 필요하다고 인정되는 상당한 이유가 있을 때에 적용된다. 접근 또는 통행을 제한하거나 금지할 수 있는 권한을 가진 자는 경찰관이 아니고 경찰관서의 장이다. 제1항의 경우와 다르다.

(3) 내용 대간첩작전지역 또는 경찰관서·무기고 등 국가중요시설에 대한 접근 또는 통행을 제한하거나 금지할 수 있다. 대간첩작전지역의 범위는 관련 국가기관에서 설정하는 바에 의할 것이다. 그 범위가 과도하게 광범위하게 설정되어서는 아니 된다. 국가중요시설은 경찰관서·무기고에 한정되지 아니한다. 이것 역시 관련 국가기관에서 설정하는 바에 의할 것이다. 그 범위가 과도하게 광범위하게 설정되어서는 아니 된다.

(4) 협조요청 대간첩작전지역 또는 경찰관서·무기고 등 국가중요시설에 대한 접근 또는 통행을 제한하거나 금지를 한 경찰관서의 장은 관계기관의 협조를 구하는 등 적당한 조치를 하여야 한다(경직법 제5조 제4항).

라. 범죄의 예방과 제지

(1) 의 의 경찰관은 범죄행위가 목전에 행하여지려고 하고 있다고 인정될 때에는 이를 예방하기 위하여 관계인에게 필요한 경고를 발하고, 그 행위로 인하여 인명·신체에 위해를 미치거나 재산에 중대한 손해를 끼칠 우려가 있어 긴급을 요하는 경우에는 그 행위를 제지할 수 있다(경직법 제6조).

(2) 성 질 범죄행위의 예방 그 자체도 위험방지작용으로서의 경찰작용에 해당한다. 본 조항에 따라 경찰관이 경고를 발하거나 그 행위를 제지할 수 있는 범죄행위의 종류에는 제한이 없다. 경고는 비권력적 사실행위로서 경찰지도의 성격을 갖지만, 범죄의 제지는 대인적 즉시강제의 성질을 갖는다.

(3) 요 건 범죄의 예방과 제지는 ① 목전에 행하여지려는 범죄행위를 예방하기 위한 것이거나, 또는 ② 범죄행위로 인하여 인명·신체에 위해를 미치거나 재산에 중대한 손해를 끼칠 우려가 있는 경우에 이루어진다. ①에서 목전이란 범죄행위의 실현이 급박함을 의미하고, 범죄란 근거법령을 불문하고 처벌(형벌·행정형벌)이 예정된 모든 행위를 말한다. 행정질서벌(과태료부과)이나 제재적 행정처분의 원인이 되는 행위는 여기서 말하는 범죄에 해당하지 아니한다. 예방이란 범죄의 실행을 막는 것과 범죄로 인한 피해의 발생을 방지하는 것을 의미한다. 중대한 손해란 불확정개념에 해당하므로 판단여지가 적용될 수 있다. 제지란 물리적 강제력 등을 활용하여 범죄행위를 실행에 옮기지 못하도록 하는 것을 말한다. 한편, 범죄의 예방과 제지는 관계인을 대상으로 한다. 관계인이란 범죄행위를 하려고 하는 자뿐만 아니라 그 자와 관련 있는 자(예: 범죄행위의 대상자, 시설의 관리인)를 포함한다.

(4) 방 법

(가) 경 고 목전에 행하여지려는 범죄행위를 예방하기 위한 경우에는 경고의 수단을 활용한다. 경고란 범죄행위로 나아가지 말 것을 통고·권고하는 것이다. 경고의 방법에는 특별한 제한이 없다. 구두로 할 수도 있고 경적이나 확성기사용을 통해 할 수도 있다. 경고는 사실행위이고 행정행위는 아니다.

(나) 제 지 범죄행위로 인하여 인명·신체에 위해를 미치거나 재산에 중대한 손해를 끼칠 우려가 있는 경우에는 제지라는 수단을 활용한다. 제지란 경찰관이 신체상의 힘 또는 경찰장구를 이용하여 범죄행위를 실행에 옮기지 못하도록 하는 것을 말한다. 경찰장구의 사용은 경찰관직무집행법 제10조의2에 따라야 한다. 제지를 위해 사전에 반드시 경고를 거쳐야만 하는 것은 아니다. 제지를 위해 도입되는 수단은 비례원칙을 준수하여야 한다.

마. 위험방지를 위한 출입

(1) 일 반 론

㈎ 의 의 경찰관은 경찰관직무집행법 제5조가 정하는 위험발생의 방지, 제6조가 정하는 범죄의 예방과 제지를 위하여 타인의 토지·건물 또는 선차 내에 출입하거나(경직법 제7조 제1항) 일반적인 위험방지를 위하여 흥행장·여관·음식점·역 기타 다수인이 출입하는 장소에 출입할 수 있다(경직법 제7조 제2항). 경찰관직무집행법은 양자를 합하여 위험방지를 위한 출입이라 부르고 있다. 한편, 경찰관직무집행법 제7조에 의한 출입 외에 개별 법률의 규정에 따른 출입도 있다(예: 총포·도검·화약류등단속법 제44조). 한편, 경찰관직무집행법 제7조에 의한 출입은 경찰상 즉시강제의 의미도 갖는다.

㈏ 성질(주거의 자유 침해) 헌법 제16조는 주거의 자유를 보장한다. 주거권은 기본권으로서 보호된다. 본조에 의거하여 이루어지는 주거자의 동의 없는 가택출입·검색은 현재의 사람의 생명·신체·자유·물건의 안전 등에 대한 위험방지목적으로만 가능하다. 이와 관련하여 주거의 개념을 명확히 하는 것이 필요하다. 주거개념은 넓게 해석되어야 한다. 그것은 좁은 의미의 주거(예: 침실과 거실)뿐만 아니라 그 밖의 부속공간(예: 마루·창고·정원)까지도 포함한다. 그리고 헌법상 주거개념에는 그 밖에도 천막(텐트), 호텔의 객실, 학생의 기숙사도 포함된다. 근로자·경영자의 업무공간 역시 포함된다. 따라서 사법상 법인도 주거권의 주체가 될 수 있다. 요컨대 사실상 거주에 제공되는 공간은 널리 주거에 포함된다고 볼 것이다.

㈐ 간접출입 경찰관이 출입을 하지 아니하면서 출입의 효과를 갖는 방법들, 예컨대, 사인의 토지·건물 또는 흥행장·여관·음식점 등에 대한 상시적 관찰이나 도청, 또는 망원카메라나 적외선 카메라를 통한 감시는 허용되지 아니한다. 이러한 행위들은 헌법상 기본권으로 보장되는 프라이버시권에 대한 침해를 가져오기 때문에 개별 법률상 근거 없이는 허용될 수 없다.

(2) 출입의 유형

㈎ 긴급출입(제7조 제1항에 따른 출입)

(a) 의 의 경찰관은 제5조(위험발생의 방지) 제1항·제2항 및 제6조(범죄의 예방과 제지) 제1항에 규정한 위험한 사태가 발생하여 인명·신체 또는 재산에 대한 위해가 절박한 때에 그 위해를 방지하거나 피해자를 구조하기 위하여 부득이하다고 인정할 때에는 합리적으로 판단하여 필요한 한도 내에서 타인의 토지·건물 또는 선차 내에 출입할 수 있다(경직법 제7조 제1항)(대판 1990. 8. 14, 90도870). 이러한 출입을 긴급출입이라 하는데, 일반출입이라 부르기도 한다. 이 경우의 출입은 대가택 즉시강제의 성질을 갖는다.

(b) 적용범위 제7조 제1항에 따른 긴급출입은 다만 제5조(위험발생의 방지) 제1

항·제2항 및 제6조(범죄의 예방과 제지) 제1항과 관련된 위험의 방지나 피해자의 구조를 위해서만 가능하다. 그것도 위해를 방지하거나 피해자를 구조하기 위하여 부득이하다고 인정할 때에만 출입할 수 있다. 따라서 다른 적절한 방법이 있으면 출입할 수 없다(보충성의 원칙). 제7조 제1항을 근거로 하여 범죄수사를 목적으로 출입할 수는 없다.

(c) **출 입 지** 제7조 제1항은 "타인의 토지·건물 또는 선차 내에 출입할 수 있다"고 규정하고 있다. 제7조 제1항의 목적에 비추어 토지·건물 또는 선차는 넓게 새겨야 할 것이다. 선차에는 비행기나 선박도 포함된다. 출입하려는 시점에 타인이 반드시 토지·건물 또는 선차 내에 있어야 하는 것은 아니다.

(d) **출 입** 출입은 타인의 토지·건물 또는 선차 내에 들어가는 것을 의미한다. 타인의 동의를 요하지 아니한다. 타인이 경찰관의 정당한 출입을 거부하면 공무집행방해죄에 의해 처벌될 수 있다. 한편, 제7조 제1항은 "합리적으로 판단하여 필요한 한도 내에서" 출입할 수 있다고 규정하는바, 경미한 장해제거를 위한 출입은 필요한 한도 내에 해당하지 아니한다. 출입 후에는 제7조 제1항의 목적을 달성하기 위해 동법에서 규정된 수단(예: 불심검문, 동행요구, 위험발생의 방지, 범죄의 제지)을 활용할 수 있다.

(e) **시간상 적용범위** 제7조 제2항의 경우와 달리 제7조 제1항에 따른 출입은 시간의 제한을 받지 아니한다. 야간에도 출입이 가능하다. 이것은 현재의 위험을 방지하기 위한 것이기 때문이다.

(나) **예방출입**(제7조 제2항에 따른 출입)

(a) **의 의** 흥행장·여관·음식점·역 기타 다수인이 출입하는 장소의 관리자 또는 이에 준하는 관계인은 그 영업 또는 공개시간 내에 경찰관이 범죄의 예방 또는 인명·신체와 재산에 대한 위해예방을 목적으로 그 장소에 출입할 것을 요구한 때에는 정당한 이유 없이 이를 거절할 수 없다(경직법 제7조 제2항). 이러한 출입을 예방출입이라 부른다. 이 경우의 출입은 경찰조사의 성질을 갖는다.

(b) **적용범위** 제7조 제1항에 따른 긴급출입은 "제5조(위험발생의 방지) 제1항·제2항 및 제6조(범죄의 예방과 제지) 제1항에 규정한 위험한 사태가 발생하여 인명·신체 또는 재산에 대한 위해가 절박한 때에 그 위해를 방지하거나 피해자를 구조하기 위하여 부득이 하다고 인정할 때"에 가능하지만, 제7조 제2항에 따른 예방출입의 경우에는 단순한 조사를 위해서도 출입할 수 있다. 물론 그것도 "범죄의 예방 또는 인명·신체와 재산에 대한 위해예방의 목적"으로 출입이 가능하다.

(c) **출 입 지** 본 조항은 경찰관이 위험방지를 위해 출입할 수 있는 장소로 흥행장·여관·음식점·역 기타 다수인이 출입하는 장소를 규정하고 있다. 이러한 지역을 "경찰상 공개된 장소"라 부르기도 한다. 흥행장·여관·음식점·역은 누구나 접근할

수 있는 지역이므로, 기타 다수인이 출입하는 장소도 누구나 접근할 수 있는 지역(예: 유원지, 백화점)으로 새겨야 할 것이다. 따라서 다수인이 출입한다고 하여도 불특정다수인이 아니라 한정된 특정다수인이 출입하는 지역(예: 회갑연회장, 비공개세미나장)은 이에 해당하지 아니한다.

(d) 출 입 출입은 위험방지의 목적으로 개인사업장 등에 들어가는 것을 말한다. 관리자 또는 이에 준하는 관계인은 정당한 이유가 없는 한 경찰관의 출입을 거절할 수 없다. 정당한 이유란 불확정개념이다. 제7조 제2항이 정하는 장소가 아니라는 주장은 정당한 이유에 해당한다. 정당한 이유를 나열하기는 어렵다. 한편, 정당한 이유가 없는 한 관리자 또는 이에 준하는 관계인은 경찰관의 출입에 수인의무를 진다.

(e) 시간상 적용범위 제7조 제2항에 따른 출입은 영업 또는 공개시간 내에 허용되고 있다. 그러나 제7조 제2항에서 규정하는 장소의 경우에도 제7조 제1항의 요건이 구비되는 경우에는 출입시간의 제한을 받지 아니한다. 달리 말한다면 이것은 제7조 제1항의 문제가 된다.

(3) 대간첩작전검색(제7조 제3항에 따른 검색)

(가) 의 의 경찰관은 대간첩작전수행에 필요한 때에는 작전지역 안에 있어서의 제7조 제2항에 규정된 장소(다수인이 출입하는 장소)안을 검색할 수 있다(경직법 제7조 제3항). 대간첩작전검색의 요건이 예방출입(제7조 제2항에 따른 출입)의 경우보다 많이 완화되어 있다.

(나) 내 용 본 조항에 따른 검색은 작전지역 안에 한정된다. 작전지역은 그 때 그 때 정해질 사항이다. 검색이란 물건이나 사람을 직접 찾는 행위 등을 말한다. 발견된 간첩을 체포하는 것도 검색에 포함된다. 본 조항에 따른 검색에는 시간상 제한이 없다. 영업시간이나 공개시간이 아니라도 가능하다. 관리자 또는 이에 준하는 관계인의 동의도 요하지 아니한다.

(4) 통제(증표의 제시 등) 경찰관이 필요한 장소에 출입할 때에는 그 신분을 표시하는 증표를 제시하여야 하며, 함부로 관계인의 정당한 업무를 방해하여서는 아니 된다(경직법 제7조 제4항). 이것은 주거권자 등의 보호를 위한 것이다. 뿐만 아니라 명시적으로 규정된 것은 아닐지라도 출입시에는 출입의 목적을 알려야 할 것이다.

(5) 출입과 필요한 조치 ① 본조에 의한 출입 후에 강제작용이 필요한 때에는 경찰관직무집행법상의 다른 수권조항에 의한 처분이 가능하다. 한편 ② 도청기설치는 주거침입에 해당하는 것이므로, 법률에 개별적인 근거가 있는 경우에만 가능할 것이다. ③ 출입 시에는 주거권자 또는 그 대리인 등에게 경찰의 활동을 지켜볼 수 있는 권리를 보장하여야 할 것이다.

(6) 기타 법률에 의한 출입 개별 법률상 위험방지목적을 위해 출입을 규정하고 있는 법률로 공중위생관리법 제9조 제1항, 마약류관리에 관한 법률 제41조 등을 들 수 있다.

> **공중위생관리법 제9조(보고 및 출입·검사)** ① 특별시장·광역시장·도지사 또는 시장·군수·구청장은 공중위생관리상 필요하다고 인정하는 때에는 공중위생영업자 및 공중이용시설의 소유자등에 대하여 필요한 보고를 하게 하거나 소속공무원으로 하여금 영업소·사무소·공중이용시설등에 출입하여 공중위생영업자의 위생관리의무이행 및 공중이용시설의 위생관리실태등에 대하여 검사하게 하거나 필요에 따라 공중위생영업장부나 서류를 열람하게 할 수 있다.
> **마약류 관리에 관한 법률 제41조(출입·검사와 수거)** ① 식품의약품안전청장, 시·도지사 또는 시장·군수·구청장은 마약류 및 원료물질의 취급을 감시하고 단속할 필요가 있다고 인정하면 관계 공무원으로 하여금 마약류취급자 및 원료물질취급자에 대하여 해당 업소나 공장·창고, 대마초 재배지, 약국, 조제 장소, 그 밖에 마약류 및 원료물질에 관계 있는 장소에 출입하여 다음 각 호의 업무를 하게 할 수 있다. (각호 생략)

바. 사실의 확인과 출석요구

(1) 사실의 조회

(가) 의 의 경찰관서의 장은 직무수행에 필요하다고 인정되는 상당한 이유가 있을 때에는 국가기관 또는 공사단체 등에 대하여 직무수행에 관련된 사실을 조회할 수 있다. 다만, 긴급을 요할 때에는 소속경찰관으로 하여금 현장에 출장하여 당해 기관 또는 단체의 장의 협조를 얻어 그 사실을 확인하게 할 수 있다(경직법 제8조 제1항).

(나) 성 질 본 조항은 경찰의 직무인 범죄의 예방·진압 및 수사, 경비·요인경호 및 대간첩작전수행, 치안정보의 수집·작성 및 배포, 교통의 단속과 위해의 방지 기타 공공의 안녕과 질서유지를 효과적으로 수행하는 데 필요한 자료를 확보하기 위한 규정이다. 본 조항에 의한 사실조회는 형사소송법상 조회나 출석요구와 성질을 달리한다.

> **형사소송법 제199조(수사와 필요한 조사)** ② 수사에 관하여는 공무소 기타 공사단체에 조회하여 필요한 사항의 보고를 요구할 수 있다.
> **제200조(피의자의 출석요구)** 검사 또는 사법경찰관은 수사에 필요한 때에는 피의자의 출석을 요구하여 진술을 들을 수 있다.

(다) 요 건 ① 사실조회의 주체는 경찰관이 아니라 경찰관서의 장이다. 경찰관서의 개념은 명백하지 아니하나, 경찰관직무집행법 제3조 제2항에서 규정하는 경찰서·지구대·파출소 또는 출장소를 포함하는 의미라고 본다. ② 사실을 조회하려는 직무의 내용에는 제한이 없다. 동법 제2조에서 규정하는 사항에 해당하면 된다. 조회하려는 사항에

도 특별한 제한이 없다. ③ 상당한 이유는 불확정개념에 해당한다. 상당한 이유의 유무에 관해서는 경찰관서의 장이 합리적으로 판단할 사항이다. ④ 조회의 방법에는 법문상 제한이 없다. 서면으로 가능하고 구두로도 가능하다. ⑤ 조회의 상대방은 국가기관 또는 공사단체 등이다. 국가란 국회, 정부, 법원, 헌법재판소 등 모든 국가기관을 포함하는 개념이다. 공사단체의 의미는 명백하지 아니하지만, “공사단체 등”에서 공사단체란 법인인 공·사법상의 단체(지방자치단체와 각종 공·사법상 법인과 법인 아닌 단체)를 말하고, “공사단체 등”에서 등이란 단체의 실질을 갖추지 못한 공동체를 총칭하는 것으로 이해된다.

(라) 효　과　① 조회를 요청받은 국가기관이나 지방자치단체는 다른 행정청이 보다 능률적이거나 경제적으로 조회에 응할 수 있는 명백한 이유가 있는 경우 또는 조회에 응함으로써 고유의 직무수행이 현저히 지장받을 것으로 인정되는 명백한 이유가 있는 경우가 아닌 한 조회에 응하여야 할 것이다(절차법 제8조 제2항 참조). 이러한 경우의 사실확인은 행정기관간의 상호협력관계의 문제가 된다. 그러나 ② 그 밖의 단체 등의 경우에는 조회에 응하여야 할 의무가 있다고 보기 어렵다. 이러한 경우의 사실확인은 비권력적 사실행위로서의 경찰조사에 해당한다.

(마) 직접확인　긴급을 요할 때에는 소속경찰관으로 하여금 현장에 출장하여 당해 기관 또는 단체의 장의 협조를 얻어 그 사실을 확인하게 할 수 있다(경직법 제8조 제1항). 당해 기관 또는 단체의 장은 사실의 조회의 경우와 마찬가지로 사실확인에 응하여야 할 것이다. 이 경우의 사실확인 역시 비권력적 사실행위로서의 경찰조사에 해당한다.

(2) 출석요구

(가) 의　의　경찰관은 미아를 인수할 보호자의 여부, 유실물을 인수할 권리자의 여부 또는 사고로 인한 사상자를 확인하기 위하거나 행정처분을 위한 교통사고 조사상의 사실을 확인하기 위하여 필요한 때에는 관계인에게 출석을 요하는 사유·일시 및 장소를 명확히 한 출석요구서에 의하여 경찰관서에 출석할 것을 요구할 수 있다(경직법 제8조 제2항).

(나) 성　질　법문상 출석요구가 출석의무를 부과하는 행정행위인지, 아니면 단순히 사인의 협력을 구하는 사실행위인지의 여부는 불분명하다. 그러나 출석요구에 불응한다고 하여 이를 강제할 수 있는 수단이 없는바, 출석요구는 출석의무를 부과하는 행정행위로 보기는 어렵다. 따라서 출석요구는 경찰법상 사실행위로 볼 것이다. 한편, 개념상 예방경찰상 동일인 확인은 형사소송상 동일인 확인(인정심문)과 구분된다. 사실의 확인을 위해 질문과 증명서제출을 요구할 수도 있을 것이다.

(다) 사　유　출석요구는 ① 미아를 인수할 보호자의 여부 확인, ② 유실물을 인수할 권리자의 여부 확인, ③ 사고로 인한 사상자의 확인, ④ 행정처분을 위한 교통사

고 조사상의 사실의 확인을 위해 필요한 때에 가능하다. 이러한 사유는 열거적인 것으로 보인다. 기술한 바와 같이 출석요구는 사인의 임의적 협력을 요하는 사실행위로 이해되기 때문이다. 따라서 상기의 사유가 아닌 다른 사유로도 위험방지를 위해 출석을 요구할 수 있을 것이다.

(라) 주 체 경찰관직무집행법 제8조 제2항은 "경찰관은…관계인에게…출석요구서에 의하여 경찰관서에 출석할 것을 요구할 수 있다"고 규정하고 있으므로, 법문상으로는 경찰관이 출석요구서를 보낼 수 있는 것으로 보인다. 그러나 행정은 단일하고 통일적이어야 하므로, 경찰관이 아니라 경찰관서의 장이 출석요구서를 보낼 수 있는 것으로 이해되어야 한다. 경찰관 개개인이 보낼 수 있다면, 경찰행정의 질서에 장해가 발생할 수 있다.

(마) 상 대 방 법문상 관계인이 출석요구의 상대방이 된다. 여기서 관계인이란 ① 미아를 인수할 보호자의 여부로 출석을 요구하는 경우에는 보호자, 보호자에 갈음할 수 있는 자, 또는 스스로 보호자라고 주장하는 자를 말하고, ② 유실물을 인수할 권리자의 여부로 출석을 요구하는 경우에는 유실물의 권리자, 권리자에 갈음할 수 있는 자, 또는 스스로 권리자라고 주장하는 자를 말하고, ③ 사고로 인한 사상자를 확인하기 위하거나 행정처분을 위한 교통사고 조사상의 사실을 확인하기 위하여 출석을 요구하는 경우에는 그 사고의 가해자와 피해자 그리고 목격자 등을 말한다.

(바) 방 식 출석요구는 출석을 요하는 사유·일시 및 장소를 명확히 한 출석요구서에 의한다. 법문이 명시적으로 출석요구서에 의한 출석을 규정하고 있지만, 출석요구를 사인의 임의적 협력을 전제로 하는 사실행위로 이해하는 한, 전화나 팩스 등으로 출석을 요구할 수도 있다고 본다. 그러나 전화로는 할 수 없다는 견해도 있다.

(사) 효 과 출석요구가 있다고 하여 출석의무가 발생하는 것은 아니다. 출석하지 아니하였다고 하여 처벌이 가해지는 것도 아니고, 출석이 강제되는 것도 아니다.

사. 경찰장비의 사용

(1) 의 의 경찰관은 직무수행 중 경찰장비를 사용할 수 있다. 다만, 인명 또는 신체에 위해를 가할 수 있는 경찰장비에 대하여는 필요한 안전교육과 안전검사를 실시하여야 한다(경직법 제10조 제1항). 제1항의 "경찰장비"라 함은 무기, 경찰장구, 최루제 및 그 발사장치, 감식기구, 해안감시기구, 통신기기, 차량·선박·항공기등 경찰의 직무수행을 위하여 필요한 장치와 기구를 말한다(경직법 제10조 제2항). 경찰상 즉시강제와 관련하여 무기, 경찰장구, 최루제 및 그 발사장치가 중요한 수단이 된다, 경찰장비를 임의로 개조하거나 임의의 장비를 부착하여 통상의 용법과 달리 사용함으로써 타인의 생명·신체에 위해를 주어서는 아니 된다(경직법 제10조 제3항).

(2) 성 질 경찰장비의 사용은 경찰상 즉시강제의 성질을 갖는다. 또 한편으로 경찰장비의 사용은 경찰관직무집행법 제3조 내지 제7조 등에서 규정하는 경찰상 즉시강제 내지 조사수단의 도입시에 활용되는 힘(실력)의 한 종류로서의 성질도 갖는다.

(3) 내 용 경찰장구의 사용(경직법 제10조의2), 분사기등의 사용(경직법 제10조의3), 무기의 사용(경직법 제10조의4) 등 경찰장비의 사용 등에 관해서는 본서 「제3장 경찰행정작용법, 제5절 경찰행정상 실효성확보, 제3항 경찰상 즉시강제, Ⅱ. 경찰상 즉시강제의 수단, 4. 수단선택과 실력행사」 부분에서 자세히 다룬다.

Ⅳ. 일반경찰법상 일반수권(일반조항 · 개괄조항)

1. 의 의

위험의 예방·진압이 필요한 경우이지만, 그 위험의 예방·진압을 위한 규정이 특별경찰법에도 없고 일반경찰법상 특별한 규정(예: 경찰관직무집행법 제3조 이하의 규정)에도 없는 경우에 최종적으로 그 위험의 예방·진압을 위한 법적 근거로서 적용되는 일반경찰법상 개괄적인 조항을 일반조항이라 부른다. 일반조항을 개괄조항이라 부르기도 한다.

2. 필 요 성

개별적인 경찰상의 위험극복을 위해 특별법이 증가하고 있으나, 입법보다 앞서가는 기술의 진보, 사회의 변화, 위험발생상황의 다양성 때문에 경찰상의 일반조항이 완전히 포기될 수는 없다. 따라서 입법의 공백을 메우기 위해서는 경찰의 영역에서 일반조항에 따른 일반수권제도가 필요하다.

3. 인정여부

(1) 학 설 현행법에 일반조항이 있는가의 여부에 관해 학설은 나뉘고 있다.

㈎ 긍 정 설 긍정설에도 경찰관직무집행법 제2조 제6호를 근거로 보는 견해, 경찰관직무집행법 제5조의 "기타 위험한 사태"를 근거로 보는 견해, 경찰관직무집행법 제2조와 제5조 그리고 제6조를 종합하여 근거로 보는 견해가 있다.

> **경찰관직무집행법 제2조(직무의 범위)** 경찰관은 다음 각호의 직무를 행한다.
> 6. 기타 공공의 안녕과 질서유지
> **제5조(위험발생의 방지)** ① 경찰관은 인명 또는 신체에 위해를 미치거나 재산에 중대한 손해를 끼칠 우려가 있는 천재, 사변, 공작물의 손괴, 교통사고, 위험물의 폭발, 광견·분마류등의 출현, 극단한 혼잡 기타 위험한 사태가 있을 때에는 다음의 조치를 할 수 있다.

1. 그 장소에 집합한 자, 사물의 관리자 기타 관계인에게 필요한 경고를 발하는 것
2. 특히 긴급을 요할 때에는 위해를 받을 우려가 있는 자를 필요한 한도 내에서 억류하거나 피난시키는 것
3. 그 장소에 있는 자, 사물의 관리자 기타 관계인에게 위해방지상 필요하다고 인정되는 조치를 하게 하거나 스스로 그 조치를 하는 것

제6조(범죄의 예방과 제지) ① 경찰관은 범죄행위가 목전에 행하여지려고 하고 있다고 인정될 때에는 이를 예방하기 위하여 관계인에게 필요한 경고를 발하고, 그 행위로 인하여 인명·신체에 위해를 미치거나 재산에 중대한 손해를 끼칠 우려가 있어 긴급을 요하는 경우에는 그 행위를 제지할 수 있다.

(나) **부 정 설** 부정설은 "경찰권을 포함한 권력적 행정작용에는 법률의 근거를 요하는데, 그 법률은 당연히 개별적인 작용법률만을 의미한다고 보면서 우리 헌법상의 경찰권발동의 수권조항으로서 개괄조항을 인정하기는 어렵다"고 한다. 그러한 점에서 경찰관직무집행법 제2조 제6호(공공의 안녕과 질서유지)는 경찰권의 발동근거에 관한 개괄조항은 아니고, 그것은 다만 경찰의 직무범위를 정한 것으로서, 본질적으로는 조직법적인 성질의 규정이라 한다.

(다) **입법필요설** 입법필요설은 현행법상 일반조항은 없지만, 경찰관직무집행법의 개정을 통해 일반조항이 규정되어야 한다는 견해이다.

(2) 판 례 판례는 경찰관직무집행법 제2조를 일반조항으로 보는 듯하다.

대판 1986. 1. 28, 85도2448(군도시과 단속계요원인 청원경찰관이 경찰관직무집행법 제2조에 따라 허가 없이 창고를 주택으로 개축하는 것을 단속하는 것은 정당한 공무집행에 속한다).

(3) 사 견

(가) **권한규범과 임무규범의 구분** 개념상 경찰의 임무규범(직무규정)과 권한규범(권한규정)은 구분되어야 한다. 임무규범은 임무영역(사무범위)을 나타낸다. 경찰의 임무수행이 사인의 권리를 침해하게 되면, 침해의 근거로서 권한규범이 필요하게 된다. 예컨대, 경찰이 범죄수사의 임무를 수행한다고 하여 임의적인 강제연행 등 어떠한 수단이라도 도입할 수 있는 것은 아니고 다만 법이 허용하는 경우에 침해수단을 행할 수 있다.

(나) **입법의 필요** 현행 경찰법제상 침해적인 위험방지작용의 근거규범으로서 일반조항을 찾아보기는 어렵다. 경찰관직무집행법 제2조 제6호는 임무규범이지 권한규범이 아니다. 경찰관직무집행법 제5조의 "기타 위험한 사태"는 모든 종류의 위험한 사태가 아니라 동 조항에서 예시된 위험과 유사한 위험에 한정된다고 보아야 할 것이므로 일반조항으로 보기 어렵다. 일반조항이 필요한 것인 이상, 법률(경찰관직무집행법)의 개정을

통해 일반조항을 도입하는 것이 필요하다.

(다) 비침해작용의 경우 침해수단의 도입으로 특징지워지는 진정한 위험방지영역 외에 단순한 위험방지영역도 있다(예: 차선·계몽교육에 의한 교통감시를 통하여 공적 안전에 대한 위험의 예방). 이러한 작용에는 법적 근거로서 임무규정만으로도 족하다. 다만 이러한 작용과 관련하여 개인의 권리·이익을 침해하기 위해서는 권한규범의 근거를 요한다.

4. 위헌 여부

일반조항을 두는 경우, 일반조항은 법치국가의 요청인 명확성의 원칙에 반하므로 헌법위반이 아닌가라는 문제가 있다.

(1) 위 헌 설 위헌설은 「경찰권을 포함한 권력적 행정작용에는 법률의 근거를 요한다. 그 법률은 당연히 개별적인 작용법률을 의미한다」는 것을 논거로 한다.

(2) 합 헌 설 합헌설은 「경찰권 발동상황의 다양성과 경찰권발동의 필요 상황을 모두 예측하는 것은 불가능하다는 점 및 일반적 수권조항의 경우에도 법률의 수권이 있는 점」 등을 논거로 한다.

(3) 사 견 생각건대 일반조항의 불확정개념은 학설과 판례에 의해 그 내용이나 목적 또는 범위가 충분히 세밀하게 논해질 수 있으므로 헌법상 명확성을 갖는다고 볼 것인바, 합헌이다. 일반조항에 따른 처분은 당연히 비례원칙에 따른 것이어야 한다.

제 2 항 경찰권의 한계

Ⅰ. 일 반 론

1. 의 의

경찰작용을 위한 법령이 있다고 하여도 경찰권은 법령이 정하는 범위 내에서 합목적적으로 행사되어야 적법·타당한 것이 된다. 이와 같이 경찰권의 행사가 적법·타당한 행위로서 효과를 발생할 수 있는 한계를 경찰권의 한계라 한다.

2. 종 류

경찰권의 한계는 법규상 한계와 경찰법원리상 한계로 나눌 수 있다. 법규상 한계란 실정법의 규정에서 직접 나오는 한계이고, 경찰법원리상 한계란 헌법과 경찰법령의 해석상 도출되는 경찰법원리로서 갖는 한계를 말한다.

Ⅱ. 법규상 한계

1. 의　　의

법률의 유보의 원리상 국민의 권익을 침해하는 경찰권의 발동은 반드시 개별 법률의 근거가 있어야 할 뿐만 아니라 그 법률이 정하는 범위 내에서 이루어져야 한다. 법률이 정하는 범위를 벗어나는 침익적인 경찰권의 행사는 위법한 것이 된다. 침익적인 경찰작용의 경우, 법률은 경찰권발동의 근거이면서 동시에 한계가 된다.

2. 판단의 자유와 구속

근거되는 경찰법규의 구성요건이 불확정개념을 사용하였다고 하여도, 그것이 경찰행정청에 판단의 자유를 부여하고 있는 것은 아니다. 다만 판단여지가 인정되는 범위 안에서 경찰행정청에 판단의 자유가 주어진다. 그리고 근거되는 법규의 효과부분이 경찰행정청에 재량을 부여하고 있다고 하여도 그것은 경찰행정청에 자의나 임의를 부여한 것이 아니다. 재량은 의무에 합당하게 행사되어야만 적법한 것으로 인정된다.

Ⅲ. 경찰법원리상 한계(조리상 한계)

1. 의　　의

침익적인 경찰권발동이 법령에서 예정되고 있다고 하여도, 경찰행정청이 법령이 정한 범위 안에서 경찰권을 아무런 제한 없이 자유롭게 발동할 수 있는 것은 아니다. 경찰권의 발동은 경찰법의 일반원리에 따라 이루어져야 한다. 위험방지를 위한 경찰법은 경찰행정청에 대하여 비교적 광범위한 재량권을 부여하고 있는 탓으로, 재량권의 남용이나 일탈의 방지를 위해 경찰법원리에 따른 경찰권의 한계는 중요한 의미를 갖는다. 경찰권의 경찰법원리에 따른 한계로 다음을 볼 수 있다.

2. 경찰소극의 원칙

경찰소극의 원칙이란 경찰권은 적극적인 복리의 증진이 아니라 소극적인 질서의 유지를 위해서만 발동될 수 있다는 원칙을 말한다. 헌법 제37조 제2항의 표현방식에 따르면, 국가의 임무에는 국가의 안전보장·질서유지·공공복리의 세 가지가 있는데, 이 중에서 경찰권은 질서유지와 관련된 개념으로서 경찰권은 질서유지를 위해서 발동되어야 한다는 원칙이다. 경찰소극의 원칙은 실질적 의미의 경찰개념에서 나온다.

3. 경찰공공의 원칙

(1) 의 의 경찰공공의 원칙이란 경찰권은 공공의 안녕과 질서의 유지를 위해서만 발동될 수 있으며, 사적 이익만을 위해서는 발동될 수는 없다는 원칙을 말한다. 경찰공공의 원칙은 사생활불가침의 원칙·사주소불가침의 원칙·민사관계불관여의 원칙으로 구성된다. 경찰공공의 원칙 역시 실질적 경찰개념에서 나온다.

(2) 사생활불간섭의 원칙 사생활불간섭의 원칙이란 경찰권은 공적 안전과 질서에 관계가 없는 개인의 사생활영역에는 개입할 수 없다는 원칙을 말한다. 사생활은 헌법상으로 보호되는 영역이다(헌법 제17조). 사생활의 보호가 헌법상 보호되는 기본권이라 하여도 특정인의 사생활을 방치하는 것이 공적 안전이나 질서에 중대한 위험을 가져올 수 있다면 경찰이 개입하지 않을 수 없다(예: 법정감염병 감염자의 강제격리 및 치료).

(3) 사주소불가침의 원칙 사주소불가침은 헌법상 주거의 자유로 보호되는 영역이다(헌법 제16조). 사주소불가침의 원칙이란 경찰이 사인의 주소 내에서 일어나는 행위에 대해서는 침해(관여)할 수 없다는 원칙을 말한다. 경찰은 공공의 안녕과 질서의 유지를 목적으로 하는 국가작용이기 때문이다. 사주소의 개념은 사회통념에 따라 정해질 수밖에 없다. 주택뿐만 아니라 연구실·사무실 등도 사주소에 해당한다. 그러나 사주소 내의 행위가 공적인 안전이나 질서에 직접 중대한 장해를 가져오는 경우(예: 지나친 소음·악취·음향의 발생)에는 경찰의 개입이 가능하게 된다. 그리고 사주소라도 공개된 사주소의 경우(예: 흥행장·여관·음식점)는 사주소로 보기가 곤란하고 경찰권발동의 대상이 된다(경직법 제7조 제2항).

(4) 민사관계불관여의 원칙 민사상의 법률관계 내지 권리관계에 경찰은 개입할 수 없다. 그것은 직접 공공의 안녕과 질서에 위해를 가하는 것은 아니기 때문이다. 다만 민사상의 행위가 특정인의 이해관계를 능가하여 사회공공에 직접 위해를 가하게 되는 경우에는(예: 암표매매행위) 공공의 안녕과 질서에 장해를 야기하는 것이므로 경찰의 개입이 가능하다. 한편, 민사상의 거래에 경찰상허가를 요하게 하는 경우도 있다.

> ● **경찰공무원 복무규정 제10조(민사분쟁에의 부당개입금지)** 경찰공무원은 직위 또는 직권을 이용하여 부당하게 타인의 민사분쟁에 개입하여서는 아니된다.
> ● **총포·도검·화약류 등 단속법 제21조(양도·양수 등의 제한)** ① 화약류를 양도 또는 양수하고자 하는 사람은 행정안전부령이 정하는 바에 의하여 그 주소지 또는 화약류의 사용지를 관할하는 경찰서장의 허가를 받아야 한다. 다만, 다음 각호의 1에 해당하는 경우에는 그러하지 아니하다. (각호 생략)

4. 경찰책임의 원칙

경찰책임의 원칙이란 경찰권은 경찰상 위험의 발생 또는 위험의 제거에 책임이 있는 자에게 발동되어야 한다는 원칙을 말한다. 다만 예외적으로는 경찰상 위험의 발생과 무관한 자에게 발동되는 경우도 있다(경찰상 긴급상태). 경찰책임의 원칙이란 경찰권발동의 상대방이 누구인가에 관한 문제이다. 경찰책임의 원칙은 반드시 경찰법원리상의 한계로만 볼 수는 없다. 실정법에서 경찰책임자가 정해지는 경우도 적지 아니함을 유념할 필요가 있다(예: 집회 및 시위에 관한 법률 제8조 제2항). 경찰책임에 관해서는 아래의 제2절에서 자세히 살핀다.

> **집회 및 시위에 관한 법률 제8조(집회 및 시위의 금지 또는 제한 통고)** ① 제6조 제1항에 따른 신고서를 접수한 관할경찰관서장은 신고된 옥외집회 또는 시위가 다음 각 호의 어느 하나에 해당하는 때에는 신고서를 접수한 때부터 48시간 이내에 집회 또는 시위를 금지할 것을 주최자에게 통고할 수 있다. 다만, 집회 또는 시위가 집단적인 폭행, 협박, 손괴, 방화 등으로 공공의 안녕 질서에 직접적인 위험을 초래한 경우에는 남은 기간의 해당 집회 또는 시위에 대하여 신고서를 접수한 때부터 48시간이 지난 경우에도 금지 통고를 할 수 있다. (각호 생략)

5. 경찰평등의 원칙

경찰평등의 원칙이란 경찰권의 행사에 있어서 성별·종교·사회적 신분 등을 이유로 차별이 있어서는 아니 된다는 원칙을 말한다. 이것은 헌법상 평등원칙의 경찰행정의 영역에서의 표현이다. 헌법상 평등원칙은 어떠한 행정영역에도 적용되어야 한다.

6. 경찰비례의 원칙

경찰비례의 원칙이란 경찰권의 발동으로 도입되는 경찰수단(예: 보호조치·위험발생방지)은 경찰목적(공공의 안녕과 질서유지)의 달성에 적합한 것이어야 하고(적합성의 원칙), 적합한 수단 중에서 최소의 침해를 가져오는 것이어야 하며(최소침해의 원칙), 또한 달성하고자 하는 공익이 침해하게 되는 사익보다 우월하여야 한다(상당성의 원칙, 협의의 비례원칙)는 원칙을 말한다. 비례원칙은 헌법상 원칙으로서 모든 행정영역에 적용되는 법원칙이다. 경찰상 비례원칙의 법률상 근거로 "경찰권은 그 목적을 위하여 필요한 최소한도 내에서 행사되어야 하며, 그를 남용하여서는 아니 된다"고 규정하는 경찰관직무집행법 제1조 제2항을 볼 수 있다. 따라서 경찰상 비례원칙은 반드시 경찰법리상의 한계만은 아니고 실정법상의 원칙이기도 하다. 비례원칙은 제1장 제2절 제2항, Ⅲ. 행정법의 일반원칙에서 이미 살펴보았다.

7. 경찰권의 적극적 한계(경찰권발동의 의무성)

경찰권의 한계의 한 종류로서 경찰권이 소극적으로 발동되지 말아야 하는 한계(소극적 한계) 외에 적극적으로 발동되어야 할 한계(적극적 한계)(경찰권발동의 의무성)를 논급하기도 한다. 그리고 후자와 관련하여 ① 경찰재량권의 영으로의 수축과 ② 개입청구권을 그 내용으로 들고 있다.

제 2 절 경찰책임(경찰행정작용의 상대방)

경찰책임은 경찰작용의 대상자가 누구인가를 관심의 대상으로 한다. 경찰상 책임은 법적 의무를 내용으로 하는바, 경찰책임은 개별 법률규정에 의해 정해진다. 특별경찰법상 특별조항이나 일반경찰법상 특별조항의 경우, 경찰상 의무자가 명시되는 것이 일반적이다. 따라서 경찰책임론은 특별한 의미가 없다고 할 수 있다. 그러나 경찰책임이 개별 법률규정에 의해 정해진다고 하여도 그 개별 법률의 의미를 정확히 이해하기 위해 경찰책임론은 필요하다는 점, 경찰상 긴급상태의 경우에는 경찰책임론을 통해 경찰책임자를 확정할 수 있다는 점, 일반경찰법상 일반조항을 긍정한다고 할 때 일반경찰법상 일반조항의 경우에는 정당한 경찰의무자 여부에 대한 판단이 용이하지 않다는 점 등에 비추어 보면, 경찰책임론은 중요한 의미를 가진다. 경찰책임은 실정 경찰법령의 해석문제이므로, 경찰책임을 단순히 경찰권의 조리상의 한계문제로 접근하는 것은 지양되어야 한다. 현재로서 경찰책임 전반에 관해 규정하는 일반법은 찾아볼 수 없다,

[참고] 경찰책임의 문제를 검토함에 있어서는 ① 누가 위험의 제거를 위한 조치를 하여야 하는가의 문제, ② 누가 위험의 제거를 위한 조치를 수인하여야 하는가의 문제, 그리고 ③ 누가 위험극복을 위한 비용을 부담하여야 하는가의 문제가 구분되어야 한다.

제 1 항 경찰책임의 관념

Ⅰ. 경찰책임의 개념

① 실질적 의미로 경찰책임이란 공공의 안녕이나 질서를 침해하지 말아야 하는, 그리고 장해가 발생한 경우에는 장해의 근원과 결과를 제거해야 할 의무의 전체를 실질적 의미의 경찰의무라 부른다. 성문·불문의 모든 경찰법규를 준수·유지해야 하는 의무라고 할 수도 있다. 경찰책임은 종래 경찰의무라 불렀다. ② 형식적 의미로 경찰책임이란

실질적 경찰책임을 위반(불이행)한 자가 공공의 안녕이나 질서의 회복을 위한 경찰행정청의 명령에 복종하여야 하는 책임을 말한다.

Ⅱ. 경찰책임의 성질

① 경찰책임은 공법상 의무이다. 따라서 경찰책임은 사법상 계약의 대상이 될 수 없다. ② 경찰책임은 책임자의 고의·과실과 무관하다. 경찰책임은 위법행위에 대한 처벌이 아니다. 경찰책임은 오로지 공적 안전이나 질서에 대한 위험을 제거하는 데 봉사하는 것일 뿐이다. ③ 경찰책임은 소멸시효와 무관하다. 경찰상 책임을 야기하는 행위나 상태가 존속하는 한, 그 기간이 어느 정도이든 불문하고, 그러한 행위나 상태를 야기한 자는 경찰책임을 부담한다(계속책임).

Ⅲ. 경찰책임의 주체

1. 사 인

① 자연인은 실질적 경찰책임 외에 형식적 경찰책임도 진다. 행위무능력자의 경우에는 무능력자 자신 외에 그들의 법정대리인이 또한 부가적인 책임을 진다. ② 외국인이나 무국적자도 경찰책임을 부담한다. 경찰책임은 국적과 무관하다. 다만 면책특권을 가진 외국인은 우리나라의 경찰권 밖에 놓인다. ③ 사법상 사단법인(예: 상법상의 법인과 아울러 민법상의 법인 등 포함)뿐만 아니라 사법상 권리능력 없는 사단도 위험제공자의 성격을 가질 수 있다. 피용자의 경찰책임과 병행하여 사용자 또한 부가적인 경찰책임을 진다. 사법상 법인도 당연히 실질적 경찰책임뿐만 아니라 형식적 경찰책임도 진다.

2. 국가와 지방자치단체

공법적으로 이루어지는 국가기관의 행위나 공적 임무의 수행에 봉사하는 물건의 상태가 공공의 안녕이나 질서에 대한 위험을 가져올 수 있다. 이와 관련하여 고권주체(공법상 주체)인 국가와 지방자치단체의 경찰책임이 문제된다.

(1) 실질적 경찰책임　모든 국가작용은 국가의 법질서에 부합하여야 하기 때문에 국가나 지방자치단체도 실질적 경찰책임의 주체가 될 수 있다. 다만, 법률이 국가나 지방자치단체의 공적 임무수행을 위해 사인과 다르게 규정할 수는 있다.

● **도로교통법 제29조(긴급자동차의 우선 통행)** ① 긴급자동차는 제13조 제3항에도 불구하고

> 긴급하고 부득이한 경우에는 도로의 중앙이나 좌측 부분을 통행할 수 있다.
> ② 긴급자동차는 이 법이나 이 법에 따른 명령에 따라 정지하여야 하는 경우에도 불구하고 긴급하고 부득이한 경우에는 정지하지 아니할 수 있다.

(2) 형식적 경찰책임 ① 국가나 지방자치단체의 기관이 공법상 행위로 인해 공적 안전이나 질서에 위험을 야기하는 경우, 경찰행정청이 국가나 지방자치단체의 기관에 대하여 경찰상 명령이나 금지를 명할 수 있는가의 여부와 관련하여 학설은 부정설(국가의 모든 공법적인 기능이 기본적으로 동등하다는 것을 전제로 한다)과 긍정설(국가기능 중 경찰기능이 다른 기능에 비해 우월하다는 것을 전제로 한다)로 나뉘고 있다. 이 책은 부정설을 취한다. 한편, ② 국가나 지방자치단체의 기관이 사법상 행위로 인해 공적 안전이나 질서에 위험을 야기하는 경우와 관련하여 ⓐ 행정사법작용의 경우에는 공법작용의 경우와 같이 형식적 경찰책임을 부정함이 타당하다. 그러나 ⓑ 좁은 의미의 국고작용의 경우에는 사인의 경우와 같이 경찰행정청의 개입이 가능하다(예컨대, 우체국의 신축 후 도로상에 남은 건축자재를 방치하여 교통에 장애를 주는 경우에 우체국은 방치한 물건에 대하여 책임을 져야 한다).

Ⅳ. 경찰책임의 유형

경찰책임의 유형은 행위책임·상태책임 그리고 책임의 경합의 경우로 구분할 수 있다. ① 행위책임이란 자연인이나 법인이 자신의 행위나 자신을 위해 행위하는 타인의 행위로 인해 경찰법상 의미의 공공의 안녕이나 질서에 대한 위험을 야기함으로써 발생되는 경찰책임을 말하고, ② 상태책임이란 물건으로 인해 위험이나 장해를 야기함으로써 발생되는 경찰책임을 말하며, ③ 행위책임과 상태책임의 병합은, 예컨대 승용차의 소유자가 사고를 낸 경우에 사고행위에 대한 소유자의 행위책임과 고철로 변해버린 차량이 교통방해를 야기하는 상태책임이 동시에 나타나는 경우에 볼 수 있다.

제 2 항 행위책임

Ⅰ. 행위책임의 개념

술 취한 사람이 도로 위에 누워 있는 경우, 경찰은 도로상 위험 때문에 그 사람에게 도로에서 떠날 것을 명할 수 있다. 이와 같이 사람의 행위로 인해 야기되는 위험에 대하여 부담하는 경찰책임을 행위책임이라 한다. 행위책임은 고의나 과실과 무관하다. 행위자가 성년인가 미성년인가는 가리지 않는다. 행위책임은 작위뿐만 아니라 관계자에게 위험방지를 위한 법적 의무가 주어져 있는 경우에는 부작위에 의해서도 나타날 수 있다.

Ⅱ. 행위와 위험 사이의 인과관계

1. 의 의

구체적인 경우에 있어서 과연 행위자가 위험을 야기하고 있는가의 판단은 용이하지 않다. 이에 관한 논리가 바로 학문(경찰법론)상 행위와 위험 사이의 인과관계의 문제이다. 원칙적으로 위험에 대하여 직접적으로 원인을 야기하는 행위만이 원인제공적이고, 그러한 행위를 한 자만이 경찰상 책임을 부담하는 것으로 본다. 이를 직접원인제공이론이라 한다. 직접원인제공이 아니면서 경찰책임을 부담하는 예외의 경우도 있다.

2. 예외 사례

① 상업광고목적의 진열장을 설치한 경우, 그 진열장의 주위에 많은 사람들이 모여들어 교통에 방해를 가져오는 경우, 통행인이 장해를 가져온 자이기도 하지만, 선전목적으로 사람들을 유인한 진열장의 소유자도 또한 장해를 야기한 자가 된다. 말하자면 이러한 자도 경찰상 책임을 부담한다. ② 어떤 기업이 폐기물처리업자가 폐기물을 금지된 방법으로 처리하고 있다는 것을 알고 있는 경우, 폐기물을 발생시킨 기업자도 자신의 행위가 명백히 위법하고 위험을 내포하고 있음을 알고 있기 때문에 책임자(장해를 야기한 자)의 성격을 갖는다.

Ⅲ. 타인의 행위에 대한 책임

1. 의 의

특정인이 타인에 대한 널리 감독의무가 있는 경우에 발생하는 것으로서 피감독자의 행위에 대한 감독자의 책임문제가 된다. 이와 관련하여 ① 하나는 자신이 보호하여야 하는 미성년자 등에 대한 감독의무 내지 후견권을 가진 자의 경찰책임의 경우와 ② 자신이 고용한 자의 사무처리행위에 대하여 사용자가 부담하는 경찰책임의 경우가 있다. 이러한 경우에는 사무처리와 관련된 범위 안에서 감독자가 책임을 부담한다. 한편, 누가 법정대리인 내지 후견인으로서 감독책임이 있는지, 누가 사용자로서 감독책임이 있는지의 문제는 사법규정에 따라 판단할 사항이다.

2 책임의 성격

무능력자의 법정대리인이나 사용자의 책임은 원인제공자로서의 책임이 아니다. 원인제공자인 무능력자나 피용자의 책임과 병행하는 책임이다. 왜냐하면 무능력자나 피용자도 경찰상의 의무를 지고 있기 때문이다. 따라서 무능력자의 법정대리인 또는 피용자와 사용자 사이에서 누구에게 구체적인 처분을 할 것인가는 경찰의 의무에 합당한 재량에 따라 정할 사항이다.

제 3 항 상태책임

Ⅰ. 상태책임의 개념

도로상에 사나운 개가 돌아다니는 경우, 경찰은 도로에서 차량통행상 위험뿐만 아니라 통행인의 건강상 위험의 방지를 위해 개 주인에게 그 개를 빨리 데려갈 것을 명할 수 있다. 이와 같이 사람의 행위가 아니라 물건의 상태로부터 위험 또는 장해가 야기되는 경우에 부담하는 경찰책임을 상태책임이라 한다. 상태책임은 "물건으로부터 이익을 얻는 자는 그 물건으로부터 발생하는 위험에 대하여도 부담하여야 한다"는 사고에 근거한다. 많은 경우에 상태책임은 행위책임과 함께 나타난다.

Ⅱ. 상태와 위험 사이의 인과관계

상태책임의 전제요건으로서의 위험이란 ① 경찰위반상태에 놓인 물건이 위험·장해를 야기시키거나(예: 차도상 주차) 또는 ② 그 물건 자체가 위험한 경우(예: 사인이 폭발물을 보관하는 경우)를 말한다. ②의 경우에는 인과관계가 특별히 문제되지 아니하지만, ①의 경우에는 행위책임의 경우와 같이 그 물건의 상태와 위험발생의 개연성 사이에 인과관계가 있어야 한다. 이 경우의 인과관계 역시 직접원인제공이론(경찰상 위험은 물건으로부터 직접 나오는 것이어야 한다는 이론)에 따라 책임성이 판단되어야 할 것이다.

Ⅲ. 상태책임의 주체

① 소유권자나 임차인 등 기타 정당한 권리자들이 상태책임의 주체가 된다. 소유권

자의 상태책임은 양도의 경우에 종료한다. 양도가 있게 되면 새로운 양수인은 시원적으로 경찰책임을 진다. ② 소유권자 등 정당한 권리자의 의사에 관계없이 사실상 지배권을 행사하는 자가 있는 경우에는 이들이 책임자가 된다. 사실상 지배권을 행사하는 자의 책임은 그 지배권의 근거 여하와 무관하다. 그 지배권을 부당하게 가져도 책임이 있다. 사실상의 지배권의 종료로 사실상 지배권자의 상태책임은 소멸한다. 이 경우, 정당한 권리자는 자신의 처분권이 법률상 또는 사실상 미치지 않는 범위에서는 상태책임이 없다(예: 도난, 국가에 의한 압류의 경우).

Ⅳ. 상태책임의 범위

1. 의　　의

소유권자의 상태책임의 범위는 기본적으로 무제한적이다. 그러나 현실적으로 개입이 불가능한 것까지 책임의 내용이 될 수는 없다. 소유권자는 원인에 관계없이(즉, 자신의 행위에 의한 것이든, 자연현상이든, 다른 상위의 힘의 행사에 의한 것이든, 우연이든 불문하고) 자신의 물건의 상태로 인한 위험에 대하여 책임을 져야 한다.

2. 사　　례

① 정당한 재산권의 행사로 나타나는 위험은 상태책임을 가져오는 위험이 아니다. 예컨대, 도로의 교차로를 옮긴 경우, 옮긴 장소 부근의 사소유지에 나무가 있어서 교차로의 시야가 침해받고, 그로 인해 교통상의 위험이 야기된다고 하여도 그 나무로 인해 위험이 야기된다고 할 수 없다. ② 자연재해에 의한 경우(예: 대폭풍우로 유조탱크가 파괴된 경우)에도 소유권자는 상태책임을 져야 한다.

제 4 항 경찰책임자의 경합

Ⅰ. 의　　의

다수인이 도로에서 불법시위를 하는 경우 또는 다수인의 물건이 도로상에 방치된 경우와 같이 동일한 위험이 다수의 장해야기인에 의해 생겨나는 경우도 적지 않다. 이 경우, 경찰행정청은 그 다수의 장해야기인 모두에게 필요한 처분을 할 것인가 아니면 선택재량의 관점에서 그 다수인 중 제한된 범위의 장해야기인에게만 처분을 할 것인가의 문제가 있다.

Ⅱ. 처분의 상대방

기본적으로 경찰상의 처분은 효과적인 위험방지의 원칙상 위험이나 장해를 가장 신속하고도 효과적으로 제거할 수 있는 위치에 있는 장해야기인에게 행해져야 한다. 그것은 비례원칙을 고려하여 의무에 합당한 재량으로 정할 문제이다.

Ⅲ. 비용상환

경찰책임자가 경합하는 경우, 경찰행정청에 의해 특정한 행위가 요구된 장해야기인은 특정한 행위가 요구되지 아니한 다른 장해야기인에게 비용의 일부의 상환을 요구할 수 있을 것인가의 문제가 있다. 다수의 장해자가 있는 경우, 경찰처분의 상대방인 장해야기인은 경찰의 하자 없는 재량행사에 따라 위험방지를 위한 광범위한 책임 있는 자로 판단되었기 때문에 다른 장해야기인에게 상환청구를 할 수 없다고 본다. 여기서는 민법상 사무관리규정이 적용될 수 없다. 여기서의 비용상환문제는 불법행위에 기한 배상청구와 별개의 문제이다.

제 5 항 경찰책임의 법적 승계

Ⅰ. 의　　의

1. 문제상황

도로상에 위험한 물건을 방치한 자가 사망하거나 그 물건을 타인에게 양도한 경우와 같이 경찰책임자가 사망하거나 물건을 양도한 경우, 경찰책임이 상속인이나 양수인에게 승계되는가의 문제가 경찰책임의 법적 승계의 문제이다. 경찰책임의 승계문제는 경찰책임자에게 발해진 처분의 효력이 그 승계인에게도 미치는가의 여부를 논의의 대상으로 한다. 경찰책임의 법적 승계의 문제는 법령에 명시적 규정이 없는 경우와 관련한다.

[참고] 경찰책임의 법적 승계에 관해서는 경찰법상 논란이 많다. 독일의 경우, 원래는 건축법에서 문제되었는데, 그것은 전형적으로 「위험건물의 철거명령에 존속력이 발생한 경우에

사법상 승계(사망, 상속, 양도 등)가 이루어진다면 강제집행이 가능할 것인가? 아니면 행정청은 승계인에게 행정절차를 처음부터 새로이 하여야 하는가?」의 문제로서 논의되어 왔다. 하여간 사법상 법적 지위의 승계시에 경찰법상 책임의 이전에 관한 것을 공법에 규정한다면, 경찰책임의 법적 승계에 관한 이의 없는 해결책이 될 것이지만, 일반경찰법상 이러한 규정은 찾아볼 수 없다. 여기에 경찰책임의 법적 승계에 관한 논의의 의미가 있다.

2. 논의의 의미

경찰책임의 승계가 인정된다면 승계인에게 새로운 행정행위를 발함이 없이 피승계인에게 발해진 행정행위를 근거로 하여 승계인에 대하여 집행할 수 있는 것이 되고, 승계가 부정된다면 피승계인에게 발한 행정행위는 승계인에게 효과가 없고, 승계인에게 새로운 명령을 발한 후 집행할 수 있는 것이 된다.

Ⅱ. 행위책임의 법적 승계

학설은 제한적 승계긍정설과 승계부정설로 나뉘고 있다. 전통적 견해는 경찰상 행위책임을 특정인의 행위에 대한 법적 평가와 관련된 것으로 파악하고, 승계부정설을 취한다. 말하자면 행위책임은 위험을 야기한 자에게만 문제되고, 그 자의 사망으로 책임문제는 끝난다. 다만 법문이 명시적으로 승계를 규정한다면, 그것은 예외적인 경우에 해당한다.

Ⅲ. 상태책임의 법적 승계

학설은 승계긍정설, 제한적 승계긍정설, 개별검토설, 신규책임설(승계부정설) 등이 있다. 지배적 견해는 승계긍정설을 취한다. 승계긍정설은 상태책임은 물건의 상태와 관련된 책임이기 때문에 승계가 원칙적으로 허용된다는 견해이다. 승계긍정설은 상태책임과 관련된 행정행위는 사람의 개성과 무관한 물적 행위라는 점과 절차상의 경제를 논거로 한다.

제 6 항 경찰상 긴급상태(경찰책임자로서 제3자)

Ⅰ. 경찰상 긴급상태의 관념

1. 의 의

공공의 안전이나 질서에 대한 위험의 극복을 위해 장해야기인이 아닌 사람에게 경찰의 개입이 이루어지는 경우를 경찰상 긴급상태라 부른다. 예컨대, 운전자 갑이 도로에서 교통사고로 중태에 빠지게 되자 그 도로를 지나는 운전자 을에게 갑을 병원에 긴급후송토록 경찰로부터 명령을 받거나, 또는 적법하게 집회(A집회)가 열리고 있음에도 불구하고, 폭력을 수반한 A집회의 반대집회(B집회)가 열리게 되고, 경찰이 B집회에 대하여 무력으로 진압을 하는 경우, 예기치 않은 위험이 A집회의 참가자에게 발생할 수 있으므로 경찰은 A집회의 주최자와 참가자에게도 해산을 명할 수 있게 되는바, 여기서 A집회의 주최자와 참가자에 대하여 경찰이 해산명령을 내리는 경우 등을 볼 수 있다.

2. 특 징

위험의 발생에 무관계한 자에게 침익적 처분을 가져오는 경찰상 긴급상태는 법치국가에서 예외적인 상황이다. 경찰상 긴급상태에 있어서는 ① 경찰이 중대한 위험을 방관할 수 없다는 점, ② 위험에 무관계한 자가 책임이 있다는 점이 고려되어야 할 핵심적 요소이다. 따라서 장해야기인에 대한 경찰개입의 경우에 비해 비장해야기인에 대한 경찰의 개입은 보다 엄격한 전제요건에 구속되어야 하고, 개입범위도 보다 제한적이어야 한다.

3. 제3자의 성격

경찰상 긴급상태에서 경찰책임자로서 제3자는 현재의 중대한 위험을 방지하는 일을 돕는 경찰의 도구에 해당한다. 따라서 장해야기인이 그 제3자에 저항하면, 그것은 공무방해에 해당한다. 제3자의 행위에 대한 법적 책임은 그 제3자가 아니라 경찰이 부담한다. 경찰의 개입으로 인해 그 제3자에게 손실이 발생하면 보상되어야 한다.

Ⅱ. 경찰상 긴급상태의 법적 근거

경찰상 긴급상태에 대한 일반규정은 없다. 다만 몇몇의 개별 법률에서 나타나고 있을 뿐이다(예: 경직법 제5조 제1항 제3호; 소방법 제24조). 인간생활의 실제상 경찰상 긴급상태의 발생은 불가피하다. 따라서 경찰상 긴급상태에 관한 일반적인 규정을 두는 것이 필요하다. 이에 관한 입법적 보완이 요청된다. 현재로서는 경범죄처벌법 제3조 제1항 29호가 제한된 범위 안에서 경찰상 긴급상태의 일반적인 법적 근거로 기능할 수 있을 것이다. 경찰상 긴급상태는 처분의 상대방에 기본권의 침해를 가져오므로 법률의 근거 없는 경찰상 긴급상태는 인정될 수 없다.

> • **경찰관직무집행법 제5조(위험발생의 방지)** ① 경찰관은 인명 또는 신체에 위해를 미치거나 재산에 중대한 손해를 끼칠 우려가 있는 천재, 사변, 공작물의 손괴, 교통사고, 위험물의 폭발, 광견·분마류등의 출현, 극단한 혼잡 기타 위험한 사태가 있을 때에는 다음의 조치를 할 수 있다.
> 3. 그 장소에 있는 자, 사물의 관리자 기타 관계인에게 위해방지상 필요하다고 인정되는 조치를 하게 하거나 스스로 그 조치를 하는 것
>
> • **소방기본법 제24조(소방활동 종사 명령)** ① 소방본부장, 소방서장 또는 소방대장은 화재, 재난·재해, 그 밖의 위급한 상황이 발생한 현장에서 소방활동을 위하여 필요할 때에는 그 관할구역에 사는 사람 또는 그 현장에 있는 사람으로 하여금 사람을 구출하는 일 또는 불을 끄거나 불이 번지지 아니하도록 하는 일을 하게 할 수 있다. 이 경우 소방본부장, 소방서장 또는 소방대장은 소방활동에 필요한 보호장구를 지급하는 등 안전을 위한 조치를 하여야 한다.
>
> • **경범죄 처벌법 제3조(경범죄의 종류)** ① 다음 각 호의 어느 하나에 해당하는 사람은 10만원 이하의 벌금, 구류 또는 과료(科料)의 형으로 처벌한다.
> 29. (공무원 원조불응) 눈·비·바람·해일·지진 등으로 인한 재해, 화재·교통사고·범죄, 그 밖의 급작스러운 사고가 발생하였을 때에 현장에 있으면서도 정당한 이유 없이 관계 공무원 또는 이를 돕는 사람의 현장출입에 관한 지시에 따르지 아니하거나 공무원이 도움을 요청하여도 도움을 주지 아니한 사람

Ⅲ. 경찰상 긴급상태의 요건

개별 법률에 경찰상 긴급상태에 관한 규정이 있다면, 그러한 규정에 따르면 된다. 개별 규정이 없는 경우, 경범죄처벌법 제3조 제1항 29호가 제한적이지만 경찰상 긴급상태의 근거규정이 된다고 보면, 그 요건은 다음과 같다.

1. 현재의 중대한 위험의 방지

경찰상 긴급상태가 적용되기 위해서는 우선 위험이 이미 실현되었거나 또는 위험의 현실화가 목전에 급박하여야 한다. 급박하여야 한다는 것은 위험의 현실화가 시간적으로 근접하여야 함을 의미한다.

2. 장해야기인에 대한 처분이 무의미할 것

위험 내지 장해의 방지가 장해야기인에 대한 처분을 통해서는 실현이 불가능하여야 한다. 즉 장해에 대한 처분이 위험 내지 장해의 방지·제거에 무의미하여야 한다. 경찰상 긴급상태의 개념상 경찰 스스로 또는 경찰의 위임에 의거하여 제3자가 적시에 위험을 방지할 수 있는 상태에 있지 않아야 한다. 만약 경찰이나 위임받은 제3자가 그러한 상태에 있다면, 그러한 자가 위험을 방지하여야 한다.

3. 비장해야기인에 수인가능성이 있을 것

비례원칙에서 나오는 수인가능성의 관점에서 볼 때, 장해야기인이 아닌 제3자에 대한 경찰의 처분이 그 제3자 자신에 중대한 위험이나 침해를 가져올 수 있는 경우에는 경찰상 긴급상태의 성립이 인정될 수 없다. 예컨대, 심장병환사에세 신체적으로 힘이 드는 일에 참여할 것을 요구하는 행위를 할 수는 없다. 그러한 경찰처분은 수인할 수 없고 따라서 위법한 것이 된다.

Ⅳ. 경찰상 긴급상태의 처분

앞에서 말한 요건이 갖추어진 경우, 경찰상 긴급상태의 예외적인 성격에 비추어 비장해자에 대한 처분은 행정행위에 의해서만 가능하다(농재법 제7조 제2항 참조). 발생된 장해를 제거하거나 구체적인 위험의 발생을 방지할 수 있는 제3자가 다수인이 있는 경우, 경찰기관의 경찰책임자 선택은 의무에 합당한 재량에 따라야 한다. 경찰상 긴급상태의 처분은 과잉금지의 원칙상 물적이나 시간적으로 최소한의 범위에 그쳐야 한다.

> ● **농어업재해대책법 제7조(응급조치)** ① 지방자치단체의 장은 재해가 발생하거나 발생할 우려가 있어 응급조치가 필요하면 해당 지역의 주민을 응급조치에 종사하게 할 수 있으며, 그 지역의 토지·가옥·시설·물자를 사용 또는 수용하거나 제거할 수 있다.
> ② 지방자치단체의 장이 제1항에 따른 응급조치를 할 때에는 대통령령으로 정하는 바에 따라 재해대책 명령서로 집행하여야 한다.

V. 결과제거청구권과 보상

1. 결과제거청구권

경찰행정청은 비장해야기인에 대한 처분으로 인하여 비장해야기인에게 위법한 상태를 사실상 야기하였다면, 경찰은 그 사실상의 위법한 결과를 제거하여야 한다. 여기서 비장해야기인은 결과제거청구권을 갖는다. 예컨대, 갑작스런 교통사고의 발생시, 사고지점 부근에 있는 주민에게 경찰과 공동으로 안전조치를 취하면서 경찰이 그 주민의 주택에 경찰장비를 무단으로 방치한 경우에 그 주민은 위법하게 방치된 경찰장비의 제거를 청구할 권리를 갖는다. 결과제거청구권은 비장해야기인과 경찰 사이에서 문제된다.

2. 보상청구권

비장해야기인은 위험에 대해 책임을 부담할 자가 아니므로, 그 비장해야기인은 자신에게 책임을 부과한 경찰행정청에 대하여 그 책임의 이행으로 인해 생긴 불이익의 보전을 청구할 수 있다(농재법 제7조 제3항 참조). 한편, 보상을 한 행정주체는 경우에 따라 위험의 원인을 제공한 자에게 자신이 부담한 비용(보상금)에 대한 변상을 요구할 수도 있을 것이다.

> **● 농어업재해대책법 제7조(응급조치)** ③ 지방자치단체의 장은 제1항에 따른 처분으로 인하여 손실을 받은 자에게 대통령령으로 정하는 바에 따라 정당한 보상을 하여야 한다.
> **● 소방기본법 제24조(소방활동 종사 명령)** ② 시·도지사는 제1항 전단에 따라 소방활동에 종사한 사람이 그로 인하여 사망하거나 부상을 입은 경우에는 보상하여야 한다.
> ③ 제1항에 따른 명령에 따라 소방활동에 종사한 사람은 시·도지사로부터 소방활동의 비용을 지급받을 수 있다. 다만, 다음 각 호의 어느 하나에 해당하는 사람의 경우에는 그러하지 아니하다.
> 1. 소방대상물에 화재, 재난·재해, 그 밖의 위급한 상황이 발생한 경우 그 관계인
> 2. 고의 또는 과실로 화재 또는 구조·구급 활동이 필요한 상황을 발생시킨 사람
> 3. 화재 또는 구조·구급 현장에서 물건을 가져간 사람

제 3 절 경찰행정작용의 행위형식

공법상 행위	행정입법(법규명령 · 행정규칙)
	행정계획
	행정행위
	공법상 계약
	사실행위(행정지도 포함)
사법상 행위	행정사법작용
	협의의 국고작용(조달작용 · 영리작용)

제 1 항 경찰상 행정입법

Ⅰ. 경찰상 행정입법의 의의

1. 경찰상 행정입법의 개념

경찰상 행정입법이란 국가 등의 행정주체가 경찰상 일반적·추상적인 규범을 정립하는 작용 또는 그에 따라 정립된 규범을 의미한다. 경찰상 행정입법에는 국가행정권에 의한 입법과 지방자치단체에 의한 입법이 있다. 국가행정권에 의한 경찰상 행정입법은 경찰상 법규명령과 경찰상 행정규칙으로 구분한다. 행정규칙은 행정명령이라고도 한다.

2. 법규명령과 행정규칙의 구분

(1) 전통적 견해　전통적으로 법규명령은 「법령상의 수권에 근거하여 행정권이 정립하는 규범으로서 국민과의 관계에서 일반구속적인 규범」으로, 행정규칙은 「행정조직 내부 또는 특별한 공법상의 법률관계 내부에서 그 조직과 활동을 규율하는 일반추상적인 명령으로서 법규적 성질을 갖지 않는 것」으로 정의되어 왔다. 법령상 수권에 근거

하여 발령되는 대통령령·총리령·부령에 규정된 사항 중에도 사항 자체의 성질상 외부적 구속효를 갖지 아니하는 것(예: 대통령령인 각종의 직제)이 있음에도 전통적 견해는 이것을 반영하지 못하는 문제점이 있다.

(2) 사 견 법규명령과 행정규칙의 구분은 국가의 최고규범인 헌법의 관점에서 이루어져야 한다. 헌법상 법규명령과 행정규칙의 구분은 권력분립원리·법률유보원리, 그리고 헌법상 법률유보사항 등의 종합적인 고려 하에서 이루어져야 한다. 이러한 시각에 따라 이 책에서는 ① 헌법제정권력자가 제1차적으로 국회에 부여한 입법권한을 국회가 다시 행정권에 위임하고, 그 위임에 근거하여 행정권이 제정한 입법을 법규명령으로, ② 행정권이 헌법제정권력자로부터 부여받은 고유한 권능에 근거하여 제정한 입법을 행정규칙으로 구분한다.

Ⅱ. 경찰상 법규명령(경찰명령)

1. 경찰상 법규명령의 의의

(1) 경찰상 법규명령의 개념 전통적인 견해는 경찰상 법규명령(예: 도로교통법시행령, 도로교통법시행규칙 등 각종 시행령과 시행규칙)을 법령상 수권에 근거하여 행정권이 정립하는 규범으로서 국민과의 관계에서 일반구속적인 경찰법규범으로 정의한다. 그러나 이 책에서는 경찰상 법규명령을 법령상 수권에 근거하여 행정권이 정립하는 경찰법규범으로서 국민과의 관계에서 통상적으로 법규성을 갖는 행정입법으로 정의한다. 이러한 태도는 「법령의 근거」는 법규명령개념의 필수요소로 보지만, 「법규성」은 필수요소가 아니라 통상적으로 요구되는 요소로 보는 입장에 근거한다. 따라서 이 책에서는 직제를 법규명령의 일종으로 본다. 경찰상 법규명령은 경찰명령 또는 위험방지명령이라고도 한다.

> ● **행정기관의 조직과 정원에 관한 통칙 제4조(직제 등)** ① 행정기관의 조직과 정원을 규정하는 대통령령은 특별한 사유가 없는 한 「정부조직법」(이하 "법"이라 한다) 제2조 제2항의 규정에 의한 중앙행정기관 단위로 정하고, 그 명칭을 "ㅇㅇ직제"로 한다.

(2) 경찰상 법규명령의 성질 ① 경찰상 법규명령의 성질은 입법이지만, 위험방지사무를 위한 경찰행정권의 행위형식의 하나이다. ② 규율대상이 불특정 다수사건인 점에서 개별사건을 규율하는 행정행위(예: 위험지점에서 운전자 甲에 대한 운전일시정지명령)와 구분된다. ③ 제정주체가 행정청인 점에서 국회제정의 법률과 구분된다. ④ 효력이 원칙적으로 경찰행정조직 외부(국민)에 미친다는 점에서 외부적 효과가 없는 행정규칙과 구분된다. 법규명령은 법규이므로 이에 위반하는 행위는 위법행위가 된다. 규정내용의 성

질상 법규명령이 행정 내부적으로만 구속력을 가지는 경우에는 국민과의 관계에서 위법이 문제되지 아니한다.

(3) 경찰상 법규명령의 종류 　경찰상 법규명령은 ① 법적 효력의 위상을 기준으로 비상명령·법률대위명령·법률종속명령, ② 법적 근거의 유무를 기준으로 직권명령·위임명령, ③ 내용을 기준으로 위임명령·집행명령, ④ 제정권자를 기준으로 대통령령·총리령·부령으로 구분된다. 행정규제기본법 제4조 제2항 단서로 인해 고시형식의 경찰상 법규명령도 가능하다.

> **행정규제기본법 제4조(규제 법정주의)** ② 규제는 법률에 직접 규정하되, 규제의 세부적인 내용은 법률 또는 상위법령에서 구체적으로 범위를 정하여 위임한 바에 따라 대통령령·총리령·부령 또는 조례·규칙으로 정할 수 있다. 다만, 법령에서 전문적·기술적 사항이나 경미한 사항으로서 업무의 성질상 위임이 불가피한 사항에 관하여 구체적으로 범위를 정하여 위임한 경우에는 고시 등으로 정할 수 있다.

2. 경찰상 법규명령의 적법요건

(1) 요건의 개관 　경찰상 법규명령은 대통령·행정안전부장관 등 정당한 권한을 가진 기관이 권한 내의 사항에 관해(주체요건) 법률의 우위의 원칙과 법률의 유보의 원칙 등에 반하지 않는 사항을 내용으로 하면서(내용요건), 법정절차(국민의 권리·의무 또는 일상생활과 밀접한 관련이 있는 법령 등을 제정·개정 또는 폐지하고자 할 때에는 국무회의심의 또는 법제처심사에 앞서서 당해 입법안을 마련한 행정청은 행정절차법 제41조 내지 제44조가 정하는 예고절차를 거쳐야 한다)에 따라 제정하고(절차요건), 이를 문서로 제정하되 법조문 형식에 의하고(구 사무관리규정시행규칙 제3조 제1호 참조)(형식요건), 이것이 행정의 상대방에 공포되고(공포요건) 시행기일이 도래함으로써 효력을 발생한다. 그러나 행정규제기본법 제4조 제2항에 따른 법률보충규칙의 적법요건은 행정업무의 효율적 운영에 관한 규정이 정하는 바에 의한다. 이하에서는 다만 내용요건에 관해 몇 가지 살피기로 한다.

(2) 법적 근거와 한계

㈎ 법적 근거 　① 헌법 제75조와 제95조 등에 근거하여 경찰상 법규명령 중 위임명령의 발령을 위해서는 법률상 수권의 근거가 필요하다. 헌법 제75조는 '구체적으로 범위를 정하여 위임받은 사항'만을 위임명령으로 정할 수 있게 하는바, 포괄적 위임의 금지 내지 골격입법은 금지된다. 구체적 위임이란 "법률에 이미 대통령령으로 규정될 내용 및 범위의 기본사항이 구체적으로 규정되어 있어서 누구라도 당해 법률로부터 대통령령에 규정될 내용의 대강을 예측할 수 있어야 함"을 의미한다(헌재 2012. 5. 31, 2011헌

바78). ② 집행명령은 위임명령과 달리 헌법 제75조와 제95조에 근거하여 상위법률 등의 수권이 없이도 직권으로 발령될 수 있다.

> ● **헌법 제75조** 대통령은 법률에서 구체적으로 범위를 정하여 위임받은 사항과 법률을 집행하기 위하여 필요한 사항에 관하여 대통령령을 발할 수 있다.
> **제95조** 국무총리 또는 행정각부의 장은 소관사무에 관하여 법률이나 대통령령의 위임 또는 직권으로 총리령 또는 부령을 발할 수 있다.

(나) 한 계 위임명령은 헌법·법률 등 상위법령의 내용을 위반할 수 없으며, 행정법의 일반원칙에도 반하지 않아야 한다. 집행명령은 집행에 필요한 세칙을 정하는 범위 내에서만 가능하고, 새로운 국민의 권리·의무를 정할 수 없다.

(3) 명 확 성 경찰상 법규명령의 내용은 객관적인 기준에 따라 명령되거나 금지되는 것으로서 수범자인 국민이 법문의 문면으로 그 내용을 인식할 수 있는 것이어야 한다. 경찰명령의 명확성은 법치국가의 기본적인 요청 중의 하나이다.

(4) 경찰책임자 경찰명령의 상대방인 수범자는 기본적으로 추상적인 위험에 대하여 책임이 있는 자로 규정하여야 한다. 위험에 전혀 무관계한 자(비장해야기인)에 대한 처분가능성은 불가피한 경우와 관련하여 예외적으로만 규정하여야 한다(예: 자연재난의 경우).

3. 경찰상 법규명령의 하자

(1) 위법·무효 ① 경찰상 법규명령의 적법요건에 흠이 있으면 위법한 것이 된다. 경찰상 법규명령이 근거법률에 위반되는가의 여부의 판단은 모법과 시행령의 다른 규정들과 그 입법 취지, 연혁 등을 종합적으로 고려한 후에 이루어져야 하며(대판 2001. 8. 24, 2000두2716), 국가의 법체계는 그 자체 통일체라는 점과 법적 안정성의 확보 등에 대한 고려도 있어야 한다. ② 위법한 경찰상 법규명령은 무효이다. 경찰상 행정행위의 경우와 달리 위법한 법규명령의 취소라는 것은 인정되지 아니한다.

(2) 하자있는 법규명령에 따른 행정행위 하자있는 경찰상 법규명령에 따른 행정행위는 당연히 하자있는 것이 된다. 하자있는 경찰상 법규명령에 따른 행정행위는 내용상 중대한 하자를 갖는다. 따라서 근거된 법규명령의 하자가 외관상 명백하다면, 그러한 행정행위는 무효가 되고, 외관상 명백하지 않다면 취소할 수 있는 행위가 된다. 일반적으로 경찰상 법규명령의 하자는 판결로써 확정되기 전까지는 명백하다고 보기 어려우므로 하자있는 경찰상 법규명령에 따른 행정행위는 통상 취소할 수 있는 행위가 된다(대판 1995. 7. 11, 94누4615).

4. 경찰상 법규명령의 통제

(1) **행정권 내부통제** 행정권의 내부적 통제방식으로 절차상 통제(예: 입법예고제, 국무회의의 심의, 법제처의 심사), 감독권에 의한 통제(예: 대통령의 경찰명령 개정지시), 공무원·행정기관의 법령심사, 행정심판이 있다. 특히 행정심판법 제59조는 중앙행정심판위원회에 법령 등의 개선에 관한 강력한 통제권을 부여하고 있다.

> ● **행정심판법 제59조(불합리한 법령 등의 개선)** ① 중앙행정심판위원회는 심판청구를 심리·재결할 때에 처분 또는 부작위의 근거가 되는 명령 등(대통령령·총리령·부령·훈령·예규·고시·조례·규칙 등을 말한다. 이하 같다)이 법령에 근거가 없거나 상위 법령에 위배되거나 국민에게 과도한 부담을 주는 등 크게 불합리하면 관계 행정기관에 그 명령 등의 개정·폐지 등 적절한 시정조치를 요청할 수 있다.
> ② 제1항에 따른 요청을 받은 관계 행정기관은 정당한 사유가 없으면 이에 따라야 한다.

(2) **국회에 의한 통제** 국회에 의한 통제방법에는 간접통제와 동의권유보·적극적 결의·소극적 결의·제출절차 등에 의한 직접통제가 있을 수 있다. 현행법상 법률대위명령인 긴급명령이나 긴급재정·경제명령의 경우에는 적극적 결의의 방식인 승인유보제도가 도입되어 있다(헌법 제76조 제3항·제4항). 그러나 법률종속명령인 대통령령 등의 경우에는 국회법 제98조의2 제1항에 제출절차가 도입되어 있다.

> ● **헌법 제76조** ③ 대통령은 제1항과 제2항의 처분 또는 명령을 한 때에는 지체없이 국회에 보고하여 그 승인을 얻어야 한다.
> ④ 제3항의 승인을 얻지 못한 때에는 그 처분 또는 명령은 그때부터 효력을 상실한다. 이 경우 그 명령에 의하여 개정 또는 폐지되었던 법률은 그 명령이 승인을 얻지 못한 때부터 당연히 효력을 회복한다.
> ● **국회법 제98조의2(대통령령등의 제출등)** ① 중앙행정기관의 장은 법률에서 위임한 사항이나 법률을 집행하기 위하여 필요한 사항을 규정한 대통령령·총리령·부령·훈령·예규·고시등이 제정·개정 또는 폐지된 때에는 10일 이내에 이를 국회 소관상임위원회에 제출하여야 한다. 다만, 대통령령의 경우에는 입법예고를 하는 때(입법예고를 생략하는 경우에는 법제처장에게 심사를 요청하는 때를 말한다)에도 그 입법예고안을 10일 이내에 제출하여야 한다.
> ② 제1항의 기간 이내에 이를 제출하지 못한 경우에는 그 이유를 소관상임위원회에 통지하여야 한다.
> ③ 상임위원회는 위원회 또는 상설소위원회를 정기적으로 개회하여 그 소관중앙행정기관이 제출한 대통령령·총리령 및 부령(이하 이 조에서 "대통령령등"이라 한다)에 대하여 법률에의 위반여부등을 검토하여 당해 대통령령등이 법률의 취지 또는 내용에 합치되지 아니하다고 판단되는 경우에는 소관중앙행정기관의 장에게 그 내용을 통보할 수 있다. 이 경우 중앙행정기관의 장은 통보받은 내용에 대한 처리 계획과 그 결과를 지체 없이 소관상임위원회에 보고하여야 한다.

(3) 법원에 의한 통제(구체적 규범통제)

(가) 구체적 규범통제 헌법은 구체적 규범통제만을 규정하고 있다. 즉, 명령·규칙 또는 처분이 헌법이나 법률에 위반되는 여부가 재판의 전제가 된 경우에는 대법원은 이를 최종적으로 심사할 권한을 가진다(헌법 제107조 제2항). 재판의 전제가 된다는 것은 특정의 사건을 재판할 때에 그 사건에 적용되는 명령·규칙의 위헌·위법 여부가 문제됨을 뜻한다.

(나) 처분적 법규명령에 대한 항고소송 ① 위헌·위법의 처분적 법규명령이 직접 개인의 권리를 침해하는 경우에는 처분의 무효확인소송에 준하여 바로 그 법규명령을 다툴 수 있다(대판 1996. 9. 20, 95누8003). ② 처분적 법규명령의 입법부작위의 경우에는 부작위위법확인소송의 제기가 가능하다.

(4) 헌법재판소에 의한 통제

(가) 법규명령에 대한 헌법소원 헌법 제107조 제2항은 "명령·규칙 또는 처분이 헌법이나 법률에 위반되는 여부가 재판의 전제가 된 경우에는 대법원은 이를 최종적으로 심사할 권한을 가진다"고 규정하고 있는바, 법문상으로는 대법원이 명령규칙·처분의 심사기관인 것으로 보인다. 그런데 헌법재판소는 법무사법시행규칙에 대한 헌법소원의 결정례(헌재 1990. 10. 15, 89헌마178)에서 대법원규칙인 구 법무사법시행규칙 제3조 제1항이 헌법상의 평등권과 국민의 직업선택의 자유를 침해하는 위헌·무효의 규정이라고 결정하여 규칙에 통제를 한 바 있다.

(나) 법규명령 입법부작위에 대한 헌법소원 법령이 명시적으로 행정입법을 위임하고 있음에도 행정부가 행정입법을 부작위하는 경우, 그 부작위가 기본권을 중대하게 침해하면 헌법재판소는 그러한 행정입법의 부작위가 위법함을 심사할 수 있다.

(5) 국민에 의한 통제 국민에 의한 법규명령의 통제수단에는 현재로서 간접적인 것밖에 없다. 여론·자문·청원·압력단체의 활동 등을 들 수 있다. 국민에 의한 통제와 관련하여 특히 의미를 갖는 것은 행정상 입법예고제(절차법 제41조 제1항)라 할 수 있다. 국민의 지위강화와 관련하여 이 제도의 충분한 활용은 큰 의미를 갖는다.

Ⅲ. 경찰상 행정규칙

1. 경찰상 행정규칙의 의의

(1) 경찰상 행정규칙의 개념 전통적인 견해는 경찰상 행정규칙(예: 여름철 범죄예방을 위한 경찰청장의 특별지시)을 행정조직내부 또는 특별한 공법상의 법률관계내부에서 그 조직과 활동을 규율하는 일반추상적인 명령으로서 법규적 성질(외부법으로서의 효력.

대 국민에 대한 구속력)을 갖지 않는 것으로 정의한다. 그러나 이 책에서는 경찰상 행정규칙을 행정조직내부에서 상급행정기관이 행정권에 내재하는 고유한 권능에 근거하여 하급행정기관에 대하여 행정의 조직이나 활동을 보다 자세히 규율하기 위하여 발하는 일반추상적인 명령으로 정의한다. 이러한 이 책의 태도는 「비법규성」을 행정규칙개념의 필수요소가 아니라 통상적으로 요구되는 요소(常素)로 보는데 기인한다. 행정규칙의 본질은 행정규칙의 제정권능이 「행정권에 내재하는 고유한 권능인 행정권의 사무집행권」에 근거한다는 데 있다. 경찰상 행정규칙은 경찰상 행정명령 또는 경찰규칙이라고도 한다.

(2) 경찰상 행정규칙의 성질 ① 경찰상 행정규칙은 기본적으로 경찰조직 내부에 효력을 미치는 내부법이다. 이러한 점에서 통상적으로 외부적으로 효력을 미치는 경찰상 법규명령과 구분된다. 따라서 경찰상 행정규칙은 국민과의 관계에서 위법의 문제를 가져오지 아니한다. ② 경찰상 행정규칙은 내부법이지만, 그 내용이 일반·추상적이라는 점에서 경찰조직내부에서의 개별·구체적인 직무상 명령과 구분된다.

(3) 경찰상 행정규칙의 종류

㈎ 내용에 따른 구분 경찰상 행정규칙은 내용에 따라 조직규칙·근무규칙, 법률해석(규범해석)규칙, 재량지도규칙, 법률보충규칙으로 구분된다. ① 조직규칙은 행정청 내부조직·질서·권한·절차를 규율하는 규칙을 말하고, 근무규칙은 하급기관이나 기관구성자인 공무원의 근무에 관한 규칙을 말한다. ② 법률해석(규범해석)규칙은 법률의 통일적·단일적인 적용을 위한 법규범의 해석과 적용에 관한 규칙을 말하며, 해석준칙이라고도 한다. ③ 재량지도규칙은 통일적이고도 동등한 재량행사를 확보하기 위해 어떠한 방식으로 재량을 행사할 것인가에 관한 규칙을 말하며, 재량준칙이라고도 한다. ④ 법률보충규칙은 법률의 내용이 일반적이어서 보충 내지 구체화의 과정이 필요하기 때문에 이를 보충하거나 구체화하는 고시·훈령(행정규칙)을 말한다. 규범구체화(행정)규칙은 법률보충규칙의 하나이다.

㈏ 형식에 따른 분류 행정업무의 효율적 운영에 관한 규정에 따라 행정규칙은 지시문서, 공고문서의 형식으로 나타난다. 지시문서와 공고문서는 법적 성질이나 효과에 있어서 차이가 없다.

● **행정업무의 효율적 운영에 관한 규정 제4조(공문서의 종류)** 공문서(이하 "문서"라 한다)의 종류는 다음 각 호의 구분에 따른다.

1. 법규문서: 헌법·법률·대통령령·총리령·부령·조례·규칙(이하 "법령"이라 한다) 등에 관한 문서
2. 지시문서: 훈령·지시·예규·일일명령 등 행정기관이 그 하급기관이나 소속 공무원에 대하여

일정한 사항을 지시하는 문서
3. 공고문서: 고시·공고 등 행정기관이 일정한 사항을 일반에게 알리는 문서
4. 비치문서: 행정기관이 일정한 사항을 기록하여 행정기관 내부에 비치하면서 업무에 활용하는 대장, 카드 등의 문서
5. 민원문서: 민원인이 행정기관에 허가, 인가, 그 밖의 처분 등 특정한 행위를 요구하는 문서와 그에 대한 처리문서
6. 일반문서: 제1호부터 제5호까지의 문서에 속하지 아니하는 모든 문서

[참고] 구 사무관리규정 제7조(공문서의 종류) 공문서(이하 "문서"라 한다)는 다음과 같이 법규문서·지시문서·공고문서·비치문서·민원문서 및 일반문서로 나눈다.
1. 법규문서는 헌법·법률·대통령령·총리령·부령·조례 및 규칙등에 관한 문서를 말한다.
2. 지시문서는 훈령·지시·예규 및 일일명령등 행정기관이 그 하급기관 또는 소속공무원에 대하여 일정한 사항을 지시하는 문서를 말한다.
3. 공고문서는 고시·공고등 행정기관이 일정한 사항을 일반에게 알리기 위한 문서를 말한다.
4. (이하 생략)

● **구 사무관리규정 시행규칙(폐지되었음) 제3조(문서작성의 원칙)** 영 제7조의 규정에 의한 문서는 다음 구분에 따라 작성한다.
1. 법규문서는 조문형식에 의하여 작성하고, 누년 일련번호를 사용한다.
2. 지시문서는 다음 구분에 의하여 작성한다.
가. 훈령
상급기관이 하급기관에 대하여 장기간에 걸쳐 그 권한의 행사를 일반적으로 지시하기 위하여 발하는 명령으로서 조문형식 또는 별지 제1호의2 서식의 시행문형식(이하 "시행문형식"이라 한다)에 의하여 작성하고, 누년 일련 번호를 사용한다.
나. 지시
상급기관이 직권 또는 하급기관의 문의에 의하여 하급기관에 개별적·구체적으로 발하는 명령으로서 시행문형식에 의하여 작성하고, 연도표시 일련번호를 사용한다.
다. 예규
행정사무의 통일을 기하기 위하여 반복적행정사무의 처리기준을 제시하는 법규문서외의 문서로서 조문형식 또는 시행문형식에 의하여 작성하고, 누년 일련번호를 사용한다.
라. 일일명령
당직·출장·시간외근무·휴가등 일일업무에 관한 명령으로서 시행문형식 또는 별지 제2호서식의 회보형식(이하 "회보형식"이라 한다)등에 의하여 작성하고, 연도별 일련번호를 사용한다.
3. 공고문서는 다음 구분에 의하여 작성한다.
가. 고시
법령이 정하는 바에 따라 일정한 사항을 일반에게 알리기 위한 문서로서 연도표시 일련번호를 사용한다.
나. 공고

일정한 사항을 일반에게 알리는 문서로서 연도표시 일련번호를 사용한다.

헌재 2008. 11. 27, 2005**헌마**161·189(**병합**)(**전원재판부**)(고시의 법적 성질은 일률적으로 판단될 것이 아니라 고시에 담겨진 내용에 따라 구체적인 경우마다 달리 결정된다. 즉, 고시가 일반·추상적 성격을 가질 때에는 법규명령 또는 행정규칙에 해당하지만, 고시가 구체적인 규율의 성격을 갖는다면 행정처분에 해당한다).

(4) 행정규칙형식의 법규명령과 법규명령형식의 행정규칙(입법형식과 규율사항의 불일치)

㈎ 행정규칙형식의 법규명령(고시·훈령 형식 법규명령사항)

(a) 의 의 행정규칙형식의 법규명령이란 행정규칙의 형식인 고시·훈령의 형식으로 제정되었으나, 법규명령의 성질을 갖는 행정입법을 말한다.

(b) 인정 여부 행정기관이 고시·훈령 등의 형식으로 상위법령을 보충·구체화한 경우, 이러한 고시·훈령이 법규성을 가질 수 있는지의 여부가 문제된다. ① 학설은 법규명령설, 행정규칙설, 규범구체화행정규칙설, 위헌무효설 등이 있다. ② 판례는 법규명령으로 보고 대외적 효력을 인정한다. ③ 생각건대, 그 성질은 법령에 근거가 있는 경우와 없는 경우로 구분하여 검토하여야 한다(수권여부기준설). 만약 침익적 사항이 법령상 위임에 의해 고시·훈령의 형식으로 발령되었다면, 그것은 법규명령이 된다. 수익적 사항의 경우도 마찬가지이다.

헌재 2012. 2. 23, 2009**헌마**318(오늘날 의회의 입법독점주의에서 입법중심주의로 전환하여 일정한 범위 내에서 행정입법을 허용하게 된 동기는 사회적 변화에 대응한 입법수요의 급증 및 종래의 형식적 권력분립주의로는 현대사회에 대응할 수 없다는 기능적 권력분립론에 있다고 할 수 있다. 이를 감안하여 헌법 제40조와 헌법 제75조, 제95조의 의미를 살펴보면, 입법자는 규율의 형식을 선택할 수 있고, 입법기관이 아닌 행정기관은 국회에서 법률 등으로 구체적인 범위를 정하여 위임한 사항에 관하여 법정립의 권한을 갖게 된다 할 것이다. 따라서 헌법이 인정하고 있는 위임입법의 형식은 예시적인 것으로 보아야 할 것이고, 법률이 어떤 사항을 행정규칙에 위임하더라도 그 행정규칙은 위임된 사항만을 규율할 수 있는 것이므로, 국회입법의 원칙과 상치되지 않는다).

대판 2011. 9. 8, 2009**두**23822(법령의 규정이 특정 행정기관에 그 법령 내용의 구체적 사항을 정할 수 있는 권한을 부여하면서 그 권한 행사의 절차나 방법을 특정하고 있지 않아 수임행정기관이 행정규칙의 형식으로 그 법령의 내용이 될 사항을 구체적으로 정하고 있는 경우, 그 행정규칙이 당해 법령의 위임 한계를 벗어나지 않는 한, 그와 결합하여 대외적으로 구속력이 있는 법규명령으로서 효력을 가진다).

대판 1987. 9. 29, 86**누**484(국세청장으로 하여금 양도소득세의 실지거래가액이 적용될 부동산투기억제를 위하여 필요하다고 인정되는 거래를 지정하게 하면서 그 지정의 절차나 방법에 관하여 아무런 제한을 두고 있지 아니하고 있어 이에 따라 국세청장이 재산제세사무처리규정 제72조 제3항에서 양도소득세의 실지거래가액이 적용될 부동산투기억제를 위하여 필요하다고 인정되는 거래의 유형을 열거하고 있으므로 이는 비록 위 재산제세사무처리규정이 국세청장의 훈령형식으로 되어 있다 하더라도 이에 의한 거래지정은 소득세법시행령의 위임에 따라 그 규정의 내용을 보충하는 기능을 가지면서 그와 결합하여 대외적 효력을 발생하게 된다 할 것이고 그 보충규정의 내용이 위 법령의 위임한계를 벗어났다는 등 특별한 사정이 없는 한 양도소득세의 실지거래가액에 의한 과세의 법령상의 근거가 된다고 할 것이다).

(c) **실 정 법** 행정규제기본법 제4조 제2항 단서는 행정규칙형식의 법규명령을 명문으로 인정한 것으로 이해된다. 개별법령상으로 대외무역법 제19조 제1항에 의한 물품수입 등의 고시 등을 들 수 있다.

● **행정규제기본법 제4조(규제 법정주의)** ② 규제는 법률에 직접 규정하되, 규제의 세부적인 내용은 법률 또는 상위법령에서 구체적으로 범위를 정하여 위임한 바에 따라 대통령령·총리령·부령 또는 조례·규칙으로 정할 수 있다. 다만, 법령에서 전문적·기술적 사항이나 경미한 사항으로서 업무의 성질상 위임이 불가피한 사항에 관하여 구체적으로 범위를 정하여 위임한 경우에는 고시 등으로 정할 수 있다.
● **대외무역법 제19조(전략물자의 고시 및 수출허가 등)** ① 지식경제부장관은 관계 행정기관의 장과 협의하여 대통령령으로 정하는 다자간 국제수출통제체제의 원칙에 따라 국제평화 및 안전유지와 국가안보를 위하여 수출허가 등 제한이 필요한 물품등(대통령령으로 정하는 기술을 포함한다)을 지정하여 고시하여야 한다.

(d) **한 계** 행정규칙형식의 법규명령도 법규명령에 해당하므로, 헌법 제75조, 제95조의 취지 및 행정규제기본법 제4조 제2항의 위임입법의 제한원리에 따라야 한다. 즉, 포괄적 위임의 금지의 원칙 등에 따라야 하고 또한 상위법령이나 행정법의 일반원칙에 위반되어서도 아니 된다(헌재 2004. 10. 28, 99헌바91; 대결 2006. 4. 28, 2003마715).

(나) **법규명령형식의 행정규칙**(대통령령·총리령·부령 형식의 행정규칙)

(a) **의 의** 법규명령형식의 행정규칙이란 법규명령의 형식인 부령의 형식으로 제정되었으나, 행정규칙의 성질을 갖는 행정입법을 말한다.

(b) **인정 여부** 행정사무처리기준 등과 같은 행정내부적 사항은 고시·훈령의 형식으로 규정되는 것이 정당하다. 만약 그러한 사항이 대통령령·총리령·부령의 형식으로 규정되면, 그러한 규정은 법규명령인가 아니면 행정규칙인가의 문제가 발생한다. ① 학설은 법규명령설(형식설), 행정규칙설(실질설), 수권여부기준설로 나뉜다. ② 판례는 종래부터 부령(시행규칙)으로 정한 행정처분의 기준을 행정규칙으로 보았다. 그러나 대통

령령으로 정한 행정처분의 기준은 법규명령으로 보았다. ③ 생각건대, 법규명령을 타율적 입법으로서 법령의 수권에 근거하여 제정되는 명령으로 이해하는 이 책의 입장에서는 행정사무처리기준 등과 같은 행정내부적인 사항(행정규칙사항)일지라도 법령의 위임을 받아 대통령령·총리령·부령으로 제정되었다면 법규명령으로 본다. 법규명령이라 하여 반드시 대외적 구속력이 있어야 하는 것은 아니다.

대판 1997. 5. 30, 96누5773(도로교통법시행규칙 제53조 제1항이 정한 [별표 16]의 운전면허행정처분기준은 부령의 형식으로 되어 있으나, 그 규정의 성질과 내용이 운전면허의 취소처분 등에 관한 사무처리기준과 처분절차 등 행정청 내부의 사무처리준칙을 규정한 것에 지나지 아니하므로 대외적으로 국민이나 법원을 기속하는 효력이 없으므로, 자동차운전면허취소처분의 적법 여부는 그 운전면허행정처분기준만에 의하여 판단할 것이 아니라 도로교통법의 규정 내용과 취지에 따라 판단되어야 한다).

대판 2001. 3. 9, 99두5207(구 청소년보호법 제49조 제1항·제2항에 따른 같은법시행령 제40조 [별표 6]의 위반행위의종별에따른과징금처분기준은 법규명령이기는 하나 모법의 위임규정의 내용과 취지 및 헌법상의 과잉금지의 원칙과 평등의 원칙 등에 비추어 같은 유형의 위반행위라 하더라도 그 규모나 기간·사회적 비난 정도·위반행위로 인하여 다른 법률에 의하여 처벌받은 다른 사정·행위자의 개인적 사정 및 위반행위로 얻은 불법이익의 규모 등 여러 요소를 종합적으로 고려하여 사안에 따라 적정한 과징금의 액수를 정하여야 할 것이므로 그 수액은 정액이 아니라 최고한도액이다).

대판 2007. 9. 20, 2007두6946(제재적 행정처분의 기준이 부령의 형식으로 규정되어 있더라도 그것은 행정청 내부의 사무처리준칙을 정한 것에 지나지 아니하여 대외적으로 국민이나 법원을 기속하는 효력이 없고, 당해 처분의 적법 여부는 위 처분기준만이 아니라 관계 법령의 규정 내용과 취지에 따라 판단되어야 하므로, 위 처분기준에 적합하다 하여 곧바로 당해 처분이 적법한 것이라고 할 수는 없지만, 위 처분기준이 그 자체로 헌법 또는 법률에 합치되지 아니하거나 위 처분기준에 따른 제재적 행정처분이 그 처분사유가 된 위반행위의 내용 및 관계 법령의 규정 내용과 취지에 비추어 현저히 부당하다고 인정할 만한 합리적인 이유가 없는 한 섣불리 그 처분이 재량권의 범위를 일탈하였거나 재량권을 남용한 것이라고 판단해서는 안 된다).

2. 경찰상 행정규칙의 적법요건

(1) 요건의 개관 경찰상 행정규칙은 ① 권한 있는 기관이 제정하여야 하고, ② 그 내용이 법규나 상위규칙에 반하지 않고, 실현불가능하지 않고, 명확하여야 하며, ③ 소정의 절차와 형식이 있으면 그것을 갖추어야 적법한 것이 된다. 개별법령상의 수권을 요하는 것은 아니다. 그리고 행정규칙은 적당한 방법으로 통보되고 도달하면 효력을 갖는다. 반드시 국민에게 공포되어야만 하는 것은 아니다(대판 1990. 5. 22, 90누639). 이하

에서는 다만 내용요건으로서 법적 근거에 관해 보기로 한다.

(2) **법적 근거** 경찰상 행정규칙은 국민의 법적 지위에 직접 영향을 미치는 것이 아니고, 하급기관의 권한행사를 지휘하는 것이므로 상급기관이 갖는 포괄적인 감독권에 근거하여 발할 수 있다. 행정규칙의 발령을 위한 수권은 집행권에 내재한다. 따라서 행정규칙의 발령에는 개별적인 근거법은 필요 없고 일반적인 조직규범으로 족하다(통설).

(3) **법적 한계** 행정규칙의 제정은 법률이나 상위규칙, 비례원칙 등 행정법의 일반원칙에 반하지 않는 범위 내에서, 그리고 목적상 필요한 범위 내에서만 가능하다. 국민의 권리·의무에 관한 사항을 새로이 규정할 수 없음은 물론이다.

3. 경찰상 행정규칙의 효력

(1) **내부적 효과**(경찰조직 내부에서의 효과) 경찰상 행정규칙은 발령기관의 권한이 미치는 범위 내에서 일면적 구속력을 갖는다. 즉 행정규칙의 적용을 받는 상대방을 직접 구속한다(예컨대, 경찰청장의 지시는 전 경찰조직에 미치고, 서울지방경찰청장의 지시는 서울지방경찰조직에 미친다). 행정규칙에 반한 행위를 한 자에게는 징계책임 또는 징계벌이 가해질 수 있다. 따라서 내부적 구속력 역시 일종의 법적인 구속력이다.

(2) **외부적 효과**(국민에 미치는 효과) ① 행정규칙은 직접적인 외부적 효과를 갖지 아니한다. 행정규칙은 행정조직내부의 규율일 뿐 사인의 권리·의무를 규정하지 못하고, 법원도 구속하지 못한다(대판 1990. 10. 16, 90누4297). 한편, ② 재량준칙과 관련하여 논의되는 것이지만, 행정의 실제상 평등의 원칙에 의거하여 행정규칙은 상황에 변동이 없는 한 영속적으로 누구에게나 동등하게 적용되어야 한다. 이 때문에 행정규칙은 외부적으로 간접적 구속효를 갖는다(대판 1993. 6. 29, 93누5635).

4. 경찰상 행정규칙의 하자

(1) **위법·무효** 적법요건을 완전히 갖춘 행정규칙은 적법한 행위로서 효력을 발생하게 된다. 그러나 적법요건을 완전하게 갖춘 것이 아닌 행정규칙은 하자 있는 것이 된다. 하자 있는 행정규칙은 효력을 발생하지 못한다. 행정행위의 경우에는 하자의 효과로서 무효와 취소의 경우가 있으나, 행정규칙의 경우에는 무효인 경우만 있을 뿐이다.

(2) **하자있는 행정규칙에 따른 행정행위** 하자있는 행정규칙에 따른 행정행위가 당연히 하자가 있다고 말하기 어렵다. 하자있는 행정규칙에 따른 행정행위가 하자가 있는지의 여부는 그 행정행위와 관련된 법률과 법규명령에 위반되는가의 여부에 따라 판단하여야 한다. 하자있는 행정규칙에 위반되는가의 여부에 따라 판단할 것이 아니다.

5. 경찰상 행정규칙의 통제

(1) 행정권 내부통제 행정권의 내부적 통제방식으로 법규명령의 경우와 마찬가지로 절차상의 통제, 감독청에 의한 통제, 공무원·행정기관의 행정규칙심사, 중앙행정심판위원회의 법령 등의 개선 요구 등이 있다. 행정규칙에 대한 행정내부적 통제수단은 다른 수단에 비해 그 효과가 직접적이라는 점에서 의의가 크다.

(2) 국회에 의한 통제 행정규칙에 대한 국회의 통제방식도 법규명령의 경우와 유사하다. 즉 직접적 통제방식으로 제출절차가 인정되고 있다(국회법 제98조의2). 그 밖에 간접적 통제방식으로 국회의 국정감사·국정조사에 의한 통제를 들 수 있다.

(3) 법원에 의한 통제 ① 행정규칙은 항고소송의 대상인 처분도 아니고 법규도 아니므로 법원을 구속하는 재판기준이 되지 아니한다. ② 행정규칙 그 자체가 국민의 권리·의무와 직접 관련되는 사항을 규정하고, 또한 그러한 규칙에 의거하여 국민의 권익이 침해되고, 국민이 행정규칙 그 자체를 다투지 아니하고는 도저히 구제를 받을 수 없는 특별한 사정이 있는 경우에는 행정규칙의 처분성을 인정하여 그것을 직접 다투는 행정쟁송을 제기할 수 있다는 주장도 있다. 그러나 그것이 행정소송법상 처분개념에 해당하지 아니하면 행정쟁송의 제기는 불가하다고 볼 것이다.

(4) 헌법재판소에 의한 통제 행정규칙이 기본권을 침해하고 아울러 다른 방법으로는 이러한 침해를 다툴 수가 없어서 결과적으로 권리보호가 불가능하다면, 헌법소원의 방식으로 이를 다툴 수 있다(헌법 제111조 제1항; 헌재법 제68조 제1항)(헌재 2007. 8. 30, 2004헌마670).

(5) 국민에 의한 통제 국민에 의한 통제의 방식으로는 여론·자문·청원·압력단체의 활동 등을 들 수 있다. 그러나 이러한 통제는 그 효과가 간접적이라는 데에 한계를 갖는다. 그럼에도 국민주권 내지 주민참정이라는 원리에 입각하여 국민(주민)에 의한 통제방식은 존중되어야 한다.

제 2 항 경찰상 행정계획

Ⅰ. 경찰상 행정계획의 의의

1. 개 념

경찰상 행정계획이란 경찰영역에서 이루어지는 행정계획을 말한다. 행정계획은 행정에 관한 전문적·기술적 판단을 기초로 하여 특정한 행정목표를 달성하기 위하여 서로 관련되는 행정수단을 종합·조정함으로써 장래의 일정한 시점에 있어서 일정한 질서를 형성하기 위하여 설정된 활동기준을 말한다(대판 2007. 4. 12, 2005두1893).

2. 성 질

구체적인 계획은 법규범(예: 예산계획)으로 나타날 수도 있고, 행정행위로 나타날 수도 있고(국토의 계획 및 이용에 관한 법률상 도시관리계획), 단순한 사실행위(예: 민원사무신속처리계획)로 나타날 수도 있다. 따라서 계획의 구체적인 법적 성질은 계획마다 개별적으로 검토되어야 한다. 개별검토설이 통설이다. 판례는 (구) 도시계획법 제12조 소정의 고시된 도시계획결정은 특정 개인의 권리 내지 법률상의 이익을 개별적이고 구체적으로 규제하는 효과를 가져오게 하는 행정청의 처분이라 할 것이고, 이는 행정소송의 대상이 된다고 하였다(대판 1982. 3. 9, 80누105).

대판 2009. 9. 17, 2007다2428 전원합의체(재건축조합이 행정주체의 지위에서 도시정비법 제48조에 따라 수립하는 관리처분계획은 정비사업의 시행 결과 조성되는 대지 또는 건축물의 권리귀속에 관한 사항과 조합원의 비용 분담에 관한 사항 등을 정함으로써 조합원의 재산상 권리·의무 등에 구체적이고 직접적인 영향을 미치게 되므로, 이는 구속적 행정계획으로서 재건축조합이 행하는 독립된 행정처분에 해당한다).
헌재 2008. 9. 25, 2007헌마376(교육인적자원부장관(현 교육과학기술부장관)이 2004. 10. 28. 발표한 '학교교육정상화를 위한 2008학년도 이후 대학입학제도 개선안'은 현행 대학입학제도의 문제점 및 개선방향 혹은 추진 방향 및 추진을 위한 보완수단 등에 관한 일반적인 내용이 담겨 있을 뿐이므로, 그 자체로서는 법적 구속력이나 외부효과가 발생하지 않는 행정청의 지침 내지 의견진술 정도의 의미를 가지는 데 지나지 않는다. 장기적인 대학입학제도 개선을 위하여 마련된 이 사건 개선안이 피청구인이 대학입학전형기본계획을 마련함에 있어 행정지침을 제공하는 것은 사실이나, 피청구인이 반드시 이에 구속되는 것으로 보기는 어려우며, 실제로 2008학년도 이후의 대학입학전형기본계획을 살펴보더라도 이 사건 개선안이 그대로 반영되었다고 보기 어렵다. 그렇다면 이 사건 개선안은 비구속적 행정계획안에 불과할 뿐이다).

3. 종 류

행정계획의 종류는 기본적으로 과정으로서의 계획(Planning)이 아니라 구체적 계획(Plan)과 관련한다. 행정계획은 계획기간에 따라 단기계획·중기계획·장기계획으로 구분할 수 있고, 계획대상지역에 따라 전국계획·지방계획·구역계획으로 구분할 수 있고, 생활영역에 따라 경제계획·사회계획·교육문화계획·시설계획 등으로 구분할 수 있다. 법학의 관점에서 중요한 구분은 자료제공적 계획(비구속적 계획, 정보제공적 계획)·영향적 계획(반구속적 계획, 유도적 계획)·규범적 계획(구속적 계획, 명령적 계획)의 구분이다.

Ⅱ. 경찰상 행정계획의 절차

1. 일 반 법

행정계획의 절차는 구체적 계획(Plan)이 아니라 과정으로서의 계획(Planning)과 관련한다. 현재로서 행정계획의 절차를 규정하는 일반법은 없다. 경찰행정영역에서도 마찬가지이다. 국토의 계획 및 이용에 관한 법률 등 개별 법률에서는 행정계획절차에 관한 규정을 볼 수 있다. 행정계획절차는 행정내부적인 절차와 행정외부적인 절차로 구분할 수 있다.

2. 행정내부적 절차

행정내부적 절차로 예로 ① 관계기관의 장과의 협의를 하게 하는 경우(예: 주택법 제4조), ② 관계기관의 장의 의견을 듣도록 하는 경우(예: 국토의 계획 및 이용에 관한 법률 제24조 제5항), ③ 상급행정청의 승인이나 조정을 받도록 하는 경우(예: 국토의 계획 및 이용에 관한 법률 제22조 제1항), ④ 관련심의회의 심의를 거치게 하는 경우(예: 대외경제장관회의 규정 제2조), ⑤ 국무회의의 심의를 거치게 하는 경우(예: 헌법 제89조 제1·4·6·13호), ⑥ 지방의회의 의견을 듣도록 하는 경우(예: 국토의 계획 및 이용에 관한 법률 제28조 제1항) 등을 볼 수 있다.

3. 행정외부적 절차

행정외부적 절차의 예로 주민 및 관계 전문가 등으로부터 의견을 듣기 위한 공청회(예: 국토의 계획 및 이용에 관한 법률 제14조), 주민과 이해관계자의 권한행정청에 대한 도시관리계획의 입안의 제안(예: 국토의 계획 및 이용에 관한 법률 제26조) 등을 볼 수 있다.

Ⅲ. 경찰상 행정계획의 효과

1. 일 반 론

행정계획의 효과는 기본적으로 과정으로서의 계획(Planning)이 아니라 구체적 계획(Plan)과 관련한다. 개인의 자유와 권리를 제한하는 계획은 반드시 국민들에게 알려져야만 효력을 발생한다. 법률이나 부령 등 법령형식의 계획은 '법령 등 공포에 관한 법률'이 정한 바의 형식을 갖추어서 공포되어야 하고, 특별한 규정이 없으면 공포한 날부터 20일이 경과함으로써 효력이 발생한다(법령 등 공포에 관한 법률 제13조).

> **법령 등 공포에 관한 법률 제11조(공포 및 공고의 절차)** ① 헌법개정·법률·조약·대통령령·총리령 및 부령의 공포와 헌법개정안·예산 및 예산 외 국고부담계약의 공고는 관보에 게재함으로써 한다.

2. 구 속 효

자료제공적 계획이나 영향적 계획은 구속효(법적 구속력)를 갖지 아니한다. 그러나 규범적 계획은 당연히 구속효를 갖는다. 그러나 구속효의 내용은 한마디로 말할 수 없다. "이 법에 따른 국토종합계획은 다른 법령에 따라 수립되는 국토에 관한 계획에 우선하며 그 기본이 된다. … "고 규정하는 국토기본법 제8조에서 보는 바와 같이 국가에 대하여 구속력을 갖는 계획도 있고, 사인이 국토의 계획 및 이용에 관한 법률에서 정하는 도시관리계획을 위반하면 벌칙이 가해지는 바와 같이 국민에 대하여 구속력을 갖는 계획도 있다.

3. 집 중 효

택지개발촉진법 제11조 제1항에서 보는 바와 같이 계획확정이 일반 법규에 규정되어 있는 승인 또는 허가 등을 대체시키는 효과를 집중효라 부른다. 집중효는 절차간소화를 통한 사업자의 부담완화, 절차의 촉진 등을 목적으로 한다.

> **택지개발촉진법 제11조(다른 법률과의 관계)** ① 시행자가 실시계획을 작성하거나 승인을 받았을 때에는 다음 각 호의 결정·인가·허가·협의·동의·면허·승인·처분·해제·명령 또는 지정(이하 "인·허가등"이라 한다)을 받은 것으로 보며, 지정권자가 실시계획을 작성하거나 승인한 것을 고시하였을 때에는 관계 법률에 따른 인·허가등의 고시 또는 공고가 있은 것으로 본다.
> 1. 「국토의 계획 및 이용에 관한 법률」 제30조에 따른 도시관리계획의 결정, 같은 법 제56조에 따른 개발행위의 허가, 같은 법 제86조에 따른 도시계획시설사업 시행자의 지정, 같은 법 제88조에 따른 실시계획의 인가
> 2. (이하 생략)

Ⅳ. 경찰상 행정계획의 통제

1. 의 의

행정계획의 통제는 구체적 계획(Plan)을 포함하는 의미의 과정으로서의 계획(Planning)과 관련한다. 행정계획의 통제란 행정계획이 적법하고 타당한 것이 되도록 하

기 위한 일체의 작용을 말한다. 행정계획의 통제에는 ① 자기통제로서 행정권 스스로에 의한 통제, 즉 행정내부적 통제와 ② 타자통제로서 국회에 의한 통제, 법원에 의한 통제, 헌법재판소에 의한 통제, 그리고 국민에 의한 통제를 볼 수 있다.

2. 행정내부적 통제

행정내부적 통제로 ① 행정계획의 수립과정에서 행정부 내부적으로 일정한 절차를 거치게 함으로써 행정계획의 합법성·합목적성·합리성을 확보하는 절차상 통제, ② 상급행정청이 행정계획의 합법성·합목적성·합리성을 확보하기 위해 하급행정청에 대하여 행정계획의 기준·내용 등을 지시하거나, 기존의 행정계획의 취소·변경을 명하는 감독권에 의한 통제, ③ 행정계획이 명백히 위법한 경우, 공무원이나 행정기관이 행정계획의 시행을 거부할 수 있는 공무원에 의한 심사, ④ 처분성을 갖는 행정계획이 행정심판을 통해 통제될 수 있는 행정심판에 의한 통제가 있다.

3. 행정외부적 통제(1) — 국회에 의한 통제

① 간접적 통제수단으로 국무총리나 장관에 대한 해임건의제도, 국정감사와 국정조사제도 등을 들 수 있다. 간접적 통제수단은 그 효과가 통상 간접적이고 사후적이라는 데 한계가 있다. ② 직접적 통제수단으로 행정계획의 성립·발효에 국회가 직접 통제를 가할 수 있도록 규정하는 명시적 규정은 찾아보기 어렵다. 헌법상 예산(예산계획)은 국회의 의결을 요하지만, 예산계획은 정치적 계획으로서 통상의 행정계획과 성질을 달리한다.

4. 행정외부적 통제(2) — 법원에 의한 통제

(1) 문제상황 행정계획에 대한 재판은 ① 행정계획이 사법심사의 대상이 되는가, 그리고 ② 사법심사의 대상이 된다고 하는 경우, 법원이 어느 정도로 행정권에 자유영역을 인정하여야 하는가의 문제를 쟁점으로 한다. 예컨대, A군수가 국토의 계획 및 이용에 관한 법률이 정하는 바에 따라 B지구에 C도시관리계획을 책정·시행하였고, 이로 인해 자신의 땅값이 폭락한 甲이 C도시관리계획이 국토의 계획 및 이용에 관한 법률에 위반됨을 이유로 C도시관리계획의 취소를 구하는 소송을 제기하였다고 하자. 여기서 문제의 쟁점은 ① 과연 C도시관리계획이 행정소송법이 규정하는 행정소송의 대상인 처분에 해당하는지의 문제(처분성의 문제)와 ② 만약 C도시관리계획이 행정소송법이 규정하는 행정소송의 대상인 처분에 해당한다고 하더라도 법원은 C도시관리계획을 수립함에 있어서 A군수에게 어느 정도의 판단의 자유영역이 있다고 할 것인가의 문제(계획재량의 문제)

가 있다.

(2) 처 분 성　행정소송법 제2조 제1항 제1호는 「"처분등"이라 함은 행정청이 행하는 구체적 사실에 관한 법집행으로서의 공권력의 행사 또는 그 거부와 그 밖에 이에 준하는 행정작용(이하 "처분"이라 한다) 및 행정심판에 대한 재결을 말한다」고 규정하면서, 행정소송법 제19조는 "취소소송은 처분등을 대상으로 한다. …"고 규정하고 있다. 따라서 행정계획이 취소소송의 대상이 되는가의 여부는 행정계획이 행정소송법상 처분등(처분 + 재결)에 해당하는가의 여부에 달려 있다. 행정계획의 성질은 행정계획마다 검토되어야 하지만, 국토의 계획 및 이용에 관한 법률에서 규정하는 도시관리계획과 같이 행정행위의 성질을 갖는 행정계획은 처분등에 해당하므로, 취소소송의 대상이 된다.

(3) 계획법과 계획재량(형성의 자유)　예컨대, 甲이 위법한 A도시관리계획으로 법률상 이익이 침해되었다고 주장하면서, A도시관리계획의 취소를 구하는 소송을 제기하면, 법원은 당연히 A도시관리계획이 국토의 계획 및 이용에 관한 법률에 위반되는지의 여부를 심사하게 된다. 그런데 ① 식품위생법 등 전통적 의미의 법률(통상의 법률이라 부르기도 한다)은 「만약 …하면, …한다」는 규정방식(예: 만약 미성년자에게 술을 판매하면, 영업허가를 취소한다)을 취하지만, ② 국토의 계획 및 이용에 관한 법률 등 계획법률은 「…위하여, …한다」는 규정방식(예: 국토의 균형있는 발전을 위하여, …계획을 수립한다)을 취한다. ①의 규정형식을 조건프로그램이라 하고, ②의 규정형식을 목적프로그램이라 한다. 조건프로그램에서는 규율상황 자체가 비교적 구체적이지만, 목적프로그램에서는 추상적인 목표를 제시할 뿐, 구체적인 계획의 내용에 관해서는 자세히 언급하지 않음이 일반적이다. 이 때문에 행정주체는 계획법률에 근거한 구체적인 계획을 책정하는 과정에서 광범위한 형성의 자유를 갖게 된다. 형성의 자유를 계획재량이라 부르기도 한다.

(4) 계획재량과 사법심사　계획재량의 경우에 형성의 자유가 인정되는 범위 내에서 사법심사는 배제된다. 그러나 형성의 자유영역이 있다고 하여 형성의 자유에는 아무런 제한이 없다는 것은 아니다. ① 계획상의 목표는 법질서에 부합하여야 하고, ② 수단은 목표실현에 적합하고, 필요하고 또한 비례적이어야 하며, ③ 법에서 절차를 정한 것이 있다면 그 절차를 준수하여야 하고, ④ 「전체로서 계획관련자 모두의 이익을 정당히 고려하여야 한다」는 형량명령을 준수하는 전제 하에 형성의 자유는 인정된다. 어느 하나에 위반하여도 위법을 가져오게 된다.

(5) 형량하자　형량명령의 위배, 즉 형량(계획에 관련된 자들의 이익을 정당하게 저울질하는 것)에 하자가 있는 경우로는 ① 형량이 전혀 없던 경우(예: 도시관리계획을 수립하면서, 종래의 문제점을 그대로 유지하고 변화가 없는 경우), ② 형량에서 반드시 고려되어야 할 특정 이익이 고려되지 않은 경우(예: 신도시개발계획을 수립하면서 학교부지를 배제하여 장래 입주할

주민들의 자녀의 이익을 고려하지 아니한 경우), ③ 특정의 의미가 부인된 경우(예: 재개발계획을 수립하면서 경제활성화만 고려한 탓으로 환경상 이익이 배제된 경우), ④ 공익과 사익 사이의 조정이 객관적으로 보아 특정이익만을 위한 것으로, 즉 비례원칙이 깨뜨려진 것으로 판단되는 경우(예: 재개발계획을 수립하면서 계획구역의 대부분을 공공기관의 일부구역으로 정하는 경우)가 있다. 여기서 ①·②·③·④의 구분이 반드시 명확한 것은 아니다.

대판 2012. 1. 12, 2010두5806(행정주체가 행정계획을 입안·결정하면서 이익형량을 전혀 행하지 않거나 이익형량의 고려 대상에 마땅히 포함시켜야 할 사항을 빠뜨린 경우 또는 이익형량을 하였으나 정당성과 객관성이 결여된 경우에는 행정계획결정은 형량에 하자가 있어 위법하게 된다. 이러한 법리는 행정주체가 구 국토의 계획 및 이용에 관한 법률 제26조에 의한 주민의 도시관리계획 입안 제안을 받아들여 도시관리계획결정을 할 것인지를 결정할 때에도 마찬가지이고, 나아가 도시계획시설구역 내 토지 등을 소유하고 있는 주민이 장기간 집행되지 아니한 도시계획시설의 결정권자에게 도시계획시설의 변경을 신청하고, 결정권자가 이러한 신청을 받아들여 도시계획시설을 변경할 것인지를 결정하는 경우에도 동일하게 적용된다).

대판 2007. 4. 12, 2005두1893(관계 법령에는 추상적인 행정목표와 절차만이 규정되어 있을 뿐 행정계획의 내용에 관하여는 별다른 규정을 두고 있지 아니하므로 행정주체는 구체적인 행정계획을 입안·결정함에 있어서 비교적 광범위한 형성의 자유를 가지는 것이지만, 행정주체가 가지는 이와 같은 형성의 자유는 무제한적인 것이 아니라 그 행정계획에 관련되는 자들의 이익을 공익과 사익 사이에서는 물론이고 공익 상호간과 사익 상호간에도 정당하게 비교교량하여야 한다는 제한이 있으므로, 행정주체가 행정계획을 입안·결정함에 있어서 이익형량을 전혀 행하지 아니하거나 이익형량의 고려 대상에 마땅히 포함시켜야 할 사항을 누락한 경우 또는 이익형량을 하였으나 정당성과 객관성이 결여된 경우에는 그 행정계획결정은 형량에 하자가 있어 위법하게 된다).

5. 행정외부적 통제(3) — 헌법재판소에 의한 통제

실제상 예상하기 어렵지만, 법률형식의 행정계획이 기본권을 침해하고 아울러 다른 방법으로는 이러한 침해를 다툴 수가 없어서 결과적으로 권리보호가 불가능하다면, 헌법소원의 방식으로 이를 다툴 수 있다

6. 행정외부적 통제(4) — 국민에 의한 통제

(1) 의 미 국민에 의한 행정계획의 통제수단으로 ① 행정계획과정에 국민의 참여, ② 행정계획과 관련된 재산상 피해보상청구권(계획보장청구권)의 행사, ③ 행정계획과 관련된 특정행위청구권의 행사를 볼 수 있다. ①은 직접적 통제수단의 의미를 가지지

만, ②와 ③은 간접적 의미를 갖는다.

(2) 국민의 참여 계획과정에 국민이 참여한다는 것은 민주주의원리상, 계획의 입안·책정·수행에 있어 합리성 보장이라는 면에서, 또한 국민 권익침해의 사전예방이라는 면에서 의미를 갖는다. 현재로서 국민이 직접 계획의 입안에 참여하는 제도는 보이지 않는다. 그리고 구체적 계획의 결정단계에 국민이 참여할 수 있는 경우는 없다. 다만, 개별법령상 이해관계인의 참여를 규정하는 경우는 있다.

(3) 계획보장청구권 계획보장청구권의 용어는 상이하게 사용되고 있다. 계획보장청구권을 위에서 보는 계획과 관련된 특정행위청구권과 보상청구권의 상위개념으로 사용하기도 한다. 이 책에서는 계획보장청구권을 보상청구권의 의미로 사용한다. 이러한 입장에서 볼 때, 계획보장청구권이란 시행중인 구체적 계획에 폐지나 변경이 있는 경우, 이로 인해 손실을 입은 개인이 계획주체에 대해 그 손실의 보상을 청구할 수 있는 권리를 말한다. 일반적으로 말해서 명령적 계획의 경우에는 행정권의 행위가 계획수범자(국민)의 처분에 결정적인 것으로 보아야 할 것이므로 계획보장청구권이 널리 인정될 수 있다.

(4) 특정행위청구권 특정행위청구권이란 계획작용과 관련하여 사인이 계획주체인 국가에 대하여 계획과 관련된 특정행위를 요구할 수 있는 권리를 말한다. 이론상 특정행위청구권으로는 ① 사인이 행정주체에 대하여 일정영역에서 계획과정으로 나아갈 것을 요구할 수 있는 권리인 계획청구권, ② 구체적인 계획을 변경하거나 폐지하려고 할 때에 계획의 존속을 청구할 수 있는 사인의 권리인 계획존속청구권, ③ 사인이 기존의 적법한 계획의 변경을 청구할 수 있는 권리인 계획변경청구권, ④ 기존계획과 상이한 방향으로 계획이 집행되는 경우에 기존의 계획을 따를 것을 요구할 수 있는 권리인 계획준수청구권, ⑤ 책정만 하고 집행하지 않는 계획을 집행할 것을 요구할 수 있는 권리인 계획집행청구권(계획준수청구권과 계획집행청구권을 합하여 (광의의) 계획준수청구권이라 부르기도 한다) 의 인정여부가 문제된다. 생각건대 개별 법령에서 사인을 보호하는 특별규정을 두고 있지 아니하는 한, 이러한 권리를 인정하기는 어렵다.

제 3 항 경찰상 행정행위

제 1 목 경찰상 행정행위 일반론

Ⅰ. 경찰상 행정행위의 의의

1. 경찰상 행정행위의 개념

경찰상 행정행위란 경찰행정청이 법 아래서 구체적 사실에 대한 법집행으로서 행하는 권력적 단독행위로서 공법행위를 말한다(예: 운전면허). 경찰상 행정행위는 경찰행정의 행위형식의 한 유형으로서 실정법상의 용어가 아니라 학문상의 용어이다. 실정법상으로는 허가·면허·확인·면제 등의 다양한 용어가 사용된다.

2. 경찰상 행정행위의 개념징표

① 경찰상 행정행위는 경찰행정청의 행위이다. ② 경찰상 행정행위는 공법상의 행위이다. 공법상의 행위란 그 효과가 공법적이라는 것이 아니라, 행위의 근거가 공법적이라는 것이다. ③ 경찰상 행정행위는 사실행위가 아니고 법적 행위이다. 법적 행위란 외부적으로 직접적인 법효과를 의도하는 의사표시를 뜻한다. ④ 경찰상 행정행위는 규범정립행위가 아니라 구체적 사실에 대한 법집행작용이다. 구체적 사실의 여부는 관련자가 개별적인가 일반적인가와, 규율대상이 구체적인가 추상적인가에 따라 판단되고 있다. 관련자의 개별성·일반성과 사건의 구체성·추상성의 결합은 4가지의 형태를 갖는다(아래 그림 참조). ⑤ 경찰상 행정행위는 공법상 일방적인 처분행위이다. 행정행위는 단독행위이므로 공법상 계약 및 공법상 합동행위와 구분되며, 권력적 작용이므로 비권력적 작용과도 구분된다.

<table>
<tr><td></td><td colspan="3">(규율사건)</td></tr>
<tr><td></td><td></td><td>구 체 적</td><td>추 상 적</td></tr>
<tr><td rowspan="2">(관련자의 범위)</td><td>개 별 적</td><td>① 행정행위</td><td>④ 행정행위</td></tr>
<tr><td>일 반 적</td><td>② 행정행위(일반처분)</td><td>③ 법 규 범</td></tr>
</table>

[해설] ①의 경우(개별처분)가 가장 기본적인 형태의 행정행위에 해당한다(예: A는 지금 즉시 정차하라). ②의 경우를 일반처분이라 부른다. 일반처분 역시 행정행위의 일종이다(아래 참고 참조). ③의 경우는 입법에 해당한다(예: 운전면허 없이 운전을 하지 말라). ④의 경우 역시 행정행위에 해당한다고 본다(예: A는 도로가 빙판이 될 때마다 도로에 모래를 뿌려라). ④의 경우는 개별·구체적인 규율이 관계자에게 반복되는 형태이므로, 개별·구체적인 규율의 특별한 경우에 해당한다.

[참고] 일반처분

(1) 의의 일반처분이란 관련자의 범위는 일반적(인적범위의 불특정)이나 규율하는 대상은 구체적인(시간, 공간 등의 관점에서 특정) 행정의 행위형식을 말한다. 따라서 특정사건을 대상으로 한다는 점에서 입법과 구분된다. 통설은 일반처분을 행정행위의 한 유형으로 본다. 일반처분으로 법률상 이익이 침해된 자는 항고소송을 제기할 수 있다(대판 2000. 10. 27, 98두8964).

(2) 종류

㈎ 인적 일반처분 인적 일반처분이란 행정행위의 발령당시에는 인적 범위가 특정되어 있지 않으나, 구체적인 경우에 있어서 일반적인 징표(예: 주택소유자·임차인·교통참여자·공공시설이용자)를 근거로 하여 특정되어지거나 특정되어질 수 있는 인적 범위를 대상으로 하는 행위(예: A단체 주도의 반 정부시위 금지처분)를 말한다.

㈏ 물적 일반처분 물적 일반처분이란 물건에 공법적 성격을 부여, 변경, 박탈 또는 다른 방식으로 공법상 조건을 변경하는 행위(예: 도로에 대한 공용지정행위)를 말한다. 즉 특정물건의 공법적 특성을 결정하는 행위를 말한다. 이는 인적 범위를 전혀 특정할 수 없다는 점에서 일반처분의 성질을 가진다고 할 수 있다.

㈐ 이용규율의 일반처분 이용규율의 일반처분이란 영조물 기타 공공시설의 이용에 관한 규율(예: 교통표지판에 의한 교통제한표시, 일방통행구역표시, 박물관·도서관의 이용규율)을 내용으로 하는 행위를 말한다. 이를 인적 일반처분이나 물적 일반처분으로 보는 견해도 있다.

[참고] 각종 표지·표시의 법적 성질

(1) 도로교통상 위험표지·안내 ① 교차로·커브길·경사 등에 관한 표지는 명령도 금지도 아니다. 말하자면 경찰명령도 경찰하명도 아니다. ② 교통사고시 오로지 도로교통의 원활을 위한 방향표시도 아무런 명령·금지도 아니다. 그러나 우선통행·주차금지·대기선은 명령·금지처분에 해당한다.

(2) 경찰공무원의 표시·지시 ① 특정인, 특정다수인에 향해진 경찰공무원의 표시·지시는 행정행위에 해당한다. 여기서 특정이란 경찰공무원의 표시·지시 앞에 있는 사람들을 지칭한다. ② 교차로상의 신호(즉, 계속적으로 변화하는 손전등 색깔의 표시를 통한 교통규율)는 일반처분에 해당한다. 색깔표시는 행정행위의 통지에 해당한다고 말하기도 한다.

(3) 교통신호등 교통신호등에 의한 신호는 일반처분으로 이해된다. 신호의 변경은 반복적인 고지로 이해될 수 있다.

3. 경찰상 행정행위의 종류

행정행위는 ① 발령주체에 따라 국가에 의한 행정행위·지방자치단체에 의한 행정행위·수탁사인에 의한 행정행위, ② 법률효과의 발생원인에 따라 법률행위적 행정행위·준법률행위적 행정행위, ③ 상대방의 협력이 필요한가에 따라 일방적 행위·협력을 요하는 행위, ④ 규율의 대상에 따라 대인적 행위·대물적 행위·혼합적 행위, ⑤ 행정행위의 성립에 일정한 형식을 요하는가의 여부에 따라 요식행위·불요식행위, ⑥ 행정행위의 효과의 시간적 지속성에 따라 1회적 행위·계속효 있는 행위, ⑦ 행정행위의 효력발생에 상대방의 수령이 요건이 되는가에 따라 수령을 요하는 행위·수령을 요하지 않는 행위 등으로 구분할 수 있다. 아래에서 몇 가지 경우를 보기로 한다.

(1) 수익적 행위·침익적 행위·복효적 행위　　이것은 경찰상 행정행위의 법적 효과의 내용에 따른 구분이다. 수익적 행위란 효과가 권리·이익을 내용으로 하는 행위를 말하며(예: 운전면허), 침익적 행위란 효과가 법적 불이익을 내용으로 하는 행위를 말하며(예: 과태료납부명령), 복효적 행위란 효과가 수익적인 것과 침익적인 것의 이중적인 것을 내용으로 하는 행위를 말하는데, 이는 이중효과적 행정행위라고도 한다. 복효적 행위도 이중의 효과가 동일인에게 귀속하는 경우를 혼효적 행위라 하고(예: 위생상태유지의무가 주어지는 단란주점영업허가), 이중의 효과가 상이한 자(예: 이웃주민의 환경권에 대한 침해를 수반하는 연탄공장허가)에게 분리되는 경우의 행위를 3자효 있는 행정행위라 한다.

(2) 기속행위·재량행위　　이것은 근거법률에 대한 경찰상 행정행위의 구속의 강도에 따른 구분이다. 기속행위란 법규상의 구성요건에서 정한 요건이 충족되면 행정청이 반드시 어떠한 행위를 발하거나 발하지 말아야 하는 행위, 즉 법의 기계적인 집행으로서의 행정행위를 말한다. 한편, 행정법규는 법규상의 구성요건에서 정한 전제요건이 충족될 때 행정청이 선택할 수 있는 법효과를 다수 설정하고 있는 경우도 적지 않다. 이 때 특정효과의 선택·결정권은 행정청에 부여된 것이 된다. 여기서 행정청에 수권된 그리고 합목적성의 고려 하에 이루어지는 선택과 결정의 자유가 재량(행위재량·행정재량)이고, 재량에 따른 행위가 재량행위이다. 이에 관해서는 앞에서 자세히 살펴본 바 있다.

(3) 부분승인·예비결정·가행정행위(의사결정단계에 따른 분류)

㈎ 부분승인(부분허가)

(a) 의　의　　부분승인이란 단계화된 행정절차에서 사인이 원하는 특정부분에 대해서만 승인하는 행위를 말한다(예: 하나의 대단위사업을 위한 건축허가·시설허가·영업허가 신청의 경우에 우선 건축이나 시설의 설치만을 허가하는 경우, 원자력법 제10조 제3항). 부분승인은 절차의 경제에도 기여할 뿐만 아니라 사업자의 투자위험을 축소시키는 측면에서도 인정할 실익이 있다.

> **● 원자력안전법 제10조(건설허가)** ③ 원자력안전위원회는 발전용원자로 및 관계시설을 건설하려는 자가 건설허가신청 전에 부지에 관한 사전 승인을 신청하면 이를 검토한 후에 승인할 수 있다. ④ 제3항에 따라 부지에 관한 승인을 받은 자는 위원회규칙으로 정하는 범위에서 공사를 할 수 있다.

(b) **성 질** 부분승인은 결정의 대상이 되는 계획의 중간단계에 대하여 이루어지는 결정이지만, 그 단계 자체에 대하여는 종국적인 행정행위의 성격을 갖는다.

(c) **법적 근거** 부분허가권은 허가권한에 포함되는 것이므로 허가에 대한 권한을 가진 행정청은 부분허가에 대한 별도의 법적 근거가 없이도 부분허가를 할 수 있다.

(d) **효 과** 부분승인을 받은 자는 승인을 받은 범위 안에서 승인을 받은 행위를 할 수 있다. 그리고 행정청은 나머지 부분에 대한 결정에서 부분승인한 내용과 상충되는 결정을 할 수 없다.

(e) **권리보호** 발령된 부분승인, 불발령된 부분승인, 부분승인 후 종국결정의 불발령·불허가처분 모두 행정쟁송법상 처분개념에 해당한다. 따라서 이러한 행위로 인하여 법률상 이익이 위법하게 침해된 자는 행정쟁송을 제기할 수 있다.

(나) **예비결정**(사전결정)

(a) **의 의** 예비결정이란 종국적인 행정행위를 하기에 앞서 종국적인 행정행위에 요구되는 여러 요건 중 개개의 요건들에 대해 사전적으로 심사하여 내린 결정을 말한다(예: 건축법 제10조 제1항). 예비결정은 신청자인 사인에게 어떠한 종국적인 행위를 허용하는 것은 아니라는 점에서 부분승인과 구별된다. 부분승인은 전체 프로젝트 중의 한 부분에 대한 것이고, 예비결정은 특정의 처분에 대한 것인 점에서 양자는 다르다.

> ● **건축법 제10조(건축 관련 입지와 규모의 사전결정)** ① 제11조에 따른 건축허가 대상 건축물을 건축하려는 자는 건축허가를 신청하기 전에 허가권자에게 그 건축물을 해당 대지에 건축하는 것이 이 법이나 다른 법령에서 허용되는지에 대한 사전결정을 신청할 수 있다.

(b) **성 질** 예비결정은 그 결정에서 정해진 부분에만 제한적인 효력을 갖지만, 그 자체가 하나의 행정행위이다. 판례도 예비결정의 성격을 갖는 폐기물관리법상의 사업계획서부적정통보에 대하여 "부적정통보는 허가신청 자체를 제한하는 등 개인의 법률상 이익을 개별적이고 구체적으로 규제하고 있어 행정처분에 해당한다"고 결정한 바 있다(대판 1998. 4. 28, 97누21086).

(c) **법적 근거** 예비결정은 법령에 규정이 있거나 법적 근거가 없더라도 신청인에게 행정행위의 한 부분이 독립적으로 다루어지는 것에 대한 정당한 이익이 있는 경우에 가능하다고 본다.

(d) **효 과** 행정청은 예비결정의 구속력 때문에 합리적 사유 없이 본결정에서 예비결정의 내용과 상충되는 결정을 할 수 없다.

(e) **권리보호** 예비결정의 발령·불발령, 예비결정 후 종국결정의 불발령 모두 행정쟁송법상 처분개념에 해당한다. 따라서 이러한 행위로 인하여 법률상 이익이 위법

하게 침해된 자는 행정쟁송을 제기할 수 있다.

(다) **가행정행위**(잠정적 행정행위)

(a) 의 의 ① 가행정행위란 사실관계와 법률관계가 확정되기 전이지만, 잠정적 규율의 필요성으로 인해 사실관계와 법률관계의 계속적 심사를 유보한 상태에서 행정법관계의 권리·의무를 잠정적으로 규율하는 행위를 말한다(예: 먹는물관리법 제10조의 샘물개발의 가허가).

> **먹는물관리법 제10조(샘물등의 개발의 가허가)** ① 시·도지사는 제9조에 따라 샘물등의 개발을 허가하기 전에 제13조 제1항에 따른 환경영향조사의 대상이 되는 샘물등을 개발하려는 자에게는 환경영향조사를 실시하고, 그에 관한 서류(이하 "조사서"라 한다)를 환경부령으로 정하는 기간에 제출할 것을 조건으로 샘물등의 개발을 가허가(假許可)할 수 있다.
> ② 시·도지사는 제1항에 따라 가허가를 받은 자가 정당한 사유 없이 그 기간에 조사서를 제출하지 아니하면 가허가를 취소하여야 한다.

(b) 성 질 특수한 행정의 행위형식이라는 견해와 행정행위라는 견해가 대립한다. 효력발생이 잠정적이라는 사실은 조건이나 기한부 행정행위가 있음을 고려할 때 행정행위의 개념성립에는 장애가 되지 않으며, 잠정적이라 하더라도 그 범위에서는 종국적인 규율이기에 행정행위설이 타당하다.

(c) 법적 근거 명시적 규정이 없는 경우에도 행정청이 본처분의 권한이 있으면 가행정행위를 발령할 수 있다는 견해가 다수설이며, 타당하다.

(d) 효 과 종국적인 행정행위가 있게 되면 가행정행위는 종국적 행정행위로 대체되고 효력을 상실한다.

(e) 권리보호 가행정행위의 발령·불발령, 수익적 종국결정의 미발령 모두 행정쟁송법상 처분개념에 해당한다. 따라서 이러한 행위로 인하여 법률상 이익이 위법하게 침해된 자는 행정쟁송을 제기할 수 있다.

Ⅱ. 경찰상 행정행위의 내용

1. 법률행위적 행정행위

법률행위적 행정행위란 행정청의 효과의사에 기하여 법률효과가 발생하는 행정행위를 말한다. 다시 말하면 행정청이 일정한 법률효과의 발생을 목적으로 의사(효과의사)를 외부에 표시하면(표시행위) 효과의사의 내용에 따라 법적 효과가 발생하는 행정행위를 말한다.

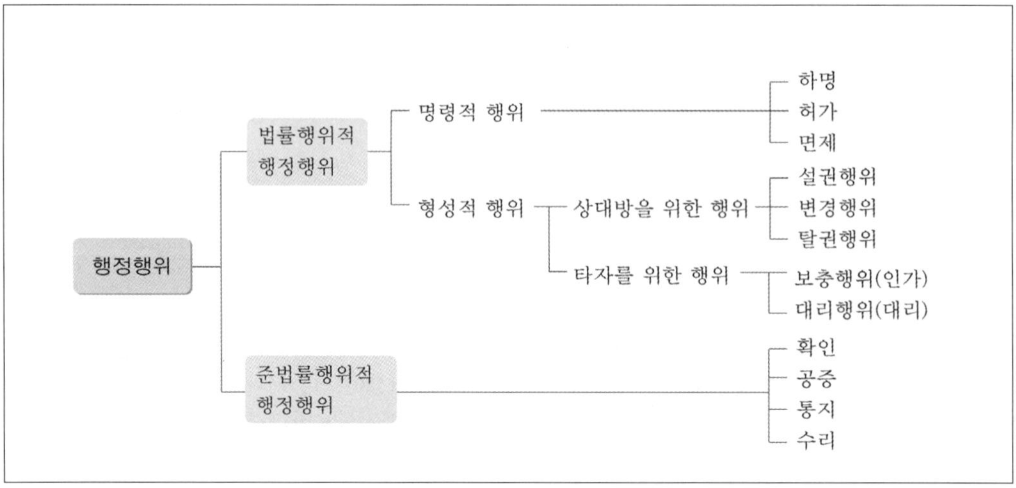

(1) 명령적 행위 명령적 행위란 사인이 원래부터 갖고 있는 자연적 자유를 제한하여 일정한 행위를 할 의무를 부과하거나 또는 부과된 의무를 해제하는 행위를 말한다. 말하자면 명령적 행위는 자연적 자유를 제한하거나 그 제한을 해제하는 행위를 말한다. 명령적 행위에 위반하면 강제집행이 따르거나 행정벌이 가해지는 것이 일반적이다. 그러나 위반행위가 반사회적인 것이 아닌 한 원칙적으로 무효행위가 되지 아니한다.

㈎ 경찰상 하명 경찰상 하명이란 작위·부작위·급부·수인을 명하는 행정행위를 말한다. 통상 하명은 법령에 근거하여 이루어지는 행정행위의 일종으로 이해하지만, 법령 그 자체에서 직접 하명의 효과를 가져오는 경우도 있다. 전자를 행정행위로서의 하명, 후자를 법규하명이라 한다. 뒤에서 자세히 살펴본다.

㈏ 경찰상 허가 경찰상 허가란 법령에 의해 개인의 자연적 자유가 제한되고 있는 경우에 그 제한을 해제하여 자연의 자유를 적법하게 행사할 수 있도록 회복하여 주는 행정행위를 말한다(예: 단란주점영업허가·운전면허). 허가는 상대적 금지의 경우에만 가능하고, 절대적 금지의 경우에는 인정되지 않는다. 허가는 위험의 방지를 목적으로 금지하였던 바를 해제하는 행위이다(예방적 금지해제). 허가는 자유제한의 한 형태이다. 뒤에서 자세히 살펴본다.

㈐ 경찰상 면제 경찰상 면제란 작위의무·수인의무·급부의무를 특정한 경우에 해제하여 주는 행위를 말한다. 의무해제라는 점에서 면제는 허가와 같은 것이나, 허가의 경우는 그 대상이 부작위의무라는 점이 다를 뿐이다. 한편 작위의무나 지급의무의 이행을 연기하거나 유예하는 것에 대하여, ① 그것은 의무 그 자체를 소멸시키는 것은 아니며, 오직 의무의 일부를 변경하는 데 그치는 것이므로 하명의 변경에 해당한다는 견해와 ② 면제의 일종으로 보아야 한다는 견해의 대립이 있다. 연기나 유예를 이행시기나 이행

의무의 변경으로 보면 전자의 견해가, 의무의 일시해제라고 보면 후자의 견해가 타당할 것이다. 결국 이 문제는 관심방향의 문제이다.

(2) 형성적 행위

(가) 특 허 넓은 의미로 특허란 특정인에 대하여 새로운 권리·능력 또는 포괄적인 법률관계를 설정하거나 변경 또는 탈권하는 행정행위를 말한다. 특정인에게 특정한 권리를 설정하는 행위를 좁은 의미의 특허라 한다. 실정법상으로 면허·허가 등으로 불린다. 현재로서 권리능력이나 행위능력이 법률에 직접 근거하지 않고 행정행위에 근거하여 주어지는 예를 찾아보기는 어렵다. 포괄적 법률관계설정행위란 법률관계를 포괄적으로 설정하는 행정행위를 말한다(예: 경찰공무원임명행위).

대판 2012. 4. 12, **선고** 2010**다**10986(구 도시 및 주거환경정비법 제16조 제1항, 제18조 제2항에 의하면, 주택재개발사업조합은 정비구역 내 토지 등 소유자 5분의 4 이상의 동의를 얻어 정관 및 건설교통부령이 정하는 서류를 첨부하여 시장·군수의 인가를 받아야 하고, 조합설립인가처분을 받은 후 30일 이내에 주된 사무소의 소재지에서 대통령령이 정하는 사항을 등기함으로써 법인으로 성립하며, 이러한 절차를 거쳐 설립된 주택재개발사업조합은 관할 행정청의 감독 아래 정비구역 안에서 구 도시정비법상의 주택재개발사업을 시행하는 목적 범위 내에서 법령이 정하는 바에 따라 일정한 행정작용을 행하는 행정주체로서의 지위를 갖는다. 따라서 조합설립인가처분은 단순히 사인들의 조합설립행위에 대한 보충행위로서의 성질을 갖는 것이 아니라, 구 도시정비법상 정비사업을 시행할 수 있는 권한을 갖는 행정주체(공법인)로서의 지위를 부여하는 일종의 설권적 처분의 성격을 갖는다).

대판 2010. 1. 28, 2009**두**19137(여객자동차 운수사업법에 의한 개인택시운송사업면허는 특정인에게 권리나 이익을 부여하는 행정행위로서 법령에 특별한 규정이 없는 한 재량행위이고, 그 면허를 위하여 정하여진 순위 내에서의 운전경력인정방법의 기준설정 역시 행정청의 재량에 속한다 할 것이지만, 행정청이 면허발급 여부를 심사함에 있어서 이미 설정된 면허기준의 해석상 당해 신청이 면허발급의 우선순위에 해당함이 명백함에도 이를 제외시켜 면허거부처분을 하였다면 특별한 사정이 없는 한 그 거부처분은 재량권을 남용한 위법한 처분이 된다).

대판 2010. 7. 15, 2009**두**19069(국적은 국민의 자격을 결정짓는 것이고, 이를 취득한 사람은 국가의 주권자가 되는 동시에 국가의 속인적 통치권의 대상이 되므로, 귀화허가는 외국인에게 대한민국 국적을 부여함으로써 국민으로서의 법적 지위를 포괄적으로 설정하는 행위에 해당한다. 한편 국적법 등 관계 법령 어디에도 외국인에게 대한민국의 국적을 취득할 권리를 부여하였다고 볼 만한 규정이 없다. 이와 같은 귀화허가의 근거 규정의 형식과 문언, 귀화허가의 내용과 특성 등을 고려하여 보면, 법무부장관은 귀화신청인이 법률이 정하는 귀화요건을 갖추었다고 하더라도 귀화를 허가할 것인지 여부에 관하여 재량권을 가진다).

(나) 인 가 행정청이 타자의 법률행위를 동의로써 보충하여 그 행위의 효력을

완성시켜 주는 행정행위를 인가라 한다. 인가는 공익과 관련 있는 행위에 공익의 실현자로서 행정주체의 간섭을 허용함으로써 그 행위의 효력발생을 행정주체의 의사에 종속시키는 제도이다. 인가제도는 사법상의 후견제도에 비유될 수 있다. 인가는 효력요건인 점에서 허가와 다르다.

대판 2007. 12. 27, 2005두9651(사립학교법 제20조 제1항, 제2항은 학교법인의 이사장·이사·감사 등의 임원은 이사회의 선임을 거쳐 관할청의 승인을 받아 취임하도록 규정하고 있는바, 관할청의 임원취임승인행위는 학교법인의 임원선임행위의 법률상 효력을 완성케 하는 보충적 법률행위라 할 것이다).

(다) 대 리　　공법상 대리란 공법상 행정주체가 제3자가 할 행위를 대신하여 행한 경우에 그 효과를 직접 제3자에게 귀속하게 하는 제도를 말한다. 공법상 대리행위는 통상 ① 감독적인 입장에서(예: 공법인의 임원임명), ② 협의불성립시 조정적 입장에서(예: 수산업법 제84조에 따른 시·도지사 또는 시장·군수·구청장의 입어에 관한 재결), ③ 개인보호의 입장에서(예: 死者의 유류품처분), ④ 국가자산의 행정목적달성을 위해(예: 체납처분상 공매처분) 이루어진다.

2. 준법률행위적 행정행위

준법률행위적 행정행위란 행정청의 효과의사의 표시가 아니라, 행정청의 판단 내지 인식의 표시에 대해 법률에서 일정한 법적 효과를 부여하는 결과 행정행위가 되는 행위를 말한다. 말하자면 준법률행위적 행정행위에서 주어지는 법적 효과는 행정청의 의사표시에 따른 것이 아니고, 법률의 규정에 의한 것이다. 따라서 법률행위적 행정행위에 관한 모든 일반원리가 준법률행위적 행정행위에 적용될 수 있는 것은 아니다.

(1) 확인행위　　확인행위란 특정의 사실 또는 법률관계의 존재여부를 공권적으로 판단하여 이것을 확정하는 행위를 말한다. 실정법상으로는 재결·재정·특허 등 여러 가지 용어가 사용되고 있다. 확인행위는 기존의 사실(예: 발명특허) 또는 법률관계(예: 무효등 확인심판재결)의 존재여부를 판단하는 것일 뿐 새로운 법관계를 창설하는 것은 아니다. 확인행위는 준사법적 행위, 법선언행위라고도 한다.

(2) 공증행위　　공증행위란 특정의 사실 또는 법관계의 존재여부를 공적으로 증명하는 행위이다. 공증행위는 효과의사의 표시도 아니고 어떠한 사항에 대한 확정적인 판단의 표시도 아니다. 그것은 다만 어떠한 사실 또는 법관계가 진실이라고 인식하여 그것을 공적으로 증명하는 행위일 뿐이다. 그것이 진실이 아닐 수도 있다. 이 때문에 공증행위는 반증에 의해 전복될 수도 있다. 공증행위의 예는 각종 증명서(예: 운전면허증)·영수

증 등의 발행에서 볼 수 있다

(3) **통지행위** 통지행위란 특정인 또는 불특정다수인에게 어떠한 사실을 알리는 행위를 말한다. 통지행위는 의사의 표시가 아니다. 그것은 어떠한 사실에 관한 관념이나 희망 또는 의견을 표명하는 것일 뿐이다. 통지행위는 독립된 행위이기 때문에 이미 성립된 행정행위의 효력발생요건으로 하는 통지와 구별된다. 통지행위의 예로 사실에 관한 관념의 통지(예: 통행금지의 공고), 행위자의 의사의 통지(예: 대집행의 계고, 납세의 독촉) 등을 볼 수 있다.

(4) **수리행위** 수리행위란 행정청이 타인의 행위를 유효한 행위로 받아들이는 행위를 말한다. 수리행위는 하나의 의사작용인 까닭에 단순한 사실로서의 도달과 다르다. 법이 정한 특별한 사정이 없는 한 소정의 형식적 요건을 갖춘 신고는 수리되어야 한다(절차법 제40조 제2항). 여기서 신고란 수리를 요하는 신고를 말한다.

Ⅲ. 경찰상 행정행위의 적법요건(성립·발효요건)

1. 주체요건

① 행정행위는 권한을 가진 기관이 권한의 범위 내에서 정상적인 의사작용에 기해 말한 것이어야 한다. 권한을 가진 자와 그 범위는 조직법상 정한 바에 따른다. 권한이 위임된 경우에는 수임자가 권한을 행사한다. 다만 내부위임의 경우에는 위임자가 권한을 가진 기관이다. ② 권한을 가진 기관이 합의제기관인 경우에는 구성원이 적법한 소집절차·의결절차에 따라 의사결정을 할 수 있는 지위에 있어야 한다. ③ 권한의 행사는 정상적인 의사작용에 기한 것이어야 한다. 따라서 행정기관구성자는 의사능력과 행위능력을 가져야 한다.

2. 내용요건

① 행정행위는 법률의 우위의 원칙상 모든 법률, 비례원칙 등 모든 법원칙에 합당한 것이어야 한다. 기본권을 침해하는 것이어서도 아니 된다. 또한 법률의 유보의 원칙과 관련하여 적어도 침익적 행위의 발령에는 법적 근거를 요한다. ② 행정행위는 사실상으로나 법률상으로 실현이 가능한 것이어야 한다. ③ 행정행위의 내용은 당연히 명확하여야 한다.

대판 2008. 5. 15, 2007두26001(망인이 음주운전을 하다가 사망하였다면 망인에 대하여 음주운전을 이유로 한 운전면허 취소처분은 불가능하고, 음주운전은 운전면허 취소사유에 불과할 뿐 개인택시운송사업면허 취소사유가 될 수는 없으므로 피고의 이 사건 개인택시운송사업면허 취소처분은 취소사유 없이 행해진 처분으로서 위법하다 할 것이다).

3. 형식요건

① 행정청이 처분을 하는 때에는 다른 법령등에 특별한 규정이 있는 경우를 제외하고는 문서로 하여야 하며, 전자문서로 하는 경우에는 당사자 등의 동의가 있어야 한다. 다만, 신속을 요하거나 사안이 경미한 경우에는 말 또는 그 밖의 방법으로 할 수 있으며 이 경우 당사자의 요청이 있는 때에는 지체없이 처분에 관한 문서를 주어야 한다(절차법 제24조 제1항). ② 처분을 하는 문서에는 그 처분행정청 및 담당자의 소속·성명과 연락처(전화번호·팩스번호·전자우편주소 등을 말한다)를 기재하여야 한다(절차법 제24조 제2항). ③ 문서형식은 행정행위의 내용의 불명확성을 방지하는 데 기여한다.

대판 2011. 11. 10, 2011도11109(행정절차법 제24조는 행정의 공정성·투명성 및 신뢰성을 확보하고 국민의 권익을 보호하기 위한 것이므로 위 규정에 위반하여 행하여진 행정청의 처분은 그 하자가 중대하고 명백하여 원칙적으로 무효이다).

4. 절차요건

① 행정청이 처분을 하는 때에는 그 근거와 이유를 제시하여야 한다(이유제시)(절차법 제23조 제1항 본문). 처분의 상대방이 행정행위의 발령에 근거되는 이유를 제시받는 것은 절차상 권리로서 개인적 공권의 성질을 갖는다. ② 행정청은 당사자에게 의무를 과하거나 권익을 제한하는 처분을 하는 경우에는 미리 처분하고자 하는 원인이 되는 사실과 처분의 내용 및 법적 근거와 그에 대하여 의견을 제출할 수 있다는 뜻과 의견을 제출하지 아니하는 경우의 처리방법 등을 당사자 등에게 통지하여야 한다(절차법 제21조). ③ 행정청이 당사자에게 의무를 과하거나 권익을 제한하는 처분을 함에 있어서 청문을 실시하거나 공청회를 개최하는 경우가 아니라면 당사자 등에게 의견제출의 기회를 주어야 한다(절차법 제22조 제3항). 의견청취가 배제되는 예외의 경우도 있다(절차법 제22조 제4항).

5. 표시요건(송달·통지)

표시는 행정행위의 적법요건이자 동시에 행정행위의 존재의 전제요건이다. 표시는 권한을 가진 기관이 하여야 한다. 하나의 행정행위에 다수인이 관련한다면, 각자가 통지를 받아야 하는바, 그 효력발생의 시점은 상이할 수 있다. 표시된 이후에는 임의적으로 취소·변경할 수 없다. ① 송달은 우편·교부 또는 정보통신망 이용 등의 방법으로 하되 송달받을 자(대표자 또는 대리인을 포함한다)의 주소·거소·영업소·사무소 또는 전자우편주소(주소등)로 한다(절차법 제14조 제1항 본문). 송달은 다른 법령 등에 특별한 규정이 있는 경우를 제외하고는 송달받을 자에게 도달됨으로써 그 효력이 발생한다(절차법 제15조 제1항).

대판 2007. 12. 27, 2007다51758(우편물이 등기취급의 방법으로 발송된 경우에는 반송되는 등의 특별한 사정이 없는 한 그 무렵 수취인에게 배달되었다고 보아야 한다).

Ⅳ. 경찰상 행정행위의 효력

1. 내용상 구속력

경찰행정법관계에서 경찰행정청의 행정행위는 일방적인 행위로서 적법요건을 갖추면 실체법상의 효과, 즉 일정한 권리·의무관계를 발생시킨다. 따라서 당사자인 행정주체는 그에 따른 특정의 권리를 취득하고, 상대방은 특정의 의무를 부담하게 된다(예컨대, 지방경찰청장이 일반적으로 운전면허를 취소하면 상대방의 의사 여하에 불구하고 취소의 효과가 발생하고, 상대방에게는 운전을 하지 말아야 할 의무가 생겨난다). 이와 같이 행정행위는 그 내용에 관해 당사자를 구속하는 힘을 갖는데, 이러한 힘을 내용상의 구속력이라 부른다.

2. 공 정 력

행정행위는 당연무효가 아닌 한 권한을 가진 기관에 의해 취소될 때까지 유효한 행위로서 상대방이나 이해관계자를 구속한다(예컨대, 지방경찰청장의 운전면허취소처분이 위법하다고 하여도 당연무효가 아니라면 직권취소, 취소심판 또는 취소판결이 있기 전까지는 유효한 행위로서 상대방을 구속한다). 이러한 구속력을 공정력이라 부른다. 이러한 공정력은 사법관계에서는 볼 수 없다.

공정력과 구성요건적 효력의 차이

	공정력	구성요건적 효력
구속력의 성질	절차상 구속력	내용상 구속력
인정근거	법적 안정	기관상호간의 권한 존중, 권력분립원리
효력의 인적 범위	상대방과 이해관계 있는 제3자	다른 행정청과 법원

3. 구성요건적 효력

(1) 의 의 유효한 행정행위가 존재하는 한 취소할 수 있는 행위인가를 불문하고 다른 행정기관 또는 법원은 그 행위와 관련이 있는 자기들의 결정에 그 행위의 존재와 법적 효과를 인정해야 하고, 아울러 그 내용에 구속된다. 이러한 구속력을 구성요건적 효력이라 부른다(예컨대, A시에서 공무용 차량운행을 위해 운전면허소지를 조건으로 운전자 채용공고를 하였고, 이에 따라 甲이 채용신청을 한 경우, 심사과정에서 甲에게 내준 지방경찰청장의 면허에 위법이 있다고 하여도 무효가 아닌 한, A시장은 甲이 운전면허를 소지하고 있음을 인정하여야 한다). 전통적 견해는 구성요건적 효력을 공정력의 한 부분으로 본다.

(2) 선결문제

(개) 의 의 선결문제란 특정사건(A사건)에 대한 재판의 본안을 판단하기 위해서는 본안판단에 앞서서 특정한 행정행위(B행위)의 효력유무·존재여부 또는 위법여부가 먼저 해결(선결)되어야 하는 경우도 있다. 여기서 본안에 앞서서 먼저 해결되어야 하는 특정한 행정행위(B행위)의 효력유무·존재여부 또는 위법여부의 문제를 선결문제라 한다.

[참고] 위법여부가 선결문제가 된다는 것은 선결문제의 위법여부에 대하여 수소법원이 판단할 수 있어야 수소법원이 본안판단을 할 수 있는 경우를 말하고, 효력유무가 선결문제가 된다는 것은 수소법원이 선결문제의 위법여부뿐만 아니라 효력유무도 판단할 수 있어야 수소법원이 본안판단을 할 수 있는 경우를 말한다.

(나) 민사사건의 경우

(a) 행정행위의 효력유무가 선결문제인 경우 예컨대, 과세처분의 무효를 이유로 하는 부당이득반환청구소송의 경우와 같이 선결문제가 행정행위의 효력유무인 경우, 당해 행정행위가 당연무효이면 민사법원은 행정행위가 무효임을 전제로 본안을 판단할 수 있다는 것이 판례(대판 2010. 4. 8, 2009다90092)와 학설 및 실정법(행소법 제11조 제1항)의 태도이다. 과세처분의 무효를 이유로 하는 부당이득반환청구소송을 제기하였으나 심리결과 과세처분이 무효가 아니라 취소할 수 있는 행위에 불과하다면, 법원은 과세처분을 취소하고 부당이득의 반환을 명하는 판결을 할 수 없다(대판 1994. 11. 11, 94다28000; 대판 2001. 1. 16, 98다58511).

대판 2010. 4. 8, 2009다90092(민사소송에 있어서 어느 행정처분의 당연무효 여부가 선결문제로 되는 때에는 이를 판단하여 당연무효임을 전제로 판결할 수 있고 반드시 행정소송 등의 절차에 의하여 그 취소나 무효확인을 받아야 하는 것은 아니다).

(b) **행정행위의 위법여부가 쟁점인 경우** 예컨대, 사인이 공무원의 위법한 처분으로 손해를 입었다고 하면서 국가배상청구소송을 제기한 경우와 같이, 선결문제가 행정행위의 위법여부인 경우, 민사법원이 선결문제인 행정행위의 위법여부를 판단할 수 있는가에 관해 견해는 나뉘고 있다. 판례는 다수견해인 적극설과 입장을 같이 한다(대판 1972. 4. 28, 72다337). 판례가 타당하다.

대판 1972. 4. 28, 72다337(대집행이 완료되면 그 처분의 무효확인 또는 취소를 구할 소의 이익은 없다 하더라도, 미리 그 행정처분의 취소판결이 있어야만, 그 행정처분의 위법임을 이유로 한 손해배상청구를 할 수 있는 것은 아니다).

(다) 형사사건의 경우

(a) **행정행위의 효력유무가 쟁점인 경우** 행정행위가 무효라면 무효인 행정행위는 구성요건적 효력이 없으므로 형사법원은 무효임을 전제로 본안판단을 할 수 있다는 것이 판례의 입장이다. 판례가 타당하다.

대판 2011. 11. 10, 2011도11109(소방시설 설치유지 및 안전관리에 관한 법률 제9조에 의한 소방시설 등의 설치 또는 유지·관리에 대한 명령을 정당한 사유 없이 위반한 자는 같은 법 제48조의2 제1호에 의하여 행정형벌에 처해지는데, 위 명령이 행정처분으로서 하자가 있어 무효인 경우에는 명령에 따른 의무위반이 생기지 아니하므로 행정형벌을 부과할 수 없다).

(b) **행정행위의 위법여부가 쟁점인 경우** 판례는 다수견해인 적극설과 입장을 같이 한다. 다수설인 적극설이 타당하다.

대판 2009. 6. 25, 2006도824(행정청으로부터 구 주택법 제91조에 의한 시정명령을 받고도 이를 위반하였다는 이유로 위 법 제98조 제11호에 의한 처벌을 하기 위해서는 그 시정명령이 적법한 것이어야 하고, 그 시정명령이 위법하다고 인정되는 한 위 법 제98조 제11호 위반죄는 성립하지 않는다).

4. 존속력(확정력)

존속력에는 쟁송제기기간의 경과, 판결의 확정 등의 사유가 있으면 상대방이나 이해관계가 있는 제3자는 더 이상 그 행정행위를 다툴 수 없게 하는 효력인 형식적 존속력(예컨대, 운전면허가 취소되면, 취소처분을 받은 날부터 60일 이내에 행정안전부령으로 정하는 바에 따라 지방경찰청장에게 이의를 신청하거나, 그 이의신청에 대한 통보를 받은 날부터 90일 이내 행정심판을 제기하거나, 처분이 있음을 알게 된 날부터 90일 이내에 행정심판을 제기하는 경우가 아니면, 더 이상 면허취소처분을 다툴 수 없다)과 일정한 행정행위는 행위의 성질상 행정청도 그 내용의 변경을 할 수 없는바(예컨대, 중앙행정심판위원회가 甲이 제기한 운전면허취소심판청구에 대하여 재결을 하면, 중앙행정심판위원회는 재결내용을 변경할 수 없다), 이와 같이 행정청도 그 내용을 변경할 수 없는 효력인 실질적 존속력이 있다. 형식적 존속력은 불가쟁력, 실질적 존속력은 불가변력이라고도 한다.

> ● **도로교통법 제94조(운전면허 처분에 대한 이의신청)** ① 제93조 제1항 또는 제2항에 따른 운전면허의 취소처분 또는 정지처분이나 같은 조 제3항에 따른 연습운전면허 취소처분에 대하여 이의가 있는 사람은 그 처분을 받은 날부터 60일 이내에 행정안전부령으로 정하는 바에 따라 지방경찰청장에게 이의를 신청할 수 있다.
> ③ 제1항에 따라 이의를 신청한 사람은 그 이의신청과 관계없이 「행정심판법」에 따른 행정심판을 청구할 수 있다. 이 경우 이의를 신청하여 그 결과를 통보받은 사람(결과를 통보받기 전에 「행정심판법」에 따른 행정심판을 청구한 사람은 제외한다)은 통보받은 날부터 90일 이내에 「행정심판법」에 따른 행정심판을 청구할 수 있다.
> ● **행정심판법 제27조(심판청구의 기간)** ① 행정심판은 처분이 있음을 알게 된 날부터 90일 이내에 청구하여야 한다.

5. 강 제 력

행정법관계에서는 행정주체의 의사의 실현을 확보하기 위해 사법관계에서는 볼 수 없는 강제력이 행정주체에 주어진다. 강제력에는 행정법상 의무위반자에 행정벌인 행정형벌과 행정질서벌을 부과할 수 있는 힘인 제재력(예컨대, 운전자가 과속을 하면, 범칙금을 부과하게 된다)과 행정법상 의무자가 의무불이행시, 법원의 원조없이 행정청 스스로에 의한 강제집행할 수 있는 힘인 자력집행력(예컨대, 주차위반차량에 대하여 경찰서장은 경우에 따라 차량을 다른 곳으로 직접 이동할 수 있다)이 있다.

> ● **도로교통법 제35조(주차위반에 대한 조치)** ② 경찰서장이나 시장등은 제1항의 경우 차의 운전자나 관리 책임이 있는 사람이 현장에 없을 때에는 도로에서 일어나는 위험을 방지하고 교통의 안전과 원활한 소통을 확보하기 위하여 필요한 범위에서 그 차의 주차방법을 직접 변경하거나 변경에 필요한 조치를 할 수 있으며, 부득이한 경우에는 관할 경찰서나 경찰서장 또는 시장등이 지정하는 곳으로 이동하게 할 수 있다.

V. 경찰상 행정행위의 하자

1. 하자의 의의

행정행위의 적법요건에 미비가 있는 위법한 행정행위와 비합목적적인 재량행사가 이루어진 부당한 행정행위를 합하여 하자 있는 행정행위라 부른다. 위법한 행정행위는 행정소송절차 외에 행정심판절차상으로도 다툴 수 있으나, 부당한 행정행위는 행정심판절차상에서만 다툴 수 있을 뿐이다. 양자 모두 직권취소의 대상이 된다. 현재로서 행정행위의 하자 내지 하자 있는 행정행위에 관한 일반법은 없다. 한편, 단순한 오기나 계산의 착오 등은 하자로 보지 아니한다. 행정청은 처분에 오기·오산 그 밖에 이에 준하는 명백한 잘못이 있을 때에는 직권으로 또는 신청에 따라 지체 없이 정정하고 그 사실을 당사자에게 통지하여야 한다(절차법 제25조).

2. 하자유무판단의 기준시

행정행위가 적법한 것인가 또는 위법한 것인가의 여부는 원칙적으로 행정행위의 발령시점을 기준으로 한다. 행정행위의 발령 후에 행정행위에 근거된 법적 상황이나 사실상태의 변화는 아무런 영향을 미치지 아니한다. 따라서 사법심사에 있어서 하자의 유무에 대한 판단의 자료도 처분(발령)시에 제출된 것에 한정된다(대판 1996. 10. 11, 96누6172).

3. 하자의 효과로서 무효와 취소

(1) 구 별 ① 불가쟁력의 유무(취소할 수 있는 행위에는 기간의 경과 등으로 불가쟁력(형식적 존속력)이 발생하지만, 무효인 행위에는 불가쟁력이 발생하지 아니한다)와 하자의 치유의 가능성(취소할 수 있는 행위에는 하자의 치유가 인정되지만, 무효인 행위에는 하자의 치유가 인정되지 아니한다) 등과 관련하여 무효와 취소의 구별이 필요하다. ② 학설과 판례는 구별기준으로 중대명백설을 취하고 있다. 중대명백설이란 하자가 중대하고 동시에 명백하면 무효사유가 되지만, 하자가 중대하지만 명백하지 않거나 명백하지만 중대하지 아니하면 취소사유가 된다는 견해이다.

대판 2008. 3. 27, 2006**다**1633(과세처분이 당연무효라고 하기 위하여는 그 처분에 위법사유가 있다는 것만으로는 부족하고 그 하자가 중요한 법규에 위반한 것이고 객관적으로 명백한 것이어야 하며, 하자가 중대하고도 명백한 것인가의 여부를 판별함에 있어서는 당해 과세처분의 근거가 되는 법규의 목적, 의미, 기능 등을 목적론적으로 고찰함과 동시에 구체적 사안 자체의 특수성에 관하여도 합리적으로 고찰함을 요한다).

(2) 무　효　행정행위의 적법요건에 중대하고도 명백한 하자가 있기 때문에 외관상 행정행위가 존재함에도 불구하고 행정행위로서 갖는 효과를 전혀 갖지 못하는 행정행위를 무효인 행정행위라 부른다(통설). 무효인 행정행위는 행위의 외관이 존재한다는 점에서 부존재와 구별되며, 처음부터 효력이 없다는 점에서 취소되기 전까지는 효력을 가지는 취소와 구별된다. 그리고 일단 유효하게 성립하였다가 일정한 사유의 발생으로 효력이 소멸되는 실효와도 구별된다.

(3) 취　소　행정행위의 직권취소란 일단 유효하게 발령된 행정행위를 처분청이나 감독청이 그 행위에 위법 또는 부당한 하자가 있음을 이유로 하여 직권으로 그 효력을 소멸시키는 것을 말한다.

4. 하자의 승계

(1) 의　의　둘 이상의 행정행위가 연속적으로 행해지는 경우, 선행행위에 하자가 있으면 후행행위 자체에 하자가 없어도 선행행위의 하자를 이유로 후행행위를 다툴 수 있는가의 문제가 하자의 승계의 문제이다(예컨대, 불법건물에 대한 철거명령을 받은 후, 의무자가 철거하지 아니하면 행정청은 강제집행을 하게 된다. 철거명령에 위법이 있으면 철거명령의 취소를 구하여야 함에도 쟁송기간 경과로 다툴 수 없게 되었을 경우, 철거를 위한 계고처분을 받은 경우에 계고처분에 위법이 없다고 하여도 철거명령의 위법을 이유로 계고처분을 다툴 수 있는가의 문제가 바로 하자의 승계문제이다). 다툴 수 있다면 승계된다고 하고, 다툴 수 없다고 하면 승계되지 아니한다고 표현한다. 하자의 승계는 선행행위가 취소할 수 있는 행위에서 문제된다. 선행행위가 무효인 경우에는 행정행위의 하자의 승계여부가 문제되지 아니한다. 왜냐하면 이 경우에는 후행행위를 다툴 필요 없이 바로 선행행위의 무효를 주장하면 되기 때문이다.

(2) 승계여부　전통적인 견해와 판례에 따르면, 행정행위의 하자문제는 행정행위마다 독립적으로 판단되어야 한다는 전제 하에 ① 선행행위와 후행행위가 상호관련적이나 별개의 목적으로 행하여지는 경우에는(예: 철거명령과 계고처분), 선행행위의 단순위법은 후행행위에 승계되지 아니하지만(대판 1998. 9. 8, 97누20502), ② 선행행위와 후행행위가 일련의 절차를 구성하면서 하나의 효과를 목적으로 하는 경우에는(예: 계고처분과 대집행영장발부통보처분) 예외적으로 선행행위의 위법성이 후행행위에 승계된다(대판 1996. 2. 9, 95누12507)고 한다.

헌재 2010. 12. 28, 2009헌바429(도시관리계획의 결정 및 고시, 사업시행자지정고시, 사업실시계획인가고시, 수용재결 등의 단계로 진행되는 도시계획시설사업의 경우 그 각각의 처분은 이전의 처분을 전제로 한 것이기는 하나, 단계적으로 별개의 법률효과가 발생되는 독립한 행정처분이어서 이미 불가쟁력이 발생한 선행처분에 하자가 있다고 하더라도 그것이 당연무효의 사유가 아닌 한 후행처분에 승계되는 것은 아니다).

5. 하자의 치유와 전환

(1) **하자의 치유** 행정행위가 발령 당시에 적법요건을 완전히 구비한 것이 아니어서 위법한 것이라고 하여도 사후에 흠결을 보완하게 되면(예컨대, 영업허가취소처분을 하면서 취소사유를 빠뜨렸다가 추후에 사유를 기재한 서면을 다시 보내는 경우), 발령당시의 하자에도 불구하고 그 행위의 효과를 다툴 수 없도록 유지하는 것을 하자 있는 행정행위의 치유라 부른다. 전통적 견해와 판례는 행정행위의 하자의 치유는 취소할 수 있는 행정행위에만 인정된다고 한다(대판 1989. 12. 12, 88누8869).

(2) **하자의 전환** 하자 있는 행정행위를 적법한 다른 행정행위로(예: 위법의 징계면직처분을 적법의 직권면직처분으로) 유지시키는 것을 하자 있는 행정행위의 전환이라 한다. 전통적 견해와 판례는 하자있는 행정행위의 전환이 무효인 행위에만 인정된다고 본다. 그러나 전환은 취소할 수 있는 행위인가, 무효인 행위인가의 구분 없이 상황에 따라 모두 인정될 수 있다고 보는 것이 전환을 인정하는 취지에 합당하다.

(3) **제도의 취지** 하자의 치유와 전환은 하자의 치유와 마찬가지로 국민의 법생활의 안정과 신뢰보호를 위한 것이다. 아울러 불필요한 행정행위의 반복을 방지하기 위한 것이기도 하다.

Ⅵ. 경찰상 행정행위의 폐지와 실효

1. 행정행위의 직권취소

(1) **의 의** 행정행위의 직권취소란 일단 유효하게 발령된 행정행위를 처분청이나 감독청이 그 행위에 위법 또는 부당한 하자가 있음을 이유로 하여 직권으로 그 효력을 소멸시키는 것을 말한다. 직권취소는 행정청 스스로의 반성에 의거하여 행하는 취소를 말한다(대판 2006. 5. 11, 2003다37969).

(2) **취소권자** 처분청은 명문의 근거가 없어도 직권취소할 수 있다. 판례의 입장도 같다(대판 2002. 5. 28, 2001두9653). 감독청의 경우에는 명문의 규정이 있으면 의문이 없으나, 명문의 규정이 없는 경우에는 감독청이 일반적인 감독권에 의거 직권취소를 할 수 있는가에 관해 소극설과 적극설로 견해가 나뉘고 있다.

(3) **취소의 사유** 법규가 명문으로 직권취소사유를 규정하고 있으면 별문제가

없다. 명문의 규정이 없이도 단순위법한 행정행위와 부당한 행위는 직권취소의 대상이 된다(대판 2006. 5. 25, 2003두4669). 단순위법의 행위란 무효원인이 아닌 하자 있는 행위를 말한다. 무효원인 아닌 하자란 중대하나 명백하지 않은 하자 또는 명백하나 중대하지 않은 하자를 말한다.

(4) **침익적 행위의 취소** 위법·침익적인 행위는 형식적 확정력이 생겨난 후에도 의무에 합당한 재량에 따라 행정청에 의해 취소될 수 있다(취소의 자유). 위법·침익적인 행위의 취소자유의 원칙은 그 취소가 일면 관계자에게 수익적인 것일 뿐만 아니라, 타면 법치국가적 요구에 합당하다는 점에 그 근거를 갖는다.

(5) **수익적 행위의 취소** 위법하나 수익적인 행위의 경우에는 상대방의 신뢰보호와 관련하여 그 취소가 제한된다(대판 1990. 2. 23, 89누7061). 위법하나 수익적인 행위의 취소자유의 제한은 상충되는 두 가지 원칙, 즉 ① 행정의 법률적합성의 원칙(적법상태의 회복을 위한 위법행위의 폐지의 요구), ② 법적 안정성 또는 신뢰보호원칙(행정청발령의 행정행위의 존속에 대한 신뢰의 내용으로서 위법행위도 유지될 것을 요구)의 조화의 결과이다. 원칙적으로 말해 관계자가 행정행위의 존속을 신뢰하였고(주관적 요소), 그 신뢰가 보호할 만하고 또한 신뢰이익이 공익보다 큰 경우(객관적 요소)에는 취소가 제한되며, 그렇지 않은 경우에는 취소가 자유롭다(대판 2002. 2. 5, 2001두5286).

대판 2012. 3. 29, 2011두23375(일정한 행정처분으로 국민이 일정한 이익과 권리를 취득하였을 경우에 종전 행정처분을 취소하는 행정처분은 이미 취득한 국민의 기존 이익과 권리를 박탈하는 별개의 행정처분으로 취소될 행정처분에 하자 또는 취소해야 할 공공의 필요가 있어야 하고, 나아가 행정처분에 하자 등이 있다고 하더라도 취소해야 할 공익상 필요와 취소로 당사자가 입게 될 기득권과 신뢰보호 및 법률생활안정의 침해 등 불이익을 비교·교량한 후 공익상 필요가 당사자가 입을 불이익을 정당화할 만큼 강한 경우에 한하여 취소할 수 있는 것이며, 하자나 취소해야 할 필요성에 관한 증명책임은 기존 이익과 권리를 침해하는 처분을 한 행정청에 있다).

(6) **취소의 효과** ① 적법요건에 하자 있음을 이유로 행정행위의 효력을 부인하려는 것이 행정행위의 취소인바, 취소의 효과는 소급적인 것이 원칙이다. 그러나 상대방의 보호를 위해 장래적인 것으로 보아야 할 경우도 있다. ② 수익적 행위의 직권취소의 경우, 상대방의 신뢰가 취소에 따른 공익과 형량하여 보호할 필요가 있는 경우에는 그 상대방은 행정행위의 존속에 대한 신뢰를 바탕으로 하여 재산상의 손실보상을 구할 수도 있다. 그러나 손실보상은 행정행위의 존속에 대하여 상대방이 갖는 이익을 한도로 하여야 한다.

2. 행정행위의 철회

(1) 의 의 적법요건을 구비하여 완전히 효력을 발하고 있는 행정행위에 있어서 사후적으로 그 행위의 효력의 전부 또는 일부를 장래에 향해 소멸시키는 원행정행위와 독립된 별개의 의사표시를 행정행위의 철회라 부른다. 철회는 학문상의 용어이며 실정법상으로는 일반적으로 취소로 불리기도 한다.

> **헌재 2010. 3. 25, 2009헌바83**(헌법 제13조 제1항(모든 국민은 … 동일한 범죄에 대하여 거듭 처벌받지 아니한다)에서 말하는 "처벌"은 원칙적으로 범죄에 대한 국가의 형벌권 실행으로서의 과벌을 의미하는 것이고, 국가가 행하는 일체의 제재나 불이익처분을 모두 그 "처벌"에 포함시킬 수는 없는 것이다. 운전면허 취소처분은 형법상에 규정된 형(刑)이 아니고, 그 절차도 일반 형사소송절차와는 다를 뿐만 아니라, 주취 중 운전금지라는 행정상 의무의 존재를 전제하면서 그 이행을 확보하기 위해 마련된 수단이라는 점에서 형벌과는 다른 목적과 기능을 가지고 있다고 할 것이다. 따라서 운전면허 취소처분을 이중처벌금지원칙에서 말하는 "처벌"로 보기 힘들다).

(2) 법적 근거 처분청이 철회권을 행사하기 위해서는 반드시 개별적인 법률의 명시적인 근거가 있어야 하는가의 문제가 있다. ① 학설은 근거불요설·근거필요설·제한적 긍정설로 나뉜다. ② 근거불요설이 다수 견해이다. 판례도 근거불요설의 입장을 취한다(대판 2004. 11. 26, 2003두10251·10268).

(3) 철회권자 ① 명문의 규정을 불문하고 처분청은 철회권을 가진다. 왜냐하면 처분청이 갖는 처분의 권한 속에는 어떠한 처분을 영속적으로 현재의 법과 사실관계에 합당하도록 하게 할 수 있는 권한도 포함되어 있기 때문이다. ② 감독청은 철회권을 갖지 못한다. 왜냐하면 철회도 하나의 독립된 새로운 행정행위인데 감독청이 철회한다면, 이는 감독청이 합리적인 이유 없이 처분청의 권한을 침해하는 결과가 되고, 이러한 결과는 처분청을 둔 행정조직의 목적에 반하기 때문이다. 다만 명문의 규정이 있다면 그것은 예외가 된다.

(4) 철회의 사유 ① 철회의 사유는 기존의 행정행위를 위법 또는 비합목적적으로 만드는 사후적인 새로운 사정이다. 철회되는 행위와 동일한 행위를 새로이 하여야 하거나 제3자보호 등 다른 이유에서 철회가 불가능한 경우가 아닌 한 침익적인 행위에서는 철회가 가능하다. ② 수익적 행위의 사후적인 제거는 다만 예외적으로 "행정행위의 부관으로 취소권이 유보되어 있는 경우, 당해 행정행위를 한 행정청은 그 취소사유가 법령에 규정되어 있는 경우뿐만 아니라 의무위반이 있는 경우, 사정변경이 있는 경우, 좁은 의미의 취소권이 유보된 경우, 또는 중대한 공익상의 필요가 발생한 경우"에 가능

하다(대판 2004. 11. 26, 2003두10251 · 10268).

(5) 철회의 제한 ① 침익적 행위의 철회는 수익적인 결과를 가져오므로, 기속행위의 경우나 영으로 재량수축의 경우가 아닌 한, 또는 다른 사유(예: 확약)로 제한받지 아니하는 한, 침익적 행위의 철회는 비교적 자유롭다. ② 수익적 행위의 철회는 침익적인 결과를 가져오므로, 수익적 행위의 철회는 결코 자유로운 것이 아니다. 왜냐하면 공익실현을 위해서는 사익이 임의로 침해되어도 좋다는 것을 뜻할 수는 없기 때문이다. 수익적 행위의 철회는 침해되는 적법한 사익과 실현코자 하는 공익간의 이익형량의 문제가 발생된다(대판 1987. 9. 8, 87누373).

(6) 철회권의 행사 행정행위의 철회시 처분청은 ① 철회에 의한 경우보다 경미한 침해를 가져오는 다른 방법이 있다면, 철회는 채택할 수 없고 다른 방법을 채택하여야 하고, ② 일부철회가 가능하다면 전부철회가 아닌 일부철회의 방법을 채택하여야 하며, ③ 공익과 사익의 형량을 의무에 합당한 재량에 따라야 한다.

(7) 철회의 효과 ① 행정행위의 철회의 효과는 장래적이다. 그것은 처음부터 적법한 행위였기 때문이다. 그러나 입법례에 따라서는 일정한 수익적 행위의 철회에 소급효를 인정하는 경우도 있다. ② 수익적 행정행위의 철회로 인해 상대방이 재산상의 특별한 손해를 입게 되면, 상대방에게 귀책사유가 없는 한 행정청은 그 손실을 보상해주는 것이 정당하다고 본다. 이에 관한 일반법은 없다. 현재로서는 몇몇 단행법에서 그 예를 볼 수 있다(예: 도로법).

> ● **도로법 제86조(관리청에 대한 처분)** 다음 각 호의 어느 하나에 해당하면 국도, 특별시도·광역시도 및 지방도에 관하여는 국토해양부장관이, 시도·군도 또는 구도에 관하여는 특별시장·광역시장 또는 도지사(이하 "감독관청"이라 한다)가 도로 관리청이 한 처분의 취소, 변경, 공사의 중지 또는 그 밖에 필요한 처분을 하거나 조치를 명할 수 있다.
> 1. 관리청이 행한 처분이나 공사가 도로에 관한 법령이나 감독관청의 처분을 위반한 경우
> 2. 도로의 구조를 보존하거나 교통의 위험을 방지하기 위하여 특히 필요하다고 인정되는 경우
>
> **제92조(공용부담으로 인한 손실보상)** ① 이 법에 따른 처분이나 제한으로 손실을 입은 자가 있으면 국토해양부장관이 한 처분이나 제한으로 인한 손실은 국고에서 보상하고, 그 밖의 행정청이 한 처분이나 제한으로 인한 손실은 그 행정청이 속하여 있는 지방자치단체에서 보상하여야 한다.
>
> **제93조(감독처분으로 인한 손실보상)** ② 제86조에 따른 감독관청의 처분이나 명령으로 관리청이 그의 처분을 취소 또는 변경하였기 때문에 생긴 손실에 관하여는 제92조를 준용한다.

3. 행정행위의 실효

(1) 의 의 행정행위의 실효란 적법한 행정행위의 효력이 행정청의 의사와

관계 없이 일정한 사실에 의해 장래를 향하여 당연히 소멸되는 것을 말한다. 행정행위의 실효는 일단 발생된 효력이 소멸된다는 점에서 행정행위의 무효와 구별되고, 효력의 소멸이 행정청의 의사와 무관하다는 점에서 행정행위의 취소·철회와 구분된다.

(2) 사 유 실효의 사유로 대상의 소멸(예: 사망으로 인한 운전면허의 실효), 부관의 성취(예: 10일간 임시운행허가의 경우, 10일의 경과로 인한 임시운행허가의 실효), 목적의 달성(예: 불법주차차량에 대한 이동명령이 있는 경우, 이동의 실행으로 인한 이동명령의 실효), 새로운 법규의 제정·개정 등이 있다.

(3) 효 과 행정행위의 실효의 사유가 발생하면, 그 때부터 장래에 향하여 효력이 소멸된다. 일단 실효된 행위는 다시 되살아날 수는 없다. 실효의 여부에 관해 분쟁이 생기면, 실효확인의 소의 제기를 통해 해결할 수 있다.

Ⅶ. 경찰상 행정행위의 부관

1. 부관의 의의

① 종래에는 행정행위의 부관을 "행정행위의 효과를 제한하기 위하여 주된 의사표시에 부가된 종된 의사표시"로 정의하였다(협의설). ② 오늘날에는 "행정행위의 효과를 제한하기 위하여 행정행위의 주된 내용에 부가하는 부대적 규율," "행정행위의 효과를 제한 또는 보충하기 위하여 행정기관에 의하여 주된 행정행위에 부가된 종된 규율," "행정행위의 효과를 제한하거나 특별한 의무를 부과하거나 요건을 보충하기 위하여 주된 행위에 붙여진 종된 규율" 등으로 정의되고 있다(광의설). ③ 이 책에서는 광의설의 입장을 취하면서 부관을 '행정행위의 효력범위를 보다 자세히 정하기 위하여 주된 행정행위에 부가된 규율'로 정의한다. 행정행위의 효과를 제한하거나 보충하거나 또는 특별한 의무를 과한다는 것은 결국 행정행위의 효력범위를 보다 자세히 정하는 것을 의미하기 때문이다.

2. 부관의 종류

(1) 조 건 ① 조건이란 행정행위의 효력의 발생·소멸을 장래에 발생여부가 객관적으로 불확실한 사실에 의존시키는 부관을 말한다. ② 조건에는 정지조건(예: 2020년 1월 5일자로 A도로의 점용을 허가한다. 다만, 2020년 2월 2일까지 A도로에 접속되는 B도로를 건설한 후부터 점용할 수 있다)과 해제조건(예: 2020년 1월 5일자로 A도로의 점용을 허가한다. 다만, 2020년 2월 2일까지 A도로에 접속되는 B도로를 건설하지 아니하면 2020년 2월 3일부터 점용허가의 효과는 소멸하는 것으로 한다)이 있는데, 정지조건이란 일정사실의 발생으로 수익이

나 부담을 발생시키는 경우를 말하고, 해제조건이란 일정사실의 발생으로 수익이나 부담을 소멸시키는 경우를 말한다.

(2) 기 한 ① 기한이란 행정행위의 효력의 발생·소멸을 장래에 그 발생여부가 확실한 사실, 즉 장래의 특정시점에 종속시키는 부관을 말한다. 시점이 특정되어 있다는 점에서 조건과 다르다. ② 기한에는 시기(예: 영업은 2020년 2월 1일부터 할 수 있습니다)와 종기(예: 영업은 2040년 1월 31일까지 할 수 있습니다), 확정기한과 불확정기한(예: 영업은 2020년 첫눈이 오는 날부터 할 수 있습니다)이 있다.

(3) 철회권(취소권)의 유보 ① 철회권의 유보란 일정요건 하에서 행정행위를 철회하여 행정행위의 효력을 소멸케 할 수 있음을 정하는 부관을 말한다. 취소권의 유보라 부르기도 한다. ② 철회권의 유보가 법규에서 직접 규정되기도 한다(예: 하천법 제69조), 그러나 이러한 경우에 법령상 규정된 철회사유 이외의 사유로 철회할 수 있는가에 관해 학설은 부정설과 긍정설로 나뉜다. 판례는 긍정설을 취한다(대판 2004. 11. 26, 2003두10251·10268).

(4) 부 담 ① 부담이란 수익적 행정행위에서 부가된 부관으로 상대방에게 작위·부작위·수인·급부를 명하는 것을 말한다. 법령상으로는 조건으로 불리기도 한다. ② 조건·기한·철회권의 유보와 달리 부담은 행정행위의 효과의 발생 또는 소멸과 직결된 것이 아니다. 말하자면 부담의 불이행이 있다고 하여 당연히 효력의 소멸을 가져오는 것은 아니다. 부담은 주된 행위로부터 상대적인 독립성을 갖는다. ③ 부담의 불이행은 행정강제의 사유가 되기도 하고, 행정행위의 철회의 사유가 되기도 한다(대판 1989. 10. 24, 89누2431).

(5) 부담유보 ① 부담유보란 사후적으로 부담을 설정·변경·보완할 수 있는 권리를 미리 유보해 두는 경우의 부관을 말한다. 부담유보의 사후적인 행사는 새로운 행정행위를 뜻한다. ② 부담의 유보는 영속적인 효과를 갖는 행정행위에서 변화하는 환경에 적합한 행정을 실현하는 데에 의미를 갖는다.

3. 부관의 가능성과 한계

(1) 가 능 성 개별법률에 명문의 규정이 없는 경우, 부관의 가능성과 관련하여 판례와 전통적 견해는 부관이 행정행위의 효과를 제한하기 위해 주된 의사표시에 부가되는 종된 의사표시라는 전제하에 부관은 의사표시를 요소로 하는 법률행위적 행정행위에만 붙일 수 있고, 의사표시를 요소로 하지 않는 준법률행위적 행정행위에는 제한을 가할 주된 의사표시가 없으므로 부관을 붙일 수 없으며(대판 1975. 8. 29, 75누23), 법률행위적 행정행위의 경우에도 부관은 재량행위에만 붙일 수 있고, 기속행위·기속재량행위에는 붙일 수 없다고 한다(대판 2004. 3. 25, 2003두12837).

대판 2009. 2. 12, 2005다65500(수익적 행정처분에 있어서는 법령에 특별한 근거규정이 없다고 하더라도 그 부관으로서 부담을 붙일 수 있다).
대판 2007. 7. 12, 2007두6663(재량행위에 대해 처분청으로서는 법령상의 제한에 근거한 것이 아니라 하더라도 공익상 필요 등에 의하여 필요한 범위 내에서 여러 조건(부담)을 부과할 수 있다).

(2) 시간적 한계　　부관의 사후발령이 가능한가에 관해 학설은 부정설과 제한적 긍정설(부담의 경우에는 사후부관이 가능하다는 견해와 명문의 규정이 있거나, 행정행위 그 자체에 사후부관의 가능성이 유보되어 있거나, 본인의 동의가 있는 경우에는 사후부관이 가능하다는 견해)로 나뉘고 있다. 판례는 제한적 긍정설을 취하지만, 그 인정범위가 넓다(대판 1997. 5. 30, 97누2627).

(3) 부관으로서의 한계　　① 부관은 주된 행위와 사항적 통일성을 가져야 하고(사항적 한계), ② 부관은 주된 행위의 목적에 반하지 않아야 하며(목적상 한계), ③ 행정행위의 성질에 비추어 부관을 붙이는 것이 허용되지 아니하는 경우도 있다(성질상 한계)(예: 귀화허가는 신분을 설정하는 행정행위이므로 법적 안정성의 원칙에 비추어 조건이 가해질 수 없다. 개명허가의 경우에도 기한을 설정할 수 없다).

(4) 행정행위로서 한계　　부관도 행정행위의 한 구성부분이므로, 주된 행위와 마찬가지로 행정행위로서의 적법요건을 구비하여야 한다. 말하자면 ① 부관도 법령에 적합하여야 한다. ② 부관은 사실상으로나 법상으로 가능한 것이어야 하고, ③ 부관의 내용은 명확하여야 하며, ④ 부관은 행정법의 일반원칙도 준수하여야 한다(대판 1997. 3. 14, 96누16698).

4. 부관의 하자

(1) 위법부관의 효력　　부관상의 하자가 중대하고 명백하면 그 부관은 무효가 된다. 무효인 부관이 기본행위의 효력에 미치는 영향과 관련하여 「원칙적으로 부관만 무효가 되어 전체로서는 부관 없는 단순행정행위가 되나 예외적으로 부관이 없었다면 주된 행위를 하지 않았을 것이라고 인정되는 경우에만 부관부행정행위의 전체가 무효로 된다」는 견해가 통설이며 합리적이다. 부관의 하자가 단순위법한 경우에는 취소되지 않는 한, 부관의 효력은 문제되지 아니한다. 이 경우에도 부관이 본질적인 부분을 이룬다면, 부관의 취소가능성은 주된 행위의 취소가능성을 가져온다.

(2) 쟁송방법(권리보호)　　① 부관에 대한 쟁송방법과 관련하여 학설은 다양하다. ② 종전의 판례는 부관에 하자가 있는 경우에는 주된 행위와 부관을 포함하여 전체로서

부관부행정행위를 다투어야 한다는 입장이었다. 또한 종전의 판례는 일부취소를 인정하지 않았고(대판 1991. 12. 13, 90누8503), 다만 전부취소만을 행할 뿐이었다(대판 1985. 7. 9, 84누604). 따라서 위법부관이 중요부분이면 전부취소의 판결을, 그렇지 않다면 기각판결을 하였다. 그러나 오늘날 대법원은 부담만을 독립하여 다툴 수 있다는 입장을 취한다(대판 1992. 1. 21, 91누1264).

Ⅷ. 자동적으로 결정되는 경찰상 행정행위

1. 의 의

경찰공무원의 수작업을 경감시키는 기계(예: 복사기)의 사용이 아니라 외부적으로 조종됨이 없이 자동적으로 기능하는 기계(예: 컴퓨터)가 경찰공무원을 대신하여 경찰상 행정결정을 행하는 경우가 증대하고 있다. 종전 같으면 인간의 수작업으로 이루어질 행정행위가 이제는 인간에 의해 사전 처리된 형식에 따라 자동기계에 의해 이루어지는 경찰상 행정행위를 자동적으로 결정되는 경찰상 행정행위라 부른다.

2. 법적 성격

컴퓨터의 도입으로 동일하거나 유사한 행정행위를 대량으로 하게 되었다. 컴퓨터로 처리한다고 하여도 행정청은 여전히 절차의 주재자이다. 왜냐하면 프로그래밍, 구체적인 데이터의 투입·결정·통지 모두가 행정청에 의해 이루어지기 때문이다. 따라서 수작업에 의해 이루어지는 행정행위가 컴퓨터에 의해 이루어진다고 하여도, 그러한 결정은 역시 행정행위로 간주될 수밖에 없다.

3. 법적 근거

자동화된 행정행위가 대량으로 이루어지는 것이 오늘날의 실정인바, 나라에 따라서는 자동화된 행정행위의 법적 문제, 특히 행위형식성(형식상 요건)에 관해 규정을 두기도 한다(예: 독일행정절차법 제37조 제5항). 우리는 그러한 규정을 갖고 있지 않다. 현재로서 학설과 판례에 맡겨진 셈이다.

4. 적법요건

(1) 기명·날인 ① 발령행정청의 기명은 결코 생략될 수 없다. 발령행정청의 이름이 있어야만 국가의 행위임을 인식할 수 있기 때문이다. 그러나 ② 수기에 의한 서명은 요구되지 아니한다고 볼 것이다. 왜냐하면 발령행정청이 일일이 서명한다는 것은

현실적으로 기대하기 어렵기 때문이다.

(2) 기호·부호 자동적으로 자료가 처리되는 컴퓨터의 경우에는 기술상 여러 가지의 부호나 기호가 도입되고 있다. 이러한 기술상의 부호나 기호를 문자와 동일시할 필요가 있다. 학설상 부호나 기호가 사용된 컴퓨터에 의한 결정을 행정행위라고 보는 데에 반대하는 견해는 없다.

(3) 이유제시 행정청은 처분을 할 때에는 원칙적으로 당사자에게 그 근거와 이유를 제시하여야 한다(절차법 제23조). 행정절차법 제23조가 당연히 전통적인 서면에 의한 행정행위에 적용되지만, 컴퓨터에 의한 서면상의 결정에 적용되는가의 여부는 문제이다. 컴퓨터에 의한 서면상의 결정에 행정절차법 제23조의 적용이 배제될 이유는 없어 보인다.

(4) 청 문 입법례에 따라서는 자동화된 설비의 도움을 받아 이루어지는 행정행위의 경우에는 청문절차를 행하지 아니할 수 있음을 규정하기도 한다(예: 독일행정절차법 제28조 제2항 제4호). 우리는 이러한 규정을 갖고 있지 않다. 그러나 우리의 경우, 컴퓨터에 의한 서면상의 결정에 행정절차법상 의견청취제도의 적용이 배제될 이유는 없어 보인다.

5. 하 자

자동화된 설비의 도움을 받아 이루어지는 행정행위의 경우에도 위법성의 문제는 통상의 행정행위의 하자론의 일반원리가 그대로 적용된다. 말하자면 그러한 행위가 위법한 것이라면 역시 상황에 따라 무효인 행위 또는 취소의 대상이 되는 행위가 되고, 이때에도 중대명백설이 무효사유와 취소사유의 구별기준이 된다.

6. 손해배상

자동기계에 의한 행정작용으로 인하여 사인에게 손해가 발생하면, 국가나 지방자치단체는 국가배상법이 정하는 바에 따라 손해배상책임을 부담하여야 함은 통상의 행정행위의 경우와 다를 바 없다.

Ⅸ. 확언·확약

1. 확언·확약의 의의

(1) 개 념 확언이란 행정주체가 사인에 대해 장차 일정한 행정작용을 행하거나 행하지 않겠다고 하는 것을 내용으로 하는 공법상 일방적인 자기구속의 의사표시를 말한다(예: 도로에 CCTV를 설치해주겠다는 의사표시). 한편, 확언의 대상이 특정 행정행위의

발령이나 불발령에 관한 것인 경우를 확약이라 부른다(예: 허가를 내주겠다는 의사표시). 확약에 관한 일반법은 없다(1987년에 입법예고가 되었던 행정절차법(안) 제25조는 확약에 관해 규정하고 있었다). 확언이나 확약의 법리는 이론과 판례에 맡겨져 있다.

(2) 구별개념 ① 확언이나 확약은 구체적인 행정작용에 대한 구속적인 의사표시라는 점에서 특정의 사실·법적 상태에 대한 행정청의 단순한 고지와 구분된다. ② 확언이나 확약은 그 자체가 일방적인 행위이므로 복수당사자의 의사의 합치인 공법상 계약과 구분된다. ③ 확언이나 확약은 법적인 행위이므로 행정지도와 같은 사실행위와도 구별된다. ④ 확언(특히 확약)은 행정행위의 발령을 목적으로 하는 점에서 그 자체는 종국적인 행정행위인 예비결정 및 부분허가와 다르다.

(3) 행정행위 확약이나 확언이 공법상의 의사표시이긴 하지만, 그 자체가 행정행위인가에 관해서는 견해가 갈린다. 다수설은 행정행위성을 인정한다. 확약을 행정법상 독자적 행위형식으로 보는 견해도 있다. 생각건대 확언이나 확약은 종국적인 행위 그 자체는 아니지만, 구속적인 의사표시 그 자체는 행정행위의 개념(행정청이 법 아래서 구체적 사실에 대한 법집행으로서 행하는 권력적 단독행위로서의 공법행위)을 충족시킨다고 본다. 종래 판례의 입장은 분명하지 않았으나(대판 1991. 6. 28, 90누4402), 그 후 대법원은 한 사건에서 확약은 행정처분이 아니라고 하였다(대판 1995. 1. 20, 94누6529).

2. 확언·확약의 법적 근거

확언이나 확약에 관한 일반법은 없다. 개별 법령에 확언이나 확약에 관한 근거규정이 없다고 하여도 확언이나 확약의 법리를 인정할 필요가 있다.

3. 확언·확약의 요건·한계

(1) 요 건 ① 유효한 확언이나 확약은 권한을 가진 행정청에 의해서만, 그리고 권한의 범위 내에서만 발해질 수 있다. ② 확약도 처분의 일종이므로 문서로 함이 원칙이다(절차법 제24조 제1항). ③ 확언이나 확약의 대상이 되는 행정작용이 법규에 의거, 관계자의 청문이나 다른 행정청의 협력을 요구하는 경우에는 그 청문이나 협력을 얻은 후에만 확언이나 확약을 할 수 있다. ④ 확언이나 확약의 내용은 법의 일반원칙에 부합하여야 한다. 확약은 추후 행정행위의 규율내용과 범위에서 일치되어야 한다.

(2) 한 계 ① 본처분의 요건사실이 완성된 후에도 확언이나 확약을 할 수 있을 것인가가 문제되나, 확약의 취지가 개인의 이익(예지이익·대처이익)의 보호에 있으므로 긍정적으로 볼 것이다(다수설)(예: 일정 금액의 과세처분의 확약). ② 확언이나 확약은 재량행위뿐만 아니라 기속행위에도 가능하다.

4. 확언·확약의 효과

확언과 확약도 상대방에 통지되어야 효력을 발생한다. 확언·확약도 행정행위의 일종이므로, 단순위법의 확언·확약도 효력을 가진다. 또한 그것은 하자의 치유의 대상이 된다. 통상의 행정행위만큼 광범위한 것은 아니나 확언이나 확약도 원칙적으로 구속효를 갖는다. 적법한 확언이나 확약이 성립하면, 행정청은 상대방에 대해 확언이나 확약한 행위를 이행하여야 할 의무를 부담하고, 상대방은 당해 행정청에 대해 그 이행을 청구할 수 있다.

5. 확언·확약의 실효·철회·취소

① 확언이나 확약이 주어진 후 사실상태 또는 법적 상태가 변경되면, 확언이나 확약의 구속성은 사후적으로 별다른 의사표시가 없어도 상실된다(대판 1996. 8. 20, 95누10877). 따라서 확언이나 확약의 존속력은 통상의 행정행위에 비해 약하다. ② 또한 행정청은 위법한 행정행위를 취소하거나 적법한 행정행위를 철회할 수 있는 것과 동일한 요건하에서 확언이나 확약을 취소 또는 철회함으로써 확언이나 확약의 구속성을 사후적으로 제거할 수도 있다.

6. 하 자

행정행위의 성격을 인정하는 다수설에 따른다면, 확언이나 확약에 중대하고 명백한 하자가 있다면, 그러한 확언이나 확약은 무효가 된다. 단순위법의 하자가 있다면 취소할 수 있는 행위가 된다. 이 경우 취소의 제한에 대한 일반원리가 적용된다.

7. 권리보호

(1) 행정쟁송 확약을 행정행위로 보는 다수설에 따르면 확약은 항고소송의 대상인 처분이다. 다만 판례는 확약의 처분성을 인정하지 아니한다. 물론 수익적 행정행위의 발령을 확약한 후 사인이 이를 신청하자 거부한 경우에는 의무이행심판이나 거부처분취소소송 등을 제기할 수 있을 것이다.

(2) 손해전보 확약 또는 확약한 후 그 불이행이 국가배상법 제2조 제1항이 정하는 요건을 충족하면 상대방은 손해배상을 청구할 수 있다. 만약 확약을 한 사항의 불이행이 적법하지만 상대방에게 특별한 희생을 가져온다면 상대방은 손실보상도 청구할 수 있을 것이다.

제 2 목 경찰상 하명(경찰상 행정행위로서 하명)

Ⅰ. 경찰상 하명의 의의

1. 경찰상 하명의 개념

경찰상 하명이란 특정인이나 특정다수인에 대해 발해지는 작위(예: 경직법 제5조 제1항 제3호에 의한 위험시설제거명령에 따른 제거의무)·부작위(도교법 제6조 제4항에 의한 통행금지명령에 따른 통행하지 말아야 할 의무)·수인(예: 경직법 제3조에 따른 불심검문에 응할 의무)·급부(예: 도교법 제160조에 따른 과태료납부의무)를 명하는 처분을 말한다. 경찰상 하명은 경찰처분 또는 질서하명 등으로 불리기도 한다.

2. 다른 경찰작용과 구분

① 경찰상 하명은 경찰법상의 권리·의무를 발생시킨다는 점에서 의도된 법적 효과를 모르는 단순행정작용(예: 관찰·보고·경고·계몽)과 구분되고, ② 경찰상 하명은 직접적이고 외부적인 법적 효과를 가지는 점에서 내부적인 효과만을 갖는 경찰의 내부행위(예: 상급경찰기관이 하급경찰기관에 대해 장해자에게 특정처분을 할 것을 명하는 지시)와 구분된다. 그리고 ③ 외부적 효과를 갖는다는 점에서 경찰상 하명과 경찰명령(경찰상 법규명령)(예: 식품위생법 시행규칙 제57조)은 동일하다. 그러나 경찰명령 중에는 경찰명령의 규정 그 자체로서 직접 법적 효과를 발생하는 경우에는 경찰상 하명과 유사한 면을 갖지만, 경찰명령 중에는 행정행위를 통해 구체화를 요하는 경우도 있으므로 효과의 내용과 성질에 차이가 있다.

> ● **식품위생법 제44조(영업자 등의 준수사항)** ① 식품접객영업자 등 대통령령으로 정하는 영업자와 그 종업원은 영업의 위생관리와 질서유지, 국민의 보건위생 증진을 위하여 보건복지부령으로 정하는 사항을 지켜야 한다.
> ● **식품위생법시행규칙 제57조(식품접객영업자 등의 준수사항 등)** 법 제44조 제1항에 따라 식품접객영업자 등이 지켜야 할 준수사항은 별표 17과 같다.
> [별표 17] 식품접객업영업자 등의 준수사항(제57조 관련)
> 1. 즉석판매제조·가공업자의 준수사항
>   가. 제조·가공한 식품을 영업장 외의 장소에서 판매하거나 판매를 목적으로 하는 사람에게 판매하여서는 아니 된다.
>   나. 손님이 보기 쉬운 곳에 가격표를 붙여야 하며, 가격표대로 요금을 받아야 한다.
>   다. (이하 생략)

3. 경찰상 일반처분

(1) 의 의 경찰상 일반처분은 일반적인 표지에 따라 특정 또는 특정할 수 있는 인적 범위의 사람들에게 향한 것이거나 물건의 공적 성격 또는 일반에 의한 이용과 관련한다(예: 교통표지나 도로상 경찰의 지시). 일반처분의 경우를 포함하여 경찰하명은 개별사건을 규율하지만 경찰명령(경찰상 법규명령)은 불특정 다수인을 대상으로 하는 추상적인 사건을 규율한다.

(2) 법적 성질 ① 경찰상 일반처분은 경찰명령이 아니라 경찰상 행정행위의 일종이다. 따라서 이해관계자는 개별처분에서와 같은 권리구제수단(예: 행정심판·행정소송의 제기권)을 갖는다. ② 일반처분은 외부적인 형식, 내용상 관련된 인적 범위의 특정성에 의해 일반추상성의 법규명령과 구분된다.

Ⅱ. 경찰상 하명의 적법요건

1. 권한요건

경찰상 하명은 정당한 권한을 가진 경찰행정청이 발령하여야 한다. 경찰법령은 현장의 경찰공무원에게 권한을 부여하기도 한다(경직법 제3조 내지 제7조). 이러한 경우에 경찰공무원은 기능적 의미의 경찰행정청이 된다.

> ● **경찰관직무집행법 제3조(불심검문)** ① 경찰관은 수상한 거동 기타 주위의 사정을 합리적으로 판단하여 어떠한 죄를 범하였거나 범하려 하고 있다고 의심할 만한 상당한 이유가 있는 자 또는 이미 행하여진 범죄나 행하여지려고 하는 범죄행위에 관하여 그 사실을 안다고 인정되는 자를 정지시켜 질문할 수 있다.

2. 형식요건

경찰행정청이 처분을 할 때에는 다른 법령등에 특별한 규정이 있는 경우를 제외하고는 문서로 하여야 하며, 전자문서로 하는 경우에는 당사자등의 동의가 있어야 한다. 다만, 신속히 처리할 필요가 있거나 사안이 경미한 경우에는 말 또는 그 밖의 방법으로 할 수 있다. 이 경우 당사자가 요청하면 지체 없이 처분에 관한 문서를 주어야 한다(절차법 제24조 제1항). 현장에서의 경찰상 하명은 신속을 요하는 경우가 많기 때문에 구두로 이루어지는 경우도 적지 아니할 것이다. 경우에 따라서는 특정 표지 내지 표지판이나 자동화된 기계에 의한 경찰처분도 가능하다.

3. 절차요건

(1) 처분의 사전통지 행정청은 당사자에게 의무를 부과하거나 권익을 제한하는 처분을 하는 경우에는 미리 다음 각 호(1. 처분의 제목, 2. 당사자의 성명 또는 명칭과 주소, 3. 처분하려는 원인이 되는 사실과 처분의 내용 및 법적 근거, 4. 제3호에 대하여 의견을 제출할 수 있다는 뜻과 의견을 제출하지 아니하는 경우의 처리방법, 5. 의견제출기관의 명칭과 주소, 6. 의견제출기한, 7. 그 밖에 필요한 사항)의 사항을 당사자등에게 통지하여야 한다(절차법 제21조 제1항).

(2) 의견청취 ① 행정청이 처분을 할 때 다음 각 호(1. 다른 법령등에서 청문을 하도록 규정하고 있는 경우, 2. 행정청이 필요하다고 인정하는 경우)의 어느 하나에 해당하는 경우에는 청문을 한다(절차법 제22조 제1항). ② 행정청이 처분을 할 때 다음 각 호(1. 다른 법령등에서 공청회를 개최하도록 규정하고 있는 경우, 2. 해당 처분의 영향이 광범위하여 널리 의견을 수렴할 필요가 있다고 행정청이 인정하는 경우)의 어느 하나에 해당하는 경우에는 공청회를 개최한다(절차법 제22조 제2항). ③ 행정청이 당사자에게 의무를 부과하거나 권익을 제한하는 처분을 할 때 제1항 또는 제2항의 경우 외에는 당사자등에게 의견제출의 기회를 주어야 한다(절차법 제22조 제3항).

(3) 처분의 이유 제시 행정청은 처분을 할 때에는 다음 각 호(1. 신청 내용을 모두 그대로 인정하는 처분인 경우, 2. 단순·반복적인 처분 또는 경미한 처분으로서 당사자가 그 이유를 명백히 알 수 있는 경우, 3. 긴급히 처분을 할 필요가 있는 경우)의 어느 하나에 해당하는 경우를 제외하고는 당사자에게 그 근거와 이유를 제시하여야 한다(절차법 제23조 제1항). 행정청은 제1항 제2호 및 제3호의 경우에 처분 후 당사자가 요청하는 경우에는 그 근거와 이유를 제시하여야 한다(절차법 제23조 제2항).

4. 내용요건

① 경찰상 하명은 헌법과 법률에 적합한 것이어야 한다. 경찰행정청의 재량행사는 하자 없는 것이어야 한다. 재량권의 행사에 일탈이나 남용이 있다면, 재량하자가 있는 것이 된다. ② 헌법 제37조 제2항이 정하는 법률의 유보의 원리상 침익적인 경찰상 하명은 법적 근거를 가져야 한다. 경찰상 하명은 육체적으로나 정신적으로 사실상 수행이 불가능한 것을 요구할 수는 없다. ③ 경찰상 하명은 어떠한 경찰행정청이 누구에게 어떠한 내용으로 발한 것인지를 알 수 있을 정도로 명확하여야 한다. ④ 경찰상 하명은 기본적으로 위험의 원인제공자에게 발령되어야 한다. 여기서 행위책임과 상태책임이 문제된다. 한편, 예외적으로 경찰상 긴급상태 하에서는 위험의 원인제공과 무관계한 자에게도

경찰상 하명이 발령될 수 있다.

5. 통지요건

(1) 송 달 수령을 요하는 경찰상 하명은 통지(송달)되어야 한다. 송달은 행정절차법 제14조가 정하는 바에 의한다.

> **행정절차법 제14조(송달)** ① 송달은 우편, 교부 또는 정보통신망 이용 등의 방법으로 하되 송달받을 자(대표자 또는 대리인을 포함한다. 이하 같다)의 주소·거소·영업소·사무소 또는 전자우편주소(이하 "주소등"이라 한다)로 한다. 다만, 송달받을 자가 동의하는 경우에는 그를 만나는 장소에서 송달할 수 있다.
> ② 교부에 의한 송달은 수령확인서를 받고 문서를 교부함으로써 하며, 송달하는 장소에서 송달받을 자를 만나지 못한 경우에는 그 사무원·피용자(被用者) 또는 동거인으로서 사리를 분별할 지능이 있는 사람에게 문서를 교부할 수 있다.
> ③ 정보통신망을 이용한 송달은 송달받을 자가 동의하는 경우에만 한다. 이 경우 송달받을 자는 송달받을 전자우편주소 등을 지정하여야 한다.
> ④ 다음 각 호의 어느 하나에 해당하는 경우에는 송달받을 자가 알기 쉽도록 관보, 공보, 게시판, 일간신문 중 하나 이상에 공고하고 인터넷에도 공고하여야 한다.
> 1. 송달받을 자의 주소등을 통상적인 방법으로 확인할 수 없는 경우
> 2. 송달이 불가능한 경우

(2) 도달주의 송달은 다른 법령등에 특별한 규정이 있는 경우를 제외하고는 해당 문서가 송달받을 자에게 도달됨으로써 그 효력이 발생한다(절차법 제15조 제1항). 정보통신망을 이용하여 전자문서로 송달하는 경우에는 송달받을 자가 지정한 컴퓨터 등에 입력된 때에 도달된 것으로 본다(절차법 제15조 제2항). 제14조 제4항의 경우에는 다른 법령등에 특별한 규정이 있는 경우를 제외하고는 공고일부터 14일이 지난 때에 그 효력이 발생한다. 다만, 긴급히 시행하여야 할 특별한 사유가 있어 효력 발생 시기를 달리 정하여 공고한 경우에는 그에 따른다(절차법 제15조 3항).

Ⅲ. 경찰상 하명의 효과

1. 효과의 내용

경찰상 하명은 내용상 처분의 상대방에 대하여 작위(예: 위험시설제거의무·집회해산의무)·부작위(예: 출입금지의무)·수인(예: 불심검문에 응할 의무)·급부(예: 범칙금을 납부할 의무) 등의 의무를 부과하게 된다. ② 경찰상 하명에 따른 의무의 이행이 법률관계의 발생원인이 될 수도 있다(예: 법정전염병환자의 강제입원은 영조물이용관계를 가져온다).

2. 효과가 미치는 범위

① 인적 범위에 관해서 보면, 대인적 처분은 특정인에게 효과가 미치지만(예: 특정인에 대한 운전면허정지처분은 정치처분을 받은 자에게만 미친다), 대물적 처분은 처분의 상대방이 아닌 자에게도 미친다(예: 위법건축물의 철거명령은 그 건물의 매수자에게도 미친다). 혼합적 허가는 인적 요소와 물적 요소를 모두 고려하여 판단할 수밖에 없다. ② 지역적 범위에 관해서 보면, 경찰상 하명은 원칙적으로 처분청의 관할구역에 미치지만, 그러하지 아니한 경우도 있다(예: 도로교통법 제93조에 따라 운전면허정지처분권자는 지방경찰청장이지만, 지방경찰청장의 정지처분은 전국에 미친다).

3. 효과의 소멸

경찰상 하명은 경찰상 하명의 취소와 철회, 기간의 경과, 조건의 성취, 근거법의 폐지 등으로 인해 소멸된다.

Ⅳ. 경찰상 하명의 위반

경찰상 하명의 내용인 작위의무·부작위의무·수인의무·급부의무를 불이행하거나 위반하게 되면, 경찰상 강제집행이나 경찰행정벌이 부과된다. 명시적 규정이 없는 한, 의무를 위반하면서 이루어진 법률행위는 무효인 행위가 된다고 볼 수는 없다.

Ⅴ. 경찰상 하명의 하자

1. 하자의 유형

① 하자가 중대하고 명백한 경찰상 하명은 무효이다. 경찰상 하명의 일부가 무효인 경우에는 무효부분이 중대하여 그것 없이는 경찰상 하명을 행하지 아니하였으리라는 경우에만 전체 경찰상 하명은 무효가 된다고 하겠다. 무효인 경찰상 하명은 경찰이 직권으로 언제나 그 무효를 확인할 수 있다. ② 하자가 중대하지만 명백하지 않거나 명백하지만 중대하지 아니한 경찰상 하명은 취소할 수 있는 행위가 된다. ③ 위법한 경찰상 하명은 쟁송취소의 대상이 된다. 쟁송취소가 불가능한 경우에도 직권취소는 가능하다.

2. 하자의 치유와 전환

① 경우에 따라서 취소할 수 있는 경찰상 하명은 요건의 사후보완 등을 통해 완전한

행위로 치유될 수 있고, 하자 있는 행위는 일정한 전제요건 하에 다른 경찰상 하명으로 전환될 수도 있다. ② 적법한 경찰상 하명도 사후의 새로운 사정에 따라 일반행정법상의 철회의 법리에 따라 철회될 수 있다.

Ⅵ. 권리보호

① 하자 있는 경찰상 하명으로 인해 권리(법률상 이익)가 침해된 자는 행정심판법과 행정소송법이 정하는 바에 따라 행정심판이나 행정소송을 제기할 수 있다. ② 경찰관의 위법한 경찰상 하명으로 피해를 입은 자는 국가배상법이 정하는 바에 따라 손해배상을 청구할 수 있고, 경찰관의 적법한 경찰상 하명으로 피해를 입은 자는 손실보상을 청구할 수 있다. ③ 그 밖에 진정이나 청원, 결과제거청구 등도 권리보호수단으로서 기능할 수 있다.

제 3 목 경찰상 허가(경찰상 행정행위로서 허가)

Ⅰ. 경찰상 허가의 의의

1. 경찰허가의 개념

경찰상 허가란 법령에 의해 개인의 자연적 자유가 예방적 통제의 목적으로 제한되고 있는 경우에 그 제한을 해제하여 자연의 자유를 적법하게 행사할 수 있도록 회복하여 주는 행정행위를 말한다(예: 단란주점영업허가·운전면허). 이러한 예방적인 금지의 해제가 경찰상 허가이다. 법규허가는 없다. 실정법상으로 허가는 승인·면허·인가 등으로 불리기도 한다.

2. 경찰상 허가의 법적 성질

(1) 수익적 행정행위 경찰상 허가는 수익적 행정행위이다. 한편, 경우에 따라서는 수익에 부가하여 침익을 동시에 부과하는 경찰허가도 가능하다(예: 통행금지를 일시 해제하되, 통행료를 납부토록 하는 경우).

(2) 기속행위·재량행위 경찰법령이 요건을 구비한 경찰상 허가신청에 대하여 의무적으로 허가할 것을 규정한다면, 그 허가는 기속행위이다. 만약 선택적(재량적)으로 허가할 것을 규정한다면, 그 허가는 재량행위이다. 법문에서 명백히 규정하고 있지 않다

면, 헌법상 기본권의 최대한의 보장의 시각에서 허가는 원칙적으로 기속행위로 볼 것이고, 허가의 취소는 원칙적으로 재량행위로 볼 것이다.

(3) 명령적 행위 경찰상 허가(예: 도로사용허가·건축허가·단란주점허가)는 종래 자연적 자유의 회복이라는 점에서 명령적 행위로 이해되었다. 그러나 허가는 형성적 행위로서의 성질을 갖기도 한다(예컨대, 단란주점허가로 인해 허가를 받은 자는 타인과의 거래를 할 수 있는 법적 지위가 형성된다).

대판 2009. 3. 12, 2006다28454(건축허가는 시장·군수 등의 행정관청이 건축행정상 목적을 수행하기 위하여 수허가자에게 일반적으로 행정관청의 허가 없이는 건축행위를 하여서는 안 된다는 상대적 금지를 관계 법규에 적합한 일정한 경우에 해제함으로써 일정한 건축행위를 하도록 회복시켜 주는 행정처분일 뿐, 허가받은 자에게 새로운 권리나 능력을 부여하는 것이 아니다. 그리고 건축허가서는 허가된 건물에 관한 실체적 권리의 득실변경의 공시방법이 아니며 그 추정력도 없으므로 건축허가서에 건축주로 기재된 자가 그 소유권을 취득하는 것은 아니며, 건축중인 건물의 소유자와 건축허가의 건축주가 반드시 일치하여야 하는 것도 아니다).

(4) 협력을 요하는 행정행위 경찰상 허가는 수익적인 행위인 까닭에 상대방의 신청에 따라 이루어지는 경우가 많다. 따라서 경찰상 허가는 통상 신청을 요하는 행위로서 협력을 요하는 행정행위(쌍방적 행정행위)라 할 수 있다(예: 운전면허). 신청을 요하지 아니하는 경우도 있다(예: 도로통행금지의 해제).

(5) 처벌요건 허가는 통상 처벌요건이 된다. 허가가 요구됨에도 불구하고 허가를 받지 않고 한 행위에 대해서는 벌칙이 가해짐이 일반적이다. 그러나 별다른 규정이 없는 한, 그러한 행위 역시 효력을 갖는다.

3. 경찰상 허가의 종류

(1) 일반적 허가·예외적 허가 일반적 허가는 해제를 예정하면서 금지하다가 일정한 전제요건 하에 그 행위를 하도록 하는 것을 말한다. 실정법상으로는 허가·승인·동의 등으로 불리기도 한다. 일반적 허가는 본래의 허가 또는 협의의 허가, 또는 예방적 금지해제라고도 한다. 한편 예외적 허가(승인)는 입법자가 개인에게 특정행위를 기본적으로 금하고, 다만 예외적으로만 허용하는 경우를 말한다(예: 치료목적 등 특정의 경우에만 아편사용의 허가). 예외적 금지해제는 통제가 아니라 배제를 목적으로 하는 억제적인 금지의 해제이다. 형식상으로 보면 양자 모두 금지의 해제라는 점에서는 동일하다. 예외적 허가는 재량행위의 성질을 갖는다(대판 2004. 3. 25, 2003두12837). 예외적 금지해제라

고도 한다.

(2) 인적 허가·물적 허가·혼합적 허가 　인적 허가란 허가요건이 인적 특성(예: 기술·전문성)과 중요한 관련이 있는 경우의 허가를 말한다(예: 운전면허·외국인의 체류허가·무기소지허가). 물적 허가란 물건의 안정성이 허가절차에서 통제되는 허가를 말한다(예: 화약류저장소설치허가·건축허가·원자력시설허가). 혼합적 허가란 인적 요소·물적 요소·공간 요소 등이 고려되어 이루어지는 허가를 말한다. 예컨대, 유흥음식점영업허가의 경우에는 건강, 화재예방, 도덕과 풍기 등의 문제와 관련하여 영업종사자의 인적 요소, 공간요소, 각종 시설 등이 통제되는바, 혼합적 허가의 예가 된다.

(3) 일회적 허가·계속효 있는 허가 　일회적 허가란 1회적 상황의 규율을 내용으로 하는 허가를 말하고(예: 총포·도검·화약류 등 단속법 제18조에 따른 화약류의 사용허가), 계속효 있는 허가란 영속적인 법률관계를 가져오는 허가를 말한다(예: 운전면허). 계속효 있는 허가의 경우에 사후적인 물적 상황과 법적 상황의 변화는 그 행위의 철회사유가 된다.

4. 경찰상 허가의 근거법

경찰상 허가의 신청이 있은 후 그러나 경찰상 허가가 발급되기 전에 근거법령의 개정으로 허가기준에 변경이 있는 경우, 그 경찰상 허가는 원칙적으로 개정시(처분시)의 법령에 따라야 한다. 판례도 같은 입장이다(대판 2005. 7. 29, 2003두3550).

Ⅱ. 경찰상 허가의 적법요건

경찰하명의 적법요건(주체·형식·절차·내용·표시 요건)에서 살펴본 바와 같다. 다만 여기서는 허가제도에 초점을 맞추어 실질적 요건과 형식적 요건으로 구분하여 살펴본다.

1. 실질적 요건

개별법령이 규정하는 허가요건의 구체적인 내용은 상이하지만, 일반적으로 허가요건은 무위험성(예: 자동차운행허가는 자동차의 안전성확보를 전제로 한다)·신뢰성(예: 교통상의 위험과 장해를 일으킬 수 있는 마약·대마·향정신성의약품 또는 알콜중독자로서 대통령령이 정하는 사람은 운전면허를 받을 수 없다. 도교법 제82조 제1항 제5호)·전문성(예: 운전면허를 받기 위해서는 운전지식을 테스트하는 운전면허시험에 합격하여야 한다)이다.

2. 형식적 요건

(1) 신청(출원)의 요부 　① 경찰상 허가에 상대방의 신청이 요구되는 것이 일반적

이지만, 상대방의 신청 없이 허가가 발령되는 경우도 있다. 허가가 신청을 요하는지의 여부는 일반론적으로 단정할 수 있는 것이 아니고 개별 법률의 해석문제이다.

[참고] 예컨대, 지방경찰청장이나 경찰서장은 보행자의 통행을 보호하기 위하여 특히 필요한 경우에는 도로에 보행자전용도로를 설치할 수 있고(도교법 제28조 제1항), 차마의 운전자는 제1항에 따른 보행자전용도로를 통행하여서는 아니 된다(도교법 제28조 제2항 본문). 경찰서장은 특히 필요하다고 인정하는 경우에는 보행자전용도로에 차마의 통행을 허용할 수 있다(도교법 제28조 제2항 본문). 여기서 도로교통법 제28조 제2항 단서에 의한 지방경찰청장 또는 경찰서장의 차마의 통행의 허용은 차마의 운전자의 신청을 전제로 하지 아니하면서 도로교통법 제28조 제2항 본문에 의한 법률상 통행금지를 해제하는 경찰상 행정행위로서 허가의 성질을 갖는다. 따라서 경찰상 허가는 상대방의 출원, 즉 신청을 필수적 요건으로 하는 행위이며, 신청 없는 허가는 무효라고 하는 주장은 정당하지 않다.

(2) 신청 없이 발령된 허가 ① 신청을 요하는 경찰상 허가에서 신청이 없음에도 경찰상 허가가 발령된 경우, 신청의 결여는 경찰상 허가의 무효사유 내지 취소사유가 될 것이다. 다만 취소사유인 경우에는 신청을 추완할 수 있을 것이다. 한편, ② 신청을 요하는 경찰상 허가의 경우, 신청과 다른 내용을 허가하는 것(수정허가)이 가능한가의 여부가 논의되고 있다. 허가는 법령상 금지의 전부 해제 또는 부분 해제를 뜻하는바, 이러한 범위 안에서 신청과 다른 허가가 가능할 수 있을 뿐이다.

(3) 시험·확인·수수료 경찰상 허가를 위해 경우에 따라서는 ① 시험이 부과되기도 한다(예: 도교법 제85조 제1항). 시험의 합격·불합격은 준법률행위적 행정행위로서 확인행위의 성질을 갖는다. 따라서 불합격처분은 항고소송의 대상이 된다. ② 수수료나 조세의 납부 등이 요구되기도 한다(예: 도교법 제139조). 다만 수수료나 조세의 부과에는 법적 근거를 요한다. ③ 물건에 대한 확인(품질검사)이 요구되기도 한다(예: 식품법 제19조). 품질검사의 불합격 역시 확인행위의 성질을 가지며, 불합격처분은 항고소송의 대상이 된다.

● **도로교통법 제85조(운전면허증의 발급 등)** ① 운전면허를 받으려는 사람은 운전면허시험에 합격하여야 한다.
제139조(수수료) ① 다음 각 호의 어느 하나에 해당하는 사람은 행정안전부령으로 정하는 바에 따라 수수료를 내야 한다. ….
5. 제85조부터 제87조까지의 규정에 따라 운전면허증을 발급 또는 재발급받으려고 신청하는 사람
● **식품위생법 제19조(수입 식품등의 신고 등)** ② 식품의약품안전청장은 제1항에 따라 신고된 식품등에 대하여 통관 절차가 끝나기 전에 관계 공무원이나 검사기관으로 하여금 필요한 검사

> 를 하게 하여야 한다. 다만, 기구 또는 용기·포장은 통관 절차가 끝난 뒤에도 검사하게 할 수 있다.

(4) 동의·협력　① 법률상 이웃주민의 동의가 경찰상 허가의 요건으로 요구될 수도 있다. 이것은 제3자효 있는 행위(예: 액화석유가스판매사업의 허가)에서 특히 문제된다. 허가청이 법령에 근거 없이 이웃주민의 동의를 요구해서는 아니 된다. ② 경찰상 허가가 다른 행정청의 동의 또는 합의를 얻어야만 가능한 경우도 있다. 이러한 경우가 기속허가의 경우라면, 협력을 하여야 하는 행정청에 동의나 합의의 절차에 응할 의무가 부과된다(예: 소방시설 설치·유지 및 안전관리에 관한 법률 제7조).

> ● **소방시설 설치·유지 및 안전관리에 관한 법률 제7조(건축허가등의 동의)** ① 건축물 등의 신축·증축·개축·재축 또는 이전의 허가·협의 및 사용승인(「주택법」 제16조에 따른 승인 및 같은 법 제29조에 따른 사용검사, 「학교시설사업 촉진법」 제4조에 따른 승인 및 같은 법 제13조에 따른 사용승인을 포함하며, 이하 "건축허가등"이라 한다)의 권한이 있는 행정기관은 건축허가등을 할 때 미리 그 건축물 등의 시공지 또는 소재지를 관할하는 소방본부장이나 소방서장의 동의를 받아야 한다.
> ③ 소방본부장이나 소방서장은 제1항에 따른 동의를 요구받으면 그 건축물 등이 이 법 또는 이 법에 따른 명령을 따르고 있는지를 검토한 후 행정안전부령으로 정하는 기간 이내에 해당 행정기관에 동의 여부를 알려야 한다.

Ⅲ. 경찰상 허가의 효과

1. 효과의 내용

(1) 금지의 해제(기본권의 회복)　경찰상 허가로 인해 금지된 자유는 회복된다(예: 영업허가로 인해 금지되었던 영업의 자유가 회복된다). 자유의 회복은 기본권의 회복을 의미한다(예: 직업의 자유의 회복). 피허가자가 기본권으로서 누리는 이익은 법적 이익(법률상 이익)이다. 따라서 소극적인 관점에서 볼 때, 허가로 인한 이익은 법률상 이익에 해당한다. 허가로 인한 이익이 법률상 이익이라면, 허가를 구할 수 있는 이이도 당연히 법률상 이익이나(예: 운전면허시험응시의 이익). 한편, 경찰상 허가가 다른 법령상의 제한까지 자동적으로 해제하는 것은 아니다(예: 공무원이 식품위생법상 영업허가를 받았다고 하여도 현실적으로 영업을 하기 위해서는 공무원법상 허가까지 받아야 한다).

(2) 경영상 이익　경찰상 허가를 받아 경영(영업)함으로써 누리는 이익은 사실상의 이익, 즉 반사적 이익에 불과하다(특허기업의 경우에 특허로 인해 누리는 경영상 이익은 법률상 이익으로서 독점적인 경영권이라는 점에서 허가영업의 허가로 인한 경영상의 이익과 다르

다). 따라서 제3자가 위법하게 허가를 받아 동종의 허가영업을 한다고 하여도 기존업자는 이를 다툴 수 없다. 기존업자가 침해받은 이익은 반사적 이익에 불과하기 때문이다. 한편, 관련법령이 허가의 경우에도 경영상의 이익을 법률상 이익으로 보호할 수 있음은 물론이다. 그러나 그 예는 흔하지 않다(예: 구 오수·분뇨 및 축산폐수의 처리에 관한 법률과 같은 법 시행령상 업종을 분뇨와 축산폐수 수집·운반업 및 정화조청소업으로 하여 분뇨 등 관련 영업허가를 받아 영업을 하고 있는 기존업자의 이익. 대판 2006. 7. 28, 2004두6716).

2. 효과가 미치는 범위

(1) 인적 범위 대인적 허가는 특정인에게 효과가 미치지만(예: 운전면허), 대물적 허가는 처분의 상대방이 아닌 자에게도 미친다(예: 건축허가). 혼합적 허가는 인적 요소와 물적 요소를 모두 고려하여 판단할 수밖에 없다. 한편, 경찰상 허가에 따른 법적 지위의 승계는 허가의 종류에 따라 다르다. 물적 허가(예: 건축허가)에 따른 법적 지위는 허가취득자의 개성과 무관하므로 승계될 수 있다(대판 2005. 8. 19, 2003두9817·9824). 그러나 허가를 받은 자의 개성과 관련이 있는 인적 허가(예: 운전면허)에 따른 법적 지위는 승계되지 아니한다. 혼합적 허가는 상황에 따라 다르다. 물론 개별 법령에 정함이 있으면, 그에 따른다.

(2) 지역적 효력범위 경찰상 허가의 효과는 허가청의 관할구역 안에 미치는 것이 원칙이지만, 타구역에 미치는 경우도 적지 않다(예: 도로교통법 제80조(운전면허) 제1항(자동차등을 운전하고자 하는 사람은 지방경찰청장으로부터 운전면허를 받아야 한다) 등에 따라 운전면허권자는 지방경찰청장이지만, 지방경찰청장의 운전면허가 있으면 전국 어디에서나 운전을 할 수 있다).

3. 타 법령상 제한

허가의 효과는 근거법상의 금지를 해제하는 효과만 있을 뿐, 다른 법령상의 금지까지 해제하는 효과가 있는 것은 아니다(예: 국가공무원이 총포제조업의 허가를 받았다고 하여도 국가공무원법상 영리행위의 금지의무가 해제되는 것은 아니므로 총포제조업의 허가만으로 영업을 할 수는 없다).

Ⅳ. 경찰상 허가의 위반(무허가행위)

허가를 요하는 행위임에도 무허가로 행하면 행정상 강제 또는 행정벌이 가해진다. 무허가행위에 대하여 무효를 규정하는 경우를 찾아보기는 어렵다. 경찰허가는 위험방지를 목적으로 하는 것이므로 허가를 요하는 행위(예: 총포법 제21조 제1항)를 무허가로 한 경우에도 유효하다고 볼 것이다. 물론 행정벌이 가해지는 것은 별개의 문제이다(예: 총포법 제71조 제3호).

> **총포·도검·화약류 등 단속법 제21조(양도·양수 등의 제한)** ① 화약류를 양도 또는 양수하고자 하는 사람은 행정안전부령이 정하는 바에 의하여 그 주소지 또는 화약류의 사용지를 관할하는 경찰서장의 허가를 받아야 한다. 다만 ….
> **제71조(벌칙)** 다음 각호의 1에 해당하는 사람은 5년 이하의 징역 또는 1천만원 이하의 벌금의 형으로 벌한다.
> 3. 제21조 제1항·제3항·제4항 또는 제5항의 규정을 위반한 사람

Ⅴ. 경찰상 허가의 소멸과 갱신

1. 소 멸

경찰상 허가의 효과는 허가기간의 경과, 목적물의 소멸, 사업의 불착수, 허가의 효과의 포기, 상대방의 사망, 경찰허가의 취소나 철회 등으로 해소된다.

2. 갱 신

기존의 행위의 기한을 연장하는 것을 허가의 갱신이라 부른다. 갱신이 기속적인 것인지 아니면 재량적인 것인지의 여부는 법령에 특별한 규정이 없는 한, 원칙적으로 갱신대상인 행위가 기속행위인지 아니면 재량행위인지의 여부를 기준으로 판단하여야 한다. 허가의 갱신은 기한의 도래 전에 이루어져야 한다. 기한의 도래 전에 갱신이 이루어지면, 갱신 전후의 행위는 하나의 행위가 된다. 이 경우 갱신은 종래의 경찰상 허가를 전제로 하여 그 효과를 존속시키는 행위 또는 기한의 연장이라고 설명하기도 한다. 갱신 신청시점 등의 차이에 의해 여러 경우가 문제된다. 다음 표로 보기로 한다.

신청시점	갱신시점(처분시점)	효 과
기한 도래 전 갱신 신청	기한 도래 전 갱신 허가	전형적인 경우
기한 도래 전 갱신 신청	기한 도래 후 갱신 허가	전형적인 경우와 동일
기한 도래 후 갱신 신청	기한 도래 후 갱신 허가	갱신허가는 신규허가

Ⅵ. 경찰상 허가의 하자

1. 하자의 유형

① 하자가 중대하고 명백한 경찰허가는 무효이다. 경찰상 허가의 일부가 무효인 경우에는 무효부분이 중대하여 그것 없이는 경찰상 허가를 하지 아니하였으리라는 경우에만 전체 경찰상 허가는 무효가 된다고 하겠다. 무효인 경찰상 허가는 경찰이 직권으로 언제나 그 무효를 확인할 수 있다. ② 하자가 중대하지만 명백하지 않거나 명백하지만 중대하지 아니한 경찰허가는 취소할 수 있는 행위가 된다. ③ 위법한 경찰상 허가는 쟁송취소의 대상이 된다. 쟁송취소가 불가능한 경우에도 직권취소는 가능하다.

2. 하자의 치유와 전환

① 경우에 따라서 취소할 수 있는 경찰상 허가는 요건의 사후보완 등을 통해 완전한 행위로 치유될 수 있고, 하자 있는 행위는 일정한 전제요건 하에 다른 경찰상 허가로 전환될 수도 있다. ② 적법한 경찰상 허가도 사후의 새로운 사정에 따라 일반행정법상의 철회의 법리에 따라 철회될 수 있다.

Ⅶ. 권리보호

① 하자 있는 경찰상 허가로 인해 권리(법률상 이익)가 침해된 자는 행정심판법과 행정소송법이 정하는 바에 따라 행정심판이나 행정소송을 제기할 수 있다. 실제상 하자 있는 경찰상 허가로 인해 권리침해는 경찰상 허가를 통해 제3자의 권리가 위법하게 침해되는 경우에 주로 문제될 것이다. 물론 하자 있는 경찰상 허가가 부관부 경찰상 허가인 경우에는 허가의 상대방도 당연히 권리보호를 주장할 수 있다. ② 경찰관의 위법한 경찰상 허가로 피해를 입은 자는 국가배상법이 정하는 바에 따라 손해배상을 청구할 수 있고, 경찰관의 적법한 경찰상 허가로 피해를 입은 자는 손실보상을 청구할 수 있다. ③ 그 밖에 진정이나 청원, 결과제거청구 등도 권리보호수단으로서 기능할 수 있다.

Ⅷ. 인·허가의제

1. 의 의

건축법 제11조 제5항 제8호는, "건축법 제8조 제1항에 따라 건축허가를 받으면, 도로법 제38조에 따른 도로의 점용허가를 받은 것으로 본다"고 규정하고 있는데, 이와 같이 특정한 허가를 받으면 다른 특정한 허가도 받은 것으로 보는 것을 허가의 의제라 한다. 이러한 의제는 신고·인가·등록 등의 경우에도 활용되기 때문에 인·허가의제라는 용어가 널리 사용되고 있다,

2. 취 지

하나의 사업을 위해 여러 종류의 인·허가를 받아야 하는 경우, 모든 인·허가절차를 거치게 되면 많은 시간, 많은 비용이 소요되는 등 민원인에게 많은 불편이 따르게 되는데, 이를 시정하여 민원인에게 편의를 제공하고자 하는 것이 인·허가의제를 두는 취지이다.

3. 법적 근거

인·허가의제는 관계기관(의제되는 행위에 대하여 본래적으로 권한을 갖는 행정기관)의 권한행사에 제약을 가하는 것이기 때문에 인·허가의제는 법령의 근거가 있는 경우에만 인정된다.

4. 주된 인·허가기관의 판단방식

① 건축법 제11조 제6항(허가권자는 제5항 각 호의 어느 하나에 해당하는 사항이 다른 행정기관의 권한에 속하면 그 행정기관의 장과 미리 협의하여야 하며, 협의 요청을 받은 관계 행정기관의 장은 요청을 받은 날부터 15일 이내에 의견을 제출하여야 한다. 이 경우 관계 행정기관의 장은 제8항에 따른 처리기준이 아닌 사유를 이유로 협의를 거부할 수 없다)에서 보는 바와 같이 인·허가의제를 위해서는 관계기관과의 협의는 필수적이다. ② 이러한 협의절차로 인해 주된 인·허가기관은 의제되는 행위의 요건구비 여부에 대해서는 원래의 권한기관인 관계기관의 의견을 존중할 수밖에 없을 것이다(대판 2002. 10. 11, 2001두151).

5. 의제되는 행위에 원래의 근거법률의 적용 여부

주된 인·허가에 관한 사항을 규성하고 있는 갑 법률에서 주된 인·허가가 있으면 을 법률에 의한 인·허가를 받은 것으로 의제한다는 규정을 둔 경우, ① 주된 인·허가가 있으면 을 법률에 의한 인·허가가 있는 것으로 보는데 그치는 것인지(이러한 취지의 판례로 대판 2004. 7. 22, 2004다19715), ② 갑 법률에 의하여 인·허가를 받았음을 전제로 한 을 법률의 모든 규정들까지 적용된다고 볼 것인지(이러한 취지의 판례로 대판 2007. 10. 26, 2007두9884)의 문제가 문제된다.

6. 인·허가의제와 소송의 대상

인·허가의제에 있어서 인·허가가 의제되는 행위의 요건불비를 이유로 사인이 신청한 주된 인·허가에 대한 거부처분이 있는 경우, 의제되는 행위에 대한 거부를 소송의 대상으로 해야 하는지 아니면 주된 인·허가의 거부를 대상으로 소송을 제기하여야 하는지가 문제된다. 판례는 행정청이 주된 인·허가를 불허하는 처분을 하면서, 주된 인·허가 사유와 의제되는 인·허가 사유를 함께 제시한 경우, 주된 인·허가를 거부한 처분을 대상으로 쟁송을 제기하여야 한다는 태도이다(대판 2001. 1. 16, 99두10988).

제 4 항 경찰행정상 공법상 계약

Ⅰ. 공법상 계약의 의의

1. 정 의

공법상 효과의 발생을 목적으로 하는 복수당사자의 반대방향의 의사의 합치에 의해 성립되는 공법행위를 공법상 계약이라 한다. 경찰행정의 영역에서 이루어지는 공법상 계약이 경찰행정상 공법상 계약이다.

(예) 서울특별시장과 경기도지사는 도로법 제70조 제1항 등이 정하는 바에 따라 상호 대등한 입장에서 서울특별시와 경기도의 경계에 있는 도로의 비용을 분담하는 계약을 체결할 수 있다. 뿐만 아니라 서울특별시장이나 경기도지사는 지방공무원법등이 정하는 바에 따라 국가공무원법 제2조 제3항 제3호가 규정하는 계약직 공무원을 일방적인 임명이 아니라 임용대상자와의 채용계약을 통하여 임용할 수도 있다. 이와 같이 행정주체(행정청)는 공법의 영역(예: 도로법, 국가공무원법)에서 계약을 통해 행정법을 집행하기도 한다.

● **도로법 제70조(경계지 도로 등의 비용)** ① 제16조에 따라 노선이 인정된 도로나 행정구역의 경계에 있는 도로에 관한 비용은 제67조에도 불구하고 관계 지방자치단체가 협의하여 부담하여야 할 금액과 분담방법을 정할 수 있다.
제67조(비용부담의 원칙) 도로에 관한 비용은 이 법이나 다른 법률에 특별한 규정이 있는 경우 외에는 국토해양부장관이 관리하는 도로에 관한 것은 국고에서 부담하고, 그 밖의 도로에 관한 것은 관리청이 속하여 있는 지방자치단체에서 부담한다. 다만, 제23조 제1항 단서의 경우에 필요한 비용은 국고의 부담으로 한다.
● **지방공무원법 제2조(공무원의 구분)** ③ "특수경력직공무원"이란 경력직공무원 외의 공무원을

> 말하며, 그 종류는 다음 각 호와 같다.
> 3. 계약직공무원: 지방자치단체와의 채용계약에 따라 전문지식·기술이 요구되거나 임용에 신축성 등이 요구되는 업무에 일정 기간 종사하는 공무원

2. 공법상 계약과 행정계약

공법상 계약은 공법의 영역에서 이루어지는 계약으로서 공법상 효과, 즉 공법상 권리·의무의 발생·변경·소멸을 목적으로 한다. 그러나 행정주체는 문방규류 구매계약과 같이 사법상 계약을 체결하기도 한다. 행정주체가 일방당사자가 되는 공법상 계약과 사법상 계약을 합하여 행정계약이라 부르기도 한다.

3. 공법상 계약의 종류

(1) 주체에 따른 유형의 개관 공법상 계약은 주체에 따라 행정주체 사이에 이루어지는 공법상 계약, 행정주체와 사인 사이에 이루어지는 공법상 계약, 그리고 사인 사이에 이루어지는 공법상 계약이 있다.

(2) 행정주체 사이의 공법상 계약 행정주체 사이에 이루어지는 공법상 계약은 국가와 지방자치단체 또는 지방자치단체 사이에 특정의 행정사무의 처리를 합의하는 경우를 말한다. 예로서 지방자치단체 사이의 사무의 위탁, 공공시설의 관리(예: 도로법 제21조), 경비분담협의(예: 도로법 제70조)의 경우를 들 수 있다.

> **도로법 제21조(관리의 협의 및 재정)** ① 제16조에 따라 노선이 인정된 도로나 행정구역의 경계에 있는 도로는 관계 행정청간에 협의하여 관리청과 관리방법을 따로 정할 수 있다.

(3) 행정주체와 사인 사이의 공법상 계약 행정주체와 사인 사이의 공법상 계약의 예로 임의적 공용부담(공공용도로의 기부채납)·계약직공무원채용계약·보조금(자금)지원계약·행정사무위탁(예: 사인에 별정우체국 지정)·특별행정법관계설정합의(지원입대)·공익사업을 위한 토지 등의 취득 및 보상에 관한 법률상 협의의 경우를 볼 수 있다.

(4) 사인 사이의 공법상 계약 사인 사이의 공법상 계약은 국가로부터 공권을 위탁받은 사인과 타 사인간의 계약을 말한다(예: 기업자로서의 사인과 토지소유자간의 토지수용에 관한 합의). 국가로부터 공권을 위탁받은 사인은 행정주체의 기능을 수행한다.

Ⅱ. 공법상 계약과 행정의 법률적합성의 원칙

1. 법률의 유보의 원칙과의 관계

20세기 초기에는 국가와 사인간의 관계는 권력적인 관계로서 상하관계이므로 법적 근거 없이는 계약관계가 성립될 수 없는 것으로 보았다. 그러나 오늘날의 일반적 견해는 공법상 계약을 권력적인 작용을 보완하는 행정의 행위형식으로 이해하면서, 명문으로 금지하지 않는 한, 그리고 법규에 저촉되지 않는 한 국가와 사인 간에도 공법상 계약은 체결될 수 있다고 새긴다.

2. 법률의 우위의 원칙과의 관계

공법상 계약도 공행정작용이므로 법률의 우위의 원칙이 적용된다. 강행법규에 반하는 공법상 계약은 위법한 것이 된다. 수도법 제39조 제1항에 보는 바와 같이 공법상 계약에는 사적 자치의 원칙보다 법규에 의해 체결의 자유와 형성의 자유가 제한될 수 있다.

> **수도법 제39조(급수 의무)** ① 일반수도사업자는 수돗물의 공급을 원하는 자에게 정당한 이유 없이 그 공급을 거절하여서는 아니 된다.
> ② 일반수도사업자가 부득이한 이유로 일시 수돗물을 공급할 수 없는 경우에는 미리 그 구역과 기간을 정하여 공고하여야 한다.
> ③ 일반수도사업자는 수돗물의 공급을 거절하려는 경우에는 2개월 이상의 유예기간을 두고 공급 거절의 사유와 이를 시정하지 아니하면 수돗물의 공급을 거절한다는 사실을 서면으로 통지하여야 한다.

3. 적용법규

공법상 계약에 관한 적법요건이나 하자 등과 관련하여 특별한 규정이 있으면 그러한 특별한 규정이 적용될 것이고, 특별한 규정이 없다면, 민법이 유추적용될 수 있을 것이다.

Ⅲ. 공법상 계약의 적법요건

1. 주체요건

공법상 계약의 일방 당사자는 행정주체인 국가나 지방자치단체 등이다. 말하자면 행정주체만이 계약을 체결할 수 있는 권리주체이다. 그러나 정부조직법 등 행정조직법은 행정주체를 위해 행위할 수 있는 권한을 행정청(예: 장관, 청장)에게 부여하고 있다. 따라서 현실적인 계약당사자는 행정청이 된다. 공법상 계약을 체결하고자 하는 행정청은 규율대상에 대해 정당한 권한을 가져야 한다. 그리고 행정청을 위해 행위하는 자인 공무원은 정상적인 의사능력을 가져야 한다.

2. 내용요건

공법상 계약의 내용은 당사자 사이에 합의에 의해 정해지기도 하나, 행정주체가 일방적으로 내용을 정하고 상대방은 체결여부만을 선택해야 하는 경우도 있다. 급부행정영역에서 공법상 계약은 모든 국민에게 공평·공정·평등하게, 그리고 계속적·안정적으로 급부를 제공할 것을 내용으로 하여야 한다(예: 수도법에 따른 수돗물공급의 경우). 계약의 내용은 법령에 반할 수 없다. 계약의 대상이 법에 기속되어 있다면, 당사자는 다만 법에서 규정된 바를 합의할 수밖에 없다. 사인의 급부와 행정청의 급부가 부당하게 결부되는 것(예: 수돗물을 공급하면서, 수도료 이외에 기부금을 군청에 납부하도록 하는 경우)은 허용되지 아니한다.

3. 형식요건

형식요건에 관한 일반적인 규정은 없으나 합의내용을 명백히 하여야 한다는 의미에서 문서로 하는 것이 바람직하다. 문서형식은 계약내용을 명확히 하고, 추후에 분쟁이 발생한 경우에 분쟁해결에 기여한다. 한편 제3자의 권리를 침해하는 공법상 계약의 경우에는 관련된 제3자의 서면상의 동의를 얻어야 한다. 왜냐하면 누구도 제3자에게 부담을 가져오는 계약을 임의로 체결할 수는 없기 때문이다.

4. 절차요건

공법상 계약의 절차에 관한 일반법은 없다. 특별규정이 없는 한, 의사표시와 계약에 관한 일반원칙을 따르게 된다. 경우에 따라서는 공법상 계약의 성립에 감독청의 승인·인가 등을 받게 할 수도 있다.

Ⅳ. 공법상 계약의 해제·변경과 실현

1. 해제와 변경

계약의 효과를 소급적으로 제거하는 것을 해제라 한다. 공법상 계약의 해제와 변경에 관한 일반법은 없다. 사법상 해제에는 ① 계약 당사자가 약정한 사유가 발생한 경우에 당사자 일방의 의사표시로 이루어지는 해제인 약정해제와 ② 법률에서 정한 사유인 이행지체(민법 제544조) 또는 이행불능(민법 제546조) 등의 경우에 당사자 일방의 의사표시로 이루어지는 해제인 법정해제가 있다. 해제에 관한 사법규정은 공법상 계약에도 적용될 수 있다. 이 밖에 행정법은 사법의 경우와 달리 공공복지를 위해 중대한 불이익을 제거하거나 방지하기 위해 계약체결 후 계약내용의 결정에 기준이 된 상황이 본질적으로 달리 변경될 때를 대비하여 특별한 수정권과 해제권을 인정할 수도 있다. 만약 국가에 의한 해제로 귀책사유 없는 상대방이 손실을 입게 되면, 국가는 그 손실을 보상하여야 할 것이다. 한편 상대방은 공익에 영향을 미치지 아니하는 경우에만 해제를 할 수 있다.

2. 계약내용의 실현

계약당사자는 계약내용에 따라 이행의무를 진다. 당사자가 계약상의 의무를 이행하지 아니하면 상대방은 법원의 도움을 받아 이행을 강제할 수 있다. 행정행위의 경우와 달리 법원이 도움 없이 강제집행할 수는 있다. 다만 예외적으로 명문의 규정이 있다면, 행정청은 판결 없이 강제집행을 할 수도 있을 것이다.

3. 행정소송

공법상 계약에 관한 분쟁은 행정소송법 제3조 제2호에 의거하여 당사자소송의 대상이 된다. 공법상 계약에 관한 것인 한, 그것이 계약이행의 문제인가, 또는 계약상의 손해배상청구의 문제인가는 가리지 않는다.

V. 공법상 계약의 하자

1. 위법·무효의 효과

위법한 공법상 계약의 효과 등에 관한 일반적인 규정은 없다. 명문의 규정이 없는 한, 하자있는 공법상 계약은 원칙적으로 무효로 볼 것이다. 무효인 공법상 계약으로부터는 아무런 법적 효과도 발생하지 아니한다. 만약 무효인 공법상 계약에 기하여 급부를 제공하였다면, 공법상 부당이득반환청구권의 법리에 따라 급부의 반환을 요구할 수 있다.

2. 유동적 무효

제3자의 권리를 침해하는 공법상 계약이 제3자의 동의 없이 체결되었다면(예: 서대문구청장이 공익사업을 위한 토지 등의 취득 및 보상에 관한 법률에 근거하여 甲과 토지의 매수협의를 하면서 乙의 토지까지 협의내용으로 한 경우), 제3자의 문서에 의한 동의가 있기까지 유동적 무효의 상태에 있다고 볼 것이다. 그리고 다른 행정청의 동의 또는 합의를 요하는 공법상 계약의 경우에 다른 행정청의 동의 또는 합의가 없이 체결된 공법상 계약은 다른 행정청의 동의 또는 합의가 있기까지는 유동적 무효의 상태에 있다고 볼 것이다.

3. 일부 무효

공법상 계약의 위법과 무효가 계약의 일부분에 관련하는 경우, 그 계약내용이 가분(可分)이라면, ① 원칙적으로 나머지 부분(위법하지 아니한 부분)만 유효하다. 그러나 ② 무효부분을 제외하고는 계약을 체결하지 아니하였으리라고 판단되는 경우에는 계약의 전부가 무효가 된다고 볼 것이다.

제 5 항 경찰상 사실행위

Ⅰ. 경찰상 사실행위 일반론

1. 경찰상 사실행위의 개념

경찰상 사실행위란 경찰상 일정한 법적 효과의 발생을 목적으로 하는 것이 아니라 도로상 위험물의 제거에서 보는 바와 같이 직접 어떠한 사실상의 효과·결과의 실현을 목적으로 하는 경찰작용(예: 도로상에서 차량의 정지, 무주동물의 사살, 수색, 도주자에 대한 총기의 발사, 행패자에 대한 곤봉사용, 각종 경고, 교통교육 등 각종 교육)을 말한다. 경찰상 사실행위에서는 의사표시가 아니라 사실로서의 어떤 상태의 실현이 사고의 중심에 놓인다. 사실행위는 경찰기관이 스스로의 수단으로 위험을 예방하거나 장해를 제거할 수 있는 경우에 나타난다.

2. 경찰상 사실행위의 행위형식

경찰상 사실행위는 ① 독립적인 행위형식의 경우도 있고(예: 교통교육 등 각종 교육), ② 이미 발령되었거나 발령중인 행정행위의 표현일 수도 있다(예: 도주자에 대한 정지명령과 총기발사). ②의 경우의 사실행위는 명령과 집행이 동시에 일어난다는 데에 특징이 있다. 그런데 그 과정의 사실상의 성격 때문에 통상의 권리구제절차인 행정심판이나 행정소송이 적합하지 않다. 따라서 손해의 배상이나 결과의 제거가 권리구제수단의 중심에 놓인다.

3. 경찰상 사실행위와 법적 근거와 한계

(1) **법적 근거** 경찰상 사실행위는 법률의 우위의 원칙과 법률의 유보의 원칙하에 놓인다. 경찰상 사실행위가 조직규범의 범위 내에서 이루어져야 함에는 의문이 없다. 그러나 적어도 개인의 신체·자유·재산에 직접 침해를 야기할 수 있는 사실행위는 작용법상의 근거도 가져야 한다(중요사항유보설). 한편, 기본권에 대한 사실상 침해가 이루어지는 경우에도 기본권보호는 이루어져야 하므로(기본권보호의 확대) 사실상의 기본권침해가 이루어지는 경우에도 법률의 유보는 필요하다(법률유보의 확대).

(2) **법적 한계** 경찰상 사실행위는 ① 조직법상 주어진 권한의 범위 내에서, ② 개별법규가 있으면 그에 따라서, ③ 목적의 범위 내에서, ④ 공익원칙·평등원칙·신뢰보호원칙 등 행정법의 일반원칙에 따라서 행해져야 한다. 이에 위반하면 위법한 행위가 된다. 위법한 사실행위는 손해배상청구·결과제거청구 등의 문제를 가져온다.

4. 경찰상 사실행위와 권리보호

(1) **행정쟁송** 강제철거와 같은 권력적 사실행위는 집행행위라는 사실행위의 요소와 수인하명이라는 법적 행위의 요소가 결합되어 있는바, 법적 요소로 인해 행정심판과 행정소송의 대상이 된다. 이것은 일반적 견해의 입장이기도 하다. 그러나 행정실제상 권력적 사실행위는 단기간에 종료되는 것이 일반적이며, 권력적 사실행위가 종료된다면, 그 이후에는 권리보호의 필요가 없는 것이 된다. 따라서 권력적 사실행위의 종료 후에 제소되면, 각하판결을 받게 된다. 각하판결을 면하고자 하면 권력적 사실행위의 종료 전에 집행정지를 신청하여 집행정지의 결정을 받아 두어야 할 것이다. 한편, 비권력적 사실행위의 경우에는 법적 행위의 요소를 찾아보기 어려우므로, 행정심판이나 행정소송의 대상이 되지 아니한다.

(2) **손해배상** 위법한 경찰상 사실행위로 인해 사인이 손해를 입게 되면, 피해자는 그 사실행위가 사법적 사실행위인 경우에는 민사법(민법 제750조 등)에 따라, 공법적 사실행위인 경우에는 국가배상법과 행정소송법에 따라 손해배상을 청구할 수 있다. 그러나 판례는 후자를 민사사건으로 다루고 있다.

(3) **손실보상** 만약 적법한 경찰상 사실행위로 사인이 손실을 입게 되면, 그 사인은 그 손실이 특별한 희생에 해당하는 경우에 손실보상을 청구할 수 있다. 다만 보상에 관한 명문의 규정이 없는 경우는 문제이다. 이러한 경우에는 손실보상법론상의 간접효력설에 근거하여 보상을 청구할 수 있다고 보아야 할 것이다.

(4) **결과제거청구권** 경찰상 사실행위로 인해 위법한 사실상태가 야기된 경우에

는 경찰행정청은 그 위법한 상태를 제거하고 적법한 상태를 회복할 의무를 부담하며, 침해받은 사인은 적법한 상태로의 원상회복을 위한 결과제거청구권을 갖는다. 소송상 결과제거청구권은 당사자소송형식에 의해 주장될 수 있다.

(5) 기 타 위법한 경찰상 사실행위를 행한 경찰공무원에 대한 형사책임· 징계책임의 추궁, 감독청의 직무상 감독작용, 관계자의 청원 등도 간접적이긴 하나 피해자의 권리보호에 기여할 수 있다. 그리고 헌법소원(헌재 2006. 7. 27, 2005헌마277) 역시 권리구제의 중요한 수단이 된다.

5. 경찰상 사실행위로서 공적 경고

(1) 공적 경고의 의의 공적 경고의 확립된 개념은 없다. 공적 경고는 공적으로 이루어지는 공중이나 특정의 제3자에 대한 특정의 작위나 부작위에 관한 정보제공이라 할 수 있다. 공적 경고는 특정 공산품이나 농산품의 건강에 대한 위험과 관련하여 사인에 발해지는 행정청의 설명·성명·공고·고시 등으로 이해되고 있다. 공적 경고는 행정상 경고라고 부를 수 있다. 공적 경고는 법적 구속이 미약하지만 그 효과에 있어서는 결코 미약하지 않다. 만약 특정 상품에 대한 공적 경고가 발해지면, 그리고 사인이 그것을 진지하게 받아들이게 되면, 그 상품은 더 이상 판매되기 어렵다. 그것은 판매금지와 유사한 효과를 가져온다. 그리고 유사한 상품에도 영향을 미치게 된다.

(2) 법적 성격 공적 경고의 종류와 효과는 매우 상이하므로, 현재로서 공적 경고를 개념상 명백하게 파악하는 것은 어려울 뿐만 아니라 그에 관한 법적 효과를 정립하는 것도 가능하지 않다. 현재로서 공적 경고는 사실행위의 특별한 경우로 이해되고 있을 뿐이다. 공적 경고가 정보제공의 의미를 갖는다는 것은 분명하다.

(3) 법적 근거 공적 경고는 특정인의 이익을 직접 침해하는 것을 목적으로 하는 것이 아니므로 조직법상 권한에 관한 규정(경찰법상으로는 경찰관직무집행법상 직무조항인 제2조)만으로도 가능하다. 그러나 개인의 이해와 직결된 경고(예: 특정 회사의 제품의 음용에 대한 경고)는 경찰상 임무규정(직무규정)만으로는 부족하고 경찰상 침해를 가능하게 하는 권한규정이 필요하다고 볼 것이다.

Ⅱ. 경찰상 행정지도

1. 경찰상 행정지도의 개념

경찰상 행정지도란 "경찰행정기관이 그 소관사무의 범위 안에서 일정한 행정목적을 실현하기 위하여 특정인에게 일정한 행위를 하거나 하지 아니하도록 지도·권고·조언 등을 하는 행정작용"을 말한다(절차법 제2조 제3호). 개별법령상으로는 지도(사행행위 등 규제 및 처벌 특례법 제19조 제1항)·권고(주택법 제37조 제1항) 등으로 불리기도 한다. 경찰행정법학에서는 경찰지도라고 부르기도 한다. 경찰상 행정지도는 비정식적 행정작용의 일종이다.

> **사행행위 등 규제 및 처벌 특례법 제2조(정의)** ① 이 법에서 사용하는 용어의 뜻은 다음과 같다.
> 1. "사행행위"란 여러 사람으로부터 재물이나 재산상의 이익(이하 "재물등"이라 한다)을 모아 우연적 방법으로 득실을 결정하여 재산상의 이익이나 손실을 주는 행위를 말한다.
>
> **제19조(행정지도 및 시정명령 등)** ① 경찰청장이나 지방경찰청장은 공익을 위하여 필요하거나 지나친 사행심 유발의 방지 등 선량한 풍속을 유지하기 위하여 필요한 경우 영업자등에게 필요한 지도와 명령을 할 수 있다.

2. 경찰상 행정지도의 성질

① 경찰상 행정지도는 국민의 임의적인 협력을 전제로 하는 비권력적 사실행위이다. 경찰행정기관은 행정지도의 상대방의 의사에 반하여 부당하게 강요하여서는 아니 된다(절차법 제48조 제1항 제2문). 그리고 경찰행정기관은 행정지도의 상대방이 행정지도에 따르지 아니하였다는 것을 이유로 불이익한 조치를 하여서는 아니 된다(절차법 제48조 제2항). 다만 행정지도의 효과를 제고하기 위하여 이익의 제공(예: 자금의 융자, 교부지원금 지급, 정보제공)이 따르기도 한다. ② 행정지도는 일정한 법적 효과의 발생을 목적으로 하는 의사표시가 아니다. 그것은 단지 상대방의 임의적인 협력을 통해 사실상의 효과를 기대하는 사실행위일 뿐이다. 이러한 점에서 행정행위·공법상 계약 등의 법적 행위와 구분된다. ③ 행정지도는 행정청이 원하는 사항에 대한 표현이라는 점에서 단순한 정보제공과는 다르다.

3. 경찰상 행정지도의 유용성과 문제점

(1) 유용성(순기능) 경찰상 행정지도가 법치국가에서 활용되는 이유로는 현대국가에서 확대되는 행정기능의 효율성확보에 있다. 즉 경찰상 행정지도가 경찰행정주체에 대해서는 법적 근거가 없는 경우에 행정의 편의와 탄력성을 제고하고, 경찰행정의 상대방에 대해서는 합의에 유사한 의미를 갖게 함으로써 분쟁을 미연에 방지하고 행정에 적극적인 협력을 가능하게 하는 의미를 갖는다.

(2) 문제점(역기능) 경찰상 행정지도는 사실상의 강제성을 통한 법치주의의 붕괴, 그 한계와 책임소재의 불분명으로 인한 책임행정의 이탈, 행정상 구제수단의 결여 내지

행정구제의 기회상실 등의 문제점을 갖는다. 그러나 경찰상 행정지도가 행정의 행위형식의 하나로서 광범위하게 도입되고 있는 것이 현실인 이상, 그에 대한 장점을 살려 나아가면서, 그에 대한 단점을 줄여 나아가는 데 관심의 초점이 놓여야 할 것이다.

4. 경찰상 행정지도의 법적 근거와 한계

(1) 법적 근거(행정지도와 법률유보) ① 행정절차법은 행정지도에 적용되는 일반원칙과 행정지도의 방법을 규정하고 있을 뿐이다(절차법 제48조 이하). 물론, 개별법령에서 행정지도의 근거에 관한 규정이 발견된다(예: 경찰관직무집행법 제5조 제1항의 경고). ② 경찰상 행정지도는 비권력적·비강제적인 작용이므로 법적 근거는 필요하지 않다는 것이 학설의 일반적인 견해이다. ③ 생각건대 경찰상 행정지도는 법적 구속력을 갖지 아니하는 사실상의 행위에 불과하므로, 법적 근거를 요하는 것은 아니다.

(2) 법적 한계 ① 경찰상 행정지도는 행정조직법상 주어진 권한 내에서만 가능하다. 만약 이를 위반하면 위법한 행정지도가 된다. 또한, 조직법상 권한 내에서의 행정지도라고 하여도 개별법령에서 정하는 행정지도에 관한 작용법상 규정(예: 절차법 제48조 내지 제51조)을 준수하여야 한다. ② 경찰상 행정지도 역시 행정작용의 하나이므로, 모든 경찰상 행정지도는 개별법령상 명시적 규정의 유무를 불문하고 행정법의 일반원칙을 준수하여야 한다. 행정절차법은 비례원칙을 규정하고 있다(절차법 제48조 제1항 제1문). ③ 경찰상 행정지도는 비권력적 사실행위이므로, 경찰상 행정지도에는 강제가 따라서는 아니 된다. 강제가 따른다면, 그러한 지도는 더 이상 경찰상 행정지도에 해당하지 아니한다. 행정절차법은 행정지도의 비강제성의 원칙을 규정하고 있다(절차법 제48조 제1항 제2문).

5. 경찰상 행정지도의 원칙과 방식

(1) 경찰상 행정지도의 원칙 ① 경찰상 행정지도는 그 목적달성에 필요한 최소한도에 그쳐야 한다(절차법 제48조 제1항 제1문). 이것은 행정지도에 비례원칙이 적용됨을 의미한다. ② 경찰행정청은 행정지도의 상대방의 의사에 반하여 부당하게 강요하여서는 아니 된다(절차법 제48조 제1항 제2문). 이것은 행정지도에 임의성의 원칙이 적용됨을 의미한다. ③ 경찰행정기관은 행정지도의 상대방이 행정지도에 따르지 아니하였다는 것을 이유로 불이익한 조치를 하여서는 아니 된다(절차법 제48조 제2항). 이를 불이익조치금지의 원칙이라 한다.

(2) 경찰상 행정지도의 방식 ① 경찰상 행정지도를 하는 자는 그 상대방에게 그 행정지도의 취지 및 내용과 신분을 밝혀야 한다(절차법 제49조 제1항). 이를 행정지도실명제라 한다. ② 경찰상 행정지도가 말로 이루어지는 경우에 상대방이 행정지도의 취지

및 내용과 지도를 행하는 자의 신분을 적은 서면의 교부를 요구하면 그 행정지도를 하는 자는 직무 수행에 특별한 지장이 없으면 이를 교부하여야 한다(절차법 제49조 제2항). ③ 경찰상 행정지도의 상대방은 해당 행정지도의 방식·내용 등에 관하여 행정기관에 의견제출을 할 수 있다(절차법 제50조). ④ 경찰행정기관이 같은 행정목적을 실현하기 위하여 많은 상대방에게 행정지도를 하려는 경우에는 특별한 사정이 없으면 행정지도에 공통적인 내용이 되는 사항을 공표하여야 한다(절차법 제51조).

6. 권리보호

(1) 위법지도와 위법성조각 위법한 경찰상 행정지도에 따른 사인의 행위의 위법 여부가 문제된다. 생각건대 경찰상 행정지도는 강제가 아니라 상대방의 임의적인 협력을 기대하는 것이므로, 경찰상 행정지도에 따른 행위는 상대방의 자의에 의한 행위라고 볼 수밖에 없다. 따라서 위법한 행정지도에 따라 행한 사인의 행위는, 법령에 명시적으로 정함이 없는 한, 위법성이 조각된다고 할 수 없다(대판 1992. 4. 24, 91도1609).

(2) 행정소송 경찰상 행정지도는 법적 효과를 갖지 아니하는 비권력적 사실행위에 불과하다. 비권력 행위라는 점에서 경찰상 행정지도는 공권력행사를 개념요소로 하는 행정소송법상 처분개념에 해당하지 아니하고, 아울러 사실행위라는 점에서 법적 행위를 대상으로 하는 항고소송의 대상이 되지 아니한다. 다수설과 판례(대판 1993. 10. 26, 93누6331)도 같은 입장이다.

(3) 손해배상 경찰상 행정지도를 따름으로 인해 피해를 입은 자는 국가배상법 제2조 제1항 제1문이 정하는 바에 따라 손해의 배상을 청구할 수도 있다(대판 1998. 7. 10, 96다38971). 손해배상청구권의 성립요건과 관련하여 특히 문제되는 것은 경찰상 행정지도와 손해의 발생 사이에 상당인과관계가 존재하는가의 여부이다. 일반적으로는 임의적인 의사에 따라 행정지도를 따른 것이므로 인과관계가 존재한다고 보기는 어렵다. 그러나 사실상 강제에 의한 경우, 즉 제반사정을 고려할 때 국민이 행정지도를 따를 수밖에 없는 불가피한 경우라고 해석되는 경우에는 인과관계가 존재한다고 보아 국가의 배상책임을 인정하여야 할 것이다.

> **대판** 2008. 9. 25, 2006**다**18228(행정지도가 강제성을 띠지 않은 비권력적 작용으로서 행정지도의 한계를 일탈하지 아니하였다면, 그로 인하여 상대방에게 어떤 손해가 발생하였다 하더라도 행정기관은 그에 대한 손해배상책임이 없다).

(4) 손실보상 경찰상 행정지도는 권력적 행위가 아니고 비권력적 행위에 불과하다. 따라서 적법한 권력적 행위로 인하여 발생하는 특별한 희생에 대하여 주어지는 손실

보상이 임의적인 협력을 전제로 하는 경찰상 행정지도로 인하여 발생하는 피해에 대하여 주어질 수는 없다. 그러나 사실상의 강제로 인하여 특별한 희생이 있고, 그 희생이 경찰상 행정지도와 인과관계를 갖는 경우에는 예외적으로 손실보상법리 중 간접효력규정설에 따라 보상이 가능하다고 본다.

제 6 항 경찰행정상 사법작용

Ⅰ. 사법형식의 행정작용 일반론

1. 의 의

국가 등 공행정주체가 사법관계의 한 당사자로서 행하는 작용(예: 경찰서장이 소속 경찰공무원들의 업무처리를 위해 민간기업체부터 문방구류를 구매하기 위해 계약을 체결하는 경우)을 사법형식의 행정작용이라 한다. 이를 광의의 국고행정이라 부르기도 한다. 국고행정에는 협의의 국고작용과 행정사법작용이 있다. 협의의 국고작용에는 조달행정과 영리활동이 있다.

2. 한 계

① 사법적 행정작용은 각 행정청이 갖는 권한의 범위 내에서만 가능하다. 예컨대, 행정안전부장관은 당연히 행정안전부장관의 소관사무(권한사항)와 관련하여 사법작용을 행할 수 있을 뿐, 법무부장관의 소관사무(권한사항)에 대하여 사법작용을 행할 수는 없다. ② 국가나 지방자치단체가 사법작용을 행함에 있어서도 기본권을 보장하여야 한다. 헌법 제10조가 규정하는 국가나 지방자치단체의 기본권보장의무는 공법의 영역뿐만 아니라 사법의 영역에도 적용된다고 볼 것이기 때문이다.

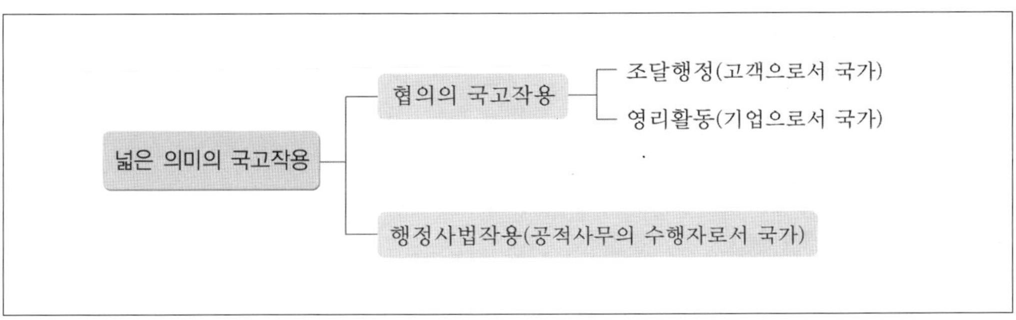

Ⅱ. 행정사법작용

1. 의 의

국가나 지방자치단체는 주택을 건설하여 분양하기도 하고, 극장이나 체육시설을 설치·운영하기도 한다. 이러한 작용은 국민·주민과의 관계에서 사법형식으로 이루어지지만, 공공의 이익의 증진이라는 공적 목적을 직접 실현하기 위한 것이므로, 이러한 작용에는 공법적 제약이 가해진다. 이와 같이 공적 사무를 사법형식으로 수행하되 공법적 제약이 가해지는 행정작용을 행정사법작용이라 하고, 이러한 원리를 행정사법이라 한다. 행정사법은 주로 복리행정분야에서 나타난다. 경찰행정에서도 나타날 수 있다(예: 비행청소년의 선도를 위한 일환으로 체육시설을 설치·운영하는 경우).

2. 특 징

행정사법작용은 ① 사법형식의 행정작용이라는 점, ② 공적 임무수행을 직접적인 목적으로 한다는 점, ③ 공법적 규율이 가해진다는 점을 특징으로 갖는다.

3. 공법적 제약

행정사법작용에는 사적 자치가 그대로 적용되는 것이 아니다. 행정사법작용에는 헌법 제10조에 근거하여 기본권 구속이 따른다. 국가나 지방자치단체는 기본권 특히 자유권이나 평등권에 구속된다.

4. 관할법원

특별규정이 없는 한, 행정사법작용의 법관계는 공법적인 제약에도 불구하고 전체로서 사법적인 성질을 갖는다. 따라서 행정사법작용에 관한 분쟁은 민사법원의 관할사항이다. 예컨대, 서대문구청이 甲과 체결한 아파트분양계약에 관해 분쟁이 발생하였다면, 그러한 분쟁은 민사법원의 관할사항이 된다. 즉 甲은 민사법원에 제소하여 분쟁을 해결할 수 있다.

Ⅲ. 협의의 국고작용

1. 조달행정

(1) 의 의 경찰은 공무를 처리하기 위해 청사를 마련하기 위하여 사인과

청사건설계약을 체결하기도 하고, 경찰공무원들에게 필요한 문방구류를 매입하기도 한다. 이와 같이 행정청이 공적 임무를 수행하는데 전제가 되는 물건을 확보하는 행정작용을 조달행정이라 부른다. 조달행정은 사법상 조성행위로 불리기도 한다. 조달행정은 공적 목적을 간접적으로 수행한다는 점에서 공적 목적을 직접적으로 수행하는 행정사법작용과 구별된다.

(2) 공법적 제약 ① 물자의 구매에 관련된 절차·종류·방법 등에 공법상의 제한이 있는 경우에는 구매 자체의 법적 성질 여하를 불문하고 그러한 제한을 준수하여야 한다. 이러한 범위에서 국가의 계약의 자유는 제한된다. 한편 ② 조달작용이 사법작용이라 할지라도 기본권 특히 평등권에 구속된다. 조달작용도 내용에 따라서는 공적 기속이 강조되어야 하는 경우도 적지 않다. 예컨대, 국군의 새로운 무기체계에 관한 대단위조달작용은 국방·과학기술발전·일자리확보·군수산업촉진 등의 효과와 직접 관련을 맺는바, 이러한 효과들은 바로 공적인 것이라 하지 않을 수 없고, 따라서 무기체계의 조달을 단순히 사법이 적용되는 조달작용이라고만 할 수는 없다.

(3) 관할법원 특별규정이 없는 한, 조달행정에 관한 법적 분쟁은 원칙적으로 민사법원의 관할사항이다. 예컨대, 서대문구청이 서대문구청의 청사건축을 위한 계약을 甲과 체결하였으나, 계약의 이행과정에서 분쟁이 생긴 경우, 이러한 분쟁은 민사법원의 관할사항이 된다.

2. 영리활동

(1) 의 의 국가나 지방자치단체는 잡종재산을 매각하여 재정수입을 넓히기도 하며, 국가는 우체국을 통해 예금사업·보험사업을 하면서 재정수입을 도모하기도 한다. 이와 같이 공행정목적의 직접적인 수행과는 관계없이 수익의 확보를 위한 국가나 지방자치단체의 행정작용을 영리활동 또는 영리작용이라 부른다. 영리활동은 재정확보를 통해 공적 목적을 간접적으로 보장한다는 점에서 공적 목적을 직접적으로 수행하는 행정사법작용과 구별된다. 영리작용을 국고적이라 하는 것은 영리작용이 사법적으로 이루어지는 것을 의미한다.

(2) 공법상 제약 국민들로부터 세금을 강제로 징수하는 국가나 지방자치단체가 국민이나 주민과 경쟁적으로 영리활동을 하는 것이 헌법상 가능한가의 문제가 있으나, 공적 사무의 수행에 필요한 범위 안에서 제한적으로 가능하다는 것이 일반적인 견해이다.

(3) 관할법원 특별규정이 없는 한, 영리작용에 관한 법적 분쟁은 원칙적으로 민사법원의 관할사항이다. 예컨대, 경찰행정청이 오래 사용한 자동차를 甲에게 매각하였으나 매매계약의 이행과정에서 분쟁이 생긴 경우, 이러한 분쟁은 민사법원의 관할사항이 된다.

제 4 절 경찰상 행정절차(경찰절차)와 행정정보

제 1 항 경찰상 행정절차(경찰절차)

Ⅰ. 행정절차의 의의

1. 행정절차의 개념

① 광의의 행정절차란 행정과정상 행정기관이 거쳐야 하는 일체의 준비·계획·결정·공고의 절차를 말한다. 입법절차·사법절차에 대응하는 개념이다. 여기에는 모든 사전절차뿐만 아니라, 모든 사후절차가 포함된다. ② 협의의 행정절차란 행정의사결정에 관한 제1차적 결정과정인 절차를 말한다. 일반적으로 행정절차란 좁은 의미로 이해되고 있다. ③ 행정절차법은 처분, 신고, 행정상 입법예고, 행정예고 및 행정지도의 절차를 행정절차로 구성하고 있다(절차법 제3조 제1항).

2. 행정절차의 법적 근거

① 헌법 제12조 제1항과 제3항은 형사사건의 적법절차에 관해 규정하고 있고, 행정절차에 관해서는 특별히 규정하는 바는 없지만 헌법의 동 규정은 행정절차에도 적용된다(헌재 1992. 12. 24, 92헌가8). ② 행정절차에 관한 일반법으로 행정절차법이 있다. 한편, 민원사무와 관련된 일반법으로 민원사무 처리에 관한 법률이 있다. 개별규정(특별규정)을 두는 법률도 적지 않다. 예컨대, 개별법률에서 진술기회부여(국가공무원법 제13조)·청문(식품위생법 제81조)·계고(행정대집행법 제3조)·경고(경찰관직무집행법 제5조)·협의(국토의 계획 및 이용에 관한 법률 제15조) 등을 볼 수 있다.

3. 행정절차법

(1) 일 반 법　　행정절차법은 행정절차에 관한 공통적인 사항을 규정하여 국민의 행정참여를 도모함으로써 행정의 공정성·투명성 및 신뢰성을 확보하고 국민의 권익을

보호함을 목적으로 한다. 개별 법률에 특별한 규정이 없는 한, 행정절차에 관해서는 당연히 행정절차법이 적용된다(절차법 제3조 제1항). 행정절차법은 공법상 행정작용에 관한 일반법이며, 사법작용과는 무관하다. 한편, ② 행정절차법은 「절차법」이지만, 그렇다고 행정절차법이 절차적 규정만을 갖는 것은 아니고 실체적 규정(예: 제4조의 신뢰보호의 원칙)도 갖는다. 절차적 규정이 행정절차법의 주류를 이루고 있음은 물론이다.

(2) 적용범위 ① 행정절차법이 행정절차에 관한 일반법이기는 하나, 모든 행정작용에 적용되는 것은 아니다. 그것은 처분, 신고, 행정상 입법예고, 행정예고 및 행정지도의 절차(이하 "행정절차"라 한다)에 관하여 다른 법률에 특별한 규정이 있는 경우를 제외하고는 이 법에서 정하는 바에 따른다(절차법 제3조 제1항). 이 중에서도 처분절차가 행정절차법의 중심을 이룬다. 행정절차법은 공법상 계약이나 행정계획절차와는 관련이 없다. ② 행정절차법은 지방자치단체에도 적용된다(절차법 제2조 제1호). 그러나 처분, 신고, 행정상 입법예고, 행정예고 및 행정지도의 절차에 관한 사항이라 하여도 다음의 경우에는 행정절차법의 적용이 배제되는 경우가 있다(절차법 제3조 제2항).

> **행정절차법 제3조(적용범위)** ② 이 법은 다음 각 호의 어느 하나에 해당하는 사항에 대하여는 적용하지 아니한다.
> 1. 국회 또는 지방의회의 의결을 거치거나 동의 또는 승인을 받아 행하는 사항
> 2. 법원 또는 군사법원의 재판에 의하거나 그 집행으로 행하는 사항
> 3. 헌법재판소의 심판을 거쳐 행하는 사항
> 4. 각급 선거관리위원회의 의결을 거쳐 행하는 사항
> 5. 감사원이 감사위원회의의 결정을 거쳐 행하는 사항
> 6. 형사(刑事), 행형(行刑) 및 보안처분 관계 법령에 따라 행하는 사항
> 7. 국가안전보장·국방·외교 또는 통일에 관한 사항 중 행정절차를 거칠 경우 국가의 중대한 이익을 현저히 해칠 우려가 있는 사항
> 8. 심사청구, 해양안전심판, 조세심판, 특허심판, 행정심판, 그 밖의 불복절차에 따른 사항
> 9. 「병역법」에 따른 징집·소집, 외국인의 출입국·난민인정·귀화, 공무원 인사 관계 법령에 따른 징계와 그 밖의 처분, 이해 조정을 목적으로 하는 법령에 따른 알선·조정·중재(仲裁)·재정(裁定) 또는 그 밖의 처분 등 해당 행정작용의 성질상 행정절차를 거치기 곤란하거나 거칠 필요가 없다고 인정되는 사항과 행정절차에 준하는 절차를 거친 사항으로서 대통령령으로 정하는 사항

(3) 일반원칙 행정절차법은 행정절차에 관한 일반법이지만, 행정절차법은 행정실체법에도 당연히 적용되는 행정법의 일반원칙인 신의성실의 원칙(절차법 제4조 제1항), 신뢰보호의 원칙(절차법 제4조 제2항), 투명성 원칙(절차법 제5조) 등을 규정하고 있다.

> **행정절차법 제4조(신의성실 및 신뢰보호)** ① 행정청은 직무를 수행할 때 신의에 따라 성실히

하여야 한다.
② 행정청은 법령등의 해석 또는 행정청의 관행이 일반적으로 국민들에게 받아들여졌을 때에는 공익 또는 제3자의 정당한 이익을 현저히 해칠 우려가 있는 경우를 제외하고는 새로운 해석 또는 관행에 따라 소급하여 불리하게 처리하여서는 아니 된다.
제5조(투명성) 행정청이 행하는 행정작용은 그 내용이 구체적이고 명확하여야 하며, 행정작용의 근거가 되는 법령등의 내용이 명확하지 아니한 경우 상대방은 해당 행정청에 그 해석을 요청할 수 있다. 이 경우 해당 행정청은 특별한 사유가 없으면 그 요청에 따라야 한다.

Ⅱ. 처분절차

1. 처분의 의의

행정절차법상 "처분"이란 행정청이 행하는 구체적 사실에 관한 법 집행으로서의 공권력의 행사 또는 그 거부와 그 밖에 이에 준하는 행정작용을 말한다(절차법 제2조 제2호). 여기서 행정청이란 행정에 관한 의사를 결정하여 표시하는 국가 또는 지방자치단체의 기관, 그 밖에 법령 또는 자치법규(이하 "법령등"이라 한다)에 따라 행정권한을 가지고 있거나 위임 또는 위탁받은 공공단체 또는 그 기관이나 사인을 말한다(절차법 제2조 제1호).

2. 처분의 신청

(1) 문서주의 행정청에 처분을 구하는 신청은 문서로 하여야 한다(절차법 제17조 제1항 본문). 다만, 다른 법령등에 특별한 규정이 있는 경우와 행정청이 미리 다른 방법을 정하여 공시한 경우에는 그러하지 아니하다(절차법 제17조 제1항 단서). 제1항에 따라 처분을 신청할 때 전자문서로 하는 경우에는 행정청의 컴퓨터 등에 입력된 때에 신청한 것으로 본다(절차법 제17조 제2항).

(2) 의무적 접수 행정청은 신청을 받았을 때에는 다른 법령등에 특별한 규정이 있는 경우를 제외하고는 그 접수를 보류 또는 거부하거나 부당하게 되돌려 보내서는 아니 되며, 신청을 접수한 경우에는 신청인에게 접수증을 주어야 한다(절차법 제17조 제4항 본문). 다만, 대통령령으로 정하는 경우에는 접수증을 주지 아니할 수 있다(절차법 제17조 제4항 단서). 한편, 행정청은 신청인의 편의를 위하여 다른 행정청에 신청을 접수하게 할 수 있다(절차법 제17조 제7항 제1문). 이 경우 행정청은 다른 행정청에 접수할 수 있는 신청의 종류를 미리 정하여 공시하여야 한다(절차법 제17조 제7항 제2문).

(3) 신청의 보완과 변경·취하 행정청은 신청에 구비서류의 미비 등 흠이 있는 경우에는 보완에 필요한 상당한 기간을 정하여 지체 없이 신청인에게 보완을 요구하여야 한다(절차법 제17조 제5항). 행정청은 신청인이 제5항에 따른 기간 내에 보완을 하지

아니하였을 때에는 그 이유를 구체적으로 밝혀 접수된 신청을 되돌려 보낼 수 있다(절차법 제17조 제6항). 신청인은 처분이 있기 전에는 그 신청의 내용을 보완·변경하거나 취하할 수 있다(절차법 제17조 제8항 본문). 다만, 다른 법령등에 특별한 규정이 있거나 그 신청의 성질상 보완·변경하거나 취하할 수 없는 경우에는 그러하지 아니하다(절차법 제17조 제8항 단서).

3. 처리기간의 설정·공표

(1) 처리기간의 설정과 연장 행정청은 신청인의 편의를 위하여 처분의 처리기간을 종류별로 미리 정하여 공표하여야 한다(절차법 제19조 제1항). 제1항에 따른 처리기간에 산입하지 아니하는 기간에 관하여는 대통령령으로 정한다(절차법 제19조 제5항). 한편, 행정청은 부득이한 사유로 제1항에 따른 처리기간 내에 처분을 처리하기 곤란한 경우에는 해당 처분의 처리기간의 범위에서 한 번만 그 기간을 연장할 수 있다(절차법 제19조 제2항). 행정청은 제2항에 따라 처리기간을 연장할 때에는 처리기간의 연장 사유와 처리 예정 기한을 지체 없이 신청인에게 통지하여야 한다(절차법 제19조 제3항).

(2) 신속처리요구권 행정청이 정당한 처리기간 내에 처리하지 아니하였을 때에는 신청인은 해당 행정청 또는 그 감독 행정청에 신속한 처리를 요청할 수 있다(절차법 제19조 제4항). 본조항에 의한 신청인의 신속처리요청은 신청인의 권익보호를 위한 것인바, 신청인은 본조항에 근거하여 절차적 권리로서 신속처리요구권을 갖는다.

4. 처리기준의 설정·공표

(1) 공표의 원칙 행정청은 필요한 처분기준을 해당 처분의 성질에 비추어 되도록 구체적으로 정하여 공표하여야 한다(절차법 제20조 제1항 제1문). 처분기준을 변경하는 경우에도 또한 같다(절차법 제20조 제1항 제2문). 그러나 제1항에 따른 처분기준을 공표하는 것이 해당 처분의 성질상 현저히 곤란하거나 공공의 안전 또는 복리를 현저히 해치는 것으로 인정될 만한 상당한 이유가 있는 경우에는 처분기준을 공표하지 아니할 수 있다(절차법 제20조 제2항). 처분기준의 공표는 재량행위와 관련하여 의미를 갖는다. 그러나 비공표의 사유는 행정의 투명성의 원리에 비추어 제한적으로 해석되어야 할 것이다.

(2) 해석·설명요구권 당사자등은 공표한 처분기준이 명확하지 아니한 경우 해당 행정청에 그 해석 또는 설명을 요청할 수 있다(절차법 제20조 제3항 제1문). 이 경우 해당 행정청은 특별한 사정이 없으면 그 요청에 따라야 한다(절차법 제20조 제3항 제2문). 본조항에 의한 신청인의 해석요구·설명요구는 신청인의 권익보호를 위한 것인바, 신청인은 절차적 권리로서 해석요구권·설명요구권을 갖는다.

5. 처분의 사전통지와 의견청취

행정청은 당사자에게 침익적 처분을 하는 경우에 미리 일정한 사항을 당사자등에게 통지하여야 한다(절차법 제21조 제1항). 그리고 경우에 따라 행정청은 청문, 공청회, 의견제출 등의 의견청취절차를 거쳐야 한다(절차법 제22조). 이에 관해서는 뒤에서 자세히 보기로 한다.

6. 처분의 발령

(1) 문서주의 행정청이 처분을 할 때에는 다른 법령등에 특별한 규정이 있는 경우를 제외하고는 문서로 하여야 하며, 전자문서로 하는 경우에는 당사자등의 동의가 있어야 한다. 다만, 신속히 처리할 필요가 있거나 사안이 경미한 경우에는 말 또는 그 밖의 방법으로 할 수 있다. 이 경우 당사자가 요청하면 지체 없이 처분에 관한 문서를 주어야 한다(절차법 제24조 제1항). 그리고 처분을 하는 문서에는 그 처분 행정청과 담당자의 소속·성명 및 연락처(전화번호, 팩스번호, 전자우편주소 등을 말한다)를 적어야 한다(절차법 제24조 제2항).

(2) 처분의 이유제시 행정청은 처분을 할 때에는 다음 각 호(1. 신청 내용을 모두 그대로 인정하는 처분인 경우, 2. 단순 · 반복적인 처분 또는 경미한 처분으로서 당사자가 그 이유를 명백히 알 수 있는 경우, 3. 긴급히 처분을 할 필요가 있는 경우)의 어느 하나에 해당하는 경우를 제외하고는 당사자에게 그 근거와 이유를 제시하여야 한다(절차법 제23조 제1항). 행정청은 제1항 제2호 및 제3호의 경우에 처분 후 당사자가 요청하는 경우에는 그 근거와 이유를 제시하여야 한다(절차법 제23조 제1항).

(3) 불복고지 행정청이 처분을 할 때에는 당사자에게 그 처분에 관하여 행정심판 및 행정소송을 제기할 수 있는지 여부, 그 밖에 불복을 할 수 있는지 여부, 청구절차 및 청구기간, 그 밖에 필요한 사항을 알려야 한다(절차법 제26조).

(4) 처분의 정정 행정청은 처분에 오기, 오산 또는 그 밖에 이에 준하는 명백한 잘못이 있을 때에는 직권으로 또는 신청에 따라 지체 없이 정정하고 그 사실을 당사자에게 통지하여야 한다(절차법 제25조). 오기, 오산 또는 그 밖에 이에 준하는 명백한 잘못은 처분의 하자의 문제가 아니다.

Ⅲ. 신고절차

1. 편람의 비치

법령등에서 행정청에 일정한 사항을 통지함으로써 의무가 끝나는 신고를 규정하고 있는 경우 신고를 관장하는 행정청은 신고에 필요한 구비서류, 접수기관, 그 밖에 법령등에 따른 신고에 필요한 사항을 게시(인터넷 등을 통한 게시를 포함한다)하거나 이에 대한 편람을 갖추어 두고 누구나 열람할 수 있도록 하여야 한다(절차법 제40조 제1항).

2. 의무적 신고

(1) 신고의 요건과 보완 제1항에 따른 신고가 다음 각 호(1. 신고서의 기재사항에 흠이 없을 것, 2. 필요한 구비서류가 첨부되어 있을 것, 3. 그 밖에 법령등에 규정된 형식상의 요건에 적합할 것)의 요건을 갖춘 경우에는 신고서가 접수기관에 도달된 때에 신고 의무가 이행된 것으로 본다(절차법 제40조 제2항). 행정청은 제2항 각 호의 요건을 갖추지 못한 신고서가 제출된 경우에는 지체 없이 상당한 기간을 정하여 신고인에게 보완을 요구하여야 한다(절차법 제40조 제3항). 행정청은 신고인이 제3항에 따른 기간 내에 보완을 하지 아니하였을 때에는 그 이유를 구체적으로 밝혀 해당 신고서를 되돌려 보내야 한다(절차법 제40조 제4항).

(2) 신고의 효과 제1항에 따른 신고가 요건을 갖춘 경우에는 신고서가 접수기관에 도달된 때에 신고 의무가 이행된 것으로 본다(절차법 제40조 제2항). 발신주의가 아니라 도달주의가 적용된다.

Ⅳ. 행정상 입법예고절차

1. 입법예고의 원칙

(1) 해당 행정청의 입법예고 법령등을 제정·개정 또는 폐지(이하 “입법”이라 한다)하려는 경우에는 해당 입법안을 마련한 행정청은 이를 예고하여야 한다. 다만, 다음 각 호(1. 신속한 국민의 권리 보호 또는 예측 곤란한 특별한 사정의 발생 등으로 입법이 긴급을 요하는 경우, 2. 상위 법령등의 단순한 집행을 위한 경우, 3. 입법내용이 국민의 권리·의무 또는 일상생활과 관련이 없는 경우, 4. 단순한 표현·자구를 변경하는 경우 등 입법내용의 성질상 예고의 필요가 없거나 곤란하다고 판단되는 경우, 5. 예고함이 공공의 안전 또는 복리를 현저히 해칠 우려가 있는 경우)의 어느 하나에 해당하는 경우에는 예고를 하지 아니할 수 있다(절차법 제41조 제1항).

(2) 입법예고의 권고 등 법제처장은 입법예고를 하지 아니한 법령안의 심사요청을 받은 경우에 입법예고를 하는 것이 적당하다고 판단할 때에는 해당 행정청에 입법예고를 권고하거나 직접 예고할 수 있다(절차법 제41조 제3항).

(3) 예고내용의 변경 입법안을 마련한 행정청은 입법예고 후 예고내용에 국민생활과 직접 관련된 내용이 추가되는 등 대통령령으로 정하는 중요한 변경이 발생하는 경우에는 해당 부분에 대한 입법예고를 다시 하여야 한다. 다만, 제1항 각 호의 어느 하나에 해당하는 경우에는 예고를 하지 아니할 수 있다(절차법 제41조 제4항).

2. 입법예고의 방법

(1) 예고의 내용과 공고 행정청은 입법안의 취지, 주요 내용 또는 전문(全文)을 관보·공보나 인터넷·신문·방송 등을 통하여 널리 공고하여야 한다(절차법 제42조 제1항).

(2) 제출·통지 행정청은 대통령령을 입법예고하는 경우 국회 소관 상임위원회에 이를 제출하여야 한다(절차법 제42조 제2항). 행정청은 입법예고를 할 때에 입법안과 관련이 있다고 인정되는 중앙행정기관, 지방자치단체, 그 밖의 단체 등이 예고사항을 알 수 있도록 예고사항을 통지하거나 그 밖의 방법으로 알려야 한다(절차법 제42조 제3항).

(3) 열람·복사 행정청은 예고된 입법안의 전문에 대한 열람 또는 복사를 요청받았을 때에는 특별한 사유가 없으면 그 요청에 따라야 한다(절차법 제42조 제5항). 행정청은 제5항에 따른 복사에 드는 비용을 복사를 요청한 자에게 부담시킬 수 있다(절차법 제42조 제6항).

(4) 예고기간 입법예고기간은 예고할 때 정하되, 특별한 사정이 없으면 40일(자치법규는 20일) 이상으로 한다(절차법 제43조).

3. 입법안에 대한 의견

(1) 의견수렴 행정청은 제1항에 따라 예고된 입법안에 대하여 전자공청회 등을 통하여 널리 의견을 수렴할 수 있다. 이 경우 제38조의2(전자공청회) 제2항부터 제4항까지의 규정을 준용한다(절차법 제42조 제4항).

(2) 의견의 제출 누구든지 예고된 입법안에 대하여 의견을 제출할 수 있다(절차법 제44조 제1항). 행정청은 의견접수기관, 의견제출기관, 그 밖에 필요한 사항을 해당 입법안을 예고할 때 함께 공고하여야 한다(절차법 제44조 제2항). 행정청은 입법안에 관하여 공청회를 개최할 수 있다(절차법 제45조 제1항).

(3) 의견의 반영 행정청은 해당 입법안에 대한 의견이 제출된 경우 특별한 사유가 없으면 이를 존중하여 처리하여야 한다(절차법 제44조 제3항). 행정청은 의견을 제출한

자에게 그 제출된 의견의 처리결과를 통지하여야 한다(절차법 제44조 제4항). 제출된 의견의 처리방법 및 처리결과의 통지에 관하여는 대통령령으로 정한다(절차법 제44조 제5항).

Ⅴ. 행정예고절차

1. 행정예고의 원칙

행정청은 다음 각 호(1. 국민생활에 매우 큰 영향을 주는 사항, 2. 많은 국민의 이해가 상충되는 사항, 3. 많은 국민에게 불편이나 부담을 주는 사항, 4. 그 밖에 널리 국민의 의견을 수렴할 필요가 있는 사항)의 어느 하나에 해당하는 사항에 대한 정책, 제도 및 계획을 수립·시행하거나 변경하려는 경우에는 이를 예고하여야 한다. 다만, 예고로 인하여 공공의 안전 또는 복리를 현저히 해칠 우려가 있거나 그 밖에 예고하기 곤란한 특별한 사유가 있는 경우에는 예고하지 아니할 수 있다(절차법 제46조 제1항). 제1항에도 불구하고 법령등의 입법을 포함하는 행정예고는 입법예고로 갈음할 수 있다(절차법 제46조 제2항). 행정예고기간은 예고 내용의 성격 등을 고려하여 정하되, 특별한 사정이 없으면 20일 이상으로 한다(절차법 제46조 제3항).

2. 행정예고의 방법

행정예고의 방법, 의견제출 및 처리, 공청회 및 전자공청회에 관하여는 제42조(제4항은 제외한다), 제44조 제1항부터 제3항까지 및 제45조를 준용한다(절차법 제47조).

Ⅵ. 행정지도절차

1. 행정지도의 원칙

행정지도란 행정기관이 그 소관 사무의 범위에서 일정한 행정목적을 실현하기 위하여 특정인에게 일정한 행위를 하거나 하지 아니하도록 지도, 권고, 조언 등을 하는 행정작용을 말한다(절차법 제2조 제3호). 행정지도는 그 목적 달성에 필요한 최소한도에 그쳐야 하며, 행정지도의 상대방의 의사에 반하여 부당하게 강요하여서는 아니 된다(절차법 제48조 제1항). 행정기관은 행정지도의 상대방이 행정지도에 따르지 아니하였다는 것을 이유로 불이익한 조치를 하여서는 아니 된다(절차법 제48조 제2항).

2. 행정지도의 방법

행정지도를 하는 자는 그 상대방에게 그 행정지도의 취지 및 내용과 신분을 밝혀야 한다(절차법 제49조 제1항). 행정지도가 말로 이루어지는 경우에 상대방이 제1항의 사항을 적은 서면의 교부를 요구하면 그 행정지도를 하는 자는 직무 수행에 특별한 지장이 없으면 이를 교부하여야 한다(절차법 제49조 제2항). 행정기관이 같은 행정목적을 실현하기 위하여 많은 상대방에게 행정지도를 하려는 경우에는 특별한 사정이 없으면 행정지도에 공통적인 내용이 되는 사항을 공표하여야 한다(절차법 제51조). 행정지도의 상대방은 해당 행정지도의 방식·내용 등에 관하여 행정기관에 의견제출을 할 수 있다(절차법 제50조).

[참고] 개별법상 특별절차
행정절차에는 일반법인 행정절차법에서 규정하는 일반적인 절차 외에 개별 법률에서 규정하는 특별한 절차도 있다. 특별한 절차의 예로 공공기관의 정보공개에 관한 법률에서 규정하는 정보공개절차, 민원사무 처리에 관한 법률에서 규정하는 민원사무처리절차, 부패방지 및 국민권익위원회의 설치와 운영에 관한 법률상 고충민원처리절차, 행정규제기본법에서 규정하는 행정규제심사절차 등이 있다.

Ⅶ. 당사자등의 권리

1. 개 관

당사자등은 대표자선정권(절차법 제11조 제1항)과 대리인선임권(절차법 제12조 제1항) 외에도 사전통지를 받을 권리(절차법 제21조 제1항), 의견제출권(절차법 제27조 제1항), 청문권(절차법 제31조 제2항), 문서열람·복사청구권(절차법 제37조 제1항), 비밀유지청구권(절차법 제37조 제6항), 공청회참여권(절차법 제38조) 등을 갖는다. 이러한 권리들은 행정절차에의 참여를 전제로 한다. 행정절차법상 당사자등의 절차에의 참가방식은 의견제출·청문·공청회의 세 가지가 가장 대표적인 절차이다. 행정절차법은 이 세 가지 절차를 의견청취라 부른다(절차법 제22조). 그런데 의견청취제도 중에서 청문이나 공청회의 개최는 법문상 비교적 제한적이기 때문에 일반적으로 적용되는 것은 약식절차라 할 당사자등의 의견제출제도이다.

2. 사전통지를 받을 권리(처분의 사전통지제도)

(1) 의 의　　행정청은 당사자에게 의무를 부과하거나 권익을 제한하는 처분을 하는 경우에는 미리 다음 각 호(1. 처분의 제목, 2. 당사자의 성명 또는 명칭과 주소, 3. 처분하려는 원인이 되는 사실과 처분의 내용 및 법적 근거, 4. 제3호에 대하여 의견을 제출할 수 있다는 뜻과 의견을 제출하지 아니하는 경우의 처리방법, 5. 의견제출기관의 명칭과 주소, 6. 의견제출기한,

7. 그 밖에 필요한 사항)의 사항을 당사자등에게 통지하여야 한다(절차법 제21조 제1항). 사전통지를 받는 것은 절차적 권리로서 당사자의 개인적 공권으로 보호된다. 예외사유에 해당하지 않는 한, 사전통지는 의무적이다. 이에 위반하면 위법을 구성한다(대판 2000. 11. 14, 99두5870). 현행의 처분의 사전통지제도는 수익적 행위의 거부의 경우에는 적용이 없다는 점에서 한계를 갖는다.

대판 2007. 9. 21, 2006두20631(행정청이 침해적 행정처분을 하면서 당사자에게 행정절차법상의 사전통지를 하거나 의견제출의 기회를 주지 아니하였다면 사전통지를 하지 않거나 의견제출의 기회를 주지 아니하여도 되는 예외적인 경우에 해당하지 아니하는 한 그 처분은 위법하여 취소를 면할 수 없다).

(2) 의견제출기한 행정청이 당사자에게 의무를 부과하거나 권익을 제한하는 처분을 하고자 하여 미리 당사자에게 통지하는 경우, 그 의견제출기한은 의견제출에 필요한 상당한 기간을 고려하여 정하여야 한다(절차법 제21조 제3항). 불확정개념인 상당한 기간의 의미는 사회적인 통념에 따라 판단할 수밖에 없다.

(3) 사전통지의 생략 다음 각 호(1. 공공의 안전 또는 복리를 위하여 긴급히 처분을 할 필요가 있는 경우, 2. 법령등에서 요구된 자격이 없거나 없어지게 되면 반드시 일정한 처분을 하여야 하는 경우에 그 자격이 없거나 없어지게 된 사실이 법원의 재판 등에 의하여 객관적으로 증명된 경우, 3. 해당 처분의 성질상 의견청취가 현저히 곤란하거나 명백히 불필요하다고 인정될 만한 상당한 이유가 있는 경우)의 어느 하나에 해당하는 경우에는 제1항에 따른 통지를 하지 아니할 수 있다(절차법 제21조 제4항). 사전통지제도가 개인의 권익보호를 위한 것임을 고려할 때, 사전통지가 생략되는 경우는 제한적으로 적용되어야 한다.

3. 의견제출권(의견제출제도)

(1) 의견제출의 의의 행정절차법상 의견제출이란 행정청이 어떠한 행정작용을 하기 전에 당사자등이 의견을 제시하는 절차로서 청문이나 공청회에 해당하지 아니하는 절차를 말한다(절차법 제2조 제7호). 의견제출절차는 약식절차이다. 의견제출제도는 사전통지제도와 마찬가지로 의무를 부과하거나 권익을 제한하는 경우에만 적용되고, 수익적 행위나 수익적 행위의 거부의 경우에는 적용이 없다.

(2) 의견제출의 성질 의견제출제도는 당사자등의 이익을 보호하는 데 그 취지가 있는바, 의견제출을 할 수 있는 것은 절차적 권리로서 당사자의 개인적 공권으로 보호된다. 말하자면 처분을 사전통지할 때에는 의견제출을 할 수 있음을 통지하여야 할뿐만 아니라(절차법 제21조 제1항 제4호), 행정청이 당사자에게 의무를 부과하거나(예: 과태료부

과) 권익을 제한하는 처분(예: 운전면허취소)을 함에 있어서는 청문을 실시하거나 공청회를 개최하는 경우가 아니라면 당사자등에게 의견제출의 기회를 주어야 한다(절차법 제22조 제3항). 한편, 판례는 법령상 확정된 의무부과의 경우에는 의견제출의 기회를 부여하지 않아도 된다는 입장이다(대판 2000. 11. 28, 99두5443).

(3) 의견제출의 방법 ① 당사자등은 처분 전에 그 처분의 관할 행정청에 서면이나 말로 또는 정보통신망을 이용하여 의견제출을 할 수 있다(절차법 제27조 제1항). 한편, 행정청은 당사자등이 말로 의견제출을 하였을 때에는 서면으로 그 진술의 요지와 진술자를 기록하여야 한다(절차법 제27조 제3항). ② 당사자등은 제1항에 따라 의견제출을 하는 경우 그 주장을 입증하기 위한 증거자료 등을 첨부할 수 있다(절차법 제27조 제2항). 증거자료에는 특별한 제한이 없다.

(4) 의견제출의 효과 등 ① 행정청은 처분을 할 때에 당사자등이 제출한 의견이 상당한 이유가 있다고 인정하는 경우에는 이를 반영하여야 한다(절차법 제27조의2). 행정청이 반드시 당사자등의 의견을 따라야 하는 것은 아니다(대판 1995. 12. 22, 95누30). ② 행정청은 의견제출을 거쳤을 때에는 신속히 처분하여 해당 처분이 지연되지 아니하도록 하여야 한다(절차법 제22조 제5항). 그리고 ③ 행정청은 처분 후 1년 이내에 당사자 등이 요청하는 경우에는 의견제출을 위하여 제출받은 서류나 그 밖의 물건을 반환하여야 한다(절차법 제22조 제6항). ④ 당사자등이 정당한 이유 없이 의견제출기한까지 의견제출을 하지 아니한 경우에는 의견이 없는 것으로 본다(절차법 제27조 제4항).

(5) 의견제출의 위반 의견제출의 기회부여는 의무적이다. 이에 위반하면 위법을 구성한다(대판 2004. 5. 28, 2004두1254). 의견제출권은 개인적 공권이지만 당사자에 의해 포기될 수 있다(절차법 제22조 제4항 참조). 당사자등에 의한 의견제출이 포기되면 행정청에 의한 의견청취는 당연히 생략된다. 의견제출절차는 후술하는 청문절차에 비교할 때, 약식절차의 성격을 갖는다.

> ● **행정절차법 제22조(의견청취)** ④ 제1항부터 제3항까지의 규정에도 불구하고 제21조 제4항 각 호(1. 공공의 안전 또는 복리를 위하여 긴급히 처분을 할 필요가 있는 경우, 2. 법령등에서 요구된 자격이 없거나 없어지게 되면 반드시 일정한 처분을 하여야 하는 경우에 그 자격이 없거나 없어지게 된 사실이 법원의 재판 등에 의하여 객관적으로 증명된 경우, 3. 해당 처분의 성질상 의견청취가 현저히 곤란하거나 명백히 불필요하다고 인정될 만한 상당한 이유가 있는 경우)의 어느 하나에 해당하는 경우와 당사자가 의견진술의 기회를 포기한다는 뜻을 명백히 표시한 경우에는 의견청취를 하지 아니할 수 있다

4. 청문권(청문제도)

(1) 청문의 의의 청문이란 행정청이 어떠한 처분을 하기 전에 당사자등의 의견을 직접 듣고 증거를 조사하는 절차를 말한다(절차법 제2조 제5호). 행정절차법은 정식청문을 청문이라 하고, 약식청문을 의견제출이라 부른다. 이하에서 청문이란 정식청문을 말한다. 한편, 청문을 받을 권리, 즉 청문권은 개인적 공권이다. 청문권은 포기될 수 있는 권리이다(절차법 제22조 제4항).

(2) 청문을 하는 경우 행정청이 처분을 할 때 다음 각 호(1. 다른 법령등에서 청문을 하도록 규정하고 있는 경우, 2. 행정청이 필요하다고 인정하는 경우)의 어느 하나에 해당하는 경우에는 청문을 한다(절차법 제22조 제1항). 제1항 … 의 규정에도 불구하고 제21조 제4항 각 호의 어느 하나에 해당하는 경우와 당사자가 의견진술의 기회를 포기한다는 뜻을 명백히 표시한 경우에는 의견청취를 하지 아니할 수 있다(절차법 제22조 제4항).

(3) 청문의 통지 행정청은 청문을 하려면 청문이 시작되는 날부터 10일 전까지 제1항 각 호(1. 처분의 제목, 2. 당사자의 성명 또는 명칭과 주소, 3. 처분하려는 원인이 되는 사실과 처분의 내용 및 법적 근거, 4. 제3호에 대하여 의견을 제출할 수 있다는 뜻과 의견을 제출하지 아니하는 경우의 처리방법, 5. 의견제출기관의 명칭과 주소, 6. 의견제출기한, 7. 그 밖에 필요한 사항)의 사항을 당사자등에게 통지하여야 한다. 이 경우 제1항 제4호부터 제6호까지의 사항은 청문 주재자의 소속·직위 및 성명, 청문의 일시 및 장소, 청문에 응하지 아니하는 경우의 처리방법 등 청문에 필요한 사항으로 갈음한다(절차법 제21조 제2항).

(4) 청문의 공개 청문은 당사자가 공개를 신청하거나 청문 주재자가 필요하다고 인정하는 경우 공개할 수 있다(절차법 제30조 본문). 다만 공익 또는 제3자의 정당한 이익을 현저히 해칠 우려가 있는 경우에는 공개하여서는 아니 된다(절차법 제30조 단서).

(5) 청문의 참가자

(가) 주 재 자 청문은 행정청이 소속 직원 또는 대통령령으로 정하는 자격을 가진 사람 중에서 선정하는 사람이 주재하되(절차법 제28조 제1항 제1문), 행정청은 청문 주재자의 선정이 공정하게 이루어지도록 노력하여야 한다(절차법 제28조 제1항 제2문). 공정한 청문 주재자의 선정은 청문이 공정하게 이루어지기 위한 첫걸음이다. 청문 주재자는 독립하여 공정하게 직무를 수행하되(절차법 제28조 제2항 제1문), 그 직무 수행을 이유로 본인의 의사에 반하여 신분상 어떠한 불이익도 받지 아니한다(절차법 제28조 제2항 제2문). 청문 주재자에는 제척·기피·회피가 적용된다(절차법 제29조).

● **행정절차법 제29조(청문 주재자의 제척·기피·회피)** ① 청문 주재자가 다음 각호의 어느 하나

에 해당하는 경우에는 청문을 주재할 수 없다.
1. 자신이 당사자등이거나 당사자등과 민법 제777조 각 호의 어느 하나에 해당하는 친족관계에 있거나 있었던 경우
2. 자신이 해당 처분과 관련하여 증언이나 감정을 한 경우
3. 자신이 해당 처분의 당사자등의 대리인으로 관여하거나 관여하였던 경우
4. 자신이 해당 처분업무를 직접 처리하거나 처리하였던 경우

② 청문 주재자에게 공정한 청문 진행을 할 수 없는 사정이 있는 경우 당사자등은 행정청에 기피신청을 할 수 있다. 이 경우 행정청은 청문을 정지하고 그 신청이 이유가 있다고 인정할 때에는 해당 청문 주재자를 지체 없이 교체하여야 한다.
③ 청문 주재자는 제1항 또는 제2항의 사유에 해당하는 경우에는 행정청의 승인을 받아 스스로 청문의 주재를 회피할 수 있다.

(나) **당사자등** 청문에 주체적으로 참가하는 자는 당사자등이다(절차법 제2조 제5호, 제21조 제2항). 당사자등이란 행정청의 처분에 대하여 직접 그 상대가 되는 당사자와 행정청이 직권으로 또는 신청에 따라 행정절차에 참여하게 한 이해관계인을 말한다(절차법 제2조 제4호). 당사자인 처분의 상대방은 처분의 신청인이 일반적이다. 그러나 제3자효 있는 행위의 경우에는 신청인과 처분의 상대방이 다를 수도 있다. 이러한 경우에도 처분의 상대방이 당사자이다. 한편, 신청인은 이해관계인으로서 행정청의 직권이나 신청에 의하여 행정절차에 참여할 수 있다.

(6) 청문의 진행절차

(가) **설명, 의견진술** ① 청문 주재자가 청문을 시작할 때에는 먼저 예정된 처분의 내용, 그 원인이 되는 사실 및 법적 근거 등을 설명하여야 한다(절차법 제31조 제1항). ② 당사자등은 의견을 진술하고 증거를 제출할 수 있으며, 참고인이나 감정인 등에게 질문할 수 있다(절차법 제31조 제2항). 당사자등이 의견서를 제출한 경우에는 그 내용을 출석하여 진술한 것으로 본다(절차법 제31조 제3항).

(나) **직권조사 등** 청문 주재자는 직권으로 또는 당사자의 신청에 따라 필요한 조사를 할 수 있으며, 당사자등이 주장하지 아니한 사실에 대하여도 조사할 수 있다(절차법 제33조 제1항). 조사의 범위와 대상은 청문 주재자가 의무에 합당한 재량에 따라 정할 사항이다.

(다) **증거조사** 증거조사는 다음 각 호(1. 문서·장부·물건 등 증거자료의 수집, 2. 참고인·감정인 등에 대한 질문, 3. 검증 또는 감정·평가, 4. 그 밖에 필요한 조사)의 어느 하나에 해당하는 방법으로 한다(절차법 제33조 제2항). 청문 주재자는 필요하다고 인정할 때에는 관계 행정청에 필요한 문서의 제출 또는 의견의 진술을 요구할 수 있다. 이 경우 관계 행정청은 직무 수행에 특별한 지장이 없으면 그 요구에 따라야 한다(절차법 제33조 제3항).

(라) **청문조서** 청문 주재자는 다음 각 호(1. 제목, 2. 청문 주재자의 소속, 성명 등 인적사항, 3. 당사자등의 주소, 성명 또는 명칭 및 출석 여부, 4. 청문의 일시 및 장소, 5. 당사자등의 진술의 요지 및 제출된 증거, 6. 청문의 공개 여부 및 공개하거나 제30조 단서에 따라 공개하지 아니한 이유, 7. 증거조사를 한 경우에는 그 요지 및 첨부된 증거, 8. 그 밖에 필요한 사항)의 사항이 적힌 청문조서를 작성하여야 한다(절차법 제34조 제1항). 당사자등은 청문조서의 내용을 열람·확인할 수 있으며, 이의가 있을 때에는 그 정정을 요구할 수 있다(절차법 제34조 제2항).

(마) **청문 주재자의 의견서** 청문 주재자는 다음 각 호(1. 청문의 제목, 2. 처분의 내용, 주요 사실 또는 증거, 3. 종합의견, 4. 그 밖에 필요한 사항)의 사항이 적힌 청문 주재자의 의견서를 작성하여야 한다(절차법 제34조의2).

(7) 청문의 종결과 재개

(가) **청문종결의 사유** ① 청문 주재자는 해당 사안에 대하여 당사자등의 의견진술, 증거조사가 충분히 이루어졌다고 인정하는 경우에는 청문을 마칠 수 있다(절차법 제35조 제1항). ② 청문 주재자는 당사자등의 전부 또는 일부가 정당한 사유 없이 청문기일에 출석하지 아니하거나 제31조 제3항에 따른 의견서를 제출하지 아니한 경우에는 이들에게 다시 의견진술 및 증거제출의 기회를 주지 아니하고 청문을 마칠 수 있다(절차법 제35조 제2항). ③ 청문 주재자는 당사자등의 전부 또는 일부가 정당한 사유로 청문기일에 출석하지 못하거나 제31조 제3항에 따른 의견서를 제출하지 못한 경우에는 상당한 기간을 정하여 이들에게 의견진술 및 증거제출을 요구하여야 하며, 해당 기간이 지났을 때에 청문을 마칠 수 있다(절차법 제35조 제3항).

(나) **청문종결 후 조치** ① 청문 주재자는 청문을 마쳤을 때에는 청문조서, 청문 주재자의 의견서, 그 밖의 관계 서류 등을 행정청에 지체 없이 제출하여야 한다(절차법 제35조 제4항). ② 행정청은 청문을 거쳤을 때에는 신속히 처분하여 해당 처분이 지연되지 아니하도록 하여야 한다(절차법 제22조 제5항). 한편 ③ 행정청은 처분 후 1년 이내에 당사자등이 요청하는 경우에는 청문을 위하여 제출받은 서류나 그 밖의 물건을 반환하여야 한다(절차법 제22조 제6항).

(다) **청문결과의 반영** 행정청은 처분을 할 때에 제35조 제4항에 따라 받은 청문조서, 청문 주재자의 의견서, 그 밖의 관계 서류 등을 충분히 검토하고 상당한 이유가 있다고 인정하는 경우에는 청문결과를 반영하여야 한다(절차법 제35조의2). 청문에서 나타난 결과를 반영하는 것은 필요하지만, 청문절차에서 나타난 사인의 의견에 행정청이 구속되지는 않는다(대판 1995. 12. 22, 95누30).

(라) **청문의 재개** 행정청은 청문을 마친 후 처분을 할 때까지 새로운 사정이 발견

되어 청문을 재개할 필요가 있다고 인정할 때에는 제35조 제4항에 따라 받은 청문조서 등을 되돌려 보내고 청문의 재개를 명할 수 있다(절차법 제36조 제1문).

(8) 문서열람청구권 당사자등은 청문의 통지가 있는 날부터 청문이 끝날 때까지 행정청에 해당 사안의 조사결과에 관한 문서와 그 밖에 해당 처분과 관련되는 문서의 열람 또는 복사를 요청할 수 있는바(절차법 제37조 제1항 제1문), 이것이 문서열람청구권과 문서복사청구권이다. 당사자등의 문서열람·복사청구권은 절차상 권리로서 개인적 공권의 성질을 갖는다. 행정절차법에 따른 문서열람·복사청구권은 청문의 통지시점부터 청문의 종결시점까지 인정된다. 한편, 당사자등은 청문의 통지를 불문하고 공공기관의 정보공개에 관한 법률에 의하여 정보공개를 청구할 수 있다. 동 법률은 모든 국민에게 적용되는 법률이므로. 당사자등에도 당연히 적용되기 때문이다.

(9) 비밀유지의무 누구든지 청문을 통하여 알게 된 사생활이나 경영상 또는 거래상의 비밀을 정당한 이유 없이 누설하거나 다른 목적으로 사용하여서는 아니 된다(절차법 제37조 제6항). 보호대상이 사생활이나 경영상 또는 거래상의 비밀에 한정되어 있으므로, 행정절차법상 보호되는 사인의 정보의 범위가 개인정보 보호법에 의해 보호되는 정보의 범위보다 좁다.

(10) 청문절차의 위반 법령상 요구되는 청문절차를 결여한 채 발해진 행정행위는 하자 있는 행정행위가 되고, 따라서 그것은 위법한 행위가 된다. 판례의 입장이기도 하다(대판 1992. 2. 11, 91누11575). 그렇다고 그것이 반드시 무효가 된다고 할 수는 없다. 경우에 따라서는 하자의 치유가 인정될 수도 있다.

5. 공청회참여권(공청회제도)

(1) 공청회의 의의 공청회란 행정청이 공개적인 토론을 통하여 어떠한 행정작용에 대하여 당사자등, 전문지식과 경험을 가진 사람, 그 밖의 일반인으로부터 의견을 널리 수렴하는 절차를 말한다(절차법 제2조 제6호). ② 공청회의 절차를 이끌어가는 자를 공청회의 주재자라 부른다.

(2) 공청회의 주재자 공청회의 주재자는 해당 공청회의 사안과 관련된 분야에 전문적 지식이 있거나 그 분야에 종사한 경험이 있는 사람 중에서 행정청이 지명하거나 위촉하는 사람으로 한다(절차법 제38조의3 제1항). 공청회의 주재자는 공청회를 공정하게 진행하여야 한다(절차법 제39조 제1항 제1문).

(3) 공청회가 개최되는 경우 행정청이 처분을 할 때 다음 각 호(1. 다른 법령등에서 공청회를 개최하도록 규정하고 있는 경우, 2. 해당 처분의 영향이 광범위하여 널리 의견을 수렴할 필요가 있다고 행정청이 인정하는 경우)의 어느 하나에 해당하는 경우에는 공청회를 개최한

다(절차법 제22조 제2항). 사인의 신청에 의한 공청회에 관해서는 행정절차법상 규정하는 바가 없다. 한편, 일정한 사유(청문이 배제되는 사유와 같다)가 있는 경우에는 공청회를 개최하지 아니할 수 있다(절차법 제22조 제4항).

(4) 공청회개최의 공고 행정청은 공청회를 개최하려는 경우에는 공청회 개최 14일 전까지 다음 각 호(1. 제목, 2. 일시 및 장소, 3. 주요 내용, 4. 발표자에 관한 사항, 5. 발표신청 방법 및 신청기한, 6. 정보통신망을 통한 의견제출, 7. 그 밖에 공청회 개최에 필요한 사항)의 사항을 당사자등에게 통지하고, 관보, 공보, 인터넷 홈페이지 또는 일간신문 등에 공고하는 등의 방법으로 널리 알려야 한다(절차법 제38조).

(5) 공청회의 진행 공청회의 주재자는 공청회를 공정하게 진행하여야 하며, 공청회의 원활한 진행을 위하여 발표 내용을 제한할 수 있고, 질서유지를 위하여 발언 중지 및 퇴장 명령 등 행정안전부장관이 정하는 필요한 조치를 할 수 있다(절차법 제39조 제1항). 발표자는 공청회의 내용과 직접 관련된 사항에 대하여만 발표하여야 한다(절차법 제39조 제2항). 공청회의 주재자는 발표자의 발표가 끝난 후에는 발표자 상호간에 질의 및 답변을 할 수 있도록 하여야 하며, 방청인에게도 의견을 제시할 기회를 주어야 한다(절차법 제39조 제3항).

(6) 전자공청회 행정청은 제38조에 따른 공청회와 병행하여서만 정보통신망을 이용한 공청회(이하 "전자공청회"라 한다)를 실시할 수 있다(절차법 제38조의2 제1항). 전자공청회를 실시하는 경우에는 누구든지 정보통신망을 이용하여 의견을 제출하거나 제출된 의견 등에 대한 토론에 참여할 수 있다(절차법 제38조의2 제3항).

(7) 공청회의 사후조치 ① 행정청은 공청회를 거쳤을 때에는 신속히 처분하여 해당 처분이 지연되지 아니하도록 하여야 한다(절차법 제22조 제5항). 그리고 ② 행정청은 처분을 할 때에 공청회, 전자공청회 및 정보통신망 등을 통하여 제시된 사실 및 의견이 상당한 이유가 있다고 인정하는 경우에는 이를 반영하여야 한다(절차법 제39조의2). 한편 ③ 행정청은 처분 후 1년 이내에 당사자등이 요청하는 경우에는 공청회를 위하여 제출받은 서류나 그 밖의 물건을 반환하여야 한다(절차법 제22조 제6항).

Ⅷ. 행정절차의 하자

1. 절차상 하자의 의의

행정입법·행정행위 등 행정청에 의한 모든 공법적 작용은 적법요건을 갖추어야 적법한 것이 된다. 적법요건에 절차요건이 포함됨은 물론이다. 여기서 행정청에 의한 각종의 공법적 작용에 절차요건상 흠이 있을 때, 이를 절차상 하자라 부른다.

2. 절차상 하자의 특성

행정절차는 그 자체가 목적은 아니다. 그것은 행정결정의 법률적합성·합목적성의 보장을 확보하고 행정절차에 관계하는 자들의 권리를 보장·실현하는 것을 가능하게 하는 데 그 의미가 있다. 이 때문에 행정절차상의 하자에 행정실체법상의 하자와 동일한 의미를 부여하기는 곤란하다. 행정절차상의 하자에 대하여 어떠한 효과를 부여할 것인가는 기본적으로 입법자가 정할 사항이 된다.

3. 절차상 하자의 사유

절차상 하자의 유형으로 법령상 요구되는 상대방의 협력이나 관계 행정청의 협력의 결여, 필요적인 처분의 사전통지나 의견청취절차의 결여, 이유제시의 결여, 송달방법의 하자 등을 볼 수 있다. 말하자면 개별법률에서 행정절차상 요구되는 각종 절차의 결여 또는 행정절차법에서 행정절차상 요구되는 각종 절차의 결여가 절차상 하자에 해당한다.

4. 절차상 하자의 효과

(1) 명문규정이 있는 경우 행정절차상 하자에 관한 일반법은 없다. 간혹 개별법률에 따라서는 "소청사건을 심사할 때 소청인 등에게 진술 기회를 주지 아니한 결정은 무효로 한다"(국공법 제13조 제2항; 지공법 제18조 제2항)와 같이 명문의 규정을 두기도 한다.

(2) 명문규정이 없는 경우

㈎ 독자적 위법성 여부 ① 행정절차의 하자가 독립의 위법사유가 되는가의 여부에 관해 학설은 과거에 소극설과 적극설로 나뉘고 있었다. ② 대법원은 적극설의 입장을 취하고 있다. 말하자면 법령상 요구되는 청문절차의 결여를 위법사유로 본다(대판 2001. 4. 13, 2000두3337). 헌법재판소는 적법절차의 원리상 명문규정의 유무를 불문하고 불이익처분시 청문의 기회가 보장되어야 한다는 입장을 취한다(헌재 1990. 11. 19, 90헌가48). 행정절차법은 "행정청이 당사자에게 의무를 부과하거나 권익을 제한하는 처분을 할 때 제1항(청문) 또는 제2항(공청회)의 경우 외에는 당사자등에게 의견제출의 기회를 주어야 한다(동법 제22조 제3항)"고 규정하고 있는바, 행정절차법에 의거하여 침익적 처분에는 반드시 의견청취절차(청문 또는 의견제출)를 거쳐야 하고, 이를 거치지 아니하면 위법한 것이 된다(대판 2000. 11. 14, 99두5870).

㈏ 위법성의 정도(무효와 취소) 절차상 하자가 위법사유를 구성한다고 하여도, 그것이 무효사유인지 아니면 취소사유인지의 여부는 한마디로 단언할 수 없다. 일반론적으로 말한다면, 중대명백설에 따라 판단하여야 한다. 즉 그 하자가 중대하고 동시에

명백하다면 무효사유가 된다.

5. 절차상 하자의 치유

(1) 절차상 하자의 치유의 의의　　절차상 하자의 치유란 행정행위가 발령 당시에 적법요건의 하나인 절차요건에 흠결이 있는 경우에 그 흠결을 사후에 보완하면, 발령당시의 하자에도 불구하고 그 행위의 효과를 다툴 수 없도록 유지하는 것을 말한다. 절차상 하자의 치유는 국민의 법생활의 안정과 신뢰보호를 위한 것이다(대판 1983. 7. 26, 82누420). 아울러 불필요한 행정행위의 반복을 방지하기 위한 것이기도 하다.

(2) 절차상 하자의 치유의 인정여부　　민법상으로는 하자의 치유의 법리가 민법상으로는 명문화되어 있으나(민법 제143조 내지 제146조), 행정법상으로는 통칙적 규정이 없다, 학설은 광범위하게 허용된다는 긍정설, 제한적으로만 허용된다는 제한적 긍정설, 하자의 치유가 원칙적으로 허용되지 아니한다는 부정설로 나뉘고 있다. 통설은 제한적 긍정설을 취한다. 판례 역시 제한적 긍정설을 취한다(대판 1983. 7. 26, 82누420). 긍정설은 행정절차상 경제를 고려한 논리이고, 제한적 긍정설은 긍정설과 부정설의 절충이며, 부정설은 행정절차의 원래의 목적의 확보를 고려한 논리이다. 제한적 긍정설이 타당하다.

(3) 절차상 하자의 치유시기　　문제는 하자의 치유가 어느 시점까지 가능한가의 문제에 대하여 학설은 쟁송제기 이전에만 가능하다는 입장과 이후에도 가능할 것이라는 입장으로 나뉘고 있다. 판례는 하자의 추완이나 보완은 행정심판(행정쟁송)의 제기 이전에 가능하다는 입장을 취한다(대판 1997. 12. 26, 97누9390). 이 책에서는 소송경제 등을 고려하여 소송절차의 종결 전까지 하자의 치유를 인정하는 것이 바람직하다고 본다. 물론 이러한 것도 처분의 동일성을 해하지 아니하는 범위 안에서만 인정되어야 한다.

(4) 절차상 하자의 치유의 효과　　행정행위의 절차상 하자의 치유를 인정하게 되면, 하자의 치유로 인해 절차상 위법은 제거되고, 행정행위는 적법한 것으로 간주된다. 치유의 효과는 소급적이다. 처음부터 적법한 행위와 같은 효과를 가진다.

6. 절차상 하자와 취소판결의 기속력

행정절차의 하자를 이유로 취소판결이 선고되면, 처분청은 그 판결의 취지에 따라 새로이 처분을 하여야 한다(행소법 제30조 제3항). 여기서 처분청이 종전의 처분과 동일한 처분을 하여도 판결의 취지에 따른 것이라면, 그것은 취소판결의 기속력에 반하는 것이 아니다. 왜냐하면 종전처분과는 별개의 처분이기 때문이다. 판례의 입장도 같다(대판 1987. 2. 10, 86누91).

제 2 항 경찰상 행정정보(경찰정보)

제 1 목 경찰행정상 개인정보의 보호

Ⅰ. 개인정보 보호 일반론

1. 논의의 필요

위험방지는 그에 관한 정보를 전제로 한다. 말하자면 경찰은 일반공중에 대한 구체적인 위험을 방지 또는 예방하기 위해 잠재적인 범행자나 증인 같은 제3자의 인적 자료를 필요로 한다. 인적 관련자료를 수집·가공·관리하는 것은 경찰의 실제이다. 이러한 현상은 비교적 오래된 일이다. 다만 그 수집·관리 등이 완전한 자동기계(컴퓨터)에 의한다는 점이 과거와 다른 오늘날의 특징이다. 컴퓨터에 의한 자료처리보관은 급속히 증대하고 있다. 이와 관련하여 개인정보의 보호 내지 개인의 정보상 자기결정권에 대한 검토가 필요하다. 한편, 「경찰이 정보에 관한 사무를 수행한다는 것」과 「경찰이 정보사무로 개인의 기본권을 침해하기 위해서는 법적 근거가 필요하다는 것」은 구분되어야 한다. 이것은 경찰상 정보의 영역에서도 임무규정과 권한규정은 구분되어야 함을 뜻한다. 실제상 논의의 중점은 권한규정에 놓인다.

2. 정보상 자기결정권(자기정보결정권, 정보자기결정권)

(1) 의 의 개인은 누구나 자신에 관한 정보를 관리하고, 통제하고, 외부로 표현함에 있어 스스로 결정할 수 있는 권리를 가진다고 볼 때, 이러한 권리를 정보상 자기결정권, 자기정보결정권 또는 개인정보자기결정권이라 한다(헌재 2005. 5. 26, 99헌마513, 2004헌마190(병합)). 정보상 자기결정권 내지 인적 자료보호는 헌법적 지위를 갖는다.

(2) 법적 근거

㈎ 헌 법 정보상 자기결정권의 헌법적 근거로 사생활의 비밀과 자유를 보장하는 헌법 제17조가 있다. 동 조항은 개개인에게 인적 자료의 사용과 교부에 관해 스스로 결정할 수 있는 권리까지 보장하는 규정이다. 판례의 입장도 같다(대판 1998. 7. 24, 96다42789). 헌법재판소의 입장은 다소 다르다.

헌재 2005. 5. 26, 99헌마513, 2004헌마190(개인정보자기결정권의 헌법상 근거로는 헌법 제17조의 사생활의 비밀과 자유, 헌법 제10조 제1문의 인간의 존엄과 가치 및 행복추구권에 근거를 둔 일반적 인격권 또는 위 조문들과 동시에 우리 헌법의 자유민주적 기본질서 규정 또는 국민주권원리와 민주주의원리 등을 고려할 수 있으나, 개인정보자기결정권으로 보호하려는 내용을 위 각 기본권들 및 헌법원리들 중 일부에 완전히 포섭시키는 것은 불가능하다고 할 것이므로, 그 헌법적 근거를 굳이 어느 한 두 개에 국한시키는 것은 바람직하지 않은 것으로 보이고, 오히려 개인정보자기결정권은 이들을 이념적 기초로 하는 독자적 기본권으로서 헌법에 명시되지 아니한 기본권이라고 보아야 할 것이다).

(나) **법　　률**　개인정보의 보호를 위한 일반법으로 '개인정보 보호법'이 있으며, 경찰작용과 관련하여 경찰법 제3조 및 경찰관직무집행법 제2조 제3호를 볼 수 있다. 경찰작용에 개인정보 보호법이 적용됨은 물론이다. 이 밖에도 정보통신망 이용촉진 및 정보보호 등에 관한 법률·형법·통신비밀보호법·통계법·가족관계의 등록 등에 관한 법률 등에서도 단편적으로 개인의 정보보호에 관한 규정을 두고 있다. 행정절차법도 비밀누설금지·목적 외 사용금지 등을 규정하고 있다(절차법 제37조 제6항).

(3) 제한의 유형　개인의 정보상 자기결정권은 한계가 없는 것이 아니다. 공동체 관련성과 공동체구속성에 근거하여 개인의 정보상 자기결정권은 공동체의 이익을 위해 제한될 수 있다. 예방경찰상 개인의 정보상 자기결정권에 대한 제한은 대체로 다음의 3가지 방향에서 이루어진다. 첫째, 관계자에 대한 정보의 확보라는 의미의 정보수집(자료수집)의 면에서 이루어진다. 둘째, 인적 관련 정보의 저장·변경·저장·교부·폐기라는 의미의 정보의 처리(자료처리)의 면에서 이루어진다. 셋째, 인적 자료의 활용(이용)이라는 의미의 정보이용(자료이용)의 면에서 이루어진다.

(4) 제한의 한계　모든 국민은 공익을 위해 정보상 자기결정권을 제한하는 국가의 침해를 어느 정도 수인해야 한다. 왜냐하면 개인은 사회공동체 내부에서 자기를 발현하고 타인과의 소통 속에 인격을 실현하는 존재이기 때문이다. 여기에서 개인의 정보상 자기결정권은 한계를 갖는다. 그런데 이 한계는, 즉 개인의 정보상 자기결정권의 침해는 법률로 정해져야 한다(법률유보사항). 한편, 개인의 정보상 자기결정권을 제한하는 법률은 헌법질서에 따른 것이어야 한다. 그러한 법률은 헌법상 한계를 갖는다. 그 한계는 형식적인 것과 실질적인 것으로 구분할 수 있다.

(가) **형식적 한계**　① 정보상 자기결정권을 제한하는 법상의 근거는 제한의 전제요건과 범위를 분명히 하는 것이어야 하고 아울러 개인이 인식할 수 있는 것이어야 한다. 규범의 명료성·명확성의 요구는 법치국가의 명령이다(명확성). ② 관련 개인의 인식과 관찰, 법적 명료성, 관련 공무원의 적용가능성을 위해 자료의 수집·활용은 경찰법에서 규정되어야 한다. 공행정 내부의 어떠한 영역에서 자신의 인적 자료가 필요한가를 개인은 알아야 한다(관할관청의 특정). 그 밖에 ③ 법률의 일반적 성립요건을 갖추어야 한다.

(나) **실질적 한계**　정보상 자기결정권을 제한하는 법률은 비례원칙에 따라야 하고,

정보상 자기결정권의 본질적 내용을 준수하여야 하며 또한 인간의 존엄과 가치를 존중하여야 한다.

Ⅱ. 개인정보 보호법상 개인정보의 보호

1. 개인정보 보호에 관한 원칙

(1) 개인정보수집상 원칙 개인정보처리자는 개인정보의 처리 목적을 명확하게 하여야 하고 그 목적에 필요한 범위에서 최소한의 개인정보만을 적법하고 정당하게 수집하여야 한다(정보법 제3조 제1항). 이 원칙은 같은법 제16조 제2항에서 구체화되고 있다.

(2) 개인정보처리상 원칙 개인정보처리자는 개인정보의 처리 목적에 필요한 범위에서 적합하게 개인정보를 처리하여야 하며, 그 목적 외의 용도로 활용하여서는 아니 된다(정보법 제3조 제2항). 이 원칙은 같은법 제18조 제1항에서 구체화되고 있다. 개인정보처리자는 개인정보의 익명처리가 가능한 경우에는 익명에 의하여 처리될 수 있도록 하여야 한다(정보법 제3조 제7항). 개인정보처리자는 정보주체의 사생활 침해를 최소화하는 방법으로 개인정보를 처리하여야 한다(정보법 제3조 제6항).

(3) 개인정보관리상 원칙 개인정보처리자는 개인정보의 처리 목적에 필요한 범위에서 개인정보의 정확성, 완전성 및 최신성이 보장되도록 하여야 한다(정보법 제3조 제3항). 개인정보처리자는 개인정보의 처리 방법 및 종류 등에 따라 정보주체의 권리가 침해받을 가능성과 그 위험 정도를 고려하여 개인정보를 안전하게 관리하여야 한다(정보법 제3조 제4항).

(4) 정보주체권리의 보장원칙 개인정보처리자는 개인정보 처리방침 등 개인정보의 처리에 관한 사항을 공개하여야 하며, 열람청구권 등 정보주체의 권리를 보장하여야 한다(정보법 제3조 제5항).

2. 보호대상 개인정보

(1) 보호대상 개인정보의 주체(보호대상자) 개인정보 보호법상 "개인정보"란 「살아 있는 개인」에 관한 정보를 말한다(정보법 제2조 제1호). 따라서 사자(死者)나 법인은 보호대상정보의 주체가 아니다. 요컨대 사자나 법인의 정보는 개인정보 보호법의 보호대상이 아니다.

(2) 보호대상 개인정보의 처리자(개인정보처리자) 개인정보 보호법상 개인정보처리자란 업무를 목적으로 개인정보파일을 운용하기 위하여 스스로 또는 다른 사람을 통하여 개인정보를 처리하는 공공기관(국회, 법원, 헌법재판소, 중앙선거관리위원회의 행정사무

를 처리하는 기관, 중앙행정기관(대통령 소속 기관과 국무총리 소속 기관을 포함한다) 및 그 소속 기관, 지방자치단체, 그 밖의 국가기관 및 공공단체 중 대통령령으로 정하는 기관), 법인, 단체 및 개인 등을 말한다(정보법 제2조 제5호).

> **[참고]** 개인정보처리자에 공공기관과 사인(민간)이 있음으로 인해 개인정보 보호법상 나타날 수 있는 법관계는 아래와 같이 다양하다.
> (1) 개인정보처리자와 정보보호대상자 간의 법률관계
> 1) 공공기관인 개인정보처리자와 정보보호대상자 사이(공법관계)
> 2) 사인인 개인정보처리자와 정보보호대상자 사이(사법관계)
> (2) 감독기관으로서 국가(행정안전부장관)와 개인정보처리자 간의 법률관계
> 1) 행정안전부장관과 공공기관인 개인정보처리자 사이(공법관계)
> 2) 행정안전부장관과 사인인 개인정보처리자 사이(공법관계)

(3) 보호대상 개인정보의 의미 개인정보 보호법상 "개인정보"란 살아 있는 개인에 관한 정보로서 성명, 주민등록번호 및 영상 등을 통하여 개인을 알아볼 수 있는 정보(해당 정보만으로는 특정 개인을 알아볼 수 없더라도 다른 정보와 쉽게 결합하여 알아볼 수 있는 것을 포함한다)를 말한다(정보법 제2조 제1호). 정보에는 성명·생년월일·연령·가족관계등록부의 등록기준지·가족상황·교육수준·직업·종교·취미·지문·사진·수입·재산·보험·납세상황·차량·은행거래 등을 포함한다고 본다. 이러한 정보의 작성 등이 수기에 의한 것인지, 아니면 컴퓨터에 의한 것인지 등은 문제되지 아니한다. 일반적으로 접근할 수 있는 정보도 당연히 보호의 대상이 된다.

3. 개인정보의 처리

(1) 개인정보의 수집, 이용, 제공 등 개인정보 보호법은 이와 관련하여 개인정보의 수집·이용(정보법 제15조), 개인정보의 수집 제한(정보법 제16조), 개인정보의 제공(정보법 제17조), 개인정보의 이용·제공의 제한(정보법 제18조), 개인정보를 제공받은 자의 이용·제공 제한(정보법 제19조), 정보주체 이외로부터 수집한 개인정보의 수집 출처 등 고지(정보법 제20조), 개인정보의 파기(정보법 제21조) 등을 규정하고 있다.

(2) 개인정보의 처리 제한 개인정보 보호법은 이와 관련하여 민감정보의 처리 제한(정보법 제23조), 고유식별정보의 처리 제한(정보법 제24조), 영상정보처리기기의 설치·운영 제한(정보법 제25조), 업무위탁에 따른 개인정보의 처리 제한(정보법 제26조), 영업양도 등에 따른 개인정보의 이전 제한(정보법 제27조) 등을 규정하고 있다.

> **개인정보 보호법 제25조(영상정보처리기기의 설치·운영 제한)** ① 누구든지 다음 각 호의 경우를 제외하고는 공개된 장소에 영상정보처리기기를 설치·운영하여서는 아니 된다.
> 1. 법령에서 구체적으로 허용하고 있는 경우
> 2. 범죄의 예방 및 수사를 위하여 필요한 경우
> 3. 시설안전 및 화재 예방을 위하여 필요한 경우
> 4. 교통단속을 위하여 필요한 경우
> 5. 교통정보의 수집·분석 및 제공을 위하여 필요한 경우
>
> ② 누구든지 불특정 다수가 이용하는 목욕실, 화장실, 발한실(發汗室), 탈의실 등 개인의 사생활을 현저히 침해할 우려가 있는 장소의 내부를 볼 수 있도록 영상정보처리기기를 설치·운영하여서는 아니 된다. 다만, 교도소, 정신보건 시설 등 법령에 근거하여 사람을 구금하거나 보호하는 시설로서 대통령령으로 정하는 시설에 대하여는 그러하지 아니하다.

(3) 동의를 받는 방법 개인정보 보호법상 개인정보처리자가 정보주체로부터 동의를 받는 방법과 관련하여 사항별 구분 동의(정보법 제22조 제1항), 동의 요부의 구분(정보법 제22조 제2항), 홍보·판매 권유와 동의(정보법 제22조 제3항), 14세 미만 아동(정보법 제22조 제5항) 등을 규정하고 있다.

4. 정보주체의 권리

정보주체는 자신의 개인정보 처리와 관련하여 ① 개인정보의 처리에 관한 정보를 제공받을 권리(통지를 받을 권리), ② 개인정보의 처리에 관한 동의 여부, 동의 범위 등을 선택하고 결정할 권리(동의권), ③ 개인정보의 처리 여부를 확인하고 개인정보에 대하여 열람(사본의 발급을 포함한다)을 요구할 권리(열람청구권), ④ 개인정보의 처리정지, 정정·삭제 및 파기를 요구할 권리(정정·삭제·파기청구권), ⑤ 개인정보의 처리로 인하여 발생한 피해를 신속하고 공정한 절차에 따라 구제받을 권리(손해배상청구권, 쟁송제기권)를 가진다(정보법 제4조). 열람청구권은 같은 법 제35조에서, 정정·삭제청구권은 같은 법 제36조에서, 처리정지요구권은 같은 법 제37조에서 구체화되고 있다.

(1) 열람청구권

(가) 의 의 개인정보처리자가 처리하는 자신의 개인정보에 대한 열람을 해당 개인정보처리자에게 요구할 수 있다(정보법 제35조 제1항). 공공기관에 대한 열람청구권은 개인적 공권으로 보장된다. 제1항에도 불구하고 정보주체가 자신의 개인정보에 대한 열람을 공공기관에 요구하고자 할 때에는 공공기관에 직접 열람을 요구하거나 대통령령으로 정하는 바에 따라 행정안전부장관을 통하여 열람을 요구할 수 있다(정보법 제35조 제2항).

(나) 개인정보처리자의 조치 개인정보처리자는 제1항 및 제2항에 따른 열람을 요구받았을 때에는 대통령령으로 정하는 기간 내에 정보주체가 해당 개인정보를 열람할

수 있도록 하여야 한다. 이 경우 해당 기간 내에 열람할 수 없는 정당한 사유가 있을 때에는 정보주체에게 그 사유를 알리고 열람을 연기할 수 있으며, 그 사유가 소멸하면 지체 없이 열람하게 하여야 한다(정보법 제35조 제3항).

(다) 열람의 제한 개인정보처리자는 다음 각 호(1. 법률에 따라 열람이 금지되거나 제한되는 경우, 2. 다른 사람의 생명·신체를 해할 우려가 있거나 다른 사람의 재산과 그 밖의 이익을 부당하게 침해할 우려가 있는 경우, 3. 공공기관이 다음 각 목(가. 조세의 부과·징수 또는 환급에 관한 업무, 나. 「초·중등교육법」 및 「고등교육법」에 따른 각급 학교, 「평생교육법」에 따른 평생교육시설, 그 밖의 다른 법률에 따라 설치된 고등교육기관에서의 성적 평가 또는 입학자 선발에 관한 업무, 다. 학력·기능 및 채용에 관한 시험, 자격 심사에 관한 업무, 라. 보상금·급부금 산정 등에 대하여 진행 중인 평가 또는 판단에 관한 업무, 마. 다른 법률에 따라 진행 중인 감사 및 조사에 관한 업무)의 어느 하나에 해당하는 업무를 수행할 때 중대한 지장을 초래하는 경우)의 어느 하나에 해당하는 경우에는 정보주체에게 그 사유를 알리고 열람을 제한하거나 거절할 수 있다(정보법 제35조 제4항).

(2) 정정·삭제청구권

(가) 의 의 제35조에 따라 자신의 개인정보를 열람한 정보주체는 개인정보처리자에게 그 개인정보의 정정 또는 삭제를 요구할 수 있다. 다만, 다른 법령에서 그 개인정보가 수집 대상으로 명시되어 있는 경우에는 그 삭제를 요구할 수 없다(정보법 제36조 제1항).

(나) 개인정보처리자의 조치 개인정보처리자는 제1항에 따른 정보주체의 요구를 받았을 때에는 개인정보의 정정 또는 삭제에 관하여 다른 법령에 특별한 절차가 규정되어 있는 경우를 제외하고는 지체 없이 그 개인정보를 조사하여 정보주체의 요구에 따라 정정·삭제 등 필요한 조치를 한 후 그 결과를 정보주체에게 알려야 한다(정보법 제36조 제2항). 개인정보처리자가 제2항에 따라 개인정보를 삭제할 때에는 복구 또는 재생되지 아니하도록 조치하여야 한다(정보법 제36조 제3항). 개인정보처리자는 정보주체의 요구가 제1항 단서에 해당될 때에는 지체 없이 그 내용을 정보주체에게 알려야 한다(정보법 제36조 제4항). 개인정보처리자는 제2항에 따른 조사를 할 때 필요하면 해당 정보주체에게 정정·삭제 요구사항의 확인에 필요한 증거자료를 제출하게 할 수 있다(정보법 제36조 제5항).

(3) 처리정지요구권

(가) 의 의 정보주체는 개인정보처리자에 대하여 자신의 개인정보 처리의 정지를 요구할 수 있다. 이 경우 공공기관에 대하여는 제32조에 따라 등록 대상이 되는 개인정보파일 중 자신의 개인정보에 대한 처리의 정지를 요구할 수 있다(정보법 제37조 제1항).

㈏ **개인정보처리자의 조치** 개인정보처리자는 제1항에 따른 요구를 받았을 때에는 지체 없이 정보주체의 요구에 따라 개인정보 처리의 전부를 정지하거나 일부를 정지하여야 한다. 다만, 다음 각 호(1. 법률에 특별한 규정이 있거나 법령상 의무를 준수하기 위하여 불가피한 경우, 2. 다른 사람의 생명·신체를 해할 우려가 있거나 다른 사람의 재산과 그 밖의 이익을 부당하게 침해할 우려가 있는 경우, 3. 공공기관이 개인정보를 처리하지 아니하면 다른 법률에서 정하는 소관 업무를 수행할 수 없는 경우, 4. 개인정보를 처리하지 아니하면 정보주체와 약정한 서비스를 제공하지 못하는 등 계약의 이행이 곤란한 경우로서 정보주체가 그 계약의 해지 의사를 명확하게 밝히지 아니한 경우)의 어느 하나에 해당하는 경우에는 정보주체의 처리정지 요구를 거절할 수 있다(정보법 제37조 제2항). 개인정보처리자는 제2항 단서에 따라 처리정지 요구를 거절하였을 때에는 정보주체에게 지체 없이 그 사유를 알려야 한다(정보법 제37조 제3항). 개인정보처리자는 정보주체의 요구에 따라 처리가 정지된 개인정보에 대하여 지체 없이 해당 개인정보의 파기 등 필요한 조치를 하여야 한다(정보법 제37조 제4항).

(4) 권리행사의 방법 및 절차

㈎ **대리인에 의한 권리행사** 정보주체는 제35조에 따른 열람, 제36조에 따른 정정·삭제, 제37조에 따른 처리정지 등의 요구(이하 "열람등요구"라 한다)를 문서 등 대통령령으로 정하는 방법·절차에 따라 대리인에게 하게 할 수 있다(정보법 제38조 제1항).

㈏ **14세 미만 아동의 경우** 만 14세 미만 아동의 법정대리인은 개인정보처리자에게 그 아동의 개인정보 열람등요구를 할 수 있다(정보법 제38조 제2항).

㈐ **개인정보처리자의 권리와 의무** 개인정보처리자는 열람등요구를 하는 자에게 대통령령으로 정하는 바에 따라 수수료와 우송료(사본의 우송을 청구하는 경우에 한한다)를 청구할 수 있다(정보법 제38조 제3항). 개인정보처리자는 정보주체가 열람등요구를 할 수 있는 구체적인 방법과 절차를 마련하고, 이를 정보주체가 알 수 있도록 공개하여야 한다(정보법 제38조 제4항). 개인정보처리자는 정보주체가 열람등요구에 대한 거절 등 조치에 대하여 불복이 있는 경우 이의를 제기할 수 있도록 필요한 절차를 마련하고 안내하여야 한다(정보법 제38조 제5항).

(5) 개인정보 유출 통지를 받을 권리 개인정보처리자는 개인정보가 유출되었음을 알게 되었을 때에는 지체 없이 해당 정보주체에게 다음 각 호(1. 유출된 개인정보의 항목, 2. 유출된 시점과 그 경위, 3. 유출로 인하여 발생할 수 있는 피해를 최소화하기 위하여 정보주체가 할 수 있는 방법 등에 관한 정보, 4. 개인정보처리자의 대응조치 및 피해 구제절차, 5. 정보주체에게 피해가 발생한 경우 신고 등을 접수할 수 있는 담당부서 및 연락처)의 사실을 알려야 한다(정보법 제34조 제1항). 이 조항은 정보주체의 사익보호를 목적으로 한다고 볼 것이므로, 이 조항에 의하여 정보주체는 개인정보 유출 통지를 받을 권리를 갖는다.

5. 권리보호

(1) 손해배상(국가배상) 정보주체는 개인정보처리자가 이 법을 위반한 행위로 손해를 입으면 개인정보처리자에게 손해배상을 청구할 수 있다. 이 경우 그 개인정보처리자는 고의 또는 과실이 없음을 입증하지 아니하면 책임을 면할 수 없다(정보법 제39조 제1항). 한편, 개인정보처리자가 이 법에 따른 의무를 준수하고 상당한 주의와 감독을 게을리하지 아니한 경우에는 개인정보의 분실·도난·유출·변조 또는 훼손으로 인한 손해배상책임을 감경받을 수 있다(정보법 제39조 제2항).

(2) 분쟁조정

(가) 의 의 분쟁조정이란 소송절차에 앞서서 개인정보와 관련한 분쟁을 조정하는 절차를 말한다. 분쟁조정절차는 필요적 전치절차가 아니다. 분쟁조정을 원하는 자가 제기하는 임의적 전치절차이다. 개인정보처리자가 국가·지방자치단체이고 분쟁조정사항이 행정심판의 대상에 해당하면, 정보주체는 분쟁조정 대신 행정심판법에 따라 행정심판을 제기할 수도 있다. 개인정보에 관한 분쟁의 조정(調停)을 위하여 개인정보 분쟁조정위원회(이하 "분쟁조정위원회"라 한다)를 둔다(정보법 제40조 제1항).

(나) 집단분쟁조정 국가 및 지방자치단체, 개인정보 보호단체 및 기관, 정보주체, 개인정보처리자는 정보주체의 피해 또는 권리침해가 다수의 정보주체에게 같거나 비슷한 유형으로 발생하는 경우로서 대통령령으로 정하는 사건에 대하여는 분쟁조정위원회에 일괄적인 분쟁조정(이하 "집단분쟁조정"이라 한다)을 의뢰 또는 신청할 수 있다(정보법 제49조 제1항).

(3) 행정소송

(가) 의 의 개인정보처리자가 국가·지방자치단체인 경우, 정보주체는 행정소송법이 정하는 바에 따라 국가·지방자치단체의 처분을 다투는 행정소송을 제기할 수도 있다. 이 경우의 행정소송은 주관적 소송의 형태가 된다.

(나) 개인정보 단체소송

(a) 의 의 개인정보 보호법은 개인정보 단체소송을 규정하고 있다. 개인정보 단체소송이란 일정한 단체가 자신의 고유한 권리침해나 구성원의 권리침해를 다투는 것이 아니라 일반적인 정보주체의 권리침해를 다투는 소송을 말한다. 개인정보 단체소송은 객관적 소송의 성격을 갖는다. 개인정보 단체소송은 「정보처리자의 권리침해 행위의 금지·중지를 구하는 소송」인데, 이러한 소송유형은 행정소송법상 규정된 바 없다.

(b) 원 고 다음 각 호(아래 박스 부분)의 어느 하나에 해당하는 단체는 개인정보처리자가 제49조에 따른 집단분쟁조정을 거부하거나 집단분쟁조정의 결과를 수락하지

아니한 경우에는 법원에 권리침해 행위의 금지·중지를 구하는 소송(이하 "단체소송"이라 한다)을 제기할 수 있다(정보법 제51조). 단체소송의 원고는 변호사를 소송대리인으로 선임하여야 한다(정보법 제53조).

> 1.「소비자기본법」제29조(① 다음 각 호(1. 제28조(소비자단체의업무 등) 제1항 제2호 및 제5호의 업무를 수행할 것, 2. 물품 및 용역에 대하여 전반적인 소비자문제를 취급할 것, 3. 대통령령이 정하는 설비와 인력을 갖출 것, 4.「비영리민간단체 지원법」제2조 각 호의 요건을 모두 갖출 것)의 요건을 모두 갖춘 소비자단체는 대통령령이 정하는 바에 따라 공정거래위원회 또는 지방자치단체에 등록할 수 있다)에 따라 공정거래위원회에 등록한 소비자단체로서 다음 각 목(가. 정관에 따라 상시적으로 정보주체의 권익증진을 주된 목적으로 하는 단체일 것, 나. 단체의 정회원수가 1천명 이상일 것, 다.「소비자기본법」제29조에 따른 등록 후 3년이 경과하였을 것)의 요건을 모두 갖춘 단체
>
> 2.「비영리민간단체 지원법」제2조(이 법에 있어서 "비영리민간단체"라 함은 영리가 아닌 공익활동을 수행하는 것을 주된 목적으로 하는 민간단체로서 다음 각호(1. 사업의 직접 수혜자가 불특정 다수일 것, 2. 구성원 상호간에 이익분배를 하지 아니할 것, 3. 사실상 특정정당 또는 선출직 후보를 지지·지원할 것을 주된 목적으로 하거나, 특정 종교의 교리전파를 주된 목적으로 설립·운영되지 아니할 것, 4. 상시 구성원수가 100인 이상일 것, 5. 최근 1년 이상 공익활동실적이 있을 것, 6. 법인이 아닌 단체일 경우에는 대표자 또는 관리인이 있을 것)의 요건을 갖춘 단체를 말한다)에 따른 비영리민간단체로서 다음 각 목(가. 법률상 또는 사실상 동일한 침해를 입은 100명 이상의 정보주체로부터 단체소송의 제기를 요청받을 것, 나. 정관에 개인정보 보호를 단체의 목적으로 명시한 후 최근 3년 이상 이를 위한 활동실적이 있을 것, 다. 단체의 상시 구성원수가 5천명 이상일 것, 라. 중앙행정기관에 등록되어 있을 것)의 요건을 모두 갖춘 단체

(c) 피 고 단체소송의 피고인 개인정보처리자에는 국가·지방자치단체와 기타 공공단체, 그리고 사인, 즉 모든 개인정보처리자가 포함된다.

(d) 관할법원(전속관할) 단체소송의 소는 피고의 주된 사무소 또는 영업소가 있는 곳, 주된 사무소나 영업소가 없는 경우에는 주된 업무담당자의 주소가 있는 곳의 지방법원 본원 합의부의 관할에 전속한다(정보법 제52조 제1항). 제1항을 외국사업자에 적용하는 경우 대한민국에 있는 이들의 주된 사무소·영업소 또는 업무담당자의 주소에 따라 정한다(정보법 제52조 제2항). 개인정보처리자가 국가·지방자치단체와 기타 공공단체인 경우에 개인정보 단체소송은 공법적 성격의 분쟁임에도 민사법원의 관할에 놓인다는 점이 특징적이다.

(e) 소송허가 단체소송을 제기하는 단체는 소장과 함께 다음 각 호(1. 원고 및 그 소송대리인, 2. 피고, 3. 정보주체의 침해된 권리의 내용)의 사항을 기재한 소송허가신청서를 법원에 제출하여야 한다(정보법 제54조 제1항). 제1항에 따른 소송허가신청서에는 다음 각

호(1. 소제기단체가 제51조 각 호의 어느 하나에 해당하는 요건을 갖추고 있음을 소명하는 자료, 2. 개인정보처리자가 조정을 거부하였거나 조정결과를 수락하지 아니하였음을 증명하는 서류)의 자료를 첨부하여야 한다(정보법 제54조 제2항).

(f) **확정판결의 효력** 원고의 청구를 기각하는 판결이 확정된 경우 이와 동일한 사안에 관하여는 제51조에 따른 다른 단체는 단체소송을 제기할 수 없다. 다만, 다음 각 호(1. 판결이 확정된 후 그 사안과 관련하여 국가·지방자치단체 또는 국가·지방자치단체가 설립한 기관에 의하여 새로운 증거가 나타난 경우, 2. 기각판결이 원고의 고의로 인한 것임이 밝혀진 경우)의 어느 하나에 해당하는 경우에는 그러하지 아니하다(정보법 제56조).

(g) **적용법률** 단체소송에 관하여 이 법에 특별한 규정이 없는 경우에는 「민사소송법」을 적용한다(정보법 제57조 제1항). 제55조에 따른 단체소송의 허가결정이 있는 경우에는 「민사집행법」 제4편에 따른 보전처분을 할 수 있다(정보법 제57조 제2항). 단체소송의 절차에 관하여 필요한 사항은 대법원규칙으로 정한다(정보법 제57조 제3항).

Ⅲ. 경찰법·경찰관직무집행법과 개인정보의 보호

1. 규정내용

경찰법 제3조 제4호와 경찰관직무집행법 제2조 제4호는 치안정보의 수집·작성 및 배포를 경찰관의 직무 중의 하나로 규정하고 있다.

2. 임무규정으로서의 한계

경찰에 의한 인적 정보의 수집·관리·활용의 상당부분은 정보상 자기결정에 대한 침해의 성질을 갖는다고 볼 것인데, 이에 대한 법적 근거가 문제된다. 형사소송법은 범죄의 수사·예방에 관한 정보의 수집·관리·활용의 일반법일 뿐, 경찰의 일반적 위험방지활동을 위한 정보의 수집·관리·활용의 일반법이라 보기는 어렵다. 경찰관직무집행법도 인적 정보의 수집·관리·활용의 일반법으로서는 미흡하다. 왜냐하면 비록 동법 제2조 제4호가 치안정보의 수집·작성·배포를 경찰관의 직무로 규정하고 있지만, 동조항은 임무규정(직무규정)일 뿐 개인의 정보상 자기결정권을 침해할 수 있는 권한규정은 아니기 때문이다.

제 2 목 경찰행정기관정보의 공개(정보공개청구권)

Ⅰ. 정보공개청구권의 개념

정보공개청구권이란 사인이 공공기관에 대하여 정보를 제공해 줄 것을 요구할 수 있는 개인적 공권을 말한다. 정보공개청구권은 자기와 직접적인 이해관계 있는 특정한 사안에 관한 '개별적' 정보공개청구권(예: 행정절차법상 정보공개청구권으로서 문서열람·복사청구권)과 자기와 직접적인 이해관계가 없는 '일반적' 정보공개청구권으로 구분될 수 있다. 공공기관의 정보공개에 관한 법률의 정보공개청구권은 양자를 포함하는 개념이다. 사인의 정보공개청구권은 알 권리의 실현에 기여한다. 알 권리는 참정권의 전제가 된다.

Ⅱ. 정보공개청구권의 법적 근거

1. 헌 법

정보공개청구권의 헌법상 근거조항을 행복추구권(헌법 제10조)에서 찾는 견해도 있고, 표현의 자유(헌법 제21조 제1항)에서 찾는 견해도 있다. 판례는 후자의 견해를 취한다(대판 1999. 9. 21, 97누5114). 정보공개청구권은 헌법적 지위의 권리이다.

2. 법 률

다른 법률에 특별한 규정이 있는 경우를 제외하고는 공공기관의 정보공개에 관한 법률이 일반법으로서 적용된다(공개법 제4조 제1항). 다만, 국가안전보장에 관련되는 정보 및 보안업무를 관장하는 기관에서 국가안전보장과 관련된 정보분석을 목적으로 수집되거나 작성된 정보에 대해서는 적용되지 아니한다(공개법 제4조 제3항). 이 밖에도 교육관련기관의 정보공개에 관한 특례법 등 정보공개청구권과 관련된 규정을 갖는 개별법률도 없지 않다(예: 민원사무 처리에 관한 법률 제7조의 민원사무편람의 비치, 제20조의 민원사무 처리기준표의 통합고시, 행정절차법 제19조의 처리기간의 공표, 제20조의 처분기준의 공표, 제23조의 처분의 이유 제시).

3. 조 례

공공기관의 정보공개에 관한 법률은 "지방자치단체는 그 소관사무에 관하여 법령의 범위 안에서 정보공개에 관한 조례를 정할 수 있다(공개법 제4조 제2항)"고 규정하여 지방자치단체의 정보공개조례의 법적 근거를 명시적으로 마련하고 있다.

Ⅲ. 정보공개의 필요성과 문제점

1. 필 요 성

정보의 공개는 ① 국가의 사정이나 지역의 사정을 국민이나 주민이 알 수 있도록 하며, 이로 인해 ② 국민이나 주민이 행정의사의 결정과정에 효과적으로 참여할 수 있게 되며, ③ 아울러 행정서비스의 효율성을 보다 제고할 수 있는 효과를 가져온다. 정보공개는 행정의 비밀주의에 대한 견제를 통해 행정권한의 남용을 방지하고 정치 및 행정의 공공성을 확보하는 데 기여하는 의미도 갖는다.

2. 문 제 점

정보공개제도와 관련하여 ① 과도한 정보공개는 오히려 국가기밀이나 개인정보에 대한 침해가능성을 갖는다는 점, ② 행정의 부담이 과중할 수 있다는 점, ③ 기업비밀이 악용될 수 있다는 점, ④ 부실정보·조작정보로 인한 정보질서의 혼란이 가능하다는 점, ⑤ 정보무능력자에 대해 정보능력자의 우위로 불평등을 초래할 수 있다는 점 등이 문제점으로 지적되기도 한다.

Ⅳ. 정보공개청구권의 주체·대상

1. 정보공개청구권자

모든 국민은 정보의 공개를 청구할 권리를 가진다(공개법 제5조 제1항). 여기에서 말하는 국민에는 자연인은 물론 법인, 권리능력 없는 사단·재단도 포함되고, 법인, 권리능력 없는 사단·재단 등의 경우에는 설립목적을 불문한다(다수설). 따라서 시민단체 등에 의한 행정감시목적의 정보공개청구도 가능하다. 외국인의 정보공개청구에 관하여는 대통령령으로 정한다(공개법 제5조 제2항).

2. 공개대상정보와 비공개대상정보

정보공개청구권의 행사의 대상이 되는 정보는 공공기관이 보유·관리하고 있는 각종 정보를 말한다(공개법 제9조 제1항). 여기서 "공공기관"이라 함은 국가기관, 지방자치단체, 정부투자기관관리기본법 제2조의 규정에 의한 정부투자기관 그 밖에 대통령령이 정하는 기관을 말한다(공개법 제2조 제3호). 국가기관에는 당연히 정부 외에 국회와 법원 등 모든 국가기관이 포함된다. "정보"라 함은 공공기관이 직무상 작성 또는 취득하여

관리하고 있는 문서(전자문서를 포함한다. 이하 같다)·도면·사진·필름·테이프·슬라이드 및 그 밖에 이에 준하는 매체 등에 기록된 사항을 말한다(공개법 제2조 제1호). 그러나 다음 각호의 1에 해당하는 정보에 대하여는 이를 공개하지 아니할 수 있다(공개법 제9조 제1항 단서).

1. 다른 법률 또는 법률이 위임한 명령(국회규칙·대법원규칙·헌법재판소규칙·중앙선거관리위원회규칙·대통령령 및 조례에 한한다)에 의하여 비밀 또는 비공개 사항으로 규정된 정보
2. 국가안전보장·국방·통일·외교관계 등에 관한 사항으로서 공개될 경우 국가의 중대한 이익을 현저히 해할 우려가 있다고 인정되는 정보
3. 공개될 경우 국민의 생명·신체 및 재산의 보호에 현저한 지장을 초래할 우려가 있다고 인정되는 정보
4. 진행중인 재판에 관련된 정보와 범죄의 예방, 수사, 공소의 제기 및 유지, 형의 집행, 교정, 보안처분에 관한 사항으로서 공개될 경우 그 직무수행을 현저히 곤란하게 하거나 형사피고인의 공정한 재판을 받을 권리를 침해한다고 인정할 만한 상당한 이유가 있는 정보

대판 2011. 11. 24, 2009두19021(정보공개의 원칙, 위 비공개대상정보의 규정 형식과 취지 등을 고려하면, 법원 이외의 공공기관이 위 규정이 정한 '진행 중인 재판에 관련된 정보'에 해당한다는 사유로 정보공개를 거부하기 위하여는 반드시 그 정보가 진행 중인 재판의 소송기록 그 자체에 포함된 내용의 정보일 필요는 없으나, 재판에 관련된 일체의 정보가 그에 해당하는 것은 아니고 진행 중인 재판의 심리 또는 재판결과에 구체적으로 영향을 미칠 위험이 있는 정보에 한정된다고 봄이 상당하다).

5. 감사·감독·검사·시험·규제·입찰계약·기술개발·인사관리·의사결정과정 또는 내부검토과정에 있는 사항 등으로서 공개될 경우 업무의 공정한 수행이나 연구·개발에 현저한 지장을 초래한다고 인정할 만한 상당한 이유가 있는 정보

대판 2012. 10. 11, 2010두18758[(직무유기 혐의 고소사건에 대한 내부 감사과정에서 경찰관들에게서 받은 경위서를 공개하라는 고소인 갑의 정보공개신청에 대하여 관할 경찰서장이 공공기관의 정보공개에 관한 법률(이하 '정보공개법'이라 한다) 제9조 제1항 제5호 등의 사유를 들어 비공개결정을 하자 이의 취소를 구한 정보공개거부처분취소소송에서) 정보공개법 제1조의 정보공개제도의 목적 및 정보공개법 제9조 제1항 제5호에 따른 비공개대상정보의 입법 취지에 비추어 볼 때, 공개될 경우 업무의 공정한 수행이 객관적으로 현저하게 지장을 받을 것이라는 고도의 개연성이 존재하는 경우를 말하고, 이에 해당하는지는 비공개함으로써 보호되는 업무수행의 공정성 등 이익과 공개로 보호되는 국민의 알권리 보장과 국정에 대한 국민의 참여 및 국정운영의 투명성 확보 등 이익을 비교·교량하여 구체적인 사안에 따라 신중하게 판단할 것이다. 그리고 그 판단을 할 때에는 공개청구의 대상이 된 당해 정보의 내용뿐 아니라 그것을 공개함으로써 장래 동종 업무의 공정한 수행에 현저한 지장을 가져올지도 아울러 고려해야 한다].

헌재 2011. 3. 31, 2011헌바291(시험의 관리에 있어서 가장 중요한 것은 정확성과 공정성이므로, 이를 위하여 시험문제와 정답, 채점기준 등 시험의 정확성과 공정성에 영향을 줄 수 있는 모든 정보는 사전에 엄격하게 비밀로 유지되어야 할 뿐만 아니라, 공공기관에서 시행하는 대부분의 시험들은 평가대상이 되는 지식의 범위가 한정되어 있고 그 시행도 주기적으로 반복되므

로 이미 시행된 시험에 관한 정보라 할지라도 이를 제한없이 공개할 경우에는 중요한 영역의 출제가 어려워지는 등 시험의 공정한 관리 및 시행에 영향을 줄 수밖에 없다고 할 것이므로, 이 사건 법률조항이 시험문제와 정답을 공개하지 아니할 수 있도록 한 것이 과잉금지원칙에 위반하여 알권리를 침해한다고 볼 수 없다).

6. 당해 정보에 포함되어 있는 이름·주민등록번호 등 개인에 관한 사항으로서 공개될 경우 개인의 사생활의 비밀 또는 자유를 침해할 우려가 있다고 인정되는 정보. 다만, 다음에 열거한 개인에 관한 정보는 제외한다.
가. 법령이 정하는 바에 따라 열람할 수 있는 정보
나. 공공기관이 공표를 목적으로 작성하거나 취득한 정보로서 개인의 사생활의 비밀과 자유를 부당하게 침해하지 않는 정보
다. 공공기관이 작성하거나 취득한 정보로서 공개하는 것이 공익 또는 개인의 권리구제를 위하여 필요하다고 인정되는 정보
라. 직무를 수행한 공무원의 성명·직위
마. 공개하는 것이 공익을 위하여 필요한 경우로써 법령에 의하여 국가 또는 지방자치단체가 업무의 일부를 위탁 또는 위촉한 개인의 성명·직업
7. 법인·단체 또는 개인(이하 "법인등"이라 한다)의 경영·영업상 비밀에 관한 사항으로서 공개될 경우 법인등의 정당한 이익을 현저히 해할 우려가 있다고 인정되는 정보. 다만, 다음에 열거한 정보를 제외한다.
가. 사업활동에 의하여 발생하는 위해로부터 사람의 생명·신체 또는 건강을 보호하기 위하여 공개할 필요가 있는 정보
나. 위법·부당한 사업활동으로부터 국민의 재산 또는 생활을 보호하기 위하여 공개할 필요가 있는 정보

대판 2011. 11. 24, 2009두19021(정보공개법 제9조 제1항 제7호 소정의 '법인 등의 경영·영업상 비밀'은 '타인에게 알려지지 아니함이 유리한 사업활동에 관한 일체의 정보' 또는 '사업활동에 관한 일체의 비밀사항'을 의미하는 것이고 그 공개 여부는 공개를 거부할 만한 정당한 이익이 있는지 여부에 따라 결정되어야 하는데, 그러한 정당한 이익이 있는지 여부는 정보공개법의 입법 취지에 비추어 이를 엄격하게 판단하여야 한다).

8. 공개될 경우 부동산 투기·매점매석 등으로 특정인에게 이익 또는 불이익을 줄 우려가 있다고 인정되는 정보

3. 부분공개제도

공개청구한 정보가 제9조 제1항 각호의 1에 해당하는 부분과 공개가 가능한 부분이 혼합되어 있는 경우로서 공개청구의 취지에 어긋나지 아니하는 범위 안에서 두 부분을 분리할 수 있는 때에는 제9조 제1항 각호의 1에 해당하는 부분을 제외하고 공개하여야 한다(공개법 제14조).

Ⅴ. 정보공개청구의 절차

1. 정보공개의 청구

정보의 공개를 청구하는 자는 당해 정보를 보유하거나 관리하고 있는 공공기관에 대하여 다음 각호의 사항을 기재한 정보공개청구서를 제출하거나 구술로써 정보의 공개를 청구할 수 있다(공개법 제10조 제1항).

2. 공개여부의 결정

정보공개청구를 받은 공공기관은 정보공개의 청구를 받은 날부터 10일 이내에 공개여부를 결정하여야 한다(공개법 제11조 제1항). 정보공개를 청구한 날부터 20일 이내에 공공기관이 공개여부를 결정하지 아니한 때에는 비공개의 결정(간주 거부)이 있는 것으로 본다(공개법 제11조 제5항). 공공기관은 공개청구된 공개대상정보의 전부 또는 일부가 제3자와 관련이 있다고 인정되는 때에는 그 사실을 제3자에게 지체 없이 통지하여야 하며, 필요한 경우에는 그의 의견을 청취할 수 있다(공개법 제11조 제3항).

3. 공개여부 결정의 통지

공공기관은 제11조의 규정에 의하여 정보의 공개를 결정한 때에는 공개일시·공개장소 등을 명시하여 청구인에게 통지하여야 한다(공개법 제13조 제1항). 공공기관은 제11조의 규정에 의하여 정보의 비공개결정을 한 때에는 그 사실을 청구인에게 지체 없이 문서로 통지하여야 한다. 이 경우 비공개이유·불복방법 및 불복절차를 구체적으로 명시하여야 한다(공개법 제13조 제4항).

Ⅵ. 권리보호

1. 정보공개청구자의 권리보호

정보공개의 청구에 대하여 공개가 거부되거나, 무응답하거나 불충분하게 공개가 행하여진 경우, 정보공개법은 이의신청, 행정심판, 행정소송의 권리구제수단을 마련하고 있다.

(1) 이의신청 ① 청구인이 정보공개와 관련한 공공기관의 비공개 또는 부분공개의 결정에 대하여 불복이 있는 때에는 공공기관으로부터 정보공개여부의 결정통지를 받은 날 또는 제11조 제5항의 규정에 의한 비공개의 결정이 있는 것으로 보는 날부터 30일

이내에 당해 공공기관에 문서로 이의신청을 할 수 있다(공개법 제18조 제1항). ② 공공기관은 이의신청을 각하 또는 기각하는 결정을 한 때에는 청구인에게 행정심판 또는 행정소송을 제기할 수 있다는 취지를 제2항의 규정에 의한 결과통지와 함께 통지하여야 한다(공개법 제18조 제3항).

(2) 행정심판 ① 청구인이 정보공개와 관련한 공공기관의 결정에 대하여 불복이 있는 때에는 행정심판법이 정하는 바에 따라 행정심판을 청구할 수 있다. 이 경우 국가기관 및 지방자치단체외의 공공기관의 결정에 대한 감독행정기관은 관계 중앙행정기관의 장 또는 지방자치단체의 장으로 한다(공개법 제19조 제1항). ② 청구인은 제18조의 규정에 의한 이의신청절차를 거치지 아니하고 행정심판을 청구할 수 있다(공개법 제19조 제2항).

(3) 행정소송

(가) 대상적격 정보공개청구에 대한 거부도 공권력행사의 거부이기에 항고소송의 대상이 되는 거부처분이다(헌재 2001. 2. 22, 2000헌마620). 판례는 거부처분이 항고소송의 대상이 되기 위해서는 신청인에게 법규상 또는 조리상 신청권이 있어야 한다는 입장이고, 이를 지지하는 견해도 있다. 그러나 신청권은 원고적격의 문제로 보아야 한다. 그러나 판례의 입장을 따른다고 하여도 문제는 없다. 왜냐하면 정보공개법 제5조 제1항이 정보공개청구권을 명시적으로 인정하고 있어 신청인에게는 법규상 신청권이 인정되기 때문이다.

(나) 원고적격 청구인이 정보공개와 관련한 공공기관의 결정에 대하여 불복이 있는 때에는 행정소송법이 정하는 바에 따라 행정소송을 제기할 수 있다(공개법 제20조 제1항). 동법 제5조 제1항이 모든 국민의 정보공개청구권을 명시적으로 규정하고 있기 때문에 정보공개의 거부나 부작위로 인해 불이익을 받는 자의 원고적격을 인정함에 어려움은 없다.

(다) 소의 이익 정보공개청구에 대하여 정보공개거부처분 후 대상 정보의 폐기 등으로 공공기관이 그 정보를 보유·관리하지 않게 된 경우에는 소의 이익이 없으므로 각하판결을 내려야 한다. 판례도 공개청구된 '공안사범사후관리지침'이 공개거부처분 후 폐기된 사건에서 특별한 사정이 없는 한 거부처분의 취소를 구할 법률상 이익이 없다고 한다(대판 2003. 4. 25, 2000두7087).

(4) 국가배상 정보공개청구에 대하여 공공기관이 공개법에 위반하여 정보공개를 거부한 경우, 청구인은 국가배상을 청구할 수 있다. 그러나 만약 청구인이 당해 정보의 직접적인 이해당사자가 아니라면 국민으로서 가지는 알권리의 침해만을 이유로 국가배상을 청구하여 승소한다는 것은 예상하기 어렵다.

2. 제3자의 권리보호

(1) 행정절차상 권리보호

(가) **제3자에의 통지와 의견청취** 공공기관은 공개청구된 공개대상정보의 전부 또는 일부가 제3자와 관련이 있다고 인정되는 때에는 그 사실을 제3자에게 지체 없이 통지하여야 하며, 필요한 경우에는 그의 의견을 청취할 수 있다(공개법 제11조 제3항).

(나) **제3자의 비공개요청과 공개결정** 제11조 제3항의 규정에 의하여 공개청구된 사실을 통지받은 제3자는 통지받은 날부터 3일 이내에 당해 공공기관에 대하여 자신과 관련된 정보를 공개하지 아니할 것을 요청할 수 있다(공개법 제21조 제1항). 제1항의 규정에 의한 비공개요청에도 불구하고 공공기관이 공개결정을 하는 때에는 공개결정이유와 공개실시일을 명시하여 지체 없이 문서로 통지하여야 한다(공개법 제21조 제2항 제1문). 공공기관은 제2항의 규정에 의한 공개결정일과 공개실시일의 사이에 최소한 30일의 간격을 두어야 한다(공개법 제21조 제3항).

(2) 행정쟁송상 권리보호 제21조 제1항의 규정에 의한 비공개요청에도 불구하고 공공기관이 공개결정을 하는 때에는, 제3자는 당해 공공기관에 문서로 이의신청을 하거나 행정심판 또는 행정소송을 제기할 수 있다. 이 경우 이의신청은 통지를 받은 날부터 7일 이내에 하여야 한다(공개법 제21조 제2항).

(가) **대상적격** 제3자는 공공기관의 공개결정을 대상으로 행정소송을 제기할 것이다. 제3자의 '비공개신청에 대한 거부처분'의 취소를 구하는 소송으로 볼 여지도 있다.

(나) **청구인적격·원고적격** 제3자의 청구인적격·원고적격은 공공기관의 정보공개에 관한 법률 제21조 제2항에 의하여 명시적으로 규정되고 있다.

(다) **소송참가** 제3의 비공개신청에 대한 공공기관의 거부처분·인용처분은 제3자에게는 침익적·수익적 효과를, 청구인에게는 수익적·침익적 효과를 미치므로 복효적인 행정행위의 성질을 갖는다. 따라서 청구인이 제기하는 취소소송에서는 제3자가, 제3자가 제기하는 소송에서는 청구인이 소송참가할 수 있다(행소법 제16조 제1항).

(라) **집행정지** 일단 정보가 공개되면 소송은 실익이 없으므로 제3자는 소송의 제기와 동시에 집행정지를 신청하여야 할 것이다(정보공개법 제21조 제3항은 정보공개결정일과 공개실시일의 사이에 최소한 30일의 간격을 두도록 규정한다).

(3) 국가배상 공공기관이 정보공개법에 위반하여 비공개대상정보임에도 제3자의 정보를 공개하면 당해 정보의 주체인 제3자는 국가배상을 청구할 수 있다.

Ⅶ. 공무원의 보호(공무원의 비밀엄수의무와의 관계)

공무원은 재직중은 물론 퇴직 후에도 직무상 알게 된 비밀을 엄수하여야 한다(국공법 제60조). 여기서 말하는 '직무상 알게 된 비밀'이란 직무수행상 알게 된 일체의 비밀을 뜻하는 것으로 이해된다. 그리고 그 비밀의 누설은 형벌(형법 제127조) 또는 징계의 원인(국공법 제78조 제1항 제1호)이 된다. 따라서 정보공개를 청구한 경우 공무원의 비밀엄수의무와 국민의 알권리 사이에 충돌이 생길 수 있어 양자의 조화가 문제된다. 개인정보 보호법의 조화로운 해석·적용이 중요하다.

제 3 목 정보상 협력

Ⅰ. 조 회

1. 의 의

경찰관서의 장은 직무수행에 필요하다고 인정되는 상당한 이유가 있을 때에는 국가기관 또는 공공단체 등에 대하여 직무수행에 관련된 사실을 조회할 수 있다(경직법 제8조 제1항 본문). 다만 긴급을 요할 때에는 소속경찰관으로 하여금 현장에 출장하여 당해 기관 또는 단체의 장의 협조를 얻어 그 사실을 확인할 수 있다(경직법 제8조 제1항 단서).

2. 성 질

이 조항은 임무규정이 아니라 권한규정이다. 이 조항에 의한 사실의 조회제도는 행정기관 사이에서의 정보상 협력의 한 방식에 해당한다. 물론 조회에 응하는 기관은 법령이 정하는 범위 내에서 당해 기관이 수집·관리하고 있는 정보에 한하여 협력할 수 있을 뿐이다. 한편, 본 조항에서 말하는 공공단체의 의미는 분명하지 아니하다. 그러나 입법취지에 비추어 일체의 공법상 기관 외에 국가나 지방자치단체에 의해 설립된 사법상 기관도 포함된다고 본다. 사인에 의한 순수한 사법상 단체는 이에 포함된다고 보기 어렵다.

Ⅱ. 행정응원

1. 의 의

경찰은 '다른 행정청이 관리하고 있는 문서(전자문서 포함)·통계 등 행정자료가 직무

수행을 위하여 필요한 경우'에 행정응원을 요청할 수 있다(절차법 제8조 제1항 제4호).

2. 성 질

이 조항은 경찰의 정보상 협력의 근거이지만, 경찰은 이 조항에 근거하여 개인에 관한 모든 정보를 요구할 수는 없다. 이 규정은 임무규정(직무규정)이지 권한규정은 아니다. 경찰이 개인의 정보상 자기결정권을 침해하는 정보에 관하여 다른 행정기관에 협력을 구하기 위해서는 경찰관직무집행법에 의하거나, 아니면 개인의 권리보호를 전제하고 나타나는 다른 특별규정(권한규정)에 의하여야 한다. 행정절차법은 개인의 정보상 자기결정권에 대한 침해를 가져오지 아니하는 범위 내에서만 경찰의 정보상 협력의 근거로서 적용될 수 있다고 볼 것이다.

Ⅲ. 입법상 보완

1. 경찰기관 상호간 인적 정보의 제공

경찰사무의 수행을 위해 필요한 것인 한, 경찰기관 사이에서는 인적 정보를 상호 제공할 수 있다는 일반조항이 필요하다. 물론 인적 관련정보를 제공하는 경찰기관의 판단에 의할 때 그 정보가 교부받는 경찰기관의 경찰사무의 수행에 필요한 것이어야 할 것이다. 한편, 형사소추권한을 갖는 기관에 대한 인적 정보의 제공은 형사소송절차에 관한 법에서 규정하는 것이 바람직하고, 일반경찰법에서 규정하는 것은 바람직하지 않다.

2. 비경찰행정기관의 경찰기관에 대한 인적 정보의 제공

(1) 경찰기관의 요청에 따른 인적 정보의 제공 위험방지사무의 수행을 위해 필요한 경우, 경찰기관이 비경찰행정기관에 인적 정보의 제공을 요청하면, 특별한 사유가 없는 한 정보를 제공하게 하는 규정도 필요할 것이다. 이러한 규정에는 ① 인적 관련 정보를 교부하는 행정기관(A)은 정보교부를 요청하는 행정기관(B)이 자신(B)의 관장사무의 범위 내에서 교부를 요청한 것인지를 심사할 수 있다는 점, ② 정보교부의 요청이 있으면 자동적으로 정보를 제공하게 되는 경우에는 정보교부를 요청하는 기관(B)이 정보요청의 적법성에 대하여 책임을 부담한다는 점, ③ 교부된 정보는 교부된 목적의 범위 내에서만 사용될 수 있다는 점, ④ 교부된 정보가 사인의 사생활상의 비밀이나 직업상의 비밀에 해당하는 경우에는 교부받은 기관(B)은 비밀을 준수하여야 한다는 점 등을 내용으로 하여야 할 것이다.

(2) 비경찰기관의 자발적 판단에 따른 인적 정보의 제공 비경찰행정기관이 경찰

기관의 위험방지사무 수행에 필요하다고 판단되는 자료를 경찰기관에 교부할 수 있다는 규정도 필요할 것이다. 이러한 규정에는 비경찰행정기관으로부터 교부받은 정보가 위험방지사무와 관계가 없거나 위험방지사무에 더 이상 의미를 갖지 아니하면 경찰기관은 이를 폐기하여야 한다는 내용 등도 포함되어야 할 것이다.

제 5 절 경찰행정상 실효성확보

제 1 항 경찰벌(경찰상 행정벌)

Ⅰ. 경찰벌의 의의

1. 경찰벌의 개념

경찰벌이란 경찰작용의 상대방이 경찰법상의 의무를 위반한 경우에 국가가 그 상대방에 과하는 경찰법상의 제재로서의 처벌을 말한다. 경찰벌은 행정벌의 일종이다. 경찰벌은 간접적으로 경찰법상의 의무의 이행을 확보하는 수단이 된다.

2. 구별개념

경찰벌은 처벌 내지 처벌에 유사한 성질을 갖는 다른 제도와 구별을 요한다. 먼저 ① 경찰벌은 형사벌과 구별을 요한다. 형식적 관점에서 볼 때 처벌이 주어진다는 점에서 양자는 같으나 경찰벌은 행정벌의 일종일 뿐이다. ② 경찰벌은 징계벌과 구별을 요한다. 경찰벌은 일반행정법관계에서 의무위반에 과해지는 제재이나 징계벌은 특별행정법관계에서 내부질서문란자에 과해지는 제재인 점에서 다르다. ③ 경찰벌은 강제금과 구별을 요한다. 경찰벌은 경찰상 과거의 의무위반에 대한 제재이나, 강제금은 장래에 의무의 이행을 위한 수단인 점에서 양자는 다르다.

3. 법적 근거

경찰벌은 국민의 자유와 재산에 침해를 가져오는 것이므로 헌법 제37조 제2항에 의거하여, 엄격한 법적 근거를 요한다. 즉 법률의 근거가 있어야 한다(침해유보). 그리고 법률의 수권이 있는 경우에는 법규명령으로 정할 수도 있다.

4. 경찰형벌(경찰상 행정형벌)과 경찰질서벌(경찰상 행정질서벌)

경찰벌은 처벌의 내용에 따라 경찰형벌(경찰상 행정형벌)과 경찰질서벌(경찰상 행정질서벌)로 구분된다. 경찰형벌이란 형법에 규정되어 있는 형벌이 가해지는 경찰벌을 말하고, 경찰질서벌이란 일반사회의 법익에 직접 영향을 미치지는 않으나 경찰행정상의 질서에 장애를 야기할 우려가 있는 의무위반에 대하여 가해지는 제재를 말한다.

Ⅱ. 경찰벌의 특수성

1. 경찰형벌

경찰형벌에도 죄형법정주의가 적용된다. 그러나 경찰형벌에 형법총칙이 그대로 적용되는가는 문제이다. 일반적인 견해에 따르면, 경찰형벌이 경우에는 형법총칙의 적용에 약간의 수정이 따른다고 한다. 예컨대, ① 형사범과 달리 경찰범의 성립에는 반드시 고의를 요하는 것은 아니라 하고, ② 법인에게는 형사범의 범죄능력이 인정되지 않으나 경찰범에 있어서는 인정되기도 하며, ③ 형사범은 행위자만이 책임을 지나 경찰범의 경우에는 행위자 이외에 친권자·후견인·감독자 등도 책임을 진다는 것이다. 이러한 타인의 행위에 대한 책임은 주의의무를 게을리 한 자기책임으로 이해된다. 하지만 앞의 ①의 내용은 타당하지 않다.

2. 경찰질서벌

경찰질서벌에 관한 일반법으로 질서위반행위규제법이 있다(질서법 제5조). 질서위반행위규제법에서 말하는 모든 질서위반행위가 경찰질서벌에 해당하는 것은 아니고, 다만 경찰행정법의 영역에서 이루어지는 질서위반행위만이 경찰질서벌에 해당한다. 경찰질서벌의 내용은 과태료부과이다. 고의 또는 과실이 없는 질서위반행위는 과태료를 부과하지 아니한다(질서법 제7조).

과태료는 행정청의 과태료 부과처분이나 법원의 과태료 재판이 확정된 후 5년간 징수하지 아니하거나 집행하지 아니하면 시효로 인하여 소멸한다(질서법 제15조).

대결 2011. 7. 14, 2011마364(질서위반행위규제법은 과태료의 부과대상인 질서위반행위에 대하여도 책임주의 원칙을 채택하여 제7조에서 "고의 또는 과실이 없는 질서위반행위는 과태료를 부과하지 아니한다"고 규정하고 있으므로, 질서위반행위를 한 자가 자신의 책임 없는 사유로 위반행위에 이르렀다고 주장하는 경우 법원으로서는 그 내용을 살펴 행위자에게 고의나 과실이 있는지를 따져보아야 한다).

Ⅲ. 처벌절차

1. 경찰형벌(특별절차로서 통고처분)

경찰형벌의 과형절차는 형사소송법에 의하는 것이 원칙적이다. 경우에 따라서는 특별절차로서 통고처분절차 등이 활용되기도 한다.

(1) 통고처분의 의의 통고처분이란 일반형사소송절차에 앞선 절차로서 일정한 위법행위의 범법자에게 범칙금을 납부토록 하고, 범칙자가 그 범칙금을 납부하면 처벌이 종료되는 과형절차를 말한다. 통고처분은 조세범(조처법 제15조)·관세범(관세법 제311조)·출입국사범(출입법 제102조)·교통사범(도교법 제163조)의 경우에 적용되고 있다. 헌법재판소는 통고처분을 합헌으로 선언하였다(헌재 1998. 5. 28, 96헌바4).

(2) 통고처분의 의미 통고처분(범칙금제도)은 대량의 실정법의 위반사건을 간이·신속하게 처리하는 의미를 갖는다. 통고처분은 법원의 부담을 완화하는 데 기여하고, 전문성을 가진 공무원에 의해 행정목적을 기술적·효율적으로 달성하는 데 기여하며, 국가수입의 확보에도 기여한다. 뿐만 아니라 통고처분은 일반절차에서 나타나는 범법자의 신용실추와 고통의 장기화를 완화하는 데 기여하기도 한다. 통고처분제도는 전과자의 발생의 방지에 기여한다.

(3) 통고처분의 효과 범칙자가 범칙금을 납부하면 과형절차는 종료되고, 범칙자는 다시 형사소추되지 아니한다(예: 관세법 제317조; 조처법 제15조 제3항; 출입법 제106조). 만약 범칙자가 통고처분의 내용을 이행하지 아니하면 권한행정청(예: 세무서장·세관장)은 일정기간 내에 고발할 수 있고, 이로써 일반과형절차로 넘어가게 된다.

(4) 통고처분의 불복 통고처분에 불복하면 정식재판을 청구하여야 한다. 통고처분은 취소소송의 대상이 아니다(대판 1995. 6. 29, 95누4674). 왜냐하면 소정의 기간 내에 통고처분을 이행하지 아니하면 당연히 통고처분은 효력을 상실하기 때문이다.

2. 경찰질서벌(경찰상 행정질서벌)

(1) 질서위반행위규제법에 따른 과태료부과

(가) 사전통지 행정청이 질서위반행위에 대하여 과태료를 부과하고자 하는 때에는 미리 당사자(제11조 제2항에 따른 고용주등을 포함한다)에게 대통령령으로 정하는 사항을 통지하고, 10일 이상의 기간을 정하여 의견을 제출할 기회를 주어야 한다. 이 경우 지정된 기일까지 의견 제출이 없는 경우에는 의견이 없는 것으로 본다(질서법 제16조).

(나) 부과처분 행정청은 제16조의 의견 제출 절차를 마친 후에 서면(당사자가 동의

하는 경우에는 전자문서 포함)으로 과태료를 부과하여야 한다(질서법 제17조 제1항). 제1항에 따른 서면에는 질서위반행위, 과태료 금액, 그 밖에 대통령령으로 정하는 사항을 명시하여야 한다(질서법 제17조 제2항).

(다) 이의제기　　행정청의 과태료 부과에 불복하는 당사자는 제17조 제1항에 따른 과태료 부과 통지를 받은 날부터 60일 이내에 해당 행정청에 서면으로 이의제기를 할 수 있다(질서법 제20조 제1항). 제1항에 따른 이의제기가 있는 경우에는 행정청의 과태료 부과처분은 그 효력을 상실한다(질서법 제20조 제2항). 당사자는 행정청으로부터 제21조 제3항에 따른 통지를 받기 전까지는 행정청에 대하여 서면으로 이의제기를 철회할 수 있다(질서법 제20조 제3항).

(라) 법원에의 통보　　제20조 제1항에 따른 이의제기를 받은 행정청은 이의제기를 받은 날부터 14일 이내에 이에 대한 의견 및 증빙서류를 첨부하여 관할 법원에 통보하여야 한다. 다만, 다음 각 호(1. 당사자가 이의제기를 철회한 경우, 2. 당사자의 이의제기에 이유가 있어 과태료를 부과할 필요가 없는 것으로 인정되는 경우)의 어느 하나에 해당하는 경우에는 그러하지 아니하다(질서법 제21조).

(마) 재　판　　과태료 사건은 다른 법령에 특별한 규정이 있는 경우를 제외하고는 당사자의 주소지의 지방법원 또는 그 지원의 관할로 한다(질서법 제25조). 법원은 심문기일을 열어 당사자의 진술을 들어야 한다(질서법 제31조 제1항). 법원은 검사의 의견을 구하여야 하고, 검사는 심문에 참여하여 의견을 진술하거나 서면으로 의견을 제출하여야 한다(질서법 제31조 제2항). 법원은 당사자 및 검사에게 제1항에 따른 심문기일을 통지하여야 한다(질서법 제31조 제3항). 과태료 재판은 이유를 붙인 결정으로써 한다(질서법 제36조 제1항).

(바) 집　행　　과태료 재판은 검사의 명령으로써 집행한다. 이 경우 그 명령은 집행력 있는 집행권원과 동일한 효력이 있다(질서법 제42조 제1항). 과태료 재판의 집행절차는 「민사집행법」에 따르거나 국세 또는 지방세 체납처분의 예에 따른다. 다만, 「민사집행법」에 따를 경우에는 집행을 하기 전에 과태료 재판의 송달은 하지 아니한다(질서법 제42조 제2항).

(사) 과태료의 귀속　　징수한 과태료는 국고에 귀속하지만, 지방자치단체의 장이 제1항(검사의 과태료 재판 집행의 위탁)에 따라 집행을 위탁받은 경우에는 그 집행한 금원은 당해 지방자치단체의 수입으로 한다(질서법 제43조 제2항).

(2) 지방자치행정상 경찰질서벌　　① 지방자치단체는 조례를 위반한 행위에 대하여 조례로써 1천만원 이하의 과태료를 정할 수 있다(지자법 제27조 제1항). 제1항에 따른 과태료는 해당 지방자치단체의 장이나 그 관할 구역 안의 지방자치단체의 장이 부과·징수한다(지자법 제27조 제2항). ② 사기나 그 밖의 부정한 방법으로 사용료·수수료

또는 분담금의 징수를 면한 자에 대하여는 그 징수를 면한 금액의 5배 이내의 과태료를, 공공시설을 부정사용한 자에 대하여는 50만원 이하의 과태료를 부과하는 규정을 조례로 정할 수 있다(지자법 제139조 제2항). 제2항에 따른 과태료의 부과·징수, 재판 및 집행 등의 절차에 관한 사항은 「질서위반행위규제법」에 따른다(지자법 제139조 제3항).

3. 경찰형벌과 경찰질서벌의 병과

행정형벌과 행정질서벌은 모두 행정벌의 일종이지만, 그 목적이나 성질이 다르다고 볼 것이므로, 행정질서벌인 과태료부과처분 후에 행정형벌을 부과한다고 하여도 일사부재리의 원칙에 반하는 것은 아니다. 판례의 태도도 같다(대판 1996. 4. 12, 96도158). 그러나 행정질서벌과 행정형벌은 넓은 의미의 처벌이고, 동일한 위반행위에 대한 행정벌이라는 점에서 병과가 불가능하다는 견해도 있다.

제 2 항 경찰상 강제집행

Ⅰ. 일 반 론

1. 경찰상 강제집행의 의의

경찰상 강제집행이란 경찰법상 개별·구체적인 의무의 불이행이 있는 경우에 경찰행정주체가 의무자의 신체 또는 재산에 직접 실력을 가하여 그 의무를 이행하게 하거나 또는 그 의무가 이행된 것과 같은 상태를 실현하는 공행정작용을 말한다. 행정상 강제집행은 언제나 행정법상 개별·구체적인 의무의 불이행을 전제로 한다. 행정상 강제집행은 명령적 행위에서 문제된다. 경찰상 강제집행은 행정상 강제집행의 일종이다.

2. 경찰상 강제집행의 법적 근거

경찰상 강제집행의 근거법으로는 대집행에 관한 일반법으로서 행정대집행법, 강제징수에 관한 실질적인 일반법으로서 국세징수법이 있고, 그 밖에 특별법으로 출입국관리법 제62조(강제퇴거명령서의 집행) 등이 있다. 직접강제에 관한 일반법은 없다. 입법론상 포괄적이고도 정비된 강제집행제도를 경찰법에 마련하는 것이 바람직하다. 정비된 제도는 행정의 자의를 배제하고 국민의 권익보호에 기여한다.

3. 경찰상 강제집행의 종류

경찰상 강제집행의 방법으로는 대집행·행정상 강제징수·강제금(집행벌)·직접강제

등이 있다. 어떠한 의무의 불이행에 어떠한 강제방법이 도입되어야 할 것인가는 불이행된 의무의 성질을 전제로 하여 판단·결정할 문제이다. 의무의 종류에 따른 강제수단을 도해하면 다음과 같다.

의무의 종류에 따른 강제수단

종 류	적용 가능한 의무	일 반 법
대집행	대체적 작위의무	행정대집행법
강제징수	금전급부의무	국세징수법
강제금(집행벌)· 직접강제*	대체적 작위의무+비대체적 작위의무+직접강제+ 부작위의무+수인의무	없다

* 직접강제는 비대체적 작위의무(예: 퇴거의무)의 불이행에 적용 가능하지만, 성질상 적용하기 곤란한 경우도 있다(예: 전문가의 감정의견제출).

Ⅱ. 대 집 행

1. 대집행의 의의

대집행이란 대체적 작위의무, 즉 타인이 대신하여 행할 수 있는 의무의 불이행이 있는 경우 당해 행정청이 불이행된 의무를 스스로 행하거나 제3자로 하여금 이행하게 하고, 그 비용을 의무자로부터 징수하는 것을 말한다. 대집행은 헌법에 위반되지 아니한다(대판 1998. 10. 23, 97누157).

2. 대집행의 법적 근거

행정대집행에 관한 일반적인 근거규정으로 행정대집행법 제2조, 특별규정으로 건축법 제85조 등을 볼 수 있다. 각 단행법에 특별한 규정이 없는 경우에는 행정대집행법이 일반법으로 적용된다.

건축법 제85조(「행정대집행법」 적용의 특례) ① 허가권자는 제11조, 제14조, 제41조와 제79조 제1항에 따라 필요한 조치를 할 때 다음 각 호의 어느 하나에 해당하는 경우로서 「행정대집행법」 제3조 제1항과 제2항에 따른 절차에 의하면 그 목적을 달성하기 곤란한 때에는 해당 절차를 거치지 아니하고 대집행할 수 있다.
1. 재해가 발생할 위험이 절박한 경우
2. 건축물의 구조 안전상 심각한 문제가 있어 붕괴 등 손괴의 위험이 예상되는 경우
3. 허가권자의 공사중지명령을 받고도 불응하여 공사를 강행하는 경우
4. 도로통행에 현저하게 지장을 주는 불법건축물인 경우
5. 그 밖에 공공의 안전 및 공익에 심히 저해되어 신속하게 실시할 필요가 있다고 인정되는 경우로서 대통령령으로 정하는 경우

3. 대집행주체와 대집행행위자

(1) **대집행주체** 대집행을 결정하고 이를 실행할 수 있는 권한을 가진 자(대집행주체)는 당해 행정청이다(행집법 제2조). 당해 행정청이란 의무를 부과한 행정청을 의미한다. 그것은 국가기관일 수도 있고, 지방자치단체의 기관일 수도 있다. 당해 행정청의 위임이 있으면 다른 행정청도 대집행주체가 될 수 있다.

> **대판** 2011. 9. 8, 2010다48240(대한주택공사(2009. 5. 22. 법률 제9706호 한국토지주택공사법 부칙 제8조에 의하여 원고에게 권리·의무가 포괄승계되었다)는 구 대한주택공사법(위 한국토지주택공사법 부칙 제2조로 폐지, 이하 '법'이라 한다) 제2조, 제5조에 의하여 정부가 자본금의 전액을 출자하여 설립한 법인이고, 대한주택공사가 택지개발촉진법에 따른 택지개발사업을 수행하는 경우 이러한 사업에 관하여는 법 제9조 제1항 제2호, 제9조 제2항 제7호, 구 대한주택공사법 시행령(2009. 9. 21. 대통령령 제21744호 한국토지주택공사법 시행령 부칙 제2조로 폐지, 이하 '시행령'이라 한다) 제10조 제1항 제2호, 공익사업을 위한 토지 등의 취득 및 보상에 관한 법률 제89조 제2항에 따라 시·도지사나 시장·군수 또는 구청장의 업무에 속하는 대집행권한을 대한주택공사에 위탁하도록 되어 있다. 따라서 대한주택공사는 위 사업을 수행함에 있어 법령에 의하여 대집행권한을 위탁받은 자로서 공무인 대집행을 실시함에 따르는 권리·의무 및 책임이 귀속되는 행정주체의 지위에 있다).

(2) **대집행행위자** 대집행을 현실로 수행하는 자는 반드시 당해 행정청이어야 하는 것은 아니다. 경우에 따라서는 제3자가 대집행을 수행할 수도 있다. 전자를 자기집행, 후자를 타자집행이라 부른다. 타자집행의 경우 제3자와 행정청간의 관계에 대해 공익적 요소를 가진 대집행권의 이전을 내용으로 하는 공법상 행정계약 또는 공무수탁사인의 관계에 있는 공법관계로 보는 견해도 있으나 사법상 도급계약으로 보는 다수견해가 타당하다.

4. 대집행의 요건

대집행의 일반적 요건은 행정대집행법 제2조가 정하고 있다. 행정대집행법 제2조에서 요구되는 대집행의 요건으로는 '공법상 의무'로서 '대체적 작위의무'의 '불이행'이 있고, 이행을 확보할 '다른 수단이 없고' 또한 불이행의 방치가 공익을 해할 것, 즉 '공익상의 요청이 있을 것'을 들 수 있다.

> ● **행정대집행법 제2조(대집행과 그 비용징수)** 법률(법률의 위임에 의한 명령, 지방자치단체의 조례를 포함한다. 이하 같다)에 의하여 직접명령되었거나 또는 법률에 의거한 행정청의 명령에

의한 행위로서 타인이 대신하여 행할 수 있는 행위를 의무자가 이행하지 아니하는 경우 다른 수단으로써 그 이행을 확보하기 곤란하고 또한 그 불이행을 방치함이 심히 공익을 해할 것으로 인정될 때에는 당해 행정청은 스스로 의무자가 하여야 할 행위를 하거나 또는 제삼자로 하여금 이를 하게 하여 그 비용을 의무자로부터 징수할 수 있다.

(1) 공법상 의무의 불이행이 있을 것 ① 대집행은 공법상 의무의 불이행을 대상으로 한다. 따라서 사법상 의무의 불이행은 대집행의 대상이 되지 않으며(대판 1975. 4. 22, 73누215), 대집행절차의 개시 후에 의무의 이행이 있었다면 대집행은 중지되어야 한다. 대집행의 대상이 되는 공법상 의무는 법령에서 직접 명해지는 경우(예: 수질 및 수생태계 보전에 관한 법률 제15조 제2항)도 있지만, 대부분의 경우 법령에 근거한 행정행위에 의해 명해진다(예: 옥외광고물 등 관리법 제10조 제1항).

● 수질 및 수생태계 보전에 관한 법률 제15조(배출 등의 금지) ① 누구든지 정당한 사유 없이 다음 각호의 어느 하나에 해당하는 행위를 하여서는 아니된다.

1. 공공수역에 특정수질유해물질, 「폐기물관리법」에 의한 지정폐기물, 「석유 및 석유대체연료 사업법」에 의한 석유제품 및 원유(석유가스를 제외한다. 이하 "유류"라 한다), 「유해화학물질 관리법」에 의한 유독물(이하 "유독물"이라 한다), 「농약관리법」에 의한 농약(이하 "농약"이라 한다)을 누출·유출하거나 버리는 행위
2. 공공수역에 분뇨, 축산폐수, 동물의 사체, 폐기물(「폐기물관리법」에 의한 지정폐기물을 제외한다) 또는 오니(汚泥)를 버리는 행위
3. (이하 생략)

② 제1항 제1호 또는 제2호의 행위로 인하여 공공수역이 오염되거나 오염될 우려가 있는 경우에는 그 행위자·행위자가 소속된 법인 및 그 행위자의 사업주(이하 "행위자등"이라 한다)는 당해 물질을 제거하는 등 환경부령이 정하는 바에 따라 오염의 방지·제거를 위한 조치를 하여야 한다.

● 옥외광고물 등 관리법 제10조(위반에 대한 조치) ① 시장등(제3조의2에 따라 시·도지사에게 허가를 받거나 신고한 경우에는 시·도지사를 말한다. 이하 이 조에서 같다)은 광고물등의 허가·신고·금지·제한 등에 관한 제3조, 제3조의2, 제4조, 제4조의2, 제4조의3 및 제5조를 위반하거나 제9조에 따른 안전점검에 합격하지 못한 광고물등에 대하여 다음 각 호에 해당하는 자(이하 "관리자등"이라 한다)에게 그 광고물등을 제거하거나 그 밖에 필요한 조치를 하도록 명하여야 한다.

1. 광고물등을 표시하거나 설치한 자
2. (이하 생략)

(2) 불이행된 의무는 대체적 작위의무일 것 ① 공법상의 의무는 타인이 대신하여 행할 수 있는 의무, 즉 대체적 작위의무이어야 한다. 의무자만이 이행가능한 전문·기술적인 의무는 대체성이 없다. ② 행정청이 토지나 건물의 인도의무(인도명령)를 부과한 경우 그 의무부과의 목적은 토지 등의 점유이전이다. 이러한 의무는 대체적 작위의무가

아니어서 대집행은 불가능하다(대판 1998. 10. 23, 97누157). 따라서 토지 · 건물의 인도의무의 불이행이 있는 경우에는 사정에 따라 경찰관직무집행법상 위험발생방지조치(동법 제5조) 등이나 형법상 공무집행방해죄의 적용을 통해 의무의 이행을 확보할 수 있을 뿐이다. ③ 부작위의무는 철거명령 등을 통해 작위의무로 전환시킨 후에 대집행의 대상이 될 수 있다(예: 건축법 제79조; 도로법 제83조). 작위의무로 전환시킬 수 있는 법적 근거(전환규범)가 없다면, 법률유보의 원칙상 대집행은 불가능하다(대판 1996. 6. 28, 96누4374). 즉 전환규범에 근거한 전환명령이 필요하다.

> ● **건축법 제79조(위반 건축물 등에 대한 조치 등)** ① 허가권자는 대지나 건축물이 이 법 또는 이 법에 따른 명령이나 처분에 위반되면 이 법에 따른 허가 또는 승인을 취소하거나 그 건축물의 건축주·공사시공자·현장관리인·소유자·관리자 또는 점유자(이하 "건축주등"이라 한다)에게 공사의 중지를 명하거나 상당한 기간을 정하여 그 건축물의 철거·개축·증축·수선·용도변경·사용금지·사용제한, 그 밖에 필요한 조치를 명할 수 있다.
> ● **도로법 제83조(법령 위반자 등에 대한 처분)** 관리청은 다음 각 호의 어느 하나에 해당하는 자에게 이 법에 따른 허가나 승인의 취소, 그 효력의 정지, 조건의 변경, 공사의 중지, 공작물의 개축, 물건의 이전, 그 밖에 필요한 처분을 하거나 조치를 명할 수 있다. (각호 생략)

> **대판 2011. 4. 28, 2007도7514**(구 공유재산 및 물품 관리법(2010. 2. 4. 법률 제10006호로 개정되기 전의 것, 이하 '공유재산법'이라 한다) 제83조는 "정당한 사유 없이 공유재산을 점유하거나 이에 시설물을 설치한 때에는 행정대집행법 제3조 내지 제6조의 규정을 준용하여 철거 그 밖의 필요한 조치를 할 수 있다"라고 정하고 있는데, 위 규정은 대집행에 관한 개별적인 근거 규정을 마련함과 동시에 행정대집행법상의 대집행 요건 및 절차에 관한 일부 규정만을 준용한다는 취지에 그치는 것이고, 그것이 대체적 작위의무에 속하지 아니하여 원칙적으로 대집행의 대상이 될 수 없는 다른 종류의 의무에 대하여서까지 강제집행을 허용하는 취지는 아니다).

(3) 다른 방법이 없을 것(보충성) 대집행이 인정되기 위해서는 불이행된 의무를 다른 수단으로는 이행을 확보하기가 곤란하여야 한다(대판 1989. 7. 11, 88누11193). 다른 수단이란 비례원칙상 의무자에 대한 침해가 대집행보다 경미한 수단을 의미한다. 따라서 직접강제나 행정벌은 이에 해당하기 어렵다. 행정지도 내지 사실상의 권유 등은 다른 수단에 해당한다.

(4) 공익상의 요청이 있을 것 의무의 불이행만으로 대집행이 가능한 것은 아니다. 의무의 불이행을 방치하는 것이 심히 공익을 해한다고 인정되는 경우에 비로소 대집행이 허용된다. 「심히」의 판단시기는 계고시가 기준이 된다.

5. 대집행의 절차

(1) 계 고

(가) 의 의 전조의 규정에 의한 처분(이하 "대집행"이라 한다)을 하려 함에 있어서는 상당한 이행기한을 정하여 그 기한까지 이행되지 아니할 때에는 대집행을 한다는 뜻을 미리 문서로써 계고하여야 한다(행집법 제3조 제1항). 비상시 또는 위험이 절박한 경우에 있어서 당해 행위의 급속한 실시를 요하여 계고의 수속을 취할 여유가 없을 때에는 그 수속을 거치지 아니하고 대집행을 할 수 있다(행집법 제3조 제3항). 이러한 경우는 행정상 즉시강제의 성격을 갖게 된다.

(나) 법적 성질 계고란 준법률행위적 행정행위로서 통지행위에 해당하며(통설), 행정쟁송의 대상이 된다(대판 1962. 10. 8, 62누117). 반복된 계고의 경우에는 1차계고가 처분성을 가진다(대판 1994. 10. 28, 94누5144).

(다) 요 건 ① 계고시에 의무의 내용이 특정되어야 한다(대판 1997. 2. 14, 96누15428). ② 계고시에 상당한 이행기간을 정하여야 한다. 상당한 기간이란 사회통념상 이행에 필요한 기간을 의미한다(대판 1990. 9. 14, 90누2048). ③ 계고는 문서로 하여야 한다(행집법 제3조 제1항). 구두에 의한 계고는 무효이다. ④ 정당한 사유 없이 이루어지는 계고 없는 강제집행은 절차상의 하자를 구성한다. 계고요건구비 여부의 판단은 판단여지의 문제가 된다.

(2) 대집행영장에 의한 통지

(가) 의 의 의무자가 전항의 계고를 받고 그 지정기한까지 그 의무를 이행하지 아니할 때에는 당해 행정청은 대집행영장으로써 대집행을 할 시기, 대집행을 시키기 위하여 파견하는 집행책임자의 성명과 대집행에 요하는 비용의 개산에 의한 견적액을 의무자에게 통지하여야 한다(행집법 제3조 제2항). 비상시 또는 위험이 절박한 경우에 있어서 당해 행위의 급속한 실시를 요하여 전 2항에 규정한 수속을 취할 여유가 없을 때에는 그 수속을 거치지 아니하고 대집행을 할 수 있다(행집법 제3조 제3항).

(나) 성 질 대집행통지는 준법률행위적 행정행위로 이해되나, 동시에 의무자에게 대집행시 수인의무를 부과하는 것이기도 하다. 한편, 계고절차는 거치되 대집행영장에 의한 통지절차를 생략하는 경우는 계고절차를 생략하는 경우와는 달리 행정상 즉시강제의 성격을 갖지 않는다.

(3) 대집행의 실행

(가) 실 행 의무자가 지정된 기한까지 의무를 이행하지 않으면, 당해 행정청은 스스로 의무자가 해야 할 행위를 하거나 또는 제3자로 하여금 그 행위를 하게 한다. 여기

서 스스로 한다고 하는 것은 자기집행으로서 소속공무원으로 하여금 실행하게 하는 것을 의미하고, 제3자로 하여금 하게 한다는 것은 타자집행으로서 도급계약에 의거하여 적당한 제3자로 하여금 행하게 하는 것을 말한다. 실행행위의 성질은 수인하명과 사실행위가 결합된 합성행위로서 권력적 사실행위에 해당한다.

(나) **증표의 휴대** 스스로 하든, 제3자로 하여금 행하게 하든 간에 대집행을 하기 위하여 현장에 파견되는 집행책임자는 그가 집행책임자라는 것을 표시한 증표를 휴대하여 대집행시에 이해관계인에게 제시하여야 한다(행집법 제4조). 집행책임자가 증표를 제시하면 이해관계자는 강제집행에 대해 수인할 의무를 부담하게 되고, 이에 대항하면 공무집행방해죄를 구성하게 된다.

(다) **실력행사** 수인의무를 위반하여 의무자가 행하는 저항(예: 강제철거시 철거민이 폭력을 행사하며 저항하는 경우)을 행정청이 실력으로 배제할 수 있는가? 명문의 규정을 갖고 있지 않기 때문에 부정적으로 보는 견해가 있다. 이 견해는 공무집행방해죄의 적용이나 경찰관직무집행법상의 위험발생방지조치 또는 범죄의 예방·제지를 경찰권의 발동과 같은 방법에 의지할 수밖에 없다고 한다. 그러나 부득이한 경우에는 대집행의 실행을 위해 필요한 최소한의 범위 내에서 저항을 배제하는 것은 가능하다고 볼 것이다. 그래야만 대집행은 의미있게 되기 때문이다.

(4) **비용의 징수** 대집행에 요한 비용의 징수에 있어서는 실제에 요한 비용과 그 납기일을 정하여 의무자에게 문서로써 그 납부를 명하여야 한다(행집법 제5조). 의무자가 그 비용을 납부하지 않으면 당해 행정청은 대집행에 요한 비용을 국세징수법의 예에 의하여 징수할 수 있다(행집법 제6조 제1항). 비용납부명령은 급부의무를 부과하는 하명으로서 처분성을 가진다.

6. 대집행에 대한 구제

(1) **행정심판** 대집행에 대하여는 행정심판을 제기할 수 있다(행집법 제7조). 말하자면 대집행에 대해 불복이 있는 자는 행정심판의 제기를 통하여 위법 또는 부당한 대집행의 취소를 구할 수 있다.

(2) **행정소송**

(가) **행정심판의 전치** 대집행에 대한 행정심판의 제기가 법원에 대한 출소의 권리를 방해하지 아니한다(행집법 제8조). 대집행에도 행정소송법의 일반원칙인 임의적 심판전치가 적용된다(행소법 제18조 제1항 본문).

(나) **대상적격**(소의 대상) 소의 대상인 대집행은 계고, 대집행영장에 의한 통지, 대집행의 실행을 포함하는 개념이다. 계고행위와 대집행영장에 의한 통지행위에 대해

대상적격이 인정되므로 취소쟁송 등을 제기할 수 있다. 또한 대집행의 실행행위는 권력적 사실행위로 상대방에 대한 수인의무를 수반하기 때문에 처분성이 인정되며, 실행행위가 종료되지 않은 경우는 통상적으로 권리보호필요성이 인정되므로 소송을 제기할 수 있다. 다만 대집행이 완료되기 전에 집행정지제도를 활용할 필요가 있다.

(다) 소의 이익 대집행 실행행위가 종료된 이후에는 행정소송이 의미를 갖지 못한다. 이러한 경우는 통상 권리보호의 필요(협의의 소의 이익)가 없기 때문이다(대판 1995. 8. 28, 95누2623). 이 단계에서는 손해배상 또는 원상회복의 청구가 주장될 수 있을 뿐이다.

(라) 입증책임 대집행요건 충족의 입증책임은 행정청에 있다(대판 1996. 10. 11, 96누8086).

(마) 하자의 승계 ① 대체적 작위의무의 부과처분(예: 철거명령)과 대집행절차 사이에서는 동일한 목적·효과가 인정되지 아니하므로 부과처분이 당연무효가 아닌 한 하자의 승계가 인정되지 아니한다(대판 1975. 12. 9, 75누218; 대판 1982. 7. 27, 81누293). ② 대집행의 여러 절차(대집행의 계고, 대집행영장에 의한 통지, 대집행의 실행, 대집행에 요한 비용의 납부명령)는 단계적인 절차로서 서로 결합하여 하나의 법률효과를 발생시키는 것이므로 선행행위의 하자가 후행행위에 승계된다(대판 1993. 11. 9, 93누14271).

(3) 손해배상 위법한 대집행을 통해 손해를 입은 자는 국가나 지방자치단체를 상대로 손해배상을 청구할 수 있다. 손해배상청구는 대집행이 종료된 경우에 보다 의미를 갖는다. 손해배상의 청구에 대집행처분의 취소판결이 요구되는 것은 아니므로 국가배상청구소송의 수소법원은 선결문제로서 대집행의 위법을 심리할 수 있다.

(4) 결과제거청구 등 대집행 후에도 위법상태가 계속된다면 경우에 따라서 피해자는 결과제거의 청구를 주장할 수도 있다. 이 밖에 ① 위법한 대집행은 감독청에 의한 취소·정지에 의해서 구제를 받을 수도 있다. ② 대집행에 대한 예방적인 구제수단으로 예방적 부작위를 구하는 소송이나 예방적으로 확인을 구하는 소송이 무명항고소송의 하나로 검토될 수 있을 것이다.

Ⅲ. 경찰상 강제징수

1. 경찰상 강제징수의 의의

경찰상 강제징수란 사인이 경찰작용과 관련하여 국가 또는 지방자치단체 등에 대해 부담하고 있는 공법상 금전급부의무를 불이행한 경우에 경찰행정청이 강제적으로 그 의무가 이행된 것과 같은 상태를 실현하는 작용을 말한다. 경찰상 강제징수는 행정상 강제집행의 일종이다.

2. 경찰상 강제징수의 법적 근거

국세징수법이 경찰상 강제징수의 일반법으로서 기능한다. 국세징수법은 원래 국세징수를 위한 법률이지만, 여러 법률이 강제징수에 있어서 국세징수법을 준용하고 있는 결과, 국세징수법은 공법상 금전급부의무의 강제에 관한 일반법으로 기능하고 있다.

3. 경찰상 강제징수의 절차

(1) 독 촉 국세징수법상 강제징수는 독촉절차와 체납처분절차(압류·매각·청산)로 구성된다. 국세를 그 납부기한까지 완납하지 아니하였을 때에는 세무서장은 납부기한이 지난 후 10일 내에 독촉장을 발급하여야 한다. 다만, 제14조에 따라 국세를 징수하거나 체납액이 대통령령으로 정하는 금액 미만이면 독촉장을 발급하지 아니한다(국징법 제23조 제1항).

(2) 체납처분

㈎ 압 류 ① 세무서장(체납기간 및 체납금액을 고려하여 대통령령으로 정하는 체납자의 경우에는 지방국세청장을 포함한다)은 다음 각 호(1. 납세자가 독촉장(납부최고서를 포함한다)을 받고 지정된 기한까지 국세와 가산금을 완납하지 아니한 경우, 2. 제14조 제1항에 따라 납세자가 납기 전에 납부 고지를 받고 지정된 기한까지 완납하지 아니한 경우)의 어느 하나에 해당하는 경우에는 납세자의 재산을 압류한다(국징법 제24조). 압류란 의무자의 재산에 대하여 사실상 및 법률상의 처분을 금지하고, 아울러 의무자의 재산을 확보하는 강제적인 보전행위를 말한다. ② 독촉장 발부 없이 한 압류처분은 위법하다(대판 1984. 9. 25, 84누107).

㈏ 매 각 세무서장은 압류한 동산, 유가증권, 부동산, 무체재산권등과 제41조 제2항에 따라 체납자를 대위하여 받은 물건[통화(通貨)는 제외한다]을 대통령령으로 정하는 바에 따라 공매한다(국징법 제61조 제1항, 제67조). 보충적으로 수의계약이 가능한 경우도 있다(국징법 제62조). 공매는 공고한 날부터 10일이 지난 후에 한다. 다만, 그 재산을 보관하는 데에 많은 비용이 들거나 재산의 가액이 현저히 줄어들 우려가 있으면 10일이 지나기 전이라도 할 수 있다(국징법 제70조).

대판 2007. 7. 27, 2006두8464(한국자산공사가 당해 부동산을 인터넷을 통하여 재공매(입찰)하기로 한 결정 자체는 내부적인 의사결정에 불과하여 항고소송의 대상이 되는 행정처분이라고 볼 수 없고, 또한 한국자산공사가 공매통지는 공매의 요건이 아니라 공매사실 자체를 체납자에게 알려주는 데 불과한 것으로서, 통지의 상대방의 법적 지위나 권리·의무에 직접 영향을 주는 것이 아니라고 할 것이므로 이것 역시 행정처분에 해당한다고 할 수 없다).

(다) **청 산** 세무서장은 다음 각 호(1. 압류한 금전, 2. 채권·유가증권·무체재산권등의 압류로 인하여 체납자 또는 제3채무자로부터 받은 금전, 3. 압류재산의 매각대금 및 그 매각대금의 예치이자, 4. 교부청구에 의하여 받은 금전)의 금전을 제81조(배분방법)에 따라 배분하여야 한다. 다만, 제61조 제5항 또는 제62조 제2항이 적용될 때에는 한국자산관리공사가 그 배분을 대행할 수 있으며, 이 경우 금전 배분은 세무서장이 한 것으로 본다(국징법 제80조).

(3) **교부청구** 세무서장은 제14조(납기 전 징수) 제1항 제1호부터 제6호까지의 규정에 해당하는 때에는 해당 관서, 공공단체, 집행법원, 집행공무원, 강제관리인, 파산관재인 또는 청산인에 대하여 체납액의 교부를 청구하여야 한다(국징법 제56조).

> **국세징수법 제14조(납기 전 징수)** ① 세무서장은 납세자에게 다음 각 호의 어느 하나에 해당하는 사유가 있을 때에는 납기 전이라도 이미 납세의무가 확정된 국세는 징수할 수 있다.
> 1. 국세의 체납으로 체납처분을 받을 때
> 2. 지방세 또는 공과금의 체납으로 체납처분을 받을 때
> 3. 강제집행을 받을 때
> 4. 「어음법」 및 「수표법」에 따른 어음교환소에서 거래정지처분을 받은 때
> 5. 경매가 시작된 때
> 6. 법인이 해산한 때
> 7. 국세를 포탈(逋脫)하려는 행위가 있다고 인정될 때
> 8. 납세관리인을 정하지 아니하고 국내에 주소 또는 거소를 두지 아니하게 된 때

4. 경찰상 강제징수에 대한 불복

경찰상 강제징수에 대하여 불복이 있을 때에는 개별법령에 특별규정이 없는 한 국세기본법(제55조 이하)·행정심판법·행정소송법이 정한 바에 따라 전심절차를 거쳐 행정상 쟁송을 제기할 수 있다. 물론 불복을 할 수 있는 자는 강제징수에 대하여 법률상 직접적인 이해관계를 가진 자에 한한다(대판 1990. 10. 16, 89누5706).

Ⅳ. 이행강제금(집행벌)

1. 이행강제금의 의의

(1) **개 념** 이행강제금은 대체적 또는 비대체적인 작위의무·부작위의무·수인의무의 불이행시에 일정액수의 금전이 부과될 것임을 의무자에게 미리 계고함으로써 의무의 이행의 확보를 도모하는 강제수단을 말한다. 이행강제금은 단순히 강제금이라고도 한다.

(2) 대집행과의 관계 대집행이 부적절한 경우에는 대체적 작위의무의 강제를 위해서도 사용될 수 있다. 따라서 대집행과 이행강제금은 선택적으로 활용될 수 있다(헌재 2004. 2. 26, 2001헌바80). 강제금은 처벌이 아니기 때문에 이행강제금을 집행벌로 부르는 것은 적절하지 않다.

2. 이행강제금의 성질

(1) 의 의 이행강제금은 위반행위에 대한 제재로서의 벌금형(형벌)이 아니다. 강제금은 이미 행한 불법에 대한 속죄를 위한 처분이 아니다. 강제금은 장래에 행위의 이행의 확보를 위한 강제수단일 뿐이다. 그것은 행정상 명령의 실현을 위한 집행수단이다.

(2) 행정벌과 병과 강제금은 처벌이 아니므로 과태료와 성질을 달리한다. 따라서 강제금은 과태료나 형벌과 병과될 수도 있다(헌재 2004. 2. 26, 2001헌바80). 강제금의 확정은 행정행위의 성질을 갖는다.

헌재 2011. 10, 25, 2009**헌바**140(건축법 제80조 제1항, 제4항에서 규정하고 있는 이행강제금은 일정한 기한까지 의무를 이행하지 않을 때에는 일정한 금전적 부담을 과할 뜻을 미리 계고함으로써 의무자에게 심리적 압박을 주어 장래에 그 의무를 이행하게 하려는 행정상 간접적인 강제집행 수단의 하나로서 과거의 일정한 법률위반 행위에 대한 제재로서의 형벌이 아니라 장래의 의무이행의 확보를 위한 강제수단일 뿐이어서 범죄에 대하여 국가가 형벌권을 실행한다고 하는 과벌에 해당하지 아니하므로 헌법 제13조 제1항이 금지하는 이중처벌금지의 원칙이 적용될 여지가 없을 뿐 아니라, 건축법 제108조, 제110조에 의한 형사처벌의 대상이 되는 행위와 이 사건 법률조항에 따라 이행강제금이 부과되는 행위는 기초적 사실관계가 동일한 행위가 아니라 할 것이므로 이런 점에서도 이 사건 법률조항이 헌법 제13조 제1항의 이중처벌금지의 원칙에 위반되지 아니한다).

대결 2006. 12. 8, 2006**마**470(구 건축법상의 이행강제금은 구 건축법의 위반행위에 대하여 시정명령을 받은 후 시정기간 내에 당해 시정명령을 이행하지 아니한 건축주 등에 대하여 부과되는 간접강제의 일종으로서 그 이행강제금 납부의무는 상속인 기타의 사람에게 승계될 수 없는 일신전속적인 성질의 것이므로 이미 사망한 사람에게 이행강제금을 부과하는 내용의 처분이나 결정은 당연무효이고, 이행강제금을 부과받은 사람의 이의에 의하여 비송사건절차법에 의한 재판절차가 개시된 후에 그 이의한 사람이 사망한 때에는 사건 자체가 목적을 잃고 절차가 종료한다).

3. 이행강제금의 법적 근거

강제금제도는 의무자에 대한 침익적인 강제수단이므로 당연히 법적 근거를 요한다(헌법 제37조 제2항). 현재로서 강제금에 관한 일반적인 규정은 없다. 다만, 현재로서는 경찰작용과 관련하여 건축법 제80조 등을 볼 수 있다.

4. 이행강제금의 부과절차 등

강제금의 금액은 개별법률에서 규정된다(예: 건축법 제80조). 건축법상 이행강제금을 부과하기 전에 이행강제금을 부과·징수한다는 뜻을 미리 문서로 계고하여야 하며(예: 건축법 제80조 제2항), 이행강제금의 부과는 이행강제금의 금액, 부과사유, 납부기한 및 수납기관, 이의제기방법 및 이의제기기관 등을 구체적으로 밝힌 문서로 하여야 된다(예: 건축법 제80조 제3항). 이행강제금은 반복하여 부과·징수될 수 있다(예: 건축법 제80조 제4항). 강제금은 처벌이 아니므로 반복부과는 이중처벌의 문제를 가져오지 아니한다.

5. 권리보호

이행강제금부과처분에 불복이 있는 자는 개별 법률이 정하는 바에 따라 일정한 기간 내에 이의를 제기할 수 있다. 개별 법률에 정함이 없다면, 행정심판법과 행정소송법이 정하는 바에 의한다.

6. 대체강제구류(강제금미납부의 경우)

이행강제금납부의무자가 강제금을 납부하지 아니하고, 또한 납부의무자에 대한 강제징수도 효과가 없을 때(예: 의무자가 재산을 은닉한 경우 또는 지불능력이 없는 경우)에는 강제금제도는 한계를 갖는다. 이러한 경우에 강제금징수를 대체하여 일정기간을 구금하는 제도를 대체강제구류라 부른다. 대체강제구류는 형벌수단이 아니고 의무이행을 위한 강제수단일 뿐이다. 따라서 대체강제구류에는 형사법상 규정이 적용될 수 없다. 강제금제도의 효과를 증대시키기 위해서는 대체강제구류제도의 도입이 필요하다.

7. 일반경찰법상 효용성

독일의 바이에른 주의 경우, 경찰법상 강제금에 관한 규정이 있으나, 경찰의 영역에서 강제금제도는 별로 활용되지 아니한다고 한다. 왜냐하면 강제금으로 경찰이 방지하여야 할 위험을 일반적으로 적시에 방지하기는 어렵고 따라서 강제금으로는 효과를 기대하기 어렵기 때문이라는 것이다.

V. 직접강제

1. 직접강제의 의의

직접강제란 의무자가 의무를 불이행할 때, 행정기관이 직접 의무자의 신체·재산에 실력을 가하여 의무자가 직접 의무를 이행한 것과 같은 상태를 실현하는 작용으로 이해된다. 직접강제는 작위의무의 불이행뿐만 아니라 부작위의무나 수인의무의 불이행의 경우에도 활용될 수 있는 수단이다.

2. 직접강제의 법적 근거

직접강제에 관한 일반법은 없다. 다만 몇몇 단행법률에서 나타나고 있을 뿐이다(예: 도교법 제71조 제2항; 식품법 제79조). 직접강제의 의미와 범위, 그리고 한계 등을 보다 분명히 함으로써 국민의 권익보호와 행정집행의 효율성의 확보를 위해 일반법을 마련하는 것이 바람직하다.

3. 직접강제의 한계

직접강제는 국민의 신체나 재산에 대한 직접적인 침해수단이자 강력한 수단으로서 국민의 기본권을 침해할 가능성을 많이 갖는다. 따라서 직접강제의 남용으로부터 국민의 보호를 위해 강제권발동과 관련하여 보다 엄격한 제한의 원리가 도입되어야 할 것이다. 한편 직접강제의 한계를 규율하는 개별법(예: 식품법 제79조 제4항)은 있으나, 일반법은 없다. 물론 개별법령에 규정이 없더라도 행정법상 일반원칙은 당연히 직접강제에도 적용된다.

4. 직접강제에 대한 구제

(1) 행정상 쟁송 직접강제의 발동은 기본적으로 사실작용이지만, 상대방에게 수인의무를 요구한다는 점에서 법적 행위의 성질도 갖는다. 따라서 직접강제의 발동도 행정심판이나 행정소송의 대상이 된다. 그러나 직접강제는 통상 신속하게 종료되므로, 권리보호의 이익이 없게 된다. 이 때문에 직접강제수단을 행정심판이나 행정소송의 대상으로 하는 것은 현실적으로 기대하기 어렵다.

(2) 손해배상 등 위법한 직접강제를 통해 손해를 입은 자는 특별규정이 없는 한 국가배상법이 정하는 바에 따라 국가나 지방자치단체를 상대로 손해배상을 청구할 수 있다. 그리고 직접강제 후에도 만약 위법상태가 계속된다면, 경우에 따라 피해자는 결과제거의 청구를 주장할 수도 있다. 물론 위법한 직접강제에 대항하는 것은 정당방위

이며 공무집행방해죄를 구성하지 아니한다. 그리고 위법한 직접강제를 행한 공무원에게는 형사책임과 징계책임이 추궁될 수도 있다.

5. 제도도입의 확대

현재로서 부작위의무위반의 경우에는 벌칙 등의 간접강제수단을 활용하고 있다. 이것은 실효성에 있어서도 문제이지만, 의무불이행자를 전과자로 만들 가능성도 갖는다. 이 때문에 영업장소를 폐쇄하는 등의 직접강제수단을 공중보건·위생·식품 등에 관한 분야뿐만 아니라 그 밖의 행정분야에 확대도입할 필요가 있다.

제 3 항 경찰상 즉시강제

Ⅰ. 경찰상 즉시강제의 관념

1. 경찰상 즉시강제의 의의

경찰상 즉시강제란 경찰상 장해가 존재하거나 장해의 발생이 목전에 급박한 경우에 성질상 개인에게 의무를 명해서는 경찰행정목적을 달성할 수 없거나 또는 미리 의무를 명할 시간적 여유가 없는 경우에 경찰행정기관이 직접 개인의 신체나 재산에 실력을 가하여 경찰상 필요한 상태의 실현을 목적으로 하는 작용을 말한다(전통적 견해). 경찰상 즉시강제는 행정상 즉시강제의 일종이다.

2. 경찰상 즉시강제의 성질

경찰상 즉시강제는 구체적인 의무부과행위이자 사실행위로서의 실력행사인 동시에 그 실력행사에 대해 참아야 하는 수인의무도 발생시키는 행위이다. 즉 행정상 즉시강제는 사실행위와 법적 행위가 결합된 행위이다. 따라서 행정상 즉시강제는 항고소송의 대상이 되는 처분의 성질을 갖는다.

3. 경찰상 즉시강제의 법적 근거

헌법 제37조 제2항에 비추어 행정상 즉시강제에는 법률의 근거를 필요로 한다. 현재로서 행정상 즉시강제에 관한 일반법은 없다. 그러나 경찰공무원이 수행하는 경찰작용 영역에서는 일반법으로 경찰관직무집행법이 있다. 경찰관직무집행법에는 즉시강제에 관한 조항만 있는 것이 아니고, 경찰조사에 관한 조항 등이 있다고 하여 경찰관직무집행법이 경찰공무원이 수행하는 경찰작용영역에서 경찰상 즉시강제의 일반법이 아니라고 말할 수는 없다. 경찰상 즉시강제에 관한 개별법으로 마약류 관리에 관한 법률(제47조)·소방기본법(제25조)·식품위생법(제72조)·감염병의 예방 및 관리에 관한 법률(제42조) 등이 있다.

Ⅱ. 경찰상 즉시강제의 수단

1. 경찰관직무집행법상 수단

경찰관직무집행법상 대인적 강제수단으로는 보호조치(경직법 제4조), 위험발생의 방지(경직법 제5조), 범죄의 예방과 제지(경직법 제6조), 장구의 사용(경직법 제10조의2), 무기의 사용(경직법 제10조의4 제1항)이 있고, 대물적 강제수단으로는 무기 등 물건의 임시영치(경직법 제4조 제3항), 위험방지조치(경직법 제5조 제1항, 제6조 제1항)가 있으며, 대가택강제수단으로는 위험방지를 위한 출입(경직법 제7조)이 있다(이에 관해 자세한 것은 제3장 경찰행정작용법, 제1절 경찰작용의 법적 근거와 한계, 제1항 경찰작용의 법적 근거, Ⅲ. 일반경찰법상 특별수권부분 참조). 한편, 경찰관직무집행법상 일반적 수권조항이 인정된다는 견해는 동 조항이 경찰상 즉시강제의 일반적 근거가 된다고 보지만, 현행 경찰관직무집행법상 일반적 수권조항이 인정될 수 없다는 것은 이미 살펴본 바 있다.

2. 개별법상 수단

대인적 강제수단에는 강제진찰과 치료(감염법 제42조), 강제 건강진단과 예방접종(감염법 제46조) 등이 있고, 대물적 강제수단에는 물건의 파기등의 강제처분(소방법 제25조), 물건의 폐기(식품법 제72조; 약사법 제71조 제2항), 도로의 위법공작물 등에 대한 제거(도교법 제71 제2항, 제72조 제2항) 등이 있고, 대가택강제수단에는 수색(조처법 제9조 제1항) 등이 있다.

3. 수단도입시 고려사항

상기의 수단은 대체적 작위의무의 집행뿐만 아니라 비대체적 작위의무의 집행을 위해서도 적용될 수 있다는 점, 상기의 수단은 대집행이나 기타의 수단으로 효과의 달성이 곤란한 경우에만 적용되어야 한다는 점(보충성의 원칙), 그리고 상기의 수단의 도입이 요구되는 경우에는 경찰력의 신속한 투입이 특히 중요한바, 법규에서 경찰공무원의 직무상 명령에의 복종이 특히 강조되어야 한다는 점, 따라서 위법명령에 대한 이의제기는 제한된다는 점, 그러나 인간의 가치를 부정하는 명령, 경찰목적에 반하는 명령에는 거부하여야 하고 준수할 의무가 없다는 점이 중요하다.

4. 수단선택과 실력행사

(1) 일 반 론 상기의 수단이 도입되는 경우에 사용할 수 있는 실력의 행사방법은 법상 예정되어 있는 것에 한한다. 그 종류에는 ① 경찰공무원의 단순한 신체상의 힘(체력, 즉 경찰공무원의 육체적인 힘), ② 체력의 보조수단(예: 경찰견·경찰마·경찰차·폭약·수갑·포승 등), ③ 무기(칼·방독면·최루가스·총기 등) 등으로 나눌 수 있다(경찰관직무집행법은 최루탄을 무기와 구분하여 규정하고 있다). 이러한 힘(공무원의 체력, 체력의 보조수단, 무기)의 행사에도 당연히 비례원칙이 적용된다(예컨대, 경찰관직무집행법 제5조에 의거하여 경찰이 위험발생의 방지를 위해 필요한 조치를 취하는 경우에 경찰은 제1차적으로 자신의 체력에 의하여야 할 것이고, 제2차적으로 동법 제10조의2와 제10조의3이 허용하는 경우에는 장구 또는 최루탄을 사용할 수 있을 것이고, 제3차적으로 동법 제10조의4가 허용되는 경우에는 무기를 사용할 수도 있다). 이에 관해 규정을 두는 경우도 있다(출입국관리법 제56조의4).

● **출입국관리법 제56조의4(강제력의 행사)** ① 출입국관리공무원은 피보호자가 다음 각 호의 어느 하나에 해당하면 그 피보호자에게 강제력을 행사할 수 있고, 다른 피보호자와 격리하여 보호할 수 있다. 이 경우 피보호자의 생명과 신체의 안전, 도주의 방지, 시설의 보안 및 질서유지를 위하여 필요한 최소한도에 그쳐야 한다.
1. 자살 또는 자해행위를 하려는 경우
2. 다른 사람에게 위해를 끼치거나 끼치려는 경우
3. 도주하거나 도주하려는 경우
4. 출입국관리공무원의 직무집행을 정당한 사유 없이 거부 또는 기피하거나 방해하는 경우
5. 제1호부터 제4호까지에서 규정한 경우 외에 보호시설 및 피보호자의 안전과 질서를 현저히 해치는 행위를 하거나 하려는 경우

② 제1항에 따라 강제력을 행사할 때에는 신체적인 유형력(有形力)을 행사하거나 경찰봉, 가스분사용총, 전자충격기 등 법무부장관이 지정하는 보안장비만을 사용할 수 있다.
③ 제1항에 따른 강제력을 행사하려면 사전에 해당 피보호자에게 경고하여야 한다. 다만, 긴급한 상황으로 사전에 경고할 만한 시간적 여유가 없을 때에는 그러하지 아니하다.
④ 출입국관리공무원은 제1항 각 호의 어느 하나에 해당하거나 보호시설의 질서유지 또는 강제퇴거를 위한 호송 등을 위하여 필요한 경우에는 다음 각 호의 보호장비를 사용할 수 있다.
1. 수갑
2. 포승
3. 머리보호장비
4. 제1호부터 제3호까지에서 규정한 사항 외에 보호시설의 질서유지 또는 강제퇴거를 위한 호송 등을 위하여 특별히 필요하다고 인정되는 보호장비로서 법무부령으로 정하는 것

⑤ 제4항에 따른 보호장비의 사용 요건 및 절차 등에 관하여 필요한 사항은 법무부령으로 정한다.

(2) 경찰장비의 사용

(가) 의 의 경찰관은 직무수행중 경찰장비를 사용할 수 있다. 다만, 인명 또는 신체에 위해를 가할 수 있는 경찰장비에 대하여는 필요한 안전교육과 안전검사를 실시하여야 한다(경직법 제10조 제1항). 제1항의 "경찰장비"라 함은 무기, 경찰장구, 최루제 및 그 발사장치, 감식기구, 해안감시기구, 통신기기, 차량·선박·항공기등 경찰의 직무수행을 위하여 필요한 장치와 기구를 말한다(경직법 제10조 제1항). 경찰상 즉시강제와 관련하여 무기, 경찰장구, 최루제 및 그 발사장치가 중요한 수단이 된다, 경찰장비를 임의로 개조하거나 임의의 장비를 부착하여 통상의 용법과 달리 사용함으로써 타인의 생명·신체에 위해를 주어서는 아니 된다(경직법 제10조 제3항).

(나) 성 질 경찰장비의 사용은 대체로 경찰상 즉시강제의 성질을 갖는다. 또 한편으로 경찰장비의 사용은 경찰관직무집행법 제3조 내지 제7조 등에서 규정하는 경찰상 즉시강제 내지 경찰상 조사수단의 도입시에 활용되는 힘(실력)의 한 종류로서의 성질도 갖는다.

(3) 장구의 사용

(가) 요 건 경찰관은 현행범인인 경우와 사형·무기 또는 장기 3년 이상의 징역이나 금고에 해당하는 죄를 범한 범인의 체포, 도주의 방지, 자기 또는 타인의 생명·신체에 대한 방호, 공무집행에 대한 저항의 억제를 위하여 필요하다고 인정되는 상당한 이유가 있을 때에는 그 사태를 합리적으로 판단하여 필요한 한도 내에서 경찰장구(수갑·포승·경찰봉·방패)를 사용할 수 있다(경직법 제10조의2 제1항). 말하자면 통상의 용법에 따라 필요한 최소한의 범위 안에서 이를 사용하여야 한다(장비정 제3조).

(나) 장 구 제1항의 "경찰장구"라 함은 경찰관이 휴대하여 범인검거와 범죄진압 등 직무수행에 사용하는 수갑·포승·경찰봉·방패등을 말한다(경직법 제10조의2 제2항). 경찰장비의 사용기준 등에 관한 규정은 경찰장구를 "수갑·포승·호송용포승·경찰봉·호신용경봉·전자충격기·방패 및 전자방패"로 정의하고 있다(장비정 제2조 제1호). 장구를 사용할 때에는 인명이나 신체에 대한 침해가 최소화될 수 있도록 하여야 한다. 사용대상자가 미성년자이거나 노약자인 경우에는 보다 세심한 주의가 있어야 한다.

(4) 분사기·최루탄의 사용

(가) 요 건 경찰관은 범인의 체포·도주의 방지 또는 불법집회·시위로 인하여 자기 또는 타인의 생명·신체와 재산 및 공공시설안전에 대한 현저한 위해발생을 억제하기 위하여 부득이 한 경우, 현장책임자의 합리적인 판단으로 필요한 최소한의 범위 안에서 분사기(총포·도검·화약류 등 단속법의 규정에 의한 분사기와 최루 등의 작용제) 또는 최루탄을 사용할 수 있다(경직법 제10조의3 제1항). 경찰장비의 사용기준 등에 관한 규정은 분사기·최

루탄 등을 "근접분사기·가스분사기·가스발사총(고무탄 발사겸용을 포함한다) 및 최루탄(그 발사장치를 포함한다)"으로 정의하고 있다(장비정 제2조 제3호).

(나) 한 계 분사기와 최루탄은 최루가스를 통해 사람의 신체와 정신에 일시적인 기능장해를 야기시키는 물건이지 사람의 살상을 목적으로 하는 물건이 아니다. 그러나 분사기·최루탄의 사용은 경우에 따라서는 사람의 생명이나 신체에 중대한 침해를 가져올 수도 있으므로, 분사기·최루탄의 사용은 비례원칙을 준수하는 가운데 이루어져야 한다. 말하자면 통상의 용법에 따라 필요한 최소한의 범위 안에서 이를 사용하여야 한다(장비정 제3조).

(다) 기 록 분사기·최루탄의 사용의 경우, 책임자는 사용일시·사용장소·사용대상·현장책임자·종류·수량 등을 기록하여 보관하여야 한다(경직법 제11조). 기록의 보관은 분사기·최루탄의 사용에 대한 통제수단이다.

(5) 무기의 사용

(가) 무기의 의의 경찰관직무집행법상 무기란 인명 또는 신체에 위해를 가할 수 있도록 제작된 권총·소총·도검 등을 말한다(경직법 제10조의4 제2항). 입법례에 따라서는 무기를 곤봉, 권총, 리볼버, 소총, 기관총, 기관소총 그리고 수류탄으로 정의하면서 기관총 등에 관해서는 별도의 규정을 두기도 한다. 경찰장비의 사용기준 등에 관한 규정은 무기를 "권총·소총·기관총(기관단총을 포함한다)·산탄총·유탄발사기·박격포·3인치포·함포·크레모아·수류탄·폭약류 및 도검"으로 정의하고 있다(장비정 제2조 제2호). 모든 무기를 하나의 조문에서 규율하는 것보다 특성에 따라 구분하여 규정하는 것이 바람직하다. 한편, 대간첩·대테러작전 등 국가안전에 관련되는 작전을 수행할 때에는 개인화기외에 공용화기를 사용할 수 있다(경직법 제10조의4 제3항). 현행법상 무기사용에 관한 일반적 규정으로 경찰관직무집행법 제10조의4를 볼 수 있다.

(나) 무기사용이 가능한 경우 경찰관은 범인의 체포·도주의 방지, 자기 또는 타인의 생명·신체에 대한 방호, 공무집행에 대한 저항의 억제를 위하여 필요하다고 인정되는 상당한 이유가 있을 때에는 그 사태를 합리적으로 판단하여 필요한 한도 내에서 무기(권총·소총·도검 등)를 사용할 수 있다(경직법 제10조의4 제1항 본문).

대판 2008. 2. 1, 2006다6713(경찰관은 범인의 체포, 도주의 방지, 자기 또는 타인의 생명·신체에 대한 방호, 공무집행에 대한 항거의 억제를 위하여 무기를 사용할 수 있으나, 이 경우에도 무기는 목적 달성에 필요하다고 인정되는 상당한 이유가 있을 때 그 사태를 합리적으로 판단하여 필요한 한도 내에서 사용하여야 하는바(경찰관직무집행법 제10조의4), 경찰관의 무기 사용이 이러한 요건을 충족하는지 여부는 범죄의 종류, 죄질, 피해법익의 경중, 위해의 급박성, 저항의 강약, 범인과 경찰관의 수, 무기의 종류, 무기 사용의 태양, 주변의 상황 등을 고려하여 사회통념상 상당하다고 평가되는지 여부에 따라 판단하여야 하고, 특히 사람에게 위해를 가할 위험성이 큰 권총의 사용에 있어서는 그 요건을 더욱 엄격하게 판단하여야 한다).

(다) **위해를 줄 수 있는 무기사용** 무기의 사용은 사람에게 위해를 가하지 않도록 사용하여야 함(예: 겨누기만 하는 경우 또는 위협발사만 하는 경우)이 원칙이다. 그러나 다음의 경우는 불가피하다고 보아 위해를 가하는 것을 허용하고 있다(경직법 제10조의4 제1항 단서).

1. 사형·무기 또는 장기 3년 이상의 징역이나 금고에 해당하는 죄를 범하거나 범하였다고 의심할 만한 충분한 이유가 있는 자가 경찰관의 직무집행에 대하여 항거하거나 도주하려고 할 때 또는 제삼자가 그를 도주시키려고 경찰관에게 항거할 때에 이를 방지 또는 체포하기 위하여 무기를 사용하지 아니하고는 다른 수단이 없다고 인정되는 상당한 이유가 있을 때
2. 체포·구속영장과 압수·수색영장을 집행할 때에 본인이 경찰관의 직무집행에 대하여 항거하거나 도주하려고 할 때 또는 제삼자가 그를 도주시키려고 경찰관에게 항거할 때 이를 방지 또는 체포하기 위하여 무기를 사용하지 아니하고는 다른 수단이 없다고 인정되는 상당한 이유가 있을 때
3. 범인 또는 소요행위자가 무기·흉기등 위험한 물건을 소지하고 경찰관으로부터 3회 이상의 투기명령 또는 투항명령을 받고도 이에 불응하면서 계속 항거하여 이를 방지 또는 체포하기 위하여 무기를 사용하지 아니하고는 다른 수단이 없다고 인정되는 상당한 이유가 있을 때
4. 대간첩작전수행에 있어 무장간첩이 경찰관의 투항명령을 받고도 이에 불응하는 경우

(라) **한 계** 무기사용에는 비례원칙의 엄수가 중요하다. 경찰관직무집행법은 "… 필요하다고 인정되는 상당한 이유가 있을 때에는… 필요한 한도 내에서 무기를 사용할 수 있다"고 하여 비례원칙을 명시적으로 규정하고 있다(경직법 제10조의4 제1항 본문). 또한 경찰관직무집행법은 "…무기를 사용하지 아니하고는 다른 수단이 없다고 인정되는 상당한 이유가 있을 때…"에 무기를 사용할 수 있다고 하여 보충성의 원칙도 도입하고 있다(경직법 제10조의4 제1항 제1호 내지 제3호). 말하자면 통상의 용법에 따라 필요한 최소한의 범위안에서 이를 사용하여야 한다(장비정 제3조). 그러나 보충성의 원칙은 대간첩작전 수행에서는 적용되지 아니한다(경직법 제10조의4 제1항 제4호 참조).

(마) **총기의 사용**

(a) 총기사용의 성격 실력행사방법으로서 무기사용 중에서도 총기사용은 그 자체가 목적이 아니다. 총기사용은 정당한 고권적인 처분과 명령상의 특정목적의 실현을 위한 도구일 뿐이다. 즉 그것은 오로지 목적을 위한 수단이며, 특정한 고권적인 목적 없는 총기사용은 예상할 수 없다. 이것은 결국 총기사용에 비례원칙이 반드시 적용되어야 함

을 의미한다. 일반적으로 말한다면, 총기의 사용은 경찰책임자(경찰의무자)의 공격이나 도주시에 가능할 것이다.

(b) **법적 근거와 긴급성** ① 총기사용은 개개인의 신체의 온전성에 관련되는 국가권력의 작용인 까닭에 헌법 제10조(인간의 존엄과 가치), 헌법 제12조(신체의 자유)에 의거, 법률의 근거 하에서만 사용가능하다. 현행법상 그 근거로 경찰관직무집행법 제10조의4를 들 수 있다. 총기사용의 요건은 엄격하여야 한다.

Ⅲ. 경찰상 즉시강제와 영장

1. 일 반 론

헌법은 제12조에서 신체의 구속 등에 영장이 필요함을, 제16조에서 주거의 수색 등의 경우에 영장이 필요함을 규정하고 있다. 그러나 헌법은 행정작용의 경우에는 명시적으로 표현하는 바가 없다. 경찰행정작용의 경우에도 영장이 필요한가의 문제와 관련하여 견해는 나뉜다.

(1) **영장필요설** 헌법은 형사의 경우와 행정의 경우를 구분하지 않고 영장주의를 규정하고 있으므로 영장제도는 형사작용인가 행정작용인가를 불문하고 적용되며, 따라서 행정목적을 위한 것이라 하여도 주거의 출입, 신체나 주거의 수색을 위해서는 영장이 필요하다는 견해를 영장필요설이라 한다. 영장필요설은 형사와 행정이 목적에서 차이를 가져도 기본권보장의 취지는 같다는 입장이다.

(2) **영장불요설** 헌법상의 영장제도는 형사작용에만 적용되는 것이지 행정작용에는 적용이 없다. 행정상 즉시강제는 행정상 의무를 명할 여유가 없는 급박한 경우의 문제이므로, 이 때 영장을 필요로 한다는 것은 헌법이 예상하는 바가 아니라는 견해를 영장불요설이라 한다. 영장불요설은 연혁적으로도 영장주의는 형사사법제도와 관련하여 발전되었다는 것 등을 이유로 삼는다.

(3) **절 충 설** 원칙적으로 영장필요설에 입각하면서도 행정목적의 달성을 위해 불가능하다고 인정할 만한 특별한 사유가 있는 경우에는 사전영장주의의 적용을 받지 않는다는 견해를 절충설이라 한다. 일반적 견해이자 판례의 입장이다(대판 1997. 6. 13, 96다56115).

(4) **사 견** 논리적으로는 절충설이 타당하다. 그러나 적어도 즉시강제가 형사책임의 추궁과 관련을 갖는 것으로서, 침해가 계속되거나 개인의 신체·재산·가택에 중대한 침해를 가할 수도 있는 경우에는 반드시 사후에라도 영장을 요한다(조처법 제9조 제2항 참조).

2. 표준처분

경찰행정상 즉시강제수단 중 경찰관직무집행법에서 규정하는 보호조치·위험발생 방지 등 표준처분은 영장주의의 예외, 즉 영장 없이 이루어지는 강제처분이다. 왜냐하면 이러한 수단은 공적 안전이나 공적 질서의 유지를 위해 매우 빈번히 도입되는 것으로서 영장주의를 관철시킬 수 없는 것이고, 이 때문에 경찰관직무집행법은 표준처분이라는 특별구성요건을 둔 것이라고 새기는 것이 합리적이기 때문이다. 한편 이러한 경우에는 현행범의 요소가 다분히 있기 때문에 영장제의 예외사항에 해당되는 것이라고 볼 수 있다는 지적도 있다.

Ⅳ. 경찰상 즉시강제에 대한 구제

1. 적법한 침해

적법한 즉시강제로 인해 개인이 손실을 입게 되고 또한 그 손실이 특별한 희생에 해당한다면, 그 개인은 행정상 손실보상을 청구할 수 있다(헌법 제23조 제3항)(간접효력규정설). 개별법이 손실보상에 관해 명문으로 규정을 두는 경우도 있다(소방법 제25조 제4항). 경우에 따라서는 희생보상청구권도 가질 수 있을 것이다.

2. 위법한 침해

(1) **인신보호제도** 자유로운 의사에 반하여 국가, 지방자치단체, 공법인 또는 개인, 민간단체 등이 운영하는 의료시설·복지시설·수용시설·보호시설(이하 "수용시설"이라 한다)에 수용·보호 또는 감금되어 있는 자(이를 피수용자라 한다. 형사절차에 따라 체포·구속된 자, 수형자 및 「출입국관리법」에 따라 보호된 자는 제외한다)가 수용이 위법하게 개시되거나 적법하게 수용된 후 그 사유가 소멸되었음에도 불구하고 계속 수용되어 있는 때에는 피수용자, 그 법정대리인, 후견인, 배우자, 직계혈족, 형제자매, 동거인, 고용주 또는 수용시설 종사자(이하 "구제청구자"라 한다)는 인신보호법이 정하는 바에 따라 법원에 구제를 청구할 수 있다

(2) **행정상 쟁송** 경찰상 즉시강제의 취소나 변경을 구할 법률상의 이익이 있는 자는 행정상 쟁송의 제기를 통해 위법한 즉시강제에 대해 다툴 수 있다. 경찰상 즉시강제는 수인의무를 내포하는 행정행위로서의 성질도 갖기 때문이다. 그러나 즉시강제가 완성되어 버리면 취소나 변경을 구할 이익이 없기 때문에, 실제상 행정상 쟁송은 행정상 즉시강제가 장기간에 걸쳐 계속되는 경우에 의미를 갖는다.

(3) **행정상 손해배상** 위법한 즉시강제작용으로 인하여 손해를 입은 자는 국가나 지방자치단체를 상대로 국가배상법이 정한 바에 따라 손해배상을 청구할 수 있다(대판 2003. 3. 14, 2002다57218). 행정상 쟁송수단이 제기능을 발휘하지 못하는 경우에 행정상 손해배상은 특히 의미를 갖게 된다.

Ⅴ. 차량의 견인

1. 의 의

도로교통법은 교차로·횡단보도·건널목이나 보도와 차도가 구분된 도로의 보도(「주차장법」에 의하여 차도와 보도에 걸쳐서 설치된 노상주차장을 제외한다), 터널 안 또는 다리 위 등 여러 장소에서 주차(운전자가 승객을 기다리거나 화물을 싣거나 차가 고장나거나 그 밖의 사유로 차를 계속 정지상태에 두는 것 또는 운전자가 차에서 떠나서 즉시 그 차를 운전할 수 없는 상태에 두는 것을 말한다. 도교법 제2조 제24호)하는 것을 제한하고 있다(도교법 제32조, 제33조, 제34조). 만약 이에 위반하여 주차하고 있는 차가 교통에 위험을 일으키게 하거나 방해될 우려가 있는 경우에는 도로에서의 위험을 방지하고 교통의 안전과 원활한 소통을 확보하기 위하여 필요한 한도 안에서 경찰서장 또는 시장 등은 경찰공무원 또는 시·군공무원으로 하여금 일정한 장소로 이동하게 할 수 있다. 이것을 차량의 견인이라 한다.

2. 법적 근거

차량의 견인에 관해서는 도로교통법 제35조(주차위반에 대한 조치)와 제36조(차의 견인 및 보관업무 등의 대행)가 규정하고 있다. 차량견인에 관해 입법상 미비가 있다면, 경찰상 표준조항인 경찰관직무집행법 제5조가 적용될 수도 있을 것이다.

3. 권한행정청과 집행공무원

① 견인사무는 경찰서장과 시장등이 관장한다. 시장등이란 특별시장·광역시장·제주특별자치도지사 또는 시장·군수(광역시의 군수를 제외한다)를 말한다(도교법 제3조 제1항). ② 도로에서 견인사무는 경찰공무원, 시장등(도지사를 포함한다)이 대통령령으로 정하는 바에 따라 임명하는 공무원(이하 "시·군공무원"이라 한다)이 집행한다(도교법 제35조 제1항). 여기서 "대통령령으로 정하는 바에 따라 임명하는 공무원"이라 함은 교통행정과 관련되는 분야에서 근무하는 공무원 등 해당 지방자치단체에 근무하는 공무원으로서 주·정차 단속을 위하여 필요하다고 인정되어 시장등(도지사를 포함한다)이 임명하는 공무원(이하 "단속담당공무원"이라 한다)을 말한다(동법시행령 제12조 제1항). 단속담당공무원은 제복을 착

용하여야 한다(동법시행령 제12조 제2항).

4. 견인사무의 내용

차량의 견인사무는 차량을 단순히 안전지대로 이동시키는 것뿐만 아니라 차량의 보관까지 포함한다. 경찰서장이나 시장등은 제2항에 따라 주차위반 차를 관할 경찰서나 경찰서장 또는 시장등이 지정하는 곳으로 이동시킨 경우에는 선량한 관리자로서의 주의의무를 다하여 보관하여야 하며, 그 사실을 차의 사용자(소유자 또는 소유자로부터 차의 관리에 관한 위탁을 받은 사람을 말한다)나 운전자에게 신속히 알리는 등 반환에 필요한 조치를 하여야 한다(도교법 제35조 제3항). 제3항의 경우 차의 사용자나 운전자의 성명·주소를 알 수 없을 때에는 대통령령으로 정하는 방법에 따라 공고하여야 한다(도교법 제35조 제4항).

5. 견인사무의 대행

경찰서장이나 시장등은 제35조에 따라 견인하도록 한 차의 견인·보관 및 반환 업무의 전부 또는 일부를 그에 필요한 인력·시설·장비 등 자격요건을 갖춘 법인·단체 또는 개인(이하 "법인등"이라 한다)으로 하여금 대행하게 할 수 있다(도교법 제36조 제1항).

제 4 항 경찰상 행정조사(경찰조사)

Ⅰ. 경찰조사의 관념

1. 경찰조사의 의의

경찰상 행정조사란 경찰목적의 행정조사를 말한다. 행정조사기본법은 행정조사를 "행정기관이 정책을 결정하거나 직무를 수행하는 데 필요한 정보나 자료를 수집하기 위하여 현장조사·문서열람·시료채취 등을 하거나 조사대상자에게 보고요구·자료제출요구 및 출석·진술요구를 행하는 활동을 말한다"고 정의하고 있다(조사법 제2조 제1호). 경찰상 행정조사를 경찰상 조사 또는 경찰조사라고도 한다. 경찰조사는 경찰기관에 의한 조사작용이다. 경찰조사는 반드시 권력적인 조사작용만을 뜻하는 것은 아니고, 비권력적 조사도 경찰조사에 포함된다. 경찰조사는 통상 그 자체가 법적 효과를 가져오는 행위는 아니다. 그것은 사실행위일 뿐이다. 경우에 따라서는 상대방에게 수인의무를 발생시키기도 한다. 경찰조사는 행정조사의 일종이다. 경찰조사와 경찰상 즉시강제는 목적과 성질에서 다르다.

경찰조사와 경찰상 즉시강제

	경찰조사	경찰상 즉시강제
목 적	준비작용으로서 조사 목적	행정상 필요한 상태의 실현
성 질	권력적 작용 + 비권력적 작용(이설 있음)	권력적 작용

2. 경찰조사와 기본권보호

① 경찰조사는 개념필수적으로 개인의 프라이버시침해의 가능성을 갖는다. 이 때문에 개인의 사생활보호, 개인의 정보상 자기결정권의 보호 등이 문제된다. 또한 ② 경찰조사의 결과 얻어진 정보·자료는 국민 모두의 정보·자료이기 때문에 개인의 행복추구권·알권리 등과 관련하여 정보공개의 문제가 나타난다. 뿐만 아니라 ③ 경우에 따라서는 사인이 행정청에 대하여 행정조사를 청구할 수 있는가도 문제된다(행정개입청구권).

3. 경찰조사와 법적 근거

(1) **권력적 경찰조사** 권력적 경찰조사는 국민의 신체나 재산에 침해를 가져오는 것인바, 그것이 아무리 필요하다고 하여도 법률의 근거를 요한다. ① 일반법으로 행정조사기본법이 있다. 동법은 행정조사에 관한 기본원칙·행정조사의 방법 및 절차 등에 관한 공통적인 사항을 규정함으로써 행정의 공정성·투명성 및 효율성을 높이고, 국민의 권익을 보호함을 목적으로 제정되었다(조사법 제1조). ② 행정조사가 규정된 개별법으로 경찰관직무집행법(예: 동법 제3조 제1항의 불심검문), 소방기본법(예: 동법 제29조 이하의 화재조사), 국세징수법(동법 제27조의 질문·검사), 감염병의 예방 및 관리에 관한 법률(동법 제42조의 조사) 등을 볼 수 있다.

(2) **비권력적 경찰조사** 비권력적 경찰조사의 경우에는 그것이 국민의 신체나 재산에 직접 침해를 가져오는 것이 아니므로 법적 근거를 요하지 아니한다. 행정작용의 근거규정은 비권력적 경찰조사의 권능까지 포함하고 있는 것으로 본다. 그렇지만 경찰기관의 비권력적 조사는 조직법상 권한의 범위 내에서만 가능하다고 보아야 한다.

Ⅱ. 경찰조사의 한계

1. 실체법상 한계

경찰조사는 조사목적을 달성하는데 필요한 최소한의 범위 안에서 실시하여야 하며, 다른 목적 등을 위하여 조사권을 남용하여서는 아니 된다(조사법 제4조 제1항). 위법한 목적을 위한 조사는 불가능하다(대판 1998. 7. 24, 96다42789). 권력적 조사는 근거된 법규의 범위 내에서만 가능하다(대판 1992. 4. 10, 91도3044). 또한 비권력적 조사를 포함하여 모든 행정조사는 기본권보장, 보충성의 원칙, 비례원칙 등 행정법의 일반원칙의 범위 내에서만 가능하다.

2. 절차법상 한계

(1) 권력적 조사와 영장주의 헌법 제12조 제3항 및 제16조의 영장주의가 경찰조사를 위한 질문·검사·가택출입 등의 경우에도 적용될 것인가는 문제이다. 논리적으로는 경찰상 즉시강제의 경우처럼 영장필요설·영장불요설·절충설이 있으나, 절충설이 지배적인 견해이다. 생각건대 경찰조사도 상대방의 신체나 재산에 직접 실력을 가하는 것인 한, 그리고 경찰조사의 결과가 형사책임의 추궁과 관련성을 갖는 한 사전영장주의는 원칙적으로 적용되어야 한다. 다만 긴급을 요하는 불가피한 경우에는 그러하지 않다. 다만 이 경우에도 침해가 장기적이면 사후영장이 필요하다. 요컨대 절충설이 타당하다. 판례의 입장도 같다(대판 1976. 11. 9, 76도2703).

(2) 권력적 조사와 증표의 제시 권력적 경찰조사의 경우에 국민은 관계법령에 의거 작위의무·수인의무를 부담하고 또한 사생활이 침해되는 등 불이익을 받게 되므로, 조사절차상 경찰조사를 행하는 경찰공무원이 조사의 권한을 가지고 있음을 명백히 할 필요가 있다. 이와 관련하여 개별법은 경찰조사를 행하는 경찰공무원은 그 권한을 증명하는 증표를 지니고 이를 관계인에 보여주도록 규정하고 있다(예: 감염법 제42조 제2항). 개별법규가 증표의 제시를 규정하는 한 증표의 제시는 경찰조사의 요건을 이루는 것이고, 증표의 제시로 피조사자는 작위·수인의무를 지게 된다.

(3) 비권력적 조사 개념상 비권력적 경찰조사의 경우에는 영장주의에 관한 문제가 생기지 아니한다. 그것은 피조사자에 대해 강제력을 행사하는 것이 아니고 피조사자측의 임의적인 협력을 전제로 하는 것이기 때문이다. 그렇다고 비권력적 경찰조사가 언제나 피조사자측의 협력을 요하는 것도 아니다. 한편 증표제시절차는 국민의 신뢰 및 국민의 임의적인 협력을 용이하게 확보한다는 점에서 비권력적 경찰조사의 경우에도 도입하는 것이 바람직하다.

Ⅲ. 실력행사와 위법조사

1. 경찰조사와 실력행사

(1) 권력적 조사 ① 경찰조사를 위한 임검·장부검사·가택수색 등의 경우에

피조사자측의 거부·방해 등이 있으면, 명시적인 규정이 없음에도 불구하고 행정조사를 행하는 공무원은 피조사자측의 저항을 실력으로 억압하고 강제조사할 수 있는가의 문제가 있다. ② 학설은 긍정설·부정설로 나뉘고 있다. 부정설은 의무자의 보호를 주된 목적으로 한다. 긍정설도 제한적으로 긍정하는 입장을 취한다. 부정설이 다수설로 보인다. ③ 본서는 긍정설을 취한다. 명문의 규정이 없다는 이유로 의무자의 위법한 저항을 억압할 수 없다고 하면, 권력적 조사제도의 취지는 몰각된다. 따라서 긍정설이 타당하다. 물론 비례원칙이 준수되어야 한다. 명문으로 강제할 수 없음을 규정하고 있는 경우(예: 경직법 제3조 제2항 단서·제7항)에도 물론 실력행사를 하여서는 아니 된다.

(2) 비권력적 조사 비권력적 조사의 경우에는 피조사자측의 저항이 있어도, 행정조사를 행하는 공무원은 실력으로 그 저항을 억압할 수 없다.

2. 위법조사의 효과

(1) 학 설 권력적 조사의 경우에 권력을 남용하여 조사가 이루어지거나 비권력적 조사에서 실력행사를 통해 조사가 이루어지는 등 위법한 경찰조사가 있는 경우, 그 위법이 당해 조사를 기초로 한 행정결정에 승계되는가의 문제가 있다. 학설은 적극설·소극설·절충설로 나뉘고 있다. 절충설이 통설이다. 절충설에도 ① 법령이 경찰조사를 필수적인 절차로 규정하고 있는 경우에는 만약 조사 자체가 위법하게 이루어졌다면, 조사의 결과 얻은 자료가 정당한 것이라고 하여도 하자있는 결정으로 보아야 한다는 견해와 ② 필수적인 절차뿐만 아니라 예비적 작용의 경우에도 하자있는 결정으로 보는 견해가 있다. 전자가 다수설이다.

(2) 사 견 원칙적으로 말해 위법은 승계된다고 본다. 행정조사가 반드시 어떠한 행정결정에 필수적으로 요구되는 것은 아니고 단지 예비적인 작용이라 하여도 마찬가지이다. 국가는 어떠한 경우에도 적법하고 정당한 절차를 거쳐야만 하기 때문이다.

Ⅳ. 경찰조사에 대한 구제

1. 적법조사에 대한 구제

적법한 경찰조사로 인하여 특별한 희생을 당한 자는 손실보상을 청구할 수 있다. 다만 현재로서는 이에 관한 일반법이 없다.

2. 위법조사에 대한 구제

(1) 행정상 쟁송 권력적 조사처분의 취소·변경을 구할 법률상 이익과 권리보호

의 필요가 있는 자는 행정상 쟁송을 제기할 수 있다. 물론 권리보호의 필요는 통상 조사작용이 장기간에 걸치는 경우에 존재하게 될 것이다. 여기서 취소·변경을 구한다는 것은 사실행위와 법적 행위의 합성적인 행위로서의 조사행위의 취소·변경을 구함으로써 조사행위에 따르는 수인의무를 제거하는 의미를 갖는다.

(2) **행정상 손해배상** 위법한 행정조사로 손해를 입은 자는 국가나 지방자치단체에 대해 국가배상법이 정한 바에 따라 손해배상을 청구할 수 있다. 위법한 행정조사의 경우에 행정상 쟁송은 사실상 큰 의미를 갖지 못하나, 행정상 손해배상은 중요한 의미를 갖는다.

(3) 기 타 청원, 직권에 의한 취소·정지, 공무원의 형사책임·징계책임제도 등은 간접적으로 위법한 경찰조사에 대한 구제제도로서의 의미를 갖는다. 무효인 경찰조사에 정당방위가 인정된다는 것도 구제제도의 의미를 갖는다.

제 5 항 기타 실효성확보수단

Ⅰ. 과징금·부과금

1. 의 의

과징금이란 행정법상 의무를 불이행하였거나 위반한 자에게 가해지는 금전상의 제재를 말한다. 다만 세법에 근거한 금전적 부담은 제외된다. 과징금과 부과금을 구별하는 견해도 있으나 부과금도 과징금의 일종으로 볼 수 있다. 과징금은 경찰행정 외에 경제행정 등 행정의 전반에 널리 활용되고 있다. 한편, 과징금은 형벌이 아니다(헌재 2003. 7. 24, 2001헌가25).

대판 2011. 7. 28, 2010다18850(입찰담합에 의한 부당한 공동행위에 대하여 독점규제 및 공정거래에 관한 법률에 따라 부과되는 과징금은 담합행위의 억지라는 행정목적을 실현하기 위한 제재적 성격과 불법적인 경제적 이익을 박탈하기 위한 성격을 함께 갖는 것으로서 피해자에 대한 손해의 전보를 목적으로 하는 불법행위로 인한 손해배상책임과는 그 성격이 전혀 다르므로, 국가가 입찰담합에 의한 불법행위의 피해자인 경우 가해자에게 입찰담합에 의한 부당한 공동행위에 대하여 과징금을 부과하여 이를 가해자로부터 납부받은 사정이 있다 하더라도 이를 가리켜 손익상계의 대상이 되는 이익을 취득하였다고 할 수 없다).

2. 과태료와 비교

과징금을 과태료와 비교할 때, 다음의 차이점을 갖는다.

과징금과 과태료의 비교

	과 태 료	과 징 금
성 질	의무위반에 대한 벌(질서벌)	의무이행확보수단
부과주체	(원칙) 행정청	행정청
금액책정기준	가벌성정도	의무위반·불이행시 예상수익
불 복	질서위반행위 규제법	행정쟁송법

3. 법적 근거

과징금부과행위는 그 자체 독립적인 침익적 행정행위(급부하명)인 까닭에 법률유보의 원리상 반드시 법률의 근거를 요한다. 현재로서 과징금에 대한 통칙적인 규정은 없고, 다만 개별법규에서 단편적으로 나타나고 있을 뿐이다[과징금부과의 경우로 독점규제 및 공정거래에 관한 법률(제6조, 제17조)·석유 및 석유대체연료 사업법(제14조, 제35조)·식품위생법(제82조)·여객자동차 운수사업법(제88조)·주차장법(제24조)·(배출)부과금의 경우로 대기환경보전법(제35조)·수질 및 수생태계 보전에 관한 법률(제43조, 제66조) 등을 볼 수 있다].

4. 과징금의 유형

과징금이나 부과금의 의미는 한 마디로 말할 수는 없다. 그것은 경우에 따라 부당이득환수의 성질 또는 영업허가의 정지·취소처분에 갈음하는 성질을 갖기도 하고, 그 밖에 금전벌적인 성격을 갖기도 한다. 과징금은 ① 법령위반행위에 따른 부당이득을 환수하는 성격을 갖거나 부당이득을 환수하는 성격과 행정제재의 성격을 동시에 갖는 과징금(예: 독점규제 및 공정거래에 관한 법률 제6조, 제17조 등, 청소년보호법 제54조, 대기환경보전법 제35조, 수질 및 수생태계보전에 관한 법률 제41조)과 ② 사업(영업)의 취소(정지)에 갈음하거나(예: 관광진흥법 제37조, 여객자동차 운수사업법 제88조, 대기환경보전법 제37조, 수질 및 수생태계 보전에 관한 법률 제43조) 사업(영업)의 취소(정지)와 선택관계에 놓이는 과징금(예: 주차장법 제24조)으로 구분되기도 한다.

5. 부과·징수와 구제

① 과징금의 근거규정은 과징금의 금액 기타 필요한 사항을 대통령령으로 정하게

하고, 납부의무불이행시의 강제징수에 관해서는 국세징수법의 예에 따르도록 규정하고 있다. 구체적인 납부의무는 권한을 가진 기관의 납입고지에 의해 발생한다. ② 과징금의 부과·징수에 하자가 있는 경우, 납부의무자는 행정쟁송절차에 따라 다툴 수 있다. 과징금의 부과·징수행위 역시 행정쟁송법상 처분에 해당한다.

6. 형벌과 병과

공정거래법에서 형사처벌과 아울러 과징금의 병과를 예정하고 있더라도 이중처벌금지원칙에 위반된다고 볼 수 없으며, 이 과징금 부과처분에 대하여 공정력과 집행력을 인정한다고 하여 이를 확정판결 전의 형벌집행과 같은 것으로 보아 무죄추정의 원칙에 위반된다고도 할 수 없다(대판 2007. 7. 12, 2006두4554).

헌재 2011. 6. 30, 2009헌바55(부동산실명법상의 과징금은 행정청이 명의신탁행위라는 일정한 법률위반행위로 인한 불법적인 이익을 박탈하고, 부동산실명법상의 실명등기의무의 이행을 강제하기 위하여 위반자에게 부과·징수하는 금전이라 할 수 있고(헌재 2001. 5. 31. 99헌가18, 판례집 13-1, 1017, 1099), 이는 과거의 일정한 법률위반 행위에 대하여 제재를 과함을 목적으로 하는 행정벌과 구별되는 것이다. 따라서 이 사건 법률조항에 따른 과징금의 부과는 범죄에 대하여 국가가 형벌권을 실행한다고 하는 과벌에 해당하지 아니하므로, 헌법 제13조 제1항이 금지하는 이중처벌금지의 원칙이 적용될 여지가 없다).
대판 2007. 7. 12, 2006두4554(구 부동산 실권리자명의 등기에 관한 법률(2007. 5. 11. 법률 제8418호로 개정되기 전의 것) 제5조에 규정된 과징금은 그 취지와 기능, 부과의 주체와 절차 등에 비추어 행정청이 명의신탁행위로 인한 불법적인 이익을 박탈하거나 위 법률에 따른 실명등기의무의 이행을 강제하기 위하여 의무자에게 부과·징수하는 것일 뿐 그것이 헌법 제13조 제1항에서 금지하는 국가형벌권 행사로서의 처벌에 해당한다고 할 수 없으므로 위 법률에서 형사처벌과 아울러 과징금의 부과처분을 할 수 있도록 규정하고 있다 하더라도 이중처벌금지 원칙에 위반한다고 볼 수 없다. 나아가 그 과징금의 금액에 관하여도, 행정청이 과징금을 부과할 당시에 명의신탁관계가 있으면 부과하는 날 현재의 부동산 가액, 과징금을 부과받은 날 이미 명의신탁관계가 종료되었거나 실명등기를 하였으면 명의신탁관계 종료시점 또는 실명등기시점의 부동산 가액, 위반기간, 조세를 포탈하거나 법령에 의한 제한을 회피할 목적으로 하였는지 여부 등을 고려하여 부동산 가액의 100분의 30에 해당하는 금액의 범위 안에서 각 부과하도록 하고 있으므로 비례원칙에 반하는 과잉제재라 할 수 없다).

[참고] 부동산 실권리자명의 등기에 관한 법률 제3조(실권리자명의등기의무등) ① 누구든지 부동산에 관한 물권을 명의신탁약정에 의하여 명의수탁자의 명의로 등기하여서는 아니 된다.
제5조(과징금) ① 다음 각호의 어느 하나에 해당하는 자에게 해당 부동산 가액의 100분의 30에 해당하는 금액의 범위에서 과징금을 부과한다.
1. 제3조 제1항을 위반한 명의신탁자

제7조(벌칙) ① 다음 각호의 어느 하나에 해당하는 자 및 그를 교사하여 해당 규정을 위반하게 한 자는 5년 이하의 징역 또는 2억원 이하의 벌금에 처한다.
1. 제3조 제1항을 위반한 명의신탁자

Ⅱ. 가산세·가산금

1. 가 산 세

(1) 의 의 세법은 가산세를 '세법에서 규정하는 의무의 성실한 이행을 확보하기 위하여 세법에 따라 산출한 세액에 가산하여 징수하는 금액'이라 정의하고 있다(국세법 제2조 제4호; 지기법 제2조 제1항 23호).

(2) 특 징 판례는 "세법상 가산세는 과세권의 행사 및 조세채권의 실현을 용이하게 하기 위하여 납세자가 정당한 이유 없이 법에 규정된 신고·납세의무 등을 위반한 경우에 법이 정하는 바에 의하여 부과하는 행정상의 제재로서 납세자의 고의·과실은 고려되지 아니하는 것이고(대판 2004. 2. 26, 2002두10643), 법령의 부지 또는 오인은 그 정당한 사유에 해당한다고 볼 수 없으며(대판 2004. 6. 24, 2002두10780), 또한 납세의무자가 세무공무원의 잘못된 설명을 믿고 그 신고납부의무를 이행하지 아니하였다 하더라도 그것이 관계 법령에 어긋나는 것임이 명백한 때에는 그러한 사유만으로는 정당한 사유가 있는 경우에 해당한다고 할 수 없다(대판 2002. 4. 12, 2000두5944)"고 한다. 그리고 의무해태에 정당한 사유가 있으면, 가산세를 부과할 수 없다는 것이 또한 판례의 입장이다(대판 2011. 2. 10, 2008두2330).

대판 2011. 2. 10, 2008**두**2330(법인세법상 가산세는 과세의 적정을 기하기 위하여 납세의무자인 법인으로 하여금 성실한 과세표준의 신고 및 세액의 납부의 의무를 부과하면서 그 확보책으로 그 의무이행을 게을리하였을 경우에 가해지는 일종의 행정상의 제재라고 할 것이다. 이와 같은 제재는 단순한 법률의 부지나 오해의 범위를 넘어 세법의 해석상 의의(疑意)로 인한 견해의 대립이 있는 등으로 말미암아 납세의무자가 그 의무를 알지 못하는 것이 무리가 아니라고 할 수 있어서 그를 정당시할 수 있는 사정이 있을 때 또는 그 의무의 이행을 도저히 당사자에게 기대할 수 없다고 평가되는 사정이 있을 때와 같이 그 의무를 게을리한 점을 탓할 수 없는 정당한 사유가 있는 경우에는 이를 과할 수 없다).

(3) 성 질

㈎ **행정벌·형사벌과의 차이** ① 가산세는 행정법상 의무위반의 경우에 가해지는 불이익처분인 점에서, 행정법상 의무의 이행을 확보한다는 점에서 행정벌과 동일한 점

을 가진다. 그러나 가산세는 성질상 처벌은 아니며, 행정법상 납세의무의 성실한 이행을 확보한다는 점에서 과거의 의무위반을 벌하는 행정벌과 다르다. 부과주체도 다르다. 행정형벌의 부과주체는 사법기관이나 가산세의 부과주체는 행정기관이다. ② 가산세는 행정법상 의무위반시에 가해진다는 점에서, 형사상 의무위반에 가해지는 벌금·과료와는 구별된다. 양자간에는 부과주체에도 차이가 있다.

(나) **행정벌·형사벌과의 병과** 동일한 행위에 대하여 행정벌과 가산세의 부과는 양립할 수 있다. 그러나 양자를 병과한다는 것은 실질적으로는 내용상 이중처벌을 뜻하는 것일 수도 있는바, 입법론상 병과는 신중을 기해야 한다.

(4) 법적 근거 법률유보의 원칙상 가산세부과에 법적 근거가 요구된다. 현행법상 가산세부과의 경우로 과세표준확정신고의 불이행·불성실신고(소득세법 제81조 제1항), 확정신고자진납부의 불이행·불성실신고(소득세법 제81조 제3항) 등의 경우가 있다.

(5) 부과·징수와 구제 국세기본법·국세징수법·소득세법이 정한 바에 따른다. 위법한 가산세부과에 대해서는 당연히 다툴 수 있다.

2. 가 산 금

국세기본법은 가산금을 가산세와 구별하여 납부기한 경과시, 고지세액에 가산하여 부과·징수하는 금액으로 정의하고 있다(국세법 제2조 제5호). 국세를 납부기한까지 완납하지 아니하였을 때에는 그 납부기한이 지난 날부터 체납된 국세의 100분의 3에 상당하는 가산금을 징수한다(국징법 제21조 제1항).

Ⅲ. 제재적 경찰처분(관허사업의 제한)

1. 제재적 경찰처분의 의의

경찰법상 의무위반자에 대하여 인가·허가 등을 거부·정지·철회함으로써 위반자에게 불이익을 가하고, 이로써 경찰법상 의무의 이행을 간접적으로 확보하는 경우에 나타나는 인가·허가 등의 거부·정지·철회를 제재적 경찰처분이라 한다. 제재적 경찰처분은 인가·허가 등의 거부·정지·철회 등이 의무위반사항과 직접 관련을 갖는 사업과 관련한다(예: 식품위생법상 의무위반시 동법 제75조에 의한 영업허가의 취소). 이러한 경찰처분에는 형벌이 부가될 수도 있다(대판 1986. 7. 8, 85누1002). 왜냐하면 양자는 목적·대상 등을 달리하기 때문이다. 제재적 경찰처분은 경찰행정 외에 경제행정 등 행정의 전반에 널리 활용되고 있다. 요컨대 제재적 경찰처분은 제재적 행정처분의 일종이다.

2. 제재적 경찰처분의 법적 근거

이러한 수단은 권익침해의 효과를 가져오는바, 철회권의 유보가 있거나 아니면 명문의 근거를 요함이 원칙이다. 한편 경찰행정청이 이러한 권한을 갖고 있다고 하여도 그러한 권한의 행사는 원칙적으로 의무에 합당한 재량에 따라야 한다.

3. 제재적 행정처분의 종류

(1) **관련사업의 제한**　　관련사업의 제한이란 인가·허가 등의 거부·정지·철회 등이 의무위반사항과 직접 관련을 갖는 사업에 대한 경우를 말한다(예: 식품위생법상 의무위반시 동법 제75조에 의한 영업허가의 취소·정지 등).

(2) **무관련사업의 제한**　　무관련사업의 제한이란 국세징수법 제7조에서 보는 바와 같이 의무위반자(예: 납세의무위반)에 대하여 타법상의 관허사업을 제한하는 것을 말한다. 관허사업의 제한은 체납자의 사업 자체를 금지함으로써 의무이행을 확보하고자 하는 데 그 뜻이 있다.

● **국세징수법 제7조(관허사업의 제한)** ① 세무서장은 납세자가 대통령령으로 정하는 사유 없이 국세를 체납하였을 때에는 허가·인가·면허 및 등록과 그 갱신(이하 "허가등"이라 한다)이 필요한 사업의 주무관서에 그 납세자에 대하여 그 허가등을 하지 아니할 것을 요구할 수 있다.
② 세무서장은 허가등을 받아 사업을 경영하는 자가 국세를 3회 이상 체납한 경우로서 그 체납액이 500만원 이상일 때에는 대통령령으로 정하는 경우를 제외하고 그 주무관서에 사업의 정지 또는 허가등의 취소를 요구할 수 있다.
③ 세무서장은 제1항 또는 제2항의 요구를 한 후 해당 국세를 징수하였을 때에는 지체 없이 그 요구를 철회하여야 한다.
④ 제1항 또는 제2항에 따른 세무서장의 요구가 있을 때에는 해당 주무관서는 정당한 사유가 없으면 요구에 따라야 하며, 그 조치결과를 즉시 해당 세무서장에게 알려야 한다.

● **질서위반행위규제법 제52조(관허사업의 제한)** ① 행정청은 허가·인가·면허·등록 및 갱신(이하 "허가등"이라 한다)을 요하는 사업을 경영하는 자로서 다음 각 호의 사유에 모두 해당하는 체납자에 대하여는 사업의 정지 또는 허가등의 취소를 할 수 있다.
1. 해당 사업과 관련된 질서위반행위로 부과받은 과태료를 3회 이상 체납하고 있고, 체납발생일부터 각 1년이 경과하였으며, 체납금액의 합계가 500만원 이상인 체납자 중 대통령령으로 정하는 횟수와 금액 이상을 체납한 자
2. 천재지변이나 그 밖의 중대한 재난 등 대통령령으로 정하는 특별한 사유 없이 과태료를 체납한 자

② 허가등을 요하는 사업의 주무관청이 따로 있는 경우에는 행정청은 당해 주무관청에 대하여 사업의 정지 또는 허가등의 취소를 요구할 수 있다.
③ 행정청은 제1항 또는 제2항에 따라 사업의 정지 또는 허가등을 취소하거나 주무관청에 대하여 그 요구를 한 후 당해 과태료를 징수한 때에는 지체 없이 사업의 정지 또는 허가등의 취소나

그 요구를 철회하여야 한다.
④ 제2항에 따른 행정청의 요구가 있는 때에는 당해 주무관청은 정당한 사유가 없는 한 이에 응하여야 한다.

4. 제재적 경찰처분에 대한 구제

행정쟁송절차·행정상 손해배상제도에 관한 일반원리가 적용된다.

Ⅳ. 공급거부

1. 공급거부의 의의

공급거부란 경찰법 등 행정법상 의무의 위반·불이행이 있는 경우에 행정상 일정한 재화나 서비스의 공급을 거부하는 행정작용을 말한다. 공급거부는 의무이행을 위한 직접적인 수단은 아니고 경찰법상 의무위반자·불이행자에게 사업이나 생활상의 어려움을 주어 간접적으로 의무이행의 확보를 도모하는 제도이다.

2. 공급거부의 법적 근거

실정법상으로 정당한 이유 없이 공급거부를 할 수 없다는 명문의 규정을 둔 예(수도법 제39조 제1항)도 있으나, 명문규정의 유무를 불문하고 공급거부는 법률의 근거를 필요로 한다. 왜냐하면 공급거부결정은 침해행정을 구성하기 때문이다(침해유보). 아울러 그 법규의 해석은 엄격하여야 한다. 공급거부에 관한 규정의 예로 (구) 건축법에 의한 수도의 설치·공급금지(구 건축법 제69조 제2항)가 있었다. 동 규정은 폐지되었다.

3. 공급거부의 요건

공급거부의 요건은 개별법률이 정하는 바에 따라 판단하여야 한다. 법률이 정하는 바의 요건에 합당하다고 하여도 공급거부에는 행정법의 일반원칙인 비례원칙이 적용되어야 한다. 뿐만 아니라 당해 법률이 추구하는 목적이 아닌 다른 목적을 위하여 공급거부를 행하는 것(예: 기부체납을 독려하기 위하여 수도물의 공급을 거부하는 것)도 배제되어야 할 것이다.

4. 공급거부에 대한 구제

공급중단에 대해서는 중단되는 재화나 서비스의 내용에 따라 행정쟁송 또는 민사소송을 제기할 수 있다. 판례는 단수처분을 항고소송의 대상이 되는 행정처분으로 본다(대판 1985. 12. 24, 84누598). 물론 단전화요청 · 단전기요청 · 단도시가스요청은 행정처분이 아니다(대판 1996. 3. 22, 96누433). 구청장의 공급불가의 회신의 경우도 같다(대판 1995. 11. 21, 95누9099).

Ⅴ. 공 표

1. 공표의 의의

공표란 경찰법 등 행정법상 의무위반 또는 의무불이행이 있는 경우, 그 의무위반자 또는 불이행자의 명단과 그 위반 또는 불이행한 사실을 공중이 알 수 있도록 공표하는 것을 말한다. 공표는 경찰행정 외에 경제행정 등 행정의 전반에 널리 활용되고 있다.

2. 공표의 기능

이러한 공표제도는 정보화사회에서 여론의 압력을 통해 의무이행의 확보를 도모하려는 의미를 갖는다. 공표제도는 개인의 명예심 내지 수치심을 자극함으로써 개인에게 제재를 가하고 아울러 간접적으로 의무이행을 확보하는 성질을 갖는다. 공표제도는 신속하고 경비가 저렴하다는 점에서 효용성을 갖는다. 또한 공표제도는 국민의 알권리의 실현에 기여하는 의미도 갖는다.

3. 공표의 법적 성질

공표는 행정의 실효성확보수단의 하나로서 사실행위이지 의사표시를 요소로 하는 법적 행위는 아니다. 그러나 공표의 내용이 그에 따라야만 할 의무를 부과하는 경우처럼 처분의 실질을 담고 있는 경우에는 항고소송의 대상이 될 수 있을 것이다.

4. 공표의 법적 근거

국민의 알권리의 실현에 기여하는 면도 갖지만, 공표제도는 공표대상자에게는 직접적으로 침익적인 것이기 때문에 법률유보의 원리(침해유보의 원리)상 법적 근거를 요한다. 뿐만 아니라 공무원은 직무상 알게 된 비밀을 엄수하여야 하는바(국공법 제60조), 법률의 근거없이는 공표할 수 없다. 명단 등의 공표에 관해 명시적으로 규정하는 일반법은 없지만, 실제상 공공기관의 정보공개에 관한 법률이 일반법적인 기능을 수행할 수 있을 것이다(공개법 제3조). 공표에 관한 규정들이 단행법에서도 간혹 발견된다(예: 공직자윤리법 제8조의2; 독점규제 및 공정거래에 관한 법률 제21조, 제24조, 제31조; 하도급거래 공정화에 관한 법률 제25조 제4항).

5. 공표의 한계

개인의 인권 내지 사적 비밀의 보호, 법률유보의 원칙 등과 관련하여 명문의 규정이 없이 이루어지는 공표제도의 적법성이 문제된다. 개인의 프라이버시는 원칙적으로 보호되어야 한다. 그러나 의무자의 의무위반이 중대한 경우까지 개인의 프라이버시가 반드시 보호되어야 한다고 보기는 어렵다. 양자는 조화되어야 한다.

6. 공표에 대한 구제

(1) 행정쟁송가능성 공표는 처분이 아니라 비권력적 사실행위이므로 행정상 쟁송의 대상이 될 수 없다. 일설은 "공표는 비권력적 사실행위라는 점에서, 원칙적으로는 '처분' 등에 해당하지 아니한다고 보아야 할 것이다. 그러나 행정권에 의한 위법한 공표행위에 대하여 다른 적절한 구제수단이 없는 경우에는 공표행위도 공권력의 행사에 준하는 작용으로 보아 그 처분성을 인정할 수도 있을 것이다"라는 입장도 있다(형식적 행정행위관념). 그러나 사실행위는 취소나 무효의 대상이 아니므로, 사실행위인 공표행위에 처분성을 인정한다는 것은 논리적으로 모순된 주장이다.

(2) 손해배상 · 정정공고 공표 자체의 취소는 별다른 의미가 없음은 이미 지적한 바 있다. 그러나 공표가 만약 위법한 것이라면 손해배상청구의 문제가 발생한다. 공표가 비권력적 사실행위이지만 국가배상법 제2조의 직무행위에 해당함은 물론이다. 한편 공표의 상대방은 민법 제764조((명예훼손의 경우의 특칙) 타인의 명예를 훼손한 자에 대하여는 법원은 피해자의 청구에 의하여 손해배상에 갈음하거나 손해배상과 함께 명예회복에 적당한 처분을 명할 수 있다)에 근거하여 정정공고를 구할 수도 있다.

(3) 공무원의 형사책임 위법 · 부당한 공표가 있게 되면, 관계공무원은 경우에 따라 형사상 책임(예: 형법 제126조, 제127조)을 부담하게 된다. 위법성이 조각되는 경우도 있다.

Ⅵ. 시정명령

1. 의 의

시정명령이란 행정법령의 위반행위로 초래된 위법상태의 제거 내지 시정을 명하는 행정행위를 말한다. 시정명령은 시정조치라고도 한다(예: 개인정보 보호법 제64조 제1항).

2. 성 질

시정명령은 작위(예: 건축법 제79조 제1항의 건축물의 철거)·부작위(예: 건축법 제79조 제1항의 건축물의 사용금지)·급부(가맹사업거래의 공정화에 관한 법률 제33조 제1항의 가맹금의 반환) 등을 내용으로 하는 하명에 해당한다.

3. 법적 근거

시정명령은 상대방에게 작위·부작위·급부 등의 의무를 발생시키므로 헌법 제37조 제2항에 비추어 법적 근거를 필요로 한다. 시정명령에 관한 일반법은 없다. 시정명령을 규정하는 개별 법령은 적지 않다(예: 건축법 제79조 제1항, 가맹사업거래의 공정화에 관한 법률 제33조, 감염병의 예방 및 관리에 관한 법률 제58조, 개발제한구역의 지정 및 관리에 관한 특별조치법 제30조, 개인정보 보호법 제64조).

4. 특징(판례)

(1) 고의·과실의 요부 행정법규 위반에 대하여 가하는 제재조치는 행정목적의 달성을 위하여 행정법규 위반이라는 객관적 사실에 착안하여 가하는 제재이므로, 위반자가 그 의무를 알지 못하는 것이 무리가 아니었다고 할 수 있어 그것을 정당시할 수 있는 사정이 있을 때 또는 의무의 이행을 당사자에게 기대하는 것이 무리라고 하는 사정이 있을 때 등 의무 해태를 탓할 수 없는 정당한 사유가 있는 경우 등의 특별한 사정이 없는 한 위반자에게 고의나 과실이 없다고 하더라도 부과될 수 있다(대판 2012. 6. 28, 2010두24371).

(2) 시정명령의 대상 원고가 주최하는 제품설명회 등에서의 비용지원은 비용지원을 통한 이익제공으로서의 고객유인행위이므로, 원고의 공정거래법 위반행위로 인정된 회식비 등의 지원, 골프·식사비 지원, 학회나 세미나 참가자에 대한 지원 등과 동일한 유형의 행위로서 가까운 장래에 반복될 우려가 있다고 할 것이어서, 피고는 시정명령으로 이러한 유형의 행위의 반복금지까지 명할 수 있다고 봄이 상당하다. 그럼에도 불구하고, 원심은 원고가 주최하는 제품설명회 등에서의 비용지원과 관련하여 공정거래법 위반행위가 인정되지 않는 이상 피고는 이와 관련한 시정명령을 할 수 없다고 보았으니, 이러한 원심판결에는 시정명령에 관한 법리를 오해하여 판결 결과에 영향을 미친 위법이 있다(대판 2010. 11. 25, 2008두23177).

5. 실효성의 확보

(1) 공표·통지 ① 시정명령을 받은 사실을 공표 또는 통지토록 하는 경우도 있고(예: 가맹사업거래의 공정화에 관한 법률 제33조 제3항), ② 관련 행정기관에 알리는 경우도 있다(예: 개발제한구역의 지정 및 관리에 관한 특별조치법 제30조 제6항).

(2) 불이행에 대한 제재 시정명령을 따르지 않는 경우에는 ① 행정형벌(개발제한구역의 지정 및 관리에 관한 특별조치법 제31조 제2항 제2호)이나 행정질서벌(개인정보 보호법 제75조 제13호)이 가해지기도 하고, ② 이행강제금이 부과되기도 하고(건축법 제80조 제1항, 개발제한구역의 지정 및 관리에 관한 특별조치법 제30조의2), ③ 제재적 행정처분이 따르기도 한다(가축전염병예방법 제42조 제7항 제2호, 감염병의 예방 및 관리에 관한 법률 제59조 제1항 제4호).

6. 구 제

시정명령을 받은 사람은 시정명령의 근거법령에 특별한 규정이 없다면, 행정심판법과 행정소송법이 정하는 바에 따라 시정명령의 취소등을 구할 수 있다.

제4장

경찰상 국가책임과 사인의 비용상환

제 1 절 국가책임제도 일반론

제 1 항 손해배상제도

Ⅰ. 손해배상제도와 국가배상법

1. 국가배상제도의 의의

경찰관 A가 불심검문 도중에 시민 乙을 강제로 불법적으로 연행하였다면, 국가는 乙에게 피해배상(손해배상)을 하여야 한다. 이와 같이 국가나 지방자치단체가 공무원이 사무수행과 관련하여 위법하게 타인에게 손해를 가한 경우에 피해자에게 손해를 배상해 주는 제도를 국가배상제도라 한다. 국가배상제도(손해배상제도)는 위법한 침해로 인한 재산이나 생명·신체에 대한 피해의 보상을 내용으로 한다는 점에서 적법한 침해로 인한 재산상 피해에 대한 보상제도인 손실보상제도와 다르다.

2. 헌법과 국가배상제도

헌법 제29조 제1항 본문은 "공무원의 직무상 불법행위로 손해를 받은 국민은 법률이 정하는 바에 의하여 국가 또는 공공단체에 정당한 배상을 청구할 수 있다"고 하여 국가배상제도를 헌법적으로 보장하고 있다.

3. 국가배상법

(1) 일 반 법 헌법 제29조에 근거하여 국가배상법이 제정되어 있다. "국가나 지방자치단체의 손해배상 책임에 관하여는 이 법에 규정된 사항 외에는 「민법」에 따른다. 다만, 「민법」 외의 법률에 다른 규정이 있을 때에는 그 규정에 따른다"는 국가배상법 제8조의 규정내용상 국가배상법은 국가 또는 지방자치단체의 불법행위책임에 관한 일반법이다.

(2) 성 질 국가배상법의 성질과 관련하여 학설은 공법설와 사법설로 나뉘고

있다. 판례는 사법설을 취한다. 국가배상법을 공법으로 보는 입장에서는 국가배상청구권을 공권으로 보고, 사법으로 보는 견해는 그것을 사권으로 본다. 판례는 사권으로 보아, 국가배상사건을 민사법원의 관할사항으로 하고 있다(대판 1972. 10. 10, 69다701).

(3) 국가배상제도와 외국인　국가배상법 제7조는 "이 법은 외국인이 피해자인 경우에는 해당 국가와 상호 보증이 있을 때에만 적용한다"고 규정하여 상호주의를 택하고 있다. 여기서 상호 보증이란 피해자인 외국인의 본국에서 한국인도 손해배상을 청구할 수 있어야 함을 의미한다. 개별 법률에서 따로 특별규정을 두는 경우도 있다(예: 대한민국과아메리카합중국간의상호방위조약제4조에의한시설과구역및대한민국에서의합중국군대의지위에관한협정 제23조 제5항. 한미행정협정).

(4) 배상책임의 유형　국가배상법은 배상책임의 유형으로 ① 공무원의 직무상 불법행위로 인한 배상책임과 ② 영조물의 설치·관리상의 하자로 인한 배상책임의 두 가지를 규정하고 있다. ③ 국가배상법은 국가나 지방자치단체가 사인의 지위에서 행하는 사경제작용(예: 서대문구청이 경영합리화를 위해 중고자동차를 민간인에게 매각하는 행위)으로 인한 손해배상책임에 관해서는 규정하는 바가 없으므로, 이러한 배상책임은 민법에 의한다(대판 1999. 6. 22, 99다7008).

Ⅱ. 손해배상책임의 성립요건

1. 위법한 직무집행행위로 인한 배상책임의 성립요건

(1) 개　관　국가배상법 제2조는 위법한 직무집행행위로 인한 배상책임을 규정하고 있다. 동조는 ① 공무원, ② 직무, ③ 집행하면서, ④ 고의 또는 과실, ⑤ 법령을 위반, ⑥ 타인, ⑦ 손해의 개념을 요소로 하여 국가배상책임의 성립요건을 규정하고 있다. 국가배상책임이 성립하기 위해서는 이러한 요건을 모두 구비하여야만 한다. 이러한 요건들을 차례로 살펴보기로 한다. 다만 자동차손해배상보장법의 규정에 의하여 국가나 지방자치단체가 손해배상의 책임이 있는 경우에 관해서는 설명을 생략하기로 한다.

> ● **국가배상법 제2조(배상책임)** ① 국가나 지방자치단체는 공무원 또는 공무를 위탁받은 사인(이하 "공무원"이라 한다)이 직무를 집행하면서 고의 또는 과실로 법령을 위반하여 타인에게 손해를 입히거나, 「자동차손해배상 보장법」에 따라 손해배상의 책임이 있을 때에는 이 법에 따라 그 손해를 배상하여야 한다. …….

(2) 공 무 원　공무원이란 행정부 및 지방자치단체소속의 공무원(예: 경찰공무원)뿐만 아니라 입법부 및 사법부 소속의 공무원도 포함한다. 입법부 소속의 공무원 중 국회

의원도 공무원에 해당한다(대판 2008. 5. 29, 2004다33469). 검사(대판 2002. 2. 22, 2001다23447)와 판사, 그리고 헌법재판소의 재판관(대판 2003. 7. 11, 99다24218)도 포함된다. 공무원은 1인일 수도 있고, 다수인일 수도 있다. 공무원은 자연인인 경우가 일반적이나, 기관 그 자체도 공무원의 개념에 포함된다. 해석상 국회 그 자체도 공무원 개념에 포함된다. 국가나 지방자치단체로부터 일시적으로 사무를 위탁받은 사인도 포함한다(예를 들면, 강서구청장이 강서구의 노인 甲과 乙에게 아침 8시부터 9시까지 A초등학교 앞에서 어린이를 보호하는 일을 맡겼는데, 甲과 乙이 그 시간에 어린이를 보호하다가 어린이를 다치게 하였다면, 甲과 乙은 국가배상법상 공무원에 해당한다).

대판 2007. 11. 29, 2006다3561(입법부가 법률로써 행정부에게 특정한 사항을 위임했음에도 불구하고 행정부가 정당한 이유 없이 이를 이행하지 않는다면 권력분립의 원칙과 법치국가 내지 법치행정의 원칙에 위배되는 것으로서 위법함과 동시에 위헌적인 것이 되는바, 구 군법무관임용법(1967. 3. 3. 법률 제1904호로 개정되어 2000. 12. 26. 법률 제6291호로 선문 개정되기 전의 것) 제5조 제3항과 군법무관임용 등에 관한 법률(2000. 12. 26. 법률 제6291호로 개정된 것) 제6조가 군법무관의 보수를 법관 및 검사의 예에 준하도록 규정하면서 그 구체적 내용을 시행령에 위임하고 있는 이상, 위 법률의 규정들은 군법무관의 보수의 내용을 법률로써 일차적으로 형성한 것이고, 위 법률들에 의해 상당한 수준의 보수청구권이 인정되는 것이므로, 위 보수청구권은 단순한 기대이익을 넘어서는 것으로서 법률의 규정에 의해 인정된 재산권의 한 내용이 되는 것으로 봄이 상당하고, 따라서 행정부가 정당한 이유 없이 시행령을 제정하지 않은 것은 위 보수청구권을 침해하는 불법행위에 해당한다).

(3) 직 무

㈎ 공법상 직무 모든 공법작용이 포함된다. 다만 국가배상법 제5조의 직무는 제외되지만, 제5조의 영조물의 설치·관리가 제2조의 직무와 경합되는 경우도 있을 수 있다. 사법작용(私法作用)은 직무에서 제외된다(대판 2004. 4. 9, 2002다10691).

㈏ 사익보호성 국가배상법 제2조의 직무는 오로지 공익을 위한 직무가 아니라 공익과 사익을 동시에 위한 직무이든지 아니면 사익을 위한 직무이어야 한다.

(예) 甲이 A은행에 예금을 하였는데, A은행이 파산하였다고 하자. 이러한 경우에 甲은 국가가 A은행에 대한 감독을 잘못하였다는 이유로 국가를 상대로 손해배상을 청구할 수는 없다. 왜냐하면 국가가 은행을 감독하는 것은 오로지 공공의 이익인 금융질서의 확보를 위한 것일 뿐, 예금자 개개인의 보호를 위한 취지는 없다고 보기 때문이다. 경찰관이 심야에 보호자로부터 이탈하여 길을 잃고 헤매는 미아(迷兒)를 보고서도 외면하였는데, 마침 그 미아가 강물에 빠져 변을 당하였다면, 그 미아의 부모는 국가를 상대로 손해배상을 청구할 수 있다. 왜냐하면 경찰관직무집행법은 적당한 보호자가 없고 응급의 구호를 요한다고 인정되는 미아를

보호하는 것을 경찰의 직무로 하고 있는데, 그러한 직무는 미아 개개인을 보호하는 것도 목적으로 하고 있다고 보기 때문이다.

● **경찰관직무집행법 제4조 (보호조치등)** ① 경찰관은 수상한 거동 기타 주위의 사정을 합리적으로 판단하여 다음 각호의 1에 해당함이 명백하며 응급의 구호를 요한다고 믿을 만한 상당한 이유가 있는 자를 발견한 때에는 보건의료기관 또는 공공구호기관에 긴급구호를 요청하거나 경찰관서에 보호하는 등 적당한 조치를 할 수 있다.
1. 정신착란 또는 술취한 상태로 인하여 자기 또는 타인의 생명·신체와 재산에 위해를 미칠 우려가 있는 자와 자살을 기도하는 자
2. 미아·병자·부상자등으로서 적당한 보호자가 없으며 응급의 구호를 요한다고 인정되는 자. 다만, 당해인이 이를 거절하는 경우에는 예외로 한다.

대판 2011. 9. 8, 2011다34521(공무원이 고의 또는 과실로 그에게 부과된 직무상 의무를 위반하였을 경우라고 하더라도 국가는 그러한 직무상의 의무 위반과 피해자가 입은 손해 사이에 상당인과관계가 인정되는 범위 내에서만 배상책임을 지는 것이고, 이 경우 상당인과관계가 인정되기 위하여는 공무원에게 부과된 직무상 의무의 내용이 단순히 공공 일반의 이익을 위한 것이거나 행정기관 내부의 질서를 규율하기 위한 것이 아니고 전적으로 또는 부수적으로 사회구성원 개인의 안전과 이익.을 보호하기 위하여 설정된 것이어야 한다).

(4) 집행하면서 통설과 판례는 직무를 '집행하면서'를 직무집행행위뿐만 아니라 널리 외형상으로 직무집행과 관련 있는 행위를 포함하는 것으로 새긴다(외형설). 강서구청장이 강서구의 노인 甲과 乙에게 아침 8시부터 9시까지 A초등학교 앞 B교차로에서만 어린이를 보호하는 일을 맡겼는데, 甲과 乙이 그 시간에 A초등학교 앞 C교차로에서 어린이를 보호하다가 어린이를 다치게 하였다면, 甲과 乙의 행위는 엄밀한 의미에서 직무집행행위라 보기 어렵지만, 외형상 직무집행과 관련 있는 행위로 볼 것이므로, 甲과 乙의 행위도 '집행하면서'에 해당한다.

(5) 고의 또는 과실

(가) 의 의 고의란 어떠한 위법행위의 발생가능성을 인식하고 그 결과를 인용하는 것을 말하고, 과실이란 부주의로 인해 어떠한 위법한 결과를 초래하는 것을 말한다. 공무원의 직무집행상의 과실이라 함은 공무원이 그 직무를 수행함에 있어 당해 직무를 담당하는 평균인이 통상 갖추어야 할 주의의무를 게을리 하는 것을 말한다.

(나) 판단의 기준 고의·과실의 유무는 당해 공무원을 기준으로 판단한다. 공무원에게 고의·과실이 없으면 국가는 배상책임이 없다.

대판 2012. 11. 15, 2011다48452(건물 옥상에 망루를 짓고 점거 농성을 하면서 화염병을 사용하여 사람의 생명, 신체 또는 재산에 위험을 발생하게 하는 한편, 위험한 물건을 휴대하여 시위진압에 관한 경찰관들의 정당한 공무집행을 방해하고, 이로 인하여 경찰특공대원 1명을 사망에 이르게 함과 동시에 경찰특공대원 13명으로 하여금 상해를 입게 하였다는 사실로 특수공무집행방해치사죄 등으로 기소된 원고들이 대한민국을 피고로 한 손해배상청구사건에서)(검사는 공익의 대표자로서 실체적 진실에 입각한 국가 형벌권의 실현을 위하여 공소제기와 유지를 할 의무뿐만 아니라 그 과정에서 피고인의 당한 이익을 옹호하여야 할 의무가 있다. 그리고 법원이 형사소송절차에서의 피고인의 권리를 실질적으로 보장하기 위하여 마련되어 있는 형사소송법 등 관련 법령에 근거하여 검사에게 어떠한 조치를 이행할 것을 명하였고, 관련 법령의 해석상 그러한 법원의 결정에 따르는 것이 당연하고 그와 달리 해석될 여지가 없는 경우라면, 법에 기속되는 검사로서는 법원의 결정에 따라야 할 직무상 의무도 있다 할 것이다. 그런데도 그와 같은 상황에서 검사가 관련 법령의 해석에 관하여 대법원 판례 등의 선례가 없다는 이유 등으로 법원의 결정에 어긋나는 행위를 하였다면 특별한 사정이 없는 한 당해 검사에게 그 직무상 의무를 위반한 과실이 있다고 보아야 한다).

대판 2012. 5. 24, 2011다8539(행정처분이 후에 항고소송에서 위법하다고 판단되어 취소되더라도 그것만으로는 그 행정처분이 공무원의 고의나 과실에 의한 불법행위라고 단정할 수 없지만, 그러한 행정처분이 보통 일반의 공무원을 표준으로 하여 볼 때 담당 공무원이 객관적 주의의무를 소홀히 함으로써 객관적 정당성을 상실하게 된 경우라고 볼 수 있는 경우에는 공무원의 과실에 의한 불법행위가 성립한다고 할 것이므로 국가배상법 제2조 소정의 국가배상책임이 있다).

대판 2010. 4. 29, 2009다97925(일반적으로 공무원이 직무를 집행함에 있어서 관계 법규를 알지 못하거나 필요한 지식을 갖추지 못하여 법규의 해석을 그르쳐 잘못된 행정처분을 하였다면 그가 법률전문가가 아닌 행정직 공무원이라고 하여 과실이 없다고 할 수 없으나, 법령에 대한 해석이 그 문언 자체만으로는 명백하지 아니하여 여러 견해가 있을 수 있는 데다가 이에 대한 선례나 학설, 판례 등도 귀일된 바 없어 의의가 없을 수 없는 경우에 관계 공무원이 그 나름대로 신중을 다하여 합리적인 근거를 찾아 그 중 어느 한 견해를 따라 내린 해석이 후에 대법원이 내린 입장과 같지 않아 결과적으로 잘못된 해석에 돌아가고, 이에 따른 처리가 역시 결과적으로 위법하게 되어 그 법령의 부당집행이라는 결과를 가져오게 되었다고 하더라도 그와 같은 처리방법 이상의 것을 성실한 평균적 공무원에게 기대하기는 어려운 일이고, 따라서 이러한 경우에까지 공무원의 과실을 인정할 수는 없다).

㈐ **입증책임의 완화**　　폭넓은 국가배상책임의 성립을 위해 피해자인 사인이 고의·과실의 개연성을 주장하면, 무과실의 입증책임이 국가 측에 옮겨가는 것으로 보는 입증책임의 완화제도의 정착이 필요하다.

(6) 법령을 위반

㈎ **법령의 의의**　　법령에는 널리 성문법 외에 불문법과 행정법의 일반원칙이 포함된다. 고시·훈령형식의 법규명령도 포함된다.

(나) 위반의 의의 위반이란 법령에 위배됨을 의미한다. 위반에는 적극적인 작위에 의한 위반(예: 불심검문시 경찰관이 검문당하는 자에게 폭행을 가하는 경우)과 소극적인 부작위에 의한 위반(예: 경찰관이 심야에 보호자로부터 이탈하여 길을 잃고 헤매는 미아를 보호하여야 함에도 불구하고 외면하는 경우)도 있다. 물론 부작위의 경우에는 작위의무가 있어야 한다(예: 경찰관의 보호의무).

대판 2008. 4. 24, 2006**다**32132(범죄의 예방·진압 및 수사는 경찰관의 직무에 해당하며 그 직무행위의 구체적 내용이나 방법 등이 경찰관의 전문적 판단에 기한 합리적인 재량에 위임되어 있으므로, 경찰관이 구체적 상황하에서 그 인적·물적 능력의 범위 내에서의 적절한 조치라는 판단에 따라 범죄의 진압 및 수사에 관한 직무를 수행한 경우, 경찰관에게 그와 같은 권한을 부여한 취지와 목적, 경찰관이 다른 조치를 취하지 아니함으로 인하여 침해된 국민의 법익 또는 국민에게 발생한 손해의 심각성 내지 그 절박한 정도, 경찰관이 그와 같은 결과를 예견하여 그 결과를 회피하기 위한 조치를 취할 수 있는 가능성이 있는지 여부 등을 종합적으로 고려하여 볼 때, 그것이 객관적 정당성을 상실하여 현저하게 불합리하다고 인정되지 않는다면 그와 다른 조치를 취하지 아니한 부작위를 내세워 국가배상책임의 요건인 법령 위반에 해당한다고 할 수 없다).

(다) 판단기준시점 법령위반여부의 판단시점은 공무원의 가해행위가 이루어지는 행위시(行爲時)이다. 국가배상법상 국가의 배상책임은 공무원의 가해행위시의 불법(행위불법)을 문제로 삼는 것이지, 행위의 결과의 불법(결과불법)을 문제로 삼는 것은 아니기 때문이다.

(7) 타 인 타인이란 위법한 행위를 한 자나 그 행위에 가담한 자를 제외한 모든 피해자를 말한다. 가해한 공무원과 동일한 행위를 위해 그 행위의 현장에 있다가 피해를 받은 공무원도 타인에 해당한다. 가해자가 국가인 경우에는 지방자치단체, 가해자가 지방자치단체인 경우에는 국가도 타인에 해당한다. 다만 피해자가 군인·군무원 등인 경우에는 뒤에서 보는 바의 특례가 인정되고 있다.

(8) 손 해

(가) 손해의 의의 손해란 가해행위로부터 발생한 일체의 손해를 말한다. 손해는 법익침해로서의 불이익을 의미한다. 반사적 이익의 침해는 여기의 손해에 해당하지 아니한다. 적극적 손해인가 또는 소극적 손해인가, 재산상의 손해인가 또는 생명·신체·정신상의 손해인가를 가리지 않는다.

(나) 인과관계 가해행위인 직무집행행위와 손해의 발생 사이에는 상당인과관계가 있어야 한다. 인과관계유무의 판단은 관련법령의 내용, 가해행위의 태양, 피해의 상황 등 제반사정을 복합적으로 고려하면서 이루어져야 한다.

(9) 국가와 지방자치단체의 자동차손해배상책임

(가) **법적 근거와 취지** "국가나 지방자치단체는 … 자동차손해배상보장법에 따라 손해배상의 책임이 있을 때에는 이 법에 따라 그 손해를 배상하여야 한다(국배법 제2조 제1항 본문 후단)." 공무원의 차량사고로 인한 국가배상의 경우 자동차손해배상 보장법상의 책임성립요건은 후술하는 바와 같이 국가 등의 "운행자성"만 인정되면 되므로, 일반적인 국가배상책임의 성립보다 용이하고, 그 배상책임의 내용은 국가배상법에 의하므로 자동차사고로 인한 피해자의 구제에 있어서 더 효과적이다.

(나) **성립요건**(국가 또는 지방자치단체의 운행자성)

(a) **운행자성의 요소** 자동차손해배상 보장법상의 책임은 "자기를 위하여 자동차를 운행하는 자"(운행자성)에게 성립된다. 따라서, 국가 또는 지방자치단체가 자동차손해배상 보장법상의 운행자성을 갖추어야 한다. 운행자는 보유자와 구별된다. 무단운전자, 절도운전자도 운행자에 포함되므로 운행자가 보유자보다 넓은 개념이다. 운행자성은 '운행이익'(운행으로부터 나오는 이익)과 '운행지배'(자동차의 운행과 관련하여 현실적으로 자동차를 관리운행할 수 있는 것)를 요건으로 한다(대판 2009. 10. 15, 2009다42703·42710).

(b) **구체적 판단**

1) 공무원이 공무를 위해 관용차를 운행한 경우 공무원이 관용차를 공무를 위해 운행한 경우, 국가 등이 운행자로서 국가배상법 제2조 제1항 본문 후단의 손해배상책임을 진다(대판 1994. 12. 27, 94다31860; 대판 1992. 2. 25, 91다12356). 그러나 관용차를 무단으로 사용한 경우라 할지라도 국가 등에게 운행지배나 운행이익을 인정할 사정이 있는 경우는 국가 등이 운행자의 손해배상책임을 지게 된다(대판 1988. 1. 19, 87다카2202).

2) 공무원이 공무수행을 위하여 자신 소유의 자동차를 이용한 경우 공무원이 직무수행을 위하여 자기 소유의 자동차를 운행하다가 사고가 난 경우, 국가 또는 지방자치단체의 운행자성을 부인하는 것이 판례이다(대판 1994. 5. 27, 94다6741). 따라서 이 경우 공무원이 자동차손해배상 보장법상의 책임을 지게 된다. 그러나 이 경우에 외형이론상 국가나 지방자치단체에 배상책임을 인정하는 것이 타당하다. 다만, 이 경우 국가 등은 운행자책임(국가배상법 제2조 제1항 본문 후단)이 부정된다고 하더라도 국가배상책임성립요건을 갖춘다면 국가배상책임(국가배상법 제2조 제1항 본문 전단)은 성립될 수 있다.

3) 기타 요건 자동차손해배상 보장법상의 손해배상책임은 인적 손해에 한하여 손해를 전보하는 것이므로, 자동차 사고로 인적 손해가 발생하여야 하고, 자동차손해배상 보장법상의 면책요건이 없어야 한다(예: 고의나 자살행위로 인한 부상이 아닐 것 등. 동법 제3조 참조).

(다) 공무원의 책임

(a) 국가 등의 자동차손해배상 보장법상의 책임이 인정되는 경우 국가나 지방자치단체의 "운행자성"이 인정되는 경우에는, 공무원에게 자동차손해배상 보장법상의 책임은 발생할 여지가 없게 된다. 그리고 그 배상책임의 내용은 국가배상법에 의하므로, 공무원의 대외적 책임도 국가배상법의 이론이 그대로 적용된다. 따라서 판례에 의하면 고의 또는 중과실이 있는 경우에 민사상 책임을 지게 될 것이다.

(b) 국가 등의 자동차손해배상 보장법상의 책임이 부정되는 경우 판례에 의하면 일반적으로 직무상의 불법행위로 인한 공무원의 대외적 책임이 공무원의 고의 또는 중과실의 경우에만 인정되지만, 공무원의 운행자성이 인정되어 자동차손해배상 보장법의 책임이 성립되는 경우에는 민법과 국가배상법의 규정과 해석에 따르지 않는다. 즉, 그 사고가 자동차를 운전한 공무원의 경과실에 의한 것인지 중과실 또는 고의에 의한 것인지를 가리지 않고 자동차손해배상 보장법상의 손해배상책임을 부담한다고 한다(대판 1996. 3. 8, 94다23876).

(라) **자동차손해배상 보장법에 의하여 성립된 책임의 범위와 절차** 국가나 지방자치단체는 자동차손해배상 보장법에 따라 손해배상책임이 있을 때에는 국가배상법에 따라 그 손해를 배상하여야 한다(국가배상법 제2조 제1항 후문). 배상책임의 성립요건은 자동차손해배상보장법에 의하면서 배상책임의 범위와 절차를 국가배상법에 의하게 한 것은 배상책임의 범위와 절차에 특례를 인정한 셈이다. 배상책임의 내용은 국가배상법에 의하므로 이 경우에도 이중배상금지규정의 적용이 있다.

(마) **국가배상법 제5조와의 관계** 자동차도 국가배상법 제5조의 공물에 해당한다. 따라서 자동차사고의 경우에는 제2조와 제5조와의 경합이 문제된다. 생각건대 자동차사고와 관련하는 한, 국가배상법 제2조 제1항 본문 후단이 자동차손해배상 보장법의 특례로 규정되고 있으므로, 국가배상법 제5조의 적용은 없다고 볼 것이다

2. 영조물의 하자로 인한 배상책임의 성립요건

(1) 개 관 국가배상법은 제5조에서 영조물의 하자로 인한 배상책임을 규정하고 있다. 동조는 ① 영조물, ② 설치 또는 관리에 하자, ③ 타인, ④ 손해의 개념을 요소로 하여 국가배상책임의 성립요건을 규정하고 있다. 국가배상책임이 성립하기 위해서는 이러한 요건을 모두 구비하여야만 한다. 이러한 요건들을 차례로 살펴보기로 한다.

● **국가배상법 제5조(공공시설 등의 하자로 인한 책임)** ① 도로·하천, 그 밖의 공공의 영조물(營造物)의 설치나 관리에 하자(瑕疵)가 있기 때문에 타인에게 손해를 발생하게 하였을 때에는 국가나 지방자치단체는 그 손해를 배상하여야 한다. ……

(2) 영 조 물 영조물이란 인적·물적 종합시설을 의미한다. 그러나 국가배상법 제5조에서 예시되고 있는 도로·하천은 공적 목적에 제공된 물건, 공물을 의미하기 때문에 국가배상법 제5조에서 영조물이란 공물의 의미로 사용되고 있다. 공물에는 자연공물(예: 한강)·인공공물(예: 서대문구청사), 동산·부동산이 있고, 동물도 포함되며, 사소유물이라도 공물인 한 여기의 공물에 해당한다. 공물에 공용물과 공공용물이 포함된다.

(3) 설치 또는 관리에 하자 설치란 영조물(공물)의 설계에서 건조까지를 말하고, 관리란 영조물의 건조 후의 유지·수선을 의미한다. 하자의 의미에 관해 견해는 나뉘고 있다.

(가) 학 설 학설은 주관설(하자를 공물주체가 관리의무, 즉 안전확보 내지 사고방지의무를 게을리한 잘못으로 이해하는 견해)·객관설(하자를 공물 자체가 항상 갖추어야 할 객관적인 안정성의 결여로 이해하는 견해)·절충설(하자를 영조물 자체의 하자뿐만 아니라 관리자의 안전관리의무위반이라는 주관적 요소도 부가하여 이해하여야 한다는 견해) 등으로 나뉘고 있다.

(나) 판 례 판례는 객관설을 취하면서도 주관적 사정을 고려하는 것으로 보아 수정(변형)된 객관설을 취하고 있다(대판 2008. 3. 13, 2007다29287·29294).

대판 2008. 3. 13, 2007다29287·29294(공작물인 도로의 설치·관리상의 하자는 도로의 위치 등 장소적인 조건, 도로의 구조, 교통량, 사고시에 있어서의 교통 사정 등 도로의 이용 상황과 그 본래의 이용 목적 등 여러 사정과 물적 결함의 위치, 형상 등을 종합적으로 고려하여 사회통념에 따라 구체적으로 판단하여야 한다).
대판 2010. 11. 25, 2007다74560(국가배상법 제5조 제1항에 정하여진 '영조물의 설치 또는 관리의 하자'라 함은 공공의 목적에 공여된 영조물이 그 용도에 따라 갖추어야 할 안전성을 갖추지 못한 상태에 있음을 말하고, 여기서 안전성을 갖추지 못한 상태, 즉 타인에게 위해를 끼칠 위험성이 있는 상태라 함은 당해 영조물을 구성하는 물적 시설 그 자체에 있는 물리적·외형적 흠결이나 불비로 인하여 그 이용자에게 위해를 끼칠 위험성이 있는 경우뿐만 아니라, 그 영조물이 공공의 목적에 이용됨에 있어 그 이용상태 및 정도가 일정한 한도를 초과하여 제3자에게 사회통념상 수인할 것이 기대되는 한도를 넘는 피해를 입히는 경우까지 포함된다).

(다) 사 견 국가배상법 제5조의 표현은 주관설에 입각한 것으로 보이나 제2조와의 관계상 객관설을 취할 때 국가의 무과실책임이 인정될 것이므로 객관설이 타당하다. 객관설이 전통적 견해의 입장이다. 객관적 안전성을 갖춘 이상 불가항력에 의한 가해행위는 면책이 된다. 예산의 부족은 배상액의 산정에 참작사유는 될지언정 안전성판단에 결정적인 사유는 될 수 없다. 국가배상법 제5조의 국가책임은 무과실책임이다. 말하자면 국가나 지방자치단체가 공물의 관리에 하자가 없었더라도 공물 자체에 객관적 안전성이

결여되었다면 국가나 지방자치단체는 배상책임을 부담한다.

㈑ 하천범람에서 영조물(하천)의 설치나 관리에 하자

(a) 학 설 ①설(계획홍수량을 기준으로 하는 견해)은 하천의 경우 강수량의 정확한 예측이 어렵고 제방의 축조에 막대한 비용이 소요되기에 하천과 같은 자연공물의 경우에는 국가재정・긴급성의 정도 등에 의해 연차적으로 그 안정성을 높여가는 특징이 있는바, 하천이 범람하여 수재가 발생할 때마다 그 손해 전부에 대하여 국가가 책임을 질 수는 없다고 한다. 그리하여 파제형 수해(제방파괴로 인한 수해)의 경우에는 국가 등의 배상책임이 인정되지만, 일제형 수해(하천범람으로 인한 수해)의 경우에는 계획홍수량(계획고수량)(홍수시에 하천의 제방이 붕괴되지 아니하고 유지될 수 있도록 계획된 최대유량)을 기준으로 판단하는 입장이다. ②설(객관설을 기준으로 하는 견해)은 일제형 수해에 있어서 계획홍수량이라는 것도 객관설이 보는 통상적 안정성의 문제로 볼 수 있는바, 하천의 경우가 다른 공물과 다르다고 할 특별한 이유가 없다는 입장이다.

(b) 판 례 판례는 계획홍수량 등을 충족하고 있다면 하천의 설치・관리에 하자가 없다는 입장이다(대판 2007. 9. 21, 2005다65678).

(c) 사 견 하천의 경우도 영조물의 하자에 관한 일반적인 기준인 객관설에 따라 통상 갖추어야 할 안전성의 결여를 기준으로 판단하고, 예견불가능하거나 회피불가능한 경우는 불가항력으로 국가 등을 면책시키면 될 것이지 하자의 기준을 하천과 다른 영조물간에 별도로 인정할 필요는 없을 것이다(②설). 왜냐하면 제방시설의 불충분은 국가정책선택의 문제이므로 이를 법적인 문제로 보기 어렵기 때문이다.

(4) 타 인 타인이란 설치·관리의 주체 이외의 자로서 영조물의 설치 또는 관리상의 하자로 인한 모든 피해자를 말한다. 영조물의 설치 또는 관리의 주체가 국가인 경우에는 지방자치단체, 지방자치단체인 경우에는 국가도 타인에 해당한다. 다만 피해자가 군인·군무원 등인 경우에는 뒤에서 보는 바의 특례가 인정되고 있다.

(5) 손 해

㈎ 손해의 의의 손해란 영조물의 설치 또는 관리상의 하자로 인해 발생한 일체의 손해를 말한다. 손해는 법익침해로서의 불이익을 의미한다. 반사적 이익의 침해는 여기의 손해에 해당하지 아니한다. 적극적 손해인가 또는 소극적 손해인가, 재산상의 손해인가 또는 생명·신체·정신상의 손해인가를 가리지 않는다.

㈏ 인과관계 영조물의 설치 또는 관리상의 하자와 손해의 발생 사이에는 상당인과관계가 있어야 한다. 인과관계유무의 판단은 관련법령의 내용, 영조물의 설치 또는 관리의 태양, 피해의 상황 등 제반사정을 복합적으로 고려하면서 이루어져야 한다.

대판 2009. 7. 23, 2006다81325(일반적인 결과발생의 개연성은 물론 직무상 의무를 부과하는 법령 기타 행동규범의 목적, 그 수행하는 직무의 목적 내지 기능으로부터 예견가능한 행위 후의 사정, 가해행위의 태양 및 피해의 정도 등을 종합적으로 고려하여야 한다).

(6) **제2조와 경합** 서대문구청에서 연세대학교 앞에 육교를 설치하였는데, 그 육교가 붕괴되는 사고가 발생하였고 이로 인해 甲이 다쳤다고 하자. 이러한 경우, 육교의 설계도의 잘못이 원인이라고 한다면, 설계도작성의 잘못은 ① 영조물의 설치·관리상의 하자에 해당하기도 하고, ② 육교건설사무(건설담당공무원의 육교건설이라는 직무)의 수행과정상 잘못에 해당하기도 한다. ①의 관점에서는 제5조와 관련하고, ②의 관점에서는 제2조와 관련한다. 甲은 제5조를 근거로 배상을 청구할 수도 있고, 제2조를 근거로 배상을 청구할 수도 있다. 이와 같이 공물의 설치·관리상의 하자와 공무원의 위법한 직무집행행위가 경합하는 경우에는 피해자는 국가배상법 제5조나 제2조 그 어느 규정에 의해서도 배상을 청구할 수 있다. 제5조는 제2조와의 관계에서 보충적인 지위에 있으므로 경합을 부정해야 한다는 견해도 있다.

Ⅲ. 손해배상책임의 내용, 손해배상의 청구권자와 책임자

1. 손해배상책임의 내용

(1) **배상기준** 국가배상법은 생명·신체에 대한 침해와 물건의 멸실·훼손으로 인한 손해에 관해서는 배상금액의 기준을 정해 놓고 있으며(국가배상법 제3조 제1항 내지 제3항), 그 밖의 손해에 대해서는 불법행위와 상당인과관계가 있는 범위 내의 손해를 기준으로 하고 있다(국가배상법 제3조 제4항). 국가배상법 제3조에서 규정하는 기준은 법원을 구속한다는 한정액이라는 견해(한정액설)와 단순한 기준에 불과하다는 견해(기준액설)가 있으나, 기준액설이 지배적인 견해이다. 판례의 입장도 같다(대판 1970. 1. 29, 69다1203).

(2) **양도·압류의 금지** 생명·신체의 침해로 인한 국가배상을 받을 권리는 이를 양도하거나 압류하지 못한다(국가배상법 제4조). 이것은 사회보장적 관점에서 피해자 또는 피해자의 유족의 보호를 위한 것이다.

2. 손해배상의 청구권자와 시효

(1) **청구권자**(모든 피해자) 공무원 또는 공무를 위탁받은 사인이 그 직무를 집행하면서 고의 또는 과실로 법령에 위반하여 타인에게 손해를 입힌 경우, 손해를 입은 타인은 누구나 배상금의 지급을 청구할 수 있다(국가배상법 제2조 제1항 본문).

(2) 이중배상의 배제

(가) 의 의　　군인·군무원·경찰공무원 또는 향토예비군대원이 전투·훈련 등 직무 집행과 관련하여 전사(戰死)·순직(殉職)하거나 공상(公傷)을 입은 경우에 본인이나 그 유족이 다른 법령에 따라 재해보상금·유족연금·상이연금 등의 보상을 지급받을 수 있을 때에는 이 법 및 「민법」에 따른 손해배상을 청구할 수 없다(국가배상법 제2조 제1항 단서).

(나) 취 지　　판례는, 국가 또는 공공단체가 위험한 직무를 수행하는 군인·군무원·경찰공무원 등에 대한 피해보상제도를 운영하여 간편하고 확실한 피해보상을 받을 수 있도록 보장하는 대신에, 그들이 국가 등에 대하여 공무원의 직무상 불법행위로 인한 손해배상을 청구할 수 없도록 함으로써 과도한 재정지출과 피해 군인 사이의 불균형을 방지하고, 가해자인 군인 등과 피해자인 군인 등 사이의 쟁송이 가져올 폐해를 예방하는 데 그 취지가 있다고 한다(대판 2001. 2. 15, 96다42420; 대판 2002. 5. 10, 2000다39735).

(다) 적용대상자　　이중배상이 배제되는 자는 군인·군무원·경찰공무원 또는 향토예비군대원이다. 판례는 전투경찰대설치법에 따른 전투경찰순경은 여기의 경찰공무원으로 보지만(헌재 1996. 6. 13, 94헌마118, 93헌바39(병합)), 공익근무요원은 이중배상이 배제되는 자에 속하지 않는다고 한다(대판 1997. 3. 28, 97다4036). 한편, 군인·군무원·경찰공무원은 헌법상으로도 이중배상배제가 예정되어 있지만(헌법 제29조 제2항), 향토예비군대원은 국가배상법에서 비로소 규정된 자이다. 이와 관련하여 국가배상법이 향토예비군을 이중배상배제의 대상자로 규정한 것이 위헌이 아닌가의 문제가 있으나, 헌법재판소는 이를 합헌으로 보았다(헌재 1996. 6. 13, 94헌바20). 이중배상배제 그 자체가 헌법위반이라고 보는 본서의 입장에서는 이중배상배제의 예를 확대하는 헌법재판소의 태도는 정당하지 않다고 본다.

(3) 배상청구권의 시효　　국가배상법 제8조의 규정에 의거하여 배상청구권에 민법 제766조의 단기소멸시효가 적용되는바, 시효기간은 민법 이외의 법률에 다른 규정이 없는 한 손해 및 가해자를 안 날로부터 3년, 불법행위를 한 날로부터 10년이 된다. 국가배상청구사건의 소멸시효기간에 민법 제766조를 적용토록 한 것은 위헌이 아니다(헌재 1997. 2. 20, 96헌바24).

대판 2012. 5. 24, 2011다8539(국가배상법 제2조 제1항 본문 전단 규정에 따른 배상책임을 묻는 사건에 대하여는 같은 법 제8조의 규정에 의하여 민법 제766조 제1항 소정의 단기소멸시효제도가 적용되고, 여기서 가해자를 안다는 것은 피해자나 그 법정대리인이 가해 공무원이 국가 또는 지방자치단체와 공법상 근무관계가 있다는 사실뿐 아니라, 그 공무원의 불법행위가 국가 또는 지방자치단체의 직무를 집행함에 있어서 행해진 것이라는 사실까지 인식하는 것을 말한다).

3. 손해배상의 책임자

(1) 사무의 귀속주체로서 배상책임자 국가배상법 제2조(위법한 직무집행행위로 인한 배상책임) 제1항과 제5조(영조물의 하자로 인한 배상책임) 제1항에서 국가 또는 지방자치단체가 배상책임을 진다고 하는 것은 당해 사무의 귀속주체에 따라 국가사무의 경우에는 국가가 배상책임을 지고, 자치사무의 경우에는 당해 지방자치단체가 배상책임을 진다는 것을 뜻한다. 국가나 광역지방자치단체가 자신의 사무를 광역지방자치단체나 기초지방자치단체가 아니라 광역지방자치단체의 기관(예: 특별시장·광역시장·도지사)이나 기초지방자치단체의 기관(예: 시장·군수·구청장)에 위임한 사무인 기관위임사무(예: 보건복지부장관이 군이 아니라 군수에게 위임한 사무)의 경우에는 위임기관이 속한 행정주체가 배상책임을 진다(대판 1996. 11. 8, 96다21331).

(2) 비용부담자로서 배상책임자

㈎ 일 반 론 국가배상법 제6조 제1항은 "제2조(위법한 직무집행행위로 인한 배상책임)·제3조(배상기준) 및 제5조(영조물의 하자로 인한 배상책임)에 따라 국가나 지방자치단체가 손해를 배상할 책임이 있는 경우에 공무원의 선임·감독 또는 영조물의 설치·관리를 맡은 자와 공무원의 봉급·급여, 그 밖의 비용 또는 영조물의 설치·관리 비용을 부담하는 자가 동일하지 아니하면 그 비용을 부담하는 자도 손해를 배상하여야 한다(국가배상법 제6조 제1항)"고 규정하고 있다. 국가배상법 제6조 제1항을 분석하면 동 조항은 ⓐ 공무원의 선임·감독자와 공무원의 봉급·급여 기타의 비용을 부담하는 자가 동일하지 아니한 경우와 ⓑ 영조물의 설치·관리를 맡은 자와 영조물의 설치·관리의 비용을 부담하는 자가 동일하지 아니한 경우를 규정하고 있다. ⓐ는 국가배상법 제2조와 관련되고, ⓑ는 국가배상법 제5조와 관련된다.

㈏ 공무원의 봉급·급여 기타의 비용 부담자 공무원의 선임·감독자와 공무원의 봉급·급여 기타의 비용을 부담하는 자가 동일하지 아니한 경우란 기관위임사무와 관련하여 의미를 갖는다. '공무원의 선임·감독을 맡은 자'란 사무의 귀속주체인 국가 또는 지방자치단체를 뜻하는 것으로, '공무원의 봉급·급여 기타의 비용을 부담하는 자'란 현실적으로 기관위임사무를 처리하는 지방자치단체로 이해되고 있다. 따라서 보건복지부장관이 식품위생사무의 일부를 서울특별시장에게 위임한 경우, 서울특별시장의 사무처리에 불법행위가 발생하였다면, 보건복지부장관이 속한 국가는 국가배상법 제2조 제1항에 따라 사무의 귀속주체로서 배상책임을 지고, 서울특별시장이 속한 서울특별시는 국가배상법 제6조 제1항에 따라 비용부담자로서 배상책임을 진다.

㈐ 영조물의 설치·관리의 비용부담자 영조물의 설치·관리를 맡은 자와 영조물의

설치·관리의 비용을 부담하는 자가 동일하지 아니한 경우도 기관위임사무와 관련하여 의미를 갖는다. '영조물의 설치·관리를 맡은 자'란 사무의 귀속주체인 국가 또는 지방자치단체를 뜻하는 것으로, '영조물의 설치·관리의 비용을 부담하는 자'란 영조물의 설치·관리에 현실적으로 비용을 부담하는 자를 말한다. 따라서 문화관광부가 국립전통예술관의 관리를 서울특별시장에게 맡긴 후 국립전통예술관이 일부 붕괴되는 사고가 발생한 경우, 문화관광부장관이 속한 국가는 국가배상법 제5조 제1항에 따라 사무의 귀속주체로서 배상책임을 지고, 서울특별시장이 속한 서울특별시는 국가배상법 제6조 제1항에 따라 비용부담자로서 배상책임을 진다.

㈑ **종국적 배상책임자** 국가배상법 제6조 제2항은 "제1항의 경우에 손해를 배상한 자는 내부관계에서 그 손해를 배상할 책임이 있는 자에게 구상할 수 있다"고 규정하고 있다. 제6조 제1항은 행정주체(비용부담자)와 국민(피해자) 사이의 관계를 규정하고 있고, 제6조 제2항은 행정주체 사이(공무원의 선임·감독자와 공무원의 봉급·급여 기타의 비용을 부담하는 자 사이, 영조물의 설치·관리를 맡은 자와 영조물의 설치·관리의 비용을 부담하는 자 사이)의 관계를 규정하고 있다. 제6조 제2항은 행정주체 사이에서 내부적인 구상권을 정하는 규정이다. 제6조 제2항과 관련하여 누가 종국적 배상책임자인가에 관해서는 견해가 나뉘고 있다. 예컨대, 보건복지부장관의 식품위생사무의 일부를 기관위임받아 서울특별시장이 사무처리를 하던 중 불법행위가 발생하였고, 서울특별시가 피해자에게 손해배상을 하였다면, 서울특별시는 국가에 구상권을 행사할 수 있는가의 여부가 종국적인 배상책임자의 문제이다. 학설로는 ① 사무의 귀속주체가 부담하여야 한다는 사무귀속자설, ② 비용부담자가 부담하여야 한다는 비용부담자설, ③ 손해발생에 기여한 정도에 따라 최종적인 비용부담자가 정해져야 한다는 기여도설 등이 있다. 판례의 입장은 명백하지 않다. 기여도설을 취한 것으로 보이는 판례도 있고, 귀속자설을 취한 것으로 보이는 판례도 있다.

4. 국가의 배상책임의 성질과 선택적 청구, 가해공무원의 책임

(1) 국가의 배상책임의 성질

㈎ 학 설

(a) 자기책임설 국가나 지방자치단체가 부담하는 배상책임은 바로 그들 자신의 책임이라는 견해이다. 자기책임설에도 ① 기관이론에 입각한 자기책임설(공무원의 직무상 불법행위는 국가기관의 불법행위이므로 국가가 책임을 진다는 이론이다. 여기서 경과실에 의한 행위는 바로 기관의 행위이고, 고의·중대한 과실에 의한 행위는 기관행위가 아니지만 직무행위로서 외형을 갖기 때문에 기관행위로 본다)과 ② 위험책임설적 자기책임설(국가는 위법하게 행사될

위험성이 있는 행정권을 공무원에게 부여하였으므로 그 위법행사에 대한 책임까지 부담하여야 한다는 이론)로 구분된다.

(b) 대위책임설 배상책임은 공무원 자신이 부담해야 할 것이지만 피해자의 보호 등을 위해 국가가 공무원에 대신하여 부담하는 책임이 바로 국가배상책임이라는 견해이다.

(c) 중 간 설 공무원의 위법행위가 고의·중과실에 기한 경우는 국가기관으로서의 행위로 볼 수 없고 또한 이때 국가는 공무원에게 구상할 수 있으므로(국배법 제2조 제2항) 국가의 배상책임은 대위책임이나, 경과실에 의한 경우는 국가기관으로서의 행위로 보아야 하며 또한 국가의 공무원에 대한 구상권이 부정되기에 경과실로 인한 국가의 책임은 자기책임이라고 보는 견해이다.

(d) 절 충 설 공무원의 행위가 경과실에 기한 경우에는 국가기관의 행위로 볼 수 있어 국가의 자기책임이지만, 고의·중과실에 따른 행위는 국가기관의 행위로 볼 수 없어 공무원만이 배상책임을 지고 국가는 책임이 없지만 그 행위가 직무로서 외형을 갖춘 경우에는 피해자와의 관계에서 국가도 일종의 자기책임으로서 배상책임을 진다는 견해이다.

㈏ 판 례 판례는 공무원의 위법행위가 고의 또는 중과실에 의한 것인 때에 국가책임은 대위책임과 자기책임의 양면성을 갖지만, 경과실에 의한 것인 때에는 국가에 구상권이 부인된다는 것을 이유로 국가책임을 자기책임으로 보는 입장을 취한다(대판 1996. 2. 15, 95다38677).

㈐ 사 견 ① 기관이론에 입각한 자기책임설은 공무원의 고의·중과실에 의한 행위가 직무행위로서의 외형을 갖춘다고 하지만, 그러한 해석은 논리필연적인 것이 아니고 입법례에 따라 달라질 수 있는 정책적인 것에 불과하며, ② 대위책임설에 대해서는 독일과 달리 우리나라의 경우에는 '공무원에 대신하여'라는 문구가 없다는 점, 국가면책사상은 철저히 포기되어야 한다는 점, 그리고 공무원의 무과실을 이유로 국가가 면책될 수 있는 가능성을 갖는다는 점을 문제점으로 지적할 수 있다. ③ 중간설에 대해서는 고의·중과실의 경우 대위책임설에 가해지는 문제점이 그대로 가해질 수 있다. ④ 절충설에 대해서도 고의·중과실의 경우, 중간설에 대한 지적과 유사한 지적이 가능하다. ⑤ 생각건대 국가가 공무원에게 직무권한의 행사를 하게 한 것에는 공무원의 위법한 권한행사의 가능성까지 고려한 것으로 보아야 한다. 따라서 공무원의 불법행위에 대한 국가의 배상책임은 이러한 위험한 환경을 마련한 국가의 자기책임으로 볼 것이다.

(2) 선택적 청구 피해자는 반드시 국가나 지방자치단체에 손해배상을 청구하여야 하는가? 아니면 피해자는 자신의 선택에 따라 국가나 지방자치단체에 청구할 수도 있고, 가해행위를 한 공무원에게 청구할 수도 있는가의 문제가 선택적 청구의 문제이다.

학설로는 ① 국가 또는 지방자치단체에만 청구할 수 있다는 견해(선택적 청구 부정론), ② 피해자의 선택에 따라 국가 또는 지방자치단체에 청구하든지 아니면 가해공무원에게 청구할 수 있다는 견해(선택적 청구 긍정론), ③ 경과실의 경우에는 국가 또는 지방자치단체에만 청구할 수 있고, 고의·중과실이 있는 경우에는 선택에 따라 국가 또는 지방자치단체에 청구하든지 아니면 가해공무원에게 청구할 수 있다는 견해(선택적 청구 제한적 긍정론)가 있다. 판례는 ③의 입장을 취한다(대판 1996. 2. 15, 95다38677).

(3) 가해공무원의 책임

㈎ 책임의 유형 국가 또는 공공단체가 배상책임을 지는 경우, 공무원 자신의 책임은 면제되지 아니한다(헌법 제29조 제1항 단서). 판례는 "면제되지 아니하는 공무원 개인의 책임에는 민사상·형사상의 책임이나 국가 등의 기관내부에서의 징계책임 등 모든 법률상의 책임이 포함된다고 할 것이고, 여기에서 특별히 민사상의 불법행위의 책임이 당연히 제외된다고 보아야 할 아무런 근거가 없다"는 입장이다.

㈏ 대외적 배상책임 판례의 입장에서 보면, 앞에서 본 바와 같이 공무원에게 고의·중과실이 있는 경우에는 공무원은 피해자에 대하여 민사상 손해배상책임을 진다.

> **대판** 2011. 9. 8, 2011다34521(공무원이 직무 수행 중 불법행위로 타인에게 손해를 입힌 경우에 국가나 지방자치단체가 국가배상책임을 부담하는 외에 공무원 개인도 고의 또는 중과실이 있는 경우에는 불법행위로 인한 손해배상책임을 지고, 공무원에게 경과실이 있을 뿐인 경우에는 공무원 개인은 불법행위로 인한 손해배상책임을 부담하지 아니하는데, 여기서 공무원의 중과실이란 공무원에게 통상 요구되는 정도의 상당한 주의를 하지 않더라도 약간의 주의를 한다면 손쉽게 위법·유해한 결과를 예견할 수 있는 경우임에도 만연히 이를 간과함과 같은 거의 고의에 가까운 현저한 주의를 결여한 상태를 의미한다).

㈐ 내부적 구상책임 국가 또는 지방자치단체가 피해자에게 배상하였을 경우, 가해공무원에게 고의 또는 중대한 과실이 있었다면, 국가 또는 지방자치단체는 그 가해공무원에게 구상할 수 있다(국가배상법 제2조 제2항).

Ⅳ. 손해배상금의 청구절차

1. 행정절차

(1) 배상신청 이 법에 따라 배상금을 지급받으려는 자는 그 주소지·소재지 또는 배상원인 발생지를 관할하는 지구심의회에 배상신청을 하여야 한다(국가배상법 제12조 제1항). 지구심의회는 배상신청을 받으면 지체 없이 증인신문·감정·검증 등 증거조사

를 한 후 그 심의를 거쳐 4주일 이내에 배상금 지급결정, 기각결정 또는 각하결정(이하 "배상결정"이라 한다)을 하여야 한다(국가배상법 제13조 제1항).

(2) 배상심의회 국가나 지방자치단체에 대한 배상신청사건을 심의하기 위하여 법무부에 본부심의회를 둔다. 다만, 군인이나 군무원이 타인에게 입힌 손해에 대한 배상신청사건을 심의하기 위하여 국방부에 특별심의회를 둔다(국가배상법 제10조 제1항). 본부심의회와 특별심의회는 대통령령으로 정하는 바에 따라 지구심의회를 둔다(국가배상법 제10조 제2항).

2. 사법절차

(1) 행정소송과 민사소송 ① 손해배상청구의 절차는 국가배상법을 공법으로 보는 한 행정소송법상 당사자소송절차에 따라야 한다. 그러나 판례는 민사사건으로 다룬다. 한편, ② 처분의 취소를 구하는 소송을 제기하면서 손해배상의 청구를 병합하여 제기하는 것도 가능하다(행소법 제10조 제1항 제2호·제2항). 예컨대, 서대문구청장이 위법하게 甲의 단란주점영업허가를 취소한 경우, 甲은 단란주점영업허가취소처분취소청구소송을 제기하면서 단란주점영업허가의 취소로 인한 피해의 회복을 위하여 손해배상청구소송을 병합하여 제기하는 것도 가능하다.

(2) 임의적 결정전치 국가배상법에 의한 손해배상의 소송은 배상심의회에 배상신청을 하지 아니하고도 이를 제기할 수 있다. 이를 임의적 결정전치라 부른다. 결정전치제도는 신속한 배상금지급, 합리적인 처리, 법원의 업무경감을 위한 것이다.

제 2 항 손실보상제도

Ⅰ. 일 반 론

1. 손실보상제도의 의의

(1) 손실보상제도의 개념 서울특별시가 폭이 좁아 교통상 위험한 도로를 확장하기 위하여 甲의 토지를 수용한다면, 甲에게 보상을 하여야 한다. 이와 같이 국가나 지방자치단체가 공공의 필요(예: 도로확장)에 응하기 위한 적법한 공권력행사(예: 수용권의 발동)로 인해 사인의 재산권에 특별한 희생(예: 소유권의 박탈)을 가한 경우에 재산권보장과 공적 부담 앞의 평등이라는 견지에서 그 사인에게 조절적인 보상(예: 토지소유권에 대한 보상)을 해 주는 제도가 바로 손실보상제도이다.

(2) 손실보상청구권의 성질 ① 손실보상청구권의 성질에 관해 학설은 공권설(손실보상의 원인행위가 공법적인 것이므로, 그 효과로서 손실보상 역시 공법적으로 보아야 한다는 견해)과 사권설(손실보상의 원인은 공법적이나 그 효과로서의 손실보상은 사법적인 것이라는 견해)로 나뉘고 있다. ② 판례는 손실보상의 원인이 공법적이라 하여도 손실의 내용이 사권이라면, 손실보상은 사법적인 것이라는 입장을 취한다(대판 1998. 2. 27, 97다46450). 공용침해의 대상이 일반적으로 사권이라고 볼 때, 판례는 원칙적으로 사권설을 취한다고 하겠다. 판례의 입장을 따르면, 손실보상에 관한 소송은 원칙적으로 민사소송의 대상이 된다.

2. 손실보상제도의 법적 근거

(1) 이론적 근거 손실보상제도는 공익과 사익이 충돌하는 경우에 공익이 우선되어야 하지만, 공익을 위해 희생된 사익은 보호되어야 한다는 사고에 바탕을 두고 있다. 이러한 사고는 '희생사상'으로 불린다. 독일의 경우, 공공복지와 개인의 권리 사이의 충돌해결을 위한 특별한 형식으로서 희생사상이 명문으로 처음 규정된 것이 프로이센일반란트법이다. 이러한 희생사상은 그 후 바이마르헌법 제153조, 본기본법 제14조에 이어지고 있다. 우리 헌법 제23조 제3항도 희생사상을 받아들인 것이라 할 수 있다. 희생사상은 학설상 특별희생설로 불리고 있다. 특별희생설은 우리의 통설·판례의 입장이다.

(2) 실정법적 근거 ① 헌법 제23조 제3항은 "공공필요에 의한 재산권의 수용·사용 또는 제한 및 그에 대한 보상은 법률로써 하되, 정당한 보상을 지급하여야 한다"고 규정하고 있다. 따라서 보상에 관한 사항은 법률로 정하여야 한다. ② 현재로서 손실보상에 관한 일반법은 없다. 공익사업에 필요한 토지 등의 수용 및 사용과 그 손실보상에 관한 일반법으로 '공익사업을 위한 토지 등의 취득 및 보상에 관한 법률'이 있다. 그 밖에 손실보상을 규정하는 개별 법률(예: 도로법 제92조, 하천법 제76조)도 적지 아니하다.

> ● **도로법 제92조(공용부담으로 인한 손실보상)** ① 이 법에 따른 처분이나 제한으로 손실을 입은 자가 있으면 국토해양부장관이 한 처분이나 제한으로 인한 손실은 국고에서 보상하고, 그 밖의 행정청이 한 처분이나 제한으로 인한 손실은 그 행정청이 속하여 있는 지방자치단체에서 보상하여야 한다.
> ② 제1항에 따른 손실의 보상에 관하여는 국토해양부장관이나 그 밖의 행정청이 그 손실을 입은 자와 협의하여야 한다.
> ③ 제2항에 따른 협의가 성립되지 아니하거나 협의를 할 수 없으면 대통령령으로 정하는 바에 따라 관할 토지수용위원회에 재결을 신청할 수 있다.

Ⅱ. 손실보상청구권의 성립요건

헌법 제23조 제3항은 "공공필요에 의한 재산권의 수용·사용 또는 제한 및 그에 대한 보상은 법률로써 하되, 정당한 보상을 지급하여야 한다"고 규정하고 있는바, 헌법이 예정하는 손실보상청구권의 요건으로 공공필요, 재산권, 침해와 특별한 희생(이 부분은 해석상 도출된다), 보상규정에 대한 검토가 필요하다. 나누어서 보기로 한다.

1. 공공필요

(1) 의 의 손실보상청구권은 공공필요(公共必要)를 위해 재산권에 침해가 이루어지는 경우에 인정된다. 공공필요란 도로·항만의 건설 등 일정한 사업만을 의미하는 것은 아니다. 그것은 넓게 새겨야 하며, 무릇 일반 공익을 위한 것이면 공공필요에 해당하는 것으로 보아야 한다. 오로지 국고목적, 즉 재정확보를 목적으로 하는 것은 여기서 말하는 공공필요에 해당하지 않는다. 왜냐하면 수용은 국유재산의 증대를 위한 것이 아니기 때문이다.

> **헌재** 2011. 6. 30, 2008**헌바**166(국토의 계획 및 이용에 관한 법률에서 규정하는 도시계획시설사업은 도로·철도·항만·공항·주차장 등 교통시설, 수도·전기·가스공급설비 등 공급시설과 같은 도시계획시설을 설치·정비 또는 개량하여 공공복리를 증진시키고 국민의 삶의 질을 향상시키는 것을 목적으로 하고 있으므로, 도시계획시설사업은 그 자체로 공공필요성의 요건이 충족된다)

(2) 사 기 업 특정 사기업이 생활배려영역에서 복리적인 기능을 수행한다면, 그 사기업(예: 사기업인 원자력발전소가 전기공급을 위한 경우)을 위해서도 법률 또는 법률에 근거한 처분으로 수용이 이루어질 수 있다(헌재 2009. 9. 24, 2007헌바114 전원재판부).

> **헌재** 2011. 6. 30, 2008**헌바**166(도시계획시설사업은 그 자체로 공공필요성의 요건이 충족된다. 또한 이 사건 수용조항은 도시계획시설사업의 원활한 진행을 위한 것이므로 정당한 입법목적을 가진다. 민간기업도 일정한 조건하에서는 헌법상 공용수용권을 행사할 수 있고, 위 수용조항을 통하여 사업시행자는 사업을 원활하게 진행할 수 있으므로, 위 조항은 위 입법목적을 위한 효과적인 수단이 된다. 만약 사업시행자에게 수용권한이 부여되지 않는다면 협의에 응하지 않는 사람들의 일방적인 의사에 의해 도시계획시설사업을 통한 공익의 실현이 저지되거나 연기될 수 있고, 수용에 이르기까지의 과정이 국토계획법상 적법한 절차에 의해 진행되며, 사업시행자는 피수용권자에게 정당한 보상을 지급해야 하고, 우리 법제는 구체적인 수용처분에 하자가 있을 경우 행정소송 등을 통한 실효적인 권리구제의 방안들을 마련하고

있는 점 등에 비추어 이 사건 수용조항이 피해의 최소성 원칙에 반한다고 볼 수 없고, 우리 국가공동체에서 도시계획시설이 수행하는 역할 등을 감안한다면 위 수용조항이 공익과 사익 간의 균형성을 도외시한 것이라고 보기도 어렵다. 따라서 이 사건 수용조항은 헌법 제23조 제3항 소정의 공공필요성 요건을 결여하거나 과잉금지원칙을 위반하여 재산권을 침해하지 않는다).

2. 재 산 권

손실보상청구권은 재산권에 대한 침해가 있는 경우에 인정된다. 재산권의 종류는 물권인가 채권인가를 가리지 않고 공법상의 권리인가 사법상의 권리인가도 가리지 않는다. 재산적 가치 있는 모든 공권과 사권이 침해의 대상이 될 수 있다. 다만 여기서 '가치 있는'이라는 의미는 현재 가치가 있는 것을 의미하며, 영업기회나 이득가능성은 이에 포함되지 아니한다.

3. 침 해

(1) 침해의 유형 손실보상청구권은 재산권에 대한 침해가 있는 경우에 인정된다. 침해에는 수용·사용·제한이 있다. 수용이란 재산권을 박탈하는 것을 의미하며, 사용이란 재산권을 일시 사용하는 것을 의미하며, 제한이란 재산권의 사용·수익을 제한하는 것을 말한다. 한편, 수용·사용·제한을 모두 내포하는 넓은 의미로 수용이라는 용어가 사용되기도 한다. 넓은 의미의 수용은 공용침해라고도 한다.

(2) 침해의 방식 침해의 방식에는 법률에 의한 직접적인 침해와 법률에 근거하여 이루어지는 행정작용에 의거한 침해의 경우가 있다. 전자는 법률수용, 후자는 행정수용이라 불린다. 법률수용은 법률 그 자체의 효력발생과 더불어 직접, 그리고 집행행위 없이 사인의 개별·구체적인 권리를 침해하는 것을 말한다. 처분법률은 형식상으로는 입법이나 내용상으로는 행정작용의 성질을 갖는다. 개인의 권리보호와 관련하여 법률수용은 예외적으로만 허용된다.

헌재 2010. 2. 25, 2008**헌바6 전원재판부**(이 사건 토지는 제방부지와 제외지로서 공부상 소유자가 복구되지 않은 상태에서 1971년 하천법의 시행으로 일제히 국유로 귀속된 것으로서, 이는 하천관리라는 공익 목적을 위하여 국민의 특정 재산권을 직접 법률에 의하여 강제적으로 국가가 취득한 것이므로, 헌법 제23조 제3항에 규정된 재산권의 "수용"에 해당된다).

4. 특별한 희생

(1) 의 의 손실보상청구권은 재산권에 대한 침해가 있고, 그 침해가 특별한 희생에 해당하는 경우에 인정된다. 특별한 희생이란 사회적 제약을 벗어나는 희생을 말한다. 따라서 사회적 제약을 벗어나는 재산권규제에는 보상이 따라야 한다.

> **대판** 2010. 12. 9, 2007두6571(구 공유수면매립법(1999. 2. 8. 법률 제5911호로 전부 개정되기 전의 것) 제17조가 "매립의 면허를 받은 자는 제16조 제1항의 규정에 의한 보상이나 시설을 한 후가 아니면 그 보상을 받을 권리를 가진 자에게 손실을 미칠 공사에 착수할 수 없다. 다만, 그 권리를 가진 자의 동의를 받았을 때에는 예외로 한다"고 규정하고 있으나, 손실보상은 공공필요에 의한 행정작용에 의하여 사인에게 발생한 특별한 희생에 대한 전보라는 점에서 그 사인에게 특별한 희생이 발생하여야 하는 것은 당연히 요구되는 것이고, 공유수면매립면허의 고시가 있다고 하여 반드시 그 사업이 시행되고 그로 인하여 손실이 발생한다고 할 수 없으므로, 매립면허 고시 이후 매립공사가 실행되어 관행어업권자에게 실질적이고 현실적인 피해가 발생한 경우에만 공유수면매립법에서 정하는 손실보상청구권이 발생하였다고 할 것이다).

(2) 특별희생 존부의 판단기준 특별희생의 존부 여부를 판단하는 기준으로 학설은 ① 공행정주체의 공공의 복지를 위한 개별행위로 특정인의 권리가 침해된 경우에 특별한 희생이 있다고 하는 견해(개별행위설), ② 관계된 개인이나 집단을 다른 개인이나 집단과 비교할 때 관계된 개인이나 집단을 불평등하게 다루고, 또한 관계된 개인이나 집단에게 수인을 요구할 수 없는 희생을 공익을 위해 강제하게 되는 경우에 특별한 희생이 있다고 하는 견해(특별희생설), ③ 침해의 중대성과 범위를 구분기준으로 하여 침해가 중대하고 침해의 범위가 넓어서 사인이 수인할 수 없는 경우에 특별한 희생이 있다고 하는 견해(중대설) 등이 있다. ④ 어느 견해도 만족할 만한 것으로 보이지 않는다. 중대설·특별희생설·수인가능성·경찰상 위험성·부동산의 상환구속성 등을 종합하여 특별희생의 존부를 판단하여야 할 것이다.

5. 보상규정

(1) 보상규정이 있는 경우 보상규정이 있는 경우는 헌법 제23조 제3항이 예정하고 있는 형태의 손실보상이 된다.

(2) 보상규정이 없는 경우 재산권의 수용·사용 또는 제한에 관해서는 법률로써 규정하면서 그에 대한 보상은 법률에서 규정되고 있지 아니한 경우에 이루어지는 재산권의 수용·사용 또는 제한으로 인하여 발생한 손실의 보상은 헌법 제23조 제3항이 예정

하고 있지 않다. 이러한 경우는 제도의 보완이 필요한 부분이다. 이에 관해서는 제1절 제3항에서 특별한 희생에 대한 보상제도의 보완의 문제로서 살핀다.

Ⅲ. 손실보상의 범위·내용과 지급상 원칙

1. 보상의 범위

(1) 법률에 의한 정당한 보상 헌법 제23조 제3항은 재산권의 수용·사용·제한 및 보상은 법률로써 하되, 정당한 보상을 지급할 것을 규정하고 있다. 여기서 정당한 보상의 의미와 관련하여 완전보상설과 상당보상설의 대립이 있다.

(가) 완전보상설 손실보상이 재산권보장, 부담의 공평, 상실된 가치의 보전이라는 관점에서 인정된다고 보아 보상은 완전보상이어야 한다는 견해이다. 대법원의 입장이기도 하다(대판 2001. 9. 25, 2000두2426). 헌법재판소도 같은 입장이다(헌재 1991. 2. 11, 90헌바17·18). 완전보상의 의미도 객관적 교환가치만을 의미하는가, 아니면 부대적 손실도 포함하는가에 관해 견해는 갈리고 있다.

헌재 2010. 2. 25, 2008헌바6 전원재판부(헌법 제23조 제3항에 규정된 "정당한 보상"이란 원칙적으로 수용되는 재산의 객관적인 재산가치를 완전하게 보상하여야 한다는 이른바 "완전보상"을 뜻하는데, 토지의 경우에는 그 특성상 인근 유사토지의 거래가격을 기준으로 하여 그 가격형성에 미치는 제 요소를 종합적으로 고려한 합리적 조정을 거쳐서 객관적인 가치를 평가할 수밖에 없다).

(나) 상당보상설 재산권의 사회적 제약 내지 사회적 구속성, 재산권의 공공복리적합의무의 관점에서 공·사익을 형량하여 보상내용이 결정되어야 한다는 견해이다. 이 견해는 완전보상을 원칙으로 하되 합리적인 이유가 있는 경우에는 완전보상을 하회할 수도 있다는 입장이다.

(다) 절 충 설 학자에 따라서는 정당한 보상이 상황에 따라 완전보상 또는 상당보상일 수 있다는 견해를 언급하기도 한다.

(라) 사 견 사회국가원리 또한 우리 헌법이 지향하는 이념의 하나임을 고려할 때, 상당보상설이 타당하다.

(2) 시가보상 공익사업을 위한 토지 등의 취득 및 보상에 관한 법률은 "보상액의 산정은 협의에 의한 경우에는 협의 성립 당시의 가격을, 재결에 의한 경우에는 수용 또는 사용의 재결 당시의 가격을 기준으로 한다(공익사업을 위한 토지 등의 취득 및 보상에 관한 법률 제67조 제1항)"고 하여 시가보상의 원칙을 규정하면서, 동시에 "협의나 재결에

의하여 취득하는 토지에 대하여는 「부동산 가격공시 및 감정평가에 관한 법률」에 따른 공시지가를 기준으로 하여 보상하되, 그 공시기준일부터 가격시점까지의 관계 법령에 따른 그 토지의 이용계획, 해당 공익사업으로 인한 지가의 영향을 받지 아니하는 지역의 대통령령으로 정하는 지가변동률, 생산자물가상승률(「한국은행법」 제86조에 따라 한국은행이 조사·발표하는 생산자물가지수에 따라 산정된 비율을 말한다)과 그 밖에 그 토지의 위치·형상·환경·이용상황 등을 고려하여 평가한 적정가격으로 보상하여야 한다(공익사업을 위한 토지 등의 취득 및 보상에 관한 법률 제70조 제1항)"고 하여 공시지가를 활용하고 있다.

2. 보상의 내용

(1) 대인적 보상 역사적으로 보면, 손실보상은 피수용자가 수용목적물에 대하여 갖는 주관적 가치의 보상에서 시작되었다. 19세기 영국의 법제가 그러하였다. 주관적 가치란 시장에서의 객관적인 교환가치가 아니라 피수용자 스스로가 평가하는 주관적 가치를 의미한다. 이러한 보상을 대인적 보상이라 부른다.

(2) 대물적 보상 대인적 보상은 보상액산정에 기준이 없을 뿐더러 보상금액이 통상 고액이 된다. 이것은 공공사업의 시행에 장해가 있음을 의미하게 된다. 그리하여 20세기 초부터 시장에서의 객관적인 교환가치를 보상액으로 하는 것이 나타났다. 이것을 대물적 보상 또는 재산권보상이라 부른다. 대물적 보상은 현재 우리뿐만 아니라 각국의 기본적인 제도이다.

(3) 생활보상

㈎ 의 의 다목적댐을 건설하기 위하여 농지를 수용하는 경우, 수용당한 농민이 손실보상금만으로 다른 지역에서 농지를 구입하여 계속 농사를 짓는 것이 어려운 경우도 나타난다. 이러한 경우에는 수용농지에 대한 손실보상금 외에 이주대책·생계지원대책 등도 마련해 주어야만 그 농민은 수용 전과 같은 생활상태를 계속할 수 있다. 이와 같이 객관적 교환가치(손실보상금) 외에 삶의 터전(이주대책·생계지원대책 등)도 마련해주어야만 보상이 의미있게 되는 경우, 그러한 삶의 터전을 마련해주는 것을 생활보상이라 한다.

대판 2011. 11. 24, 2010다80749(구 공익사업을 위한 토지 등의 취득 및 보상에 관한 법률 제78조 제1항에 따른 이주대책은 공익사업의 시행으로 인하여 주거용 건축물을 제공함에 따라 생활 근거를 상실하게 되는 이주대책대상자에 대하여 종전 생활상태를 원상으로 회복시키면서 동시에 인간다운 생활을 보장하기 위하여 마련된 것이다).

㈏ **법적 근거** 생활보상은 헌법 제23조 제3항과 제34조 제1항을 근거로 인정된다.

생활보상을 구체화하고 있는 법률로 공익사업을 위한 토지 등의 취득 및 보상에 관한 법률 등을 볼 수 있다. 헌법 제23조 제3항은 재산권 보상을 염두에 둔 규정으로 제한적으로 이해되어야 하며, 재산권 보상으로 메워지지 않는 내용의 보장은 헌법 제34조에 의하여 해결되어야 한다고 하여 생활보상은 헌법 제34조에서 도출 가능한 것으로 보는 견해도 있다.

> ● **헌법 제34조** ① 모든 국민은 인간다운 생활을 할 권리를 가진다.
> **제23조** ③ 공공필요에 의한 재산권의 수용·사용 또는 제한 및 그에 대한 보상은 법률로써 하되, 정당한 보상을 지급하여야 한다.

㈐ **성 질** ① 생활보상은 단순히 재산권의 보장에만 머무르는 것이 아니다. 그것은 삶의 기반을 확보하는 문제인 까닭에 생존권적 기본권의 문제이기도 하다. 따라서 생활보상은 사회복지국가원리에 바탕을 두는 제도로서의 성질을 갖는다. 한편 ② 생활보상은 보상기준이 설정되어 있으므로 대인적 보상에 비하여는 객관성이 강하다는 점, 대물적 보상에 비하여 보상의 범위가 확대된다는 점이 특징적이다. ③ 특히 광의의 생활보상개념에 입각하게 되면, 생활보상은 수용 전 상태로의 회복이라는 의미에서 원상회복의 의미를 갖는다.

> **[참고] 간접보상(간접손실보상, 사업손실보상)**
> (1) 의의 공공사업의 시행 또는 완성 후의 시설이 간접적으로 사업지범위 밖에 위치한 타인의 토지 등의 재산에 손실을 가하는 경우의 보상을 말한다.
> (2) 성질 간접보상을 생활보상의 한 내용으로 보는 견해와 재산권보상의 하나로 보는 견해, 그리고 재산권보상 및 생활보상과 구별되는 확장된 보상 개념으로 보는 견해로 나누어진다.
> (3) 유형 물리적·기술적 손실(공사중의 소음·진동 또는 완성시설로 인한 일조나 전파장애)과 경제적·사회적 손실(댐건설로 주민이 이전함으로 생기는 지역경제의 영향이나 어업권의 소멸로 어업활동이 쇠퇴하게 됨으로써 생기는 경제활동의 영향 등)을 포함한다.
> (4) 실정법 공익사업을 위한 토지 등의 취득 및 보상에 관한 법률 제73조는 잔여지의 손실과 공사비 보상, 제74조는 잔여지 등의 매수 및 수용청구를, 제79조는 기타 토지에 관한 비용보상 등을 규정한다.
> (5) 명문의 규정이 없는 경우의 보상 판례는 간접손실에 대한 보상에 관한 명문의 규정이 없더라도 ① 공공사업의 시행으로 인하여 그러한 손실이 발생하리라는 것을 쉽게 예견할 수 있고, ② 그 손실의 범위도 구체적으로 이를 특정할 수 있는 경우라면 관련규정을 유추적용하여 보상할 수 있다고 본다(대판 2004. 9. 23, 2004다25581).

3. 보상의 지급

보상금의 지급에는 ① 보상금은 사업시행자 자신이 보상금을 지급하여야 한다는 사업시행자보상의 원칙, ② 보상은 현물이 아니라 현금으로 지급함이 원칙이라는 현금보상의 원칙, ③ 보상은 보상을 받을 자의 대표에게 일괄하여 지급하는 것이 아니라 보상을 받을 자 개인별로 지급함이 원칙이라는 개인별 보상의 원칙, ④ 수용 또는 사용 후가 아니라 수용 또는 사용의 시기까지 보상금을 지급함이 원칙이라는 사전보상의 원칙, ⑤ 보상금은 나누어서 지급하는 것이 아니라 일시에 지급하여야 함이 원칙이라는 일시보상의 원칙이 적용된다.

Ⅳ. 손실보상절차

1. 공익사업을 위한 토지 등의 취득 및 보상에 관한 법률의 경우

① 보상금액 등은 사업시행자와 토지소유자 등이 협의하여 정한다. ② 협의가 성립되지 아니하거나 협의를 할 수 없으면 사업시행자가 관할 토지수용위원회에 재결을 신청할 수 있다. ③ 관할 토지수용위원회의 재결에 이의가 있는 자는 중앙토지수용위원회에 이의를 신청할 수도 있고, 이의신청 없이 행정소송을 제기할 수도 있다. ④ 중앙토지수용위원회의 이의재결에 불복하는 자는 행정소송을 제기할 수 있다.

[절차 요약]
협의 → 재결신청(관할토지수용위원회) → 이의신청(중앙토지수용위원회) → 행정소송
협의 → 재결신청(관할토지수용위원회) → 행정소송

(1) 협 의 사업시행자는 토지등에 대한 보상에 관하여 토지소유자 및 관계인과 성실하게 협의하여야 … 한다(토상법 제26조 제1항 제2문, 제16조, 제26조 제2항 단서). 협의가 성립되었을 때에는 사업시행자는 … 관할 토지수용위원회에 협의성립의 확인을 신청할 수 있다(토상법 제29조 제1항). 제29조 제1항 및 제3항에 따른 확인은 이 법에 따른 재결로 보며, 사업시행자, 토지소유자 및 관계인은 그 확인된 협의의 성립이나 내용을 다툴 수 없다(토상법 제29조 제4항).

(2) 재결(수용재결) 제26조에 따른 협의가 성립되지 아니하거나 협의를 할 수 없을 때(제26조 제2항 단서에 따른 협의 요구가 없을 때를 포함한다)에는 사업시행자는 사업인정고시가 된 날부터 1년 이내에 대통령령으로 정하는 바에 따라 관할 토지수용위원회에 재결을 신청할 수 있다(토상법 제28조 제1항). 재결신청에 따라 내려지는 최초의 재결을

수용재결이라 한다. 한편, 피수용자는 이를 신청할 수 없다.

(3) 이의신청(이의재결) 중앙토지수용위원회의 제34조에 따른 재결에 이의가 있는 자는 중앙토지수용위원회에 이의를 신청할 수 있다(토상법 제83조 제1항). 지방토지수용위원회의 제34조에 따른 재결에 이의가 있는 자는 해당 지방토지수용위원회를 거쳐 중앙토지수용위원회에 이의를 신청할 수 있다(토상법 제83조 제2항). 제1항 및 제2항에 따른 이의의 신청은 재결서의 정본을 받은 날부터 30일 이내에 하여야 한다(토상법 제83조 제3항). 이의신청에 따라 내려지는 재결을 이의재결이라 한다.

(4) 행정소송

(가) 행정소송의 제기 행정소송은 원처분인 관할 토지수용위원회의 재결을 대상으로 한다(동법 제85조 제1항). 이의신청절차를 거친 경우에도 중앙토지수용위원회의 이의신청에 대한 재결이 아니라 관할 토지수용위원회의 재결을 대상으로 한다(행소법 제19조 본문). 물론 중앙토지수용위원회의 이의신청에 대한 재결에 고유한 위법이 있다면, 중앙토지수용위원회의 이의신청에 대한 재결을 다툴 수 있다(행소법 제19조 단서).

(나) 원처분중심주의 동법 제85조 제1항은 원처분(제34조의 재결신청에 대한 재결)에 대해서도 행정소송을 제기할 수 있음을 명시적으로 규정하고 있으므로, 원처분이 행정소송의 대상이 됨은 분명하다. 제84조의 이의신청에 대한 재결을 거친 후 행정소송을 제기하는 경우에도 원처분중심주의가 적용된다. 즉 신청에 대한 재결(수용재결)에 대해 다투어야 하고, 이의신청에 대한 재결(이의재결)은 고유한 위법이 있는 경우에 한하여 대상적격을 갖는다(대판 2010. 1. 28, 2008두1504).

대판 2010. 1. 28, 2008**두**1504(공익사업을 위한 토지 등의 취득 및 보상에 관한 법률 제85조 제1항 전문의 문언 내용과 같은 법 제83조, 제85조가 중앙토지수용위원회에 대한 이의신청을 임의적 절차로 규정하고 있는 점, 행정소송법 제19조 단서가 행정심판에 대한 재결은 재결 자체에 고유한 위법이 있음을 이유로 하는 경우에 한하여 취소소송의 대상으로 삼을 수 있도록 규정하고 있는 점 등을 종합하여 보면, 수용재결에 불복하여 취소소송을 제기하는 때에는 이의신청을 거친 경우에도 수용재결을 한 중앙토지수용위원회 또는 지방토지수용위원회를 피고로 하여 수용재결의 취소를 구하여야 하고, 다만 이의신청에 대한 재결 자체에 고유한 위법이 있음을 이유로 하는 경우에는 그 이의재결을 한 중앙토지수용위원회를 피고로 하여 이의재결의 취소를 구할 수 있다고 보아야 한다).

(다) 제소기간 등의 특례 제34조 규정에 의한 재결에 대하여 불복이 있는 때에는 재결서를 받은 날부터 60일 이내에, 각각 이의신청을 거쳤을 때에는 이의신청에 대한 재결서를 받은 날부터 30일 이내에 각각 행정소송을 제기할 수 있다(토상법 제85조 제1항 제1문). 행정심판법 제27조(행정심판 제기기간)와 행정소송법 제20조(제소기간)의 규정은 적

용되지 아니한다는 것이 판례의 입장이다(대판 1989. 3. 28, 88누5198).

(5) 보상금증감소송

(가) 의 의 행정소송이 보상금의 증감에 관한 소송인 경우 그 소송을 제기하는 자가 토지소유자 또는 관계인인 때에는 사업시행자를, 사업시행자인 때에는 토지소유자 또는 관계인을 각각 피고로 한다(토상법 제85조 제2항). 본 조항에 의한 소를 보상금증감소송(補償金增減訴訟)이라 부른다. 예컨대, 서대문구청장이 甲의 토지를 수용하는 과정에서 중앙토지수용위원회의 이의신청절차까지 거치게 되었고, 중앙토지수용위원회는 수용면적을 100,000㎡, 수용가격을 ㎡당 3만원으로 하는 내용의 재결을 하였다고 하자. 이러한 경우에 ① 甲이 수용면적 100,000㎡가 많다고 하여 50,000㎡로 줄여줄 것을 구하는 소송이나 ② 서대문구청장이 수용면적 100,000㎡가 적다고 하여 150,000㎡로 늘여줄 것을 구하는 소송과 ③ 甲이 수용가격 ㎡당 3만원이 적다고 하여 ㎡당 5만원으로 올려줄 것을 구하는 소송이나 ④ 서대문구청장이 ㎡당 3만원이 많다고 하여 ㎡당 2만원으로 내려줄 것을 구하는 소송은 피고를 달리한다. ①과 ②는 통상의 보상소송에 해당하고, ③과 ④는 보상금증감소송에 해당한다. 각 소송의 원고와 피고를 도해하기로 한다.

통상의 보상소송 (항고소송)	→	① 원고 : 갑 ② 원고 : 서대문구청	피고 : 중앙토지수용위원회(처분청) 피고 : 중앙토지수용위원회(처분청)
보상금 증감소송 (당사자소송)	→	③ 원고 : 갑 ④ 원고 : 서대문구청	피고 : 서대문구청 피고 : 갑

(나) 법적 성질 ① '토상법'상 보상금증감소송은 1인의 원고와 1인의 피고를 당사자로 하는 단일소송이다 ② '토상법'은 보상금증감소송의 경우에 처분청(위원회)인 토지수용위원회를 피고로 하지 아니하고, 대등한 당사자인 토지소유자 또는 관계인과 사업시행자를 당사자로 하고 있는바, 형식적 관점에서 보상금증감소송은 당사자소송에 속한다(대판 1991. 11. 26, 91누285; 대판 2000. 11. 28, 99두3416). 그러나 보상금증감소송은 위원회(처분청)의 재결(처분)을 다투는 의미도 갖는 것이므로 실질적 관점에서는 항고소송의 성질도 갖는다. 따라서 전체로서 보상금증감소송을 형식적 당사자소송이라 부를 수 있다.

2. 기타 법률의 경우

하천법의 경우는 행정청(국토해양부장관 또는 시·도지사)이 손실을 받을 자와 협의하고(하천법 제76조 제2항), 협의가 성립되지 아니하거나 협의를 할 수 없을 때에는 관할 토지수용위원회의 재결을 신청할 수 있다(하천법 제76조 제3항). 판례는 손실을 받은 자도 재결신청권이 있다고 한다. 공유수면 관리 및 매립에 관한 법률의 경우도 하천법의 경우와 같다(공유수면 관리 및 매립에 관한 법률 제57조).

제 3 항 국가책임제도의 보완

국가나 지방자치단체의 공공복지를 위한 작용으로 인해 사인이 당할 수 있는 특별한 희생으로 다음을 볼 수 있다.

1 수용·사용·제한과 보상의 규정이 있는 법률에 따른 특별한 희생(전통적·전형적 손실보상) 2 수용·사용·제한규정은 있으나 보상규정이 없는 법률에 따른 특별한 희생 3 수용·사용·제한과 보상의 규정이 있는 법률의 위법한 집행에 따른 특별한 희생 4 수용·사용·제한과 보상의 규정이 없는 법률에 따른 특별한 희생 5 보상의 규정이 없는 법률에 따른 생명·신체 등에 대한 특별한 희생

제2절에서 살펴본 손실보상제도는 1을 중심으로 한 것이다. 2·3·4에 대한 검토와 아울러 5에 보상의 문제도 검토가 필요하다. 2·3·4는 재산권의 침해와 관련하고, 5는 비재산권에 대한 침해와 관련한다. 그 밖에 결과제거청구권과 공법상 위험책임도 문제된다.

Ⅰ. 재산권침해에 대한 손실보상청구권의 확장

1. 수용·사용·제한규정은 있으나 보상규정 없는 법률과 손실보상청구권

(1) 의 의 헌법 제23조 제3항이 "공공필요에 의한 재산권의 수용·사용 또는 제한 및 그에 대한 보상은 법률로써 하되"라고 규정하고 있으므로, 공익을 위한 법률이 재산권의 수용·사용 또는 제한에 관한 규정을 두면서 보상에 관한 규정을 두고 있지 아니하다면, 이러한 법률은 헌법위반의 법률이 된다. 이러한 법률에 따라 특별한 희생으로서 피해가 발생한다면(예컨대, 개발제한구역의 지정 및 관리에 관한 특별조치법상 개발제한구역의 지정으로 인한 불이익으로서 공동체를 위해 참아야 할 정도를 벗어나는 특별한 희생이 있는 경우, 동법상 보상규정이 없다), 피해자인 사인에게 손해배상청구권이 발생하는지, 손실보상청구권이 발생하는지의 여부가 문제된다(독일에서는 수용유사침해보상의 법리로 해결하고 있다).

(2) 손실보상청구권의 인정 여부(손실보상청구권의 근거로서 헌법 제23조 제3항) 보상

규정이 없는 경우에 손실보상청구권을 갖는지의 여부는 헌법 제23조 제3항 등을 근거로 손실보상을 청구할 수 있는지의 문제와 관련된다. 이와 관련하여 헌법 제23조 제3항의 성질을 둘러싸고 다양한 견해가 있어 왔다.

(가) 학 설

(a) **방침규정설** 헌법상 손실보상에 관한 규정은 입법의 방침을 정한 것에 불과한 프로그램규정이다. 따라서 이 견해는 손실보상에 관한 구체적인 사항이 법률로써 정해져야만 사인은 손실보상청구권을 갖게 된다는 견해이다. 입법지침설이라고도 한다.

(b) **직접효력규정설** 개인의 손실보상청구권은 헌법규정으로부터 직접 나온다. 즉 헌법 제23조 제3항을 국민에 대해 직접적인 효력이 있는 규정으로 보는 견해이다.

(c) **위헌무효설** 손실보상청구권은 헌법이 아니라 법률에서 근거되는 것이라는 전제하에 만약 보상규정 없는 수용법률에 의거 수용이 행해진다면 그 법률은 위헌무효의 법률이고, 따라서 수용은 위법한 작용이 되는바, 사인은 손해배상청구권을 갖는다는 견해이다. 위헌설 또는 입법자에 대한 직접효력설이라고도 한다.

(d) **간접효력규정설** 공용침해에 따르는 보상규정이 없는 경우에는 헌법 제23조 제1항(재산권보장) 및 제11조(평등 원칙)에 근거하고, 헌법 제23조 제3항 및 관계규정의 유추해석을 통하여 보상을 청구할 수 있다는 견해이다. 간접효력규정설이란 본서가 붙인 이름이다. 간접이란 손실보상청구권이 헌법상 하나의 특정조문(헌법 제23조 제3항)에 근거하는 것이 아니라 여러 조항의 해석의 결과 도출됨을 의미한다. 간접효력규정설은 유추적용설이라 불리기도 한다.

[참고] 간접효력규정설과 유추적용설의 비교
① 간접효력규정설은 법률에 명시적인 보상규정이 없는 경우에 헌법을 근거로 보상을 청구할 수 있다는 논리로서 헌법을 1차적인 관심의 대상으로 한다. 유추적용설은 관련 법률의 유추해석을 통해 보상을 청구할 수 있다는 논리로서 관련 법률을 1차적인 관심의 대상으로 한다. ② 간접효력규정설에 근거하여 개별 사건에서 보상청구권의 존부를 판단할 때, 관련 법령의 유추해석이나 목적론적 해석 또는 역사적 해석 등이 활용될 수 있다. 유추적용설도 「법률에 명시적인 보상규정이 없다고 하여도 헌법상 보상청구권이 인정될 수 있다」는 논리를 전제로 한다고 볼 것이므로 유추적용설은 간접효력규정설의 한 적용형태에 해당한다고 말할 수 있다. ③ 그렇다고 간접효력규정설과 유추적용설은 동일한 것이라 말하기는 어렵다.

(나) 판 례 ① 대법원은 직접적인 근거규정이 없는 경우에도 경계이론에 입각하여 ⓐ 관련규정의 유추해석이 가능한 경우에는 유추해석을 통해 손실보상을 인정하기도 하며(대판 1987. 7. 21, 84누126), 관련규정이 없는 경우에도 손실보상을 인정하기도 하지만(대판 1972. 11. 28, 72다1597), ⓑ 경우에 따라서는 법규에 보상규정이 없을 때에 공적 목적

(공적 부담)을 위한 것임에도 손실보상 대신 불법행위로 처리하기도 하였다(대판 1966. 10. 18, 66다1715). ⓒ MBC주식강제증여사건에서 대법원은 보상책임을 부인하였지만, 독일법상 수용유사적 침해보상의 개념을 처음으로 언급하면서 판단을 유보한 것이 눈에 띈다(대판 1993. 10. 26, 93다6409). ② 헌법재판소는 분리이론에 입각하여 진정입법부작위로서의 위헌(헌재 1994. 12. 29, 89헌마2) 또는 보상입법의무의 부과를 통해 문제를 해결하기도 한다(헌재 1998. 12. 24, 89헌마214 등).

대판 2011. 8. 25, 2011두2743(법률 제2292호 하천법 개정법률 제2조 제1항 제2호 (나)목 및 (다)목, 제3조에 의하면, 제방부지 및 제외지는 법률 규정에 의하여 당연히 하천구역이 되어 국유로 되는데도, 하천편입토지 보상 등에 관한 특별조치법(이하 '특별조치법'이라 한다)은 법률 제2292호 하천법 개정법률 시행일(1971. 7. 20.)부터 법률 제3782호 하천법 중 개정법률의 시행일(1984. 12. 31.) 전에 국유로 된 제방부지 및 제외지에 대하여는 명시적인 보상규정을 두고 있지 않다. 그러나 제방부지 및 제외지가 유수지와 더불어 하천구역이 되어 국유로 되는 이상 그로 인하여 소유자가 입은 손실은 보상되어야 하고 보상방법을 유수지에 관한 것과 달리할 아무런 합리적인 이유가 없으므로, 법률 제2292호 하천법 개정법률 시행일부터 법률 제3782호 하천법 중 개정법률 시행일 전에 국유로 된 제방부지 및 제외지에 대하여도 특별조치법 제2조를 유추적용하여 소유자에게 손실을 보상하여야 한다고 보는 것이 타당하다).

㈐ **사 견** ① 헌법은 침해의 근거와 보상을 법률로 정하도록 하고 있으므로 직접효력규정설은 채택하기 곤란하다. ② 보상규정 없는 법률에 의한 침해의 경우에는 손해배상청구권이 발생한다는 위헌무효설 역시 문제가 있다. 왜냐하면 공공복지를 위한 침해가 보상규정이 없다는 이유만으로 불법행위와 동일하게 다루어진다는 것은 비합리적이고 또한 손해배상청구권의 성립요건 중 과실인정이 어려울 뿐만 아니라 헌법재판소가 개발제한구역제도에 대하여 헌법불합치결정을 내린 경우와 같이 법령이 형식적으로 존재하는 경우에는 위법성을 인정하기도 어렵기 때문이다. ③ 생각건대 보상은 법률로 정하라는 헌법규정도 고려하고, 보상에 관한 법률의 규정유무를 불문하고 공공필요를 위한 침해는 동일하게 다루어져야 한다는 점을 고려한다면, 간접효력규정설이 합리적이다.

(3) 전형적 손실보상청구권과 비교

㈎ **성립요건** 보상규정이 없다는 의미에서 침해의 위법 부분만 제외하면, 기본적으로 전형적인 손실보상청구권의 요건과 같다.

㈏ **보상의 내용과 절차** 보상의 내용과 절차도 전형적인 손실보상청구권과 같다.

2. 수용·사용·제한규정과 보상규정 있는 법률의 위법한 집행과 손실보상청구권

(1) 의 의 수용·사용·제한과 보상을 규정하는 법률이 위법하게 집행되는 경우는 ① 공공복지에 응하기 위한 경우와 ② 그러하지 아니한 경우로 나눌 수 있다. 특별한 희생이 문제되는 것은 ①의 경우이다. 따라서 수용·사용·제한규정과 보상규정 있는 법률의 위법한 집행과 손실보상청구권의 문제는 ①과 관련한다. 여기서 법률에서 수용·사용·제한과 보상을 규정하지만 법률이 위법하게 집행되어 특별한 희생으로서 재산상 피해가 발생하는 경우, 피해자인 사인에게 손해배상청구권이 발생하는지, 손실보상청구권이 발생하는지의 여부가 문제된다(독일에서는 수용유사침해보상의 법리로 해결하고 있다).

(2) 손실보상청구권의 인정 여부 국가배상법상 국가배상청구권은 국가의 불법에 대한 속죄의 대가이지만, 손실보상청구권은 공동체를 위한 사인의 헌신 내지 희생에 대한 대가라는 점을 전제할 때, 법률에서 수용·사용·제한과 보상을 규정하지만 법률이 위법하게 집행되어 특별한 희생으로서 재산상 피해가 발생하는 경우, 사인의 피해는 공동체를 위한 희생이므로 그에게 손해배상청구권이 아니라 손실보상청구권이 인정되는 것이 타당하다.

(3) 전형적 손실보상청구권과 비교

(가) 성립요건 전형적인 손실보상청구권의 성립요건 중 공공필요, 재산권, 특별한 희생, 보상규정의 요건은 구비되어야 한다. 다만, 침해의 요건이 전형적인 손실배상의 경우에는 적법한 침해이지만, 수용·사용·제한과 보상을 규정하는 법률의 위법한 집행으로 인한 손실보상의 경우의 침해는 수용·사용·제한이 법률이 정하는 바를 따르지 아니하였다는 점에서 위법하다는 것이 다를 뿐이다.

(나) 보상의 내용과 절차 보상의 내용과 절차는 그 법률이 정하는 바에 따를 것이고, 그것은 전형적인 손실보상청구권의 경우와 같다.

[참고] 독일법상 수용유사침해보상

독일에서는 수용·사용·제한규정은 있으나 보상규정이 없는 법률에 따른 특별한 희생에 대한 손실보상을 수용유사침해보상의 문제로서 다룬다. 수용유사침해보상이란 수용유사침해에 대하여 손실을 보상하는 것을 말한다. 수용유사침해란 법상 허용되었더라면(예컨대, 보상규정이 있었다고 하면) 그 내용이나 효과가 수용이었을 재산권에 대한 위법한 침해를 말한다. 수용유사침해보상의 법적 근거는 헌법적 지위를 갖는 관습법인 희생사상이다. 희생사상이란 공익과 사익이 충돌되면 공익이 우선하고, 침해된 사익은 보상되어야 한다는 원리를 말한다. 희생사상은 프로이센일반란트법에서 유래한다. 희생사상은 침해의 대상이 재산권인가 비재산권인가를 구분하지 아니하고, 침해가 위법인가 적법인가를 가리지 아니한다. 우리나라에 헌법적 지위를 갖는 관습법으로서 희생사상은 없다. 따라서 독일의 수용유사침해보상의 법리를 그대로 활용하는 것은 곤란하다.

3. 수용·사용·제한규정과 보상규정 없는 법률의 집행과 손실보상청구권

(1) 의 의 사인의 재산권의 침해를 직접적으로 의도하는 수용·사용·제한에는 해당하지 아니하지만, 공공복지를 위한 적법한 공권력행사로 인해 사인에게 특별한 희생으로서 재산상 피해가 발생하는 경우(예컨대, 지하철공사를 위해 특정의 도로에 대해 상당한 기간 동안 통행을 금지함으로써 발생하는 불이익으로서 공동체를 위해 참아야 할 정도를 벗어나는 특별한 희생이 있는 경우), 사인에게 손실보상청구권이 발생하는지의 여부가 문제된다. 발생한다면, 이러한 경우의 손실보상청구권도 헌법 제23조 제3항이 예정하지 아니한 비전형적인 손실보상의 문제가 된다(독일에서는 수용적 침해보상의 법리로 해결하고 있다).

(2) 손실보상청구권의 인정 여부 이러한 경우에 사인이 손실보상청구권을 갖는지의 여부는 헌법 제23조 제3항 등을 근거로 손실보상을 청구할 수 있는지의 문제와 관련된다. 이와 관련하여 헌법 제23조 제3항의 성질을 둘러싸고 다양한 견해가 있다.

㈎ **입법보상설**(보상부정설) 헌법 제23조 제3항의 해석과 관련하여 수용적 침해가 논의되는 상황은 당해 행정작용에 의해 사전에 예정되고 의도된 손해가 발생한 경우가 아니어서 헌법 제23조 제3항이 규정하고 있는 불가분조항원칙이 적용될 수 없는 경우에 해당하므로 헌법 제23조 제3항을 직접적용하거나 유추적용하는 논리는 따를 수 없고 결국 입법적으로 별도의 손실보상규정을 마련하여야 한다고 주장한다.

㈏ **직접효력규정설** 이 견해는 독일의 수용적 침해보상법리가 우리에게 적용될 수 없다는 전제하에 수용적 침해보상이 문제되는 경우도 적법한 공권력 행사에 의해 직접 가해진 손실이므로, 적법한 재산권 침해에 대한 보상의 일반적 근거조항인 헌법 제23조 제3항에 따라 보상을 청구할 수 있다는 견해이다.

㈐ **간접효력규정설** 헌법 제23조 제3항은 문면상으로는 의도된 재산권의 제약의 경우에 관한 것이지 의도되지 아니한 재산권의 제약의 경우에 관한 것이 아니다. 그러나 헌법 제11조의 평등의 원리, 제23조 제1항의 재산권보장의 원리, 제37조 제1항의 기본권보장의 원리와 함께 제23조 제3항의 특별희생의 원리를 종합적으로 고려한다면, 의도되지 아니한 재산권의 제약의 경우에도 손실보상을 하여야 한다는 규범적 의미를 찾을 수 있다는 견해이다.

㈑ **수용적 침해보상설** 우리나라의 경우에도 수용적 침해에 해당하는 재산권침해

유형이 적지 않게 발생하고 있고, 손해배상으로 처리하기 어려운 적법한 공권력행사와 예상치 못한 부수적인 결과로 인한 피해에 대하여 적절한 보상입법이 행하여지지 않는 우리 현실을 감안한다면 수용적 침해보상이론을 원용하여 권리구제의 수요를 충족시키는 것이 타당하다는 견해이다.

㈒ 사 견 간접효력규정설은 종래부터 본서가 주장하는 견해이다. 수용적 침해보상설도 일종의 간접효력규정설에 해당하는 것으로 보인다.

(3) 전형적 손실보상청구권과 비교

㈎ 성립요건 침해의 위법 부분과 보상규정 부분만 제외하면, 전형적인 손실보상청구권과 다를 바 없다. 말하자면 전형적인 손실보상청구권의 성립요건 중 공공필요, 재산권, 특별한 희생의 요건은 구비되어야 한다. 다만, 침해의 요건이 전형적인 손실배상의 경우에는 사인의 재산권의 침해를 직접적으로 의도하는 수용·사용·제한을 의미하지만, 여기서는 입법에 의해 직접적으로 의도된 침해가 아니라 의도되지 아니한 침해라는 점에서 다르다.

㈏ 보상의 내용과 절차 보상의 내용과 절차는 전형적인 손실보상청구권을 규정하는 법률(예컨대, 공익사업을 위한 토지 등의 취득 및 보상에 관한 법률)을 유추하여 정할 것이다. 요컨대 기본적으로 전형적인 손실보상청구권의 경우와 동일하여야 할 것이다.

[참고] 독일법상 수용적 침해보상
독일에서는 사인의 재산권의 침해를 직접적으로 의도하는 수용·사용·제한에는 해당하지 아니하지만, 공공복지를 위한 적법한 공권력행사로 인해 사인에게 특별한 희생으로서 재산상 피해가 발생하는 경우, 손실보상을 수용적 침해보상의 문제로서 다룬다. 수용적 침해보상의 법적 근거는 헌법적 지위를 갖는 관습법인 희생사상이다. 우리나라에 헌법적 지위를 갖는 관습법으로서 희생사상은 없다. 따라서 독일의 수용적 보상의 법리를 그대로 활용하는 것은 곤란하다.

Ⅱ. 비재산권침해에 대한 보상청구권

1. 의 의

공공복지를 위한 적법한 공권력행사로 인해 사인의 비재산적 법익에 특별한 희생을 가져오는 경우이나(예컨대, 해변에서 위험방지를 위한 경찰관의 도움요청에 응하다가 해일로 인해 실종된 사인의 경우. 경범죄처벌법 제1조 제36호는 공무원원조불응에 대하여 10만원 이하의 벌금, 구류 또는 과료의 형을 규정하고 있다), 보상을 규정하는 법률이 없을 때, 사인에게 보상청구권이 발생하는지의 여부가 문제된다(독일에서는 희생보상청구권의 법리로 해결하고 있다). 긍정하는 경우, 이러한 보상청구권은 헌법이 예정하지 아니한 보상 문제가 된다. 이러한 보상청구권을 이하에서 비재산권침해보상청구권이라 부르기로 한다.

2. 입법상황(법적 근거)

헌법은 비재산권침해보상청구권을 규정하는 바가 없다. 비재산권침해보상청구권을 규정하는 일반법도 없다. 현재로서는 개별 법률로 소방기본법(제24조 제2항)·산림보호법(제44조) 등에서 비재산권침해보상청구권을 볼 수 있다. 의사상자에 대한 보상제도는 비재산권침해보상제도와 격을 달리한다(대판 2001. 2. 23, 2000다46894).

> **감염병의 예방 및 관리에 관한 법률 제71조(예방접종 등에 따른 피해의 국가보상)** ① 국가는 제24조 및 제25조에 따라 예방접종을 받은 사람 또는 제40조 제2항에 따라 생산된 예방·치료 의약품을 투여받은 사람이 그 예방접종 또는 예방·치료 의약품으로 인하여 질병에 걸리거나 장애인이 되거나 사망하였을 때에는 대통령령으로 정하는 기준과 절차에 따라 다음 각 호의 구분에 따른 보상을 하여야 한다.
> 1. 질병으로 진료를 받은 사람: 진료비 전액 및 정액 간병비
> 2. 장애인이 된 사람: 일시보상금
> 3. 사망한 사람: 대통령령으로 정하는 유족에 대한 일시보상금 및 장제비
>
> ② 제1항에 따라 보상받을 수 있는 질병, 장애 또는 사망은 예방접종약품의 이상이나 예방접종 행위자 및 예방·치료 의약품 투여자 등의 과실 유무에 관계없이 해당 예방접종 또는 예방·치료 의약품을 투여받은 것으로 인하여 발생한 피해로서 보건복지부장관이 인정하는 경우로 한다
>
> **소방기본법 제24조(소방활동 종사 명령)** ① 소방본부장, 소방서장 또는 소방대장은 화재, 재난·재해, 그 밖의 위급한 상황이 발생한 현장에서 소방활동을 위하여 필요할 때에는 그 관할구역에 사는 사람 또는 그 현장에 있는 사람으로 하여금 사람을 구출하는 일 또는 불을 끄거나 불이 번지지 아니하도록 하는 일을 하게 할 수 있다. 이 경우 소방본부장, 소방서장 또는 소방대장은 소방활동에 필요한 보호장구를 지급하는 등 안전을 위한 조치를 하여야 한다.
>
> ② 시·도지사는 제1항 전단에 따라 소방활동에 종사한 사람이 그로 인하여 사망하거나 부상을 입은 경우에는 보상하여야 한다.
>
> ③ 제1항에 따른 명령에 따라 소방활동에 종사한 사람은 시·도지사로부터 소방활동의 비용을 지급받을 수 있다. 다만, 다음 각 호의 어느 하나에 해당하는 사람의 경우에는 그러하지 아니하다.
> 1. 소방대상물에 화재, 재난·재해, 그 밖의 위급한 상황이 발생한 경우 그 관계인
> 2. 고의 또는 과실로 화재 또는 구조·구급 활동이 필요한 상황을 발생시킨 사람
> 3. 화재 또는 구조·구급 현장에서 물건을 가져간 사람
>
> **산림보호법 제44조(사상자에 대한 보상)** 산림청장 또는 지역산불관리기관의 장은 산불방지작업 또는 인명구조작업으로 사망하거나 부상을 입은 사람에게 대통령령으로 정하는 바에 따라 보상금을 지급할 수 있다. 다만, 산불을 낸 책임이 있는 사람에게는 보상금을 지급하지 아니할 수 있다.

3. 비재산권침해보상청구권의 인정 여부

보상에 관한 명시적 규정이 없는 경우에 보상청구권이 인정되는가에 관해서는 아래와 같이 견해는 나뉘고 있다.

(1) **입법보상설** 생명·신체에 대한 침해가 있는 경우에 보상이 주어져야 한다는 규정이 없다면, 보상청구는 허용될 수 없다는 견해이다.

(2) **간접효력규정설** 헌법 제23조 제3항을 유추적용하고, 헌법상 기본권보장규정(제10조, 제12조) 및 평등조항(제11조)을 직접 근거로 하여 보상을 인정하여야 한다는 견해이다.

(3) **희생침해보상설** 독일의 희생보상이론을 원용하면서 ① 정당보상원칙을 규정한 헌법 제23조 제3항을 유추적용하여 희생보상의 근거로 삼아야 한다는 견해, ② 헌법 제23조 제3항의 규정에 의한 손실보상이 법리적 기초를 이루는 특별희생보상의 법리와 헌법상 법치주의, 평등의 원칙으로 보상청구권을 인정하여야 한다는 견해, ③ 헌법 제10조와 제12조, 제37조 제1항과 제2항에 의해 보상청구권을 인정하여야 한다는 견해 등이 이에 속한다.

(4) **사 견** 재산권보다 생명, 신체에 대한 기본권이 우월하므로 그에 대한 침해가 있는 경우 당연히 그 희생에 대한 보상청구를 인정하는 것이 정당하며, 그 근거는 헌법상의 특정의 조항이 아니라 여러 기본권 규정 즉 헌법 제10조(인간의 존엄성, 행복추구권), 제12조(신체의 자유), 제11조(평등조항) 그리고 제37조 제1항(국민의 자유와 권리는 헌법에 열거되지 아니한 이유로 경시되지 아니한다)에서 간접적으로 도출된다고 본다. 요컨대 간접효력규정설이 타당하다. 희생침해보상설도 일종의 간접효력규정설에 해당하는 것으로 이해될 수 있을 것이다.

4. 성립요건과 보상

(1) **성립요건** 손실보상청구권이나 비재산권침해보상청구권은 모두 공공복지를 위한 특별한 희생에 대하여 인정되는 것이므로 침해의 대상만 제외한다면 손실보상청구권의 성립요건을 활용하여 비재산권침해보상청구권의 성립요건으로 공공필요, 비재산권, 침해, 특별한 희생을 들 수 있다.

(2) **보 상** ① 침해를 통해 수익하는 자가 있다면 그 자가 보상의무자가 되고, 만약 없다면 처분의 관할청이 속한 행정주체가 보상의무자가 된다. ② 보상의 내용은 비재산적 침해에 따른 재산적 결과(예: 치료비·소송비용)의 보전이다.

5. 비재산권침해보상청구권의 확장

(1) **유사비재산권침해보상청구권** 공공필요를 위한 공권력행사를 규정하는 법률을 집행하면서 특별한 희생이 발생하였으나, 그 법률의 집행과정에서 그 법률이 정한 절차 등을 위반한 경우에는 위법한 침해가 된다. 비록 위법한 침해가 있었다고 하여도 공공필요를 위한 것이면 적법한 경우와 마찬가지로 비재산권침해보상청구권을 인정하는 것이 타당하다. 이러한 청구권을 유사비재산권침해보상청구권으로 부르기로 한다.

(2) **청구권의 경합** 유사비재산권침해보상청구권이 인정되면, 경우에 따라서 국가배상법상 손해배상청구권이 경합적으로 적용될 수도 있을 것이다.

> **[참고] 독일법상 희생보상청구권**
> 독일에서는 공공복지를 위한 적법한 공권력행사로 인해 사인의 비재산적 법익에 특별한 희생을 가져오는 경우, 피해의 보상을 희생보상청구권의 보상의 문제로서 다룬다. 희생보상청구권의 법적 근거는 헌법적 지위를 갖는 관습법인 희생사상이다. 우리나라에 헌법적 지위를 갖는 관습법으로서 희생사상은 없다. 따라서 독일의 희생보상청구권의 법리를 그대로 활용하는 것은 곤란하다.

Ⅲ. 기 타

1. 경찰허가의 취소·철회와 보상

경찰상 허가처분이 상대방의 귀책사유가 없음에도 불구하고, 경찰행정청에 의해 취소 또는 철회되면, 이로 인해 상대방이 받는 피해는 보상되어야 한다. 우리의 경우, 이에 관해 개별법에서 규정하는 경우는 있으나, 이에 관한 일반법은 없다. 입법례에 따라서는 행정절차법에서 일반적인 규정을 두기도 한다(예: 독일행정절차법).

2. 결과제거청구권

(1) **의 의** 결과제거청구권이란 공법상 위법한 작용으로 인해 자기의 권리가 침해되고 또한 그 위법침해로 인해 야기된 사실상태가 계속되는 경우, 권리가 침해된 자가 행정주체에 대하여 불이익한 결과의 제거를 통해 계속적인 법익침해의 해소를 구할 수 있는 권리를 말한다. 예컨대, 도로교통법에 따라 운전면허취소처분을 받은 甲은 주소지를 관할하는 A지방경찰청장에게 운전면허증을 반납하였다. 甲은 A지방경찰청장의 운전면허취소처분의 취소를 구하는 소송을 제기하여 승소하였다. 그런데 A지방경찰청장

은 패소한 뒤에 甲에게 운전면허증을 되돌려주지 않고 있다면, 이것은 A지방경찰청장이 甲에 대한 위법한 침해를 계속하고 있는 것이 된다. 이러한 경우에 甲이 A지방경찰청장에게 운전면허증을 되돌려 받아야 위법한 결과는 제거된다. 여기서 甲이 A지방경찰청장에게 운전면허증을 되돌려 줄 것을 요구할 수 있는 권리가 바로 결과제거청구권이다.

> ● **도로교통법 제95조(운전면허증의 반납)** ① 운전면허증을 받은 사람이 다음 각 호의 어느 하나에 해당하면 그 사유가 발생한 날부터 7일 이내(제4호 및 제5호의 경우 새로운 운전면허증을 받기 위하여 운전면허증을 제출한 때)에 주소지를 관할하는 지방경찰청장에게 운전면허증을 반납하여야 한다.
> 1. 운전면허 취소처분을 받은 경우(제2호 이하 생략)

(2) 성 질 결과제거청구권은 손해의 배상청구권도 아니고 손실의 보상청구권도 아니다. 결과제거청구권은 다만 계속되는 위법한 침해의 제거를 통해 원래의 상태로의 회복을 구하는 회복청구권일 뿐이다. 결과제거청구권은 행정상의 원상회복청구권 또는 방해배제청구권으로 부르기도 한다.

(3) 법적 근거 결과제거청구권의 법적 근거를 ① 헌법 제9조, 제23조 제1항 전단, 제29조, 민법 제213조, 제214조 등에서 찾기도 하고, ② 일부 견해는 근거를 민법 제213조, 제214조에서 찾기도 한다. ③ 그러나 결과제거청구권을 공법상 청구권으로 이해하는 한, 민법규정을 직접적인 근거규정으로 보기는 어렵다. 생각건대 결과제거청구권의 법적 근거를 법치행정원리, 기본권규정, 민법상의 관계규정(민법 제213조, 제214조)의 유추적용에서 찾는 것이 타당하다.

(4) 요 건 개별 법률에서 그 요건을 정함이 있는 경우에는 그에 따라야 한다. 개별 법률에 규정이 없는 경우에는 다음의 요건이 필요하다. 즉, ① 결과제거청구권은 공법작용(예: 도로교통법에 따른 운전면허증 보관)에서 인정된다. ② 결과제거청구권은 법률상 이익(예: 운전면허증의 소유권 내지 운전면허증 소지의 이익)이 침해된 경우에 인정된다. ③ 결과제거청구권은 침해가 계속되는 경우(예: A지방경찰청장의 운전면허증 반환거부의 지속)에 인정된다. ④ 결과제거청구권은 침해행위가 위법한 경우(예: A지방경찰청장의 법적 근거 없는 운전면허증의 반환거부)에 인정된다. ⑤ 결과제거청구권은 지위회복(예: 甲의 운전면허증의 회수)이 가능하고, 법상 허용되는 경우에 인정된다.

(5) 상대방과 내용 ① 결과제거청구권은 일반적으로 결과를 야기한 행정주체에 대해 행사된다. 만약 그 행정주체가 사후에 권한을 갖지 못하게 되면, 그 때부터는 결과제거를 위한 필요한 작용에 대해 권한을 갖게 된 행정주체가 청구권행사의 상대방이 된다. ② 결과제거청구권은 다만 소극적으로 위법한 공법작용으로 발생한 또는 사후적

으로 위법하게 된 상태의 직접적인 제거만을 목적으로 한다. 말하자면 그것은 발생된 손해의 배상이나 보상이 아니라, 단지 행정청의 위법작용으로 인해 개인에게 손해가 되는 변경된 상태로부터 원래의 상태 또는 그와 유사한 상태로 회복하는 것을 내용으로 한다. 청구권의 내용은 원래 상태에로의 완전한 회복에 미달할 수도 있다(예: 막힌 골목길을 무단으로 공사하여 차도로 연결함으로써 그 골목길의 주민의 권리가 침해를 받는 경우, 결과제거청구권은 복원공사가 아니라 무단으로 연결된 도로의 폐쇄처분을 내용으로 한다).

제 2 절　경찰상 위험방지와 피해보상, 사인의 비용상환

제 1 항　위험방지로 인한 피해의 보상

Ⅰ. 경찰책임자로서 비장해야기자와 피해보상

1. 문제 상황

경찰상 긴급상태에서 위험상황의 존재와 무관계한 자에게 법적 명령이나 사실상의 강제를 통해 재산권침해가 따르는 경우, 그 자에게 특별한 희생(예: 경찰관직무집행법 제5조 제1항에 근거하여 위험물의 폭발을 우려하여 위험물 주위에 있는 주택사용을 일정한 기간 동안 금지한 경우, 그 금지된 기간 동안의 임차료상당의 금액)이 있음을 근거로 하여 보상이 이루어져야 할 것인가의 문제가 있다.

2. 법적 상황

경찰상 긴급상태시에 문제되는 경찰책임자로서 비장해야기자에 대한 보상에 관해 직접 규정하는 헌법규정도 없고, 일반법도 없다. 그러나 앞의 일반론에서 살펴본 바와 같이 헌법의 여러 규정(제10조, 제11조, 제12조 제1항, 제23조, 제37조 제2항 등)의 종합적인 해석을 통해 보상청구권이 나온다고 볼 것이다(간접효력규정설). 경찰상 긴급상태로 인해 손실을 입은 경찰책임자로서 비장해야기자에 대한 보상규정을 명시적으로 두는 것이 필요하다.

3. 보　　상

손실보상의 종류·범위·내용·방법 등은 손실보상의 일반원리에 따라야 할 것이다. 이 밖에 손실보상청구권의 성질·시효·소송 등에 관한 사항도 손실보상의 일반원리에 따를 것이다. 어떠한 경우라도 손실과 경찰처분 사이에는 인과관계가 있어야 한다. 손해는 경찰처분으로부터 직접 야기된 것이어야 한다. 한편, 그러나 경찰상 긴급상태에서 이루어진 처분이 피해자나 피해자의 재산보호를 위해 행해진 경우에는 손실보상청구권이 없다고 볼 것이다.

Ⅱ. 경찰책임자로서 장해야기자와 피해보상

1. 무보상의 원칙

경찰법상 경찰책임자는 적법한 경찰작용을 통해 피해를 입었다고 하여도 보상청구권을 갖지 아니한다. 달리 말한다면 적법한 경찰작용으로 인해 장해야기자(교란자)에게 재산상 손실이 생긴 경우에는 기본적으로 보상이 인정될 수 없다. 왜냐하면 장해야기자는 자신의 행위나 자신의 책임영역 내에 있는 물건의 상태를 통해 위험을 가져왔고, 그로 인해 피해를 야기시키는 경찰처분을 가져오게 하였기 때문이다. 달리 말한다면 장해는 처음부터 장해야기자의 재산의 사회적 구속성의 한계 안에서 이루어진 것이고, 그러한 장해의 제거에 따르는 손실은 재산권의 사회적 의무에 속하는 것이기 때문이다.

2. 외관상 장해야기자에 대한 예외적 보상

장해야기자는 보상받을 수 없다는 원칙은 예외없이 타당한 것이 아니다. 하나의 예외가 외관상 장해야기자의 경우에 나타난다. 외관상 장해야기자는 사후적으로 볼 때에는 실제상 위험을 야기한 자가 아니지만, 사려깊고 전문적인 경찰공무원의 시각에서 사전적으로 관찰할 때에는 위험의 발생을 가져오는 자이다. 외관상 장해야기자는 경찰법상 장해야기자이다. 외관상 장해야기자에 대한 경찰상 처분은 적법하다. 이것은 보상과 관련하여 외관상 장해야기자가 일반적인 장해야기자와 동일하게 다루어져야 된다는 것을 뜻하는 것은 아니다. 하여간 이러한 경우에도 앞의 일반론에서 살펴본 바와 같이 헌법의 여러 규정(제10조, 제11조, 제12조 제1항, 제23조, 제37조 제2항 등)의 종합적인 해석을 통해 보상청구권이 나온다고 볼 것이다(간접효력규정설).

Ⅲ. 무관계자의 피해에 대한 보상

1. 의 의

경찰상 긴급상태에서 비장해야기자가 피해를 입는 경우와 구별되어야 할 것으로 경찰의 책임 없는 처분으로 무관계자인 제3자가 손해를 입게 되는 경우가 있다. 전자에 있어서 비장해야기자는 긴급상태에 있어서 경찰상 책임자이지만, 후자에 있어서 무관계자인 제3자는 경찰책임자가 아니다. 경찰의 책임 없는 처분으로 무관계자인 제3자가 손해를 입게 되면 재산권침해의 경우에는 수용적 침해에 따른 보상청구권(예: 경찰이 흉악범에 발사한 총격의 파편에 의한 제3자의 기물이 파손된 경우), 신체침해의 경우(예: 경찰이 흉악범에 발사한 총격의 파편에 의한 제3자의 부상의 경우)에는 희생보상청구권이 인정되어야 할 것이다.

2. 법적 근거

경찰의 책임 없는 처분으로 인하여 피해를 입은 무관계자인 제3자의 피해보상에 관해 직접 규정하는 헌법규정도 없고, 일반법도 없다. 그러나 경찰상 긴급상태의 경우와 마찬가지로 헌법의 여러 규정(제10조, 제11조, 제12조 제1항, 제23조, 제37조 제2항 등)의 종합적인 해석을 통해 보상청구권이 나온다고 볼 것이다(간접효력규정설). 경찰법에서 보상규정을 명시적으로 두는 것이 바람직하다.

Ⅳ. 경찰의 보조자에 대한 보상

경찰의 보조자에 대한 보상이란 사인이 경찰의 동의하에 경찰의 직무수행에 자발적으로 협력하다가 입은 피해에 대한 보상을 말한다. 이러한 보상은 경찰의 요청에 따라 경찰의 직무수행을 돕는 자가 비장해야기자보다 불리한 대우를 받아서는 아니 된다는 점에서 문제된다. 독일의 일부 란트에서는 경찰의 보조자에 대한 보상을 명시적으로 규정하고 있다. 이러한 보상규정이 없는 독일의 란트에서는 경찰의 보조자에 대하여는 비장해야기자에 대한 보상청구권도 인정되지 아니하고, 일반적인 희생보상청구권도 인정되지 아니한다고 한다. 왜냐하면 협력의 임의성 내지 자발성으로 인해 경찰법상 보상이 문제되지 않는다는 것이다. 우리의 경우, 보상규정을 두어 효율적인 경찰사무수행을 도모하는 것도 의미가 있을 것이다.

제 2 항 사인의 비용상환(경찰의 비용상환청구)

경찰기관은 위험방지사무를 위해 인적·물적 비용(예: 무단주차차량의 견인에 따르는 운전자의 보수, 보관에 소요되는비용 등)을 지출하게 된다. 이러한 비용을 경찰비용이라 부르기로 한다. 경찰비용은 공적 시설(예: 터널통행료)의 단순한 사용대가인 사용수수료와 다르다. 경찰의 위험방지작용으로 인해 발생되는 비용부담에 관한 경찰법상 일반규정을 찾아볼 수 없다. 학설과 판례가 정리하여야 한다.

Ⅰ. 장해야기자에 대한 상환청구

1. 의 의

법률에 근거가 있는 경우라면, 경찰은 장해야기자로 인해 경찰행정청에 생긴 비용의 상환을 청구할 수 있다. 한편, 헌법적 관점에서 본다면 경찰의 감시·안전유지활동은 헌법상 명령된 공적 임무인바, 그것은 일반납세자의 부담으로 해결되어야 할 것이라는 주장도 가능하다. 이에 대하여 위험을 야기시킨 자의 행위가 상당한 경우에 일반납세자의 부담으로 해결하는 것은 정당하지 않다는 주장도 가능하다. 바람직한 것은 경찰상 비용부담에 관한 법률을 마련하는 일이다.

2. 대 집 행

대집행의 경우에는 행정대집행법이 정하는 바에 따라 비용상환을 청구할 수 있다. 대집행에 따른 경찰행정청의 상환청구권은 대집행이 적법한 경우에만 인정된다고 볼 것이다. 대집행의 전제가 된 경찰상의 행위가 적법한 것인가는 묻지 아니한다. 경찰의 대집행이 행정대집행법에 따른 것이 아닌 한, 그 비용의 상환을 청구할 수는 없다. 경찰관 직무집행법 등에 행정대집행에 관한 특례조항을 두는 것도 필요하다.

3. 직접강제·즉시강제

직접강제나 즉시강제의 경우에 경찰이 비용상환을 청구할 수 있다는 규정을 찾아보기는 어렵다. 법령에 규정이 없는 한, 비용상환의 청구는 인정되기 어렵다. 왜냐하면 통상적으로 경찰은 자신의 인적·물적 수단으로 위험방지사무를 처리할 수 있다고 보기 때문이다. 다만 통상의 비용을 능가하는 많은 비용이 드는 경우에는 예외적으로 의무자에게 비용을 부담시킬 수도 있을 것이다. 그러나 이러한 경우에 의무자에게 비용을 부담시키기 위해서는 법률의 근거가 필요하다. 한편, 독일의 경우에도 직접강제나 즉시강제로 발생하는 비용은 일반적으로 경찰부담으로 이해되고 있다.

Ⅱ. 비장해야기자에 대한 상환청구

비장해야기자는 원칙적으로 경찰행위로 인해 발생한 비용을 상환할 의무가 없다. 비장해야기자의 자신의 이익을 위해 경찰상의 처분이 가해졌더라도 마찬가지이다. 다만,

비장해야기자가 경찰상 처분으로 인해 부당이득을 하게 되는 경우에는 공법상 사무관리의 법리에 의해 상환의무를 부담한다고 볼 것이다. 그리고 특별규정이 있다면, 그에 따라야 한다.

제 5 장

경찰행정상 행정쟁송

제 1 절 행정심판법

제 1 항 일 반 론

Ⅰ. 행정심판의 관념

1. 행정심판의 의의

(1) 행정심판의 개념　행정법관계에서 위법 또는 부당한 행정작용으로 인해 권리나 이익을 침해당한 자가 일정한 국가기관에 이의를 제기하여 그 위법 또는 부당한 행정작용을 시정토록 요구하는 절차를 행정쟁송이라 한다. 행정쟁송에는 ① 행정청이 판단의 주체가 되는 행정심판과 ② 법원이 판단의 주체가 되는 행정소송이 있다. 따라서 행정심판이란 행정상 법률관계의 분쟁을 법원이 아니라 행정기관이 심리·재결하는 행정쟁송절차를 말한다. 예컨대, 서대문구청장이 甲에게 유흥주점영업의 허가를 취소하자 甲이 서대문구청장의 처분이 위법하다고 주장하면서 유흥주점영업허가취소처분의 취소를 구하는 심판(취소심판)을 제기하고 이에 행정기관인 서울특별시행정심판위원회의 심리·재결을 하는 절차가 바로 행정심판이다.

(2) 행정심판의 의미　행정심판은 행정권에 의해 침해된 사인의 권리를 보호하는 데 기여하고(권리보호기능), 위법·부당한 행정을 한 행정청이 스스로 바로잡는 데 기여하고(행정의 자기통제기능), 법원의 재판을 줄여주는 데 기여한다(법원의 부담완화).

(3) 행정심판의 성질　행정심판은 어느 누구도 자기의 행위에 대하여 심판관이 될 수 없다는 자연적 정의의 원칙에 반하는 제도이다. 그렇지만 행정심판에 불복하는 경우에는 행정소송을 제기할 수 있으므로 그 가치를 과소평가할 수만은 없다. 행정심판은 분쟁해결의 성질을 갖기 때문에 재판의 일종으로 볼 수 있으나, 그럼에도 행정심판은 행정기관에 의한 행정절차이며 법원에 의한 사법절차는 아니다. 행정심판의 재결은 그 자체가 행정작용의 하나로서 행정행위적인 성질을 갖는다.

2. 행정심판의 종류

(1) 주관적 심판과 객관적 심판

(가) **주관적 심판** 주관적 심판은 행정작용과 관련하여 자기의 권리(법률상 이익)의 보호를 위해 제기하는 심판을 말한다. 주관적 심판에는 항고심판과 당사자심판이 있다. 항고심판은 운전면허취소처분의 취소를 구하는 것과 같이 기존의 위법·부당한 처분의 시정을 구하는 심판을 말하고, 당사자심판은 토지수용절차상 사업시행자와 피수용자(토지소유자 등) 사이에 협의가 성립되지 아니하는 경우에 사업시행자가 관할 토지수용위원회에 재결을 신청하는 경우와 같이 행정법관계의 형성·존부에 관한 분쟁이 있을 경우에 일정한 기관에 그에 관한 재결을 구하는 심판을 말한다. 당사자심판은 개별 법률에 규정이 있는 경우에만 인정된다. 당사자심판은 공익사업을 위한 토지 등의 취득 및 보상에 관한 법률 제30조 등에서 볼 수 있다.

> ● **공익사업을 위한 토지 등의 취득 및 보상에 관한 법률 제30조(재결 신청의 청구)** ① 사업인정고시가 된 후 협의가 성립되지 아니하였을 때에는 토지소유자와 관계인은 대통령령으로 정하는 바에 따라 서면으로 사업시행자에게 재결을 신청할 것을 청구할 수 있다.
> ② 사업시행자는 제1항에 따른 청구를 받았을 때에는 그 청구를 받은 날부터 60일 이내에 대통령령으로 정하는 바에 따라 관할 토지수용위원회에 재결을 신청하여야 한다. 이 경우 수수료에 관하여는 제28조 제2항을 준용한다.

(나) **객관적 심판** 객관적 심판은 공익에 반하는 행정작용의 시정을 구하는 심판을 말한다. 객관적 심판은 개별 법률에 규정이 있는 경우에만 인정된다. 객관적 심판은 주민투표법 제25조 등에서 볼 수 있다.

> ● **주민투표법 제25조(주민투표소송 등)** ① 주민투표의 효력에 관하여 이의가 있는 주민투표권자는 주민투표권자 총수의 100분의 1 이상의 서명으로 제24조 제3항의 규정에 의하여 주민투표결과가 공표된 날부터 14일 이내에 관할선거관리위원회 위원장을 피소청인으로 하여 시·군 및 자치구에 있어서는 특별시·광역시·도 선거관리위원회에, 특별시·광역시 및 도에 있어서는 중앙선거관리위원회에 소청할 수 있다.

(2) 이의신청과 행정심판법상 심판 법률상 이익이 침해된 자가 기존의 위법·부당한 처분의 시정을 구하는 심판인 항고심판에는 ① 처분청에 대하여 그러한 행위의 취소를 구하는 절차와 ② 처분청의 직근상급행정청에 대하여 그러한 행위의 취소를 구하는 절차가 있다. ①의 절차를 이의신청·불복신청·재결신청 등으로 부른다. ①의 절차는 개

별 법률에서 규정이 있는 경우에만 인정된다. 이의신청은 주민등록법 제21조 등에서 볼 수 있다. ②는 행정심판법이 정하는 일반적인 항고심판절차이다.

> **주민등록법 제21조(이의신청 등)** ① 시장·군수 또는 구청장으로부터 제20조 제5항 또는 제6항에 따른 주민등록 또는 등록사항의 정정이나 말소 또는 거주불명 등록의 처분을 받은 자가 그 처분에 대하여 이의가 있으면 그 처분일 또는 제20조 제7항에 따른 통지를 받거나 공고된 날부터 30일 이내에 서면으로 해당 시장·군수 또는 구청장에게 이의를 신청할 수 있다.

Ⅱ. 행정심판법

1. 행정심판법의 특성

(1) 일반법으로서 행정심판법 2010년 7월 26일에 전면 개정된 현행 행정심판법은 행정심판에 관한 일반법이다. 행정심판법은 모든 종류의 행정심판을 규율하고 있는 것은 아니다. 행정심판법은 다만 항고심판만을 규정하고 있다. 따라서 행정심판법은 항고심판에 관한 일반법이라 할 수 있다. 항고심판에 관한 한, 개별 법률에 규정이 없다고 하여도 행정심판법이 정하는 바에 따라 행정심판을 제기할 수 있다.

(2) 특례법과 관계 ① 사안의 전문성과 특수성을 살리기 위하여 특히 필요한 경우 외에는 이 법에 따른 행정심판을 갈음하는 특별한 행정불복절차(이하 "특별행정심판"이라 한다)나 이 법에 따른 행정심판 절차에 대한 특례를 다른 법률로 정할 수 없다(행심법 제4조 제1항). ② 다른 법률에서 특별행정심판이나 이 법에 따른 행정심판 절차에 대한 특례를 정한 경우에도 그 법률에서 규정하지 아니한 사항에 관하여는 이 법에서 정하는 바에 따른다(행심법 제4조 제2항).

(3) 전자정보처리조직을 통한 심판청구 2010년 7월 26일에 전면 개정된 행정심판법은 전자정보처리조직을 통한 심판청구제도를 도입하였다. 즉, 행정심판법에 따른 행정심판 절차를 밟는 자는 심판청구서와 그 밖의 서류를 전자문서화하고 이를 정보통신망을 이용하여 위원회에서 지정·운영하는 전자정보처리조직(행정심판 절차에 필요한 전자문서를 작성·제출·송달할 수 있도록 하는 하드웨어, 소프트웨어, 데이터베이스, 네트워크, 보안요소 등을 결합하여 구축한 정보처리능력을 갖춘 전자적 장치를 말한다)을 통하여 제출할 수 있다(행심법 제52조 제1항).

Ⅲ. 고지제도

1. 의 의

서대문구청장이 甲의 건축허가신청에 대하여 거부처분을 하게 되면, 서대문구청장은 甲에게 자신의 거부처분에 대하여 언제까지 누구에게 행정심판을 제기하여 다툴 수 있다는 것 등을 알려준다. 이와 같이 행정청이 처분을 할 때에는 처분의 상대방에게 해당 처분에 대하여 행정심판을 청구할 수 있는지 여부와 행정심판을 청구하는 경우의 심판청구 절차 및 심판청구 기간을 알려야 하고, 이해관계인이 요구하면 해당 처분이 행정심판의 대상이 되는 처분인지 여부와 행정심판의 대상이 되는 경우 소관 위원회 및 심판청구 기간을 지체 없이 알려 주어야 ― 서면으로 알려 줄 것을 요구받으면 서면으로 알려 주어야 ― 하는 것을 말한다(행심법 제58조). 불복고지라고도 한다.

2. 필 요 성

고지제도는 처분의 상대방 등에게 처분을 정당한 것으로 받아들일 수 없는 경우에 어떻게 다툴 수 있는지를 알려줌으로써 국민들에게 권익보호를 도모하는 데 기여한다. 또한 고지제도가 있음으로 하여 행정청은 처분을 함에 있어서 보다 신중하고 합리적으로 행위하게 된다.

3. 성 질

고지는 사실행위이다. 법적 효과의 발생을 목적으로 하는 의사표시로서의 행정작용인 준법률행위적 행정행위가 아니며, 사실행위일 뿐이다. 따라서 고지 그 자체는 행정쟁송의 대상이 되지 아니한다.

4. 법적 근거

불복고지를 규정하는 입법의 형태에는 세 가지가 있다. 즉 ① 행정절차법에서 규정하는 방법, ② 행정심판법에서 규정하는 방법, ③ 행정재판소법(행정심판과 관련된 부분)에서 규정하는 방법이 그것이다. 논리적으로 본다면 불복고지를 행정처분절차를 규정하는 행정절차법에서 규정하는 것이 합리적이다. 왜냐하면 시간적인 관점에서 볼 때, 불복고지는 행정심판이나 행정소송이 아니라 행정처분과 동시에 이루어질 때에 사인의 권리보호는 가장 용이하게 보장될 수 있기 때문이다. 우리의 경우, 고지제도는 행정심판법과 행정절차법, 그리고 공공기관의 정보공개에 관한 법률에서 규정되어 있다. 내용상 행정심판법상 고지제도가 일반법으로 보인다.

5. 종 류

행정심판법 제42조는 행정청이 상대방에 대하여 스스로 하는 직권고지와 이해관계인의 요구가 있는 경우에 이루어지는 신청에 의한 고지 두 가지를 규정하고 있다.

> ● **행정심판법 제58조(행정심판의 고지)** ① 행정청이 처분을 할 때에는 처분의 상대방에게 다음 각 호의 사항을 알려야 한다.
> 1. 해당 처분에 대하여 행정심판을 청구할 수 있는지
> 2. 행정심판을 청구하는 경우의 심판청구 절차 및 심판청구 기간
>
> ② 행정청은 이해관계인이 요구하면 다음 각 호의 사항을 지체 없이 알려 주어야 한다. 이 경우 서면으로 알려 줄 것을 요구받으면 서면으로 알려 주어야 한다.
> 1. 해당 처분이 행정심판의 대상이 되는 처분인지
> 2. 행정심판의 대상이 되는 경우 소관 위원회 및 심판청구 기간

6. 고지의무의 위반

(1) 처분의 위법여부 불복고지는 불복고지의 대상인 처분에 영향을 미치지 아니한다. 말하자면 서대문구청장이 甲에게 건축허가거부처분을 하면서 불복고지를 하지 아니하였다거나 잘못하였다고 하여도 건축허가거부처분이 위법한 처분이 되는 것은 아니다. 그러나 고지제도의 실효성을 확보하기 위하여 불복고지를 하지 아니한 불고지나 잘못 고지한 오고지의 경우에 대하여는 아래의 (2)·(3)·(4)의 제약이 따른다.

(2) 청구서의 송부 행정청이 제58조에 따른 고지를 하지 아니하거나 잘못 고지하여 청구인이 심판청구서를 다른 행정기관에 제출한 경우에는 그 행정기관은 그 심판청구서를 지체 없이 정당한 권한이 있는 피청구인에게 보내야 한다(행심법 제23조 제2항). 제27조에 따른 심판청구 기간을 계산할 때에는 제1항에 따른 피청구인이나 위원회 또는 제2항에 따른 행정기관에 심판청구서가 제출되었을 때에 행정심판이 청구된 것으로 본다(행심법 제23조 제4항).

(3) 청구기간 행정청이 심판청구 기간을 제1항에 규정된 기간보다 긴 기간으로 잘못 알린 경우 그 잘못 알린 기간에 심판청구가 있으면 그 행정심판은 제1항에 규정된 기간에 청구된 것으로 본다(행심법 제27조 제5항). 행정청이 심판청구 기간을 알리지 아니한 경우에는 제3항(행정심판은 처분이 있었던 날부터 180일이 지나면 청구하지 못한다. 다만, 정당한 사유가 있는 경우에는 그러하지 아니하다)에 규정된 기간에 심판청구를 할 수 있다(행심법 제27조 제6항).

(4) 행정심판의 전치 행정소송의 제기를 위해서는 행정심판을 반드시 거쳐야 하는 경우임에도 불구하고 처분을 행한 행정청이 행정심판을 거칠 필요가 없다고 잘못 알린 때에는 행정심판을 제기함이 없이 행정소송을 제기할 수 있다(행소법 제18조 제3항 제4호).

제 2 항 행정심판의 종류·기관·당사자

Ⅰ. 행정심판의 종류

1. 취소심판

(1) 의 의 취소심판이란 행정청의 위법 또는 부당한 처분을 취소하거나 변경하는 행정심판을 말한다(행심법 제5조 제1호).

(예) 서울지방경찰청장이 의견제출절차를 거치지 아니하고 甲의 운전면허를 취소한 경우, 의견제출절차를 거치지 아니한 것은 위법하지만, 그 하자가 중대한 것은 아니므로 운전면허 취소처분은 무효가 아니다. 서울지방경찰청장의 취소처분은 취소할 수 있는 행위로서 유효하다. 달리 말한다면 서울지방경찰청장의 취소처분은 공정력을 갖는다. 따라서 甲은 서울지방경찰청장의 취소처분이 유효하므로 운전을 할 수 없다. 만약 甲이 운전을 하려면 운전면허취소처분을 취소시켜야만 한다. 이러한 경우에 적합한 심판이 바로 취소심판이다.

(2) 특 징 ① 행정심판은 처분이 있음을 알게 된 날부터 90일 이내에 청구하여야 하는 등 청구기간에 제한이 있다(행심법 제27조).

② 취소심판에는 집행부정지의 원칙이 적용된다(행심법 제30조).

(예) 서울지방경찰청장의 운전면허취소처분에 대하여 甲이 취소심판을 제기한다고 하여 바로 운전면허취소처분의 효력이 정지되고 따라서 甲이 운전을 할 수 있게 되는 것은 아니다.

③ 취소심판에는 사정재결이 가능하다(행심법 제44조).

(예) 서대문구청장의 甲에 대한 건축허가취소처분이 위법하다고 하여도 건축허가취소처분을 취소하는 것이 공공복리에 적합하지 아니한 경우에는 甲의 청구를 기각할 수도 있다. 물론 기각을 하는 경우에는 甲에 대한 구제가 따라야 한다.

④ 위원회는 취소심판의 청구가 이유가 있다고 인정하면 처분을 취소 또는 다른 처분으로 변경하거나(이행재결) 처분을 다른 처분으로 변경할 것을 피청구인에게 명한다(형성재결).

2. 무효등확인심판

(1) 의 의 무효등확인심판이란 행정청의 처분의 효력 유무 또는 존재 여부를 확인하는 행정심판을 말한다(행심법 제5조 제2호).

(예) 관할 병무청장이 17세인 甲에게 징집통지서를 발부한 경우, 갑에 대한 징집처분은 하자가 중대하고 명백하므로 무효이다. 따라서 甲은 입대하여야 할 의무가 없다. 그러나 관할 병무청장이 징집처분이 적법하다고 하면서 검찰청에 고발하거나 강제입영에 필요한 조치를 취하게 되면, 甲에게는 여러 가지 불편·불리함이 따른다. 이러한 경우에 甲으로서는 관할 병무청장의 처분이 무효라는 것을 확인받음으로써 불편·불리를 해소할 필요가 있다. 이러한 경우에 적합한 심판이 바로 무효확인심판이다.

(2) 특 징 ① 무효등확인심판은 취소심판의 경우와 달리 심판제기기간에 제한이 없다. ② 사정재결도 없다(통설). ③ 행정심판법은 무효등확인심판을「처분의 효력유무 또는 존재 여부에 대한 확인을 하는 심판」으로 규정하고 있으므로 무효등확인심판은 유효확인심판·무효확인심판·존재확인심판·부존재확인심판으로 구분된다. 그 밖에 학설상으로 실효확인심판이 인정되고 있다.

3. 의무이행심판

(1) 의 의 의무이행심판이란 당사자의 신청에 대한 행정청의 위법 또는 부당한 거부처분이나 부작위에 대하여 일정한 처분을 하도록 하는 행정심판을 말한다(행심법 제5조 제3호).

(예) 甲이 단란주점을 경영하기 위하여 서대문구청장에게 단란주점영업허가를 신청하였는데, 서대문구청장이 허가를 거부하거나, 또는 아무런 조치도 취하지 아니한 채 가만히 있으면 甲은 단란주점을 경영할 수 없다. 이러한 경우에는 서대문구청장이 적극적으로 영업허가처분을 할 수 있도록 하든지 아니면 서대문구청장을 대신하여 다른 행정청(서울특별시장)이 영업허가처분을 할 수 있도록 하는 것이 필요하다. 이러한 필요에 응하기 위한 것이 바로 의무이행심판이다. 취소심판이 행정청의 적극적인 행위(권력의 적극적 행사)로 인한 침해로부터 권익보호를 목적으로 하는 것인데 반해, 의무이행심판은 행정청의 소극적인 행위(권력행사의 거부 내지 권력의 불행사)로 인한 침해로부터 국민의 권익보호를 목적으로 한다.

(2) 특 징 ① 거부처분에 대한 의무이행심판에는 심판제기에 기간상 제한이 따르지만, 부작위에 대한 의무이행심판에는 심판제기에 기간상 제한이 따르지 않는다. ② 의무이행심판에는 사정재결의 적용이 있다(행심법 제44조 제3항).

(예) 서대문구청장의 甲에 대한 단란주점영업허가신청에 대한 거부처분이나 부작위가 위법하다고 하여도 서대문구청장에게 단란주점영업허가를 하도록 하거나 서울특별시장이 직접 단란주점영업허가를 하는 것이 공공복리에 적합하지 아니한 경우에는 甲의 청구를 기각할 수도 있다. 물론 기각을 하는 경우에는 甲에 대한 구제가 따라야 한다.

③ 위원회는 의무이행심판의 청구가 이유가 있다고 인정하면 지체 없이 신청에 따른 처분을 하거나 처분을 할 것을 피청구인에게 명한다(행심법 제43조 제5항). 당사자의 신청을 거부하거나 부작위로 방치한 처분의 이행을 명하는 재결이 있으면 행정청은 지체 없이 이전의 신청에 대하여 재결의 취지에 따라 처분을 하여야 한다(행심법 제49조 제2항).

(예) 甲의 청구가 이유 있다면, 서울특별시 행정심판위원회는 스스로 단란주점영업허가처분을 하든지 아니면 서대문구청장에게 단란주점영업허가처분을 할 것을 명하여야 하고, 후자의 경우에 서대문구청장은 지체 없이 서울특별시 행정심판위원회의 명령에 따라 甲의 신청에 대한 처분을 하여야 한다.

Ⅱ. 행정심판기관

1. 행정심판위원회

(1) 의 의 예컨대, 甲이 서대문구청장의 단란주점영업허가거부처분에 대한 이행심판을 서울특별시장 소속의 서울특별시행정심판위원회에 제기하면, 서울특별시행정심판위원회는 甲의 청구가 적법한지, 그리고 이유가 있는지의 여부를 심리·재결한 후, 그 내용을 재결서라는 문서를 작성하여 甲에게 알려주게 된다. 여기서 서울특별시행정심판위원회와 같이 심판청구사항에 대하여 심리·재결한 후, 그 내용을 재결서라는 문서로 청구인에게 알리는 기관을 행정심판위원회라 한다.

(2) 종 류

㈎ **시·도지사 소속으로 두는 행정심판위원회** 다음 각 호의 행정청(1. 시·도 소속 행정청, 2. 시·도의 관할구역에 있는 시·군·자치구의 장, 소속 행정청 또는 시·군·자치구의 의회(의장, 위원회의 위원장, 사무국장, 사무과장 등 의회 소속 모든 행정청을 포함한다), 3. 시·도의

관할구역에 있는 둘 이상의 지방자치단체(시·군·자치구를 말한다)·공공법인 등이 공동으로 설립한 행정청)의 처분 또는 부작위에 대한 심판청구에 대하여는 시·도지사 소속으로 두는 행정심판위원회에서 심리·재결한다(행심법 제6조 제3항).

(나) **중앙행정심판위원회** 다음 각 호(1. 제1항에 따른 행정청 외의 국가행정기관의 장 또는 그 소속 행정청, 2. 특별시장·광역시장·특별자치시장·도지사·특별자치도지사(특별시·광역시·특별자치시·도 또는 특별자치도의 교육감을 포함한다. 이하 "시·도지사"라 한다) 또는 특별시·광역시·특별자치시·도·특별자치도(이하 "시·도"라 한다)의 의회(의장, 위원회의 위원장, 사무처장 등 의회 소속 모든 행정청을 포함한다), 3.「지방자치법」에 따른 지방자치단체조합 등 관계 법률에 따라 국가·지방자치단체·공공법인 등이 공동으로 설립한 행정청. 다만, 제3항 제3호에 해당하는 행정청은 제외한다)의 행정청의 처분 또는 부작위에 대한 심판청구에 대하여는「부패방지 및 국민권익위원회의 설치와 운영에 관한 법률」에 따른 국민권익위원회(이하 "국민권익위원회"라 한다)에 두는 중앙행정심판위원회에서 심리·재결한다(행심법 제6조 제2항).

(다) **직근 상급행정기관에 두는 행정심판위원회** 제2항 제1호에도 불구하고 대통령령으로 정하는 국가행정기관 소속 특별지방행정기관의 장의 처분 또는 부작위에 대한 심판청구에 대하여는 해당 행정청의 직근 상급행정기관에 두는 행정심판위원회에서 심리·재결한다(행심법 제6조 제4항).

(라) **해당 행정청 소속 행정심판위원회** 다음 각 호(1. 감사원, 국가정보원장, 그 밖에 대통령령으로 정하는 대통령 소속기관의 장, 2. 국회사무총장·법원행정처장·헌법재판소사무처장 및 중앙선거관리위원회사무총장, 3. 국가인권위원회, 진실·화해를위한과거사정리위원회, 그 밖에 지위·성격의 독립성과 특수성 등이 인정되어 대통령령으로 정하는 행정청)의 행정청 또는 그 소속 행정청(행정기관의 계층구조와 관계없이 그 감독을 받거나 위탁을 받은 모든 행정청을 말하되, 위탁을 받은 행정청은 그 위탁받은 사무에 관하여는 위탁한 행정청의 소속 행정청으로 본다)의 처분 또는 부작위에 대한 행정심판의 청구(이하 "심판청구"라 한다)에 대하여는 다음 각 호(제1행 이하에서 기술하였음)의 행정청에 두는 행정심판위원회에서 심리·재결한다(행심법 제6조 제1항). 예컨대, 법원행정처장의 처분에 대해서는 법원행정처 소속 행정심판위원회(대법원행정심판위원회)가 행정심판기관이 된다. 그리고 "위탁을 받은 행정청은 그 위탁받은 사무에 관하여는 위탁한 행정청의 소속 행정청으로 본다"는 것은 예컨대, 감사원이 A지방공사에 행정권한을 위탁한 경우에 A지방공사는 감사원장 소속으로 본다는 것인바, 감사원으로부터 위탁받은 권한의 행사로서 이루어진 A지방공사의 처분에 대한 행정심판은 감사원에 두는 행정심판위원회(감사원행정심판위원회)가 행정심판기관이 된다.

(3) 구 성

(가) **행정심판위원회** 행정심판위원회(중앙행정심판위원회는 제외한다)는 위원장 1명

을 포함한 30명 이내의 위원으로 구성한다(행심법 제7조 제1항). 행정심판위원회의 위원장은 그 행정심판위원회가 소속된 행정청이 되며, 위원장이 없거나 부득이한 사유로 직무를 수행할 수 없거나 위원장이 필요하다고 인정하는 경우에는 다음 각 호(1. 위원장이 사전에 지명한 위원, 2. 제4항에 따라 지명된 공무원인 위원)의 순서에 따라 위원이 위원장의 직무를 대행한다(행심법 제7조 제2항). 제2항에도 불구하고 제6조 제3항에 따라 시·도지사 소속으로 두는 행정심판위원회의 경우에는 해당 지방자치단체의 조례로 정하는 바에 따라 공무원이 아닌 위원을 위원장으로 정할 수 있다. 이 경우 위원장은 비상임으로 한다(행심법 제7조 제3항).

㈏ **중앙행정심판위원회** 중앙행정심판위원회는 위원장 1명을 포함한 50명 이내의 위원으로 구성하되, 위원 중 상임위원은 4명 이내로 한다(행심법 제8조 제1항). 중앙행정심판위원회의 위원장은 국민권익위원회의 부위원장 중 1명이 되며, 위원장이 없거나 부득이한 사유로 직무를 수행할 수 없거나 위원장이 필요하다고 인정하는 경우에는 상임위원(상임으로 재직한 기간이 긴 위원 순서로, 재직기간이 같은 경우에는 연장자 순서로 한다)이 위원장의 직무를 대행한다(행심법 제8조 제2항).

(4) 회 의

㈎ **행정심판위원회** 행정심판위원회의 회의는 위원장과 위원장이 회의마다 지정하는 8명의 위원(그 중 제4항에 따른 위촉위원은 6명 이상으로 하되, 제3항에 따라 위원장이 공무원이 아닌 경우에는 5명 이상으로 한다)으로 구성한다. 다만, 국회규칙, 대법원규칙, 헌법재판소규칙, 중앙선거관리위원회규칙 또는 대통령령(제6조 제3항에 따라 시·도지사 소속으로 두는 행정심판위원회의 경우에는 해당 지방자치단체의 조례)으로 정하는 바에 따라 위원장과 위원장이 회의마다 지정하는 6명의 위원(그 중 제4항에 따른 위촉위원은 5명 이상으로 하되, 제3항에 따라 공무원이 아닌 위원이 위원장인 경우에는 4명 이상으로 한다)으로 구성할 수 있다(행심법 제7조 제5항). 행정심판위원회는 제5항에 따른 구성원 과반수의 출석과 출석위원 과반수의 찬성으로 의결한다(행심법 제7조 제6항).

㈏ **중앙행정심판위원회** 중앙행정심판위원회의 회의(제6항에 따른 소위원회 회의는 제외한다)는 위원장, 상임위원 및 위원장이 회의마다 지정하는 비상임위원을 포함하여 총 9명으로 구성한다(행심법 제8조 제5항). 중앙행정심판위원회는 심판청구사건(이하 "사건"이라 한다) 중 「도로교통법」에 따른 자동차운전면허 행정처분에 관한 사건(소위원회가 중앙행정심판위원회에서 심리·의결하도록 결정한 사건은 제외한다)을 심리·의결하게 하기 위하여 4명의 위원으로 구성하는 소위원회를 둘 수 있다(행심법 제8조 제6항). 중앙행정심판위원회 및 소위원회는 각각 제5항 및 제6항에 따른 구성원 과반수의 출석과 출석위원 과반수의 찬성으로 의결한다(행심법 제8조 제7항).

(5) 제척·기피·회피 공정한 심판을 위하여 일정한 사유가 있는 경우에 위원회의 위원이 심리·의결에서 배제되는 제척(행심법 제10조 제1항), 위원에게 공정한 심리·의결을 기대하기 어려운 사정이 있는 경우에 당사자의 신청에 의해 위원장의 결정으로 심리·의결에서 물러나는 기피(행심법 제10조 제2항), 위원회의 회의에 참석하는 위원이 제척사유 또는 기피사유에 해당되는 것을 알게 되었을 때 스스로 그 사건의 심리·의결에서 물러나는 회피(행심법 제10조 제6항 제1문)가 있다. 사건의 심리·의결에 관한 사무에 관여하는 위원 아닌 직원에게도 제척·기피·회피가 적용된다(행심법 제10조 제7항).

(6) 권한과 의무

(가) 권 한 행정심판위원회는 선정대표자 선정권고권(행심법 제15조 제2항), 이해관계가 있는 제3자 또는 행정청에 대한 심판참가요구권(행심법 제21조 제1항), 청구의 변경에 대한 불허권(행심법 제29조 제6항), 집행정지의 결정권과 취소권(행심법 제30조 제2항·제4항), 심판청구보정요구권(행심법 제32조 제1항), 심리권(행심법 제39조, 제40조), 증거조사권(행심법 제35조, 제36조), 관련 심판청구의 병합 심리권과 병합된 관련청구의 분리 심리권(행심법 제37조), 재결권(행심법 제48조) 등을 갖는다.

(나) 의 무 피청구인에 대한 심판청구서 부본의 송부의무(행심법 제26조 제1항), 다른 당사자에 대한 답변서 부본 송달의무(행심법 제26조 제2항), 제3자가 제기한 심판청구를 처분의 상대방에 통지할 의무(행심법 제24조의 제2항), 당사자로부터 제출된 증거서류 부본의 다른 당사자에게 대한 송달의무(행심법 제34조 제3항), 증거서류 등의 반환의무(행심법 제55조), 재결서 정본 송달의무(행심법 제48조) 등을 부담한다.

(다) 권한의 승계 당사자의 심판청구 후 위원회가 법령의 개정·폐지 또는 제17조 제5항에 따른 피청구인의 경정 결정에 따라 그 심판청구에 대하여 재결할 권한을 잃게 된 경우에는 해당 위원회는 심판청구서와 관계 서류, 그 밖의 자료를 새로 재결할 권한을 갖게 된 위원회에 보내야 한다(행심법 제12조 제1항). 제1항의 경우 송부를 받은 위원회는 지체 없이 그 사실을 다음 각 호(1. 행정심판 청구인, 2. 행정심판 피청구인, 3. 제20조 또는 제21조에 따라 심판참가를 하는 자)의 자에게 알려야 한다(행심법 제12조 제2항).

Ⅲ. 행정심판의 당사자

1. 심판청구인

(1) 심판청구인적격의 의의 행정심판을 현실적으로 청구하는 자를 행정심판청구인이라 한다. 그러나 아무나 행정심판을 제기하여 행정심판위원회로부터 청구가 이유 있는지에 관해 심리·의결을 받을 수는 없다. 심판청구인적격은 심판청구인이 될 수 있

는 적합한 자격이라 말할 수 있다.

> **(예)** 甲이 서대문구청장으로부터 단란주점영업허가거부처분을 받은 경우에 甲이 단란주점영업허가거부처분에 대한 의무이행심판을 제기하면, 서울특별시행정심판위원회는 甲의 청구가 이유있는지에 관해 심리하고 의결하지만, 만약 甲의 친구인 乙이 그 단란주점영업허가거부처분에 대한 의무이행심판을 제기하면, 乙의 청구가 이유있는지에 관해 심리하지 않고 각하결정을 하게 된다. 이와 같이 행정심판을 청구하여 행정심판위원회로부터 청구가 이유있는지에 관해 심리·의결을 받을 수 있는 자격을 청구인적격이라 한다.

(2) 심판청구인적격이 있는 자 ① 취소심판청구의 경우에는 처분의 취소 또는 변경을 구할 법률상 이익이 있는 자가 심판청구인적격을 가지며(행심법 제13조 제1항), ② 무효등확인심판청구는 처분의 효력 유무 또는 존재 여부에 대한 확인을 구할 법률상 이익이 있는 자가 심판청구인적격을 가지며(행심법 제13조 제2항), ③ 처분을 신청한 자로서 행정청의 거부처분 또는 부작위에 대하여 일정한 처분을 구할 법률상 이익이 있는 자가 심판청구인적격을 가진다(행심법 제13조 제3항). 요컨대 취소심판·무효등확인심판·의무이행심판 모두 법률상 이익이 있는 자가 행정심판을 청구할 수 있다.

(3) 법률상 이익이 있는 자 ① 법률상 이익의 의미에 관해서는 취소소송의 경우와 동일하므로 취소소송에서 살피기로 한다. ② 자(者)에는 자연인과 법인이 있다. 법인 아닌 사단 또는 재단도 대표자 또는 관리인이 정하여져 있는 경우에는 그 이름으로 심판청구를 할 수 있다(행심법 제14조). 여러 명의 청구인이 공동으로 심판청구를 할 때에는 청구인들 중에서 3명 이하의 선정대표자를 선정할 수 있다(행심법 제15조 제1항). 선정대표자가 선정되면 다른 청구인들은 그 선정대표자를 통해서만 그 사건에 관한 행위를 할 수 있다(행심법 제15조 제4항).

(4) 대 리 인 청구인은 법정대리인 외에 다음 각 호(1. 청구인의 배우자, 청구인 또는 배우자의 사촌 이내의 혈족, 2. 청구인이 법인이거나 제14조에 따른 청구인 능력이 있는 법인이 아닌 사단 또는 재단인 경우 그 소속 임직원, 3. 변호사, 4. 다른 법률에 따라 심판청구를 대리할 수 있는 자, 5. 그 밖에 위원회의 허가를 받은 자)의 어느 하나에 해당하는 자를 대리인으로 선임할 수 있다(행심법 제18조 제1항).

2. 심판피청구인

(1) 심판피청구인의 의의 심판피청구인이란 심판청구의 상대방, 즉 심판청구를 당하는 자를 말한다. 행정심판은 처분을 한 행정청(의무이행심판의 경우에는 청구인의 신청을 받은 행정청)을 피청구인으로 하여 청구하여야 하는바(행심법 제13조 제1항 본문), 심판피

청구인은 행정청, 즉 처분청과 부작위청이다. 처분청이란 처분을 행한 행정청을 말하고, 부작위청이란 처분을 하여야 함에도 처분을 하지 아니한 행정청을 말한다.

> **(예)** 甲의 운전면허신청을 받고 서울지방경찰청장이 거부처분을 하였다면 서울지방경찰청장은 처분청이 되고, 아무런 처분도 하지 아니한 채 가만히 있다면 부작위청이 된다.

피청구인은 원래 권리주체로서 국가 또는 지방자치단체이어야 하나, 심판절차진행의 편의와 적정한 분쟁해결을 위해 행정심판법은 편의상 행정청을 피청구인으로 한 것이다.

한편, 행정에 관한 의사를 결정하여 표시하는 국가 또는 지방자치단체의 기관 외에 법령 또는 자치법규에 따라 행정권한을 가지고 있거나 위탁을 받은 공공단체나 그 기관 또는 사인(私人)도 포함된다(행심법 제2조 제4호).

> **(예)** 경찰청장이 법령이 정하는 바에 따라 경찰청차장에게 A권한을 위임하였다면, A권한을 행사하는 한 경찰청차장도 행정청이 된다.

(2) 권한승계와 심판피청구인 심판청구의 대상과 관계되는 권한이 다른 행정청에 승계된 경우에는 권한을 승계한 행정청을 피청구인으로 하여야 한다(행심법 제17조 제1항 단서).

> **(예)** 행정안전부장관의 처분에 대하여 행정심판을 제기하였는데, 정부조직법의 개정으로 행정안전부가 폐지되고 내무행정부가 신설되면서 행정안전부장관의 권한이 내무행정부장관의 권한으로 되었다면, 행정심판의 피청구인은 행정안전부장관에서 내무행정부장관으로 바뀐다.

(3) 대 리 인 피청구인은 그 소속 직원 또는 제1항 제3호부터 제5호까지(3. 변호사, 4. 다른 법률에 따라 심판청구를 대리할 수 있는 자, 5. 그 밖에 위원회의 허가를 받은 자)의 어느 하나에 해당하는 자를 대리인으로 선임할 수 있다(행심법 제18조 제2항).

3. 이해관계자(참가인)

(1) 이해관계자의 의의 심판결과에 이해관계가 있는 제3자를 이해관계자라 한다.

> **(예)** 甲이 연탄공장의 건설을 위하여 허가신청을 하였으나 거부당하자 연탄공장허가거부처분에 대한 의무이행심판을 제기하였다고 하자. 만약 행정심판에서 甲의 청구가 인용되면, 甲은 연탄공장을 지을 것이고, 이로 인해 공장주변에 사는 주민 乙은 환경권의 침해 등 생활환

경상 불편·불이익을 당할 수 있게 된다. 乙과 같이 행정심판의 결과에 따라 법률상 이익에 직접 영향을 받는 자를 이해관계자라 한다.

(2) 이해관계자의 참가 이해관계자의 권익보호를 위해서는 이해관계자도 행정심판에 참가하여 자신의 권익을 보호하기 위해 주장할 수 있는 기회를 갖는 것이 필요하다.

(예) 앞의 예에서 乙이 심판절차에 참가하여 피청구인(허가청)이 甲의 청구를 받아들여서는 아니 된다는 주장을 할 수 있게 할 필요가 있다. 행정청에도 유사한 경우가 있다. 예컨대, 丙이 A건물을 신축하고자 서대문구청장에게 허가신청을 하였으나 서대문구청장은 서대문소방서장이 A건물의 건축허가에 소방시설 설치·유지 및 안전관리에 관한 법률 제7조 제1항의 동의를 하지 아니하였다는 이유로 거부처분을 하자, 丙이 서대문구청장의 건축허가거부처분에 대한 의무이행심판을 청구한 경우, 서대문소방서장이 심판절차에 참가하여 丙의 청구를 받아들여서는 아니 된다는 주장을 할 수 있게 할 필요가 있다. 이러한 경우에는 행정청도 이해관계자 유사의 지위에 서게 된다. 이해관계자가 행정심판절차에 참가하는 경우, 이해관계자를 참가인이라 부른다.

● **소방시설 설치·유지 및 안전관리에 관한 법률 제7조(건축허가등의 동의)** ① 건축물 등의 신축·증축·개축·재축(再築) 또는 이전의 허가·협의 및 사용승인(「주택법」 제16조에 따른 승인 및 같은 법 제29조에 따른 사용검사, 「학교시설사업 촉진법」 제4조에 따른 승인 및 같은 법 제13조에 따른 사용승인을 포함하며, 이하 "건축허가등"이라 한다)의 권한이 있는 행정기관은 건축허가등을 할 때 미리 그 건축물 등의 시공지(施工地) 또는 소재지를 관할하는 소방본부장이나 소방서장의 동의를 받아야 한다.

(3) 이해관계자의 참가의 유형 이해관계자의 행정심판절차에의 참가에는 ① 허가에 의한 참가와 ② 요구에 의한 참가가 있다. ① 허가에 의한 참가란 심판결과에 대하여 이해관계가 있는 제3자 또는 행정청이 행정심판위원회의 허가를 받아 그 사건에 참가하는 것을 말한다(행심법 제20조). 한편, ② 행정심판위원회가 필요하다고 인정할 때에는 그 심판결과에 대하여 이해관계가 있는 제3자 또는 행정청에게 그 사건에 참가할 것을 요구할 수 있는바(행심법 제21조), 이에 따른 참가가 바로 요구에 의한 참가이다.

제 3 항 행정심판절차

Ⅰ. 행정심판의 청구

1. 심판청구의 대상

행정심판은 처분과 부작위를 대상으로 한다(행심법 제3조 제1항). 처분과 부작위의 개념에 관해서는 취소소송에서 살피기로 한다. 다만 특기할 것은 ① 대통령의 처분 또는 부작위에 대하여는 다른 법률에서 행정심판을 청구할 수 있도록 정한 경우 외에는 행정심판을 청구할 수 없다는 점(행심법 제3조 제2항)과 ② 심판청구에 대한 재결이 있으면 그 재결 및 같은 처분 또는 부작위에 대하여 다시 행정심판을 청구할 수 없다는 점(행심법 제39조)이다.

2. 심판청구의 방식

심판청구는 서면으로 하여야 한다(행심법 제28조 제1항). 서면청구주의를 택한 것은 청구의 내용을 명백히 하여 법적 안정을 도모하기 위함이다. 심판청구서에 다음 각 호(1. 청구인의 이름과 주소 또는 사무소(주소 또는 사무소 외의 장소에서 송달받기를 원하면 송달장소를 추가로 적어야 한다), 2. 피청구인과 위원회, 3. 심판청구의 대상이 되는 처분의 내용, 4. 처분이 있음을 알게 된 날, 5. 심판청구의 취지와 이유, 6. 피청구인의 행정심판 고지 유무와 그 내용)의 사항이 포함되어야 한다(행심법 제28조 제2항). ② 부작위에 대한 심판청구의 경우에는 제2항 제1호·제2호·제5호의 사항과 그 부작위의 전제가 되는 신청의 내용과 날짜를 적어야 한다(행심법 제28조 제3항).

3. 심판청구의 기간

(1) 심판청구기간의 제한 ① 취소심판과 거부처분에 대한 의무이행심판을 청구할 수 있는 기간은 행정심판법에서 정해져 있다. 행정심판청구기간을 법률에서 정하고 있는 것은 행정법관계의 신속한 확정을 도모하기 위한 것이다. 말하자면 일정한 기간을 경과하면 행정처분을 더 이상 다툴 수 없도록 함으로써 행정의 안정을 기하기 위한 것이다. ② 무효확인심판청구와 부작위에 대한 의무이행심판청구에는 기간상 제한이 없다(행심법 제27조 제7항).

(2) 심판청구기간제한의 내용

㈎ 안 날 행정심판은 처분이 있음을 알게 된 날부터 90일 이내에 청구하여야

한다(행심법 제27조 제1항). 청구인이 천재지변, 전쟁, 사변(事變), 그 밖의 불가항력으로 인하여 제1항에서 정한 기간에 심판청구를 할 수 없었을 때에는 그 사유가 소멸한 날부터 14일 이내에 행정심판을 청구할 수 있다. 다만, 국외에서 행정심판을 청구하는 경우에는 그 기간을 30일로 한다(행심법 제27조 제2항). 제1항과 제2항의 기간은 불변기간으로 한다(행심법 제27조 제4항).

대판 2011. 11. 24, 2011두18786(행정처분이 있음을 안 날부터 90일을 넘겨 행정심판을 청구하였다가 부적법하다는 이유로 각하재결을 받은 후 재결서를 송달받은 날부터 90일 내에 원래의 처분에 대하여 취소소송을 제기한 경우, 취소소송의 제소기간을 준수한 것으로 볼 수 없다).

(나) **있었던 날** 행정심판은 처분이 있었던 날부터 180일이 지나면 청구하지 못한다. 다만, 정당한 사유가 있는 경우에는 그러하지 아니하다(행심법 제27조 제3항). 행정청이 심판청구 기간을 제1항에 규정된 기간보다 긴 기간으로 잘못 알린 경우 그 잘못 알린 기간에 심판청구가 있으면 그 행정심판은 제1항에 규정된 기간에 청구된 것으로 본다(행심법 제27조 제5항). 행정청이 심판청구 기간을 알리지 아니한 경우에는 제3항에 규정된 기간에 심판청구를 할 수 있다(행심법 제27조 제6항).

4. 심판청구서의 제출

(1) **제출기관** 행정심판을 청구하려는 자는 제28조에 따라 심판청구서를 작성하여 피청구인이나 위원회에 제출하여야 한다. 이 경우 피청구인의 수만큼 심판청구서 부본을 함께 제출하여야 한다(행심법 제23조 제1항). 행정청이 제58조에 따른 고지를 하지 아니하거나 잘못 고지하여 청구인이 심판청구서를 다른 행정기관에 제출한 경우에는 그 행정기관은 그 심판청구서를 지체 없이 정당한 권한이 있는 피청구인에게 보내야 한다(행심법 제23조 제2항). 그리고 제2항에 따라 심판청구서를 보낸 행정기관은 지체 없이 그 사실을 청구인에게 알려야 한다(행심법 제23조 제3항).

(2) **처분청에 제출된 경우** 제23조 제1항·제2항 또는 제26조 제1항에 따라 심판청구서를 받은 피청구인은 그 심판청구가 이유 있다고 인정하면 심판청구의 취지에 따라 직권으로 처분을 취소·변경하거나 확인을 하거나 신청에 따른 처분(이하 이 조에서 "직권취소등"이라 한다)을 할 수 있다. 이 경우 서면으로 청구인에게 알려야 한다(행심법 제25조 제1항). 피청구인은 제1항에 따라 직권취소등을 하였을 때에는 청구인이 심판청구를 취하한 경우가 아니면 제24조 제1항 본문에 따라 심판청구서·답변서를 보낼 때 직권취소등의 사실을 증명하는 서류를 위원회에 함께 제출하여야 한다(행심법 제25조 제2항).

5. 심판청구의 변경

① 청구인은 청구의 기초에 변경이 없는 범위 안에서 청구의 취지 또는 이유를 변경할 수 있다(행심법 제29조 제1항).

(예) 무효인 행위를 취소할 수 있는 행위로 오해하여 취소심판을 제기하였다가 무효확인심판으로 변경하는 경우가 이에 해당한다.

② 행정심판이 청구된 후에 피청구인이 새로운 처분을 하거나 심판청구의 대상인 처분을 변경한 경우에는 청구인은 새로운 처분이나 변경된 처분에 맞추어 청구의 취지나 이유를 변경할 수 있다(행심법 제29조 제2항).

(예) 서대문구청장으로부터 단란주점영업허가취소처분을 받은 甲이 단란주점영업허가취소처분에 대한 취소심판을 제기하자 서대문구청장이 단란주점영업허가취소처분을 단란주점영업정지 6월의 처분으로 변경한 경우, 甲은 단란주점영업허가취소처분에 대한 취소심판을 단란주점영업정지 6월의 처분에 대한 취소심판으로 변경할 수 있다. 심판청구의 변경제도가 있기 때문에 종전의 심판을 취하하고 새로운 심판을 제기하여야 하는 번거로움을 피할 수 있다.

③ 청구의 변경은 서면으로 신청하여야 한다(행심법 제29조 제3항).

6. 심판청구의 효과

① 행정청의 처분 또는 부작위에 대한 행정심판의 청구가 제기되면 행정심판위원회는 심리·재결할 의무를 진다(행심법 제6조, 제32조 이하). 한편, 심판청구인은 심판을 받을 권리, 그 밖에 행정심판법상 인정되는 절차상의 권리를 갖게 된다. ② 심판청구가 있어도 처분의 효력이나 그 집행 또는 절차의 속행에 영향을 주지 아니한다(행심법 제30조 제1항). 이를 집행부정지(執行不停止)의 원칙이라 한다. 예컨대, 서대문구청장이 甲에게 단란주점영업허가취소처분을 하자 甲이 단란주점영업허가취소처분에 대한 취소심판을 제기하였다고 하여도 서대문구청장이 甲에게 한 단란주점영업허가취소처분의 효력이 정지되어 甲이 영업을 할 수 있게 되는 것은 아니다. 집행부정지의 원칙의 내용에 관해서는 취소소송에서 살피기로 한다.

7. 심판청구의 취하

청구인은 심판청구에 대하여 제7조 제6항 또는 제8조 제7항에 따른 의결이 있을 때까지 서면으로 심판청구를 취하할 수 있다(행심법 제42조 제1항). 참가인은 심판청구에 대하여 제7조 제6항 또는 제8조 제7항에 따른 의결이 있을 때까지 서면으로 참가신청을 취하할 수 있다(행심법 제42조 제2항). 제1항 또는 제2항에 따른 취하서에는 청구인이나 참가인이 서명하거나 날인하여야 한다(행심법 제42조 제3항). 청구인 또는 참가인은 취하서를 피청구인 또는 위원회에 제출하여야 한다(행심법 제42조 제4항). 심판청구의 취하는 위원회에 대하여 심판청구를 철회하는 청구인의 일방적 의사표시이다. 심판청구의 취하로 심판청구는 소급적으로 소멸된다.

8. 가구제(잠정적 권리보호)

(1) 집행정지

(가) 의 의 위원회는 처분, 처분의 집행 또는 절차의 속행 때문에 중대한 손해가 생기는 것을 예방할 필요성이 긴급하다고 인정할 때에는 직권으로 또는 당사자의 신청에 의하여 처분의 효력, 처분의 집행 또는 절차의 속행의 전부 또는 일부의 정지(이하 "집행정지"라 한다)를 결정할 수 있다. 다만, 처분의 효력정지는 처분의 집행 또는 절차의 속행을 정지함으로써 그 목적을 달성할 수 있을 때에는 허용되지 아니한다(행심법 제30조 제2항). 집행정지는 공공복리에 중대한 영향을 미칠 우려가 있을 때에는 허용되지 아니한다(행심법 제30조 제3항).

(나) 절 차 집행정지 신청은 심판청구와 동시에 또는 심판청구에 대한 제7조 제6항 또는 제8조 제7항에 따른 위원회나 소위원회의 의결이 있기 전까지, 집행정지 결정의 취소신청은 심판청구에 대한 제7조 제6항 또는 제8조 제7항에 따른 위원회나 소위원회의 의결이 있기 전까지 신청의 취지와 원인을 적은 서면을 위원회에 제출하여야 한다. 다만, 심판청구서를 피청구인에게 제출한 경우로서 심판청구와 동시에 집행정지 신청을 할 때에는 심판청구서 사본과 접수증명서를 함께 제출하여야 한다(행심법 제30조 제5항).

(다) 취 소 위원회는 집행정지를 결정한 후에 집행정지가 공공복리에 중대한 영향을 미치거나 그 정지사유가 없어진 경우에는 직권으로 또는 당사자의 신청에 의하여 집행정지 결정을 취소할 수 있다(행심법 제30조 제4항).

(라) 효 과 집행정지결정이 있으면, 처분의 집행 또는 절차의 속행의 전부 또는 일부의 정지가 이루어진다. 그러나 심판청구는 처분의 효력이나 그 집행 또는 절차의 속행(續行)에 영향을 주지 아니한다(행심법 제30조 제1항).

(마) 위원장의 직권결정 제2항과 제4항에도 불구하고 위원회의 심리·결정을 기다릴 경우 중대한 손해가 생길 우려가 있다고 인정되면 위원장은 직권으로 위원회의 심

리·결정을 갈음하는 결정을 할 수 있다. 이 경우 위원장은 지체 없이 위원회에 그 사실을 보고하고 추인(追認)을 받아야 하며, 위원회의 추인을 받지 못하면 위원장은 집행정지 또는 집행정지 취소에 관한 결정을 취소하여야 한다(행심법 제30조 제6항).

(2) 임시처분

(가) 의 의　위원회는 처분 또는 부작위가 위법·부당하다고 상당히 의심되는 경우로서 처분 또는 부작위 때문에 당사자가 받을 우려가 있는 중대한 불이익이나 당사자에게 생길 급박한 위험을 막기 위하여 임시지위를 정하여야 할 필요가 있는 경우에는 직권으로 또는 당사자의 신청에 의하여 임시처분을 결정할 수 있다(행심법 제31조 제1항). 제1항에 따른 임시처분은 제30조 제2항에 따른 집행정지로 목적을 달성할 수 있는 경우에는 허용되지 아니한다(행심법 제31조 제3항).

(나) 절차 등　제1항에 따른 임시처분에 관하여는 제30조 제3항부터 제7항까지를 준용한다. 이 경우 같은 조 제6항 전단 중 "중대한 손해가 생길 우려"는 "중대한 불이익이나 급박한 위험이 생길 우려"로 본다(행심법 제31조 제2항).

Ⅱ. 행정심판의 심리·의결

1. 심판의 심리

(1) 심리의 의의　분쟁의 대상이 되고 있는 사실관계와 그에 관한 법률관계를 분명히 하기 위해 당사자나 관계자의 주장이나 반대주장을 듣고, 아울러 그러한 주장을 정당화시켜 주는 각종의 증거·자료를 수집·조사하는 일련의 절차를 심리라고 한다.

(2) 심리의 내용　① 심리는 요건심리부터 시작한다. 요건심리란 청구인적격을 가진 자가 행정심판을 제기한 것인지, 행정심판의 제기기간 내에 제기된 것인지 등 행정심판의 제기요건을 구비하였는가에 관한 심리를 말한다. 만약 요건에 미비가 있어서 부적법한 경우, 보정이 가능한 것이면 보정을 명하거나 직권으로 보정하고, 그렇지 않으면 각하심판을 행한다. 본안재결 전까지는 언제라도 요건심리가 가능하다. ② 요건이 구비되었으면 본안심리에 들어간다. 본안심리란 청구인의 청구가 이유있는지의 여부, 즉, 행정처분의 적법여부를 심리하는 것을 말한다. 만약 청구인의 청구가 정당하다면 인용재결, 그렇지 않다면 기각재결을 하게 된다.

(3) 심리의 방식

(가) 대심주의와 구술심리　① 행정심판은 대심주의에 의한다. 대심주의란 행정심판청구인과 피청구인이 서로 대등한 입장에서 공격·방어를 하고, 이를 바탕으로 심리

를 진행하는 원칙을 말한다. ② 행정심판의 심리는 구술심리나 서면심리로 한다. 다만, 당사자가 구술심리를 신청한 경우에는 서면심리만으로 결정할 수 있다고 인정되는 경우 외에는 구술심리를 하여야 한다(행심법 제40조 제1항). 위원회는 제1항 단서에 따라 구술심리 신청을 받으면 그 허가 여부를 결정하여 신청인에게 알려야 한다(행심법 제40조 제2항).

(나) **심리의 병합·분리** 위원회는 필요하면 관련되는 심판청구를 병합하여 심리하거나 병합된 관련 청구를 분리하여 심리할 수 있다(행심법 제37조). 병합은 여러 문제를 통일적으로 해결하고 그 심리의 촉진을 위한 것이다.

(다) **답변서·보충서면의 제출, 증거조사** ① 피청구인이 제23조 제1항·제2항 또는 제26조 제1항에 따라 심판청구서를 접수하거나 송부받으면 10일 이내에 심판청구서(제23조 제1항·제2항의 경우만 해당된다)와 답변서를 위원회에 보내야 한다. 다만, 청구인이 심판청구를 취하한 경우에는 그러하지 아니하다(행심법 제24조 제1항). 피청구인은 제1항 본문에 따라 답변서를 보낼 때에는 청구인의 수만큼 답변서 부본을 함께 보내되, 답변서에는 다음 각 호(1. 처분이나 부작위의 근거와 이유, 2. 심판청구의 취지와 이유에 대응하는 답변, 3. 제2항에 해당하는 경우에는 처분의 상대방의 이름·주소·연락처와 제2항의 의무 이행 여부)의 사항을 명확하게 적어야 한다(행심법 제24조 제4항). ② 당사자는 심판청구서·보정서·답변서·참가신청서 등에서 주장한 사실을 보충하고 다른 당사자의 주장을 다시 반박하기 위하여 필요하면 위원회에 보충서면을 제출할 수 있다. 이 경우 다른 당사자의 수만큼 보충서면 부본을 함께 제출하여야 한다(행심법 제33조 제1항).

(라) **증거조사** 위원회는 사건을 심리하기 위하여 필요하면 직권으로 또는 당사자의 신청에 의하여 다음 각 호(1. 당사자나 관계인(관계 행정기관 소속 공무원을 포함한다)을 위원회의 회의에 출석하게 하여 신문(訊問)하는 방법, 2. 당사자나 관계인이 가지고 있는 문서·장부·물건 또는 그 밖의 증거자료의 제출을 요구하고 영치(領置)하는 방법, 3. 특별한 학식과 경험을 가진 제3자에게 감정을 요구하는 방법, 4. 당사자 또는 관계인의 주소·거소·사업장이나 그 밖의 필요한 장소에 출입하여 당사자 또는 관계인에게 질문하거나 서류·물건 등을 조사·검증하는 방법)의 방법에 따라 증거조사를 할 수 있다(행심법 제36조 제1항).

Ⅲ. 행정심판의 재결

1. 재결의 의의

재결이란 행정심판의 청구에 대하여 제6조에 따른 행정심판위원회가 행하는 판단을 말한다(행심법 제2조 제3호). 말하자면 행정심판위원회가 심판청구에 대하여 심리한 후 그 청구에 대하여 각하·기각·인용 여부 등을 결정하는 것을 말한다.

2. 재결의 기간

재결은 제23조에 따라 피청구인 또는 위원회가 심판청구서를 받은 날부터 60일 이내에 하여야 한다. 다만, 부득이한 사정이 있는 경우에는 위원장이 직권으로 30일을 연장할 수 있다(행심법 제45조 제1항). 위원장은 제1항 단서에 따라 재결 기간을 연장할 경우에는 재결 기간이 끝나기 7일 전까지 당사자에게 알려야 한다(행심법 제45조 제2항). 재결에 기간의 제한을 두는 것은 법적 불안정상태를 조속히 시정하고자 하는 데 있다.

3. 재결의 방식

재결은 서면으로 한다(행심법 제46조 제1항). 그 서면을 재결서라 한다. 재결을 서면으로 한 것은 법적 안정성을 위한 것이다. 구두에 의한 재결은 무효이다. 제1항에 따른 재결서에는 다음 각 호(1. 사건번호와 사건명, 2. 당사자·대표자 또는 대리인의 이름과 주소, 3. 주문, 4. 청구의 취지, 5. 이유, 6. 재결한 날짜)의 사항이 포함되어야 한다(행심법 제46조 제2항). 재결서에 적는 이유에는 주문 내용이 정당하다는 것을 인정할 수 있는 정도의 판단을 표시하여야 한다(행심법 제46조 제3항). 한편, 재결 역시 행정처분의 일종이므로, 재결서에는 행정심판법이 정하는 바에 따라 불복고지에 관한 사항도 기재하여야 한다(행심법 제58조).

4. 재결의 범위

(1) 불고불리의 원칙 위원회는 심판청구의 대상이 되는 처분 또는 부작위 외의 사항에 대하여는 재결하지 못한다(행심법 제47조 제1항). 이를 불고불리의 원칙이라 한다. 예컨대, 甲이 서대문구청장을 상대로 단란주점영업허가취소처분의 취소를 구하는 행정심판절차에서 위원회는 甲의 영업용 건물의 건축허가에 대하여 취소재결을 할 수는 없다. 불고불리원칙은 심판청구인의 이익을 위한 것이다.

(2) 불이익변경금지의 원칙 위원회는 심판청구의 대상이 되는 처분보다 청구인에게 불리한 재결을 하지 못한다(행심법 제47조 제2항). 이를 불이익변경금지의 원칙이라 한다. 예컨대, 甲이 서대문구청장을 상대로 6월의 단란주점영업정지처분의 취소를 구하는 행정심판절차에서 위원회는 영업허가취소의 재결을 할 수는 없다. 불이익변경금지의 원칙 역시 청구인의 이익을 위한 것이다.

5. 재결의 종류

(1) 각하재결 위원회는 심판청구가 적법하지 아니하면 그 심판청구를 각하한다(행

심법 제43조 제1항). 이로써 본안심리는 거부된다. 각하재결은 요건재결이라고도 한다.

(2) 기각재결 ① 위원회는 심판청구가 이유가 없다고 인정하면 그 심판청구를 기각한다(행심법 제43조 제2항). 이는 원처분이 적법·타당함을 인정하는 재결이다. ② 한편, 위원회는 심판청구가 이유가 있다고 인정하는 경우에도 이를 인용하는 것이 공공복리에 크게 위배된다고 인정하면 그 심판청구를 기각하는 재결을 할 수 있다(행심법 제44조 제1항 전단). 이러한 재결을 사정재결이라 한다. 이 경우 위원회는 재결의 주문에서 그 처분 또는 부작위가 위법하거나 부당하다는 것을 구체적으로 밝혀야 한다(행심법 제44조 제1항 후단). 위원회는 제1항에 따른 재결을 할 때에는 청구인에 대하여 상당한 구제방법을 취하거나 상당한 구제방법을 취할 것을 피청구인에게 명할 수 있다(행심법 제44조 제2항). 사정재결은 무효등확인심판에는 적용하지 아니한다(행심법 제44조 제3항).

(3) 인용재결 심판청구가 이유 있다고 인정할 때에는 인용재결이 이루어진다.

(가) 취소심판 위원회는 취소심판의 청구가 이유가 있다고 인정하면 처분을 취소(예: '서대문구청장의 甲에 대한 영업허가취소처분을 취소한다'라는 재결. 이 경우에는 형성재결이다) 또는 다른 처분으로 변경하거나(예: '서대문구청장의 甲에 대한 영업허가취소처분을 영업정지 6월의 처분으로 변경한다'라는 재결. 이 경우에는 형성재결이다), 처분을 다른 처분으로 변경할 것(예: '서대문구청장은 甲에 대한 영업허가취소처분을 영업정지 6월의 처분으로 변경하라'는 재결. 이 경우에는 이행재결이 된다)을 피청구인에게 명한다(행심법 제43조 제3항). 따라서 취소심판의 인용재결에는 취소재결·변경재결·변경명령재결이 있다.

(나) 무효등확인심판 위원회는 무효등확인심판의 청구가 이유가 있다고 인정하면 처분의 효력 유무 또는 처분의 존재 여부를 확인한다(행심법 제43조 제4항). 따라서 무효등확인재결에는 유효확인재결·무효확인재결·존재확인재결·부존재확인재결이 있다. 통설은 명문의 규정이 없지만 실효확인재결을 인정한다.

(다) 의무이행심판 위원회는 의무이행심판의 청구가 이유가 있다고 인정하면 지체 없이 신청에 따른 처분을 하거나 처분을 할 것을 피청구인에게 명한다(행심법 제43조 제5항). 따라서 의무이행재결에는 처분재결(예: '甲에게 건축을 허가한다'라는 재결)과 처분명령재결(예: '서대문구청장은 甲에게 건축허가를 내주라'는 재결)이 있다. 처분재결은 형성재결의 성질을 갖는다.

6. 재결의 송달

(1) 송 달 위원회는 지체 없이 당사자에게 재결서의 정본을 송달하여야 한다. 이 경우 중앙행정심판위원회는 재결 결과를 소관 중앙행정기관의 장에게도 알려야 한다(행심법 제48조 제1항). 위원회는 재결서의 등본을 지체 없이 참가인에게 송달하여야 한다

(행심법 제48조 제3항). 처분의 상대방이 아닌 제3자가 심판청구를 한 경우 위원회는 재결서의 등본을 지체 없이 피청구인을 거쳐 처분의 상대방에게 송달하여야 한다(행심법 제48조 제4항).

(2) 공 고 법령의 규정에 따라 공고하거나 고시한 처분이 재결로써 취소되거나 변경되면 처분을 한 행정청은 지체 없이 그 처분이 취소 또는 변경되었다는 것을 공고하거나 고시하여야 한다(행심법 제49조 제4항). 법령의 규정에 따라 처분의 상대방 외의 이해관계인에게 통지된 처분이 재결로써 취소되거나 변경되면 처분을 한 행정청은 지체 없이 그 이해관계인에게 그 처분이 취소 또는 변경되었다는 것을 알려야 한다(행심법 제49조 제5항).

7. 재결의 효력

(1) 효력의 발생 재결은 청구인에게 제1항 전단에 따라 송달되었을 때에 그 효력이 생긴다(행심법 제48조 제2항).

(2) 효력의 개관 ① 재결에는 형성력과 기속력이 발생한다. ② 재결은 행정행위의 일종이므로 여타의 행정행위와 마찬가지로 내용상 구속력·공정력·구성요건적 효력·형식적 존속력과 실질적 존속력(재심판청구의 금지. 행심법 제39조) 등의 효력을 갖는다. ①에 관해서 보기로 한다.

(3) 형 성 력 위원회가 처분청에 변경을 명령하는 것이 아니라 위원회 스스로 취소하거나 변경하는 재결은 형성력을 갖는다.

(예) 甲이 서대문구청장의 영업허가취소처분을 다툰 취소심판에서 서울특별시행정심판위원회가 서대문구청장에게 영업허가취소처분을 6개월 영업정지처분으로 변경하라고 명령하는 재결이 아니라 서울특별시행정심판위원회가 스스로 '서대문구청장이 甲에게 한 건축허가취소처분을 6개월 영업정지처분으로 변경한다'라는 재결을 하면 그것만으로 서대문구청장이 甲에게 한 건축허가취소처분은 6개월 영업정지처분으로 변경되는 효과를 가져온다.

(4) 기 속 력

(가) 의 의 심판청구를 인용하는 재결은 피청구인과 그 밖의 관계 행정청을 기속하는바(행심법 제49조 제1항), 이러한 재결의 효력을 기속력이라 한다. 기속이란 피청구인인 행정청과 관계행정청이 재결의 취지에 따라야 함을 의미하는데, 재결의 취지에 따른다는 것은 소극적인 면과 적극적인 면에서 재결의 취지에 따라야 함을 의미한다.

(나) 소극적 의무로서 반복금지의무 소극적인 면에서 재결의 취지에 따라야 한다는 것은 재결에 반하는 행위를 할 수 없다는 것을 의미한다.

(예) 甲이 서울지방경찰청장의 운전면허취소처분을 다툰 취소심판에서 중앙행정심판위원회가 스스로 '서울지방경찰청장이 甲에게 한 운전면허취소처분을 취소한다'라는 재결을 하면 그 후 서울지방경찰청장은 다시 동일한 상황을 이유로 甲에게 운전면허취소처분을 할 수 없다. 이러한 의무를 반복금지의무라고도 한다.

(다) 적극적 의무로서 재처분의무

(a) 의 의 적극적인 면에서 재결의 취지에 따라야 한다는 것은 당사자의 신청을 거부하거나 부작위로 방치한 처분의 이행을 명하는 재결이 있으면 행정청은 지체 없이 이전의 신청에 대하여 재결의 취지에 따라 처분을 하여야 한다(행심법 제49조 제2항)는 것을 의미한다.

(예) 甲의 건축허가신청에 대한 서대문구청장의 건축허가거부처분을 다툰 의무이행심판에서 서울특별시행정심판위원회가 서대문구청장에게 '甲에게 건축허가를 내주라'는 재결을 하면, 서대문구청장은 지체 없이 甲에게 건축허가를 내주어야 한다.

한편, 신청에 따른 처분이 절차의 위법 또는 부당을 이유로 재결로써 취소된 경우에는 제2항을 준용한다(행심법 제49조 제3항).

(b) **위원회의 직접처분** 위원회는 피청구인이 제49조 제2항에도 불구하고 처분을 하지 아니하는 경우에는 당사자가 신청하면 기간을 정하여 서면으로 시정을 명하고 그 기간에 이행하지 아니하면 직접 처분을 할 수 있다. 다만, 그 처분의 성질이나 그 밖의 불가피한 사유로 위원회가 직접 처분을 할 수 없는 경우에는 그러하지 아니하다(행심법 제50조 제1항). 위원회는 제1항 본문에 따라 직접 처분을 하였을 때에는 그 사실을 해당 행정청에 통보하여야 하며, 그 통보를 받은 행정청은 위원회가 한 처분을 자기가 한 처분으로 보아 관계 법령에 따라 관리·감독 등 필요한 조치를 하여야 한다(행심법 제50조 제2항).

8. 재결의 불복

재심판청구는 금지된다. 즉 심판청구에 대한 재결이 있으면 그 재결 및 같은 처분 또는 부작위에 대하여 다시 행정심판을 청구할 수 없다(행심법 제51조). 재결에 불복이 있으면 행정소송의 제기로 나아갈 수밖에 없다. 예외적이지만, 개별법(예: 국세기본법)에서 재결에 대하여 다시 행정심판을 제기할 수 있다고 규정하는 경우도 있다.

9. 전자정보처리조직을 통한 행정심판 절차의 수행

(1) 전자정보처리조직을 통한 심판청구 등 이 법(행정심판법)에 따른 행정심판 절차를 밟는 자는 심판청구서와 그 밖의 서류를 전자문서화하고 이를 정보통신망을 이용하여 위원회에서 지정·운영하는 전자정보처리조직(행정심판 절차에 필요한 전자문서를 작성·제출·송달할 수 있도록 하는 하드웨어, 소프트웨어, 데이터베이스, 네트워크, 보안요소 등을 결합하여 구축한 정보처리능력을 갖춘 전자적 장치를 말한다. 이하 같다)을 통하여 제출할 수 있다(행심법 제52조 제1항). 제1항에 따라 제출된 전자문서는 이 법에 따라 제출된 것으로 보며, 부본을 제출할 의무는 면제된다(행심법 제52조 제2항). 전자정보처리조직을 통하여 접수된 심판청구의 경우 제27조에 따른 심판청구 기간을 계산할 때에는 제3항에 따른 접수가 되었을 때 행정심판이 청구된 것으로 본다(행심법 제52조 제4항).

(2) 전자서명 등 위원회는 전자정보처리조직을 통하여 행정심판 절차를 밟으려는 자에게 본인(本人)임을 확인할 수 있는「전자서명법」제2조 제3호에 따른 공인전자서명이나 그 밖의 인증(이하 이 조에서 "전자서명등"이라 한다)을 요구할 수 있다(행심법 제53조 제1항). 제1항에 따라 전자서명등을 한 자는 이 법에 따른 서명 또는 날인을 한 것으로 본다(행심법 제53조 제2항).

(3) 전자정보처리조직을 이용한 송달 등 피청구인 또는 위원회는 제52조 제1항에 따라 행정심판을 청구하거나 심판참가를 한 자에게 전자정보처리조직과 그와 연계된 정보통신망을 이용하여 재결서나 이 법에 따른 각종 서류를 송달할 수 있다. 다만, 청구인이나 참가인이 동의하지 아니하는 경우에는 그러하지 아니하다(행심법 제54조 제1항). 제1항에 따른 전자정보처리조직을 이용한 서류 송달은 서면으로 한 것과 같은 효력을 가진다(행심법 제54조 제3항). 제1항에 따른 서류의 송달은 청구인이 제2항에 따라 등재된 전자문서를 확인한 때에 전자정보처리조직에 기록된 내용으로 도달한 것으로 본다. 다만, 제2항에 따라 그 등재사실을 통지한 날부터 2주 이내(재결서 외의 서류는 7일 이내)에 확인하지 아니하였을 때에는 등재사실을 통지한 날부터 2주가 지난 날(재결서 외의 서류는 7일이 지난 날)에 도달한 것으로 본다(행심법 제54조 제4항).

제 2 절 행정소송법

제 1 항 일 반 론

제 1 목 행정소송의 관념

Ⅰ. 행정소송의 의의

1. 행정소송의 개념

행정소송이란 행정상 법률관계의 분쟁을 법원이 심리·판단하는 행정쟁송절차를 말한다. 예컨대, 서울지방경찰청장이 甲의 운전면허를 취소하자 甲이 행정심판절차를 거쳐 서울지방경찰청장의 처분이 위법하다고 주장하면서 서울행정법원에 운전면허취소처분의 취소를 구하는 소송(취소소송)을 제기하고 서울행정법원이 심리를 거쳐 판결을 하는 재판절차가 바로 행정소송이다.

2. 행정소송의 의미(기능)

행정소송법은 "행정소송절차를 통하여 행정청의 위법한 처분 그 밖에 공권력의 행사·불행사등으로 인한 국민의 권리 또는 이익의 침해를 구제하고, 공법상의 권리관계 또는 법적용에 관한 다툼을 적정하게 해결함을 목적으로 한다"고 규정하고 있다(행소법 제1조). 논리적으로 보아 행정소송의 기능으로 권리구제기능, 행정통제기능 등을 들 수 있다.

3. 유사제도와 구별

(1) 행정심판과 구별　　행정소송은 당사자로부터 독립한 지위에 있는 제3자 기관인 법원이 구두변론 등을 거쳐 행하는 정식쟁송절차이다. 따라서 행정청이 자기의 행위를 간략한 절차에 따라 행하는 행정심판 등의 약식쟁송과 구별된다.

(2) **민사소송과 구별** 행정소송은 행정에 관한 공법상의 분쟁, 즉 행정사건을 대상으로 하는 소송을 말한다. 따라서 행정소송은 사법상 권리관계에 관한 소송인 민사소송과 구별된다. 행정소송사항과 민사소송사항의 구별은 공법과 사법의 구별기준에 따라 판단된다. 양자의 구별기준에 관한 확립된 견해는 없다. 공법과 사법의 구별기준으로 귀속설이 많은 지지를 받지만, 귀속설이 해결하지 못하는 영역도 있다. 학설과 판례는 공법과 사법의 구별에 관한 여러 학설과 관련법령의 여러 규정을 종합적으로 해석하는 방식을 취하고 있다.

[참고] 민법상으로는 사인 외에 국가나 지방자치단체도 권리와 의무의 귀속주체가 될 수 있다. 그러나 세법의 경우에는 국가만이 세금의 부과주체가 될 수 있으며, 사인은 세금의 부과주체가 될 수 없고 다만 부과의 대상이 될 수 있을 뿐이다. 여기서 민법과 같이 사인 외에 국가나 지방자치단체도 권리와 의무의 귀속주체가 될 수 있음을 규정하고 있는 법이 사법이고, 세법과 같이 국가나 지방자치단체만이 권리의 귀속주체가 될 수 있으며, 사인은 다만 의무의 귀속주체가 될 수 있음을 규정하고 있는 법이 공법이라는 것이 귀속설의 내용이다.

Ⅱ. 행정소송의 종류

1. 주관적 소송과 객관적 소송

① 주관적 소송은 행정작용과 관련하여 자기의 권리(법률상 이익)의 보호를 위해 제기하는 소송을 말한다. 주관적 소송에는 항고소송과 당사자소송이 있다. 항고소송은 운전면허취소처분의 취소를 구하는 것과 같이 기존의 위법·부당한 처분의 시정을 구하는 심판을 말하고, 당사자소송은 공무원이 보수를 청구하는 소송과 같이 당사자가 대등한 지위에서 공법상 권리와 의무를 다투는 소송을 말한다. ② 객관적 소송은 공직선거법상 선거소송이나 당선소송과 같이 공익에 반하는 행정작용의 시정을 구하는 소송을 말한다. 객관적 심판은 개별 법률에 규정이 있는 경우에만 인정된다.

2. 행정소송법상 행정소송의 종류

행정소송법은 행정소송의 종류를 항고소송·당사자소송·민중소송·기관소송의 4가지로 규정하고(행소법 제3조), 항고소송을 다시 3가지로 규정하고 있다(행소법 제4조). 행정소송법상 항고소송과 당사자소송은 주관적 소송이고, 민중소송과 기관소송은 객관적 소송이다.

> **행정소송법 제3조(행정소송의 종류)** 행정소송은 다음의 네가지로 구분한다.
> 1. 항고소송: 행정청의 처분등이나 부작위에 대하여 제기하는 소송
> 2. 당사자소송: 행정청의 처분등을 원인으로 하는 법률관계에 관한 소송 그 밖에 공법상의 법률관계에 관한 소송으로서 그 법률관계의 한쪽 당사자를 피고로 하는 소송
> 3. 민중소송: 국가 또는 공공단체의 기관이 법률에 위반되는 행위를 한 때에 직접 자기의 법률상 이익과 관계없이 그 시정을 구하기 위하여 제기하는 소송
> 4. 기관소송: 국가 또는 공공단체의 기관 상호간에 있어서의 권한의 존부 또는 그 행사에 관한 다툼이 있을 때에 이에 대하여 제기하는 소송. 다만, 헌법재판소법 제2조의 규정에 의하여 헌법재판소의 관장사항으로 되는 소송은 제외한다
>
> **제4조(항고소송)** 항고소송은 다음과 같이 구분한다.
> 1. 취소소송: 행정청의 위법한 처분등을 취소 또는 변경하는 소송
> 2. 무효등 확인소송: 행정청의 처분등의 효력 유무 또는 존재여부를 확인하는 소송
> 3. 부작위위법확인소송: 행정청의 부작위가 위법하다는 것을 확인하는 소송

Ⅲ. 행정소송법

1. 일반법으로서 행정소송법

1985년 10월 1일부터 발효된 현행 행정소송법은 행정소송에 관한 일반법이다. 특허법이나 디자인법 등 개별 법률에서 행정소송법의 특례를 규정하는 경우가 있다. 그러한 법률에 규정이 없는 사항은 당연히 일반법인 행정소송법이 적용된다.

2. 행정소송법의 문제점

행정소송법에는 의무이행소송에 관한 규정이 없다. 뿐만 아니라 가처분에 대해서도 규정이 없고, 원고의 행정심판자료의 열람·복사청구권에 관한 규정도 없다. 이러한 상황에서 법무부는 행정소송법의 전면개정을 위해 시안을 마련 중에 있다.

제 2 목 행정소송의 한계

Ⅰ. 문제상황

1. 열기주의와 개괄주의

행정소송의 대상을 규정하는 방법에는 열기주의와 개괄주의가 있다. 열기주의란 행정법원이 관할권을 갖는 대상을 입법자가 명시적으로 나열하는 방식을 말한다. 열기주의에서 행정법원은 입법자가 명시하지 아니한 사건에 대하여 재판권을 갖지 못한다. 개

괄주의란 행정법원이 기본적으로 모든 공법상의 분쟁에 대하여 관할권을 갖는 방식을 말한다. 개괄주의에서 국민들은 행정청의 모든 위법한 공법작용을 행정법원에서 다툴 수 있다. 행정소송법은 개괄주의를 채택하고 있다(행소법 제1조, 제4조 제1호, 제19조).

2. 개괄주의의 한계

행정소송에 개괄주의가 적용된다고 하여 모든 행정사건이 행정소송의 대상이 되는 것은 아니다. 행정소송은 행정사건을 판단의 대상으로 하는 것이지만, 행정소송은 사법작용의 일부이므로, 행정소송도 당연히 사법권이 미치는 한계 내에서만 인정될 수 있다. 행정소송에 대한 사법심사의 한계는 ① 사법의 본질에서 나오는 한계와 ② 권력분립원리에서 나오는 한계로 나누어 살펴볼 필요가 있다.

Ⅱ. 사법본실석 한계(법률상 쟁송으로서 한계)

법원의 조직과 법관의 재판은 법률이 정하는 바에 의한다(헌법 제102조 제3항, 제103조). 헌법에 근거한 법원조직법 제2조 제1항은 "법원은 헌법에 특별한 규정이 있는 경우를 제외한 일체의 법률상의 쟁송을 심판한다"고 규정하고 있다. 따라서 법률상 쟁송이 아니면 행정소송의 대상이 아니며, 따라서 법원은 재판할 수 없다. 확립된 법률상 쟁송의 개념은 없다. 이 책에서는 법률상 쟁송의 개념을 「① 권리주체간의 구체적인 법률관계(이와 관련하여 추상적 규범통제와 사실행위가 문제된다)하에서 특정인(이와 관련하여 객관적 소송이 문제된다)의 법률상 이익(이와 관련하여 반사적 이익이 문제된다)에 관한 法令(이와 관련하여 방침규정이 문제된다)의 ② 해석·적용(이와 관련하여 소위 법으로부터 자유로운 행위인 재량행위·특별권력관계에서의 행위·통치행위가 문제된다)에 관한 분쟁」으로 정의하기로 한다. ①은 권리주체간의 구체적인 법률관계를 둘러싼 특정인의 법률상 이익에 관한 분쟁의 부분이고, ②는 법령의 해석·적용의 부분이다. 간단히 말한다면 ①은 구체적 사건성의 문제이고, ②는 법적용상의 문제이다. ①과 ②의 어느 한 부분이라도 미흡함이 있는 행위는 법률상 쟁송이 아니고, 따라서 행정소송의 대상이 되지 아니한다.

> ● **헌법 제102조** ③ 대법원과 각급법원의 조직은 법률로 정한다.
> **제103조** 법관은 헌법과 법률에 의하여 그 양심에 따라 독립하여 심판한다.
> ● **법원조직법 제2조(법원의 권한)** ① 법원은 헌법에 특별한 규정이 있는 경우를 제외한 일체의 법률상의 쟁송을 심판하고, 이 법과 다른 법률에 의하여 법원에 속하는 권한을 가진다.

1. 구체적 사건성의 한계

구체적 사건성이 있어야 한다는 것은 이해가 대립되는 당사자 사이에서 구체적이고도 현실적인 권리·의무관계에 관한 분쟁이 존재하여야 한다는 것을 의미한다. 구체적 사건성이 없으면 법률상 쟁송이 되지 아니한다. 다음의 경우는 구체적 사건성이 있다고 보기 어렵다.

(1) 사실행위 행정소송은 법률적 쟁송의 문제, 즉 공법상 권리·의무관계에 관한 소송이므로, 사실행위는 행정소송의 대상이 되지 아니한다. 예컨대, 도로공사의 위법여부나 무효여부를 행정소송으로 다툴 수는 없다(대판 1990. 11. 23, 90누3553). 도로공사로 사고를 당한 사람이 재산상 피해의 배상을 구하는 소송을 제기하는 것은 가능하지만, 도로공사 그 자체의 위법여부나 무효여부를 행정소송으로 다툴 수는 없다. 또한 공문서가 원본인지 복사본인지의 여부를 행정소송으로 다툴 수는 없다.

(2) 추상적 규범통제 예컨대, 도로교통법시행령 제X조에 근거하여 운전면허정지처분을 받은 甲이 도로교통법시행령 제X조가 위법하므로 도로교통법시행령 제X조에 근거한 운전면허정지처분도 위법하다고 하여 취소소송을 제기한 경우, 甲은 구체적 사건인 운전면허정지처분의 취소를 구하면서 근거가 되는 대통령령인 도로교통법시행령 제X조를 다투는 것이 된다. 이와 같이 구체적 사건에 대한 재판의 전제로서 법령의 위헌·위법 여부를 다투는 것을 구체적 규범통제라 한다. 이와 달리 아무런 처분과 관계없이 甲이 도로교통법시행령 제X조의 위헌·위법 여부를 다투는 것을 추상적 규범통제라 한다. 전통적 견해와 판례는 헌법 제107조 제1항과 제2항에 비추어 추상적 규범통제는 인정되지 아니한다고 본다(대판 1987. 3. 24, 86누656; 대판 1992. 3. 10, 91누12639). 다만, 법령 그 자체가 직접 국민의 권리·의무를 침해하는 경우에는 구체적 사건성을 갖게 되므로 행정소송의 대상이 된다고 한다. 예컨대, B분교설치폐지조례가 효력을 발생하면, B분교는 자동적으로 폐지되므로, B분교의 재학생들은 B분교설치폐지조례가 처분이 아닌 규범이지만, 행정소송으로 다툴 수 있다고 한다.

> **● 헌법 제107조** ① 법률이 헌법에 위반되는 여부가 재판의 전제가 된 경우에는 법원은 헌법재판소에 제청하여 그 심판에 의하여 재판한다.
> ② 명령·규칙 또는 처분이 헌법이나 법률에 위반되는 여부가 재판의 전제가 된 경우에는 대법원은 이를 최종적으로 심사할 권한을 가진다.

(3) 객관적 소송 민중소송이나 기관소송 같은 행정의 적법성의 보장을 주된 내용으로 하는 객관적 소송은 개인의 구체적인 권리·의무에 직접 관련되는 것은 아니어

서 법률상 쟁송으로 보기 어렵다. 따라서 행정소송의 대상이 되지 아니한다. 다만 법률에 특별한 규정이 있으면 제기할 수 있다(행소법 제45조).

(4) 반사적 이익 행정소송은 구체적인 법률관계에서 법률상 이익이 침해된 자가 소송을 제기함으로써 진행되는 절차이므로(행소법 제12조, 제35조, 제36조), 법률상 이익의 침해가 아닌 반사적 이익의 침해는 행정소송의 대상이 되지 아니한다(대판 1963. 8. 22, 63누97).

2. 법적용상의 한계

행정소송은 행정법상 권리·의무에 관한 분쟁을 대상으로 한다. 법령의 해석·적용상의 분쟁이 아니면 법률상 쟁송이 되지 아니한다. 다음의 경우는 법령의 해석·적용상의 분쟁이라 보기 어렵다.

(1) 행정상 훈시규정·방침규정 훈시규정 내지 방침규정이란 단순히 행정상의 방침 내지 기준만을 제시하고 있을 뿐, 직접 개인의 권리나 이익의 보호를 목적으로 하는 것은 아닌 규정을 말한다. 훈시규정 내지 방침규정의 해석·적용에 관해서는 행정소송으로 다툴 수 없다. 어떠한 규정이 훈시규정 내지 방침규정인지의 여부는 관련법령의 종합적인 해석을 통해서 판단할 수밖에 없다.

(2) 재량행위·판단여지 ① 재량행위에서 재량행사의 잘못은 원칙적으로 부당을 의미할 뿐 위법을 의미하는 것은 아니므로, 재량행위는 위법성의 통제를 내용으로 하는 행정소송의 대상이 될 수 없고, 행정심판의 대상이 될 수 있을 뿐이다. 그러나 재량권남용이나 재량권일탈의 경우에는 위법한 권한행사가 되어 행정소송의 대상이 된다(행소법 제27조). ② 예외적인 것이나, 요건부분의 해석과 관련하여 불확정개념의 해석상 판단여지가 인정되는 경우에는 사법심사 밖에 놓인다고 볼 것이다.

(3) 소위 특별권력관계에서의 행위 종래 특별권력관계 내부질서유지를 위한 지배 내지 관리행위는 법률적 쟁송이 아니어서 행정소송의 대상이 되지 않는다고 함이 통설이었다. 그 이유는 ① 특별권력관계에서의 행위는 행정행위에 해당하지 않고, ② 사법권은 일반 시민사회의 법질서의 유지를 목적으로 하는 것이지 특별권력관계 내부질서유지를 목적으로 하는 것은 아니라는 것이었다. 그러나 이미 살펴본 대로 법적 통제 밖에 놓이는 특별권력관계라는 것은 인정될 수가 없다. 행정처분의 성질을 갖는 한 소위 특별권력관계에서의 행위도 사법심사의 대상이 된다. 특별행정법관계(소위 특별권력관계)에서의 행위는 특별한 행정목적달성을 위해 인정되는 것이어서 행정주체에 비교적 광범위한 재량이 주어질 것이고, 따라서 실제상 행정소송의 대상이 되는 범위는 비교적 좁다.

(4) 통치행위 고도의 정치적 성격을 갖기 때문에 재판으로부터 거리가 먼 행위를 통치행위라 부른다. 학설·판례는 통치행위의 관념을 인정한다.

> **대판** 2010. 12. 16, 2010**도**5986 **전원합의체**(입헌적 법치주의국가의 기본원칙은 어떠한 국가행위나 국가작용도 헌법과 법률에 근거하여 그 테두리 안에서 합헌적·합법적으로 행하여질 것을 요구하고, 이러한 합헌성과 합법성의 판단은 본질적으로 사법의 권능에 속하는 것이다. 다만 고도의 정치성을 띤 국가행위에 대하여는 이른바 통치행위라 하여 법원 스스로 사법심사권의 행사를 억제하여 그 심사대상에서 제외하는 영역이 있을 수 있다. 그러나 이와 같이 통치행위의 개념을 인정한다고 하더라도 과도한 사법심사의 자제가 기본권을 보장하고 법치주의 이념을 구현하여야 할 법원의 책무를 태만히 하거나 포기하는 것이 되지 않도록 그 인정을 지극히 신중하게 하여야 한다).

Ⅲ. 권력분립적 한계

1. 문제상황

예컨대, 甲이 서대문구청장에게 건축허가를 신청하였으나 서대문구청장이 거부한 경우, 甲이 법원에 '서대문구청장이 甲에게 한 건축허가거부처분을 취소한다'라는 판결을 구하는 소송을 제기하면, 법원은 서대문구청장의 건축허가거부처분이 위법하다면 甲의 청구를 인용하는 재판을 하는데 별다른 문제가 없다. 그러나 甲이 법원에 '서대문구청장은 甲에게 건축허가를 내주라'라는 판결을 구하는 소송을 제기하면, 법원은 서대문구청장의 건축허가거부처분이 위법하다고 할 때 과연 '서대문구청장은 甲에게 건축허가를 내주라'고 하는 이행판결을 할 수 있는가의 여부는 문제이다. 왜냐하면 법원이 행정부에 대하여 명령을 하는 것이 권력분립의 원칙상 가능한가의 문제가 있기 때문이다. 이것이 행정소송의 권력분립적 한계의 문제이다.

2. 입 법 례

영미의 경우에는 직무집행명령·이송명령 등 행정청에 의무를 부과하는 소송을 인정하고 있고, 독일의 경우에도 의무화소송이 인정되고 있다. 일본은 우리와 유사한 부작위위법확인소송만을 인정하고 있다.

3. 학설·판례

(1) 학 설 학설은 소극설과 적극설 그리고 절충설로 나뉘고 있다. ① 소극설(부정설)은 법원은 행정기관 또는 행정감독기관도 아니고 행정에 대한 1차적 판단권은 행정

기관에 있으므로, 법원은 취소 또는 무효확인판결을 할 수 있을 뿐이라는 입장이다. 소극설은 행정소송법 제4조 제1호의 변경을 일부취소를 의미하는 것으로 보게 된다. ② 적극설(긍정설)은 행정소송법이 변경이라는 용어를 사용하고 있고, 행정의 적법성 보장과 동시에 개인의 권리보호도 효과적으로 이루어져야 하는바 이행판결이 인정되어야 한다는 입장이다. 적극설은 행정소송법 제4조 제1호의 변경을 일부취소가 아니라 문자 그대로 적극적인 변경을 의미하는 것으로 새긴다. ③ 절충설은 행정소송법이 규정하는 항고소송으로는 실효성 있는 권익구제가 기대될 수 없는 경우에 이행판결이 인정되어야 한다는 입장이다.

> **행정소송법 제4조(항고소송)** 항고소송은 다음과 같이 구분한다.
> 1. 취소소송: 행정청의 위법한 처분등을 취소 또는 변경하는 소송

(2) 판 례 판례는 소극설을 취한다. 판례는 의무이행소송(예: '甲에게 건축허가를 내주라'라는 판결을 구하는 소송)과 작위의무확인소송(예: '교육과학기술부장관은 초등학교 6학년 국어교과서 ○○쪽의 내용을 새로이 고쳐 써야 할 의무가 있다'라는 판결을 구하는 소송)을 인정하지 아니하며, 예방적 부작위소송(예: '서대문경찰서장은 소속 경찰관이 서대문구청직원 甲을 미행하여서는 아니 된다'라는 판결을 구하는 소송, 또는 '서대문구청장은 乙의 건축물에 대하여 준공처분을 하여서는 아니 된다'라는 판결을 구하는 소송)도 인정하지 아니한다.

(3) 사 견 ① 이행판결은 행정권이 법령상 명령되는 바를 따르지 않은 경우에 주어지는 것이므로 그것이 행정권의 일차적 판단권을 침해하는 것이라는 논거는 타당하지 않고, ② 권력분립이라는 것도 인권의 보장에 참뜻이 있는 것이지 권력의 분립 그 자체에 참뜻이 있는 것은 아니고, ③ 사법의 적극성이 인정되는 예가 외국에서 볼 수 없는 것도 아니다. 따라서 해석상 행정소송법 제4조 제1호의 '변경'을 적극적으로 이해하여 이행판결 등을 긍정하는 것이 타당하다.

제 2 항 항고소송

제 1 목 취소소송

Ⅰ. 취소소송 일반론

1. 취소소송의 의의

(1) 의 의 취소소송이란 행정청의 위법한 처분 등을 취소 또는 변경하는 소송을 말한다(행소법 제4조 제1호). 예컨대, 서대문구청장이 의견제출절차를 거치지 아니하고 甲에게 단란주점영업허가를 취소한 경우, 의견제출절차를 거치지 아니한 것은 위법하지만, 그 하자가 중대한 것은 아니므로 단란주점영업허가취소처분은 무효가 아니다. 서대문구청장의 단란주점영업허가취소처분은 취소할 수 있는 행위로서 유효하다. 달리 말한다면 서대문구청장의 취소처분은 공정력을 갖는다. 따라서 甲은 서대문구청장의 취소처분이 유효하므로 단란주점영업을 할 수 없다. 만약 甲이 단란주점영업을 하려면 단란주점영업허가취소처분을 취소시켜야만 한다. 이러한 경우에 적합한 소송이 바로 취소소송이다. 취소소송은 항고소송의 중심에 놓인다.

(2) 종 류 취소소송이란 행정청의 위법한 처분등을 취소 또는 변경하는 소송인데, 처분등은 처분과 재결을 의미하므로(행소법 제2조 제1항 제1호), 취소소송에는 처분취소소송·처분변경소송·재결취소소송·재결변경소송이 있다. 그리고 판례상 인정된 무효선언을 구하는 취소소송이 인정되고 있다.

(3) 성 질 취소소송은 개인의 권익구제를 직접적인 목적으로 하는 주관적 소송이다. 취소소송은 위법처분으로 인해 발생한 위법상태의 제거를 위한 소송형식이고, 취소소송의 판결은 유효한 행위의 효력을 소멸시키는 것이므로 형성소송에 속한다. 통설의 입장이자 판례의 입장이다(대판 2006. 7. 28, 2004두13219). 행정소송법 제29조 제1항(처분등을 취소하는 확정판결은 제3자에 대하여도 효력이 있다)은 취소소송이 형성소송임을 말해 주는 하나의 실정법상 근거로 볼 수 있다.

2. 취소소송과 무효등확인소송의 관계

(1) 병렬관계 취소소송과 무효등확인소송은 양립할 수 있는 것이 아니라 선택적인 관계에 놓인다. 예컨대, 서대문세무서장이 甲에게 양도소득세를 부과한 경우, 甲은 양도소득세부과처분의 취소를 구하든지 아니면 양도소득세부과처분의 무효확인을 구하

든지 하여야지, 양도소득세부과처분의 취소를 구하면서 동시에 무효확인을 구할 수는 없다. 왜냐하면 하나의 행정행위는 무효이든지 아니면 취소할 수 있는 것이지, 무효이자 동시에 취소할 수 있는 것은 아니기 때문이다. 물론 취소소송과 무효등확인소송은 주위적·예비적 청구로서 병합이 가능하다. 예컨대, 주위적으로 양도소득세부과처분의 취소를 구하면서, 예비적으로 취소소송이 받아들여지지 아니하는 경우를 대비하여 무효확인을 구하는 소송을 병합하여 제기하는 것은 가능하다.

(2) 포섭관계 ① 무효인 처분을 취소소송으로 다투면, 원고가 취소만을 다투는 것이 명백한 것이 아니라면 무효확인을 구하는 취지까지 포함되어 있는 것으로 본다. 물론 이러한 경우에는 취소소송의 요건을 구비하여야 한다(무효선언을 구하는 취소소송). 한편, ② 취소할 수 있는 행위를 무효등확인소송으로 다투면, 역시 원고가 무효확인만을 구한다는 것이 명백한 것이 아니라면 취소를 구하는 취지까지 포함되어 있는 것으로 본다. 물론 이러한 경우에는 취소소송의 요건을 구비하여야 한다.

3. 취소소송과 당사자소송의 관계

행정행위의 공정력으로 인해 단순위법의 하자 있는 행정행위는 취소소송 이외의 소송으로 그 효력을 부인할 수 없다. 따라서 파면처분을 받은 공무원은 그 파면처분이 단순위법의 처분이라면 파면처분취소소송을 제기하여야 하고, 당사자소송으로 공무원지위확인소송을 제기할 수는 없다. 만약 제기되면 그 청구는 기각될 수밖에 없다(대판 2001. 4. 27, 2000다50237).

Ⅱ. 본안판단의 전제요건

1. 일 반 론

(1) 의 의 소(訴)가 없으면 재판은 없다. 법원은 행정소송법과 법원조직법 등이 정하는 요건을 구비한 소의 제기가 있는 경우에만 재판한다. 만약 법원이 행정소송법과 법원조직법 등이 정하는 요건을 구비하지 아니한 소를 재판한다면, 법원이 법률을 위반하는 것이 된다. 여기서 행정소송법과 법원조직법 등이 정하는 요건은 2단계로 구성된다. ① 첫 번째 단계는 법원으로부터 처분이 위법한지 여부의 판단을 받기 위한 전제요건의 단계이고, ② 두 번째 단계는 첫 번째 단계가 구비되었음을 전제로 처분이 위법한지의 여부에 대한 판단의 단계이다. ①의 전제요건을 본안판단의 전제요건이라 하고, ②에서 위법여부를 본안요건이라 한다.

(2) 성　질　본안판단의 전제요건의 구비여부는 법원에 의한 직권심사사항이다(대판 1955. 1. 12, 4288행상126). 말하자면 당사자가 주장하지 아니하여도 법원은 당연히 본안판단의 전제요건의 구비여부를 심사하여야 한다. 본안판단의 전제요건이 결여되면, 법원은 소송판결(각하판결)을 한다. 본안판단의 전제요건이 구비되지 아니하였음에도 법원이 각하판결을 하지 아니하고 본안에 대하여 심리한다면, 법원이 권한을 남용하는 것이 된다.

(3) 종　류　본안판단의 전제요건으로는 처분등이 존재하고, 관할법원에 원고가 피고를 상대로 일정한 기간 내에 소장을 제출하여야 하고, 일정한 경우에는 행정심판전치를 거쳐야 하되, 원고에게는 처분등의 취소 또는 변경을 구할 이익(권리보호의 필요)이 있어야 하며, 아울러 당사자 사이의 소송대상에 대하여 기판력 있는 판결이 없어야 하고 또한 중복제소도 아니어야 한다. 아래에서 차례로 살펴보기로 한다.

2. 처분등의 존재(대상적격)

(1) 처분등의 정의　취소소송은 "행정청의 위법한 처분등을 취소 또는 변경하는 소송"이다. 취소소송은 위법하지만 유효한 처분등을 취소하는 소송이므로 취소소송을 제기하기 위해서는 처분등이 존재하여야 한다. 행정소송법은 「"처분등"이라 함은 행정청이 행하는 구체적 사실에 관한 법집행으로서의 공권력의 행사 또는 그 거부와 그 밖에 이에 준하는 행정작용(이하 "처분"이라 한다) 및 행정심판에 대한 재결을 말한다」라고 규정하고 있다(행소법 제2조 제1항 제1호). 따라서 행정소송법은 처분등을 처분과 재결을 합한 개념으로 사용하고 있는 셈이다(처분등 = 처분 + 재결). 아래에서 처분과 재결을 나누어서 살피기로 한다.

(2) 처　분

(가) 처분개념의 구조　행정소송법상 처분은 「① 행정청이 행하는 구체적 사실에 관한 법집행으로서의 공권력의 행사 또는 ② 그 거부와 ③ 그 밖에 이에 준하는 행정작용」으로 정의되고 있다. 따라서 행정소송법상 처분에 해당하기 위해서는 ①과 ②, 그리고 ③ 중에서 그 어느 하나에 해당하여야 한다. 이해의 편의를 위해 ①의 부분을 「(나) 행정청의 공권력 행사」에서, ②의 부분을 「(다) 행정청의 공권력 행사의 거부」에서, ③의 부분을 「(라) 이에 준하는 행정작용」에서 분석하기로 한다.

대판 2012. 9. 27, 2010두3541(행정청의 어떤 행위가 항고소송의 대상이 될 수 있는지의 문제는 추상적·일반적으로 결정할 수 없고, 구체적인 경우 행정처분은 행정청이 공권력의 주체로서 행하는 구체적 사실에 관한 법집행으로서 국민의 권리의무에 직접적으로 영향을 미치는 행위라는 점을 염두에 두고, 관련 법령의 내용과 취지, 그 행위의 주체·내용·형식·

절차, 그 행위와 상대방 등 이해관계인이 입는 불이익과의 실질적 견련성, 그리고 법치행정의 원리와 당해 행위에 관련한 행정청 및 이해관계인의 태도 등을 참작하여 개별적으로 결정하여야 한다).

(나) 행정청의 공권력 행사

(a) **행 정 청** 행정소송법상 처분은 행정청이 행하는 공권력행사이다. 행정조직법상 행정청이란 행정권의 의사를 정하고 이를 대외적으로 표시할 수 있는 행정기관을 말한다(예: 행정각부의 장관). 단독제기관 외에 합의제기관(예: 방송위원회·공정거래위원회·노동위원회·토지수용위원회·교원징계재심위원회)도 포함된다. 행정소송법상 행정청에는 법령에 의하여 행정권한의 위임 또는 위탁을 받은 행정기관, 공공단체 및 그 기관 또는 사인이 포함된다(행소법 제2조 제2항). 따라서 행정소송법에서 말하는 행정청은 행정조직법상 행정청의 개념보다 넓다.

대결 2010. 11. 26, 2010무137(행정소송의 대상이 되는 행정처분은, 행정청 또는 그 소속기관이나 법령에 의하여 행정권한의 위임 또는 위탁을 받은 공공기관이 국민의 권리의무에 관계되는 사항에 관하여 공권력을 발동하여 행하는 공법상의 행위를 말하며, 그것이 상대방의 권리를 제한하는 행위라 하더라도 행정청 또는 그 소속기관이나 권한을 위임받은 공공기관의 행위가 아닌 한 이를 행정처분이라고 할 수 없다).

(b) **구체적 사실** 행정소송법상 처분은 구체적 사실에 관한 공권력행사이다. 구체적 사실이란 기본적으로 관련자가 개별적이고 규율대상이 구체적인 것을 의미한다. 일반·추상적 사실에 대한 규율은 입법을 의미한다. 관련자가 일반적이고 규율사건이 구체적인 경우의 규율(예: 교통신호등)은 일반처분이라 하고 이것 역시 처분에 해당한다.

(c) **법 집 행** 행정소송법상 처분은 법집행으로서의 공권력행사이다. 법집행행위라는 점에서 처분과 사법(판결)은 유사한 면을 갖는다. 그러나 처분은 법집행행위이므로 법정립행위인 입법과는 구별된다.

(d) **공권력 행사** 행정소송법상 처분은 공권력 행사이다. 공권력 행사란 공법에 근거하여 행정청이 우월한 지위에서 일방적으로 행하는 일체의 행정작용을 의미한다. 따라서 행정청이 행하는 사법작용이나 사인과의 대등한 관계에서 이루어지는 공법상 계약 등은 여기서 말하는 공권력 행사에 해당하지 아니한다.

(e) **법적 행위**

i) 의 의 행정소송법 제2조 제1항 제1호는 처분개념을 정의함에 있어「법적행위」라는 용어는 사용하고 있지 않다. 그런데 취소소송의 본질은 위법성의 소급적 제거

에 있다. 사실적인 것은 소급적인 제거가 불가능하지만, 법적 행위에 있는 위법성은 소급적으로 제거할 수 있으므로, 취소소송의 대상이 되는 공권력행사(처분)는 법적 행위에 한정된다. 판례도 같은 입장이다.

대판 2000. 9. 8, 99두1113(항고소송의 대상이 되는 행정처분은 행정청의 공법상의 행위로서 특정사항에 대하여 법규에 의한 권리의 설정 또는 의무의 부담을 명하거나 기타 법률상의 효과를 발생하게 하는 등 국민의 권리의무에 직접 관계가 있는 행위를 말하는 것이고, 행정청 내부에서의 행위나 알선, 권유, 사실상의 통지 등과 같이 상대방 또는 기타 관계자들의 법률상 지위에 직접적인 법률적 변동을 일으키지 아니하는 행위 등은 항고소송의 대상이 될 수 없다).
대판 2012. 1. 12, 2010두12354(토지대장에 기재된 일정한 사항을 변경하는 행위는, 그것이 지목의 변경이나 정정 등과 같이 토지소유권 행사의 전제요건으로서 토지소유자의 실체적 권리관계에 영향을 미치는 사항에 관한 것이 아닌 한 행정사무집행의 편의와 사실증명의 자료로 삼기 위한 것일 뿐이어서, 그 소유자 명의가 변경된다고 하여도 이로 인하여 당해 토지에 대한 실체상의 권리관계에 변동을 가져올 수 없고 토지 소유권이 지적공부의 기재만에 의하여 증명되는 것도 아니다. 따라서 소관청이 토지대장상의 소유자명의변경신청을 거부한 행위는 이를 항고소송의 대상이 되는 행정처분이라고 할 수 없다).

ii) 권력적 사실행위　　취소소송의 대상이 되는 경우도 있고, 되지 아니하는 경우도 있다. 아래에서 2가지의 예를 보기로 한다.

[예: 불법건물철거행위] ① 불법건물의 철거행위는 이중의 의미를 갖는다. 즉, 건물의 철거행위는 ⓐ 사실행위로서의 철거하는 행위와 ⓑ 철거 시에 건물의 주인이 철거를 참아야 하는 수인의무가 결합되어 있다고 새긴다(이러한 행위를 합성적 행위라 한다). 여기서 건물의 철거행위는 ⓑ의 수인의무를 발생시킨다는 점에서 법적 행위로 이해된다. 철거공무원에게 대항한 건물의 주인이 처벌을 받지 아니하려면 건물의 철거에 수인의무가 없었어야 한다. 건물의 철거에 수인의무가 없었다고 하려면 철거처분의 취소를 구하여 철거행위를 원천적으로 무력화하여야 한다. 이를 위한 것이 바로 철거행위에 대한 취소소송이다. 건물의 철거행위는 권력적 사실행위이지만 취소소송의 대상이 된다. 그러나 권리보호의 필요와 관련하여서는 제한을 받는다.
[예: 경찰관의 미행행위] 경찰관 A가 세무공무원 B에게 뇌물을 준 甲을 미행한다고 할 때, 법원이 경찰관 A에게 세무공무원 B에 대한 미행을 취소하라고 명령한다고 하여 이미 이루어진 미행행위가 없어지지 아니한다. 따라서 세무공무원 B가 미행을 당하지 아니하려면 법원이 경찰관 A에게 미행을 더 이상 하지 말라는 판결을 하는 길뿐이다(현재 이러한 판결은 인정되고 있지 않다). 미행행위와 같이 성질상 소급적인 제거가 불가능한 순수한 사실행위는 여기서 말하는 법적 행위가 아니다. 미행행위에는 수인의무가 발생하지 아니한다. ③ 요컨대 권력적 사실행위 중에도 불법건물의 철거와 같이 법적 요소를 갖는 것은 처분에 해당하여 취소

소송의 대상이 되지만, 경찰관의 미행행위와 같이 법적 요소를 갖지 아니하는 것은 처분에 해당하지 아니하므로 취소소송의 대상이 되지 아니한다.

(다) 행정청의 공권력 행사의 거부

(a) **행정청 등** 행정청, 구체적 사실, 법집행, 공권력 행사, 법적 행위의 의미는 앞의 (나) 행정청의 공권력의 행사의 경우와 같다. 다만 검토를 요하는 것은 거부의 의미이다.

(b) **거부의 대상** 거부란 공권력을 적극적으로 발동하지 아니하는 소극적 태도를 말한다. 여기서 공권력행사의 거부란 모든 공권력행사의 거부가 아니라, 거부된 행정작용이 '행정청이 행하는 구체적 사실에 관한 법집행으로서의 공권력행사의 거부'인 경우, 즉 거부된 행정작용이 처분에 해당하는 경우의 공권력행사의 거부만을 의미한다.

(c) **거부와 신청권** 판례는 "행정청이 국민의 신청에 대하여 한 거부행위가 항고소송의 대상이 되는 행정처분이 된다고 하기 위하여는 국민이 그 신청에 따른 행정행위를 요구할 수 있는 법규상 또는 조리상 권리가 있어야 한다"는 입장이다(대판 2011. 9. 29, 2010두26339). 그러나 판례의 태도는 정당하지 않다. 왜냐하면 행정소송법 제2조 제2항 제1호가 처분개념에 관하여 정의하고 있기 때문에, 어떠한 거부행위가 행정소송의 대상이 되는 처분에 해당하는가의 여부는 「그 거부된 행위가 행정소송법 제2조 제2항 제1호의 처분에 해당하는가」의 여부에 따라 판단하는 것이 논리적이기 때문이다. 그럼에도 판례는 거부행위의 처분성에 관한 판단에 있어서 신청권(신청에 따른 행정행위를 요구할 수 있는 법규상 또는 조리상 권리)의 유무를 기준으로 하고 있는데, 신청권의 유무는 원고적격(행소법 제12조)의 문제로 처리하는 것이 논리적이다.

대판 2011. 9. 29, 2010두26339(국민의 적극적 신청행위에 대하여 행정청이 그 신청에 따른 행위를 하지 않겠다고 거부한 행위가 항고소송의 대상이 되는 행정처분에 해당하는 것이라고 하려면, 그 신청한 행위가 공권력의 행사 또는 이에 준하는 행정작용이어야 하고, 그 거부행위가 신청인의 법률관계에 어떤 변동을 일으키는 것이어야 하며, 그 국민에게 그 행위발동을 요구할 법규상 또는 조리상의 신청권이 있어야 한다).

(라) 이에 준하는 행정작용 '이에 준하는 행정작용'이 무엇을 의미하는지에 관해 확립된 견해는 없다. 이에 관해 판례가 정의한 것도 찾아보기 어렵다. '이에 준하는 행정작용'의 예로 권력적 사실행위를 제시하는 견해도 있고, 일반처분을 제시하는 견해도 있으며, 일반처분과 처분법령을 제시하는 견해도 있다. 그러나 이러한 예들은 모두 앞의 「(나) 행정청의 공권력 행사」에서 살펴본 '행정청이 행하는 구체적 사실에 관한 법집행으

로서의 공권력의 행사'에 해당될 수도 있는 것이므로 적절한 예라고 말하기 어렵다. '이에 준하는 행정작용'의 의미에 대해서는 연구를 요한다.

(3) 재결과 재결소송

(가) **재결의 개념** 행정심판법에서 재결이란 "행정심판의 청구에 대하여 제6조에 따른 행정심판위원회가 행하는 판단"을 말한다(행심법 제2조 제3호). 행정소송법에서 말하는 재결은 행정심판법이 정하는 절차에 따른 재결만을 뜻하는 것은 아니다. 이 밖에 당사자심판이나 이의신청에 의한 재결도 포함된다.

(나) **원처분중심주의** 행정소송법상 재결에 대한 취소소송은 재결 자체에 고유한 위법이 있음을 이유로 하는 경우에 한한다(행소법 제19조 단서). 따라서 취소소송은 원칙적으로 원처분을 대상으로 하며, 재결은 예외적으로만 취소소송의 대상이 될 수 있다. 이를 원처분중심주의라 부른다. 예컨대, 甲이 서대문구청장에게 단란주점영업허가를 신청하였으나 거부처분을 받고, 이어서 단란주점영업허가거부처분에 대한 의무이행심판을 제기하였으나 기각의 재결을 받게 되자 행정소송으로 다투려고 하는 경우, 甲은 ① 서대문구청장을 피고로 하여 서대문구청장의 단란주점영업허가거부처분을 다투는 소송을 제기하여야 하는가, 아니면 ② 서울특별시장을 피고로 하여 기각재결을 다투는 소송을 제기하여야 하는가의 문제가 있다. 원처분중심주의에 따라 甲은 ①의 소송을 제기하여야 한다. 다만, 서울특별시장이 재결을 하지 않고 서울특별시부시장이 재결을 한 경우와 같이 기각재결에 고유한 위법이 있는 경우에는 ②의 소송을 제기할 수 있다. ②에 관해서는 아래에서 살핀다.

(다) **재결소송** 앞의 ②와 같이 재결을 분쟁대상으로 하는 항고소송을 재결소송이라 한다. 재결소송은 재결 자체에 고유한 위법이 있는 경우에 한한다. 재결 자체에 고유한 위법이 없다면 원처분을 다투어야 한다. 재결 자체에 고유한 위법이란 재결 자체에 주체·절차·형식의 위법 또는 내용상의 위법이 있는 경우를 의미한다. 주체의 위법은 권한이 없는 기관이 재결한 경우, 절차의 위법은 행정심판위원회의 의결절차를 거치지 않고 재결한 경우, 형식의 위법은 서면에 의하지 않고 구두로 재결한 경우, 내용의 위법은 심판제기기간을 경과하지 아니한 심판청구를 심판제기기간이 경과하였다고 하여 각하재결을 한 경우 등에서 그 예를 볼 수 있다.

(라) **원처분중심주의의 예외** 개별 법률에서 원처분중심주의의 예외로서 재결을 취소소송의 대상으로 규정하는 경우도 있다. 이를 재결주의라 부른다. 예컨대, 감사원의 변상판정처분에 대하여는 행정소송을 제기할 수 없고, 재결에 해당하는 재심의판정에 대해서만 감사원을 피고로 하여 행정소송을 제기할 수 있다(감사원법 제40조 제2항). 중앙노동위원회의 재심판정에 대한 행정소송도 재결주의의 예에 해당한다.

> ● **감사원법 제36조(재심의 청구)** ① 제31조에 따른 변상 판정에 대하여 위법 또는 부당하다고 인정하는 본인, 소속 장관, 감독기관의 장 또는 해당 기관의 장은 변상판정서가 도달한 날부터 3개월 이내에 감사원에 재심의를 청구할 수 있다.
> ② 감사원으로부터 제32조, 제33조 및 제34조에 따른 처분을 요구받은 소속 장관, 임용권자나 임용제청권자, 감독기관의 장 또는 해당 기관의 장은 그 요구가 위법 또는 부당하다고 인정할 때에는 그 요구를 받은 날부터 1개월 이내에 감사원에 재심의를 청구할 수 있다.
> **제40조(재심의의 효력)** ② 감사원의 재심의판결에 대하여는 감사원을 당사자로 하여 행정소송을 제기할 수 있다. 다만, 그 효력을 정지하는 가처분결정은 할 수 없다.
> ● **노동위원회법 제26조(중앙노동위원회의 재심권)** ① 중앙노동위원회는 당사자의 신청이 있는 경우 지방노동위원회 또는 특별노동위원회의 처분을 재심하여 이를 인정·취소 또는 변경할 수 있다.
> **제27조 (중앙노동위원회의 처분에 대한 소)** ① 중앙노동위원회의 처분에 대한 소는 중앙노동위원회위원장을 피고로 하여 처분의 통지를 받은 날부터 15일 이내에 이를 제기하여야 한다.
> ● **노동조합 및 노동관계조정법 제85조(구제명령의 확정)** ① 지방노동위원회 또는 특별노동위원회의 구제명령 또는 기각결정에 불복이 있는 관계 당사자는 그 명령서 또는 결정서의 송달을 받은 날부터 10일 이내에 중앙노동위원회에 그 재심을 신청할 수 있다.
> ② 제1항의 규정에 의한 중앙노동위원회의 재심판정에 대하여 관계 당사자는 그 재심판정서의 송달을 받은 날부터 15일 이내에 행정소송법이 정하는 바에 의하여 소를 제기할 수 있다.

3. 관할법원

(1) 일 반 론

(가) **삼 심 제** 행정소송에도 행정법원-고등법원-대법원의 삼심제가 적용된다. 행정법원은 행정소송법에서 정한 행정사건과 다른 법률에 의하여 행정법원의 권한에 속하는 사건을 제1심으로 심판한다(법원조직법 제40조의4). 고등법원은 행정법원의 제1심 판결·심판·결정·명령에 대한 항소 또는 항고사건을 심판한다(법원조직법 제28조). 대법원은 고등법원의 판결에 대한 상고사건과 결정·명령에 대한 재항고사건을 심판한다(법원조직법 제14조).

(나) **토지관할** 취소소송의 제1심 관할법원은 피고의 소재지를 관할하는 행정법원으로 한다(행소법 제9조 제1항 본문). 다만, 중앙행정기관 또는 그 장이 피고인 경우의 관할법원은 대법원소재지의 행정법원으로 한다(행소법 제9조 제1항 단서)(보통재판적). 한편, 토지의 수용 기타 부동산 또는 특정의 장소에 관계되는 처분 등에 대한 취소소송은 그 부동산 또는 장소의 소재지를 관할하는 행정법원에 이를 제기할 수 있다(행소법 제9조 제2항)(특별재판적).

(다) **행정법원의 설치** 행정법원이 설치되지 않은 지역에 있어서의 행정법원의 권한에 속하는 사건은 행정법원이 설치될 때까지 해당 지방법원본원이 관할한다(법원조

직법 부칙 제2조,). 행정법원에는 부(특별부)를 두며(법원조직법 제40조의3 제1항), 행정법원의 심판권은 판사 3인으로 구성된 합의부에서 이를 행한다(법원조직법 제7조 제3항 본문). 다만 행정법원에 있어서 단독판사가 심판할 것으로 행정법원 합의부가 결정한 사건의 심판권은 단독판사가 행한다(법원조직법 제7조 제3항 단서).

(2) 관할이송 관할권이 없는 법원에 소송이 제기된 사건을 관할권이 있는 법원(관할법원)으로 보내는 것을 관할이송이라 한다. ① 예컨대, 다른 모든 소송요건을 갖추었지만 서울행정법원에 제기하여야 할 것을 수원지방법원에 제기한 경우에는 수원지방법원(특별부)은 결정으로 서울행정법원에 이송하여야 하는 것과 같이 관할권이 없는 법원에 소송이 제기된 경우, 다른 모든 소송요건을 갖추고 있는 한 각하할 것이 아니라 결정으로 관할법원에 소송을 이송하여야 한다(행소법 제8조 제2항, 제31조 제1항; 민사소송법 제31조 제1항). ② 민사소송법 제34조 제1항의 규정은 원고의 고의 또는 중대한 과실없이 행정소송이 심급을 달리하는 법원에 잘못 제기된 경우에도 적용되므로(행소법 제7조), 원고의 고의 또는 중대한 과실 없이 행정소송이 심급을 달리하는 법원에 잘못 제기된 경우에도 적용된다(행소법 제7조). 예컨대, 서울행정법원에 제기할 것을 서울고등법원에 제기한 경우, 서울고등법원은 결정으로 서울행정법원으로 이송하여야 한다. ③ 행정사건을 민사법원에 제기한 경우에도 관할이송이 적용된다(대판 1997. 6. 30, 95다28960).

● **민사소송법 제34조(관할위반 또는 재량에 따른 이송)** ① 법원은 소송의 전부 또는 일부에 대하여 관할권이 없다고 인정하는 경우에는 결정으로 이를 관할법원에 이송한다.

(3) 관련청구소송의 이송·병합

(가) 제도의 취지 예컨대, 서대문구청장이 악의로 甲에 대하여 단란주점영업허가취소처분을 한 경우, 甲으로서는 ① 단란주점영업허가취소처분의 취소청구소송을 제기한 후 승소하여 다시 단란주점영업을 하여야 할 것이고, 아울러 ② 단란주점영업허가취소처분으로 인한 재산상 손해를 서대문구로부터 배상받아야 할 것이다. 원리적으로 본다면, ①을 위해서는 서울행정법원에 행정소송인 단란주점영업허가취소처분 취소청구소송을 제기하여야 하고, ②를 위해서는 서울서부지방법원에 손해배상청구소송을 제기하여 한다. 그런데 ①과 ②는 상호관련이 있으므로 하나의 법원에서 하나의 절차로 재판하는 것이 재판의 모순도 방지하고 심리의 중복도 방지하는 효과를 갖는다. 이와 같이 상호관련성이 있는 여러 청구를 하나의 절차에서 심판함으로써 심리의 중복, 재판상 모순을 방지하고 아울러 신속하게 재판을 진행시키기 위한 제도가 바로 행정소송법 제10조가 규정하는 관련청구소송의 이송 및 병합의 제도이다.

> **행정소송법 제10조(관련청구소송의 이송 및 병합)** ① 취소소송과 다음 각호의 1에 해당하는 소송(이하 "관련청구소송"이라 한다)이 각각 다른 법원에 계속되고 있는 경우에 관련청구소송이 계속된 법원이 상당하다고 인정하는 때에는 당사자의 신청 또는 직권에 의하여 이를 취소소송이 계속된 법원으로 이송할 수 있다.
> 1. 당해 처분등과 관련되는 손해배상·부당이득반환·원상회복 등 청구소송
> 2. 당해 처분등과 관련되는 취소소송
>
> ② 취소소송에는 사실심의 변론종결시까지 관련청구소송을 병합하거나 피고외의 자를 상대로 한 관련청구소송을 취소소송이 계속된 법원에 병합하여 제기할 수 있다.

(나) **관련청구소송의 의의** 행정소송법은 ① 당해 처분등과 관련되는 손해배상·부당이득반환·원상회복 등 청구소송, ② 당해 처분 등과 관련되는 취소소송을 관련청구소송으로 규정하고 있다(행소법 제10조 제1항). ①의 경우로는 처분등이 원인이 되어 발생한 손해배상청구소송(예: 서대문구청장이 악의로 甲에 대하여 단란주점영업허가취소처분을 한 경우에 있어서 같이 제기하는 손해배상청구소송), 처분등의 취소·변경이 원인이 되어 발생한 손해배상청구소송 등이 있고, ②의 경우로는 원처분에 대한 소송에 병합하여 제기하는 재결의 취소소송(예: 甲이 서대문구청장에게 단란주점영업허가를 신청하였으나 거부처분을 받고, 이어서 단란주점영업허가거부처분에 대한 의무이행심판을 제기하였으나 기각의 재결을 받게 되자 행정소송으로 다투려고 하는 경우, 甲이 주위적으로 서대문구청장을 피고로 하여 서대문구청장의 단란주점영업허가거부처분을 다투는 소송을 제기하면서, 예비적으로 그 소송이 인용되지 아니하는 경우를 대비하여 서울특별시장을 피고로 하여 기각재결을 다투는 소송을 병합하여 제기하는 경우), 당해 처분과 함께 하나의 절차를 구성하는 행위의 취소청구소송, 상대방이 제기하는 취소소송 외에 제3자가 제기하는 취소소송 등의 경우가 있다.

(다) **관련청구소송의 이송** 취소소송과 관련청구소송이 각각 다른 법원에 계속되고 있는 경우에 관련청구소송이 계속된 법원이 상당하다고 인정하는 때에는 당사자의 신청 또는 직권에 의하여 이를 취소소송이 계속된 법원으로 보내는 것을 관련청구의 이송이라 한다. 예컨대, 서울행정법원에 단란주점영업허가취소처분 취소청구소송이 제기되어 있고, 서울서부지방법원에 관련청구소송으로 손해배상청구소송이 제기되어 있는 경우, 서울서부지방법원은 상당하다고 인정하는 때에는 당사자의 신청이 있거나 직권으로 관련청구소송을 서울행정법원으로 이송할 수 있다. 이송결정이 확정되면 관련청구소송은 처음부터 이송받은 법원에 계속된 것으로 간주된다(행소법 제8조 제2항; 민소법 제40조 제1항).

(라) **관련청구소송의 병합**

(a) 병합심리 취소소송이 계속된 법원이 관련청구소송을 한꺼번에 심리하는 것을 관련청구소송의 병합심리라 한다. 예컨대, 甲이 서대문구청장에게 단란주점영업허가를 신청하였으나 거부처분을 받자, ① 서울행정법원에 거부처분에 대한 취소소송을 제

기하고, 아울러 단란주점영업허가거부처분에 대한 의무이행심판을 제기하였으나 서울특별시장으로부터 기각의 재결을 받자, ② 기각재결의 취소를 구하는 소송도 서울행정법원에 제기하였다고 하자. ①은 취소소송이고, ②는 관련청구소송인데, 서울행정법원은 ①의 소송을 심리할 때에 ②의 소송을 병합하여 동시에 심리할 수 있다. 소송의 병합여부는 법원의 재량에 속한다. 관련청구소송의 병합은 취소소송의 사실심의 변론종결시까지만 허용된다(행소법 제10조 제2항 전단). 특별한 절차를 요하지 아니한다.

(b) **병합제기** 예컨대, 서대문구청장이 악의로 甲에 대하여 단란주점영업허가취소처분을 한 경우, 甲으로서는 ① 서울행정법원에 단란주점영업허가취소처분의 취소청구소송(피고: 서대문구청장)을 제기하면서 동시에 ② 서울행정법원에 단란주점영업허가취소처분으로 인한 손해배상청구소송(피고: 서대문구)을 병합하여 제기할 수도 있다. 다만 관련청구소송인 ②의 병합은 ①의 사실심 변론종결시까지만 가능하다. 원고가 관련청구소송을 병합하여 제기하였다고 하여 법원이 반드시 병합심리를 하여야 하는 것은 아니다.

(c) **적용법규** 병합된 관련청구소송이 민사사건인 경우, 민사사건에 대한 적용법규는 행정소송법인가 민사소송법인가의 문제가 있다. 생각건대 병합심리는 재판상의 편의를 위한 것일 뿐이고, 병합한다고 하여 민사사건이 행정사건으로 성질이 변하는 것은 아니므로 병합된 청구에 대해서는 민사소송법이 적용되어야 할 것이다.

4. 당사자와 참가인

(1) 일 반 론

㈎ **당사자의 의의** 행정소송을 제기하는 자를 원고, 제기당하는 자를 피고라 한다. 원고와 피고를 합하여 당사자라 한다. 민사소송에서 원고와 피고는 모두 자기의 권익을 주장하는 자이지만, 행정소송인 취소소송에서 원고는 자기의 권익을 주장하는 자이나 피고는 공동체를 대표하는 행정기관이라는 점에서 민사소송과 차이점을 갖는다.

㈏ **당사자능력** 소송상 당사자(원고·피고·참가인)가 될 수 있는 능력(자격)을 당사자능력(當事者能力)이라 한다. 말하자면 당사자능력은 소송법관계의 주체가 될 수 있는 능력을 의미한다. 행정소송상 당사자능력은 민법 등의 법률에 의해 권리능력이 부여된 자(자연인·법인)에게 인정될 뿐만 아니라 대표자 또는 관리인이 있으면 권리능력 없는 사단이나 재단의 경우에도 인정된다(행소법 제8조 제2항; 민소법 제52조). 다만 권리능력 없는 사단이나 재단도 구체적인 분쟁사건과 관련하여 개인적 공권을 가져야 한다. 당사자능력을 참가능력이라 부르기도 한다. 동물에게는 당사자능력이 없다.

㈐ **당사자적격** 당사자능력을 가진 자가 개별·구체적인 사건에서 원고나 피고로서 소송을 수행하고 본안판결을 받을 수 있는 능력(자격)을 당사자적격이라 한다. 행정소

송상 당사자적격은 항고소송의 대상인 처분 등의 존재여부·위법여부의 확인·확정 등에 대하여 법률상 대립하는 이해관계를 갖는 자에게 인정된다. 당사자적격에는 원고적격과 피고적격이 있다.

(2) 원고적격

(가) 원고적격의 의의 행정소송에서 원고가 될 수 있는 자격을 원고적격이라 한다. 취소소송은 처분등의 취소를 구할 법률상 이익이 있는 자가 제기할 수 있다(행소법 제12조 제1문). 처분등의 효과가 기간의 경과, 처분등의 집행 그 밖의 사유로 인하여 소멸된 뒤에도 그 처분등의 취소로 인하여 회복되는 법률상 이익이 있는 자의 경우에는 또한 같다(행소법 제12조 제2문). 법률상 이익이 없는 자는 취소소송을 제기할 수 없다. 「법률상 이익이 있는 자」의 의미를 법률상 이익의 주체와 법률상 이익의 의의로 나누어서 살피기로 한다. 참고로, 간혹 원고적격의 의미로 소의 이익이라는 용어가 사용되기도 하나, 이 책에서 소의 이익이라는 용어는 권리보호의 필요의 의미로 사용한다.

(나) 법률상 이익의 주체 ① 법률상 이익이 있는 '자'에는 권리주체로서 자연인과 법인이 있다. 법인에는 공법인과 사법인이 있다. 법인으로서 지방자치단체 또한 자기의 고유한 권리가 침해되었을 때에 당사자적격을 갖는다. 법인격 없는 단체는 대표자를 통해 단체의 이름으로 출소할 수 있다(행소법 제8조 제2항; 민소법 제52조). ② 법률상 이익이 있는 '자'에는 처분의 상대방뿐만 아니라 법률상 이익이 침해된 제3자도 포함된다.

[참고: 행정심판의 피청구인과 원고적격] 행정심판에서 기각재결이 있는 경우, 사인(私人)인 청구인은 당연히 취소소송을 제기할 수 있다. 그러나 인용재결이 있는 경우, 피청구인인 행정청은 재결의 기속력(행심법 제49조 제1항)으로 인해 취소소송을 제기할 수 없다는 것이 판례의 태도이다. 예컨대, ⓐ 甲이 서대문구청장에게 단란주점영업허가를 신청하였으나 거부처분을 받자, 의무이행심판을 제기하였으나 서울특별시장으로부터 기각의 재결을 받았다면, 甲은 서대문구청장의 단란주점영업허가거부처분의 취소를 구하는 소송을 제기할 수 있다. 그러나 ⓑ 甲이 서울특별시장으로부터 인용재결을 받았다면, 서대문구청(장)은 서울특별시장의 인용재결의 취소를 구하는 소송을 제기할 수 없다.

(다) 법률상 이익의 의의

(a) 학 설 ① 과거에는 법률상 이익이 권리와 동일한 개념인지의 여부를 중심으로 논란이 많았다. 그러나 ② 오늘날에는 법률상 이익을 전통적 의미의 권리와 청주시연탄공장사건을 계기로 하여 판례상 인정되어온 법률상 보호이익을 포함하는 상위개념으로 새기지만(법률상 이익 = 전통적 의미의 권리 + 판례상 인정되어온 법률상 보호이익), 논리적으로는 법률상 이익과 전통적 의미의 권리, 그리고 판례상 인정되어온 법률상 보

호이익을 같은 개념으로 새기는 것(법률상 이익 = 전통적 의미의 권리 = 판례상 인정되어온 법률상 보호이익)이 일반적인 경향이다.

[참고: 청주시연탄공장사건] 청주시연탄공장사건이란 청주시장이 주거지역 내에 연탄공장건축허가를 내주자 주거지역 내의 (구)도시계획법 19조 1항과 (구)건축법 32조 1항 소정 제한면적을 초과한 연탄공장건축허가처분으로 불이익을 받고 있는 이웃주민들이 청주시장을 상대로 건축허가처분취소청구소송을 제기한 사건이다. 판결요지는 다음과 같다.
대판 1975. 5. 13, 73누96·97(도시계획법과 건축법의 규정취지에 비추어 볼 때 이 법률들이 주거지역 내에서의 일정한 건축을 금지하고 또한 제한하고 있는 것은 (구)도시계획법과 (구)건축법이 추구하는 공공복리의 증진을 도모하는데 그 목적이 있는 동시에, 한편으로는 주거지역 내에 거주하는 사람의 주거안녕과 생활환경을 보호하고자 하는 데도 그 목적이 있는 것으로 해석된다. 그러므로 주거지역 내에 거주하는 사람의 주거의 안녕과 생활환경을 보호받을 이익은 단순한 반사적 이익이나 사실상의 이익이 아니라 바로 법률에 의하여 보호되는 이익이라고 할 것이다).

(b) **판 례** 오늘날 판례는 "법률상의 이익은 당해 처분의 근거 법률에 의하여 보호되는 직접적이고 구체적인 이익이 있는 경우를 말하고 다만 공익보호의 결과로 국민 일반이 공통적으로 가지는 추상적, 평균적, 일반적 이익과 같이 간접적이거나 사실적, 경제적 이해관계를 가지는 데 불과한 경우는 여기에 포함되지 않는다"고 정의하고 있다. 판례의 입장이나 일반적 견해의 입장에는 별 차이가 없다.

대판 2009. 9. 24, 2009두2825(법률상 보호되는 이익이라 함은 당해 처분의 근거 법규 및 관련 법규에 의하여 보호되는 개별적·직접적·구체적 이익이 있는 경우를 말하고, 공익보호의 결과로 국민 일반이 공통적으로 가지는 일반적·간접적·추상적 이익이 생기는 경우에는 법률상 보호되는 이익이 있다고 할 수 없다).

(c) **판단기준** 권리 또는 법률상 보호되는 이익의 존부의 문제는 개인적 공권의 성립요건 중 첫 번째 요건인 행정청의 의무의 존재(강행규범성)를 전제로 하고, 개인적 공권의 성립요건 중 두 번째 요건인 사익보호의 존부의 문제를 중심으로 한다. 한편, 사익보호목적의 존부는 당해 처분의 근거되는 법률의 규정과 취지 외에 관련 법률의 규정과 취지, 그리고 기본권규정도 고려하여 판단한다는 것이 학설과 판례의 태도이다.

(d) **원고적격의 확대**

i) 경쟁자소송(경업자소송) 경쟁자소송은 서로 경쟁관계에 있는 자들 사이에서 특정인에게 주어지는 수익적 행위가 타인(제3자)에게는 법률상 불이익을 초래하는 경우

에 그 타인(제3자)이 자기의 법률상 이익의 침해를 이유로 수익을 받은 특정인에 대한 행위를 다투는 소송을 말한다(대판 2010. 6. 10, 2009두10512).

ii) 경원자소송 경원자소송은 면허나 인·허가 등의 수익적 행정처분을 신청한 수인이 서로 경쟁관계에 있어서 일방에 대한 면허나 인·허가 등의 행정처분이 타방에 대한 불면허·불인가·불허가 등으로 귀결될 수밖에 없는 경우(경원관계)에 불허가 등으로 인해 자기의 법률상 이익을 침해당한 자가 허가 등을 받은 자의 처분을 다투는 소송을 말한다(대판 2009. 12. 10, 2009두8359).

대판 2009. 12. 10, 2009두8359(인, 허가 등의 수익적 행정처분을 신청한 수인이 서로 경쟁관계에 있어서 일방에 대한 허가 등의 처분이 타방에 대한 불허가 등으로 귀결될 수밖에 없는 때 허가 등의 처분을 받지 못한 자는 비록 경원자에 대하여 이루어진 허가 등 처분의 상대방이 아니라 하더라도 당해 처분의 취소를 구할 원고 적격이 있다고 할 것이고, 다만 명백한 법적 장애로 인하여 원고 자신의 신청이 인용될 가능성이 처음부터 배제되어 있는 경우에는 당해 처분의 취소를 구할 정당한 이익이 없다고 할 것이다. 원고를 포함하여 법학전문대학원 설치인가 신청을 한 41개 대학들은 2,000명이라는 총 입학정원을 두고 그 설치인가 여부 및 개별 입학정원의 배정에 관하여 서로 경쟁관계에 있고 이 사건 각 처분이 취소될 경우 원고의 신청이 인용될 가능성도 배제할 수 없으므로, 원고가 이 사건 각 처분의 상대방이 아니라도 그 처분의 취소 등을 구할 당사자적격이 있다).

iii) 이웃소송(인인소송) 이웃소송은 이웃하는 자들 사이에서 특정인에게 주어지는 수익적 행위가 타인에게는 법률상 불이익을 초래하는 경우에 그 타인이 자기의 법률상 이익의 침해를 다투는 소송을 말한다. 이웃소송은 인인소송이라고도 한다(대판 2010. 4. 15, 2007두16127).

대판 2011. 9. 8, 2009두6766(행정처분의 직접 상대방이 아닌 자로서 그 처분에 의하여 자신의 환경상 이익이 침해받거나 침해받을 우려가 있다는 이유로 취소소송을 제기하는 제3자는, 자신의 환경상 이익이 그 처분의 근거 법규 또는 관련 법규에 의하여 개별적·직접적·구체적으로 보호되는 이익, 즉 법률상 보호되는 이익임을 증명하여야 원고적격이 인정되고, 다만 그 행정처분의 근거 법규 또는 관련 법규에 그 처분으로써 이루어지는 행위 등 사업으로 인하여 환경상 침해를 받으리라고 예상되는 영향권의 범위가 구체적으로 규정되어 있는 경우에는, 그 영향권 내의 주민들은 당해 처분으로 인하여 직접적이고 중대한 환경피해를 입으리라고 예상할 수 있고, 이와 같은 환경상의 이익은 주민 개개인에 대하여 개별적으로 보호되는 직접적·구체적 이익으로서 그들에 대하여는 특단의 사정이 없는 한 환경상 이익에 대한 침해 또는 침해 우려가 있는 것으로 사실상 추정되어 법률상 보호되는 이익으로 인정됨으로써 원고적격이 인정되며, 그 영향권 밖의 주민들은 당해 처분으로 인하여 그 처분 전과 비교하여 수인한도를 넘는 환경피해를 받거나 받을 우려가 있다는 자신의 환경상 이익에 대한 침해 또는 침해 우려가 있음을 증명하여야만 법률상 보호되는 이익으로 인정되어 원고적격이 인정된다).

(3) 피고적격

㈎ **원칙**(처분청) 피고적격이란 행정소송에서 피고가 될 수 있는 자격을 의미한다. 다른 법률에 특별한 규정이 없는 한 취소소송에서는 그 처분등을 행한 행정청이 피고가 된다(행소법 제13조 제1항 전단). 처분등을 행한 행정청을 처분청이라 부른다. 논리상 피고는 권리주체(법인격자)인 국가나 지방자치단체가 되어야 할 것이나 행정소송수행의 편의상 행정소송법은 행정청을 피고로 규정하고 있다. 행정청에는 단독기관(예: 장관)도 있고, 합의제기관(예: 배상심의회·토지수용위원회)도 있다. 예컨대, 단독기관인 보건복지부장관의 처분을 다투는 경우에는 보건복지부가 아니라 보건복지부장관이 피고가 되지만, 합의제기관인 중앙토지수용위원회의 재결처분을 다투는 경우에는 중앙토지수용위원회의 위원장이 아니라 중앙토지수용위원회가 피고가 된다.

㈏ **예 외** ① 처분등이 있은 뒤에 그 처분등에 관계되는 권한이 다른 행정청에 승계된 때에는 이를 승계한 행정청을 피고로 한다(행소법 제13조 제1항 단서). 예컨대, 서대문구청장이 A처분을 하였으나, 그 후 A처분의 권한이 마포구청장에게 넘어간 경우에는 마포구청장이 피고가 된다. ② 행정청이 없게 된 때에는 그 처분등에 관한 사무가 귀속되는 국가 또는 공공단체를 피고로 한다(행소법 제13조 제2항). 예컨대, 내무부가 A사무를 처리하였으나, A사무를 승계하는 기관이 없이 내무부가 폐지된 경우에는 국가를 피고로 하여야 한다. ③ 행정권한의 위임·위탁이 있는 경우에는 현실적으로 처분을 한 수임청·수탁청이 피고가 된다(행소법 제2조 제2항)(대판 1994. 5. 24, 92다35783). ④ 국가공무원법에 의한 처분 기타 본인의 의사에 반한 불리한 처분으로 대통령이 행한 처분에 대한 행정소송의 피고는 소속장관이 된다(국공법 제16조).

㈐ **피고경정** 행정안전부장관을 피고로 하였다가 경찰청장을 피고로 변경하는 것과 같이 피고를 변경하는 것을 피고경정이라 한다. 피고경정제도를 두는 것은 피고를 잘못 지정한 경우에 소송요건(본안판단의 전제요건)의 미비를 이유로 각하판결을 하고, 원고로 하여금 새로운 소를 제기하게 하는 것보다는 피고를 경정하게 하는 것이 보다 효과적이라는 데 있다. 원고가 피고를 잘못 지정한 때에는 법원은 원고의 신청에 의하여 결정으로써 피고의 경정을 허가할 수 있다(행소법 제14조 제1항). 피고경정의 허가가 있으면 새로운 피고에 대한 소송은 처음에 소를 제기한 때에 제기된 것으로 보며(행소법 제14조 제4항) 아울러 종전의 피고에 대한 소송은 취하된 것으로 본다(행소법 제14조 제5항).

(4) 소송참가

(가) 의 의 취소소송과 이해관계 있는 제3자나 다른 행정청을 소송에 참여시키는 것을 소송참가라 한다. 행정소송에서 소송참가는 원고나 피고를 돕기 위한 보조참가이며, 원고나 피고에 대립되는 독립적인 당사자로서의 이익의 확보를 위한 독립당사자참가는 아니다. 소송참가에는 제3자의 소송참가와 다른 행정청의 소송참가가 있다.

(나) 취 지 참가제도는 제3자가 자신의 법률상 이익의 보호를 위해 직접 공격·방어방법을 제출하여 다툴 수 있으므로 제3자의 권리보호에 기여하며(권리보호기능), 아울러 분쟁대상에 대한 모순되는 판결을 방지함으로써 법적 안정에도 기여한다(법적 안정의 보장).

(다) **제3자의 소송참가** 법원은 소송의 결과에 따라 권리 또는 이익의 침해를 받을 제3자가 있는 경우에는 당사자 또는 제3자의 신청 또는 직권에 의하여 결정으로써 그 제3자를 소송에 참가시킬 수 있다(행소법 제16조 제1항). 이를 제3자의 소송참가라고 한다. 예컨대, 甲이 고층빌딩의 건축을 위하여 허가신청을 하였으나 서대문구청장이 거부처분을 하였다. 이에 甲이 건축허가거부처분에 대한 취소소송을 제기하였다고 하자. 만약 행정소송에서 甲의 청구가 인용되면, 甲은 고층빌딩을 지을 것이고, 이로 인해 고층빌딩 주변에 사는 주민 乙은 일조권과 조망권의 침해를 당할 수 있게 된다. 이러한 경우에 법원이 乙의 신청이나 직권으로 乙을 소송에 참가시키는 것을 제3자의 소송참가라 한다. 소송에 참가하는 乙은 서대문구청장을 보조하는 역할을 하게 될 것이다.

(라) **다른 행정청의 소송참가** 법원은 다른 행정청을 소송에 참가시킬 필요가 있다고 인정할 때에는 당사자 또는 당해 행정청의 신청 또는 직권에 의하여 결정으로써 그 행정청을 소송에 참가시킬 수 있다(행소법 제17조 제1항). 이를 다른 행정청의 소송참가라 한다.

(예) 甲이 A건물을 신축하고자 서대문구청장에게 허가신청을 하였으나 서대문구청장은 서대문소방서장이 A건물의 건축허가에 소방시설 설치·유지 및 안전관리에 관한 법률 제7조 제1항의 동의를 하지 아니하였다는 이유로 거부처분을 하였다. 이에 甲이 서대문구청장의 건축허가거부처분에 대한 취소소송을 제기하였다고 하자. 만약 행정소송에서 甲의 청구가 인용되면, 서대문소방서장의 부동의에도 불구하고 甲은 일정 절차를 거쳐 A건물을 지을 것이고, 이렇게 되면 서대문소방서장은 서대문구에서 소방시설 설치·유지 및 안전관리에 관한 법률에 관한 사무를 집행하는 데 어려움을 겪게 된다. 이러한 경우에 법원이 소송에 참가시킬 필요가 있다고 인정할 때에는 甲이나 서대문구청장, 또는 서대문소방서장의 신청, 아니면 서울행정법원이 직권에 의하여 결정으로 서대문소방서장을 소송에 참가시키는 것을 다른 행정청의 소송참가라 한다. 소송에 참가하는 서대문소방서장은 서대문구청장을 보조하는 역할을 하게 될 것이다.

● **소방시설 설치·유지 및 안전관리에 관한 법률 제7조(건축허가등의 동의)** ① 건축물 등의 신축·증축·개축·재축 또는 이전의 허가·협의 및 사용승인(주택법 제16조의 규정에 따른 승인 및 동법 제29조의 규정에 따른 사용검사, 학교시설사업촉진법 제4조의 규정에 따른 승인 및 동법 제13조의 규정에 따른 사용승인을 포함하며, 이하 "건축허가등"이라 한다)의 권한이 있는 행정기관은 건축허가등을 함에 있어서 미리 그 건축물 등의 공사시공지 또는 소재지를 관할하는 소방본부장 또는 소방서장의 동의를 받아야 한다.

5. 제소기간

(1) 일 반 론

㈎ 의 의 제소기간이란 처분의 상대방 등이 소송을 제기할 수 있는 시간적 간격을 말한다. 제소기간이 경과하면 취소소송을 제기할 수 없다. 제소기간이 경과한 후에 제소하면, 법원은 그 소를 각하하여야 한다.

㈏ 성 질 제소기간의 준수여부는 법원의 직권조사사항이다(대판 1987. 1. 20, 86누490). 말하자면 피고가 제소기간경과 후의 제소라고 이의(본안전 항변)를 제기하지 않는다고 하여도 법원은 제소기간의 준수여부를 명백히 하여야 한다,

㈐ 적용범위 ① 제소기간의 요건은 처분의 상대방이 소송을 제기하는 경우는 물론이고, 법률상 이익이 침해된 제3자가 소송을 제기하는 경우에도 적용된다. ② 무효등확인소송의 경우에는 제소기간의 제한이 없다. 그러나 행정처분의 당연무효를 선언하는 의미에서 그 취소를 구하는 행정소송을 제기하는 경우에는 제소기간의 준수 등 취소소송의 제소요건을 갖추어야 한다는 것이 판례의 입장이다. ③ 공익사업을 위한 토지 등의 취득 및 보상에 관한 법률 등 개별 법률에서 제소기간에 관해 특례를 두기도 한다.

● **공익사업을 위한 토지 등의 취득 및 보상에 관한 법률 제85조(행정소송의 제기)** ① 사업시행자·토지소유자 또는 관계인은 제34조의 규정에 의한 재결에 대하여 불복이 있는 때에는 재결서를 받은 날부터 60일 이내에, 이의신청을 거친 때에는 이의신청에 대한 재결서를 받은 날부터 30일 이내에 각각 행정소송을 제기할 수 있다. …

(2) 종류(안 날과 있은 날)

㈎ 안 날부터 90일 ① 행정심판을 거치지 않은 경우에 제기하는 취소소송은 처분등(處分等)이 있음을 안 날부터 90일 이내에 제기하여야 한다(행소법 제20조 제1항 본문). 처분등이 있음을 안 날이란 통지·공고 기타의 방법에 의하여 당해 처분이 있었다는 사실을 현실적으로 안 날을 의미하며(대판 1964. 9. 8, 63누196), 구체적으로 그 행정처분의 위법여부를 판단한 날을 가리키는 것은 아니다(대판 2006. 4. 14, 2004두3847).

(예) 서대문구청장의 甲에 대한 A처분이 2020년 6월 2일에 등기우편으로 甲의 아파트에 도달하였다고 하여도, 한국에 가족이 없는 노인인 甲이 2020년 6월 1일에 미국으로 갔다가 2020년 12월 20일에 귀국하였다면, 甲이 처분등이 있음을 안 날이란 민법 제157조를 고려할 때 2020년 12월 21일이라 할 것이다.

② 제18조 제1항 단서에 규정한 경우와 그 밖에 행정심판청구를 할 수 있는 경우 또는 행정청이 행정심판청구를 할 수 있다고 잘못 알린 경우에 행정심판청구가 있은 때의 기간은 재결서의 정본을 송달받은 날부터 기산한다(행소법 제20조 제1항 단서). ③ 90일은 불변기간이다(행소법 제20조 제3항).

- **민법 제157조(기간의 기산점)** 기간을 일, 주, 월 또는 연으로 정한 때에는 기간의 초일은 산입하지 아니한다. 그러나 그 기간이 오전영시로부터 시작하는 때에는 그러하지 아니하다.
- **행정소송법 제18조(행정심판과의 관계)** ① 취소소송은 법령의 규정에 의하여 당해 처분에 대한 행정심판을 제기할 수 있는 경우에도 이를 거치지 아니하고 제기할 수 있다. 다만, 다른 법률에 당해 처분에 대한 행정심판의 재결을 거치지 아니하면 취소소송을 제기할 수 없다는 규정이 있는 때에는 그러하지 아니하다.

대판 2007. 6. 14, 2004두619(통상 고시 또는 공고에 의하여 행정처분을 하는 경우에는 그 처분의 상대방이 불특정 다수인이고 그 처분의 효력이 불특정 다수인에게 일률적으로 적용되는 것이므로, 그 행정처분에 이해관계를 갖는 자가 고시 또는 공고가 있었다는 사실을 현실적으로 알았는지 여부에 관계없이 고시가 효력을 발생하는 날 행정처분이 있음을 알았다고 보아야 한다).

(나) 있은 날부터 1년 ① 행정심판을 거치지 않고 취소소송을 제기하는 경우에는 처분등(處分等)이 있은 날부터 1년을 경과하면 이를 제기하지 못한다(행소법 제20조 제2항 본문). 처분등이 있은 날이란 상대방 있는 행정행위의 경우에는 특별한 규정이 없는 한 의사표시의 일반적 법리에 따라 그 행정처분이 상대방에게 도달되어 효력을 발생한 날을 의미한다. ② 행정소송법 제18조 제1항 단서에 규정된 경우와 그 밖에 행정심판청구를 할 수 있는 경우 또는 행정청이 행정심판청구를 할 수 있다고 잘못 알린 경우에 행정심판청구가 있은 때의 제소기간은 재결이 있은 날부터 역시 1년이다(행소법 제20조 제2항 본문). ③ 정당한 사유가 있으면 상기의 두 경우 모두 1년의 기간이 경과하여도 제소할 수 있다(행소법 제20조 제2항 단서).

(3) 안 날과 있은 날의 관계 처분이 있음을 안 날부터 90일과 처분이 있은 날부터 1년 중 어느 하나의 기간만이라도 경과하면, 제소기간은 종료하게 된다. 두 가지 기간

모두가 경과하여야 하는 것은 아니다.

6. 소 장

취소소송은 구두로 제기할 수 없다. 소는 법원에 소장을 제출함으로써 제기한다(민소법 제248조; 행소법 제8조 제2항). 소장에는 당사자, 법정대리인, 청구의 취지와 원인을 기재하여야 한다(민소법 제249조 제1항; 행소법 제8조 제2항). 그 밖에 준비서면에 기재하는 사항도 소장에 기재하여야 한다(민소법 제249조 제2항; 행소법 제8조 제2항).

7. 행정심판의 전치(행정심판과 행정소송의 관계)

(1) 일 반 론

㈎ 의 의 행정심판의 전치란 행정소송의 제기에 앞서서 피해자가 먼저 행정청에 행정심판의 제기를 통해 처분의 시정을 구하고, 그 시정에 불복이 있을 때 행정소송을 제기하는 것을 말한다. 예컨대, 甲이 서울지방경찰청장으로부터 운전면허취소처분을 받은 경우, 甲이 서울행정법원에 운전면허취소처분 취소청구소송을 제기하기에 앞서서 먼저 국무총리행정심판위위회에 운전면허취소처분 취소심판을 제기하는 것을 행정심판의 전치라 한다. 행정심판의 전치에는 필요적 심판전치주의와 임의적 심판전치주의가 있다.

㈏ 취 지 행정심판의 전치제도는 ① 행정청에 대하여는 행정권 스스로에 의한 시정의 기회를 줌으로써 행정권의 자율성 내지 자기통제를 확보하고(이것이 본질적 기능이다), ② 법원에 대하여는 행정청의 전문적인 지식을 활용하고 아울러 법원의 부담을 경감해 줌으로써 경제적이고 신속한 분쟁의 해결에 기여하고, ③ 개인에 대하여는 자신의 권리를 보호하는 데 그 의미가 있다.

㈐ 법적 근거 행정심판전치의 헌법적 근거는 헌법 제107조 제3항이다. 행정심판 전치의 일반법상 근거규정으로는 헌법 제107조 제3항에 따른 행정소송법 제18조가 있다. 행정소송법 제18조는 임의적 심판전치주의를 원칙으로 규정하고 있다.

> **헌법 제107조** ③ 재판의 전심절차로서 행정심판을 할 수 있다. 행정심판의 절차는 법률로 정하되, 사법절차가 준용되어야 한다.

(2) 임의적 심판전치(원칙)

㈎ 의 의 취소소송은 법령의 규정에 의하여 당해 처분에 대한 행정심판을 제기할 수 있는 경우에도 이를 거치지 아니하고 제기할 수 있다(행소법 제18조 제1항 본문). 따라서 행정소송법상으로는 임의적 심판전치가 원칙이다. 말하자면 법률상 행정심판의

전치에 관해 규정하는 바가 없거나 또는 법률상 행정심판의 전치에 관한 규정이 있어도 그것이 강제되는 경우가 아니라면, 행정심판을 거쳐 소송을 제기할 것인지의 여부는 취소소송을 제기할 사람이 알아서 판단할 사항이다.

(예) 식품위생법에는 단란주점영업허가취소처분에 대하여 취소소송을 제기하는 경우에 행정심판절차를 거쳐야 하는지에 관해 규정하는 바가 없다. 따라서 단란주점영업허가가 취소된 자는 바로 취소소송을 제기할 수도 있고, 아니면 먼저 행정심판을 제기하고 행정심판에서 자기의 청구가 인용되지 아니하면 취소소송을 제기할 수도 있다.

(나) 문 제 점　　행정소송법은 임의적 심판전치를 원칙으로 규정하고 있으나, 개별 법률이 필요적 행정심판전치를 규정하게 되면, 임의적 행정심판전치주의는 결과적으로 필요적 행정심판전치제도로 변할 수 있다. 따라서 개별 법률의 제정·개정시 필요적 행정심판전치의 도입에는 신중을 기하여야 한다.

(3) 필요적 심판전치(예외)

(가) 의　　의　　다른 법률에 당해 처분에 대한 행정심판의 재결을 거치지 아니하면 취소소송을 제기할 수 없다는 규정이 있는 때에는 반드시 행정심판의 재결을 거쳐야만 제소할 수 있다(행소법 제18조 제1항 단서). ① 다른 법률의 규정이란 명문의 규정을 말하며, 재결을 거치는 것이 필수적이라는 점을 해석을 통해서 주장할 수는 없다. 그리고 ② 다른 법률의 예로 도로교통법, 국가공무원법, 국세기본법 등을 볼 수 있다.

● **도로교통법 제142조(행정소송과의 관계)** 이 법에 따른 처분으로서 해당 처분에 대한 행정소송은 행정심판의 재결(裁決)을 거치지 아니하면 제기할 수 없다.
● **국가공무원법 제16조(행정소송과의 관계)** ① 제75조에 따른 처분, 그 밖에 본인의 의사에 반한 불리한 처분이나 부작위에 관한 행정소송은 소청심사위원회의 심사·결정을 거치지 아니하면 제기할 수 없다.
② 제1항에 따른 행정소송을 제기할 때에는 대통령의 처분 또는 부작위의 경우에는 소속 장관(대통령령으로 정하는 기관의 장을 포함한다)을, 중앙선거관리위원회위원장의 처분 또는 부작위의 경우에는 중앙선거관리위원회사무총장을 각각 피고로 한다.
● **국세기본법 제56조(다른 법률과의 관계)** ② 제55조에 규정된 위법한 처분에 대한 행정소송은 「행정소송법」 제18조 제1항 본문·제2항 및 제3항의 규정에 불구하고 이 법에 의한 심사청구 또는 심판청구와 그에 대한 결정을 거치지 아니하면 이를 제기할 수 없다.

(나) 성　　질　　필요적 행정심판전치가 적용되는 경우, 그 요건을 구비하였는지의 여부는 소송요건으로서 당사자의 주장의 유무에 불구하고 법원이 직권으로 조사할 사항에 속한다. 예컨대, 운전면허가 취소된 자가 운전면허취소처분에 대한 취소심판절차를

거치지 아니하고 운전면허취소처분 취소청구소송을 제기하면, 피고의 이의(본안전 항변)가 없다고 하여도 법원은 소송요건(본안판단의 전제요건)의 미비를 이유로 각하하여야 한다. 필요적 행정심판전치의 구비여부는 사실심 변론종결시를 기준으로 한다.

㈐ 예 외 필요적 행정심판전치가 적용되는 경우라 하여도 이를 강행하는 것이 국민의 권익을 침해하는 결과가 되는 경우도 있는바, 이러한 경우에는 필요적 심판전치의 예외를 인정할 필요가 있다. 그 예외의 경우로서 행정소송법은 ① 행정심판은 제기하되 재결을 거치지 아니하고 소송을 제기할 수 있는 경우(행소법 제18조 제2항)와 ② 행정심판조차 제기하지 않고 소송을 제기할 수 있는 경우를 규정하고 있다(행소법 제18조 제3항).

행정소송법 제18조(행정심판과의 관계) ② 제1항 단서의 경우에도 다음 각호의 1에 해당하는 사유가 있는 때에는 행정심판의 재결을 거치지 아니하고 취소소송을 제기할 수 있다.
1. 행정심판청구가 있은 날로부터 60일이 지나도 재결이 없는 때
2. 처분의 집행 또는 절차의 속행으로 생길 중대한 손해를 예방하여야 할 긴급한 필요가 있는 때
3. 법령의 규정에 의한 행정심판기관이 의결 또는 재결을 하지 못할 사유가 있는 때
4. 그 밖의 정당한 사유가 있는 때

③ 제1항 단서의 경우에 다음 각호의 1에 해당하는 사유가 있는 때에는 행정심판을 제기함이 없이 취소소송을 제기할 수 있다.
1. 동종사건에 관하여 이미 행정심판의 기각재결이 있은 때
2. 서로 내용상 관련되는 처분 또는 같은 목적을 위하여 단계적으로 진행되는 처분중 어느 하나가 이미 행정심판의 재결을 거친 때
3. 행정청이 사실심의 변론종결후 소송의 대상인 처분을 변경하여 당해 변경된 처분에 관하여 소를 제기하는 때
4. 처분을 행한 행정청이 행정심판을 거칠 필요가 없다고 잘못 알린 때

㈑ 적용범위 ① 취소소송에 적용되는 행정심판의 전치는 부작위위법확인소송에도 준용된다(행소법 제38조 제2항). 그러나 ② 무효등확인소송에는 적용이 없다(행소법 제38조 제1항). ③ 당사자소송의 경우에도 행정심판의 전치는 적용이 없다. ④ 제3자에 의한 소송제기의 경우에는 행정심판의 전치는 적용된다. ⑤ 무효선언을 구하는 의미의 취소소송의 경우에도 행정심판의 전치는 적용된다.

(4) 행정소송과 행정심판의 관련성

㈎ 행정심판제기의 적법성 여부 필요적 행정심판전치의 경우, ① 적법한 심판제기를 하였으나, 기각된 경우에는 심판전치의 요건이 구비된 것이므로 취소소송을 제기할 수 있다. ② 적법한 심판제기가 있었으나 본안심리를 하지 않고 각하된 경우에도 심판전치의 요건이 구비된 것이므로 취소소송을 제기할 수 있다. ③ 심판제기기간의 경과

등으로 부적법한 심판제기가 있었고 이에 대해 각하재결이 있었다면, 심판전치의 요건이 구비되지 않은 것이므로 취소소송을 제기할 수 없다. ④ 심판제기기간의 경과 등으로 부적법한 심판제기가 있었고, 위원회가 각하하지 않고 기각재결을 한 경우에 판례는 심판전치의 요건이 구비되지 않은 것으로 본다. 따라서 취소소송을 제기할 수 없다.

(나) **사후재결의 구비** 필요적 행정심판전치의 경우, 행정소송의 제기시에는 심판전치의 요건을 구비하지 못하였으나, 판결(사실심 변론종결시)이 있기 전까지 원고가 심판전치의 요건을 구비하였다면 행정심판전치의 요건은 구비한 것이 된다. 말하자면 심판전치요건의 사후구비는 하자치유의 사유가 된다는 것이 일반적 견해이고, 또한 판례의 태도이다.

(다) **사건의 동일성** 필요적 행정심판전치의 경우에 행정심판전치의 요건이 구비되려면, 행정심판의 대상인 처분과 행정소송의 대상인 처분의 내용이 동일하여야 하는데, 그것은 청구이 취지나 청구의 이유가 기본적인 점에서 일치하면 족하다(사항적 관련성).

(예) 서대문세무서장으로부터 2020년도분 종합소득세부과처분을 받은 甲이 종합소득세부과처분에 대한 심사청구를 하였으나 기각재결을 받았다. 그런데 甲이 종합소득세부과처분 취소청구소송을 준비하는 중에 사망하였다고 하자. 이제는 甲의 배우자겸 상속인인 乙이 서대문세무서장을 상대로 종합소득세부과처분을 다툴 수박에 없다. 이러한 경우에 乙이 종합소득세부과처분 취소청구소송을 제기하려면 심사청구절차를 거쳐야 하는가의 문제가 발생하지만, 乙은 다시 심사청구절차를 거칠 필요 없이 바로 종합소득세부과처분 취소청구소송을 제기할 수 있다. 왜냐하면 甲의 심사청구의 취지나 이유와 乙의 취소소송의 청구의 취지나 이유가 기본적인 점(2020년도분 종합소득세부과처분을 다툰다는 점)에서 일치하기 때문이다.

8. 권리보호의 필요(협의의 소의 이익)

(1) 의 의 원고적격에서 말하는 법률상 이익을 실제적으로 보호할 필요성을 권리보호의 필요라 한다. 권리보호의 필요를 협의의 소의 이익이라고도 한다. 권리보호의 필요는 법원의 직권조사사항이다. 취소소송은 위법상태로부터 법률상 이익(권리와 이익)의 원상회복(예: 위법한 처분으로 인해 발생한 철거의무를 제거하여 건물을 소유할 수 있는 권리의 회복)을 위한 것이지, 사실상태의 회복(예: 부서진 건물의 자동 복원)을 위한 것은 아니기 때문에 권리보호의 필요가 요구된다.

(예) 甲이 철거명령에 불응하자 서대문구청장이 강제로 철거하려고 하는바, 甲은 강제철거처분 취소청구소송을 제기하려고 한다. 서대문구청장의 철거명령이 위법하기 때문에 甲의 청구가 정당하다고 하여도 甲이 승소판결을 받기 위해서는 ① 서대문구청장의 강제철거행위가

현실로 이루어지기 전에 취소청구소송을 제기하고 판결이 선고될 때까지 서대문구청장이 강제철거를 하지 않고 있거나, 또는 ② 서대문구청장의 강제철거행위가 현실로 이루어지기 전에 취소청구소송을 제기하고 아울러 강제철거행위에 대한 집행정지를 신청하여 판결이 나기 전에 서대문구청장의 강제철거행위가 현실로 이루어질 수 없도록 집행정지결정을 받아두어야 한다. 만약 ③ 서대문구청장의 강제철거행위가 현실로 이루어지기 전에 강제철거처분 취소청구소송을 제기하여도 판결 전에 강제철거가 현실로 이루어지거나, ④ 서대문구청장의 강제철거행위가 현실로 이루어진 후에 강제철거처분 취소청구소송을 제기하면 법원은 甲의 청구를 인용하지 아니한다. 왜냐하면 강제철거처분을 취소하는 판결을 한다고 하여도 이미 철거된 건물이 판결만으로 저절로 복원되는 것은 아니기 때문이다.

대판 2007. 1. 11, 2004두8538(위법한 행정처분의 취소를 구하는 소는 위법한 처분에 의하여 발생한 위법상태를 배제하여 원상으로 회복시키고 그 처분으로 침해되거나 방해받은 권리와 이익을 보호·구제하고자 하는 소송이므로, 비록 그 위법한 처분을 취소한다고 하더라도 원상회복이 불가능한 경우에는 그 취소를 구할 이익이 없다).

(2) 인정근거　　행정소송법에는 재판청구권을 제한하는 권리보호의 필요라는 소송요건(본안판단의 전제요건)을 규정하는 조문이 없다. 권리보호의 필요의 요건은 유용성이 없는 재판청구, 과도한 재판청구는 금지되어야 한다는 소송경제의 원칙과 소송법에도 적용되는 신의성실의 원칙(소권남용의 부인)으로부터 나온다. 권리보호의 필요(소의 이익)는 사인의 남소방지와 이로 인한 법원·행정청의 부담완화, 그리고 원활한 행정작용을 위한 것이다.

(3) 유무의 판단기준

(가) 원　칙　　권리보호의 필요의 유무에 대한 판단은 이성적인 형량에 따라야 한다. 권리보호의 필요의 유무에 대한 판단의 대상은 법률상 이익에만 한정되는 것은 아니고, 그 밖에 경제상 또는 정신상 이익도 포함된다. 권리보호의 필요는 넓게 인정하는 것이 국민의 재판청구권의 보장에 적합하다. 다른 본안판단의 전제요건을 모두 구비하게 되면, 일반적으로 권리보호의 필요의 요건을 구비하게 된다.

(나) 권리보호의 필요가 없는 경우　　① 원고가 추구하는 목적을 소송보다 간이한 방법으로 달성할 수 있는 경우(예: 제1심법원의 판결문에 있는 오기(誤記)를 판결정정절차를 거치면 간편한데 구태여 고등법원에 항소하여 시정하려는 경우), ② 원고가 추구하는 권리보호가 오로지 이론상으로만 의미 있는 경우(예: 현역병입영대상자로 병역처분을 받은 자가 그 취소소송중 모병에 응하여 현역병으로 자진 입대한 경우), ③ 원고가 오로지 부당한 목적으로 소구하는 경우(예: 범죄행위로 파면된 자가 공소시효 경과 후에 파면절차의 하자를 이유로 파면처

분의 취소를 구하는 경우)에는 권리보호의 필요가 없다.

(4) 효력소멸의 경우

㈎ 원 칙 처분등이 소멸하면 권리보호의 필요는 없게 됨이 원칙이다. 행정처분에 그 효력기간이 정하여져 있는 경우에는 그 처분의 효력 또는 집행이 정지된 바 없다면, 그 기간의 경과로 그 행정처분의 효력은 상실되는 것이므로 그 기간경과 후에는 그 처분이 외형상 잔존함으로 인하여 어떠한 법률상 이익이 침해되고 있다고 볼 만한 별다른 사정이 없는 한, 그 처분의 취소 또는 무효확인을 구할 법률상 이익이 없다는 것이 판례의 입장이기도 하다.

(예) 甲이 2020년 6월 1일부터 30일간의 운전면허정지처분을 받았다면, 6월 30일이 경과함으로써 운전면허정지처분은 소멸된다. 따라서 7월 1일 이후부터는 원칙적으로 운전면허정지처분의 취소를 구할 권리보호의 필요는 없게 된다.

㈏ 예 외 처분등의 집행 그 밖의 사유로 인하여 소멸된 뒤에 그 처분 등의 취소를 구하거나 처분등의 취소를 구하는 도중에 처분등의 집행 그 밖의 사유로 인하여 소멸되는 경우에도 권리보호의 필요는 요구된다. 이러한 소송에 있어서는 ① 위법한 처분이 반복될 위험성이 있는 경우, 그러나 반복의 위험은 추상적인 것이 아니라 구체적이어야 한다(예: 유사한 집회를 위해 종전의 집회금지처분을 다투는 경우), ② 회복하여야 할 불가피한 이익이 있는 경우(예: 가중된 제재적 처분이 따르는 경우. 이에 관해서는 후술하는 ㈐ 제재적 행정처분 참조)에 권리보호의 필요가 있는 것으로 본다.

대판 2007. 7. 19, 2006**두**19297(제소 당시에는 권리보호의 이익을 갖추었는데 제소 후 취소 대상 행정처분이 기간의 경과 등으로 그 효과가 소멸한 때, 동일한 소송 당사자 사이에서 동일한 사유로 위법한 처분이 반복될 위험성이 있어 행정처분의 위법성 확인 내지 불분명한 법률문제에 대한 해명이 필요하다고 판단되는 경우, 그리고 선행처분과 후행처분이 단계적인 일련의 절차로 연속하여 행하여져 후행처분이 선행처분의 적법함을 전제로 이루어짐에 따라 선행처분의 하자가 후행처분에 승계된다고 볼 수 있어 이미 소를 제기하여 다투고 있는 선행처분의 위법성을 확인하여 줄 필요가 있는 경우 등에는 행정의 적법성 확보와 그에 대한 사법통제, 국민의 권리구제의 확대 등의 측면에서 여전히 그 처분의 취소를 구할 법률상 이익이 있다).

㈐ 제재적 행정처분

(a) 문제상황 예컨대, ① 국토해양부장관은 건축사 甲에게 A건물의 공사감리를 위법하게 하였다는 이유로 건축사법 제28조 제1항 제4호에 근거하여 2020년 4월 1일부

터 6월의 업무정지를 명하였다고 하자. 그리고 집행정지를 받아 두지 아니하고 국토해양부장관의 건축사업무정지명령의 취소를 구하는 소송을 제기하였다고 하자. 만약 甲이 2020년 10월 이후에 승소판결을 받는다면 실익이 없다. 왜냐하면 승소로 업무를 하지 못한 6개월이 되살아나는 것은 아니기 때문이다. 그러나 ② 2020년 11월 1일에 B건물의 공사감리를 위법하게 하였다는 이유로 건축사 甲이 국토해양부장관으로부터 다시 6월의 건축사업무정지명령을 받게 될 처지에 놓이게 되었다고 하자. 이렇게 되면, 甲은 1년 안에 2회의 건축사업무정지명령을 받고, 업무정지기간이 통산하여 12월이 된다. 이러한 경우에 국토해양부장관은 건축사법 제28조 제1항 제5호에 근거하여 甲에게 건축사업무신고등의 효력상실처분을 하여야 한다. 이와 같이 ②의 제재가 발생하는 경우에 대비하여 ①의 제재기간이 경과하였다고 하여도 ①의 제재를 다툴 수 있도록 하는 것이 필요하다. 가중요건은 식품위생법시행규칙과 같이 부령에서도 나타난다. 이와 같이 제재적 행정처분에 있어서 제재기간 경과 후에도 추후의 제재적 처분이 가중될 수 있는지의 여부에 관한 판례의 태도를 보기로 한다.

> ● **건축사법 제28조(건축사사무소개설신고의 효력상실처분 등)** ① 국토해양부장관은 건축사사무소개설자 또는 그 소속 건축사가 다음 각 호의 어느 하나에 해당하는 경우에는 건축사사무소개설신고의 효력상실처분을 하거나 1년 이내의 기간을 정하여 그 업무정지를 명할 수 있다. 다만, 제1호, 제2호, 제4호 및 제5호에 해당하는 경우에는 건축사사무소개설신고의 효력상실처분을 하여야 한다.
> 4. 건축물의 구조상 안전에 관한 규정을 위반하여 설계 또는 공사감리를 함으로써 사람을 죽거나 다치게 한 경우
> 5. 연 2회 이상 업무정지명령을 받고 그 정지기간이 통틀어 1년을 초과하는 경우
>
> ● **식품위생법시행규칙 제89조(행정처분의 기준)** 법 제71조, 법 제72조, 법 제74조부터 법 제76조까지 및 법 제80조에 따른 행정처분의 기준은 별표 23과 같다.
> [별표 23] 행정처분 기준(제89조 관련)
> Ⅱ. 개별기준,
> 3. 식품접객업, (11) 법 제44조 제2항을 위반한 경우
> 라. 청소년에게 주류를 제공하는 행위(출입하여 주류를 제공한 경우 포함)를 한 경우
> 1차 위반: 영업정지 2월. 2차 위반: 영업정지 3월. 3차 위반: 영업허가 취소.

(b) 법률 또는 대통령령에 규정된 경우 판례는 제재적 행정처분에 있어서 제재기간 경과 후에 권리보호의 필요가 있는지의 여부와 관련하여 가중요건이 법률 또는 대통령령인 시행령으로 규정된 경우(예: 건축사법 제28조 제1항 제5호, 건설기술관리법 제33조 제1항 제10호·제3항 및 동법 시행령 제115조)에는 법률상 이익(권리보호의 필요)이 있는 것으로 본다(대판 1990. 10. 23, 90누3119; 대판 2005. 3. 25, 2004두14106). 물론 이러한 경우에도 실제상

제재처분을 받을 우려가 없다면 법률상 이익이 없다는 것이 판례의 입장이다(대판 2000. 4. 21, 98두10080).

(c) **시행규칙에 규정된 경우** 종래의 판례는 가중요건이 부령인 시행규칙상 처분기준으로 규정되어 있는 경우(예: 식품위생법시행규칙 제89조 별표 23 행정처분기준, 도로교통법 시행규칙 제91조 제1항 별표 28 행정처분기준)에는 법률상 이익이 없는 것으로 보았다(대판 1993. 9. 14, 93누4755). 판례의 이러한 태도는 시행규칙상 처분기준의 법형식은 부령이지만, 법적 성질은 행정규칙으로 보는데 기인하였다(대판 1991. 5. 14, 90누9780). 그러나 대법원은 2006년 6월 22일 입장을 변경하여 법률상 이익이 있는 것으로 보았으나, 동 판결에서 처분기준의 법적 성질에 대해서는 입장을 밝히지 아니하였다(대판 2006. 6. 22, 2003두1684).

9. 중복제소의 배제 등

(1) **기판력 있는 판결이 없을 것** 소송당사자 사이의 소송물(분쟁대상)에 대하여 이미 기판력 있는 판결이 있으면 새로운 소송은 허용되지 아니한다(기판력의 확보). 기판력 있는 판결로써 사법절차는 종료되고, 당사자는 판결내용(법적 형성, 법적 확인)에 구속된다. 소송절차의 목적은 당사자 사이에 기판력 있는 판결을 통해 법적 안정과 법적 평화를 구축하는데 있다. 기판력 있는 판결의 유무는 법원의 직권조사사항이다.

(2) **중복제소가 아닐 것** 소송물이 이미 다른 법원에 계속중이면, 새로운 소송은 허용되지 아니한다(중복제소의 금지). 소송의 계속은 법원에 소송을 제기함으로써 시작된다. 중복제소가 금지되는 동일한 소송이란 당사자가 동일하고 소송물이 동일한 소송을 말한다.

(3) **제소권의 포기가 없을 것** 원고가 제소권을 포기하면, 피고는 제소포기의 항변을 제출할 수 있다. 사인은 행정청으로부터 처분의 통지를 받은 후에는 권리구제수단을 포기할 수 있다. 한편, 제소권의 포기와 실체법상 청구권의 포기는 구분되어야 한다. 제소권을 포기하여도 실체법상 청구권은 그대로 존속한다.

Ⅲ. 소제기의 효과

1. 주관적 효과(법원의 심리의무와 중복제소금지)

소가 제기되면(소장이 수리되면) 법원은 이를 심리하고 판결하지 않으면 아니 될 기속을 받는다. 그것이 법원의 존재이유이기 때문이다. 한편 당사자는 법원에 계속(係屬)된 사건에 대하여 다시 소를 제기하지 못한다(행소법 제8조 제2항; 민사소송법 제259조).

2. 객관적 효과(집행부정지의 원칙)

취소소송의 제기는 처분등의 효력이나 그 집행 또는 절차의 속행에 영향을 미치지 아니하는바(행소법 제23조 제1항), 이를 집행부정지의 원칙이라 한다. 현행법이 집행정지 대신 집행부정지의 원칙을 택한 것은 행정행위의 공정력의 결과가 아니라, 공행정의 원활하고 영속적인 수행을 위한 정책적인 고려의 결과이다.

Ⅳ. 본안요건(위법성)

1. 위법의 의의

취소소송은 '행정행위의 위법성 그 자체, 즉 행정행위의 위법성 일반'을 분쟁의 대상(소송물)으로 한다는 것이 판례와 전통적 견해의 입장이다. 이러한 견해에 의하면, 원고가 승소하기 위해서는 처분이 위법하다는 원고의 주장이 정당하여야 하는데, 여기서 처분의 위법성을 본안요건이라 한다. 부당은 행정소송에서 문제되지 아니한다. 위법이란 외부효를 갖는 법규의 위반을 의미한다. 외부효를 갖는 법률보충규칙위반은 위법이 된다. 그러나 행정규칙위반은 위법이 되지 아니한다. 행정규칙에 따른 것이라 하여도 재량행위의 경우, 단순한 재량위반행위는 비합목적적인 행위로서 부당한 행위가 될 뿐, 위법한 행위가 아니다. 그러나 재량하자(재량일탈·재량결여·재량남용)의 경우에는 위법이 된다. 한편, 행정처분의 위법여부는 공무원의 고의나 과실 여부에 관계없이 객관적으로 판단되어야 한다.

2. 위법의 심사

처분의 위법여부의 심사는 ① 처분이 정당한 권한행정청에 의한 것인지의 여부, ② 적법하게 이유제시가 된 것인지 등 적법한 절차를 거친 것인지의 여부, ③ 적법한 형식을 구비하였는지의 여부, ④ 적법한 통지나 공고가 있었는지의 여부, 그리고 ⑤ 내용상 처분이 법률의 우위의 원칙과 법률의 유보의 원칙에 반하는 것인지의 여부, 행정법의 일반원칙에 적합한지의 여부, 상대방이 정당한지의 여부, 내용이 가능하고 명확한지의 여부, 재량행사가 정당한 것인지의 여부 등 행정행위의 적법요건 전반에 대한 평가를 통해 이루어진다.

3. 위법의 승계

일반적인 견해는 위법의 승계여부와 관련하여 선행행위와 후행행위가 하나의 효과를 목표로 하는가, 아니면 별개의 효과를 목표로 하는가의 문제로 구분하고, 전자의 경우에는 선행행위의 위법을 후행행위에서 주장할 수 있지만, 후자의 경우에는 선행행위의 위법을 후행행위에서 주장할 수 없다는 입장이다.

Ⅴ. 소의 변경

1. 의 의

(예) 서대문구청장으로부터 건축허가취소처분(A처분)을 받은 甲이 A처분을 취소할 수 있는 행위로 이해하여 A처분취소청구소송을 제기하였으나 A처분이 무효인 처분으로 드러나는 경우, A처분취소청구소송을 각하하고 甲으로 하여금 새로이 A처분무효확인청구소송을 제기할 수 있게 하기보다는 甲의 신청이 있는 경우에 A처분취소청구소송을 A처분무효확인청구소송으로 변경하는 것을 허락하는 것이 甲의 권리보호에 효과적이고, 또한 소송경제에 유익하다.

예에서 보는 바와 같이 소송의 계속 중 당사자(피고), 청구의 취지, 청구의 변경 등의 전부 또는 일부를 변경하는 것을 소의 변경이라 부른다. 소의 변경 후에도 변경 전의 절차가 그대로 유지된다. 행정소송법상 소의 변경에는 소의 종류의 변경, 처분변경 등으로 인한 소의 변경, 그리고 기타의 소의 변경의 세 경우가 있다.

2. 소의 종류의 변경

법원은 취소소송을 당해 처분등에 관계되는 사무가 귀속하는 국가 또는 공공단체에 대한 당사자소송 또는 취소소송 외의 항고소송으로 변경하는 것이 상당하다고 인정할 때에는 청구의 기초에 변경이 없는 한 사실심의 변론종결시까지 원고의 신청에 의하여 결정으로써 소의 변경을 허가할 수 있다(행소법 제21조 제1항). 앞의 1. 의의에서 본 사례가 소의 종류의 변경에 해당한다. 행정소송의 종류가 다양한 까닭에 소의 종류를 잘못 선택할 가능성은 항시 있을 수 있고, 따라서 사인의 권리구제에 만전을 기하기 위해서 소의 종류의 변경은 인정될 수밖에 없다.

3. 처분변경으로 인한 소의 변경

행정청이 소송의 대상인 처분을 소가 제기된 후 변경한 때에는 원고의 신청에 의하여 법원은 결정으로써 청구의 취지 또는 원인의 변경을 허가할 수 있다(행소법 제22조 제1항).

(예) 서대문구청장이 甲에게 단란주점영업허가취소처분을 하자 甲이 단란주점영업허가취소처분에 대한 취소청구소송을 제기하였는데 다시 서대문구청장이 단란주점영업허가취소처분을 단란주점영업정지처분(정지기간 6월)으로 변경한 경우, 甲은 단란주점영업허가취소처분 취소청구소송을 단란주점영업정지처분(정지기간 6월) 취소청구소송으로 변경할 수 있다.

원고의 처분변경으로 인한 소의 변경의 신청은 처분의 변경이 있음을 안 날로부터 60일 이내에 하여야 하되(행소법 제22조 제2항), 변경되는 청구가 필요적 행정심판전치의 대상이 되는 행위라 할지라도 행정심판을 거칠 필요는 없다(행소법 제22조 제3항).

4. 기 타

① 소의 변경은 무효등확인소송 및 부작위위법확인소송의 경우에도 준용된다(행소법 제37조). 무효확인의 소를 취소소송으로 변경하는 경우에는 취소소송의 요건을 구비하여야 한다. ② 소의 변경은 당사자소송을 항고소송으로 변경하는 경우에도 준용된다(행소법 제42조). ③ 행정소송법 제8조 제2항에 의거하여 민사소송법에 따른 소의 변경 또한 가능하다.

Ⅵ. 가구제(잠정적 권리보호)

1. 일 반 론

(1) 의 의 취소소송을 제기하여 판결을 받기까지 상당한 기간이 걸린다. 경우에 따라서는 재판에 오랜 기간이 소요된 결과 승소하여도 권리보호의 목적이 상당히 퇴색하는 경우도 있다. 이 때문에 판결이 있기 전에 일시적인 조치를 취하여 잠정적으로 권리를 보호하여야 할 필요가 생긴다. 이것이 가구제의 문제이다. 잠정적 권리보호의 문제라고 한다.

(예) A국립대학교 총장이 범법행위 등을 이유로 학생 甲에게 퇴학처분을 한 경우, 甲이 퇴학처분취소청구소송을 제기하여 승소한다고 하여도 재판이 2년이나 걸렸다고 한다면, 甲의 졸업은 2년 이상 지연된다. 승소가 甲에게 의미가 없는 것은 아니지만, 甲의 학습권을 온전하게 보호하지는 못하는 것이 된다. 따라서 판결이 나기까지 퇴학처분의 효력을 잠정적으로 묶어두고 甲이 일단 학교에 다닐 수 있게 하고, 추후에 판결내용에 따라 퇴학처분의 효과를 발생케 하든지 아니면 퇴학처분을 무력화시키는 것이 필요하다.

(2) 문 제 점　가구제를 인정한다는 것은 행정처분의 효력을 묶어 둔다는 것을 뜻하기 때문에 행정목적의 실현이 지연된다는 것을 의미한다. 따라서 가구제를 광범위하게 인정하면 오히려 행정목적의 실현이 상당한 제한을 받을 수 있다. 또한 법원이 가구제를 쉽게 인정해주면, 누구나 일단 취소소송을 제기하여 가구제를 받아 두어야겠다는 유혹을 느끼기 쉽고, 그 결과 취소소송의 남용이 발생할 수도 있다. 이 때문에 행정목적의 실현과 국민의 권리보호의 조화가 이루어질 수 있는 범위 안에서 가구제를 인정하는 것이 가구제의 중심문제가 된다.

2. 집행정지

(1) 의　의　취소소송이 제기된 경우에 처분등이나 그 집행 또는 절차의 속행으로 인하여 생길 회복하기 어려운 손해를 예방하기 위하여 긴급한 필요가 있다고 인정할 때에는 본인이 계속되고 있는 법원은 당사자의 신청 또는 직권에 의하여 처분등의 효력이나 그 집행 또는 절차의 속행의 전부 또는 일부의 정지를 결정할 수 있다(행소법 제23조 제2항 본문). 이것이(광의의) 집행정지의 제도이다(집행정지 = 처분등의 효력정지 + 처분등의 집행정지 + 절차의 속행정지). 다만 처분의 효력정지는 처분등의 집행 또는 절차의 속행을 정지함으로써 목적을 달성할 수 있는 경우에는 허용되지 아니한다(행소법 제23조 제2항 단서).

(2) 요　건　법원으로부터 집행정지결정을 받기 위한 요건으로 행정소송법은 ① 본안이 계속 중이어야 하고, ② 처분등이 존재하여야 하고(판례는 거부처분은 집행정지의 대상이 아니라 한다. 대결 1991. 5. 2, 91두15; 대결 1992. 2. 13, 91두47), ③ 회복하기 어려운 손해(특별한 사정이 없는 한 금전보상이 불가능하거나 금전보상으로는 사회관념상 행정처분을 받은 당사자가 참고 견딜 수 없거나 참고 견디기가 현저히 곤란한 경우의 유형·무형의 손해, 대결 2011. 4. 21, 2010무111)를 예방하기 위한 것이어야 하고, ④ 긴급한 필요가 있어야 하고, ⑤ 공공복리에 중대한 영향이 없어야 한다는 것을 규정하고 있다. 판례는 이 밖에 ⑥ 본안청구의 이유 없음이 명백하지 않을 것을 요구한다(대결 1999. 11. 26, 99부3). 본안청구의 이유 없음이 명백하지 않다는 것은 승소가능성이 있다는 것을 의미한다. 판례가 ⑥의 요건을 추가한 것은 승소가능성이 없음에도 오로지 처분의 집행을 고의로 지연시키기 위해 집행정지를 신청하는 것을 방지하기 위한 것이다. 참고로, 행정처분 자체의 위법여부는 본안요건이지, 집행정지 여부를 결정하는 데 요구되는 요건이 아님을 유의할 필요가 있다. 본안청구 자체는 적법하여야 한다(대결 2010. 11. 26, 2010무137).

대결 2010. 5. 14, 2010무48(행정소송법 제23조 제2항에서 정하고 있는 집행정지 요건인 '회복하기 어려운 손해'라 함은 특별한 사정이 없는 한 금전으로 보상할 수 없는 손해로서 이는 금전보상이 불능인 경우 내지는 금전보상으로는 사회관념상 행정처분을 받은 당사자가 참고 견딜 수 없거나 또는 참고 견디기가 현저히 곤란한 경우의 유형, 무형의 손해를 일컫는다 할 것이고(대법원 1986. 3. 21.자 86두5 결정, 대법원 2003. 4. 25.자 2003무2 결정 등 참조), '처분 등이나 그 집행 또는 절차의 속행으로 인하여 생길 회복하기 어려운 손해를 예방하기 위하여 긴급한 필요'가 있는지 여부는 처분의 성질과 태양 및 내용, 처분상대방이 입는 손해의 성질·내용 및 정도, 원상회복·금전배상의 방법 및 난이 등은 물론 본안청구의 승소가능성의 정도 등을 종합적으로 고려하여 구체적·개별적으로 판단하여야 한다).

대결 2010. 5. 14, 2010무48(행정소송법 제23조 제3항이 집행정지의 또 다른 요건으로 '공공복리에 중대한 영향을 미칠 우려가 없을 것'을 규정하고 있는 취지는, 집행정지 여부를 결정함에 있어서 신청인의 손해뿐만 아니라 공공복리에 미칠 영향을 아울러 고려하여야 한다는 데 있고, 따라서 공공복리에 미칠 영향이 중대한지의 여부는 절대적 기준에 의하여 판단할 것이 아니라, 신청인의 '회복하기 어려운 손해'와 '공공복리' 양자를 비교·교량하여, 전자를 희생하더라도 후자를 옹호하여야 할 필요가 있는지 여부에 따라 상대적·개별적으로 판단되어야 한다).

[회복하기 어려운 손해의 예] 현역병입영처분취소의 본안소송에서 신청인이 승소판결을 받을 경우에는 신청인이 특례보충역으로 해당 전문분야에서 2개월 남짓만 더 종사하여 5년의 의무종사기간을 마침으로써 구 병역법 제46조 제1항에 의하여 방위소집복무를 마친 것으로 볼 것이나, 만일 위 처분의 효력이 정지되지 아니한 채 본안소송이 진행된다면 신청인은 입영하여 다시 현역병으로 복무하지 않을 수 없는 결과 병역의무를 중복하여 이행하는 셈이 되어 불이익을 입게 되고 상당한 정신적 고통을 받게 될 것임은 짐작하기 어렵지 아니하며 이와 같은 손해는 쉽게 금전으로 보상할 수 있는 성질의 것이 아니어서 사회관념상 위 '가'항의 '회복하기 어려운 손해'에 해당된다(대결 1992. 4. 29, 92두7).

(3) 절 차 정지결정절차는 당사자의 신청이나 법원의 직권에 의해 개시된다(행소법 제23조 제2항). 당사자의 신청에 의한 경우에는 집행정지신청에 대한 이유에 관해 소명이 있어야 한다(행소법 제23조 제4항). 정지는 결정의 재판에 의한다(행소법 제23조 제2항 본문). 관할법원은 본안이 계속된 법원이다.

(4) 대 상

㈎ 처분등의 효력의 정지 ① 처분등의 효력이 정지된다는 것은 처분등이 갖는 효력(예: 구속력·공정력·존속력)이 정지되는 것을 의미한다. 달리 말한다면 처분등이 형식상으로는 있으되 실질상으로는 없는 것과 같은 상태가 된다. 예컨대, 파면처분을 당한 공무원 甲이 파면처분취소청구소송을 제기하면서 파면처분의 집행정지(효력정지)를 신청하여 법원으로부터 정지결정을 받았다면, 甲은 파면처분을 받지 아니한 것과 같은 지위에서 자신의 직무를 계속 수행하게 된다. ② 다만, 처분의 효력정지는 처분의 집행 또는

절차의 속행을 정지함으로써 그 목적을 달성할 수 있을 때에는 허용되지 아니한다(행소법 제23조 제2항 단서). 즉, 아래의 (나)와 (다)가 적용될 수 있는 경우에는 효력의 정지는 인정되지 아니한다. 왜냐하면 ⓐ「효력의 정지」와 ⓑ「집행의 정지 및 절차의 속행 정지」 중에서 ⓐ가 ⓑ보다 처분청의 권한에 대한 제약이 강하기 때문에 ⓑ가 가능하다면 ⓐ가 아니라 ⓑ를 선택하는 것이 행정권의 의사를 보다 존중하는 것이 되기 때문이다.

(나) **처분등의 집행의 정지** 처분등의 집행의 정지란 처분등의 내용을 강제적으로 실현하기 위한 공권력행사의 정지를 의미한다. 예컨대, 밀입국을 이유로 강제퇴거명령을 받은 외국인 A가 강제퇴거명령취소청구소송을 제기하면서 집행정지를 신청한 경우, 법원은 강제퇴거명령의 효력정지를 결정할 수 없고, 강제퇴거명령의 집행의 정지를 결정하여야 한다. 여기서 강제퇴거명령의 집행의 정지란 강제퇴거를 현실적으로 집행하는 것을 정지하는 것을 말한다.

(다) **절차의 속행의 정지** 절차의 속행의 정지란 단계적으로 발전하는 법률관계에서 선행행위의 하자를 다투는 경우에 후행행위를 하지 못하게 함을 말한다. 예컨대, 세금을 납부하지 아니한 탓으로 서대문세무서장이 甲의 재산을 압류한 경우, 甲이 압류처분취소청구소송을 제기하면서 집행정지를 신청한 경우, 법원은 압류처분의 효력정지를 결정할 수는 없고, 압류절차에 이어지는 후행행위인 매각절차의 정지를 결정하여야 한다. 여기서 후행행위인 매각절차를 정지하는 것이 절차의 속행의 정지에 해당한다.

(5) 효 과

(가) **형 성 력** 집행정지결정 중 처분등의 효력정지결정은 효력 그 자체를 정지시키는 것이므로 행정처분이 없었던 원래상태와 같은 상태를 가져온다. 그러나 집행정지결정 중 처분등의 집행의 정지결정과 절차속행의 정지결정은 처분의 효력에는 영향을 미치지 아니하지만, 처분의 현실화(집행)만을 저지하는 효과를 갖는다. 제3자효 있는 행위의 경우에는 제3자에게까지 효력을 미친다(행소법 제29조 제2항).

(나) **기 속 력** 집행정지결정은 당사자인 행정청과 그 밖의 관계행정청을 기속한다(행소법 제23조 제6항, 제30조 제1항). 따라서 집행정지결정에 반하는 행정행위를 발령할 수 없다. 행정청이 집행정지결정에 반하는 행위를 하면, 그러한 행위는 무효이다. 예컨대, 법원이 서대문세무서장의 甲의 재산에 대한 압류에 대하여 집행정지(절차의 속행의 정지)를 결정하였음에도 서대문세무서장이 甲의 압류재산을 공매하면, 그 공매는 무효이다.

(다) **시간적 효력** 집행정지결정의 효력은 정지결정의 대상인 처분의 발령시점에 소급하는 것이 아니라, 집행정지를 결정한 시점부터 발생한다. 예컨대, 법원이 집행정지결정을 하면서 결정문에 결정일자를 2020년 5월 1일로 하였다면, 2020년 5월 1일부터 집행정지의 효력이 발생한다. 그리고 집행정지결정의 효력은 결정주문에서 정한 시기까

지 존속하며, 그 주문에 특별한 제한이 없다면 본안판결이 확정될 때까지 그 효력이 존속한다는 것이 판례의 입장이다(대판 1962. 4. 12, 4294민상1541).

(6) 취 소 ① 집행정지의 결정이 확정된 후 집행정지가 공공복리에 중대한 영향을 미치거나, 그 정지사유가 없어진 때에는 당사자의 신청 또는 직권에 의하여 결정으로써 집행정지의 결정을 취소할 수 있다(행소법 제24조 제1항). ② 집행정지결정이 취소되면 처분의 원래의 효과가 발생한다. 따라서 행정처분효력정지결정으로 행정처분의 정지기간이 지나갔다 하여도 그 정지결정이 취소되면 그 정지기간은 특별한 사유가 없는 한 이 때부터 다시 진행하게 된다. 예컨대, 서대문구청장이 2020년 2월 10일에 甲에게 2020년 3월 1일부터 60일간의 영업정지처분을 하였으나, 甲이 영업정지처분취소청구소송을 제기하면서 집행정지를 신청하자, 법원이 2020년 2월 27일에 집행정지결정을 하였다가 2020년 6월 1일에 집행정지결정을 취소하였다면, 서대문구청장의 60일간의 영업정지처분의 효력이 되살아나기 때문에 甲은 2020년 6월 1일부터 60일간 영업을 할 수가 없다.

3. 가 처 분

(1) 의 의 가처분이란 금전 이외의 급부를 목적으로 하는 청구권의 집행을 보전하거나 다툼이 있는 법률관계에 관하여 잠정적으로 임시의 지위를 보전하는 것을 내용으로 하는 가구제제도이다. 예컨대, 甲이 사립의 연세대학교 입학시험에 불합격되자 불합격처분취소청구소송을 제기하여 승소한다고 하여도 재판이 오래 걸리므로 甲은 정상적으로 연세대학교에 입학하기 어렵다. 따라서 甲으로서는 승소하는 경우를 대비하여 잠정적으로 연세대학교의 신입생의 지위를 인정받아 학교에 다닐 필요가 있다. 여기서 법원이 甲에게 잠정적으로 연세대학교의 신입생의 지위를 인정하는 것이 가처분의 예에 해당한다. 민사집행법 제300조에 가처분에 관한 규정이 있으므로 이 사례와 같은 민사사건에는 가처분이 인정된다. 그러나 행정소송법상 이에 관한 명문의 규정은 없다. 행정소송상 가처분의 인정여부에 관해 견해가 나뉘고 있다.

> ● **행정소송법 제8조(법적용례)** ① 행정소송에 대하여는 다른 법률에 특별한 규정이 있는 경우를 제외하고는 이 법이 정하는 바에 의한다.
> ● **민사집행법 제300조(가처분의 목적)** ① 다툼의 대상에 관한 가처분은 현상이 바뀌면 당사자가 권리를 실행하지 못하거나 이를 실행하는 것이 매우 곤란할 염려가 있을 경우에 한다.
> ② 가처분은 다툼이 있는 권리관계에 대하여 임시의 지위를 정하기 위하여도 할 수 있다. 이 경우 가처분은 특히 계속하는 권리관계에 끼칠 현저한 손해를 피하거나 급박한 위험을 막기 위하여, 또는 그 밖의 필요한 이유가 있을 경우에 하여야 한다.

(2) 인정가능성 ① 판례는 행정소송상 가처분을 인정하지 아니한다(대결 2011. 4. 18, 2010마1576). ② 학설상으로는 행정소송상 가처분제도의 인정여부에 관해 논란이 있으나, 일반적 견해는 권리보호의 확대, 가처분의 잠정적 성격 등을 고려하여 행정소송상 가처분제도를 인정하되 행정소송법이 처분등의 집행정지제도를 두고 있는 관계상 처분등의 집행정지제도가 미치지 않는 범위에서만 가처분제도가 인정된다고 본다.

(예) 甲이 사립의 연세대학교 입학시험에 불합격되어 불합격처분을 다투는 경우와 관련된 상황은 甲이 국립의 제주대학교 입학시험에 불합격되어 불합격처분을 다투는 경우에도 전개될 수 있다. 연세대학교를 상대로 불합격처분을 다투는 경우에는 민사집행법상 규정된 가처분의 활용이 가능하지만, 제주대학교를 상대로 불합격처분을 다투는 경우에는 행정소송법상 가처분에 관한 명시적 규정이 없다고 하여도 민사집행법상 규정된 가처분 규정을 준용하되 제한적으로 가처분을 인정하여야 할 것이다.

대결 2011. 4. 18, 2010마1576(민사집행법 제300조 제2항이 규정한 임시의 지위를 정하기 위한 가처분은 그 가처분의 성질상 그 주장 자체에 의하여 다툼이 있는 권리관계에 관한 정당한 이익이 있는 자는 그 가처분의 신청을 할 수 있고, 그 경우 그 주장 자체에 의하여 신청인과 저촉되는 지위에 있는 자를 피신청인으로 하여야 한다. 한편 민사집행법상의 가처분으로써 행정청의 어떠한 행정행위의 금지를 구하는 것은 허용될 수 없다).

Ⅶ. 취소소송의 심리

1. 심리상 원칙

(1) 처분권주의 행정소송에도 처분권주의가 적용된다. 처분권주의란 당사자가 분쟁대상 및 소송절차의 개시(예: 소송의 제기)와 종료(예: 소송취하·재판상 화해)에 대하여 결정할 수 있다는 원칙을 말한다(민소법 제203조; 행소법 제8조 제2항).

- **행정소송법 제8조(법적용례)** ② 행정소송에 관하여 이 법에 특별한 규정이 없는 사항에 대하여는 법원조직법과 민사소송법의 규정을 준용한다.
- **민사소송법 제203조(처분권주의)** 법원은 당사자가 신청하지 아니한 사항에 대하여는 판결하지 못한다.

(2) 변론주의와 직권탐지주의 직권탐지주의와 변론주의는 '누가 판결에 중요한 사실의 탐구에 책임을 부담하는가'의 문제와 관련한다. 변론주의란 판결에 기초가 되는

사실과 증거의 수집을 당사자의 책임으로 하는 원칙을 말한다. 직권탐지주의란 법원이 판결에 중요한 사실을 당사자의 신청여부와 관계없이 직접 조사할 수 있는 원칙을 말한다. 행정소송법은 "법원은 필요하다고 인정할 때에는 직권으로 증거조사를 할 수 있고, 당사자가 주장하지 아니한 사실에 대하여도 판단할 수 있다(행소법 제26조)"고 규정하고 있는바, 변론주의의 원칙하에 직권증거조사와 직권탐지주의가 적용될 수 있음을 규정하고 있는 것이라 하겠다.

(3) 구두변론주의 구두변론주의란 특별한 규정이 없는 한, 소송절차는 구두로 진행되어야 하고, 판결도 구두변론에 근거하여야 한다는 원칙을 말한다. 구두변론주의는 법원과 당사자 모두 사실상황과 법적 상황에 대해 구두로 변론할 것을 요구한다. 당사자는 구두변론을 포기할 수도 있다.

(4) 공개주의 공개주의란 재판절차(심리·판결)는 공개적으로 진행되어야 한다는 원칙을 말한다. 헌법 제109조 제1문은 "재판의 심리와 판결은 공개한다"고 하여 공개원칙을 규정하고 있다. 공개원칙은 재판에 참가하는 자가 아닌 자도 변론의 시기와 장소를 알 수 있어야 하고, 또한 참석할 수 있어야 함을 요구한다. 공개주의는 법원에 대한 공공의 통제를 강화시킨다. 법정이 협소하면, 출입이 제한될 수 있다. 한편, 헌법 제109조 제2문은 "다만, 심리는 국가의 안전보장 또는 안녕질서를 방해하거나 선량한 풍속을 해할 염려가 있을 때에는 법원은 결정으로 공개하지 아니할 수 있다"고 규정하고 있다.

2. 심리의 범위

(1) 요건심리와 본안심리 요건심리란 본안판단의 전제요건(소송요건)을 구비한 적법한 소송인가를 심리하는 것을 말하고, 소송요건이 구비되어 있지 않다면, 소를 각하하게 된다. 한편, 본안심리란 본안판단의 전제요건(소송요건)이 구비된 경우, 청구를 인용할 것인가 또는 기각할 것인가를 판단하기 위해 본안에 대해 심리하는 것을 말한다.

(2) 재량문제 당·부당의 재량문제는 법원의 심리범위 밖에 놓이는 것이 원칙이다. 그러나 재량권의 일탈이나 재량권의 남용 등 재량하자는 위법사유이므로 심리의 대상이 된다(행소법 제27조).

3. 심리의 방법

(1) 행정심판기록제출명령 법원은 당사자의 신청이 있는 때에는 결정으로써 재결을 행한 행정청에 대하여 행정심판에 관한 기록의 제출을 명할 수 있다(행소법 제25조 제1항). 법원의 제출명령을 받은 행정청은 지체 없이 당해 행정심판에 관한 기록을 법원에 제출하여야 한다(행소법 제25조 제2항). 행정심판에 관한 기록이란 당해 사건과 관

련하여 행정심판위원회에 제출된 일체의 서류를 의미한다.

(2) 주장책임 분쟁의 중요한 사실관계를 주장하지 않음으로 인하여 일방당사자가 받는 불이익부담을 주장책임이라 한다. 주장책임은 변론주의에서 문제된다. 예컨대, 서대문세무서장이 甲에게 과세처분을 하자 甲이 그 과세처분의 취소를 구하는 소송을 제기하였다면, 甲은 그 과세처분이 위법하다는 사실을 주장하여야 하며, 그 사실의 주장에는 甲은 비과세대상자라는 주장이 있을 수 있다. 甲이 그 과세처분이 위법하다는 사실을 주장하지 못한다면, 甲은 주장책임을 지고 패소할 수밖에 없다.

대판 2011. 2. 10, 2010두20980(행정소송에서 기록상 자료가 나타나 있다면 당사자가 주장하지 않았더라도 판단할 수 있고, 당사자가 제출한 소송자료에 의하여 법원이 처분의 적법여부에 관한 합리적인 의심을 품을 수 있음에도 단지 구체적 사실에 관한 주장을 하지 아니하였다는 이유만으로 당사자에게 석명을 하거나 직권으로 심리·판단하지 아니함으로써 구체적 타당성이 없는 판결을 하는 것은 행정소송법 제26조의 규정과 행정소송의 특수성에 반하므로 허용될 수 없다).

(3) 입증책임 어떠한 사실관계에 대한 명백한 입증이 없을 때, 누가 이로 인한 불이익을 부담하여야 할 것인가의 문제가 입증책임의 문제이다. 예컨대 (2)의 예에서 甲이 자신은 비과세대상자라는 것을 입증하는 세무관행 등을 제시하여야 하며, 그러한 입증자료를 제시하지 못한다면, 甲은 입증책임을 지고 패소할 수밖에 없다. 한편, 입증책임은 직권탐지주의가 적용되는 경우에도 여전히 의미를 갖는다. 왜냐하면 직권탐지가 언제나 입증문제를 분명히 해결해 주는 것은 아니기 때문이다. 일반적으로 말한다면, 당사자는 각각 자기에게 유리한 요건사실의 존재에 대하여 입증책임을 부담한다고 볼 것이다(입증책임분배설).

(4) 처분이유의 사후변경

(가) 의 의 행정처분의 발령시점에 존재하던 사실상 또는 법상의 상황이 처분의 근거로 사용되지 않았으나, 사후에 행정소송절차에서 행정청이 그 상황을 처분의 근거로 제출하거나 법원이 직권으로 회부하여 고려하는 것을 처분이유의 사후변경이라 한다. 또한 처분의 근거변경이라고도 한다.

(예) 甲이 서대문구청장에게 건축허가를 신청하였으나 서대문구청장은 소방시설 설치·유지 및 안전관리에 관한 법률 위반을 이유로 거부처분을 하였다. 이에 甲은 자신의 건축허가신청이 소방시설 설치·유지 및 안전관리에 관한 법률에 위반되지 아니함을 이유로 건축허가거부처분취소청구소송을 제기하였다. 그런데 재판절차에서 서대문구청장은 거부처분의 사유를 건축법상 이웃과의 거리제한규정의 위반으로 변경하였다. 여기서 서대문구청장이 처분의 근

거를 소방시설 설치·유지 및 안전관리에 관한 법률 위반에서 건축법위반으로 변경하는 것이 처분사유의 사후변경에 해당한다.

(나) 인정여부

(a) 학 설 행정소송법에는 처분사유의 사후변경에 관한 규정이 없다. 따라서 행정소송에 처분사유의 사후변경이 인정될 것인가의 문제가 있다. 처분사유의 사후변경을 넓게 인정하면 원고의 보호가 미흡하게 되고, 인정하지 아니하면 행정의 원활한 운용에 다소의 지장이 발생한다. 이 때문에 처분의 상대방 보호와 소송경제를 고려할 때 제한적인 범위 내에서 처분이유의 사후변경이 인정되어야 한다는 것이 일반적 견해이다.

(b) 판 례 판례는 행정처분의 취소를 구하는 항고소송에 있어 처분청은 당초 처분의 근거로 삼은 사유와 기본적 사실관계가 동일성이 있다고 인정되는 한도 내에서만 다른 사유를 추가 또는 변경할 수 있고, 이러한 기본적 사실관계의 동일성 유무는 처분사유를 법률적으로 평가하기 이전의 구체적 사실에 착안하여 그 기초인 사회적 사실관계가 기본적인 점에서 동일한지 여부에 따라 결정되므로, 추가 또는 변경된 사유가 처분 당시에 이미 존재하고 있었다거나 당사자가 그 사실을 알고 있었다고 하여 당초의 처분사유와 동일성이 있다고 할 수 없다고 한다(대판 2011. 11. 24, 2009두19021). 그리고 처분사유의 추가·변경은 사실심 변론종결시까지만 허용된다고 한다(대판 1999. 8. 20, 98두17043).

대판 2011. 5. 26, 2010두28106(피고 서울특별시 종로구청장은, 행정청이 점용허가를 받지 않고 도로를 점용한 사람에 대하여 도로법 제94조에 의한 변상금 부과처분을 하였다가 처분에 대한 취소소송이 제기된 후 해당 도로가 도로법의 적용을 받는 도로에 해당하지 않을 경우를 대비하여 처분의 근거 법령을 도로의 소유자가 서울특별시 종로구인 부분은 구 공유재산 및 물품관리법(2010. 2. 4. 법률 제10006호로 개정되기 전의 것, 이하 같다) 제81조와 그 시행령 등으로 변경하여 주장하였으나, 도로법과 구 국유재산법령 및 구 공유재산 및 물품관리법령의 해당 규정은 별개 법령에 규정되어 입법 취지가 다르고, 해당 규정내용을 비교하여 보면 변상금의 징수목적, 산정 기준금액, 징수 재량 유무, 징수절차 등이 서로 달라 위와 같이 근거 법령을 변경하는 것은 종전 도로법 제94조에 의한 변상금 부과처분과 동일성을 인정할 수 없는 별개의 처분을 하는 것과 다름 없어 허용될 수 없다).

(5) 위법성의 판단

(가) 기준시점 취소소송의 대상이 되는 처분의 위법성판단의 기준시와 관련하여 학설은 판결시기준설과 처분시기준설, 그리고 절충설이 있다. 처분시기준설이 통설이다.

판례도 처분시설을 취한다(대판 2008. 7. 24, 2007두3930). 행정소송의 본질은 개인의 권익구제에 중점이 있고, 권익구제는 처분시에 이미 위법한 처분으로부터 원고의 권익을 구제하는 것을 뜻하므로, 처분시기준설이 타당하다. 물론 법령에 특별히 정하는 바가 있으면, 그에 의하여야 한다. 다만, 부작위위법확인소송의 경우에는 판결시가 기준이 된다.

대판 2008. 7. 24, 2007두3930(행정소송에서 행정처분의 위법 여부는 행정처분이 행하여졌을 때의 법령과 사실 상태를 기준으로 하여 판단하여야 하고, 처분 후 법령의 개폐나 사실상태의 변동에 의하여 영향을 받지는 않으므로, 난민 인정 거부처분의 취소를 구하는 취소소송에서도 그 거부처분을 한 후 국적국의 정치적 상황이 변화하였다고 하여 처분의 적법 여부가 달라지는 것은 아니다).

(나) 판단자료의 범위　법원은 행정처분 당시 행정청이 알고 있었던 자료뿐만 아니라 사실심 변론종결 당시까지 제출된 모든 자료를 종합하여 처분 당시 존재하였던 객관적 사실을 확정하고 그 사실에 기초하여 처분의 위법 여부를 판단할 수 있다.

Ⅷ. 취소소송의 판결

1. 판결의 종류

(1) 각하판결　각하판결이란 소송요건(본안판단의 전제요건)의 결여로 인하여 본안의 심리를 거부하는 판결을 말한다. 각하판결은 취소청구의 대상인 처분의 위법성에 관한 판단은 아니므로 원고는 결여된 요건을 보완하여 다시 소를 제기할 수 있고, 아울러 법원은 새로운 소에 대해 판단하여야 한다. 본안판단의 전제요건의 구비여부는 직권조사사항이다. 본안판단의 전제요건은 구두변론의 종결시점까지 구비되어야 한다.

(2) 기각판결과 사정판결

(가) 기각판결　기각판결이란 원고의 청구를 배척하는 판결을 말한다. 기각판결에도 ① 원고의 청구에 합리적인 이유가 없기 때문에 배척하는 일반적인 기각판결과 ② 원고의 청구에 이유가 있으나 배척하는 경우인 사정판결의 2종류가 있다. 일반적인 기각판결의 사유인 '청구에 합리적인 이유가 없다'는 것은 원고가 다투는 행정행위의 적법요건(예: 주체·형식·절차·내용의 요건)에 하자가 없다는 것을 의미한다.

(나) 사정판결

(a) 의　의　원고의 청구가 이유 있다고 인정하는 경우에도, 즉 처분등이 위법한 경우에 처분등을 취소하는 것이 현저히 공공복리에 적합하지 아니하다고 인정하는 때에는 법원은 원고의 청구를 기각할 수 있다(행소법 제28조 제1항 본문). 이에 따라 원고의

청구를 기각하는 판결을 사정판결이라 한다.

(b) **성 격** 사정판결은 공익과 사익이 충돌할 때 이익형량의 원칙에 입각하여 공익보호가 보다 중대하다고 판단되는 경우에 공익을 사익에 우선시키는 제도이다. 사정판결은 공공복리의 유지를 위해 극히 예외적으로 인정된 제도인 만큼 그 적용은 극히 엄격한 요건 아래 제한적으로 하여야 한다(대판 2000. 2. 11, 99두7210; 대판 1991. 5. 28, 90누1359). 사정판결은 행정의 법률적합성의 원칙의 예외현상이다.

(c) **요 건** ① 처분등이 위법하여야 한다. ② 내용상 처분등의 취소가 현저히 공공복리에 적합하지 아니하여야 한다. 즉 원고의 청구를 기각하는 것만이 공공복리의 실현을 위한 해결책이어야 한다(공공복리성). ③ 사정판결을 구하는 피고의 신청이 없어도 법원이 직권으로 사정판결을 할 수 있는지가 문제된다. 판례는 당사자의 명백한 주장이 없는 경우에도 기록에 나타난 여러 사정을 기초로 직권으로 사정판결할 수 있다고 본다(대판 2006. 9. 22, 2005두2506). ④ 사정판결이 필요한가의 판단의 기준시는 판결시점(변론종결시)이 된다(대판 1970. 3. 24, 69누29). 왜냐하면 사정판결은 처분시부터 위법하였으나 사후의 변화된 사정을 고려하는 제도이기 때문이다(기준시).

(d) **원고의 보호** ① 법원이 사정판결을 하기 위해서는 원고가 그로 인하여 입게 될 손해의 정도와 배상방법, 그 밖의 사정을 미리 조사하여야 한다(행소법 제28조 제2항)(사정조사). ② 사정판결을 함에 있어 미리 원고가 그로 인하여 입게 될 손해의 정도와 배상방법, 그 밖의 사정을 조사한 법원은 사정판결을 행할 것임을 사전에 원고에게 알려주어야 할 것이고, 이에 따라 원고는 피고인 행정청이 속하는 국가 또는 지방자치단체를 상대로 손해배상, 재해시설의 설치 그 밖에 적당한 구제방법의 청구를 법원에 병합하여 제기할 수 있다(행소법 제28조 제3항)(원고의 보호). ③ 사정판결시 법원은 그 판결의 주문에서 그 처분등이 위법함을 명시하여야 한다(행소법 제28조 제1항 단서). ④ 소송비용은 피고가 부담하여야 한다. 사정판결은 청구에 이유가 있음에도 불구하고 원고를 패소시키는 것이기 때문이다(소송비용). ⑤ 원고가 사정판결에 불복하면 물론 상고할 수 있다(불복).

(e) **적용범위** 사정판결은 취소소송에 있어서만 허용될 뿐 무효등확인소송과 부작위위법확인소송에는 준용되고 있지 않다. 취소소송상 인정되는 사정판결이 무효등확인소송에 유추적용되는가에 관해 견해는 갈린다. 판례는 "당연무효의 처분은 존치시킬 효력이 있는 행정행위가 없기 때문에 사정판결을 할 수 없다"고 하여 부정적이다(대판 1996. 3. 22, 95누5509).

(3) 인용판결

(가) **의 의** 인용판결이란 원고의 청구가 이유 있음을 인정하여 처분등의 취소·변경을 행하는 판결을 의미한다. 성질상 취소소송에서 인용판결은 형성판결이 된

다. 판결의 주문은 그 내용이 특정되어야 하고, 그 주문 자체에 의하여 특정할 수 있어야 한다(대판 1986. 4. 8, 82누242).

(나) 종　류　　인용판결은 청구의 대상에 따라 처분(거부처분포함)의 취소판결과 변경판결, 재결의 취소판결과 변경판결이 있고, 아울러 무효선언으로서의 취소판결이 있다(대판 1974. 8. 30, 74누168).

(다) 일부위법과 취소　　청구의 일부분에만 위법이 있는 경우, 일부취소를 할 것인가, 아니면 전부취소를 할 것인가는 문제이다. 이에 관한 판례를 보기로 한다. ① 외형상 하나의 행정처분이라고 하더라도 가분성이 있거나 그 처분대상의 일부가 특정될 수 있다면 그 일부만의 취소가 가능하다. 이러한 판결은 국세사건에서 빈번히 나타난다(대판 1989. 8. 8, 88누6139; 대판 2001. 6. 12, 99두8930). ② 가분성을 인정하기 어려운 경우, 예컨대, 영업정지처분이 재량권남용에 해당한다고 판단될 때에는 위법한 처분으로서 그 처분의 취소를 명할 수 있을 따름이고, 재량권의 범위 내에서 어느 정도가 적정한 영업정지기간인가를 가리는 일은 사법심사의 범위를 벗어난다(대판 2009. 6. 23, 2007두18062).

2. 판결의 효력

(1) 자 박 력　　① 법원이 판결을 선고하면 선고법원 자신도 판결의 내용을 취소·변경할 수 없게 된다. 이를 판결의 자박력 또는 불가변력이라 부른다. ② 자박력은 선고법원에 관련된 효력이다.

(2) 확 정 력

(가) 형식적 확정력　　① 상고의 포기, 모든 심급을 거친 경우 혹은 상고제기기간의 경과 등으로 인해 판결에 불복하는 자가 더 이상 판결을 상고로써 다툴 수 없게 되는바, 이 경우에 판결이 갖는 구속력을 형식적 확정력 또는 불가쟁력이라 한다. ② 형식적 확정력은 법원의 판결에 불복할 수 있는 자인 당사자와 이해관계자에 관련된 효력이다.

(나) 실질적 확정력(기판력)

(a) 의　의　　판결이 확정되면 그 후의 절차(예: 후소)에서 동일한 사항(동일한 소송물)이 문제되는 경우에도 당사자와 이들의 승계인은 기존 판결에 반하는 주장을 할 수 없을 뿐만 아니라 법원도 그것에 반하는 판단을 할 수 없는 구속을 받는바, 이러한 구속력을 실질적 확정력이라 부른다. 기판력이라 부르기도 한다. 실질적 확정력에 관해 명문의 규정이 없다.

(b) 취　지　　실질적 확정력은 법적 안정성의 표현(소송절차의 반복의 방지와 재판 사이의 모순방지)이고 법치국가원칙의 표현이다. 왜냐하면 실질적 확정력 없이 법적 평화는 유지될 수 없기 때문이다. 요컨대 소송절차의 무용한 반복을 방지하고, 아울러 선후

모순된 재판의 출현을 방지함으로써 법적 안정성을 도모하고자 함이 기판력제도의 취지이다.

(c) **법적 근거** 행정소송법상 실질적 확정력에 관해 명시적으로 규정하는 바가 없다. 다만, 행정소송법 제8조 제2항에 따라 민사소송법 제216조와 제218조가 준용된다.

(d) **내 용** 판결의 기판력이 발생하면, 당사자는 동일한 소송물을 대상으로 다시 소를 제기할 수 없다(반복금지효). 뿐만 아니라 후소에서 당사자는 기판력을 발생하고 있는 전소의 확정판결의 내용에 반하는 주장을 할 수 없고, 법원은 전소판결에 반하는 판단을 할 수 없다(모순금지효).

(e) **효력범위**

ⅰ) 주관적 효력범위 실질적 확정력은 당사자 또는 당사자와 동일시할 수 있는 승계인(기판력의 발생시점 이후에 당사자로부터 소송물인 권리·의무를 승계한 자, 민소법 제218조 제1항 참조)뿐만 아니라 보조참가인(행정소송에서 제3자의 소송참가는 공동소송적 보조참가이다)에게도 미친다. 취소소송의 피고는 처분청이므로 행정청을 피고로 하는 취소소송에 있어서의 기판력은 당연히 당해 처분이 귀속하는 국가 또는 공공단체에 미친다(대판 1998. 7. 24, 98다10854).

ⅱ) 객관적 효력범위 실질적 확정력은 판결주문에 나타난 판단에만 미치고(민소법 제216조 제1항), 판결이유에서 제시된 그 전제가 되는 법률관계에는 미치지 않는다(대판 2000. 2. 25, 99다55472; 대판 1987. 6. 9, 86다카2756). 판결이유는 다만 판결주문의 해석에 고려된다.

ⅲ) 시간적 효력범위 실질적 확정력은 사실심의 변론종결시를 기준으로 하여 효력을 발생한다(대판 1992. 2. 25, 91누6108). 확정판결은 변론종결시까지 제출된 자료를 기초로 하여 이루어지는 것이기 때문이다.

ⅳ) 형식적 확정력과 실질적 확정력의 관계 형식적 확정력은 실질적 확정력의 전제요건이 된다. 그리고 실질적 확정력은 형식적 확정력 있는 판결을 내용상으로 보장한다.

(3) 형 성 력

㈎ **의 의** ① 취소소송에서 청구인용판결은 형성판결의 성질을 갖는다. 형성력에 관한 명시적 규정은 없다. 그러나 행정소송법 제29조 제1항(처분등을 취소하는 확정판결은 제3자에 대하여도 효력이 있다)에 비추어 당연하다.

㈏ **인정 근거** 행정소송법은 취소판결의 형성력에 관해 명시적으로 규정하는 바가 없다. 그러나 행정의 법률적합성의 원칙과 행정소송법 제29조 제1항의 규정내용에 비추어 취소판결의 형성력을 인정할 수 있다.

(다) **효 과** 행정처분을 취소한다는 확정판결이 있으면 그 취소판결의 형성력에 의하여 당해 행정처분의 취소나 취소통지 등의 별도의 절차를 요하지 아니하고 당연히 취소의 효과가 발생한다(대판 1991. 10. 11, 90누5443).

> **(예)** 예컨대, 甲이 서대문구청장을 상대로 제기한 단란주점영업허가취소처분취소청구소송에서 법원이 "서대문구청장이 甲에게 한 단란주점영업허가취소처분을 취소한다"라는 청구인용판결을 하면, 그것만으로 서대문구청장의 단란주점영업허가취소처분은 취소되는 것이지, 서대문구청장이 판결에 근거하여 甲에게 단란주점영업허가취소처분을 취소하는 처분을 새로이 하여야 단란주점영업허가취소처분이 취소되는 것은 아니다. 그리고 취소판결의 형성력은 소급한다. 예컨대, 2020년 4월 1일자 서대문구청장의 단란주점영업허가취소처분에 대하여 법원이 2020년 10월 1일에 단란주점영업허가취소처분을 취소하는 판결을 하면, 2020년 4월 1일부터 단란주점영업허가취소의 효과는 없는 것이 된다.

(라) **취소의 소급효** 취소판결의 형성력은 소급한다(대판 1989. 5. 9, 88다카16096; 대판 1991. 5. 14, 91도627). 따라서 취소판결 후에 취소된 처분을 대상으로 하는 처분(예: 정정처분)은 당연히 무효이다. 그러나 벌칙이 문제되는 경우, 벌칙과 관련된 부분은 원칙적으로 소급하지 아니하는 것으로 볼 것이다.

(마) **제3자효** 형성력은 제3자에 대해서도 발생한다(행소법 제29조 제1항). 처분등을 취소하는 확정판결이 제3자에 대하여도 효력이 있다는 것은 취소판결의 존재와 그 판결에 의해 형성되는 법률관계를 제3자도 용인하여야 함을 의미한다. 예컨대, A세무서장이 세금을 미납한 甲의 B건물을 공매한 결과 乙이 B건물의 소유권을 취득하였다고 할지라도 甲이 공매처분취소소송을 제기하여 승소하게 되면, 乙은 甲의 승소를 인정하여야 한다. 따라서 甲은 乙에게 B건물의 소유권의 반환을 청구할 수도 있다.

(4) 기 속 력

(가) **의 의** ① 처분등을 취소하는 확정판결은 그 사건에 관하여 당사자인 행정청과 그 밖의 관계행정청을 기속하는바(행소법 제30조 제1항), 이를 기속력이라 한다. 기속력은 당사자인 행정청과 관계행정청에 대하여 판결의 취지에 따라야 할 실체법상의 의무를 발생시키는 효력이다. 기속력을 구속력으로 부르는 경우도 있다. 자박력·확정력·형성력과 달리 기속력은 민사소송에서는 찾아볼 수 없다. ② 기속력은 당사자인 행정청과 그 밖의 관계행정청에 관련된 효력이다.

(나) **내 용**

(a) 소극적 관점에서의 기속력(반복금지효) 기속력은 소극적으로는 반복금지효를 의미한다. 말하자면 당사자인 행정청은 물론이고 그 밖의 관계행정청(예: 재결취소소송에

서 원처분청)도 확정판결에 저촉되는 처분을 할 수 없음을 의미한다. 이를 부작위의무라고도 한다. 반복금지에 위반한 행위는 무효가 된다. 그러나 확정판결에서 적시된 위법사유(예: 형식·절차상 하자)를 보완하여 행한 새로운 처분은 확정판결에 의하여 취소된 종전의 처분과는 별개의 처분으로서 확정판결의 기판력에 저촉되는 것은 아니다.

(예) 甲이 「의견제출의 기회도 주지 아니한 채 이루어진 서대문구청장의 단란주점영업허가취소처분」을 다툰 취소소송에서 법원이 청구인용판결, 즉 단란주점영업허가취소처분 취소판결을 한 경우, 다시 서대문구청장이 甲에게 의견제출의 기회를 주지 아니한 채 단란주점영업허가취소처분을 한다면, 그것은 반복금지에 위반되는 행위로서 무효인 처분이 된다. 그러나 甲에게 의견제출의 기회를 준 후에 단란주점영업허가취소처분을 한다면, 그것은 반복금지에 위반되는 행위가 아니다.

(b) **적극적 관점에서의 기속력**(재처분의무)

ⅰ) 의 의 기속력은 적극적으로는 재처분의무를 의미한다. 이를 적극적 처분의무라 부르기도 한다.

ⅱ) 거부처분취소소송의 인용판결에 따른 재처분의무 판결에 의하여 취소되는 처분이 당사자의 신청을 거부하는 것을 내용으로 하는 경우에는 그 처분을 행한 행정청은 판결의 취지에 따라 다시 이전의 신청에 대한 처분을 하여야 한다(행소법 제30조 제2항). 예컨대, 甲이 자신의 단란주점영업허가신청에 대한 서대문구청장의 거부처분을 다툰 취소소송에서 법원이 청구인용판결, 즉 단란주점영업허가거부처분 취소판결을 하면, 서대문구청장은 판결의 취지에 따라 甲의 종전의 단란주점영업허가신청에 대하여 다시 처분을 하여야 한다.

대판 2011. 10. 27, 2011두14401(행정소송법 제30조 제2항의 규정에 의하면, 행정청의 거부처분을 취소하는 판결이 확정된 경우에는 그 처분을 행한 행정청이 판결의 취지에 따라 이전의 신청에 대하여 재처분을 할 의무가 있다. 행정처분의 적법 여부는 그 행정처분이 행하여진 때의 법령과 사실을 기준으로 하여 판단하는 것이므로 확정판결의 당사자인 처분 행정청은 종전 처분 후에 발생한 새로운 사유를 내세워 다시 거부처분을 할 수 있고, 그러한 처분도 위 조항에 규정된 재처분에 해당한다).

ⅲ) 절차의 하자를 이유로 처분을 취소하는 판결에 따른 재처분의 의무 신청에 따른 처분이 절차(節次)의 위법을 이유로 취소되는 경우에도 행정청에 재처분의무가 부과된다(행소법 제30조 제3항). 예컨대, 甲의 신청에 따라 서대문구청장이 화학공장설립을 허가하자 甲의 이웃 주민인 乙 등이 서대문구청장의 허가에 자신들의 의견을 청취하지

아니한 절차상 위법이 있음을 이유로 제기한 허가취소청구소송에서 법원이 인용판결을 한 경우, 서대문구청장은 乙 등의 의견을 청취한 후에 다시 처분을 하여야 한다.

(다) **효력범위**

(a) **주관적 범위** 기속력은 그 사건(취소된 처분)에 관하여 당사자인 행정청과 그 밖의 관계 행정청을 기속한다(인적 효력범위). 여기서 그 밖의 관계 행정청이란 당해 판결에 의하여 취소된 처분등에 관계되는 어떠한 처분권한을 가지는 행정청을 모두 포함한다.

(b) **객관적 범위** 기속력은 판결주문 및 그 전제가 된 요건사실의 인정과 효력의 판단에만 미친다(대판 2001. 3. 23, 99두5238). 기속력은 기판력과 달리 '판결로 적시된 개개의 위법사유'에 관해서만 발생하므로(대판 2005. 1. 14, 2003두13045) 법원이 위법이라고 판단한 것과 동일한 이유나 자료를 바탕으로 동일인에 대하여 동일행위를 하는 것을 금할 뿐, 별도의 이유나 자료를 바탕으로 동일한 처분등을 하게 되는 것은 무방하다.

(c) **시간적 범위** 기속력은 처분 당시를 기준으로 그때까지 존재하던 사유에 한하고 그 이후에 생긴 사유에는 미치지 않는다. 따라서 처분시에 존재하던 사유로 동일한 처분이나 거부처분을 할 수는 없다. 그러나 처분시에는 위법한 거부처분(요건을 구비하였기에 수익적 처분을 발령하여야 함에도 거부한 경우)이었으나 그 후 법령이나 사실상태가 변경되어 거부처분이 적법한 상태가 된 경우, 법원이 거부처분을 취소하여 당사자의 청구를 인용하였다고 할지라도(기속력의 시간적 범위는 처분시에 한정되기에) 처분청은 변경된 법령 및 사실상태를 근거로 하여 다시 거부처분을 할 수 있다는 것이 일반적 견해이며, 판례의 입장이다(대판 1998. 1. 7, 97두22). 즉, 이 경우 처분청의 새로운 거부처분도 행정소송법 제30조 제2항의 재처분이다.

(라) **기속력 위반행위** 취소판결의 기속력에 반하는 행위, 즉 취소판결에 반하는 행정청의 처분은 위법한 행위로서 무효이다(대결 2002. 12. 11, 2002무22). 행정소송법상 기속력에 관한 규정은 강행규정으로서 일종의 효력규정이다. 한편, 처분의 위법성심사는 처분시를 기준으로 하는바, 처분 후에 사실상태 또는 법률상태가 변동되었다면, 동일한 사유로 취소된 처분과 동일한 처분을 하여도 기속력에 위반되는 것은 아니다.

(예) 甲의 신청에 따라 서대문구청장이 A공장설립을 허가하자 甲의 이웃 주민인 乙 등이 서대문구청장의 허가에 자신들의 의견을 청취하지 아니한 절차상 위법이 있음을 이유로 제기한 허가취소청구소송에서 법원이 인용판결을 하였으나, 인용판결 후에 관련 법령의 개정으로 A공장설립허가에 이웃 주민들의 의견청취가 불필요하게 되었다면, 서대문구청장은 乙 등의 의견을 청취하지 않고 다시 甲의 신청에 따라 A공장설립을 허가한다고 하여도 기속력 위반이 아니다.

(5) 집행력(간접강제)

(가) 의 의 ① 집행력이란 통상 이행판결에서 명령된 이행의무를 강제집행절차로써 실현할 수 있는 효력을 의미한다. 따라서 형성판결인 취소판결에는 성질상 강제집행할 수 있는 효력, 즉 집행력이 인정되지 않는다. 한편, ② 집행력은 당사자에 관련된 효력이다.

(예) 운전면허취소처분을 취소하는 판결이 나면, 운전면허취소의 효과는 당연히 소멸되므로, 운전면허취소처분의 취소를 위한 집행절차가 필요한 것이 아니다. 그러나 취소판결과 관련하는 한, 앞서 본 바 있는 거부처분취소판결의 확정시에 행정청에 부과되는 재처분의무의 이행을 확보하기 위해 행정소송법은 다음의 간접강제제도를 도입하고 있다. 예컨대, 甲이 자신의 단란주점영업허가신청에 대한 서대문구청장의 거부처분을 다툰 취소소송에서 법원이 청구인용판결, 즉 단란주점영업허가거부처분취소판결을 하면, 서대문구청장은 판결의 취지에 따라 甲의 종전의 단란주점영업허가신청에 대하여 다시 처분을 하여야 하는데, 만약 서대문구청장이 재처분을 하지 아니한다면, 재처분을 강제하는 방법이 필요한데, 행정소송법은 강제의 방법으로 아래의 (2) 간접강제제도를 도입하고 있다.

(나) 간접강제

(a) 의 의 판결에 의하여 취소되는 처분이 당사자의 신청을 거부하는 것을 내용으로 하는 경우에는 그 처분을 행한 행정청은 판결의 취지에 따라 다시 이전의 신청에 대한 처분을 하여야 한다(행소법 제30조 제2항). 그럼에도 행정청이 제30조 제2항의 규정에 의한 처분을 하지 아니하는 때에는 제1심 수소법원은 당사자의 신청에 의하여 결정으로써 상당한 기간을 정하고 행정청이 그 기간 내에 이행하지 아니하는 때에는 그 지연기간에 따라 일정한 배상을 할 것을 명하거나 즉시 손해배상을 할 것을 명할 수 있는바(행소법 제34조 제1항), 이러한 배상명령제도를 간접강제라 한다. 행정소송법상 간접강제는 재처분의무에 대한 강제집행제도이다.

● **행정소송법 제30조(취소판결등의 기속력)** ② 판결에 의하여 취소되는 처분이 당사자의 신청을 거부하는 것을 내용으로 하는 경우에는 그 처분을 행한 행정청은 판결의 취지에 따라 다시 이전의 신청에 대한 처분을 하여야 한다.
③ 제2항의 규정은 신청에 따른 처분이 절차의 위법을 이유로 취소되는 경우에 준용한다.

[참고 예문] 피신청인(서울시 광진구청장)은 결정정본을 받은 날로부터 30일 이내에 신청인이 90년 12월 29일자에 낸 광장동 381의 5 등 5필지 토지에 대한 형질변경신청에 대하여 허가처분을 하고, 만약 동 기간 내(30일)에 이를 이행하지 않을 때에는 이 기간만료의 다음 날

로부터 이행완료시까지 1일 500만원의 비율에 의한 돈을 지급하라(서울고법 1996. 11, 96부 904).

(b) **적용범위**(특히 무효등확인판결의 경우) 행정소송법은 거부처분취소판결에 따른 재처분의무에 대한 간접강제를 규정하고, 이를 부작위위법확인판결의 경우에 준용하고 있다(행소법 제38조 제2항). 문제는 거부처분에 대한 무효확인판결에 재처분의무를 규정하고 있음에도(행소법 제38조 제1항, 제30조 제2항), 무효등확인판결에는 간접강제의 준용규정이 없어 무효등확인판결에도 간접강제가 허용되는가가 문제된다. 판례는 소극적인 입장을 취한다(대결 1998. 12. 24, 98무37). 그러나 거부처분무효확인판결도 재처분의무가 있으며(행소법 제38조 제1항, 제30조 제2항), 그 의무의 불이행을 강제할 필요성은 취소판결의 경우도 다를 바 없으므로 긍정함이 타당하다.

(c) **절 차** 간접강제는 당사자가 제1심 수소법원에 신청하여야 한다. 심리의 결과 간접강제의 신청이 이유 있다고 인정되면 간접강제결정을 하게 된다. 결정의 내용은 "상당한 기간을 정하고 행정청이 그 기간 내에 이행하지 아니하는 때에는 그 연장기간에 따라 일정한 배상을 할 것을 명하거나 즉시 손해배상할 것을 명하는 것"이 된다.

[참고] 종국판결 이외의 취소소송의 종료사유

취소소송은 법원의 종국판결에 의하여 종료되는 것이 원칙이나 그 밖의 사유로도 종료될 수 있다. 즉 소의 취하, 청구의 포기·인낙, 재판상의 화해(재판상 화해에는 소송계속 전에 하는 제소전 화해와 소송계속 후에 하는 소송상 화해 두 가지가 포함된다. 제소전 화해도 법관 앞에서 하는 화해이므로 소송상 화해와 동일한 효력이 인정되기에 행정소송상 구별 실익은 크지 않다) 등의 사유를 들 수 있다.

1. 소의 취하

소의 취하란 원고가 청구의 전부 또는 일부를 철회하는 취지의 법원에 대한 일방적 의사표시이다. 행정소송에서도 처분권주의에 따라 소의 취하로 취소소송이 종료되는 것은 당연하다.

2. 청구의 포기·인낙

민사소송상 청구의 포기란 변론 또는 준비절차에서 원고가 자신의 소송상의 청구가 이유 없음을 자인하는 법원에 대한 일방적 의사표시이며, 청구의 인낙이란 피고가 원고의 소송상 청구가 이유 있음을 자인하는 법원에 대한 일방적 의사표시이다. 청구의 포기나 인낙은 조서에 진술을 기재하면 당해 소송의 종료의 효과가 발생한다. 조서가 성립되면 포기조서는 청구기각의 인낙조서는 청구인용의 확정판결과 동일한 효력이 있다(민소법 제220조). 행정소송절차에서 청구의 포기와 인낙을 인정할 것인가에 관해 견해가 나뉘고 있다. 법률에 의한 행정의 원칙과 행정소송의 특수성을 해하지 않는 범위 안에서 제한적으로 청구의 포기·인낙을 인정하는 것은 필요하다고 본다(제한적 긍정설).

민사소송법 제220조(화해, 청구의 포기·인낙조서의 효력) 화해, 청구의 포기·인낙을 변론조서·변론준비기일조서에 적은 때에는 그 조서는 확정판결과 같은 효력을 가진다.

3. 재판상 화해

민사소송상 재판상 화해란 당사자 쌍방이 소송계속 중(소송계속 전도 포함) 소송의 대상인 법률관계에 관한 주장을 서로 양보하여 소송을 종료시키기로 하는 합의를 말한다. 당사자 쌍방의 화해의 진술이 있는 때에는 그 내용을 조서에 기재하면 화해조서는 확정판결과 같은 효력이 있다(민소법 제220조). 행정소송절차에서 재판상 화해를 인정할 것인가에 관해 견해가 나뉘고 있다. 법률에 의한 행정의 원칙과 행정소송의 특수성을 해하지 않는 범위 안에서 재판상 화해를 인정하는 것은 필요하다고 본다.

3. 판결에 대한 불복

(1) 상 고

㈎ 의 의 행정소송법상 명문규정의 유무를 불문하고 행정법원 및 고등법원의 판결에 대하여 고등법원 및 대법원에 항소·상고할 수 있음은 헌법상 당연하다(헌법 제27조, 제101조 제2항, 제107조).

㈏ 심리불속행제도 심리불속행제란 상고이유에 관한 주장에 일정한 사유를 포함하지 아니한다고 인정할 때에는 더 나아가 심리를 하지 아니하고 판결로 상고를 기각하는 제도를 말한다(상고심절차에 관한 특례법 제4조). 상고심사제라 불리기도 한다. 심리불속행제도는 행정소송 외에 민사소송과 가사소송에도 적용된다(상고심절차에 관한 특례법 제2조). 헌법재판소는 상고심절차에 관한 특례법 제4조의 심리불속행제도를 합헌으로 보았다(헌재 2012. 5. 31, 2010헌마625).

(2) 재 심

㈎ 의 의 확정된 종국판결에 일정사유(민소법 제451조 제1항)가 있어서 판결법원에 이의 재심사를 구하는 것을 재심이라 한다.

㈏ 종 류 재심에는 당사자가 제기하는 일반적인 재심(행소법 제8조 제2항; 민소법 제451조 이하)과 제3자가 제기하는 재심으로 구분할 수 있다. 재심법원이 사실심이면 새로운 공격방어방법의 제출도 가능하다(대결 2000. 12. 12, 2000즈3). 행정소송법 제31조는 제3자의 재심청구를 규정하고 있다.

● **행정소송법 제31조(제3자에 의한 재심청구)** ① 처분등을 취소하는 판결에 의하여 권리 또는 이익의 침해를 받은 제3자는 자기에게 책임없는 사유로 소송에 참가하지 못함으로써 판결의 결과에 영향을 미칠 공격 또는 방어방법을 제출하지 못한 때에는 이를 이유로 확정된 종국판결에 대하여 재심의 청구를 할 수 있다.

> ② 제1항의 규정에 의한 청구는 확정판결이 있음을 안 날로부터 30일 이내, 판결이 확정된 날로부터 1년 이내에 제기하여야 한다.
> ③ 제2항의 규정에 의한 기간은 불변기간으로 한다.

(3) 판결에 대한 헌법소원

(가) **원칙적 부인** 헌법재판소는 "원행정처분에 대하여 법원에 행정소송을 제기하여 패소판결을 받고 그 판결이 확정된 경우에는 당사자는 그 판결의 기판력에 의한 기속을 받게 되므로 별도의 절차에 의하여 위 판결의 기판력이 제거되지 아니하는 한, 행정처분의 위법성을 주장하는 것은 확정판결의 기판력에 어긋나므로 행정처분은 헌법소원심판의 대상이 되지 아니한다고 할 것이며, 뿐만 아니라 원행정처분에 대한 헌법소원심판청구를 허용하는 것은, '명령·규칙 또는 처분이 헌법이나 법률에 위반되는 여부가 재판의 전제가 된 경우에는 대법원은 이를 최종적으로 심사할 권한을 가진다'고 규정한 헌법 제107조 제2항이나, 원칙적으로 헌법소원심판의 대상에서 법원의 재판을 제외하고 있는 헌법재판소법 제68조 제1항의 취지에도 어긋난다"(헌재 1998. 5. 28, 91헌마98, 93헌마253(병합); 헌재 2001. 2. 22, 99헌마409)고 하여 헌법재판소는 판결에 대한 헌법소원을 원칙적으로 부인한다.

(나) **예외적 인정** 헌법재판소는 "법원의 재판 대상이 되어 그에 관한 판결이 확정된 원행정처분은, 원행정처분에 관한 재판이 헌법재판소가 위헌으로 결정한 법령을 적용하여 국민의 기본권을 침해함으로써 예외적으로 헌법소원심판의 대상이 되어 그 재판 자체까지 취소되는 경우에 한하여 헌법소원심판의 대상이 될 수 있을 뿐이다"(헌재 1998. 6. 25, 95헌바24; 헌재 2009. 12. 29, 2008헌마421)고 하여 판결에 대한 헌법소원을 예외적으로 인정한다.

Ⅸ. 소송비용

1. 소송비용부담의 주체

행정소송의 비용은 민사소송법상의 일반원칙에 따라 패소자가 부담하고, 일부패소의 경우에는 각 당사자가 분담하는 것이 원칙이다(민소법 제98조, 제101조; 행소법 제8조 제2항). 그러나 취소청구가 행정소송법 제28조의 규정(사정판결)에 의하여 기각되거나 행정청이 처분등을 취소 또는 변경함으로 인하여 청구가 각하 또는 기각된 경우에는 소송비용은 피고의 부담이 된다(행소법 제32조). 왜냐하면 이러한 경우는 실질적으로 보아 원고의 승소에 해당하기 때문이다. 한편 소를 취하한 경우에는 취하한 자가 부담하고, 재판상 화해의 경우에는 합의가 없는 한 반반씩 부담하여야 한다.

2. 소송비용에 대한 재판의 효력

소송비용에 대한 재판이 확정된 때에는 피고 또는 참가인이었던 행정청이 소속하는 국가 또는 공공단체에 그 효력이 미친다(행소법 제33조). 소송비용에 관한 재판은 독립하여 상소의 대상이 되지 아니한다(민소법 제391조)(대결 1991. 12. 30, 91마726).

제 2 목 무효등확인소송

Ⅰ. 무효등확인소송의 관념

1. 의 의

무효등확인소송이란 행정청의 처분등의 효력 유무 또는 존재 여부를 확인하는 소송을 말한다(행소법 제4조 제2호). 예컨대, 甲이 식품위생법을 위반한 행위를 한 바가 전혀 없음에도 불구하고 서대문구청장이 착오로 甲에게 단란주점영업허가취소처분을 하였다면, 서대문구청장의 취소처분은 하자가 중대하고 명백하므로 무효이다. 따라서 甲은 영업을 계속할 수 있다. 그러나 서대문구청장이 甲에 대한 단란주점영업허가취소처분이 유효하다고 주장하면서 甲에 대하여 영업장의 폐쇄를 요구하게 되면, 甲으로서는 여러 가지 불편·불리함이 따른다. 이러한 경우에 甲으로서는 서대문구청장의 처분이 무효라는 것을 재판을 통해 확인하여 불편·불리함을 해소해둘 필요가 있다. 이러한 경우에 적합한 소송이 바로 무효등확인소송이다.

2. 종 류

무효등확인소송에는 처분등의 유효확인소송, 처분등의 무효확인소송, 처분등의 존재확인소송, 처분등의 부존재확인소송이 있다. 그리고 학설은 행정소송법에 규정이 없지만, 처분등의 실효확인소송을 인정하고 있다.

3. 성 질

① 무효등확인소송은 주관적 소송으로서 처분등의 효력 유무 또는 존재 여부를 확인하는 확인의 소이며, 이 소송에 의한 판결은 형성판결이 아니고 확인판결(確認判決)에 속한다. ② 기능상으로 본다면 무효확인판결의 효력은 취소판결의 경우와 같이 제3자에게도 미치는 까닭에 형성판결과 유사한 기능을 갖는다.

Ⅱ. 본안판단의 전제요건

1. 의 의

① '訴 없으면 재판없다'는 원칙은 무효등확인소송의 경우에도 당연히 적용된다. 무효등확인소송을 제기하여 법원으로부터 본안에 관한 승소판결을 받기 위해서는 본안판단의 전제요건(소송요건)과 본안요건을 갖추어야 한다. ② 본안판단의 전제요건으로는 무효라고 주장하는 처분등이 존재하고(2), 관할법원에(3) 원고가 피고를 상대로(4), 소장을 제출하여야 하고(5), 원고는 처분등의 무효등의 확인을 구할 이익(권리보호의 필요)이 있어야 하며(6), 아울러 당사자 사이의 소송대상에 대하여 기판력 있는 판결이 없어야 하고, 또한 중복제소도 아니어야 한다(7). 취소소송과 비교할 때, 무효등확인소송의 경우에는 제소기간의 적용이 없고, 또한 행정심판전치의 문제가 없다는 점이 다르다. ③ 본안판단의 전제요건의 결여의 효과는 취소소송의 경우와 같다.

2. 처분등

무효등확인소송도 취소소송의 경우와 같이 처분등을 대상으로 한다. 한편 재결무효등확인소송의 경우에는 재결 자체에 고유한 위법이 있음을 이유로 하는 경우에 한한다. 법규범의 무효확인이나 문서의 진위 등의 사실관계의 확인은 무효등확인소송의 대상이 아니다. 다만 집행행위를 요하지 아니하고 그 자체로서 사인의 권리를 침해하는 법규명령이나 조례는 처분(또는 처분에 준하는 작용)으로서 무효확인의 대상이 된다. 무효등확인소송의 대상은 법률관계가 아니라 처분등임을 유념하여야 한다.

3. 관할법원

재판관할(행소법 제38조 제1항, 제9조), 관할의 이송(행소법 제7조), 관련청구소송의 이송 및 병합(행소법 제38조 제1항, 제10조) 등의 문제는 취소소송의 경우와 같다.

4. 당사자와 참가인

(1) 원고적격 무효등확인소송은 처분등의 효력 유무 또는 존재 여부의 확인을 구할 법률상 이익이 있는 자가 제기할 수 있다(행소법 제35조). 법률상 이익이 있는 자의 의미는 취소소송의 경우와 같다(대판 2008. 3. 20,]2007두6342). 공동소송도 인정된다(행소법 제15조, 제38조 제1항).

(2) 피고적격 취소소송의 관련규정이 준용된다. 즉 무효등확인소송은 다른 법률

에 특별한 규정이 없는 한, 그 처분등을 행한 행정청을 피고로 한다. 다만 그 처분등이 있은 뒤에 그 처분등에 관계되는 권한이 다른 행정청에 승계된 때에는 이를 승계한 행정청을 피고로 한다(행소법 제38조 제1항, 제13조 제1항). 그러나 권한을 승계한 행정청이 없는 경우에는 그 처분등에 관한 사무가 귀속되는 국가 또는 공공단체를 피고로 한다(행소법 제13조 제2항). 그리고 원고가 피고를 잘못 지정한 때에는 법원은 원고의 신청에 의하여 결정으로써 피고의 경정을 허가할 수 있다(행소법 제38조 제1항, 제14조).

대판 2009. 7. 9, 2007두16608(구 저작권법 제97조의3 제2호는 '문화관광부장관은 대통령령이 정하는 바에 의하여 법 제53조에 규정한 저작권 등록업무에 관한 권한을 저작권심의조정위원회에 위탁할 수 있다'고 규정하고, 동법 시행령 제42조는 '문화관광부장관은 법 제97조의3의 규정에 의하여 저작권 등록업무에 관한 권한을 저작권심의조정위원회에 위탁한다'고 규정하고 있으므로, '저작권심의조정위원회'가 저작권 등록업무의 처분청으로서 그 등록처분에 대한 무효확인소송에서 피고적격을 가진다고 할 것이다).

(3) 소송참가·공동소송 취소소송에 적용되고 있는 제3자의 소송참가(행소법 제16조)와 행정청의 소송참가(행소법 제17조)도 준용된다(행소법 제38조 제1항).

5. 소 장

취소소송의 경우와 같다.

6. 권리보호의 필요

(1) 의 의 취소소송의 경우와 같이 무효확인소송의 경우에도 권리보호의 필요가 있어야 한다. 부존재확인을 구하는 경우도 마찬가지이다. 판례는 이것을 "행정청의 처분에 대한 부존재확인을 구하기 위하여는 행정청에 의하여 마치 그와 같은 처분이 존재하는 듯한 외관이 작출되는 등으로 그 이해당사자에게 어떤 법적 불안이 발생하여 이를 제거하여야 할 필요가 있어야 한다"고 표현한다(대판 1990. 10. 30, 90누3218).

(2) 확인소송의 보충성 행정소송법 제35조가 "무효등확인소송은 처분등의 효력 유무 또는 존재 여부의 확인을 구할 법률상 이익이 있는 자가 제기할 수 있다"라고 규정하여 여기서 「확인을 구할 법률상 이익」의 의미와 관련하여 무효등확인소송에서도 민사소송에서의 '확인의 이익'이 요구되는지, 그리고 무효등확인소송이 보충적으로 적용되는 것인지가 문제된다. 학설은 나뉘고 있다. 판례는 과거에는 보충성이 요구된다고 하였으나, 그 후 보충성이 요구되지 않는다고 변경하였다(대판 2008. 3. 20, 2007두6342). 판례의 태도는 타당하다.

대판 2008. 3. 20, 2007두6342(행정소송은 행정청의 위법한 처분등을 취소·변경하거나 그 효력 유무 또는 존재 여부를 확인함으로써 국민의 권리 또는 이익의 침해를 구제하고 공법상의 권리관계 또는 법 적용에 관한 다툼을 적정하게 해결함을 목적으로 하므로, 대등한 주체 사이의 사법상 생활관계에 관한 분쟁을 심판대상으로 하는 민사소송과는 목적, 취지 및 기능 등을 달리한다. 또한 행정소송법 제4조에서는 무효확인소송을 항고소송의 일종으로 규정하고 있고, 행정소송법 제38조 제1항에서는 처분등을 취소하는 확정판결의 기속력 및 행정청의 재처분 의무에 관한 행정소송법 제30조를 무효확인소송에도 준용하고 있으므로 무효확인판결 자체만으로도 실효성을 확보할 수 있다. 그리고 무효확인소송의 보충성을 규정하고 있는 외국의 일부 입법례와는 달리 우리나라 행정소송법에는 명문의 규정이 없어 이로 인한 명시적 제한이 존재하지 않는다. 이와 같은 사정을 비롯하여 행정에 대한 사법통제, 권익구제의 확대와 같은 행정소송의 기능 등을 종합하여 보면, 행정처분의 근거 법률에 의하여 보호되는 직접적이고 구체적인 이익이 있는 경우에는 행정소송법 제35조에 규정된 '무효확인을 구할 법률상 이익'이 있다고 보아야 하고, 이와 별도로 무효확인소송의 보충성이 요구되는 것은 아니므로 행정처분의 무효를 전제로 한 이행소송 등과 같은 직접적인 구제수단이 있는지 여부를 따질 필요가 없다고 해석함이 상당하다.

7. 중복제소의 배제 등

취소소송의 경우와 같다.

Ⅲ. 소제기의 효과

취소소송의 경우와 같다. 무효등확인소송의 경우에도 집행부정지의 원칙이 적용되나, 특별한 사정이 있는 경우에는 법원이 결정으로써 집행정지를 결정할 수 있고 또한 정지결정을 취소할 수도 있다(행소법 제38조 제1항, 제23조, 제24조).

Ⅳ. 본안요건(이유의 유무)

무효확인소송이나 유효확인소송에 있어서 위법의 판단기준 등은 취소소송의 경우와 같다. 다만 인용판결을 위해서는 단순위법으로 충분한 취소소송의 경우와 달리, 무효확인소송의 경우에 위법의 하자가 중대하고 명백하여야 한다. 존재확인소송이나 부존재확인소송의 경우에는 행정행위의 부존재의 원리가 기준이 된다.

Ⅴ. 소의 변경

취소소송에서 살펴본 소의 변경(행소법 제21조)의 규정은 무효등확인소송을 취소소송 또는 당사자소송으로 변경하는 경우에 준용한다(행소법 제37조). 처분변경으로 인한 소의 변경(행소법 제22조) 역시 무효등확인소송에 준용된다(행소법 제38조 제1항).

Ⅵ. 심 리

1. 심리의 범위 등

심리의 범위·방법 등이 취소소송의 경우와 특별히 다른 것은 없다. 행정심판기록제출명령제도(행소법 제25조)·직권탐지주의(행소법 제26조) 등이 준용되고 있다(행소법 제38조 제1항). 위법성판단의 기준시점도 취소소송의 경우(처분시설)와 같다.

2. 입증책임

① 입증책임과 관련하여서는 학설은 입증책임분배설·원고책임부담설·피고책임부담설로 나뉘고 있다. 입증책임분배설은 취소소송의 경우와 같다는 견해이고, 원고책임부담설은 하자가 중대하고 명백하다면 원고가 부담하여야 한다는 견해이고, 피고책임부담설은 유효성·적법성을 행정청이 부담하여야 한다는 견해이다. ② 판례는 원고책임부담설을 취한다(대판 2010. 5. 13, 2009두3460). ③ 생각건대 무효확인소송에서의 입증책임을 취소소송의 경우와 달리 볼 특별한 이유는 없다. 입증책임분배설이 타당하다.

대판 2010. 5. 13, 2009두3460(행정처분의 당연무효를 주장하여 그 무효확인을 구하는 행정소송에 있어서는 원고에게 그 행정처분이 무효인 사유를 주장·입증할 책임이 있다).

Ⅶ. 판 결

1. 판결의 종류

취소소송의 경우와 같다. 다만 무효등확인소송에는 사정판결을 준용한다는 규정이 없다. 준용 여부와 관련하여 견해가 나뉘고 있다. 판례는 부정설을 취한다. 무효를 유효로 변경하는 것은 논리적으로 타당성을 갖지 아니한다고 볼 때, 부정설이 타당하다.

2. 판결의 효력

기본적으로 취소소송의 경우와 같다. 제3자효를 갖는다(행소법 제38조 제1항, 제29조). 이 때문에 제3자의 보호를 위해 제3자의 소송참가(행소법 제38조 제1항, 제16조), 제3자에 의한 재심청구(행소법 제31조, 제38조 제1항)가 역시 인정된다. 기속력도 갖는다(행소법 제38조 제1항, 31조). 한편, 무효등확인판결은 형성판결과 달리 법관계의 변동을 가져오지 아니하고, 아울러 간접강제를 준용한다는 규정도 없다. 무효등확인판결의 기판력은 다만 처분등의 효력 유무와 존부에만 미칠 뿐이다.

Ⅷ. 선결문제

행정소송법은 처분등의 효력 유무 또는 존재 여부가 본안으로서가 아니라 민사소송에서 본안판단의 전제로서 문제가 될 때, 이를 선결문제라 하고(행소법 제11조 제1항), 당해 민사소송의 수소법원이 이를 심리·판단하는 경우에 행정청의 소송참가(행소법 제17조), 행정심판기록의 제출명령(행소법 제25조), 직권심리(행소법 제26조), 소송비용에 관한 재판의 효력(행소법 제33조) 등이 준용됨을 규정하고 있다(행소법 제11조 제1항). 행정소송법은 선결문제의 개념을 민사소송에 관해서만 규정하고, 형사소송이나 당사자소송의 경우에는 규정하는 바가 없다. 행정소송법에 규정이 없는 사항은 학설과 판례가 보충하여야 한다.

제 3 목 부작위위법확인소송

Ⅰ. 부작위위법확인소송의 관념

1. 의 의

부작위위법확인소송이란 행정청의 부작위가 위법하다는 것을 확인하는 소송을 말한다(행소법 제4조 제3호). 예컨대, 甲이 단란주점을 경영하기 위하여 서대문구청장에게 단란주점영업허가를 신청하였는데 서대문구청장이 아무런 조치(허가나 거부)도 취하지 아니한 채 가만히 있으면 甲은 단란주점을 경영할 수 없다. 이러한 경우에 서대문구청장이 부작위하는 것(소극적으로 가만히 있는 것)이 위법하다는 확인을 구하는 소송이 부작위위법확인소송이다.

2. 한 계

부작위위법확인소송은 부작위가 위법하다는 것을 확인하는 소송일 뿐, 법원이 행정청에 대하여 처분을 할 것을 명하는 것은 아니다. 따라서 부작위위법확인소송에서 원고가 승소한다고 하여도 피고 행정청이 자발적으로 판결의 취지에 따르지 아니하면 다시 이를 강제하는 수단이 필요하다. 따라서 법원이 행정청에 대하여 처분을 할 것을 명하는 소송(이행소송)이 원고의 권리보호에 직접적인 데 반하여, 부작위위법확인소송은 원고의 권리보호에 간접적이다. 여기에 부작위위법확인소송은 한계를 갖는다. 이 때문에 부작위위법확인소송을 폐지하고 이행소송을 도입하여야 한다는 주장이 강하게 제기되고 있다.

Ⅱ. 본안판단의 전제요건

1. 의 의

① '訴 없으면 재판없다'는 원칙은 부작위위법확인소송의 경우에도 당연히 적용된다. 부작위위법확인소송을 제기하여 법원으로부터 본안에 관한 승소판결을 받기 위해서는 본안판단의 전제요건(소송요건)과 본안요건을 갖추어야 한다. ② 본안판단의 전제요건으로는 부작위가 존재하고(2), 관할법원에(3) 원고가 피고를 상대로(4) 경우에 따라서는 일정한 기간 내에(5) 소장을 제출하여야 하고(6), 경우에 따라서는 행정심판전치를 거쳐야 하고(7), 원고에게는 부작위위법의 확인을 구할 이익(권리보호의 필요)이 있어야 하며(8), 아울러 당사자 사이의 소송대상에 대하여 기판력 있는 판결이 없어야 하고 또한 중복제소도 아니어야 한다(9). 부작위위법확인소송의 소송요건은 취소소송의 소송요건과 기본적으로 다를 바가 없다. 그러나 부작위위법확인소송은 무효등확인소송의 경우와 달리 제소기간의 적용가능성이 있고, 행정심판전치의 적용가능성도 있다. ③ 본안판단의 전제요건의 결여의 효과는 취소소송의 경우와 같다.

2. 부작위의 존재

부작위란 행정청이 당사자의 신청에 대하여 상당한 기간 내에 일정한 처분을 하여야 할 법률상 의무가 있음에도 불구하고 이를 하지 아니하는 것을 말한다(행소법 제2조 제1항 제2호). 부작위가 성립하기 위해서는 ① 당사자의 신청이 있을 것, ② 상당한 기간이 경과할 것, ③ 행정청에 일정 처분을 할 법률상 의무가 있을 것, ④ 행정청이 아무런 처분도 하지 않았을 것이 요구된다.

(1) 당사자의 신청이 있을 것 ① 신청의 내용이 되는 처분은 행정소송법 제2조

제1항 제1호에서 의미하는 처분을 말한다(대판 1991. 11. 8, 90누9391). 재결도 포함된다. 그러나 비권력적 사실행위의 요구 또는 사경제적 계약의 체결요구 등은 이에 해당하지 아니한다(대판 1995. 3. 10, 94누14018). ② 대법원은 당사자에게 처분을 구할 수 있는 신청권은 있어야 한다는 입장이다(대판 1990. 5. 25, 89누5768). 또한 판례는 신청권의 존부의 문제를 대상적격의 문제로 보는 동시에 원고적격의 문제로 보기도 한다(대판 1999. 12. 7, 97누17568). 학설은 견해가 나뉘고 있다. 생각건대 행정소송법은 부작위의 개념에 신청권의 존부에 관해 언급하는 바가 없다. 그럼에도 신청권의 존부를 부작위개념의 요소로 보는 것은 부작위의 개념을 해석상 제한하는 것으로서 사인의 권리보호의 확대의 이념에 반하는 것이 된다. 신청권의 존부의 문제는 원고적격의 문제로 보는 것이 타당하다.

(2) 상당한 기간이 경과할 것 ① 상당한 기간이 경과하도록 아무런 처분이 없을 때 부작위는 위법한 것이 된다(대판 2009. 7. 23, 2008두10560). 상당한 기간이란 어떠한 처분을 함에 있어 통상 요구되는 기간을 의미한다(절차법 제19조 제1항 참조). 상당한 기간의 판단에는 처분의 성질·내용 등이 고려되어야 할 것이나 업무의 폭주, 인력의 미비 같은 사정은 고려될 성질의 것이 아니다.

(3) 행정청에 일정한 처분을 할 법률상 의무가 있을 것 부작위는 행정청이 어떠한 처분을 하여야 할 법률상 의무가 있음에도 행정청이 처분을 하지 않는 경우에 성립하게 된다. 어떠한 처분이란 행정소송법 제2조 제1항 제1호 소정의 처분을 말하는 것이고(대판 1993. 4. 23, 92누17099), 법률상 의무에는 명문의 규정에 의해 인정되는 경우뿐만 아니라 법령의 해석상 인정되는 경우도 포함한다(대판 1991. 2. 12, 90누5825). 행정입법은 여기서 말하는 처분에 해당하지 아니한다(헌재 1998. 7. 16, 96헌마246).

(4) 행정청이 아무런 처분도 하지 않았을 것 행정청이 아무런 처분도 하지 않았어야 한다(대판 2005. 4. 14, 2003두7590). 행정청이 인용처분을 하거나 거부처분을 하였다면 부작위의 문제는 생기지 않는다. 거부처분이 있었다면 취소소송을 제기하여야 한다(대판 1998. 1. 23, 96누12641).

3. 관할법원

취소소송에서 규정되고 있는 재판관할, 관련청구소송의 이송 및 병합 등은 부작위위법확인소송의 경우에도 준용된다(행소법 제38조 제2항, 제9조, 제10조). 관할의 이송(사건의 이송)제도 역시 적용된다(행소법 제7조).

4. 당사자와 참가인

(1) 원고적격 부작위위법확인소송은 처분의 신청을 한 자로서 부작위의 위법을

구할 법률상의 이익이 있는 자만이 제기할 수 있다(행소법 제36조). 법률상 이익이 있는자의 의미는 취소소송의 경우와 같다. 그리고 공동소송이 인정되는 것도 취소소송의 경우와 같다(행소법 제15조, 제38조 제2항). 그런데 ① 학설상 원고적격이 인정되기 위해서는 ⓐ 일정한 처분을 신청한 것으로 족하다는 견해와 ⓑ 법령(명시적 규정이나 해석상 인정되는 경우 포함)에 의해 신청권을 가지는 자에 한한다는 견해, ⓒ 행정청의 부작위로 자기의 법률상의 이익이 침해되었다고 주장하는 자에게 인정된다는 견해의 대립이 있다. 생각건대 부작위의 성립에 원고의 신청권이 요구된다는 점을 고려할 때, ⓑ설이 보다 타당하다. ② 판례도 원고에게 신청권이 있어야 한다는 입장이다.

(2) 피고적격 취소소송의 피고적격에 관한 규정이 부작위위법확인소송에도 준용된다(행소법 제13조, 제38조 제2항). 따라서 부작위행정청이 피고가 된다. 또한 원고가 피고를 잘못 지정한 때에는 법원은 원고의 신청에 의하여 결정으로써 피고의 경정을 허가할 수 있다(행소법 제38조 제2항, 제14조).

(3) 소송참가·공동소송 취소소송에 적용되고 있는 행정청의 소송참가(행소법 제17조), 제3자의 소송참가(행소법 제16조), 공동소송(행소법 제15조)에 관한 규정들은 부작위위법확인소송에도 준용된다(행소법 제38조 제2항).

5. 제소기간

(1) 문 제 점 ① 행정심판을 거쳐 부작위위법확인소송을 제기하는 경우에는 처분등이 존재하는바 제소기간에 관한 행정소송법 제20조의 적용에 문제가 없다(대판 2009. 7. 23, 2008두10560). 그러나 ② 임의적 행정심판전치의 원칙에 따라 행정심판을 거치지 아니하고 부작위위법확인소송을 제기하는 경우에는 문제가 있다. 왜냐하면 이 경우에는 외관상 아무런 명시적인 처분등이 없기 때문에 처분등을 기준으로 제소기간을 정하고 있는 행정소송법 제20조는 그대로 적용할 수 없기 때문이다.

> ● **행정소송법 제20조(제소기간)** ① 취소소송은 처분등이 있음을 안 날부터 90일 이내에 제기하여야 한다. 다만, 제18조 제1항 단서에 규정한 경우와 그 밖에 행정심판청구를 할 수 있는 경우 또는 행정청이 행정심판청구를 할 수 있다고 잘못 알린 경우에 행정심판청구가 있은 때의 기간은 재결서의 정본을 송달받은 날부터 기산한다.
> ② 취소소송은 처분등이 있은 날부터 1년(제1항 단서의 경우는 재결이 있은 날부터 1년)을 경과하면 이를 제기하지 못한다. 다만, 정당한 사유가 있는 때에는 그러하지 아니하다.
> ③ 제1항의 규정에 의한 기간은 불변기간으로 한다.
> **제38조(준용규정)** ② … 제20조 …의 규정은 부작위위법확인소송의 경우에 준용한다.

(2) 사 견 행정심판법상 부작위에 대한 의무이행심판의 경우에는 심판청구기

간에 제한이 없다는 점(행심법 제27조 제7항), 부작위에 대한 행정심판의 제기기간에 제한이 없는바 실제상 부작위에 대한 재결을 거쳐 행정소송을 제기하는 경우에는 출소기간에 제한이 없다고 할 수 있다는 점 등을 고려하면, 앞의 ②의 경우에는 제소기간에 제한이 없다고 본다.

6. 소 장

취소소송의 경우와 같다.

7. 행정심판의 전치

취소소송의 경우와 같다.

8. 권리보호의 필요

취소소송의 경우와 같다.

9. 중복제소의 배제 등

취소소송의 경우와 같다.

Ⅲ. 소제기의 효과

주관적 효과는 취소소송의 경우와 동일하나, 객관적 효과(집행정지)의 문제는 생기지 않는다. 부작위에 대한 집행정지는 성질상 인정할 수가 없기 때문이다. 또한 일시적으로 어떠한 처분을 하도록 명하는 가처분도 기본적으로 피해의 방지가 아니라 이익의 확보를 구하는 부작위위법확인소송의 성질에 비추어 인정하기 어렵다. 그러나 행정소송절차가 지나치게 상당한 기간 동안 지속할 수도 있다는 점, 그리고 성질상 가구제가 필요한 영역도 있다는 점(예: 외국인의 비자신청시 지나친 기간 동안 무응답의 경우)을 고려할 때, 재고의 여지가 있다.

Ⅳ. 본안요건(이유의 유무)

취소소송의 논리와 유사하다. 만약 부작위에 대한 법적인 정당화사유가 있다면, 위법이 아니고, 인용판결을 받을 수 없다.

Ⅴ. 소의 변경

부작위위법확인소송의 계속 중 경우에 따라 취소소송 또는 당사자소송으로 소의 변경이 가능한 것도 취소소송의 경우와 같다(행소법 제37조, 제21조). 다만 처분변경으로 인한 소의 변경은 문제될 여지가 없다.

Ⅵ. 심 리

1. 심리의 범위

① 심리의 범위와 관련하여 학설은 실체적 심리설과 절차적 심리설의 대립이 있다. 실체적 심리설이란 부작위의 위법여부만이 아니라 신청의 실체적인 내용도 심리하여 행정청의 처리방향까지 제시하여야 한다는 견해이고, 절차적 심리설이란 부작위의 위법여부만을 심사하여야 하며, 만약 실체적인 내용을 심리한다면 그것은 의무이행소송을 인정하는 결과가 되어 정당하지 않다는 견해를 말한다. ② 판례는 절차적 심리설을 취한다(대판 1990. 9. 25, 89누4758; 대판 1992. 7. 28, 91누7361). ③ 생각건대 부작위위법확인소송의 소송물이 부작위의 위법성이라는 점과 행정소송법상 부작위위법확인소송의 개념(행정청의 부작위가 위법하다는 것을 확인하는 소송)에 비추어 절차적 심리설이 타당하다. 그러나 무명항고소송으로서 이행소송이 인정되기까지 정책적인 관점에서 본안심리의 경우에 신청의 내용도 심리하는 것이 필요하다고 본다.

2. 심리의 방법

행정심판기록제출명령(행소법 제38조 제2항, 제25조)·직권심리주의(행소법 제38조 제2항, 제26조) 등 취소소송의 관련규정이 준용된다.

3. 위법성판단의 기준시

취소소송이나 무효등확인소송과는 달리 부작위위법확인소송의 경우에는 위법성판단의 기준시점을 판결시(사실심의 구두변론종결시)로 보는 것이 타당하다. 부작위위법확인소송은 이미 이루어진 처분을 다투는 것이 아니고 다투는 시기에 행정청에 법상의 의무가 있음을 다투는 것이기 때문이다.

Ⅶ. 판 결

1. 판결의 종류

기본적으로 취소소송의 경우와 같다. 다만 취소소송의 경우와 달리 부작위위법확인소송에서는 사정판결의 문제가 생기지 않는다.

2. 판결의 효력

형성력이 생기지 않는 점만 제외하면, 취소소송의 경우와 다를 바가 없다. 말하자면 제3자효(행소법 제38조 제2항, 제29조)·기속력(행소법 제38조 제2항, 제30조)·간접강제(행소법 제38조 제2항, 제34조) 등이 준용된다.

제 4 목 무명항고소송

Ⅰ. 일 반 론

1. 의 의

행정소송법 제4조에서 항고소송으로 규정되고 있는 취소소송·무효등확인소송·부작위위법확인소송의 세 종류를 법정항고소송이라 부른다. 그리고 행정소송법에서 규정된 이 세 가지의 항고소송 이외의 항고소송을 법정외 항고소송 또는 무명항고소송이라 부른다.

2. 인정가능성

① 학설은 국민생존권의 강화, 행정의 복잡·다양성으로 인해 전통적인 법정항고소송만으로는 행정구제가 미흡하고 행정구제제도의 실질화를 위해 무명항고소송이 인정되어야 한다는 견해(긍정설)와 부작위위법확인소송이 인정되고 있는 점 등을 고려하여 무명항고소송을 부인하는 견해(부정설)로 나뉘고 있다. ② 판례는 무명항고소송을 인정하지 아니한다, 즉 판례는 의무이행소송(예: '서대문구청장은 甲에게 건축허가를 내주라'는 판결을 구하는 소송)(대판 1989. 9. 12, 87누868), 적극적 형성판결(예: '甲에게 건축을 허가한다'라는 판결을 구하는 소송)(대판 1997. 9. 30, 97누3200), 작위의무확인소송(예: '국가보훈처장은 독립기념관 전시관의 해설문, 전시물 중 잘못된 부분을 고쳐 다시 전시 및 배치할 의무가 있음을 확인한다'

라는 판결을 구하는 소송)(대판 1990. 11. 23, 90누3553; 대판 1989. 1. 24, 88누3314), 예방적 부작위소송(예: '서대문구청장은 甲에게 준공처분을 하여서는 아니된다'라는 판결을 구하는 소송)(대판 1987. 3. 24, 86누182) 등을 인정하지 아니한다. ③ 생각건대, 국민의 권익구제의 폭을 넓힌다는 점, 행정소송법상 소송의 종류에 관한 규정은 예시규정이라는 점, 소송형식의 인정은 학문과 판례에 의해서도 발전될 수 있다는 점 등을 고려할 때, 긍정설이 타당하다.

헌재 2008. 10. 30, 2006**헌바**80(의무이행소송의 성격은 취소소송이나 확인의 소인 부작위위법확인소송과는 본질적으로 다르고, 소송요건, 본안 요건, 판결의 효력, 집행 방법 등에 있어서도 본질적으로 구별되는 별도의 소송유형이라는 점, 행정청의 1차적 판단권이 존중되어야 한다는 권력분립적 요청, 법치행정의 요청 및 국민의 효율적인 권리구제의 요청, 사법권의 정치화·행정화를 막고 부담을 경감하여야 한다는 사법자제적 요청, 국가 주도의 발전과정과 행정권의 역할에 대한 고려, 행정기관과 법원의 수용태세 등을 고려하여 현행 행정소송법에 도입되지 않은 입법경위 등을 종합하면, 행정소송법 제4조가 의무이행소송을 항고소송의 하나로 규정하지 아니한 것은 의무이행소송에 대한 입법행위가 없는 경우(입법권의 불행사)에 해당하는 것이지, 항고소송의 유형을 불완전·불충분하게 규율하여 입법행위에 결함이 있는 경우(입법권 행사의 결함)라고 보기 어렵다. 따라서 이 사건 헌법소원심판청구 중 행정소송법 제4조에 대한 청구 부분은 실질적으로 입법이 전혀 존재하지 않는 의무이행소송이라는 새로운 유형의 항고소송을 창설하여 달라는 것으로 헌법재판소법 제68조 제2항에 의한 헌법소원에서 허용되지 않는 진정입법부작위에 대한 헌법소원심판청구이므로 부적법하다)

Ⅱ. 입 법 례

1. 의무화소송

의무화소송이란 사인이 국가에 대해 일정한 행정행위를 청구하였음에도 국가에 의해 거부되었거나 방치된 경우, 거부되었거나 발령되지 않은 행정행위의 발령을 위해 권한 있는 행정청에 대하여 행정행위의 발령의무를 부과할 것을 구하는 소송을 말한다. 이것은 독일의 행정법원법에 규정된 소송형태이다.

2. 일반적 급부소송

일반적 급부소송이란 단순공행정작용(예: 사실행위·행정법상 의사표시)의 실행이나 부작위를 구하는 소송이다(예: 일반적 급부소송절차에서 공법상 계약의 체결 또는 미체결에 대한 행정청의 결정이 심사될 수 있다). 행정행위의 발령을 구하는 의무화소송과 일반적 급부소송을 합하여 넓은 의미의 급부소송(공법상 작위·부작위·수인의 청구권을 다투는 소송)이라 부른다. 이것은 독일의 행정법원법에 규정된 소송형태이다. 일반적 급부소송과 의무화소송은 소송대상을 달리한다. 일반적 급부소송은 단순공행정작용의 거부(부작위) 또는 단순공행정작용의 실행으로 권리가 침해된 자만이 제기할 수 있다.

3. 직무집행명령

직무집행명령이란 사인의 제기에 의해 재판소가 공행정기관에 대하여 자기(공행정기관)의 의무를 이행할 것을 발하는 명령으로서, 행정기관이 자신에 부과된 제정법상 공의무를 이행하지 않는 경우에 이의 이행(예: 공직회복·과오납조세반환·문서제공)을 강요하는 효과적인 수단이다. 직무집행명령은 위법한 부작위에 대한 구제제도로서, 영·미의 제도이다.

4. 예방적 소송

(1) **예방적 부작위소송** 예방적 부작위소송이란 장래에 있을 특정의 위협적인 사실행위 또는 행정행위의 발동을 방지하는 것을 구하는 소송이다(예: 전과자 A는 경찰의 예방적 감시활동에 공포를 느낀다. 예방적 감시활동은 행정행위가 아니다. 이 경우 전과자 A는 사실행위인 예방적 감시활동의 부작위를 구하기 위해 예방적 부작위소송을 제기할 수 있다). 이러한 소송은 독일에서 이론상 주장되고 있다.

(2) **예방적 확인소송** 예방적 확인소송이란 「A행정청은 장래에 어떠한 처분을 발령하거나 부작위할 권한이 없다」는 확인을 구하는 소송이다. 예방적 확인소송에는 현재의 법률관계의 존재가 필요하다. 여기서 법률관계란 구체적인 법률관계를 말한다. 예방적 확인소송에도 권리보호의 필요가 요구된다. 예방적 확인소송의 한 경우로서 「행정청은 장래에 특정의 행정행위를 발령하여야 하는 의무를 부담한다」는 법률관계의 확인을 구하는 소송형태가 주장되기도 한다. 이러한 소송은 독일에서 이론상 주장되고 있다.

제 3 항 기타 소송

제 1 목 당사자소송

Ⅰ. 당사자소송의 관념

1. 의 의

당사자소송이란 행정청의 처분등을 원인으로 하는 법률관계에 관한 소송, 그 밖에 공법상의 법률관계에 관한 소송으로서 그 법률관계의 한쪽 당사자를 피고로 하는 소송을 말한다(행소법 제3조 제2호). ① 항고소송은 공행정주체가 우월한 지위에서 갖는 공권력의 행사·불행사와 관련된 분쟁의 해결을 위한 절차인 데 반해, 당사자소송은 그러한 공권력행사·불행사의 결과로서 생긴 법률관계에 관한 소송, 그 밖에 대등한 당사자간의 공법상의 권리·의무에 관한 소송이다. ② 당사자소송은 공법상의 법률관계(공권·공의무)를 소송의 대상으로 하는 점에서 사법상의 법률관계(사권·사의무)를 소송의 대상으로 하는 민사소송과 다르다.

2. 종 류

(1) 실질적 당사자 소송 실질적 당사자소송은 대등당사자 사이의 공법상의 권리관계에 관한 소송으로서 통상의 당사자소송이 이에 해당한다. 행정소송법 제3조 제2호가 규정하는 당사자소송이 이에 해당한다. 행정소송법 제3조 제2호에서 말하는 ① 처분등을 원인으로 하는 법률관계에 관한 소송의 예로 과세처분의 무효를 전제로 이미 납부한 세금의 반환을 구하는 소송(예: 부당이득반환청구소송), 직무상 불법행위로 인한 손해배상청구소송 등을 볼 수 있고, ② 기타 공법상 법률관계에 관한 소송의 예로 ⓐ 공법상 계약의 불이행시에 제기하는 소송(예: 토지수용시 협의성립 후 보상금미지급시 보상금지급청구소송. 판례는 이를 민사소송으로 다룬다)(대판 1969. 5. 19, 67다2038), ⓑ 공법상 금전지급청구를 위한 소송(예: 공무원보수미지급시 지급청구소송)(대판 1991. 5. 10, 90다10766), ⓒ 공법상 지위·신분의 확인을 구하는 소송(예: 국가유공자의 확인을 구하는 소송)(대판 1992. 12. 24, 92누3335; 대판 1996. 5. 31, 95누10617) 등이 있다.

대판 2010. 5. 27, 2008두5636(구 공무원연금법 제26조 제1항, 제3항, 제83조 제1항, 구 공무원연금법 시행령 제19조의3 등의 각 규정을 종합하면, 구 공무원연금법에 의한 퇴직수당 등의 급여를 받을 권리는 법령의 규정에 의하여 직접 발생하는 것이 아니라 위와 같은 급여를 받으려고 하는 자가 소속하였던 기관장의 확인을 얻어 신청함에 따라 공무원연금관리공단(이하 '공단'이라고만 한다)이 그 지급결정을 함으로써 구체적인 권리가 발생한다. 여기서 공단이 하는 급여지급결정의 의미는 단순히 급여수급 대상자를 확인·결정하는 것에 그치는 것이 아니라 구체적인 급여수급액을 확인·결정하는 것까지 포함한다. 따라서 구 공무원연금법령상 급여를 받으려고 하는 자는 우선 관계 법령에 따라 공단에 급여지급을 신청하여 공단이 이를 거부하거나 일부 금액만 인정하는 급여지급결정을 하는 경우 그 결정을 대상으로 항고소송을 제기하는 등으로 구체적 권리를 인정받은 다음 비로소 당사자소송으로 그 급여의 지급을 구하여야 할 것이고, 구체적인 권리가 발생하지 않은 상태에서 곧바로 공단 등을 상대로 한 당사자소송으로 급여의 지급을 소구하는 것은 허용되지 아니한다).

(2) 형식적 당사자소송 형식적 당사자소송은 실질적으로 행정청의 처분 등을 다투는 것이나 형식적으로는 처분등의 효력을 다투지도 않고, 또한 처분청을 피고로 하지도 않고, 그 대신 처분등으로 인해 형성된 법률관계를 다투기 위해 관련 법률관계의 일방당사자를 피고로 하여 제기하는 소송을 말한다. 말하자면 소송의 내용은 처분 등에 불복하여 다투는 것이지만, 소송형식은 당사자소송인 것이 바로 형식적 당사자소송이다. 형식적 당사자소송의 예로 공익사업을 위한 토지 등의 취득 및 보상에 관한 법률 제85조 제2항이 규정하는 보상금증감소송을 볼 수 있다.

> **● 공익사업을 위한 토지 등의 취득 및 보상에 관한 법률 제85조(행정소송의 제기)** ① 사업시행자·토지소유자 또는 관계인은 제34조의 규정에 의한 재결에 대하여 불복이 있는 때에는 재결서를 받은 날부터 60일 이내에, 이의신청을 거친 때에는 이의신청에 대한 재결서를 받은 날부터 30일 이내에 각각 행정소송을 제기할 수 있다. …
> ② 제1항의 규정에 따라 제기하고자 하는 행정소송이 보상금의 증감에 관한 소송인 경우 당해 소송을 제기하는 자가 토지소유자 또는 관계인인 때에는 사업시행자를, 사업시행자인 때에는 토지소유자 또는 관계인을 각각 피고로 한다.

3. 성 질

당사자소송은 개인의 권익구제를 직접적인 목적으로 하는 주관적 소송이다. 당사자소송의 1심은 시심적 소송에 해당한다. 그리고 당사자소송은 소송물의 내용에 따라 이행의 소, 확인의 소로 구분될 수 있다.

Ⅱ. 관할법원

1. 행정법원

당사자소송의 관할법원은 취소소송의 경우와 같다(행소법 제40조 본문). 다만 국가 또는 공공단체가 피고인 경우에는 관계행정청의 소재지를 피고의 소재지로 한다(행소법 제40조 단서).

2. 관할이송

취소소송의 경우와 같다. 즉 원고의 고의 또는 중대한 과실 없이 행정소송이 심급을 달리하는 법원에 잘못 제기된 경우에는 법원은 소송의 전부 또는 일부가 그 관할에 속하지 아니함을 인정한 때에는 결정으로 관할법원에 이송한다(행소법 제7조, 제8조 제2항; 민소법 제34조 제4항).

Ⅲ. 당사자 및 참가인

1. 당사자의 의의

당사자소송의 당사자에는 국가·공공단체·사인이 있다. 즉 당사자소송은 국가와 공공단체, 국가와 사인, 공공단체와 사인, 공공단체와 공공단체, 사인과 사인(국가적 공권을 위탁받은 사인) 사이에서 볼 수 있다. 그리고 국가가 당사자인 경우에는 법무부장관이 국가를 대표한다(국가를 당사자로 하는 소송에 관한 법률 제2조).

2. 원고적격

행정소송법상으로 당사자소송의 원고적격에 관하여 규정하는 바는 없다. 그런데 당사자소송은 민사소송에 유사한 것이므로 당사자소송에도 민사소송의 경우와 같이 권리보호의 이익이 있는 자가 원고가 된다(행소법 제8조 제2항)(대판 1961. 9. 28, 4294행상50). 공동소송이 인정되는 것도 취소소송의 경우와 같다(행소법 제15조·제44조 제1항).

3. 피고적격

항고소송의 경우와 달리 행정청이 피고가 아니다. 국가·공공단체 그 밖의 권리주체가 당사자소송의 피고가 된다(행소법 제39조)(대판 2000. 9. 8, 99두2765; 대판 2001. 12. 11, 2001두7794). 국가를 당사자로 하는 소송(국가소송)의 경우에는 '국가를 당사자로 하는 소송에 관한 법률'에 의거하여 법무부장관이 국가를 대표한다(국가를 당사자로 하는 소송에 관한 법률 제2조). 법무부장관은 법무부의 직원이나 검사 또는 공익법무관, 그리고 행정청의 직원을 지정하여 소송을 수행하게 할 수도 있고, 변호사를 소송수행인으로 선임할 수도 있다(국가를 당사자로 하는 소송에 관한 법률 제3조). 지방자치단체를 당사자로 하는 소송의 경우에는 지방자치단체의 장이 당해 지방자치단체를 대표한다(지자법 제101조). 피고경정도 인정된다. 즉 원고가 피고를 잘못 지정한 때에는 법원은 원고의 신청에 의하여 결정으로써 피고의 경정을 허가할 수 있다(행소법 제14조 제1항).

4. 소송참가

취소소송의 경우와 같다(행소법 제16조, 제17조, 제44조). 말하자면 당사자소송에 있어서도 제3자의 소송참가(행소법 제16조, 제44조)와 행정청의 소송참가(행소법 제17조, 제44조)가 인정되고 있다.

Ⅳ. 소송의 제기

1. 소송요건

취소소송의 경우와 비교할 때, ① 행정심판의 전치, ② 제소기간의 요건이 없다는 점이 다르다. 그러나 ① 개별법에서 행정절차를 규정하는 경우에는 그러한 절차를 거쳐야 하며, ② 당사자소송에 관하여 법령에 제소기간이 정하여져 있는 때에는 그에 따라야 할 것이다. 그리고 그 기간은 불변기간이다(행소법 제41조). 만약 기간의 정함이 없다고 하면 권리가 소멸되지 않는 한 소권이 존재한다. ③ 소의 대상이 취소소송의 경우와 다르다.

2. 소의 변경, 관련청구의 이송·병합

① 법원은 당사자소송을 당해 처분등에 관계되는 사무가 귀속하는 국가 또는 공공단체에 대한 항고소송으로 변경하는 것이 상당하다고 인정할 때에는 청구의 기초에 변경이 없는 한, 사실심의 변론종결시까지 원고의 신청에 의하여 결정으로써 소의 변경을 허가할 수 있다(행소법 제42조, 제21조 제1항). 뿐만 아니라 처분변경으로 인한 소의 변경도 인정되고 있다(행소법 제44조 제1항, 제22조). ② 한편 당사자소송과 관련청구소송이 각각 다른 법원에 계속되고 있는 경우에는 법원은 당사자의 신청 또는 직권에 의하여 이를 당사자소송이 계속된 법원으로 이송할 수 있고(행소법 제44조 제2항, 제10조 제1항), 또한 당사자소송에는 사실심의 변론종결시까지 관련청구소송을 병합하거나 피고 외의 자를 상대로 한 관련청구소송을 당사자소송이 계속된 법원에 병합하여 제기할 수 있다(행소법 제44조 제2항, 제10조 제1항).

Ⅴ. 소제기의 효과

주관적 효과는 취소소송의 경우와 같다. 말하자면 주관적 효과로서 법원에는 심리의무가 주어지고, 당사자에게 중복제소금지의무가 주어진다. 그러나 객관적 효과(집행정지)는 취소소송의 경우와 달리 적용이 없다.

Ⅵ. 심 리

취소소송의 경우와 특별히 다른 것은 없다. 말하자면 행정심판기록의 제출명령(행소법 제44조 제1항, 제25조), 법원의 직권심리(행소법 제44조 제1항, 제26조) 등의 당사자소송에도 준용된다. 입증책임 역시 민사소송법상 일반원칙인 법률요건분류설에 따른다.

Ⅶ. 판 결

1. 판결의 종류

판결의 종류는 기본적으로 취소소송의 경우와 같다. 말하자면 이 경우에도 각하판결·기각판결·인용판결의 구분이 가능하다. 그리고 소송물의 내용에 따라 확인판결·이행판결의 구분 또한 가능하다. 다만 사정판결의 제도가 없음은 취소소송의 경우와 다르다.

2. 판결의 효력

당사자소송의 확정판결도 자박력·확정력·기속력을 갖는다. 확정판결은 당사자인 행정청과 관계행정청을 기속한다(행소법 제44조 제1항, 제30조 제1항). 그러나 취소판결에서 인정되는 효력 중 취소판결의 제3자효(행소법 제29조), 재처분의무(행소법 제30조 제2항·제3항), 간접강제(행소법 제34조) 등은 당사자소송에는 적용이 없다.

제 2 목 객관적 소송

Ⅰ. 민중소송

1. 의 의

민중소송이란 국가 또는 공공단체의 기관이 법률에 위반되는 행위를 한 때에 직접 자기의 법률상 이익과 관계없이 그 시정을 구하기 위하여 제기하는 소송을 말한다(행소법 제3조 제3호).

2. 성 질

민중소송은 당사자 사이의 구체적인 권리·의무에 관한 분쟁의 해결을 위한 것이 아니라, 행정감독적 견지에서 행정법규의 정당한 적용을 확보하거나 선거 등의 공정의 확보를 위한 소송으로서 객관적 소송에 속한다. 따라서 민중소송은 법률이 규정하고 있는 경우에 한하여 제기할 수 있다(행소법 제45조).

3. 민중소송의 예

민중소송의 예로 공직선거법상 선거소송과 당선소송, 국민투표법상 국민투표무효소송, 지방자치법상 주민소송, 주민투표법상 주민투표소송 등을 볼 수 있다.

4. 적용법규

민중소송에 적용될 법규는 민중소송을 규정하는 각 개별법규가 정하는 것이 일반적이다(공직선거법 제227조, 제228조 참조). 그러나 각 개별법규가 특별히 정함이 없는 경우에는 ① 처분등의 취소를 구하는 소송에는 그 성질에 반하지 않는 한 취소소송에 관한 규정을 준용하고, ② 처분등의 효력 유무 또는 존재 여부나 부작위위법의 확인을 구하는 소송에는 그 성질에 반하지 아니하는 한 각각 무효등확인소송 또는 부작위위법확인소송에 관한 규정을 준용하며, ③ 상기 ①과 ②의 경우에 해당하지 않는 소송에는 그 성질에 반하지 아니하는 한 당사자소송에 관한 규정을 준용한다(행소법 제46조).

Ⅱ. 기관소송

1. 의 의

① 기관소송이란 국가 또는 공공단체의 기관 상호간에 있어서의 권한의 존부 또는 그 행사에 관한 다툼이 있을 때에 이에 대하여 제기하는 소송을 말한다(행소법 제3조 제4호). 요컨대 기관소송은 단일의 법주체 내부에서 행정기관 상호간의 권한분쟁에 관한 소송이다. 다만 헌법재판소법 제2조의 규정에 의하여 헌법재판소의 관할사항이 되는 소송(예: 국가기관 상호간, 국가기관과 지방자치단체 및 지방자치단체 상호간의 기관쟁의)은 행정소송인 기관소송으로부터 제외된다. ② 권한상의 분쟁은 원칙적으로 행정조직내부의 문제이므로 법원이 개입할 성질은 아니고 행정권 스스로가 정할 문제이다. 현행법상 국가행정의 경우 권한쟁의는 상급행정청이, 최종적으로는 국무회의가 정하도록 되어 있으나(헌법 제89조 제10호·제11호), 권한쟁의심판제도로 인해 실제상 문제가 생길 여지는 거의 없다.

> **헌법 제89조** 다음 사항은 국무회의의 심의를 거쳐야 한다.
> 10. 행정각부간의 권한의 획정
> 11. 정부안의 권한의 위임 또는 배정에 관한 기본계획

2. 성　　질

기관소송은 객관적 소송이다. 기관소송을 제기할 수 있는 권능은 기본권이 아니다. 그것은 단지 넓은 의미에서 주관적 성격을 띠는 객관적 권리이다. 기관소송은 법률이 정한 경우에 법률에 정한 자에 한하여 제기할 수 있다(행소법 제45조).

3. 기관소송의 예

국가기관간(국회 · 정부 · 법원 · 중앙선거관리위원회 상호간)의 분쟁은 헌법재판소의 권한쟁의의 문제가 된다(헌재법 제62조 제1항 제1호). 현행 행정소송법상 기관소송은 동일 지방자치단체의 기관간에서 문제된다. ① 지방자치법 제107조 제3항 또는 지방자치법 제172조 제3항에 의거하여 지방자치단체의 장이 지방의회를 상대로 대법원에 제기하는 소송과 지방교육자치에 관한 법률 제28조 제3항에 의거하여 교육감이 교육위원회를 상대로 대법원에 제기하는 소송을 볼 수 있다.

● **지방자치법　제107조(지방의회의 의결에 대한 재의요구와 제소)** ③ 지방자치단체의 장은 제2항에 따라 재의결된 사항이 법령에 위반된다고 인정되면 대법원에 소를 제기할 수 있다. 이 경우에는 제172조 제3항을 준용한다.
제172조(지방의회 의결의 재의와 제소) ③ 지방자치단체의 장은 제2항에 따라 재의결된 사항이 법령에 위반된다고 판단되면 재의결된 날부터 20일 이내에 대법원에 소를 제기할 수 있다. 이 경우 필요하다고 인정되면 그 의결의 집행을 정지하게 하는 집행정지결정을 신청할 수 있다.
● **지방교육자치에 관한 법률　제28조(시 · 도의회 등의 의결에 대한 재의와 제소)** ③ 제2항의 규정에 따라 재의결된 사항이 법령에 위반된다고 판단될 때에는 교육감은 재의결된 날부터 20일 이내에 대법원에 제소할 수 있다.

4. 적용법규

민중소송의 경우와 같다. 즉 기관소송에 적용될 법규는 기관소송을 규정하는 각 개별법규가 정하는 것이 일반적이다. 그러나 각 개별법규가 특별히 정함이 없는 경우에는 ① 처분등의 취소를 구하는 소송에는 그 성질에 반하지 않는 한 취소소송에 관한 규정을 준용하고, ② 처분등의 효력 유무 또는 존재 여부나 부작위위법의 확인을 구하는 소송에는 그 성질에 반하지 아니하는 한 각각 무효등확인소송 또는 부작위위법확인소송에 관한 규정을 준용하며, ③ 상기 ①과 ②의 경우에 해당하지 않는 소송에는 그 성질에 반하지 아니하는 한 당사자소송에 관한 규정을 준용한다(행소법 제46조).

제 3 절 기타 제도

제 1 항 헌법소원

Ⅰ. 헌법소원의 관념

1. 헌법소원의 의의

헌법은 법률이 정하는 헌법소원에 관한 심판을 헌법재판소의 관장사항으로 규정하고 있다(헌법 제111조 제1항 제5호). 이 조문에 근거한 헌법재판소법 제68조는 헌법소원심판의 청구사유를 규정하고 있다. 헌법 제111조 제1항 제5호와 헌법재판소법 제68조를 종합하면, 헌법소원이란 공권력작용에 의하여 기본권이 침해된 국민이 헌법재판소에 제기하는 기본권구제수단으로 정의할 수 있다. 심리결과 위헌성이 있으면, 헌법재판소가 그 공권력작용을 취소하거나 위헌임을 인정함으로써 국민은 침해된 기본권을 구제받게 된다.

2. 헌법소원의 유형

헌법재판소법이 규정하는 헌법소원에는 동법 제68조 제1항에 따른 권리구제형 헌법소원과 동법 제68조 제2항에 따른 위헌심사형 헌법소원이 있다. 권리구제형 헌법소원이 본래의 헌법소원이고, 위헌심사형 헌법소원은 사실상 위헌법률심사이다.

> ● **헌법재판소법 제68조(청구 사유)** ① 공권력의 행사 또는 불행사(不行使)로 인하여 헌법상 보장된 기본권을 침해받은 자는 법원의 재판을 제외하고는 헌법재판소에 헌법소원심판을 청구할 수 있다. 다만, 다른 법률에 구제절차가 있는 경우에는 그 절차를 모두 거친 후에 청구할 수 있다.
> ② 제41조 제1항에 따른 법률의 위헌 여부 심판의 제청신청이 기각된 때에는 그 신청을 한 당사자는 헌법재판소에 헌법소원심판을 청구할 수 있다. 이 경우 그 당사자는 당해 사건의 소송절차에서 동일한 사유를 이유로 다시 위헌 여부 심판의 제청을 신청할 수 없다.

Ⅱ. 헌법소원의 청구요건

1. 헌법소원의 대상

(1) 권리구제형 헌법소원 권리구제형 헌법소원은 헌법상 보장된 기본권의 침해를 가져오는 공권력의 행사 또는 불행사를 대상으로 한다. 공권력에는 입법권·행정권·사법권이 모두 포함된다(헌재 1990. 10. 15, 89헌마178). 행사란 공권력을 적극적으로 행사한 경우를 말하고, 불행사란 헌법상 요구되는 작위의무를 소극적으로 행사하지 아니한 것을 말한다(헌재 2004. 8. 26, 2003헌마916).

(2) 위헌심사형 헌법소원 위헌심사형 헌법소원은 헌법재판소법 제41조 제1항의 규정에 의한 법률의 위헌여부심판의 제청신청이 기각된 때에는 그 신청을 한 당사자가 헌법재판소에 헌법소원심판을 청구하는 것이므로 그 심판의 대상은 국회의 의결을 거친 형식적 의미의 법률을 대상으로 한다. 대통령령·총리령·부령이나 조례 등은 그 대상이 아니라는 것이 헌법재판소의 입장이다(헌재 2003. 7. 24, 2002헌바51).

2. 청구인능력

기본권의 주체가 될 수 있는 자가 헌법소원을 제기할 수 있다. 자연인, 법인, 법인 아닌 사단, 재단, 정당 노동조합도 청구인능력이 인정된다. 국가나 국가기관은 청구인능력을 갖지 아니한다.

[경찰관과 헌법소원(헌재 2009. 3. 24, 2009헌마118)]
[사건개요] 경찰관인 청구인은 피청구인인 검사로부터 형집행장에 의하여 검거된 벌금미납자의 신병에 대하여 '귀서 유치장에 인치하였다가 익일 10:00경 제주지방검찰청 재산형집행계로 신병을 인계하라'는 내용의 '벌금미납자 인치지휘' 공문을 받고, 이에 따라 위 벌금미납자를 제주동부경찰서 유치장에 인치하였다. 청구인은 범죄의 수사에 있어 검사의 지휘를 받을 뿐이므로 이미 형이 확정된 벌금미납자를 경찰서 유치장에 인치하라는 이 사건 인치지휘는 아무런 법적 근거가 없는 위법한 명령으로 피청구인이 오로지 검사라는 우월적 지위에서 행한 권력적 사실행위로서 헌법소원심판의 대상이 되는 공권력의 행사에 해당하고 이로써 청구인의 평등권 등 기본권이 침해되었다고 주장하며 이 사건 헌법소원심판을 청구하였다
[결정요지] 경찰공무원은 기본권의 주체가 아니라 국민 모두에 대한 봉사자로서 공공의 안전 및 질서유지라는 공익을 실현할 의무가 인정되는 기본권의 수범자라 할 것이다. 그런데 벌금미납자에 대하여 검사가 발부한 형집행장은 구속영장과 동일한 효력이 있고(형사소송법 제474조 제2항) 경찰서 유치장은 "구속된 자 또는 신체의 자유를 제한하는 판결 또는 처분을 받은 자를 수용하는 시설"이므로(경찰관직무집행법 제9조), 위와 같이 검사가 발부한 형집행장

에 의하여 검거된 벌금미납자의 신병에 관한 업무는 국가 조직영역 내에서 수행되는 공적과제 내지 직무영역에 대한 것이다. 따라서 이러한 직무를 수행하는 청구인은 국가기관의 일부 또는 그 구성원으로서 공법상의 권한을 행사하는 공권력 행사의 주체일 뿐, 기본권의 주체라 할 수 없으므로 이 사건에서 청구인에게 헌법소원을 제기할 청구인적격을 인정할 수 없다.

3. 청구인적격

침해되는 기본권이 있고, 기본권침해의 가능성이 있는 자가 청구인적격을 갖는다. 기본권 침해는 청구인 자신의 기본권을 직접, 그리고 현재 침해하고 있어야 한다. 말하자면 기본권침해의 자기관련성·직접성·현재성이 있어야 한다.

4. 권리보호의 이익

권리보호의 이익이 있어야 한다. 권리보호의 이익이란 심판을 통해 구제의 효과를 실질적으로 누릴 수 있는 이익을 말한다. 기본권의 침해가 종료되면 권리보호의 이익은 없게 된다.

그러나 예외적으로 기본권 침해가 종료되어도 ① 침해행위가 앞으로도 반복될 위험이 있는 경우, ② 헌법적 해명이 중요한 의미를 갖는 경우에는 권리보호의 이익(심판이익)이 있다(헌재 1992. 1. 28, 91헌마111).

5. 보 충 성

다른 법률에 구제절차가 있는 경우에는 그 절차를 모두 거친 후가 아니면 청구할 수 없다(헌재법 제68조 1항 단서). 다만 헌법재판소는 헌법소원심판청구인이 그의 불이익으로 돌릴 수 없는 정당한 이유 있는 착오로 전심절차를 밟지 않은 경우 또는 전심절차로 권리가 구제될 가능성이 거의 없거나 권리구제절차가 허용되는지의 여부가 객관적으로 불확실하여 전심절차이행의 기대가능성이 없을 때에는 보충성의 원칙의 예외를 인정하고 있다(헌재 2004. 6. 24, 2003헌마723).

6. 재판의 전제성

헌법재판소는 위헌심사형 헌법소원에서는 재판의 전제성을 요구한다. 즉, "헌법재판소법 제68조 제2항에 의한 헌법소원심판은 심판대상이 된 법률조항이 헌법에 위반되는 여부가 관련사건에서 재판의 전제가 된 경우에 한하여 청구될 수 있는데, 여기서 "재판"이라 함은 판결·결정·명령 등 그 형식 여하와 본안에 관한 재판이거나 소송절차에 관한 재판이거나를 불문하며, 심급을 종국적으로 종결시키는 종국재판뿐만 아니라 중간 재판도 이에 포함된다"고 한다(헌재 1996. 12. 26, 94헌바1).

7. 청구기간

① 권리구제형 헌법소원은 그 사유가 있음을 안 날부터 90일 이내에, 그 사유가 있은 날부터 1년 이내에 청구하여야 한다. 다만, 다른 법률에 따른 구제절차를 거친 헌법소원의 심판은 그 최종결정을 통지받은 날부터 30일 이내에 청구하여야 한다(헌재법 제69조 제1항). ② 위헌심사형 헌법소원은 위헌 여부 심판의 제청신청을 기각하는 결정을 통지받은 날부터 30일 이내에 청구하여야 한다(헌재법 제69조 제2항).

8. 대리인(변호사대리강제주의)

각종 심판절차에 있어서 당사자인 사인은 변호사를 대리인으로 선임하지 아니하면 심판청구를 하거나 심판수행을 하지 못한다. 다만, 그가 변호사의 자격이 있는 때에는 그러하지 아니하다(헌재법 제25조 제3항). 헌법소원심판을 청구하고자 하는 자가 변호사를 대리인으로 선임할 자력이 없는 경우에는 헌법재판소에 국선대리인을 선임하여 줄 것을 신청할 수 있다. 이 경우 제69조의 규정에 의한 청구기간은 국선대리인의 선임신청이 있는 날을 기준으로 정한다(헌재법 제70조 제1항).

Ⅲ. 가 처 분

헌법재판소법에 명시적 규정이 없으나, 헌법재판소는 헌법소원심판에서 가처분의 필요성은 있을 수 있고, 달리 가처분을 허용하지 아니할 상당한 이유를 찾아볼 수 없다고 하여 가처분을 인정한다. 가처분의 요건으로는 회복하기 어려운 손해의 예방과 효력정지의 긴급한 필요성을 요구한다.

Ⅳ. 인용결정

1. 권리구제형 헌법소원

헌법소원의 인용결정은 모든 국가기관과 지방자치단체를 기속한다(헌재법 제75조 제1항). 헌법재판소가 공권력의 불행사에 대한 헌법소원을 인용하는 결정을 한 때에는 피청구인은 결정취지에 따라 새로운 처분을 하여야 한다(헌재법 제75조 제4항). 제2항의 경우에 헌법재판소는 공권력의 행사 또는 불행사가 위헌인 법률 또는 법률의 조항에 기인한 것이라고 인정될 때에는 인용결정에서 당해 법률 또는 법률의 조항이 위헌임을 선고할 수 있다(헌재법 제75조 제5항).

2. 위헌심사형 헌법소원

헌법소원의 인용결정은 모든 국가기관과 지방자치단체를 기속한다(헌재법 제75조 제1항). 제68조 제2항의 규정에 의한 헌법소원이 인용된 경우에 당해 헌법소원과 관련된 소송사건이 이미 확정된 때에는 당사자는 재심을 청구할 수 있다(헌재법 제75조 제7항).

제 2 항 청 원

1. 청원의 관념

(1) 청원의 의의 청원이란 국민이 국가나 지방자치단체 등에 대하여 의견이나 희망을 진술하는 것을 말한다. 청원을 권리로 관념하여 청원권이라 부른다. 헌법 제26조 제1항은 "모든 국민은 법률이 정하는 바에 의하여 국가기관에 문서로 청원할 권리를 가진다"고 하여 청원권을 명시적으로 규정하고 있다.

(2) 청원의 법적 근거 헌법 제26조의 규정에 의한 청원권행사의 절차와 청원의 처리에 관한 사항을 규정함을 목적으로 청원법이 제정되어 있다. 국회에 청원하려는 경우와 관련하여 국회법(제123조 내지 제126조), 지방의회에 청원을 하는 경우와 관련하여 지방자치법(제73조 내지 제76조)에도 청원에 관한 규정이 있다. 청원에 관하여는 다른 법률에 특별한 규정이 있는 경우를 제외하고는 청원법에 의한다(청원법 제2조). 청원법이 일반법이다.

(3) 청원권의 성질 청원권은 개인이 국가나 지방자치단체에 대하여 일정한 행위를 요구할 수 있다는 점에서 청구권적 기본권으로서 개인적 공권의 성격을 갖는다. 청원권을 다수 국민이 공동으로 행사하게 되는 경우, 그것은 참정권으로서의 성격도 강하게 가질 수 있다. 청원권이 기본권이라 하여도, 그것은 특정의 결정을 요구할 수 있는 개인적 공권은 아니다.

2. 청원법상 규정내용

(1) 청원의 주체 헌법 제26조 제1항에서 규정하는 바와 같이 모든 국민은 청원할 수 있다. 자연인이거나 법인이거나를 가리지 않는다. 권리나 이익이 침해된 자뿐만 아니라 권리나 이익에 대한 침해가 없는 자도 청원할 수 있다. 누구든지 청원을 하였다는

이유로 차별대우를 받거나 불이익을 강요당하지 아니한다(청원법 제12조).

(2) 청원기관 청원법에 의하여 청원을 제출할 수 있는 기관으로 ① 국가기관, ② 지방자치단체와 그 소속기관, ③ 법령에 의하여 행정권한을 가지고 있거나 행정권한을 위임 또는 위탁받은 법인·단체 또는 그 기관이나 개인이 있다(청원법 제3조). 국회법 제123조 제1항에 의하여 국회도 청원대상기관이고, 지방자치법 제65조 제1항에 의하여 지방의회도 청원대상기관이다.

(3) 청원사항 청원법상 청원사항은 ① 피해의 구제, ② 공무원의 위법·부당한 행위에 대한 시정이나 징계의 요구, ③ 법률·명령·조례·규칙 등의 제정·개정 또는 폐지, ④ 공공의 제도 또는 시설의 운영, 그리고 ⑤ 그 밖에 국가기관 등의 권한에 속하는 사항이다(청원법 제4조).

(4) 청원기간 청원기간에는 제한이 없다. 따라서 행정심판의 제기기간이나 행정소송의 제기기간이 경과한 경우에도 청원할 수 있다. 관련된 행정행위가 형식적 존속력(불가쟁력)을 발생한 경우에도 청원은 가능하다.

(5) 청원방법 ① 청원은 청원인의 성명(법인인 경우에는 명칭 및 대표자의 성명을 말한다)과 주소 또는 거소를 기재하고 서명한 문서(「전자정부법」에 의한 전자문서를 포함한다)로 하여야 한다(청원법 제6조 제1항). 다수인이 공동으로 청원을 하는 때에는 그 처리결과를 통지받을 3인 이하의 대표자를 선임하여 이를 청원서에 표시하여야 한다(청원법 제6조 제2항). 청원서에는 청원의 이유와 취지를 밝히고, 필요한 때에는 참고자료를 첨부할 수 있다(청원법 제6조 제3항). 청원서는 청원사항을 관장하는 기관에 제출하여야 한다(청원법 제7조 제1항). 청원서를 접수한 기관은 청원사항이 그 기관이 관장하는 사항이 아니라고 인정되는 때에는 그 청원사항을 관장하는 기관에 청원서를 이송하고 이를 청원인에게 통지하여야 한다(청원법 제7조 제2항). ② 국회에 청원하려고 하는 자는 의원의 소개를 얻어 청원서를 제출하여야 한다(국회법 제123조 제1항). ③ 지방의회에 청원을 하고자 하는 자는 지방의회의원의 소개를 얻어 청원서를 제출하여야 한다(지자법 제73조 제1항).

(6) 청원의 불수리 청원은 ① 감사·수사·재판·행정심판·조정·중재 등 다른 법령에 의한 조사·불복 또는 구제절차가 진행중인 때, ② 허위의 사실로 타인으로 하여금 형사처분 또는 징계처분을 받게 하거나 국가기관 등을 중상모략하는 사항인 때, ③ 사인간의 권리관계 또는 개인의 사생활에 관한 사항인 때, 그리고 ④ 청원인의 성명·주소 등이 불분명하거나 청원내용이 불명확한 때에는 이를 수리하지 아니한다(청원법 제5조 제1항). 청원서를 접수한 기관은 제1항 각 호의 어느 하나에 해당하는 사유로 청원을 수리하지 아니하는 때에는 그 사유를 명시하여 청원인에게 통지하여야 한다(청원법 제5조 제2항). 한편, 국회도 재판에 간섭하거나 국가기관을 모독하는 내용의 청원은 이를

접수하지 아니한다(국회법 제123조 제3항). 지방의회도 재판에 간섭하거나 법령에 위배되는 내용의 청원은 이를 수리하지 아니한다(지자법 제74조).

(7) 청원의 효과 청원을 수리한 기관은 성실하고 공정하게 청원을 심사·처리하여야 한다(청원법 제9조 제1항). 청원을 관장하는 기관이 청원을 접수한 때에는 특별한 사유가 없는 한 90일 이내에 그 처리결과를 청원인에게 통지하여야 한다(청원법 제9조 제2항). 청원을 관장하는 기관은 부득이한 사유로 제2항의 처리기간 내에 청원을 처리하기 곤란하다고 인정하는 경우에는 60일의 범위 내에서 1회에 한하여 그 처리기간을 연장할 수 있다. 이 경우 그 사유와 처리예정기한을 지체 없이 청원인에게 통지하여야 한다(청원법 제9조 제3항). 통지된 내용에 관해서는 법적 효과가 발생하지 아니한다. 판례는 심사처리결과의 통지유무는 행정소송의 대상이 아니라 한다(대판 1990. 5. 25, 90누1458).

(8) 청원의 제한 동일인이 동일한 내용의 청원서를 동일한 기관에 2건 이상 제출하거나(반복청원) 2 이상의 기관에 제출한 때(이중청원)에는 나중에 접수된 청원서는 이를 반려할 수 있다(청원법 제8조). 누구든지 타인을 모해할 목적으로 허위의 사실을 적시한 청원을 하여서는 아니 된다(청원법 제11조). 제11조의 규정을 위반한 자는 5년 이하의 징역 또는 1천만원 이하의 벌금에 처한다(청원법 제13조).

제 3 항 고충민원

1. 의 의

부패방지 및 국민권익위원회의 설치와 운영에 관한 법률에서 고충민원이란 행정기관등의 위법·부당하거나 소극적인 처분(사실행위 및 부작위를 포함한다) 및 불합리한 행정제도로 인하여 국민의 권리를 침해하거나 국민에게 불편 또는 부담을 주는 사항에 관한 민원(현역장병 및 군 관련 의무복무자의 고충민원을 포함한다)을 말한다(동법 제2조 제5호). 고충민원처리제도는 운영여하에 따라 경찰작용으로 인한 국민의 피해구제에 대한 효과적인 제도일 수 있다.

2. 관장기관(국민권익위원회)

(1) 국민권익위원회 고충민원의 처리와 이에 관련된 불합리한 행정제도를 개선하고, 부패의 발생을 예방하며 부패행위를 효율적으로 규제하도록 하기 위하여 국무총리 소속으로 국민권익위원회(이하 "위원회"라 한다)를 둔다(동법 제11조).

(2) 시민고충처리위원회 지방자치단체 및 그 소속 기관에 관한 고충민원의 처리

와 행정제도의 개선 등을 위하여 각 지방자치단체에 시민고충처리위원회를 둘 수 있다(동법 제32조 제1항).

(3) 상호간의 관계 위원회 또는 각 시민고충처리위원회는 상호 독립하여 업무를 수행하고, 상호 협의 또는 지원을 요청받은 경우 정당한 사유가 없는 한 이에 협조하여야 한다(동법 제54조 제1항). 위원회는 시민고충처리위원회의 활동을 적극 지원하여야 한다(동법 제54조 제2항).

3. 고충민원의 신청

누구든지(국내에 거주하는 외국인을 포함한다) 위원회 또는 시민고충처리위원회(이하 이 장에서 "권익위원회"라 한다)에 고충민원을 신청할 수 있다. 이 경우 하나의 권익위원회에 대하여 고충민원을 제기한 신청인은 다른 권익위원회에 대하여도 고충민원을 신청할 수 있다(동법 제39조 제1항). 권익위원회에 고충민원을 신청하고자 하는 자는 다음 각 호(1. 신청인의 이름과 주소(법인 또는 단체의 경우에는 그 명칭 및 주된 사무소의 소재지와 대표자의 이름), 2. 신청의 취지·이유와 고충민원신청의 원인이 된 사실내용, 3. 그 밖에 관계 행정기관의 명칭 등 대통령령으로 정하는 사항)의 사항을 기재하여 문서(전자문서를 포함한다)로 이를 신청하여야 한다. 다만, 문서에 의할 수 없는 특별한 사정이 있는 경우에는 구술로 신청할 수 있다(동법 제39조 제2항).

4. 고충민원의 조사

권익위원회는 고충민원을 접수한 경우에는 지체 없이 그 내용에 관하여 필요한 조사를 하여야 한다. 다만, 다음 각 호(1. 제43조 제1항 각 호의 어느 하나에 해당하는 사항, 2. 고충민원의 내용이 거짓이거나 정당한 사유가 없다고 인정되는 사항, 3. 그 밖에 고충민원에 해당하지 아니하는 경우 등 권익위원회가 조사하는 것이 적절하지 아니하다고 인정하는 사항)의 어느 하나에 해당하는 경우에는 조사를 하지 아니할 수 있다(동법 제41조 제1항).

5. 고충민원의 각하 등

권익위원회는 접수된 고충민원이 다음 각 호의 어느 하나에 해당하는 경우에는 그 고충민원을 각하하거나 관계 기관에 이송할 수 있다(동법 제43조 제1항).

1. 고도의 정치적 판단을 요하거나 국가기밀 또는 공무상 비밀에 관한 사항
2. 국회·법원·헌법재판소·선거관리위원회·감사원·지방의회에 관한 사항
3. 수사 및 형집행에 관한 사항으로서 그 관장기관에서 처리하는 것이 적당하다고 판단되는 사항 또는 감사원의 감사가 착수된 사항

4. 행정심판, 행정소송, 헌법재판소의 심판이나 감사원의 심사청구 그 밖에 다른 법률에 따른 불복구제절차가 진행 중인 사항
5. 법령에 따라 화해·알선·조정·중재 등 당사자간의 이해조정을 목적으로 행하는 절차가 진행 중인 사항
6. 판결·결정·재결·화해·조정·중재 등에 따라 확정된 권리관계에 관한 사항 또는 감사원이 처분을 요구한 사항
7. 사인간의 권리관계 또는 개인의 사생활에 관한 사항
8. 행정기관등의 직원에 관한 인사행정상의 행위에 관한 사항

6. 조정결정 등

(1) 합의의 권고 권익위원회는 조사 중이거나 조사가 끝난 고충민원에 대한 공정한 해결을 위하여 필요한 조치를 당사자에게 제시하고 합의를 권고할 수 있다(동법 제44조).

(2) 조 정 권익위원회는 다수인이 관련되거나 사회적 파급효과가 크다고 인정되는 고충민원의 신속하고 공정한 해결을 위하여 필요하다고 인정하는 경우에는 당사자의 신청 또는 직권에 의하여 조정을 할 수 있다(동법 제45조 제1항). 조정은 당사자가 합의한 사항을 조정서에 기재한 후 당사자가 기명날인하고 권익위원회가 이를 확인함으로써 성립한다.

(3) 시정의 권고 및 의견의 표명 권익위원회는 고충민원에 대한 조사결과 처분 등이 위법·부당하다고 인정할 만한 상당한 이유가 있는 경우에는 관계 행정기관등의 장에게 적절한 시정을 권고할 수 있다(동법 제46조 제1항). 권익위원회는 고충민원에 대한 조사결과 신청인의 주장이 상당한 이유가 있다고 인정되는 사안에 대하여는 관계 행정기관등의 장에게 의견을 표명할 수 있다(동법 제46조 제2항).

(4) 제도개선의 권고 및 의견의 표명 권익위원회는 고충민원을 조사·처리하는 과정에서 법령 그 밖의 제도나 정책 등의 개선이 필요하다고 인정되는 경우에는 관계 행정기관등의 장에게 이에 대한 합리적인 개선을 권고하거나 의견을 표명할 수 있다(동법 제47조).

(5) 의견제출 기회의 부여 권익위원회는 제46조 또는 제47조에 따라 관계 행정기관등의 장에게 시정 또는 제도개선의 권고를 하기 전에 그 행정기관등과 신청인 또는 이해관계인에게 미리 의견을 제출할 기회를 주어야 한다. 관계 행정기관등의 직원·신청인 또는 이해관계인은 권익위원회가 개최하는 회의에 출석하여 의견을 진술하거나 필요한 자료를 제출할 수 있다.

7. 결정의 통지와 사후조치

(1) 결정의 통지 권익위원회는 고충민원의 결정내용을 지체 없이 신청인 및 관계 행정기관등의 장에게 통지하여야 한다(동법 제49조).

(2) 처리결과의 통보 제46조 또는 제47조에 따른 권고 또는 의견을 받은 관계 행정기관등의 장은 이를 존중하여야 하며, 그 권고 또는 의견을 받은 날부터 30일 이내에 그 처리결과를 권익위원회에 통보하여야 한다(동법 제50조 제1항).

(3) 불이행통보 제1항에 따른 권고를 받은 관계 행정기관등의 장이 그 권고내용을 이행하지 아니하는 경우에는 그 이유를 권익위원회에 문서로 통보하여야 한다(동법 제50조 제2항). 권익위원회는 제1항 또는 제2항에 따른 통보를 받은 경우에는 신청인에게 그 내용을 지체 없이 통보하여야 한다(동법 제50조 제3항).

(4) 감사의 의뢰 고충민원의 조사·처리과정에서 관계 행정기관등의 직원이 고의 또는 중대한 과실로 위법·부당하게 업무를 처리한 사실을 발견한 경우 위원회는 감사원에, 시민고충처리위원회는 당해 지방자치단체에 감사를 의뢰할 수 있다(동법 제51조).

(5) 권고 등 이행실태의 확인·점검 권익위원회는 제46조 및 제47조에 따른 권고 또는 의견의 이행실태를 확인·점검할 수 있다(동법 제52조).

(6) 공 표 권익위원회는 다음 각 호(1. 제46조 및 제47조에 따른 권고 또는 의견표명의 내용, 2. 제50조 제1항에 따른 처리결과, 3. 제50조 제2항에 따른 권고내용의 불이행사유)의 사항을 공표할 수 있다. 다만, 다른 법률의 규정에 따라 공표가 제한되거나 개인의 사생활의 비밀이 침해될 우려가 있는 경우에는 그러하지 아니하다(동법 제53조).

판례색인

[대법원]

[헌법재판소]

사항색인

저자약력

서울대학교 법과대학 졸업
서울대학교 대학원 졸업(법학박사)
독일 Universität Tübingen, Universität Wuppertal,
미국 University of California at Berkeley 등에서 행정법연구
한국공법학회 회장(현 고문)
한국지방자치법학회 회장(현 명예회장)
주식백지신탁심사위원회 위원장(현)·지방분권촉진위원회위원·민주화운동관련자명예회복및보상심의위원회위원·헌법재판소공직자윤리위원회위원·행정소송법개정위원회위원·행정자치부정책자문위원회위원·국무총리행정심판위원회위원·중앙분쟁조정위원회위원·중앙토지평가위원회위원·경찰혁신위원회위원·전국시장군수구청장협의회자문교수·서울특별시민간위탁운영평가위원회위원장·서울특별시강남구법률자문교수 등
사법시험·행정고시·입법고시·외무고시·지방고등고시 등 시험위원
이화여자대학교 법과대학 교수
현재 연세대학교 법학전문대학원·법과대학 교수

저 서

헌법과 정치(법문사, 1986)
행정법원리(박영사, 1990)
판례행정법(길안사, 1994)
사례행정법(신조사, 1996)
행정법연습(신조사, 초판 1999, 제 8 판 2008)
신행정법연습(신조사, 초판 2009, 제 2 판 2011)
경찰행정법(박영사, 초판 2007, 제 3 판 2013)
신지방자치법(박영사, 초판 2009, 제 2 판 2013)
행정법원론(상)(박영사, 초판 1992, 제21판 2013)
행정법원론(하)(박영사, 초판 1993, 제21판 2013)
행정법특강(박영사, 초판 2002, 제12판 2013)
신행정법입문(박영사, 초판 2008, 제 6 판 2013)
공인노무사 행정쟁송법특강(박영사(공저), 초판 2011, 제 3 판 2013)
최신행정법판례특강(박영사, 초판 2011, 제 2 판 2012)
CASE 행정법특강(박영사(공저), 초판 2011, 제 2 판 2013)
로스쿨 객관식 행정법특강(박영사(공저), 2012)
기본 행정법(박영사, 2013)
기본 경찰행정법(박영사, 2013)

기본 경찰행정법

초판인쇄 2013년 2월 15일
초판발행 2013년 2월 25일

지은이 홍정선
펴낸이 안종만

편 집 김선민 · 이승현
기획/마케팅 조성호
표지디자인 김지은
제 작 우인도 · 고철민

펴낸곳 (주) 박영사
서울특별시 종로구 평동 13-31번지
등록 1959. 3. 11. 제300-1959-1호(倫)
전 화 02)733-6771
f a x 02)736-4818
e-mail pys@pybook.co.kr
homepage www.pybook.co.kr
ISBN 978-89-6454-892-9 93360

정 가 32,000원